CLAUS BURY

Die Poesie der Konstruktion

The Poetry of Construction

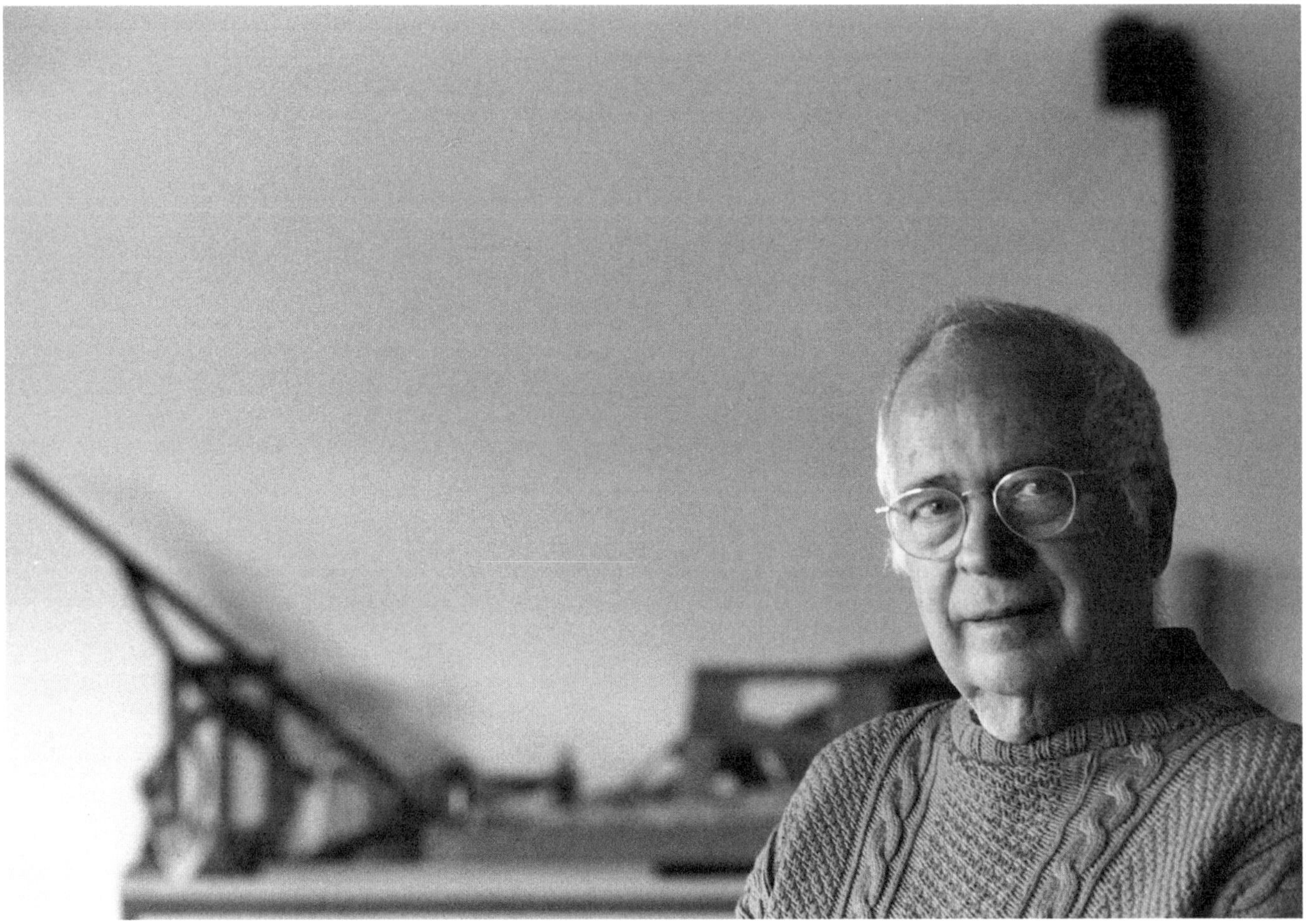

Für / for Daniel, Jonah, Leah

Volker Fischer

CLAUS BURY

Die Poesie der Konstruktion
The Poetry of Construction

Herausgegeben von / Edited by Angelika Nollert

arnoldsche

Inhalt / Content

Angelika Nollert

Vorwort

Das künstlerische Thema von Claus Bury ist der Raum. Räume zu schaffen, Räume zu erschließen, Räume erfahrbar zu machen, um den Menschen einen Ort und eine Verortung zu geben, bilden die Intention seines Werkes.

Sein Mittel sind Skulpturen, und zwar gebaute Großskulpturen. Diese künstlerischen Architekturen, deren Konstruktion immer sichtbar bleibt, besitzen trotz ihrer Größe menschliches Maß. Sie bestehen jeweils aus einem einzigen Material, basieren auf geometrischen Grundformen und mathematischen Prinzipien. Ihre Erscheinung ist kunstvoll, aber selbstverständlich, dabei archaisch und elementar. Sie wirken leise und bescheiden, in ihrer Haltung vornehm. Die Skulpturen entziehen sich dem Alltag, und obwohl sie einem Alterungsprozess unterworfen sind, ist ihre Gestalt überzeitlich.

Als Architekturskulpturen sind sie prägnante Markierungen in den Städten und Landschaften, präzise auf die Umgebung bezogene und von ihr abgeleitete Setzungen. Es sind Monumente der Wahrnehmung, die im Sinne einer Ganzheitlichkeit auch über ihre eigene Präsenz hinausweisen, mit ihrem Umraum eine neue Einheit bilden und den Menschen in seinen Mittelpunkt stellen.

Seit über vier Jahrzehnten entwickelt Claus Bury Skulpturen. Sein künstlerisches Werk begann sich allerdings bereits Mitte der 1960er-Jahre zu entfalten. Nach einer Ausbildung zum Goldschmied widmete sich Claus Bury zunächst der Schmuckgestaltung. Hier fand er schnell zu einer eigenständigen Position, die ihn schon in jungen Jahren zu einem renommierten und einflussreichen Protagonisten der sich gerade formierenden internationalen Autorenschmuckszene machte. Charakteristisch für Claus Burys Schmuck sind seine abstrakten Kompositionen in Form von Reliefs oder Körpern, in denen durch den Einsatz von architektonischen Elementen Raum erschlossen wird. Auch die frühe Verwendung von seinerzeit ungewohnten Materialien, etwa farbiges Acrylglas oder farbige Metalllegierungen, verdeutlicht den Anspruch dieser Kleinplastiken. Bereits in diesen Schmuckarbeiten wie auch in seinen frühen, eher seltenen mittelformatigen Metallreliefs wird Burys Interesse an gebauten Systemen evident.

Mit einer radikalen Zäsur entscheidet sich Bury 1979 für die freie Kunst und das große Format. Hatte er bereits mit Performances temporäre Skulpturen in der freien Landschaft entstehen lassen oder auch ephemere, weil Wind und Wellen ausgesetzte Skulpturen geschaffen, so realisiert er nun vorwiegend aus Holz gefertigte Arbeiten für den Außenraum. Auch diese architektonischen Skulpturen fügen sich wie selbstverständlich in die Umgebung ein, um sie gleichzeitig zu charakterisieren und zu betonen. Sie basieren auf geometrischen Formen wie Rechteck, Kreis oder Trapez und besitzen

Angelika Nollert

Foreword

Claus Bury's subject is space. The intention of his work is to create spaces, to open up spaces, make spaces experienceable in order to give people a place where they can get their bearings.

His means are sculptures – built monumental sculptures, in fact. These artist-made architectural structures, whose construction always remains visible, are on a human scale despite their large size. Most of them are made of a single primary material. They are all based on basic geometric forms and mathematical principles. They look like art yet their appearance is natural, both archaic and elemental. They seem reticent and modest, elegant in their attitude. These sculptures elude the mundane world and, although they are subjected to the process of ageing, their design is timeless.

As architecture sculptures they are memorable sentinels in cities and the countryside, precise statements related to their surroundings and extrapolated from them. They are monuments to perception, which, in a holistic sense, also transcend their own presence to form a new unity with the space surrounding them and place the human being at the centre of that space.

For more than four decades, Claus Bury has been developing his sculpture. His work in art, however, goes back to the mid 1960s. After training as a goldsmith, Claus Bury at first devoted himself to designing jewellery. He lost no time in attaining an independent stance in the field, which made him a celebrated and influential leading member of the burgeoning international auteur jewellery scene. Abstract compositions in the form of reliefs or volumes in which space was opened up by the use of architectonic elements are defining characteristics of Claus Bury's jewellery. His early use of materials that were unusual at the time, such as coloured acrylic glass or stained metal alloys, also demonstrates the intention behind these small works of sculpture. Bury's interest in built systems is evident even in those pieces of jewellery as well as his early, quite rare, metal reliefs in medium formats.

Making a radical break, Bury switched to fine art and large formats in 1979. Although he had already created temporary sculptures in the open countryside with performances or even works that were ephemeral because they were exposed to wind and waves, he now began to realise outdoor works made chiefly of timber. These architectonic sculptures also fitted naturally into their surroundings, both characterising and emphasising them. Based on geometric forms such as the rectangle, the circle and the trapezium, they possess a performative element in that they are enter-in ihrer vielfachen Begehbarkeit ein performatives Element. In Form und Anmutung changieren sie zwischen Bühne, Aussichtsplatz und Rückzugsort.

Bis heute hat Claus Bury über hundert solcher ortsspezifischer Wahrzeichen geschaffen. Seine intensive Auseinandersetzung mit dem jeweiligen Ort – in seiner topografischen wie historischen Bedeutung – überträgt sich in der von ihm gewählten ästhetischen Form unmittelbar auf die Besucher seiner Werke.

Als Kunstwerk autonom, haben die Architekturskulpturen in ihrer Nutzungsmöglichkeit für den Menschen doch auch dienenden Charakter: Gehen, Stehen und Sitzen, um zu fühlen und zu schauen, einen Ort zu erfassen oder sich eine Situation bewusst zu machen. Die konzentrierte sinnliche Erfahrung eines Ortes durch den Standpunkt eines Individuums ist ein jahrhundertealter Topos. So erkannte Petrarca erst durch seine Besteigung des Mont Ventoux die ihn umgebende Landschaft als eigenen ästhetischen Wert.

Claus Bury erschafft solche Standpunkte in Landschaften, aber auch in Städten. Seine Skulpturen mit ihren archaischen Formelementen wie Treppen, Rampen, Bögen oder Kreissegmenten erinnern an Tempel, Türme oder Schiffe und lassen mythologische Orte assoziieren.

Dennoch sind sie nicht nur in ihrer technischen Raffinesse und ihrer Materialsprache, sondern auch in ihrer Fokussierung auf den Menschen und seiner Erfahrung des öffentlichen Raumes deutlich zeitgenössisch.

Das künstlerische Potenzial scheint unerschöpflich.

> „Diese Freiheit, die nutze ich natürlich aus, um solche Räume zu kreieren, die den Betrachter vielleicht in eine ganz andere Position bringen, auch vorsichtiger mit sich im Raum selbst umzugehen oder auch zu überlegen, wie wunderschön das ist, wieso habe ich das vorher nicht gesehen, oder was bewegt mich in diesem Gebäude oder in dieser Konstruktion. Das sind solche Überlegungen, die mich dann immer auch wieder dazu animieren, aus den Erfahrungen von vorher erstellten architektonischen Skulpturen neue Räumlichkeiten zu entwickeln, die diese Möglichkeiten des Benutzers, auch die Möglichkeit der Ruhefindung, der Kontemplation beinhalten. Das ist, glaub ich, ein ganz wichtiger Aspekt in meiner Arbeit."[1]

Das komplexe Werk von Claus Bury ist vielschichtig, aber außerordentlich stringent.

So gibt es verschiedene Verlaufslinien in der künstlerischen Entwicklung: In den Objektkategorien reichen sie von Arbeiten im Bereich Schmuck und Land Art über Architekturskulpturen (die das Hauptwerk bilden) bis hin zu autonomen Brückenbauten; in der Maßstäblichkeit von Kleinformaten über Installationen bis hin zu Groß- und Monumentalskulpturen; in der Materialität von vorwiegend Holz und seltenen Steinen bis hin zu Aluminium und Stahl.

Es gibt aber auch künstlerische Zeugnisse von Claus Bury, die im Vorfeld oder parallel zu den Architekturskulpturen entstehen: etwa die vielen Entwurfsskizzen und Konstruktionszeichnungen – minutiöse Baupläne für die Skulpturen; oder die Architekturmodelle aus Holz, die als dreidimensionale Vorstudien der späteren Realisierungen dienen und um autonome Architekturmodelle ergänzt sind.

able in a wide range of ways. In form and appearance they oscillate between stage, observation platform and retreat or haven.

To date, Claus Bury has produced more than one hundred site-specific landmarks of this kind. His intensive study of each site – both in the topographical and in the historical sense – is directly transmitted to visitors to these works in the aesthetic form he has chosen.

Autonomous as works of art, his architecture sculptures nonetheless also have a service aspect in the ways they can be used by human beings: walking, standing and sitting to feel and to see, to understand a place or make oneself aware of a situation. An individual having a concentrated sensory experience of a site due to his vantage point is a centuries-old topos. The Italian poet Petrarch did not recognise the scenery surrounding him as an aesthetic value in and of itself until he had climbed Mont Ventoux.

Claus Bury creates such vantage points in the countryside, but also in cities. His sculptures with their archaic form elements such as stairs, ramps, arches or segments of circles are reminiscent of temples, towers or ships and allow for associations with mythological places.

Still their technical sophistication and their material language along with their focus on human beings and their experience of public spaces make them obviously contemporary.

Their potential as art seems inexhaustible.

> This freedom, which I, of course, exploit, to create such spaces that may perhaps put viewers in an entirely different position, also prompt them to deal more cautiously with themselves in space or also to think about how truly beautiful it is, why have I not seen that before, or what moves me in this building or in this structure. Those are the considerations that have constantly inspired me to develop new spatial entities from my experiences with previous architectonic sculptures which contain these possibilities for users, also the possibilities for coming to rest, for contemplation. That is, I believe, a very important aspect in my work.[1]

Claus Bury's complex oeuvre is multilayered yet extraordinarily strictly defined.

There are various lines to the flow of his artistic development: in the object categories they range from works in the fields of jewellery and Land Art through architecture sculpture (that comprises the main body of work) to freestanding bridge structures; in scale from small formats through installations to large and monumental sculpture; in choice of materials from primarily wood and rare types of stone to aluminium and steel.

There are, however, also aesthetic testimonials from Claus Bury that emerged as preliminaries or parallels to the architecture sculptures: the many design sketches and construction drawings, for instance – meticulously detailed blueprints for the sculptures, or architectural models made of wood that serve as three-dimensional preliminary studies for the works to be realised later and are supplemented by autonomous architecture models.

Das fotografische Œuvre über vorgefundene Architekturen und architektonische Setzungen nimmt den wohl größten Teil dieser Arbeiten ein. Auf seinen vielen Reisen durch Europa, Nord- und Südamerika oder Ägypten fotografierte Claus Bury unbewohnte Architekturen und konzentrierte sich dabei auf Elemente wie Pfeiler, Brücken, Türme, Tore oder Bögen. Seine Serie der Bauernarchitekturen besteht aus Fotografien von Heuballen, die in ihren Schichtungen die Formen von Häusern, Pyramiden oder Zelten besitzen.

All diese Schwarz-Weiß-Fotografien existenter Architekturen mit ihrer Befragung von Bauformen, von Innen- und Außenräumen sowie von geschlossenen und offenen Formen bilden ein Äquivalent zu den Architekturskulpturen Claus Burys. Ihr grundsätzlicher Unterschied aber liegt in der jeweiligen Perspektive in Abhängigkeit zum Standort. Der Fotograf Claus Bury blickt aus seiner Perspektive auf die gebaute Architektur und präsentiert deren Abbild dem passiven Betrachter als sein Dokument. Der Bildhauer Claus Bury aber baut architektonische Skulpturen für eine fremde Perspektive des aktiven Besuchers.

All diese kaum zählbaren Arbeiten, die das Bauen thematisieren – der Schmuck, die Zeichnungen, die Modelle, die Fotografien sowie die Skulpturen – besitzen jeweils höchsten Anspruch und charakterisieren Claus Bury als einen außerordentlich analytischen, präzisen und humanistischen Künstler.

Sie zeigen auch seine bis heute eigenständige Position, die sich in ihrer künstlerischen Sprache und Intention im Kontext von Land Art und Minimalismus – aber auch in Projekten von Kunst im öffentlichen Raum ganz allgemein – seit über vierzig Jahren einen festen Platz erobert hat.

In der hier vorliegenden Publikation widmet Volker Fischer dem Schaffen Claus Burys eine grundlegende Werkanalyse. Sein Textessay erforscht sehr genau und umfänglich die Inhalte und Kontexte von Claus Burys Architekturskulpturen. Zudem werden sie erstmals in einem Werkverzeichnis erfasst. Hiermit kann endlich nicht nur ein empfindliches Desiderat erfüllt werden, auch erschließt Volker Fischer maßgeblich das Œuvre Claus Burys für die weitere Forschung. Dafür gebührt ihm großer Dank.

Wie das Werk und das Wirken Claus Burys selbst, soll auch die Lektüre des vorliegenden Buches eine vertiefte Kenntnis dieses Bildhauers und seines Œuvres ermöglichen und eine neue Art von Erfahrung schenken.

1 Claus Bury im Interview mit Florian Hufnagl und Angelika Nollert, in: Neues Museum Nürnberg und Die Neue Sammlung München (Hrsg.): Claus Bury. Maßstabssprünge, Nürnberg 2010, S. 118 f.

Bury's photographs probably make up the largest part of those works. On his numerous trips throughout Europe, North and South America and Egypt, Claus Bury has photographed uninhabited buildings, concentrating on elements such as pillars, bridges, towers, gates or arches. His 'farmer architecture' series consists of photographs of bales of hay that have been piled up or stacked in such a way that they assume shapes that look like houses, pyramids or tents.

All these black-and-white photographs of existing buildings, with their investigation of built forms, interiors and surrounding space as well as closed and open forms represent the equivalent of Claus Bury's architecture sculpture. The basic difference between them, however, lies in the photographer's perspective on them, depending on his vantage point. As a photographer, Claus Bury looks at buildings from his perspective and presents a reproduction of the built architecture to the passive viewer as his document. As a sculptor, however, Bury builds architectonic sculptures for someone else's perspective, that of the active visitor.

Each of these virtually innumerable works associated with building – jewellery, drawings, models, photographs and sculptures – meets the highest aesthetic standards, characterising Claus Bury as an extraordinarily analytical, precise and humanistic artist.

They also reveal the independent stance he has retained to this day, which, in its artistic language and intention in the contexts of Land Art and Minimalism – as well as art projects in public spaces in general – has been firmly established for more than forty years.

In the present publication Volker Fischer has devoted a groundbreaking analysis to Claus Bury's oeuvre. Fischer's essay goes into the content and contexts of Bury's architecture sculpture in depth and extensively. In addition, this is the first complete catalogue of these works. Not only has one been needed and has long been missing, Volker Fischer has opened up Claus Bury's work for further study. For this, we are greatly indebted to him.

Like Claus Bury's work itself and his active influence, reading the present book will, it is hoped, deepen knowledge of this sculptor and his oeuvre and make possible a new kind of experience.

1 Claus Bury in an interview with Florian Hufnagl and Angelika Nollert, in Neues Museum Nürnberg/Die Neue Sammlung München (eds.), *Claus Bury. Maßstabssprünge*, Nuremberg 2010, pp. 118–119.

Volker Fischer

Claus Bury – Die Poesie der Konstruktion

Prolog

Im vorliegenden Buch geht es um eine Kartografie der Motive und Motivationen, der aufgenommenen Einflüsse, der Genesen der Skulpturen von Claus Bury, ihrer Ideenfindung und Realisierung sowie ihrer ikonografischen Charakteristik und kulturhistorischen Verortung. In einer geisteswissenschaftlichen Tour de Force werden medien- und technikgeschichtliche, kunstkritische und kunstgeschichtliche, psychologische und mentalitätsgeschichtliche, ethnologische und anthropologische, linguistische, kulturkritische und kulturgeschichtliche Aspekte aufgeblättert und aufeinander bezogen.[1]

Seit über vier Jahrzehnten bereichern große Monumentalskulpturen des Bildhauers Claus Bury öffentliche Räume in vielen Städten und Regionen Deutschlands auf immer wieder unverwechselbare, gleichwohl wiedererkennbare Weise. Heute ist Claus Bury der einzige deutsche Bildhauer, der sich so gut wie ausschließlich der architektonischen Großplastik widmet. Im Gegensatz zur skulpturalen Architektur versteht sich die architektonische Skulptur auch dann als autonomes künstlerisches Gebilde, wenn sie begehbar und im Sinne eines Innehaltens benutzbar ist.

Die generelle Charakteristik von Burys konstruktiven, meist begehbaren Skulpturen hat ein präzises Material- und Formenvokabular. Fast immer handelt es sich um handwerkliche Holzkonstruktionen, deren sichtbar belassenes Gemacht-Sein wesentlich zu ihrer Attraktivität beiträgt. Burys Holzskulpturen sind immer zugleich ruhig und dynamisch. Sie sind in sich ruhend, durch ihre bergend-offene Struktur weisen sie aber eben immer auch über sich selbst und den Raum, den sie einnehmen, hinaus: Sie generieren, ja okkupieren ihren Umgebungsraum. Aus dem Repertoire stereometrischer Grundformen entwickelt dieser Künstler tektonische Skulpturen, die sich fast immer an antiker Baukunst orientieren und klassische Maßverhältnisse anwenden.

Eine der begehbaren Skulpturen von Claus Bury zu erkunden, sie zu durchqueren, zu umschreiten, in sie hineinzuklettern, sich an, auf oder in sie zu setzen, sind zunächst Aktionen von Neugierde. Etwa so, wie wenn Kinder Höhlen erforschen. Aber bewusstes Innehalten, konzentrierte Kontemplation und durch die Raumskulpturen ausgelöste ästhetische Reflexionen sind dann gezielte und im positiven Sinne provozierte Anstrengungen, körperliche Erfahrungen in geistige Einsichten umzusetzen. Das ist durchaus eine Bewusstseinserweiterung jenseits der üblichen, mit Halluzinogenen verbundenen Kontexte.

Claus Bury, als Goldschmied an der Staatlichen Zeichenakademie in Hanau ausgebildet, kann auf eine frühe, auch internationale Karriere als Schmuckgestalter mit einem umfangreichen Œuvre zurückblicken. Viele seiner Schmuckstücke sind Bestandteil von öffentlichen Sammlungen, was ihren gestalterischen Rang unterstreicht.[2] Aber dank

Volker Fischer

Claus Bury: The poetry of construction

Prologue

The following book is about a cartography of motifs and motivations, of influences received, of the genesis of Claus Bury's sculpture, the ideas that generated it and the ideas it generates, and its realisation as well as its iconographic character and place in cultural history. In an arts- and humanities-orientated *tour de force*, aspects of media and technology history, art criticism and art history, the history of psychology and mentality, ethnology and anthropology, linguistics, cultural criticism and cultural history will be opened up and correlated.[1]

For more than four decades, vast, monumental works of sculpture by the sculptor Claus Bury have enhanced public spaces in many German cities and regions, each in its own distinctive yet instantly recognisable way. Claus Bury is now the only German sculptor devoted almost entirely to architectonic monumental sculpture. In contrast to sculptural architecture, architectonic sculpture can also be defined as an autonomous aesthetic configuration when it is enterable and can be used as a place to linger in, on or near.

In general, Bury's Constructivist, usually enterable, sculpture possesses a precise lexis of materials and forms. Almost all his sculptures are constructed of timber left in its raw state. Having demonstratively retained a craftsmanly quality contributes substantially to their attractiveness. Bury's sculptures in wood are invariably quiet yet dynamic at the same time, self-contained but in fact always transcending themselves and the space they take up because of their structure, which is both sheltering and open: they generate, indeed occupy, the space surrounding them. Drawing on the repertory of basic solid geometric forms, this is an artist who develops tectonic sculpture that is almost always orientated towards the architecture of antiquity and uses classical proportions and scale.

Exploring, crossing through, walking around, climbing into or sitting in an enterable sculpture by Claus Bury are, first of all, acts motivated by curiosity, just as children explore caves. On the other hand, consciously stopping to look and think, concentrated contemplation and reflecting on aesthetics are deliberate acts and, in the positive sense, exertion that has been provoked, to translate physical experience into intellectual and spiritual insights. That definitely represents raising consciousness beyond the usual contexts associated with hallucinogens.

Claus Bury, who trained as a goldsmith at the Staatliche Zeichenakademie in Hanau, looks back on an early, even global, career as a jewellery designer with an extensive oeuvre. Many pieces of his are included in public collections.[2]

diverser Stipendien und Forschungsreisen, die ihn nach Italien, Irland, Frankreich, Ägypten, Syrien, Mexiko, Thailand, Japan, Südamerika, Australien und in die USA führten, lernte er die Attraktivität weit größerer Dimensionen und anderer Sichtweisen auf Kultur und Geschichte kennen. Sie mündeten dann etwa in seinen Land-Art-Projekten. So ist Bury auch ein Protagonist jener Aufmerksamkeitsökonomie, die Walter Benjamin als „nervöse Auffangorgane des Lebens“ bezeichnete.

Am Beginn seiner bildhauerischen Tätigkeit standen für Bury Erfahrungen von weiten, offenen und leeren Landschaften, kargen Arealen und panoramatischen An- und Aussichten bis zum Horizont – etwa in der Judäischen Wüste, den Outbreaks von Australien oder an relativ einsamen Orten der amerikanischen Ost- und Westküste. Um sich selbst in diesen endlosen Weiten zu verorten, näherte sich Bury in seinem bildhauerischen Frühwerk zwischen 1975 und 1980 diesen Landschaften in temporären, ephemeren Eingriffen und Installationen unter Verwendung billiger, banaler Materialien. Durchaus im Sinne der Land-Art jener Jahre, von der sich Bury beeindruckt und beeinflusst zeigte. So belegen die in dieser Zeit entstandenen etwa ein Dutzend Werke übereinstimmend eine grazile Flüchtigkeit, die später der autochthonen Massivität seiner begehbaren Naturholzskulpturen weicht.

Mit diesen frühen Installationen dokumentiert der Künstler, dass ihn die Erfahrungen der Landschaft zu lakonischen, gleichwohl poetischen Kommentaren motiviert haben, die das Verhältnis von Mensch und Natur kulturalisieren. Latten und Tücher, Steine, Schnüre und Draht formen sich mehr zu künstlerischen Anmerkungen als zu ausformulierten epischen Werken. Oft mithilfe seiner damaligen Studenten konturiert der Künstler markierte Areale, schafft definierte, auf Zeit okkupierte Räume, denen ihre Zeitlichkeit und Vergänglichkeit eingeschrieben ist. Flüchtige Zeichen, schnelle Notate, verwehende Spuren. Land-Art, so wurde gesagt, sei die Umwandlung von geografischem Raum in ein Kunstwerk. Aber diese Werke entziehen sich den Mechanismen des Kunstmarktes: Sie sind nicht transportierbar, nicht versicherbar, nicht dauerhaft, nicht einzulagern oder in Räumen auszustellen. Und sie sind vergänglich: Die Natur selbst kassiert gewissermaßen diese Eingriffe, indem sie sie durch Wind und Wetter, Verwitterung und Morschheit wieder auslöscht.

Bei Bury wurde diese Neugier auf begehbare Volumen durch einen Aufenthalt in Israel an der Bezalel Academy of Arts and Design in Jerusalem ausgelöst. Von hier aus zog er mit seinen Studenten in die Wüste, um raumbezogene temporäre Installationen aus einfachsten Materialien wie Steinen, Stöcken und Tüchern zu realisieren. Durch diese Erfahrungen war er den kleinen Dimensionen gewissermaßen entwöhnt. Aber es war ihm wohl klar, dass ein Maßstabssprung vom Schmuck in begehbare Großplastiken sein künstlerisches Denken total verändern würde. Denn den Maßstab zu wechseln heißt im doppelten Sinne auch, die Perspektive zu wechseln. Ein solcher Neuanfang ist nicht ohne Risiko, nicht zuletzt auch deshalb, weil man sich in einer neuen, anderen Gattung neue Reputation erarbeiten muss. Bury formulierte entsprechend seine Bedenken gegenüber diesem radikalen Maßstabssprung, den er aber trotzdem entschlossen und konsequent anging.

Bestärkt in seiner Auffassung, dass Skulpturen Landschaften und offene Räume kulturalisieren können, wurde er durch Land-Art-Projekte von Alice Aycock, Cristos

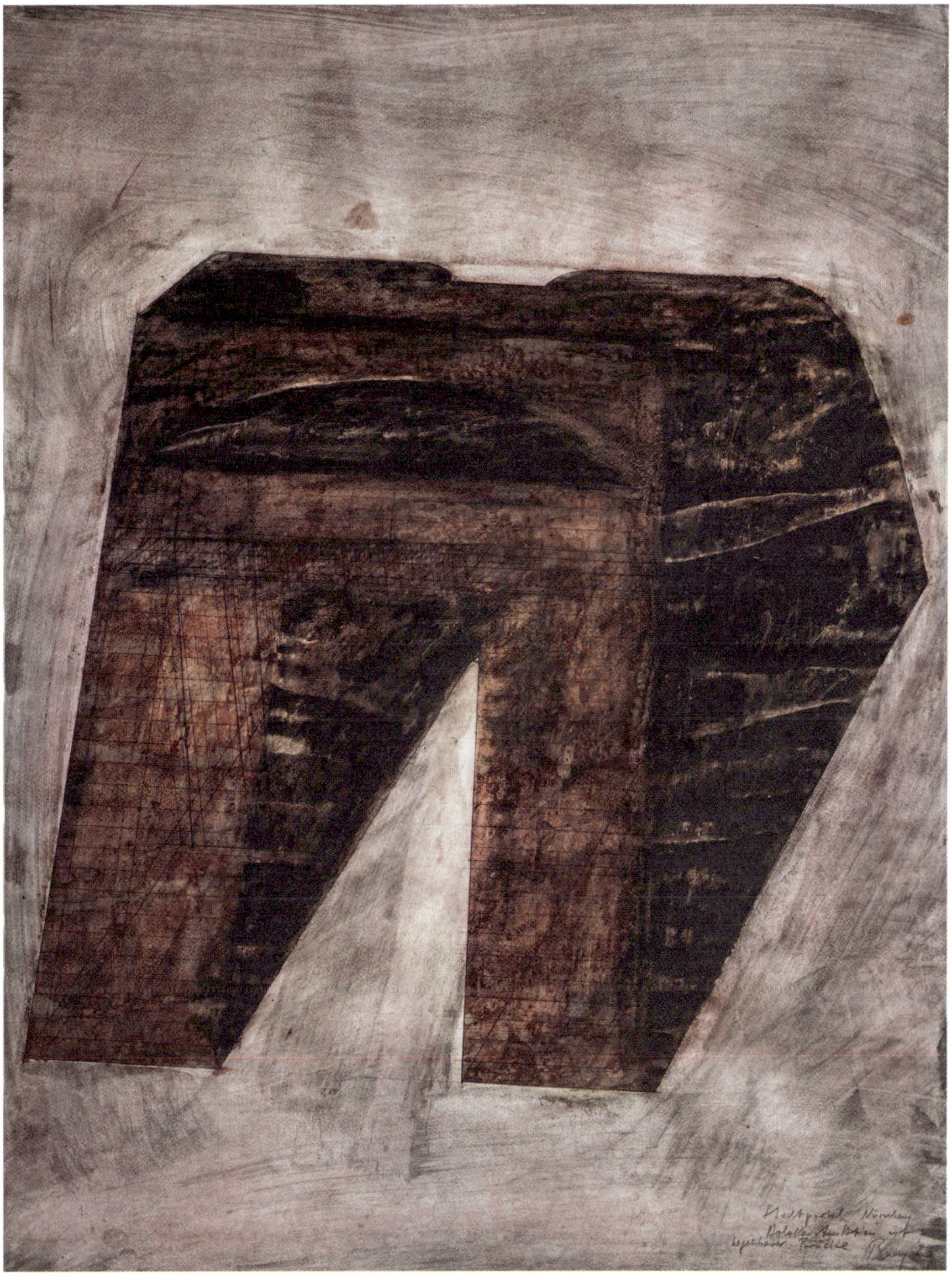

Gouache für Kat. Nr. 35, Stadtportal Nürnberg / Gouache for cat. no. 35, Nuremberg City Gate

Gianakos, Alice Adams, Mary Miss und Nancy Holt, die er während seiner Aufenthalte in den USA zwischen 1977 und 1982 kennenlernte. Auch russische Architekten begannen früh, die utopischen und ästhetischen Ziele und Prinzipien von Malern und Bildhauern in begehbaren Architekturskulpturen zu überprüfen und zu pragmatisieren. Das prominenteste Beispiel ist Wladimir Tatlins 1920 entstandenes Modell zum *Monument der Dritten Internationale,* das 400 Meter hoch werden und den Eiffelturm in den Schatten stellen sollte. Der aus Eisen, Glas und Stahl als Doppelspirale konzipierte Turm mit einem schrägen Mast im Inneren sollte Konferenzräume, Aufzüge, ein Restaurant und einen Radiosender enthalten, wobei sich die einzelnen Räume mit unterschiedlichen Geschwindigkeiten um ihre Achsen drehen sollten. Auch diese russischen Revolutionsarchitekturen sind ein Anregungspotenzial für Bury. Ebenso haben ihn die bildhauerischen Projekte von Richard Serra, Carl Andre, Sol LeWitt, Richard Artschwager, Alexander Calder, Eduardo Chillida und Alberto Giacometti beeindruckt und angeregt.

Nun sind bei Burys Großskulpturen die körperbezogenen Aspekte meist dominant: als Angebote für die Positionierung von Betrachtern und Benutzern im öffentlichen Raum. Es ist offensichtlich, dass dies auch Zusammenhänge mit seiner früheren Gestaltungsarbeit als Schmuckentwerfer hat. Indem die begehbaren Holzskulpturen ihre Besucher nicht nur umhüllen, sondern ihnen ein Orientierungsgehäuse an die Hand geben, fokussieren sie auch die Position und das Gegenüber dieser Menschen im weiteren Sinne zu ihrem „In-der-Welt-Sein". Insofern scheinen mir manche Einsichten aus Peter Sloterdijks epochaler dreibändiger philosophischer Raumkonzeption auf Burys Skulpturen zuzutreffen, auch wenn der Philosoph eher organoide Raumgebilde wie Blasen, Zellen und Schäume als „Menschenräume" in den Blick nimmt. So sind Burys Raumskulpturen körperlich erfahrbare Wahrnehmungsangebote, Passepartouts für positive Verunsicherungen und mentale Herausforderungen zugleich. Die Sprache weiß dies: Es gibt nicht nur räumliche Standpunkte, sondern auch geistige.

Sich in geometrischen Gitter- und Stab- oder in planen Flächenräumen aufzuhalten und zu bewegen, hat eine ebenso nachdrückliche wie traditionsreiche Attraktivität. Das belegen zahlreiche Bauten der älteren Geschichte, etwa Pyramiden und Tempel, Grabmäler und Kenotaphe, aber auch zeitgenössische Bauten, zum Beispiel von Aldo Rossi oder Oswald Mathias Ungers, vielleicht auch von Mario Botta. Aber Burys Raumskulpturen sind sehr viel mehr Paraphrasen und Adaptionen dieser von ihm studierten antiken Raumauffassungen als ihre bloße Fortschreibung. Sie sind zwar vergänglicher als Bauten aus Stein, können aber – wie alte Fachwerkhäuser, die ja zuweilen ebenfalls Jahrhunderte überlebt haben – Patina ansetzen. Wenn wir uns solchermaßen in eine entfernte Zukunft hineindenken, dann mögen in dem *Gewächshaus für Gedanken* KAT. NR. 87
dieses Bildhauers neurobiologische Schnittstellen zwischen Menschen und Computern installiert sein, in seinem Bad Homburger *Gehörgang* bienenkleine Drohnen die KAT. NR. 72
Aufgaben der „stillen Post" übernommen haben und von seinem *Bitterfelder Bogen* aus KAT. NR. 84
wird man vielleicht Paragliding-Kurse anbieten.

Burys Raumskulpturen indes sind nicht nur begehbare „Räume", sondern auch zu umkreisende Bildwerke. Insofern können und werden sie wie eine klassische Menschenskulptur, eine Statue oder ein Reiterstandbild, auch im Flanieren erkundet. Und wie bei

However, with the aid of various stipends and trips for study purposes that took him to Italy, Ireland, France, Egypt, Syria, Mexico, the US, Thailand, Japan, South America and Australia, he discovered the allure of far greater dimensions and other ways of viewing culture and history, an experience that also led to Land Art projects. Hence Bury is also a leading exponent of the economy of attention that Walter Benjamin called the 'nerve receptors of life'.

Bury's career as a sculptor began with experiencing wide open, empty landscapes, barren regions and panoramic views and prospects stretching to the horizon – for instance, in the deserts of Judaea, the Australian Outback and relatively solitary places on the US West Coast and Eastern Seaboard. In order to find his bearings in these endless vastnesses, Bury engaged in the early work he produced in sculpture between 1975 and 1980 with temporary, ephemeral interventions and installations, using cheap, trivial materials. That was very much in line with the Land Art of those years, which visibly impressed and influenced Bury. A graceful ephemerality informs all of some dozen works he produced at that time, which would yield to the autochthonous massiveness of enterable natural wood sculpture. With these early installations the artist documented that his experience of landscape had moved him to terse yet poetic commentaries that express the relationship between man and nature in terms of acculturation. Those installations are sketches made by an artist with the aid of battens and cloths, stones, cords and wire rather than finished epic works. The artist often contours marked-out areas, defined spaces to be temporarily occupied, inscribed with their temporality and transience. Fleeting traces, notes rapidly jotted down, traces blown away. Land Art, it was said, was the transformation of geographic space into artworks. But works of this kind elude the mechanisms of the art market: they cannot be transported or insured, they are not durable, they cannot be stored or displayed in rooms. And they are perishable: nature herself cancels, as it were, these interventions by obliterating them through wind and bad weather, decomposition and decay.

Bury's curiosity about enterable volumes was whetted during a stint teaching in Israel at the Bezalel Academy of Arts and Design in Jerusalem. He used to go out into the desert from there with his students and create site-specific temporary installations made of the simplest of materials, such as stones, sticks and cloth. Through those experiences he was, as it were, weaned off working on a small scale. But it was probably obvious to him that a leap in scale from jewellery to enterable monumental sculpture would utterly change the way he thought about art. After all, changing scale also means changing perspective, in both senses of the term. Starting over again like this is not without risks, not least because one must work up from scratch a new reputation in a new and different genre. Bury phrased his reservations about this quantum leap in scale accordingly but nonetheless tackled it decisively and cogently.

His view that sculpture can acculturate landscapes and open spaces was confirmed by Land Art projects, the work of Alice Aycock, Cristos Gianakos, Alice Adams, Mary Miss and Nancy Holt, which he became familiar with while living in the US between 1977 and 1982. Russian architects, too, were pioneers in investigating diesen verändern die immer wieder neuen, anderen Hintergründe und Perspektiven die Wahrnehmung dieser Raumskulpturen. Sie beeinflussen ihre nahräumlichen und urbanen Kontexte wie andererseits diese Kontexte ihre Gestalt und Form oft entscheidend mitbestimmt haben. Hinzu tritt die Geschichte eines Ortes, der *genius loci,* auf den der Künstler reagiert. Burys Skulpturen sind, wie Uwe Wieczorek formuliert hat, „Medien zur individuellen Sensibilisierung der raumkörperlichen Erlebnisfähigkeit".[3]

Aber im Gegensatz etwa zu Richard Serras tonnenschweren, oft mit gewollter Labilität aufgerichteten Stahlplatten, die Wege zwischen und aus ihnen bewusst störrisch behindern und verkomplizieren, sind Burys Holzräume der Absicht verpflichtet, einen öffentlichen Raum wie einen Platz, eine Straße oder einen Park in seinen kommunikativen Potenzialen zu verdichten und zu fokussieren. Anders als Serra will Bury solche öffentlichen Räume nicht verunsichern und examinieren, sondern fordern und fördern. Das hat bei weitem nicht nur, aber eben auch marketingstrategische Qualitäten. Und so ist Bury 2011 wohl kaum zufällig der Kulturpreis des Main-Kinzig-Kreises verliehen worden, brachte er doch so manchen Ort der Region durch seine Skulpturen erst so richtig auf die Landkarte. 1986 erhielt er den August-Seeling-Preis des Freundeskreises des Wilhelm Lehmbruck Museums Duisburg, 1991 den Kunstförderpreis *Stadtbildhauer der Stadt Hanau* und 1996 eine Projektförderung durch die Hessische Kulturstiftung.[4]

Die Raumskulpturen von Claus Bury sind zudem in einer engen Dialektik diskursiv-konstruktiv wie fiktional. Das bedeutet, dass der Künstler in seinem bildnerischen Denken und seinen Formulierungen zwar stets die Logik und die Gesetzmäßigkeiten der Konstruktion und des Konstruktiven befolgt, sie aber immer auch durch fiktionale, literarische Bedeutungen auflädt. Dank des poetischen Mehrwerts werden seine Skulpturen – vielleicht vergleichbar denen von Eduardo Chillida, mit dem Bury im Übrigen einmal zusammengearbeitet hat – zu literarischen Gehäusen. Dies macht einen großen Teil ihres Charmes aus. Sie laden zum rationalen und romantischen Verweilen gleichermaßen ein, genauer: Sie stimulieren immer eine Kombination von beidem. Das lässt von ferne durchaus an Caspar David Friedrich und die über die Horizonte schweifenden Wahrnehmungen seiner Protagonisten denken, etwa in den Bildern *Mönch am Meer* (um 1808), *Wanderer über dem Nebelmeer* (um 1818), *Frau in der Morgensonne* (um 1818), *Zwei Männer, den Mond betrachtend* (1819) oder *Sonnenuntergang (Die Brüder)* (1830/35).

Der poetische Mehrwert erwächst bei Burys Raumskulpturen aber auch aus den kompositionellen Elementen Balance, Fragilität, Labilität, Gleichgewicht, Gegenläufigkeit, sequentielle Reihung und Rhythmisierung. Das aber sind nicht nur räumliche, sondern auch zeitliche Strukturen. Insofern sind diese Skulpturen musikalischen Kompositionsstrukturen oft sehr nahe. Es gibt dafür den Begriff der Synästhetik. In einer umfangreichen Untersuchung hat Karin von Maur für diesen Sachverhalt den schönen Titel *Der Klang der Bilder* gefunden.[5]

utopian aesthetic aims and principles advanced by painters and sculptors and pragmatising them in enterable architectural sculpture. The most notable example is Vladimir Tatlin's 1920 model *Monument to the Third International*, which was supposed to be 400 metres high and dwarf the Eiffel Tower. Conceived as a double helix, the Tatlin tower was to be built of iron, glass and steel with an oblique mast inside and was to house conference rooms, lifts, a restaurant and a radio transmitter. The rooms were to revolve about their individual axes at varying speeds. Russian Revolutionary architectural designs of this kind represented further potential inspiration for Bury. Sculpture projects realised by Richard Serra, Carl André, Sol Lewitt, Richard Artschwager, Alexander Calder, Eduardo Chillida and Alberto Giacometti also impressed and stimulated his thinking.

Now the physical aspects are usually the dominant features of his monumental sculpture, providing a place for observers and users to position themselves in a public space. It is evident that this is also linked with Bury's earlier formal work as a jewellery designer. Because his enterable sculptures in wood not only shelter visitors – that is, provide them with an orientation enclosure – they also focus where visitors are positioned and what is across from them in the wider sense of their 'being in the world'. In this respect some insights gained from Peter Sloterdijk's epoch-making three-volume philosophical conception of space would seem to apply to Bury's sculpture even though the philosopher envisages more organoid configurations, such as bubbles, cells and foams, as 'human spaces'. Seen in this light, Bury's open-formsculptures represent physically experienceable perceptual solutions, passe-partouts for destabilisation in the positive sense and, at the same time, intellectual challenges. Language knows this: there are not only spatial vantage points but also intellectual and spiritual standpoints.

Lingering in geometric spaces formed of grids, staves and flat surfaces and moving about in them possesses another appeal, however, similar to that of numerous structures known from ancient and medieval history, including pyramids and temples, tombs and cenotaphs as well as contemporary buildings by Aldo Rossi and Oswald Matthias Ungers for instance, perhaps also Mario Botta. Bury's open-form sculptures are, on the other hand, paraphrases and adaptions of ancient concepts of space rather than merely consistent sequels. They may be more perishable than stone-built structures, but, like early half-timbered houses, they can acquire the patina of age. After all, such houses have often survived for centuries. If we visualise the distant future, neurobiological interfaces between human beings and computers
CAT. NO. 87 may be installed in this sculptor's *Gewächshaus für Gedanken* [Hothouse for Thoughts].
CAT. NO. 72 Bee-sized drones may have taken on the task of Chinese Whispers in his *Gehörgang* [Auditory Meatus] in Bad Homburg, and paragliding courses are likely to be taught
CAT. NO. 84 from his *Bitterfelder Bogen* [Bitterfield Arch].

Bury's open-form sculptures are not merely enterable 'spaces' but also sculptures that visitors can walk around. In this respect they can and will become classical figurative sculpture, human figures or equestrian statues that viewers explore and

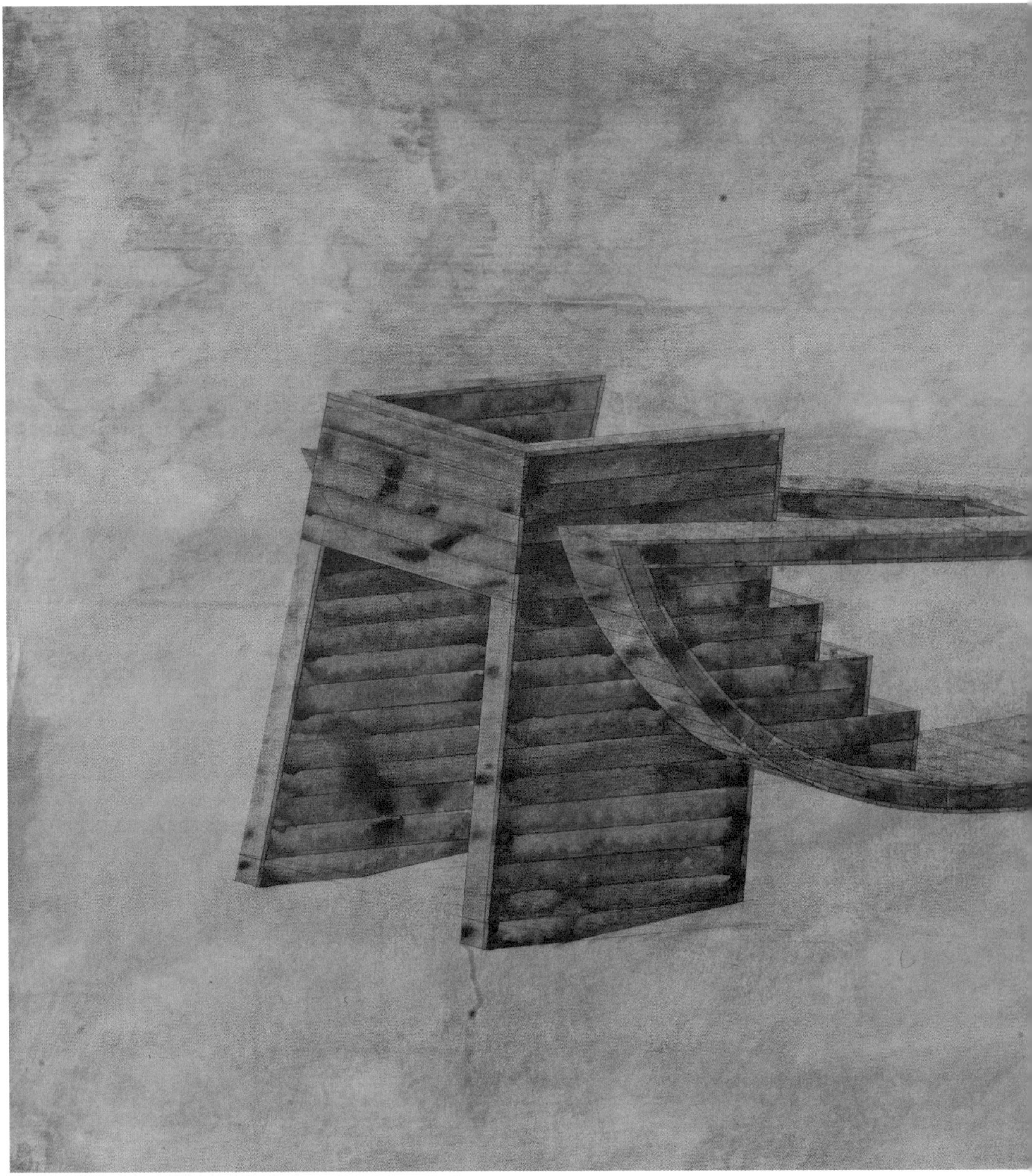

Gouache für Kat. Nr. 50, Gestrandet / Gouache for cat. no. 50, Beached

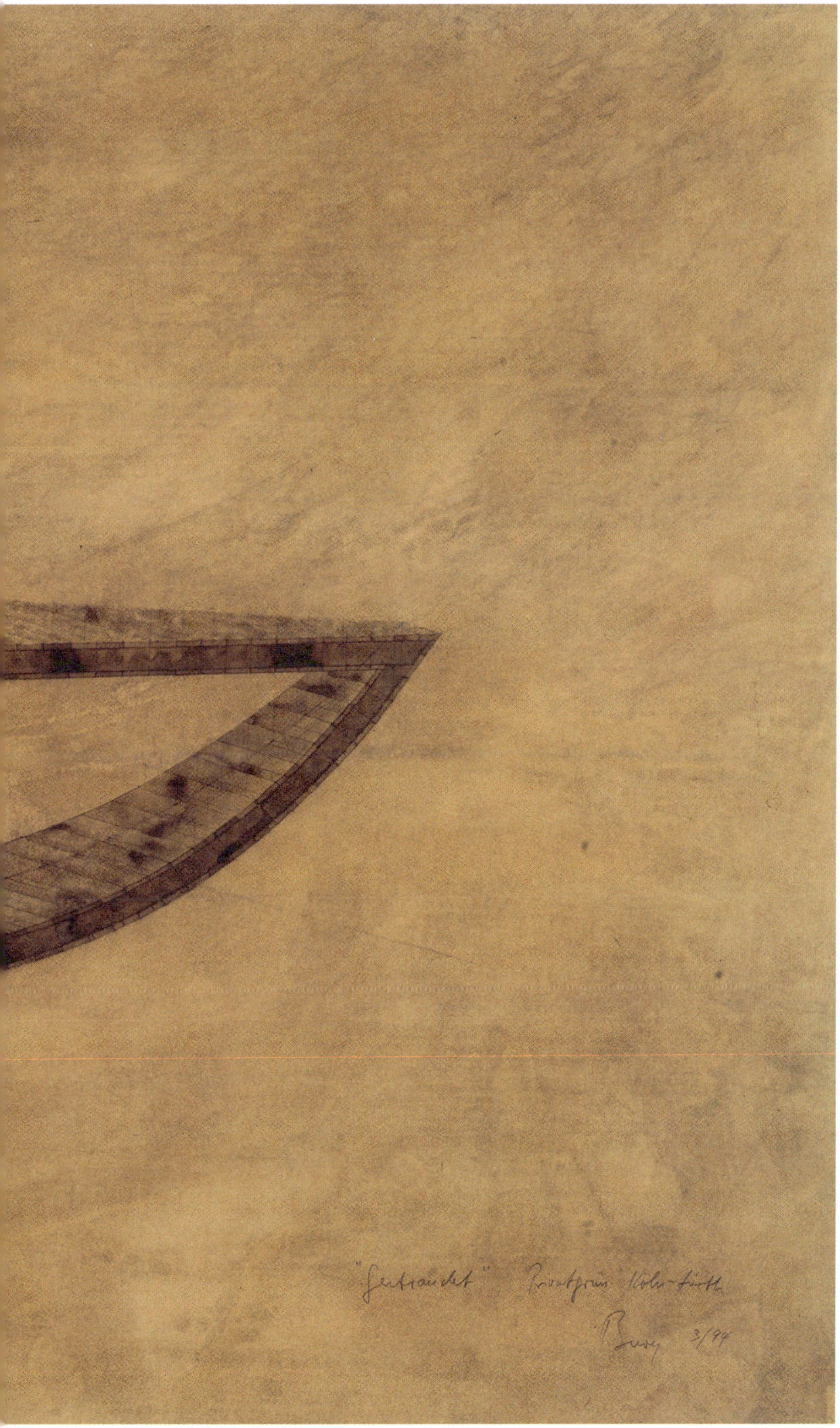
"Gestrandet"
3/94

Aus der Natur und doch gemacht

Das bevorzugte Material von Claus Bury ist naturbelassenes, imprägniertes helles Holz. Etwa 60 der im Folgenden vorgestellten Arbeiten sind aus Holz, 18 aus Stahl oder Aluminium, 16 aus Seilen und Stoffen, fünf aus Marmor, Granit oder Sandstein, eine aus Beton und zwei aus Pflanzen. Ab etwa Mitte der 1990er-Jahre lässt Bury seine Entwürfe von Handwerksbetrieben fertigen. Oft arbeitet er mit sägerauen Bohlen oder Kanthölzern, die beim Dachstuhlbau üblich sind und deren Verbindungen Toleranzen haben. Durch ihre Deckung mit Ziegeln, Schiefer, Schindeln oder Reet werden sie normalerweise von außen unsichtbar. Burys Konstruktionen bleiben sichtbar und ziehen aus dieser sichtbaren Konstruktivität einen großen Teil ihrer Attraktivität.

Bury lässt seine Bretter, Bohlen, Latten und Kanthölzer von Schreinerwerkstätten so verarbeiten, wie es im Ausbau und bei Baugerüsten üblich ist. Diese Charakteristik hat eine Affinität zu vorindustriellen Bauweisen, was an die mittelalterlichen Bauhütten oder auch an die Do-it-yourself-Mentalität unserer Zeit denken lässt. Sowohl der Kanon als auch der Modus von Burys Form- und Gestalt(er)findungen transferiert diese traditionelle handwerkliche Materialauffassung und -verarbeitung allerdings auf die Ebene von zeitgenössischer Avantgardekunst. Was Mario Merz mit Steinen, Richard Serra oder Carl Andre mit Stahlplatten gelingt, erreicht Bury mit naturbelassenem Holz.

Neben der betonten Handwerklichkeit besticht die Natürlichkeit des Materials, was zunächst mit seiner Geschichtlichkeit zu tun hat. Seit antiken Zeiten waren Holzbauten bergende Behausungen, in denen die Menschen Schutz vor wilden Tieren und vor der Unbill der Natur fanden. Und es entstanden nicht nur private Wohnhäuser, sondern auch Gemeinschaftsbauten für kulturelle und rituelle Nutzungen, zum Beispiel für die Verehrung von Gottheiten, für Gerichtsverhandlungen oder Mannbarkeitsräume. In frühen Kulturen bis zum und während des Mittelalters, etwa bei den Wikingern, waren bäuerliche Langhäuser üblich, in denen die Menschen und ihre Nutztiere unter einem Dach lebten.

Aber neben ihren Funktionen, die die Sozial- und Kulturgeschichte aufblättert, sind Holzbauten immer auch Belege für die biologische Vergänglichkeit. Zwar kann man mit Konservierungsmethoden Alterungsprozesse von Hölzern verlangsamen, andererseits sind gerade die Spuren der Alterung oft ästhetisch attraktiver als frisches Neuholz. Sie sind Indizien für gelebtes Leben. Silbergraues Teakholz, verwitterte Dachschindeln, moosbedeckte Wetterseiten von Häusern und Scheunen. Neben den lebendigen, manchmal dramatischen Oberflächen, die wir ästhetisch goutieren, werden damit Alterungsprozesse auch lebensgeschichtlich attraktiv. Insofern ist „Patina“ nicht nur eine ästhetische, sondern auch eine psychosoziale Charakteristik und Eigenschaft.

Überhaupt spielen die Faktoren Zeit und Vergänglichkeit bei Burys Werken oft eine wichtige Rolle. Das Verrotten des Holzes, seine Beeinflussung durch Wind, Regen, Hagel und Schnee oder auch grelles Sonnenlicht gehören zum Bedeutungskontext der Holzskulpturen dazu. Die Skulpturen aus Cortenstahl verändern mit der vergehenden Zeit ebenfalls ihre Farbe. Die Entwicklung der lebendigen kastanienbraunen Edelrostpatina ist erst nach eineinhalb bis drei Jahren abgeschlossen.[6] Ein weiterer perceive by strolling past them. And, as is the case with such classical sculpture, the viewers' angle of vision changes how these open-formsculptures are perceived in that new backgrounds and perspectives come into view. They influence their proximate and urban contexts, just as these contexts, on the other hand, have often exerted a crucial influence on their design and form. In addition the artist responds to the history of a place, its *genius loci*. Bury's sculptures are, as Uwe Wieczorek has put it, 'Media for sensitising the individual to physically experiencing space'.[3]

However, unlike Richard Serra's 'megalomaniac' steel slabs that weigh tonnes yet are often set up intentionally in such a way that they are unstable, deliberately and obstinately blocking passage between and from them and making their access and egress more complicated, Bury's wooden spaces are committed to an intention of condensing and focusing the communicative potential of a public space, such as a square, a street or a park. Bury does not want to interfere with such public spaces or investigate them, which Richard Serra has made his agenda, but instead demand and promote them. That has to do not only, although to quite some extent, with qualities associated with marketing strategies. And so it is probably no coincidence that years ago, in 2011, he was awarded the Main-Kinzig-Kreis Culture Prize for the importance of his work for the entire Rhine-Main-Kinzig region because he was the one to have really put some places on the map with his sculpture. In 1986 he was awarded the August Seeling Promotional Prize sponsored by the Society for the Promotion of the Wilhelm Lehmbruck Museum in Duisburg, in 1991 he was made Municipal Sculptor of the City of Hanau as the recipient of a promotional art award, and in 1996 a project of his was sponsored by the State of Hesse Cultural Endowment.[4]

This artist's open-form sculpture is, moreover, at once discursive-Constructivist and fictional in a close-knit dialectic. This means that he always follows the logic and laws of construction and Constructivism in his thinking on sculpture and his realisations of it yet invariably also charges it with fictional, literary meanings – that is, writes a poetic surplus value into it. Thus his sculptures become literary casings, comparable in this respect to Eduardo Chillida's (with whom, incidentally, Bury once collaborated). This is mainly what makes them so appealing. They invite the viewer to linger with a view to both rational and romantic contemplation: they always inspire a combination of the two. From a distance this is definitely reminiscent of Caspar David Friedrich's paintings and his protagonists' perceptions that drift beyond horizons – for instance, in *Mönch am Meer* [The Monk by the Sea] (*c.*1808), *Wanderer über dem Nebelmeer* [Wanderer above the Sea of Fog] (*c.*1818), *Frau in der Morgensonne* [Woman before the Rising Sun] (*c.*1818), *Zwei Männer, den Mond betrachtend* [Two Men Contemplating the Moon] (1819) and *Sonnenuntergang (Die Brüder)* [Sunset (Brothers)] (1830/35). Poetic surplus value also grows out of elements of Bury's compositions such as balance, fragility, instability, equilibrium and countervalence as well as sequential juxtaposition and rhythmicisation. These are not only spatial but also temporal structures. Hence these open-form sculptures are often structurally very close to musical compositions. There is a term for this: synaesthesia. In an extensive study Karin von Maur has come up with a beautiful title for this phenomenon: *Der Klang der Bilder* [The Sound of Painting].[5]

Zeitaspekt von Burys Skulpturen besteht darin, dass man sich in ihnen oft hinsetzen kann: innehalten und Pause machen, nachdenken, ja meditieren. Ganz im Sinne des Buchtitels von Sten Nadolnys Bestseller *Die Entdeckung der Langsamkeit* (1983).

Dass Zeit bei Burys Skulpturen oft eine Rolle spielt, mag aber auch an seiner intensiven Kenntnis der Bauten jahrtausendealter Kulturen liegen. Ob ägyptische Pyramiden, griechische Tempel, etruskische Gräber oder fernöstliche buddhistische Klöster: Sie alle machen uns unsere Zeitlichkeit bewusst – gerade dadurch, dass sie unzählige Generationen überdauert haben.

Zwar bekommen die monumentalen architektonischen Skulpturen von Claus Bury im öffentlichen Raum mit den Jahren eine Patina, aber sie verrotten nicht, sondern altern in Würde. Das liegt auch an ihrer prinzipiell archaischen Anmutung. Tore und Tempel, Pyramiden und Ziggurats, also gestufte Tempeltürme, werden herbeigespielt und assoziiert. Aber Bury zitiert diese antiken Architekturformen nicht naturalistisch im Sinne einer Denkmalpflege, sondern strukturell. Insofern sind seine entsprechenden Formfindungen, obwohl archaisch, immer dezidiert zeitgenössisch. Ihre konstruktive Logik und ausgeprägte Proportionalität tun ein Übriges.

Das geometrische Formenvokabular Claus Burys ist konturiert von Quadrat und Würfel, Dreieck und Pyramide, Rechteck und Quader, Raute, Hyperbel und Segmentbogen. Das sind klassische, abstrakt dominierte Elemente, die seit Euklid nicht nur zum Formenschatz der Menschen gehören, sondern auch mathematisch-intellektuelle Faszination entfalten. Der Künstler ponderiert diese Formen immer in zugleich massiven wie fragilen Balancen aus, wodurch sie eine räumliche Poesie des Gleichgewichts und der Harmonie entfalten. Die oft gegenläufigen Balancen lassen zudem an das Theorem des mittelalterlichen Philosophen Nikolaus von Kues denken, welches er *coincidencia oppositorum*, den „Zusammenfall der Gegensätze", nannte.

Die Untertitel des Bury'schen Formendiskurses könnten also lauten: *Die Macht des Ephemeren, der Zauber der Geometrie, der Charme der Fragilität, die Faszination der Gegensätze* oder *die Harmonie des Gleichgewichts.* Das hat neben konstruktiven und strukturellen auch narrative Qualitäten. Burys Skulpturen sind trotz ihrer Ornamentlosigkeit und trotz der Abwesenheit von farbigen Valenzen durchaus erzählerisch. Und er kommentiert und konterkariert seine Raumskulpturen durch pastose, farbgesättigte Gouachen und Tuschezeichnungen, die eine malerische Expressivität zeigen. Sie erinnert an den Expressionismus, aber auch an die gestische Malerei der Neuen Wilden. So ist Burys bildnerisches Idiom zugleich von konstruktiver Rationalität und furioser Emotionalität charakterisiert.

Die auf schweres Büttenpapier gemalten, extrem pastosen Vergegenwärtigungen von auf Reisen gesehenen exotischen Bauwerken haben eine geradezu „süffige" Materialität, deren Viskosität das Papier im extrem gesättigten Farbentaumel beinahe ertrinken lässt. Bei diesen Malbüchern des Künstlers schlagen die Farben oft auf die Rückseite des Papiers durch, so, als wären sie nur für die Vorderseite zu üppig. Diese farbsatten Vergewisserungen von Seherfahrungen in anderen, fremden Kulturen sind eine psychologische Ergänzung zu den rational-konstruktiven, nicht selten kristallinen Planungen der Raumskulpturen: Kommentar und Korrektiv, Ergänzung und Interpretation, Relativierung und Überprüfung, Apotheose und rituelle Bannung.

From nature yet made

The artist's material of choice is light-coloured, impregnated timber left in its natural state. Some sixty of the works presented in the following are made of wood, eighteen are steel or aluminium, sixteen are made of ropes and textiles, five are marble, granite or sandstone, one is of concrete and two are made of plants. Since about the mid 1990s, Bury has had his designs realised by craft businesses. He often works with rough-cut planks or squared timbers, whose joints have the tolerances usual in roof-truss construction but are invisible, at least from the outside, because they are covered with tile, slate, shingles or thatched roofing. Bury's constructions remain visible, and much of their appeal is due to the method being openly displayed. Bury has his boards, planks, battens and squared timbers worked at carpenters' workshops just as they usually are for scaffolding. Apart from this characteristic, which is also reminiscent of the DIY mentality and also has affinities with pre-industrial ways of building – think medieval 'stonemasons' guilds' – both the canon and mode of Bury's form and design inventions transfer that craftsmanly traditional conception of material and how it is worked to the plane of contemporary avant-garde art. What Mario Merz has done with stones, and Richard Serra and Carl André with steel slabs, Bury has achieved with rough-cut timber.

Alongside the emphasis on a handmade appearance, the naturalness of the material is striking, a quality which, first of all, has to do with its historicity. Since ancient times timber buildings have been sheltering homes in which people have sought protection from wild animals and inclement weather. Not just private dwellings but also communal buildings were erected for cultural and ritual purposes, such as worshipping deities, conducting court trials and male coming-of-age rituals. Vernacular rustic longhouses, such as those built by the Vikings, in which their human inhabitants lived under the same roof as domesticated animals, were a commonplace in earlier cultures well into the Middle Ages.

However, in addition to their functions, which open up the annals of social and cultural history, timber structures have always also exemplified biological transience. Ageing processes can be slowed down in wood with the aid of conserving methods; on the other hand, the traces of ageing are often aesthetically more attractive than the appearance of fresh new wood. They are indications of lives lived. Silver-grey teak, weathered roofing shingles, moss-covered cladding on the sides of houses and barns exposed to the prevailing winds. Thus apart from the living, often dramatic surfaces we savour for aesthetic reasons, the processes of ageing are also appealing in terms of personal history. Viewed in this light, 'patina' is not just an aesthetic feature but also a psycho-social characteristic. As it is, the factors of time and transience often play an important role in Bury's work. The decay of wood and the influence exerted by wind, rain and hail, or even glaring sunlight, on the process belong to the semantic context of his timber sculpture. His sculptures of Corten steel also change colour as time goes by. It takes from one and a half to three years for the distinctive chestnut-brown patina to develop from the passivation process, in which the material ceases to be corroded by environmental influences and stabilises. The

Die Schönheit des Konstruktiven und der Archaik

Immer wieder artikulieren Betrachter, dass sie die Skulpturen des Künstlers als harmonisch empfinden. Nach der klassischen Auffassung entsteht Harmonie immer dann, wenn die Teile und das Ganze in einem ausgewogenen Verhältnis stehen. Dafür gibt es Vorbilder und Anregungen in der Natur und in der Kunst. So arbeitet Bury oft mit den Proportionsverhältnissen des berühmten mittelalterlichen Mathematikers Leonardo da Pisa, genannt Fibonacci. Auf ausgedehnten Reisen nach Afrika, Byzanz und Syrien lernte er die arabische Mathematik kennen und machte sie in Europa bekannt. Die nach ihm benannte Zahlenfolge 1, 1, 2, 3, 5, 8, 13 ... beschreibt bestimmte Proportionsverhältnisse, die darin bestehen, dass die Summe zweier aufeinanderfolgender Zahlen jeweils die unmittelbar danach folgende Zahl ergibt. Solche Verteilungen kommen auch in der Natur vor, etwa bei Sonnenblumen oder Fichtenzapfen.

Fibonaccis Hauptwerk, ein Buch zur Rechenkunst, genannt *Liber abbaci*, erschien erstmals um 1202 und verarbeitete und analysierte seine Kenntnisse der arabischen Mathematik: vom Dreisatz bis zur Multiplikation, von den Brüchen bis zu den Systemen natürlicher Zahlen, von Quadrat- bis zu Kubikwurzeln. Auch Algebra kommt bereits in diesem Werk vor, das bis weit ins 16. Jahrhundert das in Europa einflussreichste Rechenbuch blieb. Die Fibonacci-Folge steht zudem in engem Zusammenhang mit den Regeln und Proportionen des Goldenen Schnitts, die unter anderem Raffael, Leonardo da Vinci und Albrecht Dürer häufig in ihren Bildern anwendeten. Burys Aluminiumskulptur *Pendulum* (1997) basiert auf der Fibonacci-Folge und seine abgetreppte Holzkonstruktion *Im Goldenen Schnitt* (2004) verwendet ausdrücklich die im Titel genannten Proportionen.

KAT. NR. 61
KAT. NR. 82

Neben diesen idealtypischen Proportionsverhältnissen stellt sich das Gefühl der Harmonie bei Burys Arbeiten aber auch deshalb ein, weil die zwar ganz oder teilweise offenen konstruktiven Strukturen eine bergende, umhüllende Charakteristik aufweisen. Die Besucher fühlen sich im durchaus metaphysischen Sinne „behaust". Für den Philosophen Martin Heidegger war die „Behaustheit des Menschen" eine seiner grundlegenden Denkfiguren. Beim Betreten, Durchschreiten, Umrunden der Raumskulpturen von Bury entwickeln ihre Benutzer und Betrachter andere Wahrnehmungsformen gegenüber ihrer Umgebung als jene, die relativ unbewusst im Alltag vorkommen.

Und es kommt die archetypische Erfahrung von „Lasten" und „Tragen" hinzu, wie sie schon im Konzept der „Urhütte" angelegt ist. Ein schützendes Dach über dem Kopf zu haben, hat etwas mit der bereits erwähnten Empfindung von „Behaustheit" in der Welt zu tun. Von Martin Heidegger bis Peter Sloterdijk haben Philosophen der Gegenwart darüber nachgedacht. Schon Hegel hatte statuiert, dass die Welt Hauscharakter hat und dass die Menschen nicht nur die Sterblichen, sondern auch die Wohnenden sind. Der Mensch ist von Grund auf ein Wohnwesen. Sein Verhältnis zum Weltganzen ist ein Einwohnerverhältnis.

Diese Gleichung von Welt und Haus spüren die Betrachter auch bei den begehbaren und zu umrundenden Großskulpturen von Claus Bury. Indem der Künstler solche Behausungen realisiert, die immer Bildhauerarbeiten bleiben und niemals zu funktionalistischen Architekturen werden, versprechen sie räumliche und visuelle Erlebnisse, die term 'Corten' is a composite formed from CORrosion resistance and TENsile strength, the material's distinguishing properties. The fact that time often also plays a role in Bury's sculpture may, moreover, derive from his profound knowledge of the architecture of civilisations thousands of years old. Egyptian pyramids, Greek temples, Etruscan tombs or Far Eastern Buddhist monasteries: all these structures make us aware of our temporality, particularly since they have lasted for innumerable generations. And another temporal aspect of Bury's sculpture consists in the circumstance that visitors can often sit down in them and take a break, think, even meditate. This quality is captured by the title of the Sten Nadolny bestseller *The Discovery of Slowness* (1987; German original: *Die Entdeckung der Langsamkeit*, 1983).

As shown above, patina, of course, also develops with time on Claus Bury's monumental architectonic sculptures in public spaces because they are constantly exposed to weathering. However, these sculptures do not decay. They age with dignity. This is also due, in principle, to their archaic appearance, which invokes gates and temples, pyramids and ziggurats – towering yet massive terraced sacral structures – and associations with them. Bury, however, quotes these ancient architectural forms in the structural sense rather than as a naturalistic reference to cultural heritage preservation. This means that his relevant formal inventions, although archaic, are always decidedly contemporary. The structural logic and emphasis on proportions informing them do the rest. The geometric plane shapes and geometric solids that constitute Bury's repertory of forms are the square and the cube, the triangle and the pyramid, the rectangle and the rectangular prism, lozenges, hyperbolas and segmented arches. Those are classical, primarily abstract forms that since Euclid have not only belonged to the universal formal lexis but have also developed fascinating mathematical and intellectual ramifications. The artist always equilibrates these forms in balances that are at once massive and fragile, developing a poetry of equilibrium and harmony. Often countervailing, the states of equipoise thus achieved also call to mind the theorem of the medieval neo-Platonic philosopher Nicholas of Cusa (Nicolaus Cusanus) from Kues in southwestern Germany, which he designated *coincidencia oppositorum* – literally, the coincidence of opposites. Hence the subtitles of Bury's form discourses might run as follows: *The Power of the Ephemeral*, *The Enchantment of Geometry*, *The Charm of Fragility*, *The Fascination of Opposites* or *The Harmony of Equilibrium*. This has Constructivist and structural as well as narrative qualities. For all its lack of ornament and the absence of colour valences, Bury's sculpture is thoroughly narrative in character. Pastose gouaches in saturated hues and India ink drawings that reveal painterly expressive qualities but also recall Expressionism and the gestural painting of the 'New Wild Ones' are his comment on, and foil for, his open-form sculpture. This means that Bury's visual idiom is characterised by Constructivist rationality as well as searing emotionality. His visualisations of exotic architecture seen on his travels and painted on heavy handmade deckle-edged paper possess a really luxuriant material quality, with a viscosity that literally steeps the paper in lavishly saturated colour. In the sketchbooks the artist used for these paintings, the paints often seep through to the reverse of the sheets as if they were too rich for the front. These visual experiences of other, foreign,

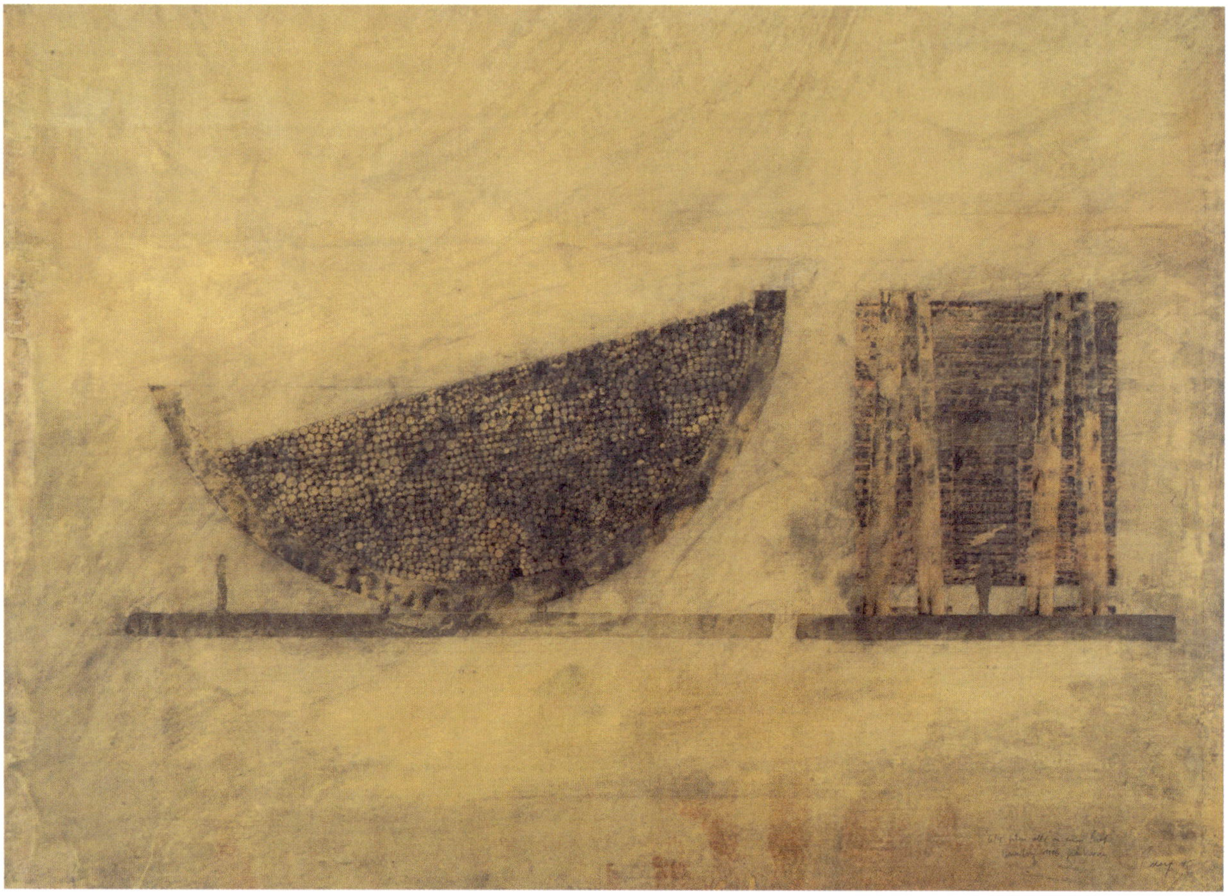

Gouache für Kat. Nr. 55, Wir sitzen alle in einem Boot / Gouache for cat. no. 55, We're All in the Same Boat

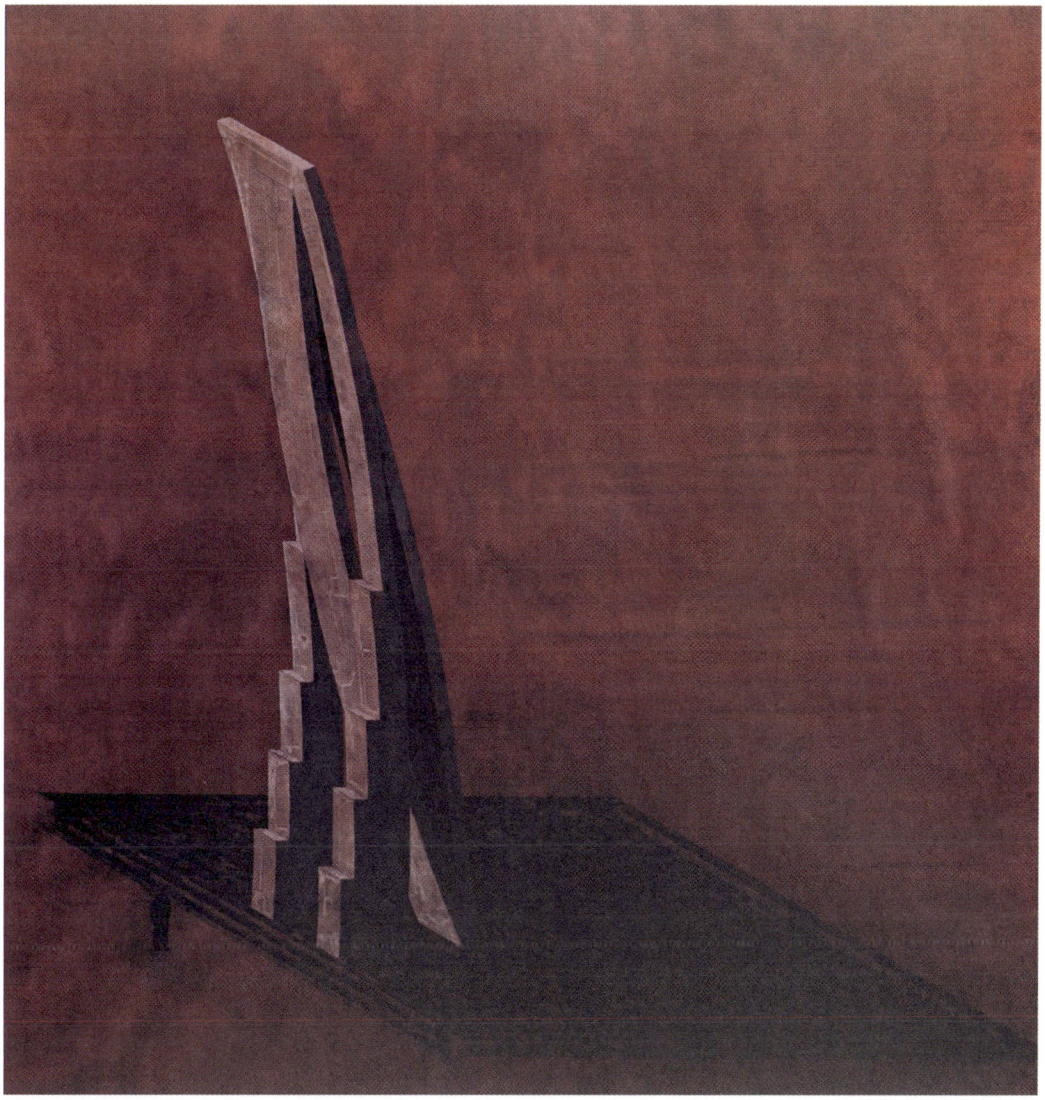

Gouache für Kat. Nr. 61, Pendulum / Gouache for cat. no. 61, Pendulum

Nutzarchitekturen, wenn überhaupt, nur sehr begrenzt haben können. Sicherlich sind in Gebäuden wie der Wallfahrtskirche Notre-Dame-du-Haut de Ronchamp (1951–1955) von Le Corbusier, in Aldo Rossis Partisanendenkmal in Segrate (1965), seinem Teatro del Mondo in Venedig (1979) oder in Peter Zumthors Kapelle des Heiligen Benedikt in Graubünden (1988) skulpturale Erlebnisse und Erfahrungen möglich. Aber das bleiben Ausnahmen.

Burys „Archi-Skulpturen“ evozieren Gefühle von Sicherheit, Stabilität, Solidität und Dauer, auch wenn sie meist aus dem vergänglichen Material Holz errichtet sind. Demgegenüber wurden rituelle, religiöse Anlagen schon seit ihren Anfängen aus Stein errichtet: ägyptische und südamerikanische Pyramiden, Stonehenge, keltische und etruskische Gräber, griechische und römische Tempel. Offenbar war bei ihrer Errichtung das Bedürfnis nach und das Bewusstsein von einer Dauer, die ein, zwei persönliche Lebensspannen übersteigt, entscheidend. Bei privaten Holzbauten war dies nicht so: Jede Generation baute sich ihre eigenen, jeweils neuen Domizile.

Die Alterungsprozesse von Holz, Stein und Metall sind untereinander nicht vergleichbar. Und seit der Industrialisierung um etwa 1830, die ermöglichte, Eisen zu walzen, konnten neben Gerüstbauten aus Metall auch Bauten aus Metallflächen realisiert werden. Seit etwa 20 Jahren entstehen Bury-Skulpturen wie schon angedeutet auch aus Aluminium, Stahl oder Cortenstahl, sowohl als Gerüste wie auch als Flächenkompositionen. Es gibt sogar eine Beton-Raumskulptur des Künstlers. Und inzwischen hat er mithilfe befreundeter Tragwerkingenieure auch etwa eine Handvoll Brücken entworfen, sich also doch den Ansprüchen und Zumutungen eines funktionalen Pragmatismus ausgesetzt.

Zeitgenössische Archaik

Offenbar gibt es seit Jahrtausenden ein in der Wahrnehmung der Menschen anthropologisch verankertes Grundvokabular architektonischer Formen und Körper, die Vertrautheit und Geborgenheit sowie ein Gefühl der historischen Legitimität auslösen. Alle auf der euklidischen Geometrie beruhenden Primärformarchitekturen – ob Pyramide oder Quader, Würfel oder Kugel, Zylinder oder Kegel – lösen diese Vertrautheit aus. Dabei geht es immer um eine Vertrautheit mit einer generellen geometrischen Figur, die dann jeweils an konkrete architektonische Aufgaben und Anforderungen, räumliche Situationen und Bedingungen, finanzielle Möglichkeiten und soziale Akzeptanzen angepasst wird.

Bei nicht oder nur rudimentär funktional-pragmatischen, in der Regel allerdings schon immer begehbaren Raumskulpturen verstärkt sich dieser geometrische Fundamentalismus. Er ist gewissermaßen nicht von pragmatischen Funktionen kontaminiert. Das hat aber generelle Konsequenzen für die Frage des Verhältnisses der künstlerischen Gattungen zueinander. Ich habe einen Essay zu diesem Thema einmal übertitelt: *Grenzverletzer werden unnachsichtig belohnt.*[7]

Manfred Schneckenburger charakterisiert das Verhältnis der künstlerischen Gattungen in den Raumskulpturen von Claus Bury wie folgt:

cultures captured in saturated colours are a psychological complement to the rational-Constructivist, often crystalline planning of the open-form sculpture: commentary and corrective, supplement and interpretation, relativisation and verification, apotheosis and ritual evocation.

The beauty of Constructivism and the Archaic

Viewers constantly say that they find Bury's sculpture harmonious. According to the classical view, harmony is always created when the parts and the whole are in a balanced relationship to each other. There are models and inspirations in both the natural environment and art. Bury often works with the ratios given by the celebrated medieval mathematician Leonardo da Pisa, called Fibonacci, who, after travelling in Africa, Byzantium and Syria, made Arabic mathematics known in Europe. The number sequence named after him, 1, 1, 2, 3, 5, 8, 13 …, describes a certain ratio in which each number is the sum of the two preceding ones. Such sequences also occur in biology – for instance, in the heads of sunflowers or the arrangement of pine-cone scales. Fibonacci's chief work, known as the *Liber abaci*, was first published *c.*1202. In it he worked up and analysed what he had learnt from Arabic mathematics: from the rule of three to multiplication, from fractions to the systems of natural numbers, from square to cube roots. Algebra is also already featured in this work, which remained the most influential mathematical treatise in Europe on into the sixteenth century. The Fibonacci Sequence is also closely associated with the laws and proportions of the Golden Section, which Raphael, Leonardo da Vinci and Albrecht Dürer *et al.* often used in their pictures. Bury's aluminium sculpture
CAT. NO. 61 *Pendulum* (1997) is based on the Fibonacci Sequence, and his 2004 stepped timber
CAT. NO. 82 construction *Im Goldenen Schnitt* [In the Golden Section] uses the proportions explicitly mentioned in the title.

Apart from these ideal ratio types, a feeling of harmony is also induced in Bury's works, because although they are entirely or partly open Constructivist structures, they reveal a sheltering, enveloping character. Visitors definitely feel 'housed' in the metaphysical sense. The concept of 'mankind's being housed in dwellings' was a figure of thought fundamental to Martin Heidegger's philosophy. On entering, walking through or circumambulating Bury's open-form sculptures, users and viewers develop ways of perceiving their surroundings that differ from those encountered in everyday living, which arise from a relatively unconscious state.

And then there is the archetypal experience of *load bearing* and *carrying* as laid out in Heidegger's concept of the 'hut', the primordial shelter. Having a sheltering roof over one's head has something to do with the above-mentioned feeling of 'being housed' while 'being in the world'. Modern and contemporary philosophers from Martin Heidegger to Peter Sloterdijk have reflected on this. Even Hegel postulated that the world has the character of a dwelling and that human beings are not merely mortals but also inhabitants. Human beings are essentially dwellers. Their relationship to the world-as-a-whole is that of residents. Equation of the world with a house

„Auch wo Bury in seinen Holzkonstrukten dichtere Beziehungen zur Architektur herstellt – nirgends zielt er ausschließlich auf eine para-architektonische Handlungsform – er bleibt Bildhauer, moduliert noch mit Latten und Planken ... Diese Skulpturen sind nicht nur begehbar. Sie setzen gleichzeitig markante Signale für die Fernsicht. Sie sind bildhaft so gut wie räumlich und körperlich ... Bury sucht die Synthese von Handlungsform und sprechendem Monument, das auf diese Weise regeneriert, aktualisiert und von Grund auf verwandelt wird. ... Die gebaute Skulptur ist tatsächlich nicht halb Architektur, halb Plastik. Dass Bury wie ein Architekt plant und konstruiert und dennoch wie ein Bildhauer jede praktische Funktion ausspart, bewirkt nicht zwangsläufig eine changierende Zwischengattung. Aus der Verschmelzung ging, nicht zuletzt durch Claus Bury, eine Gattung sui generis hervor. Mehr noch, der Transfer zwischen den Gattungen – Malerei und Plastik, Photographie und Malerei, Plastik und Architektur – gehört nicht erst seit den 1960er Jahren zu den folgenreichsten Anstößen der Moderne, um aus dem Gehege überkommener Bindungen auszubrechen und ein neues, eigenes Terrain zu fundieren. Ein Terrain, das – Architektur hin, Plastik her – eben nicht mehr zwischen den Gehegen steckt, sondern sich verselbständigt und um eine eigene Mitte konzentriert. Genau deshalb ist Bury ein nomadisierender Grenzgänger. Er entwickelt seine ästhetische Strategie aus den Grundbedingungen menschlicher Form- und Raumerfahrung. Er verschmilzt dabei weniger Architektur und Skulptur als ein optisches mit einem körperlichen (d.h. motorischen, haptischen) Erlebnis. Verschmilzt das Sehen mit dem Gehen, die wechselnden Blickwinkel mit einem Standort vor, innerhalb oder unterhalb der Skulptur. Er trägt damit nicht nur dem Architektonischen und dem Plastischen Rechnung, sondern der Doppelnatur unserer Sinne, wie sie die Psychologie in den letzten Jahrzehnten gerade für die Raumerfahrung betont“.[8]

Claus Bury hat wie kaum ein anderer zeitgenössischer Bildhauer ein skulpturales Idiom entwickelt und kultiviert, das in solchen geschichtlichen Formen ein zeitgenössisches Potenzial zu entdecken weiß. Das bedeutet, nicht nur in der Gegenwart historisch abgeschlossene Formcharaktere aufzuschließen, vielleicht aufzubrechen, sondern die unabgegoltenen, bis heute noch nicht realisierten Versprechen und Chancen vergangener Epochen als aussagekräftig, ja möglicherweise sogar orientierungsgebend für die eigene Gegenwart und gestalterische Arbeit zu halten. Dabei ist diese *contradictio in adjecto* natürlich auch eine Autosuggestion, subjektive Motivationsförderung und objektive sozialpsychologische Selbstvergewisserung.

Zeitgenössische Archaik meint insofern ein Aufschließen vergangener Formen und vielleicht auch Identifikationsformate. Nur wenn sich zeitgenössisches Bewusstsein und Empfinden mit den historischen Vorläufern anfreundet, kann man überhaupt von einem dialektischen Realitätsverständnis sprechen. Ein solches Verständnis braucht nicht unbedingt Intellektualität, aber sensible mentale Empfindung. Zudem ist Claus Bury auch ein mit allen Sinnen genießender Handwerker.

Es ist eines der folgenreichsten Missverständnisse der Moderne bis heute, dass Künstler auch talentierte Theoretiker sein müssen. In aller Regel ist eine der beiden Seiten medioker: von Giorgio Vasari bis Walter Gropius. Dabei geht es nicht darum, sein is also sensed by viewers of Claus Bury's monumental works of sculpture because they can be entered or circumambulated. Since the artist realises such dwellings, which, however, always remain works of sculpture and never become functionalist architecture, these 'archi-sculptures' promise spatial and visual experiences that utilitarian architecture can only provide, if at all, to a very limited extent and in exceptional cases. Admittedly sculptural experiences and emotional events are possible in buildings such as the pilgrimage church of Notre-Dame-du Haut de Ronchamp (1951–1955) by Le Corbusier, Aldo Rossi's Monuments to the Partisans of WWII in Segrate (1965), the Teatro del Mondo in Venice (1979) and Peter Zumthor's 1988 St Benedict's Chapel in Graubünden, but they are exceptions to the rule. Bury's open-form sculptures in any case evoke feelings of security, stability, structural sturdiness and permanence and this even though most of these works are built of timber, a perishable material.

By contrast, ritual structures used in religious rights have since time immemorial been built of stone: Egyptian and South American pyramids, Stonehenge, Celtic and Etruscan tombs, Greek and Roman temples. Evidently when they were built, the need for and awareness of permanency that exceeded two human lifespans was decisive. This was not the case with privately owned timber buildings: each generation still built their own, new domicile. Comparing the ageing processes to which wood, stone and metal are subject would mean comparing apples and pears. And since industrialisation in *c.* 1830, which made the production of sheet steel in rolling mills possible, buildings could be constructed not only with steel frames but also from load-bearing sheets of metal. For some twenty years now, Bury's sculptures have been made of aluminium, steel and Corten steel, both as frameworks and surface compositions. There is even a concrete Bury sculpture that both surrounds and projects into space. And in the meantime he has designed a handful of bridges with the help of friends who are structural engineers, showing that he has been looking into the standards and demands of functional pragmatism after all.

Contemporary Archaic

An anthropologically rooted basic lexis of architectonic forms and volumes that trigger familiarity and a sense of security as well as a feeling of historical legitimacy in human perception has evidently existed for thousands of years. All architectural structures in primary forms based on Euclidean geometry – be they pyramids, rectangular prisms, cubes or spheres, cylinders or cones – spark off this feeling of familiarity. This always entails familiarity with a figuration that is in general geometric. It can then be adapted to specific architectural tasks and requirements, spatial situations and circumstances, financial resources and social acceptance norms. This geometrical fundamentalism is reinforced in the case of open-form sculptures that are not, or only rudimentarily, functionally and pragmatically enterable. It is, to a certain extent, fundamentalist because it is not tainted with pragmatic functions.

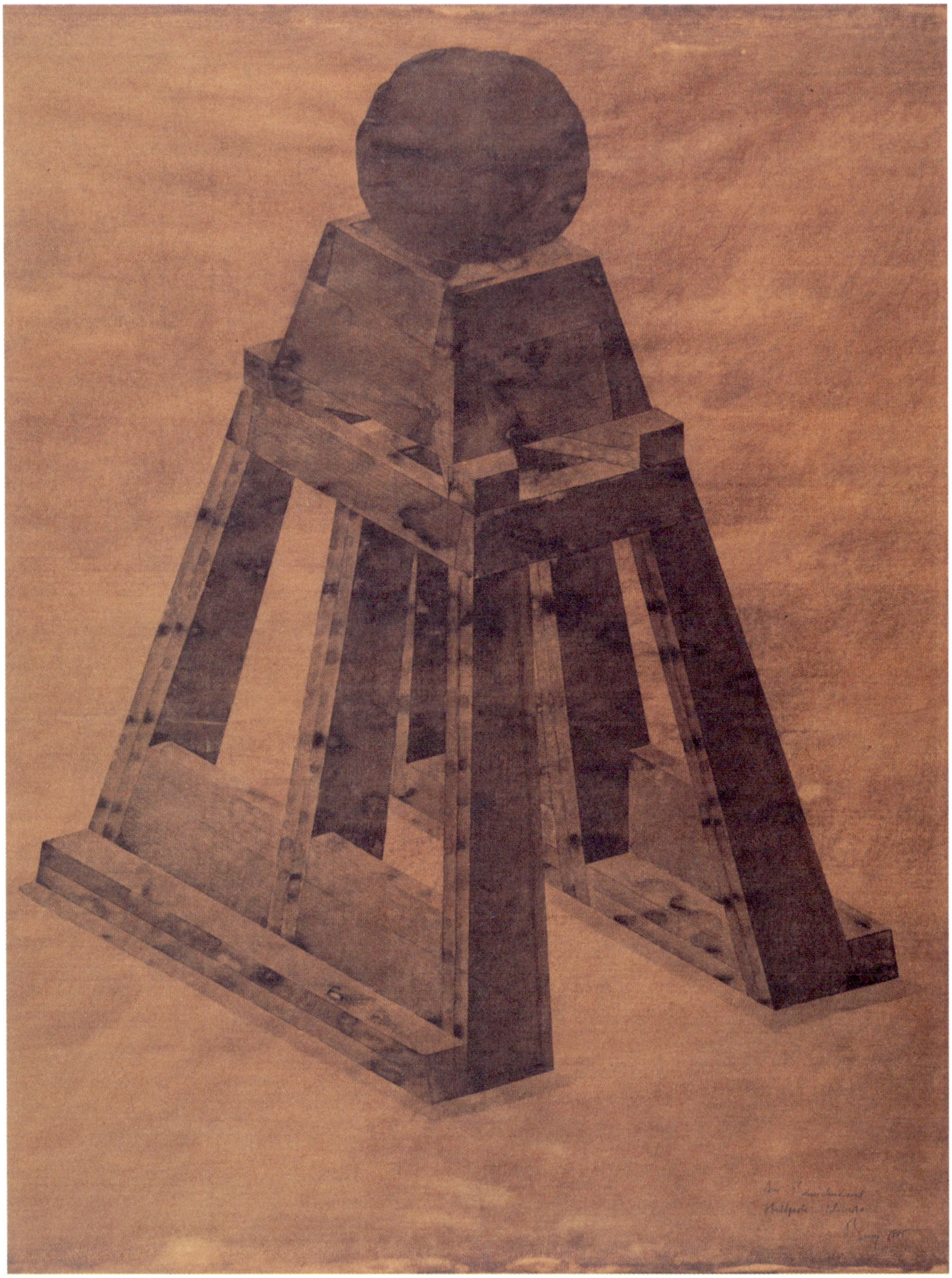

Gouache für Kat. Nr. 53, Am Baumdenkmal / Gouche for cat. no. 53, At the Tree Monument

This does, however, have general consequences when applied to the interrelationship of art genres.

I once gave the following title to an essay of mine on this subject: 'Grenzverletzer werden unnachsichtig belohnt' [Border Casualties are Rewarded with Inclemency].[6]

> 'Even where Bury creates closer links with architecture in his timber constructions – nowhere does he aim exclusively for a para-architectural type of act – he remains a sculptor, still modulating with battens and planks [...]. These sculptures are not only enterable. At the same time they markedly signalise far-sightedness. They are, qua sculpture, for all practical purposes space and volume [...]. Bury seeks a synthesis of a type of act and speaking monument that is regenerated, actualised and completely transformed in this way. [...] As built sculpture, it is not, in fact, half architecture, half sculpture. That Bury plans and constructs like an architect yet, like a sculptor, excludes every practical function does not of necessity result in an intermediate genre notable for chatoyancy. A genre sui generis has emerged from this fusion, not least through Claus Bury's agency. Moreover the transference between media – between painting and sculpture, photography and painting, sculpture and architecture – has belonged, and not only since the 1960s, to the most momentous impulses of modernism, enabling it to break out of the constraints of outmoded fetters to conquer new territory. Territory that – be it architecture or sculpture – is no longer fenced in but has become autonomous and concentrated on its own centre. That is the reason why Bury is a nomadic transgressor of boundaries. He develops his aesthetic strategy from the basic assumptions of human experience of form and space. In so doing, he fuses not so much architecture and sculpture as he does visual with physical (that is, motoric, tactile) experience – fuses seeing with walking, a changing angle of vision with a vantage point within or below the sculpture. Thus he takes not only the architectural and the sculptural into account but the dual nature of our senses as psychology has been emphasising in recent decades, notably with respect to the way we experience space.'[7]

Claus Bury is virtually unique among contemporary sculptors in having developed and cultivated a sculptural idiom that succeeds in uncovering contemporary potential in forms that are quintessentially historic. This means not only opening up, perhaps breaking down, historically complete form types but viewing the promises and chances of past ages that have not been realised to the present day as making a strong statement, perhaps even providing orientation for his own present and design work. Of course this *contradictio in adjecto* is also an autosuggestion: subjectively seen, motivation promotion and, objectively speaking, socio-psychological self-reassurance.

Viewed in this light, contemporary Archaic means opening up historic forms and possibly also identification formats. Only when contemporary awareness and feeling come to terms with historic precedents can there be any talk at all of a dialectical insight into reality. Insights of this kind do not necessarily require intellectuality, eigenes künstlerisches Tun nicht mit theoretischen Einsichten zu unterfüttern. Aber das ist etwas anderes als zu beanspruchen, als Künstler ein Theoretiker *sui generis* zu sein. Aus Erwin Panofsky wird man keinen bedeutenden bildenden Künstler machen können wie umgekehrt aus Pablo Picasso keinen Friedrich Wilhelm Hegel. Und das erklärt auch Claus Burys Faszination für anonyme *Bauernarchitekturen.* Denn die Landwirte sind ja ebenfalls keine intellektuellen Theoretiker oder ausgebildeten Handwerker, sondern handfeste Praktiker, die gleichwohl zu manchmal geradezu kühnen architektonischen Kreationen fähig sind.

Regionalismus und Internationalität

Claus Bury ist in Gelnhausen geboren und aufgewachsen, hat in Hanau sein erstes Studium absolviert und ist dieser Stadt bis heute eng verbunden, auch wenn er sein Atelier seit Jahrzehnten in Frankfurt hat. Seine familiären Wurzeln in dieser Stadt reichen bis in das 18. Jahrhundert zurück. 1772 entstand in Hanau eine Zeichenakademie, aus der viele Maler und Zeichner sowie Goldschmiede hervorgingen; unter anderem ein Vorfahre von Claus Bury, der Maler Friedrich Bury, mit dem Goethe während seines Aufenthaltes in Rom eine enge Freundschaft pflegte. Claus Bury absolvierte an der Akademie seine Ausbildung als Goldschmied. Er wohnte und arbeitete unmittelbar nach seinem Goldschmiedestudium in einem peripheren Gebäude im Hanauer Schlosspark Philippsruhe, in dem von der Kommune mehrere Künstlerateliers untergebracht waren.

Stipendien führten ihn dann aber nach Italien, Südamerika und Australien, ebenso nach New York und Rhode Island an die Ostküste der USA. Dadurch weitete sich sein Blick und Horizont gleich zweifach. Einerseits lernte er frühe europäische und außereuropäische Hochkulturen und deren Bauten kennen, etwa die der Mayas, der Inkas, der Ägypter und Etrusker. Außerdem anonyme *Bauernarchitekturen,* zum Beispiel aus großen Heuballen, die oft haushoch aufgetürmt werden und durchaus architektonische Dimensionen annehmen können. Andererseits kam er in den USA und Australien mit zeitgenössischen Bildhauern in Kontakt, die im Bereich Land-Art aktiv waren.

Auch Bury realisierte 1979 in Palm Beach bei Sydney am Meeresstrand eine *Wave* KAT. NR. 10
Sculpture, die nach 18 Stunden durch die Flut zerstört wurde. 1980 folgte mit einer
Spiral Sculpture genannten Arbeit ein weiteres Land-Art-Projekt. Beide waren ephe- KAT. NR. 12
mere, fragile Soff- und Stabskizzen, deren Flüchtigkeit gewollt war. Aber bereits
1983 entstand mit seinem *Bridge Project* für den Madison Square Park in New York KAT. NR. 21
eine erste, dann typisch werdende begehbare Raumskulptur aus naturbelassenem, hellem Holz.

Von da an wurde dieses Material, die Art und Weise seiner Verarbeitung sowie die zwischen bergender Hülle und offener Aussichtsfähigkeit aus dem Inneren changierende Charakteristik so etwas wie ein „Logo-Vokabular" dieses Künstlers. Allerdings hat sich Bury seit den frühen 1980er-Jahren mit seinen Installationen auf deutsche Städte, zum Teil auch Kleinstädte, konzentriert. Dazu gehören neben Frankfurt am Main, Köln, Nürnberg, Stuttgart, Mannheim, Würzburg und Speyer auch Duisburg und Erlangen, Pforzheim und Ravensburg, Seligenstadt und Bitterfeld, Soltau und Gelnhausen, but they do need a sensitive mindset. In addition, Claus Bury is a craftsman who enjoys his work with all his senses. Believing that artists must also be talented theorists is even today one of the most serious misreadings of modernism. As a general rule, one of the two sides of theorists and practising artists is mediocre: from Giorgio Vasari to Walter Gropius. This does not mean not underpinning one's own artistic endeavours with theoretical insights. But that is different from claiming, as an artist, to be a theorist sui generis. No one can make a major fine artist out of Erwin Panofsky, or, conversely, a Friedrich Wilhelm Hegel out of Pablo Picasso. And that also explains Claus Bury's fascination with anonymous vernacular rural architecture. After all, farmers do not tend to be intellectual theorists or trained craftsmen. They are hands-on practicians, but nonetheless they are sometimes capable of really bold creations in architecture.

Regionalism and internationalism

Claus Bury was born in Gelnhausen and grew up there. He completed his first course of art studies in Hanau and still has close ties to the city although he has had his studio in Frankfurt for decades. His family roots in Hanau go back to the eighteenth century. In 1772 a drawing academy – the Hanau Zeichenakademie – was established there, where many painters and draughtsmen as well as goldsmiths studied, including an ancestor of Claus Bury's, the painter Friedrich Bury, who was a friend of Goethe's while the two were staying in Rome. Claus Bury graduated from the Hanau Zeichenakademie in goldsmithing. While a student he lived in an outbuilding in the Phillipsruhe Castle grounds, in which several artist studios were maintained by the municipality, and continued to work there after graduation. Travel grants then took him to Italy, South America and Australia as well as New York City and Rhode Island on the US Eastern Seaboard. Travelling so extensively widened his viewpoint and his horizon twofold. On the one hand, he became acquainted with both early European and non-European civilisations and their architecture, including that of the Mayas, the Incas, the ancient Egyptians and the Etruscans, and anonymous rustic vernacular structures – for instance, some constructed of large bales of hay piled up as high as houses that can assume architectural dimensions. On the other hand, in the US and Australia he came into contact with contemporary sculptors working in
CAT. NO. 10 the genre known as Land Art. In 1979 Bury also realised *Wave Sculpture* on Palm Beach near Sydney, which was destroyed by the incoming tide after eighteen hours,
CAT. NO. 12 and in 1980 he was represented in another Land Art project by a work entitled *Spiral Sculpture*. Both projects were ephemeral, fragile contour sketches meant to be erased by the tide, their fleeting nature deliberate. However, by 1983 Bury had pro-
CAT. NO. 21 duced *Bridge Project* for Madison Square Park in New York, his first enterable open-form sculpture of light-coloured timber left in its rough state, features that would become typical of his work.

From then on this particular material, handled in this way, and the characteristic his works have of oscillating between sheltering casing and casement opening on

Bad Homburg und Bad Oeynhausen, Hanau und Weimar sowie Fellbach und Ladenburg. Die Psychologie kleinerer Städte unterscheidet sich von jener der großen Metropolen. Deren plurale Vielstimmigkeit, die manchmal in ihrer gnadenlosen Disparatheit einer Kakofonie gleicht, steht im Gegensatz zu einer tendenziell hierarchisierten, „befriedeten" Sozialität, die sich auch Gelassenheit leisten kann und will. In kleineren Städten sind die städtebaulichen Situationen übersichtlicher, persönlicher, individueller und fast immer historisch gewachsen. Die Einwohner und Anrainer identifizieren sich mehr mit diesen oft über Jahrzehnte oder länger gewachsenen Strukturen.

Die Dokumentationslage solcher mikrourbanen Situationen ist dank stadthistorischer Bestände in Stadtarchiven meist ausführlich und ergiebig. Man kommt auch schneller mit Ortskundigen ins Gespräch, jedenfalls mehr als in anonymisierten Großstädten, wo in der Regel die städtischen Planungs- und Hochbauämter die einzigen Gesprächspartner sind. Ich denke, dass Bury die persönliche Ebene vorzieht, denn da ist noch so etwas wie Oral History möglich. Und es ist nicht unwahrscheinlich, dass solche personalisierten, intimen Kommunikationen dann auch die Genese eines Projektes beeinflussen. Das macht diese Skulpturen demokratisch – und das sieht man ihnen dann eben auch an.

Diese Form eines durchaus bodenständigen Regionalismus ist ehrlicher und authentischer als ein freischwebender Internationalismus globaler Prägung ohne Verwurzelung. Zu den akzeptiertesten politischen Maximen der Gegenwart gehört die Einsicht: *Zukunft braucht Herkunft.* Die künstlerischen Avantgarden des 20. Jahrhunderts – vom russischen Konstruktivismus bis zur Concept Art – wären wohl kaum dieser Auffassung gewesen. Ihre Vorreiterrolle verstanden sie immer als moralisch integer, überlegen, von einer teleologischen Gewissheit durchdrungen und ortsunabhängig. Und sie agierten nur in Metropolen: Paris, New York, London, Berlin, Mailand ... Die Vorstellung von Provinz war ihnen ein Gräuel.

Nicht so für Bury. Er weiß und handelt danach, dass die Behauptung, in eher provinziellen Orten gäbe es keine herausragenden kulturellen Angebote und es fände kein bedeutendes gesellschaftliches Leben statt, schlichtweg falsch und irreführend ist. Denn kleinere Städte sind nicht langweiliger als Metropolen, sie sind einfach anders. Und das ist alles andere als Sentimentalität. Bei den Skulpturen dieses Künstlers ist ihre Ortshaltigkeit immer auch eine Welthaltigkeit. Der Dialekt wird hier zur Dialektik.

Und weil Regionalismus nicht nur, aber eben auch in der Kunst Ortshaltigkeit und -kundigkeit erzeugt, ist er authentisch. Authentisch deshalb, weil er gewachsene Strukturen kennt und erkennt, schützt und schätzt. Einem internationalen Jetset, auch im Kunstbetrieb, ist dies fremd. Das betrifft Künstler, Sammler, Sponsoren und Rezipienten gleichermaßen. Wobei der Internationalismus bei Claus Bury durch seine ebenso extensiven wie intensiven Reisen gegeben ist. Die aber beruhen auf ernsthafter forschender Neugierde, die sich intensiv einlässt auf die Artefakte fremder Kulturen und eben gerade nicht touristisch handelt.

Der Tourist will in der Fremde immer das, was er von zu Hause kennt, wiedererkennen und wiederfinden. Hofbräuhaus am Ballermann, die Haxe in Sri Lanka, die Grüne Soße auf Madeira. Bury dagegen lässt sich neugierig-lustvoll auf fremde Kulturen ein, aber er verleibt sie sich auch ein, nimmt ihren *spirit* als Anregung für den eigenen. Der to vistas from within the sculptures became something like a logo for this artist's aesthetic idiom. However, since those early days in the 1980s – that is, for some three and a half decades – Bury has concentrated with his installations on German cities, often smaller ones. The sites include, apart from Frankfurt, Cologne and Nuremberg, Stuttgart and Mannheim, and Würzburg and Speyer as well as Duisburg and Erlangen, Pforzheim and Ravensburg, Seligenstadt and Bitterfeld, Soltau and Gelnhausen, Bad Homburg and Bad Oeynhausen, Hanau and Weimar and both Fellbach and Ladenburg.

The psychology of smaller cities differs from that of metropolises. The pluralism and polyphonic diversity of the latter sometimes amounts to cacophony, so shrilly disparate are its vocal elements. This in turn contrasts starkly with a 'tamed' community structure that tends to be hierarchical and opts for equanimity because it can afford it. In smaller cities the settings of urban planning are easier to manage, are more personal, individual, and almost always look back on a long history of organic growth. Residents and inhabitants from the surrounding area identify more with structures that may have developed over a period of decades or longer. The documentation is usually thorough and extensive. One can also be involved more quickly and more rewardingly in conversation with people who know their home town; in any case this is more likely than in anonymous big cities, where, as a rule, the only people one tends to talk to are officials employed by the urban planning and public building and works authorities. I am quite sure that Bury prefers the personal level. There something akin to oral history is still possible. And it is not unlikely that such personal, intimate communications also influence the inception of a project. That is what makes these sculptures democratic, and they show it, too.

This form of really autochthonous regionalism is more honest and authentic than any free-floating internationalism with a globalist bent and without roots could be. One of the most accepted current political maxims is the insight'the future is built on tradition'. The avant-garde in twentieth-century art – from Russian Constructivism to Conceptual Art – probably thought differently. It viewed its pioneering role as morally upright, superior, informed by teleological certainty and not tied to any particular place. And it was only active in big cities: Paris, New York, London, Berlin, Milan ... The very idea of provincialism was abhorrent to it. Not to Bury: he knows, and acts accordingly, that the claim that no outstanding cultural or social achievements have happened in such provincial places is utterly wrong and misleading. Smaller cities are not more boring than metropolises; they are simply different. And this point of view is anything but sentimental. In this artist's sculpture, being in a particular place always also implies being in the world. Dialect becomes dialectics here.

And because regionalism not only generates being in a place and knowing about that place in art – although that is not all it does – it is authentic. Authentic because it knows and accepts structures that have grown naturally, protecting and appreciating them. This attitude is alien to an international jet set, and the art scene as well. It is true of artists, collectors, sponsors and responders to art alike. In this connection Claus Bury's internationalism is the result of his extensive and equally

Tourist macht Fotos als „Tatortbeweis“: Ich bin dagewesen. Bury macht Fotos als Anregungsanker: Ich habe mich inspirieren lassen. Und er protokolliert in Malbüchern mit einer pastos-expressiven Gouachetechnik seine Seherfahrungen, seine An- und Aufregungen in und mit fremden Kulturen. Diese visuellen Tagebücher sind in erster Linie autobiografische Selbstvergewisserungen, die sich keinen Deut um professionelle Darstellungsweisen kümmern.

Manche der in diesen Malbüchern festgehaltenen Seherfahrungen wirken malerisch naiv, wie Bilder von Zehn- oder Zwölfjährigen. Gleichzeitig denkt man aber bei ihrem Anblick auch an Paul Klee, Pablo Picasso, Joan Miró oder Henri Matisse. Es geht mehr um Bedeutungsdiskurse als um professionelle Darstellungsvirtualität. Das ist mehr eine Sache für smarte Werbegrafiker und Rendering-Spezialisten. Bei Bury bekommen die visuellen Reiseerinnerungen zudem eine geradezu emailhafte Plastizität des Farbauftrages: Sie werden körperlich.

Anregungen, Einflüsse: außereuropäische und antike Kulturen, Bauern- und Industriearchitekturen

Die Welthaltigkeit von Burys skulpturaler Sprache wird auch durch die Anregungen und Einflüsse unterstrichen, denen er sich aussetzt. Dabei verfolgt er zwei unterschiedliche Stränge der Neugierde. Der eine betrifft seine Faszination für die nicht aus künstlerischen Überlegungen heraus entstandenen Nutzarchitekturen der Gegenwart: technische Bauwerke, Fördertürme, Industrieanlagen, Megamaschinen im Braunkohletagebau, Schaufelbagger und ähnliche Objekte, die Dimensionen von beweglichen Architekturen erreichen. Der andere betrifft seine Bewunderung für die überkommenen Bauartefakte archaischer Kulturen: die der Etrusker und Ägypter, der Inkas und Azteken. Aber auch die antiken chinesischen, indonesischen, kambodschanischen und thailändischen Tempel sowie die antiken Artefakte der Baukultur in Syrien, Japan, Mexiko, Griechenland, Irland und Italien.

Jörg van den Berg charakterisiert Burys Beschäftigung mit der Architektur am Beispiel seiner Fotografien wie folgt:

> „Blickt man ... auf Burys Fotografien historischer Architekturen, wie z. B. die der Mayas aus Mexiko oder die der etruskischen Felsengräber aus Italien oder auch auf seine Fotografien jüngerer Industriearchitekturen und Brückenkonstruktionen, dann werden weitere wichtige Referenzpunkte seines künstlerischen Vokabulars augenfällig. Diese Bilder markieren immer wieder Burys Interesse am Verhältnis geschlossener Volumina und deren partiellen Öffnungen durch Ein- oder Durchgänge, Laibungen oder Säulenstellungen. Seine Fotografien analysieren Proportionen innerhalb der Architekturen ebenso wie ihr Verhältnis zum umgebenden Raum. Sie zeigen uns sein Interesse an Durch- und Ausblicken und wie diese formal inszeniert werden können. Man findet beinahe alle Vokabeln seiner Formensprache in diesen Fotografie-Serien wieder: die so charakteristischen Bogen- und Kreissegmente, die

intensive travels. They, however, rest on serious curiosity that goes deeply into the artefacts of foreign cultures, and that is why Bury does not behave like a tourist. Tourists so often want to recognise abroad what they know from home and find it there waiting for them. German tourists are accused of seeking the Hofbräuhaus in the Ballermann beach café on Mallorca, expecting to find ham hock in Sri Lanka, pining for the Frankfurt green herb sauce on Madeira. Bury, untainted by such clichés, takes great pleasure in following up his curiosity about other civilisations, going into them in depth and imbibing their spirit as inspiration for his own. Tourist photos are crime-scene evidence: been there, done that. Bury takes photos to anchor inspiration: I've been inspired. And, in his painting books, he jots down eventful visual experiences, what he has found stimulating and exciting in and with foreign cultures. These visual diaries primarily provide autobiographical self-reassurance and have nothing at all to do with professional modes of representation. Some of the visual experiences captured in these painting books look naïf in terms of painterly handling, like pictures done by ten- or twelve-year-olds. Yet looking at them, one is also reminded of Paul Klee, Pablo Picasso, Joan Miró or Henri Matisse. Here what matters is discourses on meaning rather than professional representational virtuality. That is the preserve of trendy commercial artists and rendering specialists. In Bury's hands, moreover, these visual travel memoirs assume a relief plasticity strongly reminiscent of enamelling: they acquire mass and volume.

Sources of inspiration and influences: rustic vernacular structures, non-European architecture and ancient civilisations

The 'being-in-the-world', cosmopolitan quality of Bury's sculptural idiom is also underscored by the sources of inspiration and influences he has exposed himself to. His curiosity leads him along two different paths. One is a fascination that has not emerged from artistic considerations with contemporary utilitarian architecture: technical structures, pit-head frames, industrial facilities or the colossal machinery used in the open-cast mining of brown coal, including mining excavators and similar objects that, although movable, are on an architectural scale. The other is his admiration for the surviving architecture of archaic civilisations such as the Etruscans and ancient Egyptians, the Incas and the Aztecs, as well as ancient Chinese and Indonesian, Cambodian and Thai temples and his embracing of the ancient architectural artefacts of Syria and Japan, Mexico, Greece, Ireland and Italy.

> 'Looking [...] at Bury's photographs of historic monuments, such as those of the Mayas in Mexico and the Etruscan rock-cut tombs in Italy or his photographs of more recent industrial architecture and bridge constructions, one is struck by a number of other important points of reference in his aesthetic lexis. These pictures constantly pinpoint Bury's interest in the relationship between closed

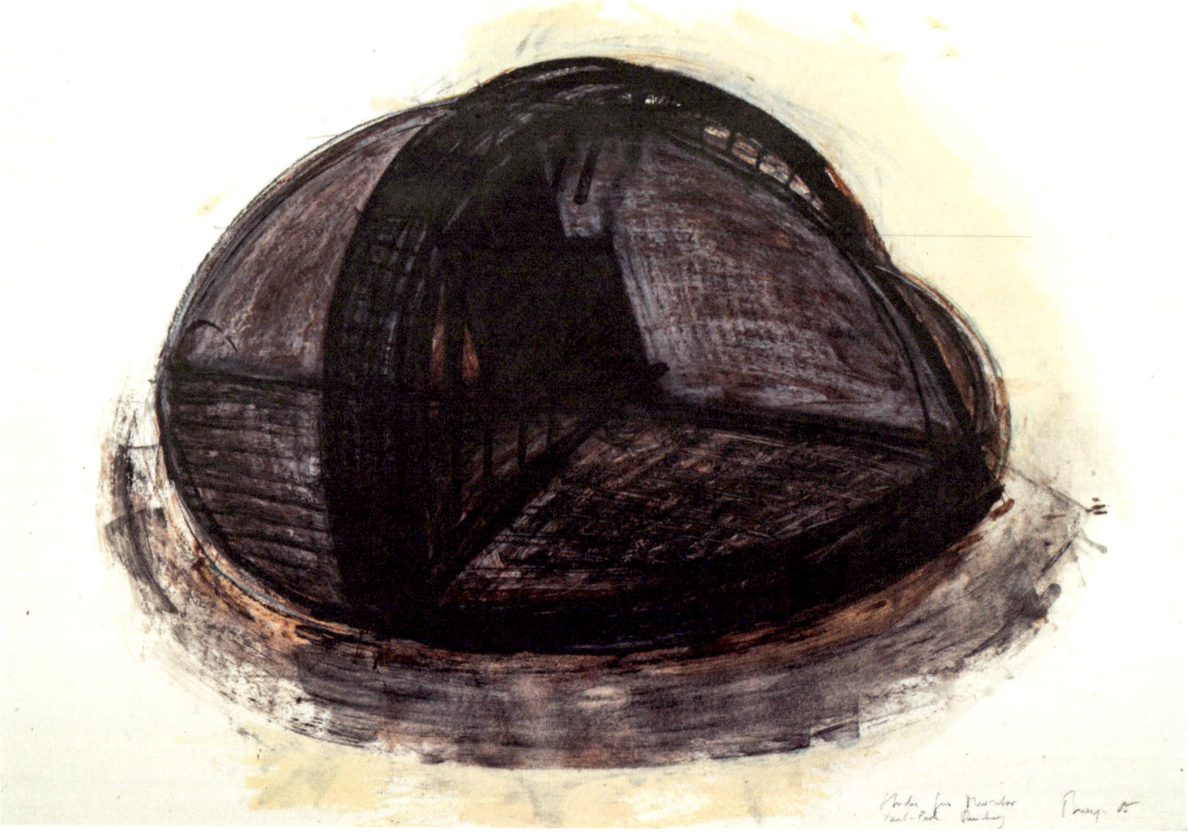

Gouache für Kat. Nr. 28, Mercator / Gouache for cat. no. 28, Mercator volumes and ones that are partly opened by entrances or passages through them, window reveals and embrasures or colonnades. His photographs analyse proportions within the structures as well as their relationship to the space surrounding them. They show us his interest in vistas and prospects and how both can be formally staged. Virtually his entire language of forms recurs in these series of photographs: the characteristic arch and circle segments, the closed-form and open-form spatial volumes, stepping, the integrated places for lingering.'[8]

Bury sees archaic stylistic elements of architecture such as columns and pillars, portals and crenellations, terraces and steps, vaulting and stairs as a basis of sorts for all historic building because they reveal similarities that bridge continents, even though centuries may lie between them. Thus the artist seeks similarities between forms. When he is on his extensive travels, which are more for research purposes than indulging in tourism, he almost always photographs his architectural study objects without people near them as both documents and works of art. Seeing by comparing bridges and towers, castles and battlements, terraced gardens and historic parks from different countries results in astonishing parallels that have fascinated the artist. This is the treasure trove on which he draws for his own designs. And he writes in diaries about the impressions he has on his trips. During his travels, which often last for months at a time, he paints what he has seen on hand-milled deckle-edged paper in intimate artist's books to create mesmerising, imaginative miniatures in which he usually overlays the impressions captured with his own aesthetic thinking on space. And he doesn't eschew mythological heightening. Just as his black-and-white photographs of ancient buildings radiate a neutrality that is reminiscent of 1920s' New Objectivity architecture photography – for instance, at the Bauhaus – and therefore are charged with visual aesthetic convictions, so his intensely colourful gouaches, which deliberately cultivate a painterly handling, are not only supplemental to but in some respects also virtually the antithesis of his precise, Constructivist plans and models. Their reduction to a few essential form elements attests an aesthetic autonomy that must be eschewed for obvious practical reasons in the detailed instructions given to the crafts businesses commissioned to realise Bury's designs.

In anonymous rustic structures Claus Bury sees configurations that reveal unconscious powers of design and, like ancient temple architecture, proclaim the beginnings of civilisation and, concomitantly, the emergence of cultural landscapes. Rural stores for provisions of straw or hay are manageable bundles of sheaves or are in the forms of entire houses of straw with pitched roofs in Italy. In Cambodia there are round rice-straw ricks, and in central Europe hay bales are piled up to form towering truncated pyramids. Then there are stratified structures like reliefs in Greece, irregularly thrown mountainous heaps of bales, or bales of straw stacked with almost industrial precision boasting house-like 'entrances' in Spain. There are straw stacks that look like Celtic tumuli with large openings bridged with huge keystones, or mountains of straw ten or twelve metres high, the upper layers of which can only be reached with ladders. Sometimes bales of straw are carefully stacked beneath wood or sheet-metal roofs as if they were meant to be preserved, geschlossenen und die sich öffnenden Raumvolumen, die Treppungen, die integrierten Verweilorte".[9]

Bury begreift die archaischen Stilelemente der Architektur wie Säulen und Pfeiler, Tore und Zinnen, Terrassen und Stufen, Gewölbe und Treppen als eine Art Basis allen historischen Bauens. Sie weisen kontinentübergreifend Ähnlichkeiten auf, auch wenn Jahrhunderte dazwischenliegen mögen. So sucht der Künstler Formen-Ähnlichkeiten. Auf seinen ausgedehnten Reisen, die eher Forschungsreisen als touristisches Vergnügen sind, fotografiert er seine architektonischen Erkundungen, so gut wie immer ohne Menschen, als Dokument und Kunstwerk zugleich.

Dieses vergleichende Sehen von Brücken und Türmen, Burgen und Zinnen, Terrassengärten und historischen Parkanlagen aus verschiedenen Ländern führt zu erstaunlichen, den Künstler faszinierenden Parallelitäten. Aus diesem Fundus schöpft er auch für seine eigenen Entwürfe. Er schreibt über seine Reiseeindrücke auch in Tagebüchern und malt sie bei seinen oft mehrmonatigen Reisen in intime Künstlerbücher auf handgeschöpftes Büttenpapier. So entstehen imaginative, hypnotische Miniaturen, in denen er die Eindrücke meist mit seinem eigenen raumkünstlerischen Denken überblendet.

Mythologische Intensivierungen bleiben da nicht aus. So wie seine Schwarz-Weiß-Fotografien der Architekturen des Altertums eine Neutralität ausstrahlen, die an die neusachliche Architekturfotografie der 1920er-Jahre, etwa am Bauhaus, erinnern (und insofern dann eben doch mit bildästhetischen Überzeugungen aufgeladen sind), lassen sich seine farbintensiven Gouachen, die bewusst einen malerischen Duktus breiter Pinselstriche kultivieren, nicht nur als Ergänzung, sondern in mancher Hinsicht fast als Antithese zu seinen konstruktiv-exakten Plänen und Modellen verstehen. Denn ihre Reduzierung auf wesentliche, wenige Formelemente belegt eine künstlerische Autonomie, die die detaillierten Ausführungsanweisungen für jene Handwerksbetriebe, die Burys Entwürfe realisieren, naheliegenderweise vermeiden müssen.

In der anonymen *Bauernarchitektur* sieht Claus Bury Gebilde, die unbewusst eine Gestaltungskraft haben und ebenso wie die antiken Tempelarchitekturen vom Beginn menschlicher Kultur und eben auch vom Beginn menschlicher Kulturlandschaften künden. Diese bäuerlichen Vorratswirtschaften aus Stroh oder Heu haben handliche Garbenbündel oder komplette Hausformen aus Stroh mit Satteldach in Italien, runde Reisstrohschober in Kambodscha, zum Pyramidenstumpf getürmte Ballen in Mitteleuropa realisiert. Daneben finden sich plastisch-reliefartige Schichtungen in Griechenland, unregelmäßig hingeworfene Ballengebirge oder fast industriell gestapelte Strohballen mit hausartigen Eingängen in Spanien. Es gibt Strohstapelungen, die wie Keltengräber große Öffnungen mit Strohballen wie mit großen Schlusssteinen überbrücken oder zehn, zwölf Meter hohe Strohgebirge, an deren obere Lagen man nur mit Steigleitern herankommt.

Manchmal werden die Strohballen sorgsam unter Dachkonstruktionen aus Holz oder Blech gestapelt, als wolle man sie über Jahrzehnte konservieren. Manche Bauern decken ihre Strohballen aus ähnlichen Gründen mit Kunststoffplanen ab, manche bauen mit ihnen jurtenähnliche Konstrukte, wieder andere rollen das Stroh mit Industriedreschern zu liegenden Zylindern, die dann wie zufällig verstreut auf den abgemähten possibly for decades. Some farmers cover over their bales of straw for this very reason with plastic tarps while others build yurt-like structures. Yet others use combine harvesters to roll their straw into recumbent cylinders that are then left lying around randomly scattered in the mown fields or are arrayed in closed-form series of rectangular prisms to look like abstract villages. Rushes are arranged to look like archaic huts reminiscent of African village architecture. But everywhere in the world, straw must be used as seasonal winter fodder for cattle, and the next harvest is sure to come if it isn't destroyed by hail storms or the straw isn't burnt, often deliberately, to restore soil fertility.[9]

And alongside these rustic structures, there are artefacts that belong to industrial archaeology from mining regions, the industrial architecture that Bernd and Hilla Becher compiled into encyclopaedic photo series arranged by building type. Bury seems to be more fascinated by the 'Cyclopean' powers that an outsized digger can unleash. Disused industrial landscapes – most of which have been renatured in recent decades – left in their original condition looked like photographs of South African diamond mines: *tabulae rasae*, forbidding, inhuman places and a profit-hungry industrial sector that devoured scenery, that did not hesitate to force entire CAT. NO. 84 towns to be uprooted. The lake district that *Bitterfelder Bogen* [Bitterfeld Arch], Claus Bury's large observation platform, now overlooks was, until the Turnaround of German Reunification, such a forbidding place. Bury is entranced with historic industrial architecture: pit-head frames and old iron bridges like the Brooklyn Bridge in New York or the Coalbrookdale Bridge spanning the Severn at Ironbridge, England, finished in 1779 and officially opened in 1781 as the world's first iron bridge. And it is only consistent that he has developed a soft spot for rusty architectonic industrial towers and documents them, too. As they rust, most of these otherwise once proud and autonomous towers become with time fragile and dependent. Here, too, he sees parallels with his idea of what a sculptor should be doing: rational poetry that, clad in pragmatic structural engineering, has scope to develop along with narrative surplus values while not denying the fragility of the structures. The hubris of the building-for-the-ages sentimentality informing some classic structures with the notion they could be relevant for centuries or even millennia seems both suspect and unappealing to Bury. Notably the Wilhelmine era, when Germany postured as a colonial power, saw national monuments mushroom, such as the *Hermannsdenkmal* [Hermann Monument] near Detmold (1838/1875), the *Niederwalddenkmal* [Niederwald Monument] near Rüdesheim (1876/1883) and the *Völkerschlachtdenkmal* [Monument to the Battle of the Nations] in Leipzig (1898–1913), all of which exude arrogance steeped in nationalism.

Open-form sculpture and language

Language is housing for thoughts. Language attests eloquently to the inner 'space within the contours' of artistic intentions and idiosyncrasies. This explains why the titles given to works of art have always been accurate indicators of artists' inten-

Wiesen herumliegen oder, abstrakten Dörfern gleich, zu raumgreifenden Quaderserien gereiht werden. Schilf wird zu archaischen Hütten zusammengestellt, die afrikanische Dorfarchitekturen evozieren. Aber überall auf der Welt muss das Stroh als Winterfutter für das Vieh saisonal verbraucht werden. Und die nächste Ernte kommt bestimmt, sofern sie nicht total verhagelt ist oder das Stroh, willentlich verbrannt wurde, um den Boden neu fruchtbar zu machen.[10]

Neben diesen *Bauernarchitekturen* gibt es die industriearchäologischen Zeugnisse aus Bergbaugebieten, wie Bernd und Hilla Becher sie zu enzyklopädischen Fotoserien der jeweils gleichen Bautypen zusammengestellt haben. Bury zeigt sich eher fasziniert von den zyklopischen Kräften, die etwa ein überdimensionaler Schaufelbagger verursachen kann. Wenn man die aufgelassenen Industrielandschaften, die im Laufe der letzten Jahrzehnte meist renaturiert wurden, in ihrem ursprünglichen Zustand betrachtete, dann sahen sie aus wie Aufnahmen aus einem südafrikanischen Diamantenbergwerk: eine *tabula rasa*, unwirtliche, geradezu menschenverachtende Orte und eine landschaftsfressende Industrie, die sich nicht scheute, komplette Ortschaften aus Profitstreben zwangsweise umzusiedeln. Jene Seenplatte, auf die heute Claus Burys große Aussichtsplattform *Bitterfelder Bogen* schaut, war bis zur Wende ein solcher unwirtlicher Ort. KAT. NR. 84

Auch Fördertürme und alte Eisenbrücken wie etwa die Brooklyn Bridge in New York oder die Coalbrookdale Bridge in Ironbrigde in England, die seit 1779 als erste gusseiserne Brücke der Welt den Fluss Severn überspannt, überhaupt historische Industriearchitektur, haben es Bury angetan. Und es ist nur konsequent, dass er ein Faible für eingerüstete architektonische Türme entwickelt hat und diese auch dokumentiert. Mit ihrer Einrüstung werden die ansonsten stolzen und eigenständigen Türme auf Zeit fragil und abhängig.

Auch hier sieht er gestalterische Parallelen zu seinem Selbstverständnis als Bildhauer: eine rationale Poesie, die in pragmatischen Ingenieurkonstruktionen narrative Mehrwerte entwickeln und entdecken kann, aber deren Fragilität auch nicht leugnet. Denn das Ewigkeitspathos mancher klassischer Bauwerke mit ihrer Hybris, auf Jahrhunderte oder Jahrtausende Dauer abzuheben, ist Bury ebenso verdächtig wie unsympathisch. Vor allem im Wilhelminismus mit seinem kolonialen Machtgehabe entstanden dann unter anderem die Nationaldenkmäler, etwa das *Hermannsdenkmal* bei Detmold (1838/1875), das *Niederwalddenkmal* bei Rüdesheim (1876/1883) oder das *Völkerschlachtdenkmal* in Leipzig (1898–1913), die nationalistisch gefärbte Überheblichkeit ausdrücken.

Die Raumskulptur und die Sprache

Sprache ist ein Gehäuse für Gedanken. Die Sprache legt beredtes Zeugnis ab für den inneren „Konturraum“ künstlerischer Absichten und Besonderheiten. Deshalb waren die Titel von Kunstwerken schon immer präzise Indizien für die Absichten der Künstler. Vor allem die Surrealisten mit ihren an Träumen und dem Unbewussten geschulten Bildkosmen kultivierten psychologisch aufschlussreiche Bildtitel, in denen die Sprache

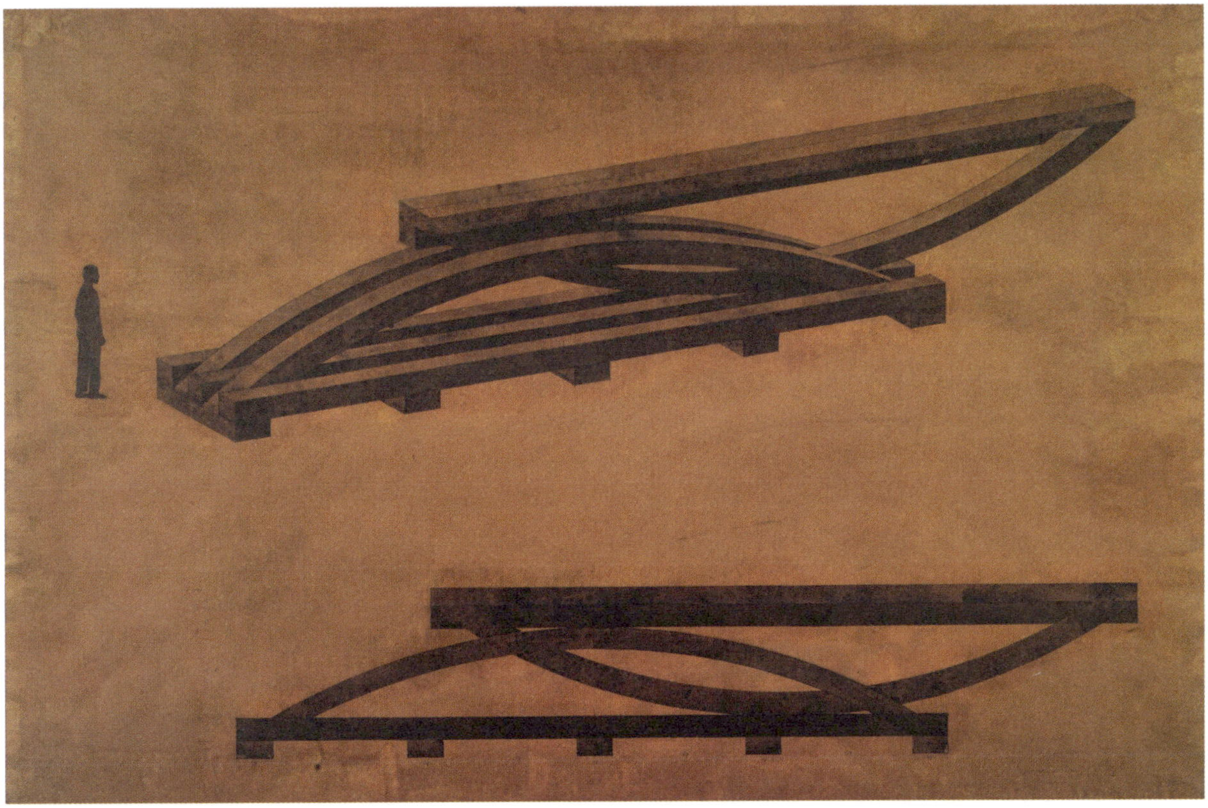

Gouache für Kat. Nr. 76, Schwebebalken / Gouache for cat. no. 76, Balance Beam selbst ikonografisch wurde. Titelbeispiele wie *Brennende Giraffe, Schwäne spiegeln Elefanten, Von den Hörnern ihrer eigenen Keuschheit autosodomisierte jugendliche Jungfrau, Der verwirrte Planet, Junger Mann, beunruhigt durch den Flug einer nicht-euklidischen Fliege* belegen diese Lust an narrativ-fiktionalen Benennungen. Dabei geht es immer um metaphorische Resonanzräume. Titel sind insofern Übersetzungen und Synonyme für die jeweils in Rede stehenden bildkünstlerischen Aussagen. Die Titel der Bury-Skulpturen verweisen in prägnanten Begriffen auf die dominanten ikonografischen Ebenen, die diese Raumkompositionen evozieren.

Da sind zunächst jene Titel, die im Einklang mit den Gestaltfindungen selbst maritime Bezüge herstellen: *Stapellauf, Gestrandet, Schiffsbrücke, Schaukelboote, Landungssteg, Landungsbrücke, Schwimmende Ladung, Schiffbar, Wir sitzen alle in einem Boot.* Christoph Brockhaus präzisiert die Stellung dieser maritimen Skulpturerfindungen: „Burys Schiffsikonographie ist einzigartig in der zeitgenössischen architektonischen Großskulptur und enthält auch andere ikonographische Elemente seines skulpturalen Werkes wie Tempel und Portal, Brücke und Bogen, Stufung, Treppung und Stapelung.“[11]

KAT. NR. 60, 50, 79, 85, 91, 88, 73, 90, 55

Und genau diese erwähnten archaischen und euklidischen Elemente seiner bildhauerischen Sprache werden öfters ebenso in Titeln thematisiert: *Stadtportal, Engpass, Turmtor, Im Turmblick, Vorburg, Fibonaccis Tempel.* Schließlich nehmen manche Benennungen Bezug auf die konstruktiven Besonderheiten bestimmter Arbeiten: *Im Goldenen Schnitt, Zentrifugal – Vertikal, Pendulum, Radiale Schwingung, Elastisch – Schwebend, Spannungsbogen.* Solche Titel verweisen auf die konstruktiv dynamisierenden Kippmomente, die durch Gegenbalancen aufgefangen werden. Bei aller Lakonik dieser oft lexikalisch wirkenden Titel – Sprache als Piktogramm – sind sie dann eben auf ähnliche Weise poetisch, wie die Skulpturen selbst aus ihren rationalen Bedingungen heraus narrative Vielfältigkeit gewinnen.

KAT. NR. 35, 37, 41, 47, 80, 23

KAT. NR. 34, 59, 61, 62, 74, 75

Werktitel sind und können oft als Interpretationen des Künstlers hinsichtlich seiner Intentionen gelten. Nun bietet ein Titel wie *Rot und Grün* kaum Spielraum für Spekulationen, es sei denn, das Werk wäre in Gelb-Blau gemalt. *Maria mit Kind* ist bei mittelalterlichen religiösen Darstellungen eher beschreibend, bei einer Skulptur von Henry Moore würde dem gleichen Titel aber ein metaphorischer Mehrwert zuwachsen. Auch *Rotierende Schwingung* Ist in der Regel als Name eher beschreibend als interpretierend. Während ein Titel wie *Ein Ungefähres* mit schöner Offenheit die arbiträre Ambiguität des entsprechenden Werkes benennt.

Manche Titel von Bury rekurrieren auf gattungsspezifische Vorläufer. Wenn man sich mit Land-Art-Projekten beschäftigt, kommt man um Robert Smithsons *Spiral Jetty* (1970) nicht herum. Burys entsprechende Benennungen wie *Wave Sculpture, Black Sculpture oder Spiral Sculpture* sind ähnliche Titel, die ein Kunstwerk im Grunde lexikalisch und emotionslos benennen. Nicht zufällig heißen diese Skulpturen eben nicht *Marvelous Sculpture, Family Sculpture* oder *Conspicuous Sculpture.*

KAT. NR. 10, 7, 12

Andererseits würde es Claus Bury wohl kaum einfallen, seine Goethe-Installation am Goetheplatz in Frankfurt am Main *Dem abwesenden Olympier zu Ehren* zu nennen oder seine Aluminiumskulptur an der dortigen Mainzer Landstraße als *Apotheose des Pendelns* zu bezeichnen. In solchen Fällen pflegte meine Großmutter zu sagen: „Zu viel Dekolleté“.

tions. Their pictorial universes informed by dreams and the subconscious, the Surrealists especially cultivated psychologically informative picture titles, in which the language itself became iconographic. Titles such as *Brennende Giraffe* [Burning Giraffes], *Schwäne spiegeln Elefanten* [Swans Reflecting Elephants], *Von den Hörnern ihrer eigenen Keuschheit autosodomisierte jugendliche Jungfrau* [Virgin Self-Sodomised by the Horns of her Own Chastity], *Der verwirrte Planet* [Bewildered Planet] or *Junger Mann, beunruhigt durch den Flug einer nicht-euklidischen Fliege* [Young Man Disconcerted by the Flight of a Non-Euclidean Fly][9] exemplify this delight in narrative and fictional denotation. All these are metaphorical resonance chambers. Titles of this kind are translations and synonyms for the pictorial aesthetic statements made by the artist in each case. The titles of Bury's sculptures refer in trenchant terms to the dominant iconographic planes evoked by these open-form architectonic compositions.

First there are the titles that, attuned to the works as they appear, create mari-
CAT. NO. 60, 50, time references in their own right: *Stapellauf* [Launch], *Gestrandet* [Aground],
79, 85, 91, *Schiffsbrücke* [Ship's Bridge], *Schaukelboote* [Rocking Boats], *Landungssteg* [Land-
86, 73, ing Stage], *Landungsbrücke* [Landing Stage], *Schwimmende Ladung* [Floating Car-
96, 55 go], *Schiffbar* [Navigable] and *Wir sitzen alle in einem Boot* [We're All in the Same Boat]. Christoph Brockhaus describes exactly the status of these maritime sculptural inventions: 'Bury's ship iconography is unique in contemporary monumental architectonic sculpture and also contains other iconographic elements from his work in sculpture, including temples and portals, bridges and arches, tiering, stepping and stacking.'[10]

And the very same archaic and Euclidean elements mentioned above with refer-
CAT. NO. 35, ence to Bury's sculptural idiom are also often addressed in his titles: *Stadtportal*
37, 41, 47, [City Gate], *Engpass* [Pinch Point], *Turmtor* [Tower Gateway], *Im Turmblick*
80, 23 [Tower View], *Vorburg* [Outer Bailey] and *Fibonaccis Tempel* [Fibonacci's Temple]. Finally some of his titles refer to the structural particulars of some works: *Im Gold-
CAT. NO. 34, 59, enen Schnitt* [In the Golden Section], *Zentrifugal – Vertikal* [Centrifugal – Vertical],
61, 62, 74, *Pendulum*, *Radiale Schwingung* [Radial Undulation/Oscillation], *Elastisch – Schwe-
75 bend* [Elastic – Hovering], *Spannungsbogen* [Arc of Suspense]. Titles of this last kind refer to dynamising structural tipping points that are offset by counterbalancing aspects. Terse these titles may be, as they often seem like lexical entries – language as pictogram – yet they are, on the other hand, similarly poetic as narrative diversity accrues to the sculptures themselves because they are premised on rational considerations.

Work titles are regarded as an artist's interpretation of his intentions, as connoting qualities and properties, and they can be viewed in this light. Of course, a title such as *Rot und Grün* [Red and Green] hardly provides much scope for conjecture, unless the work is painted yellow and blue. *Maria mit Kind* [The Virgin and Child] is, where medieval devotional representations are concerned, mainly descriptive whereas metaphorical surplus value would accrue to the same title given to a Henry Moore sculpture. *Rotierende Schwingung* [Rotating Oscillation] is, as a rule, descriptive rather than interpretative as a denotation while a title such as *Ein*

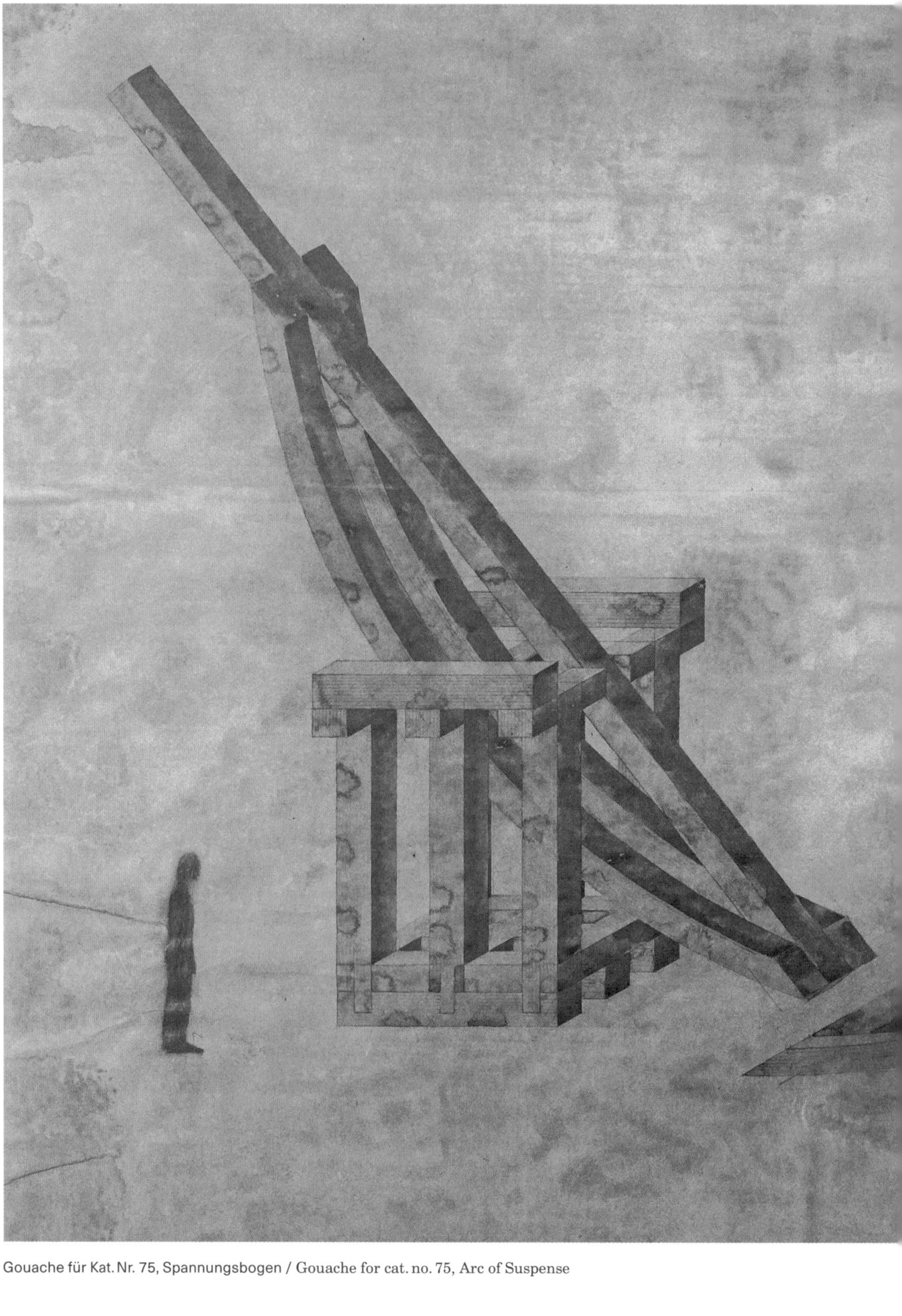

Gouache für Kat. Nr. 75, Spannungsbogen / Gouache for cat. no. 75, Arc of Suspense

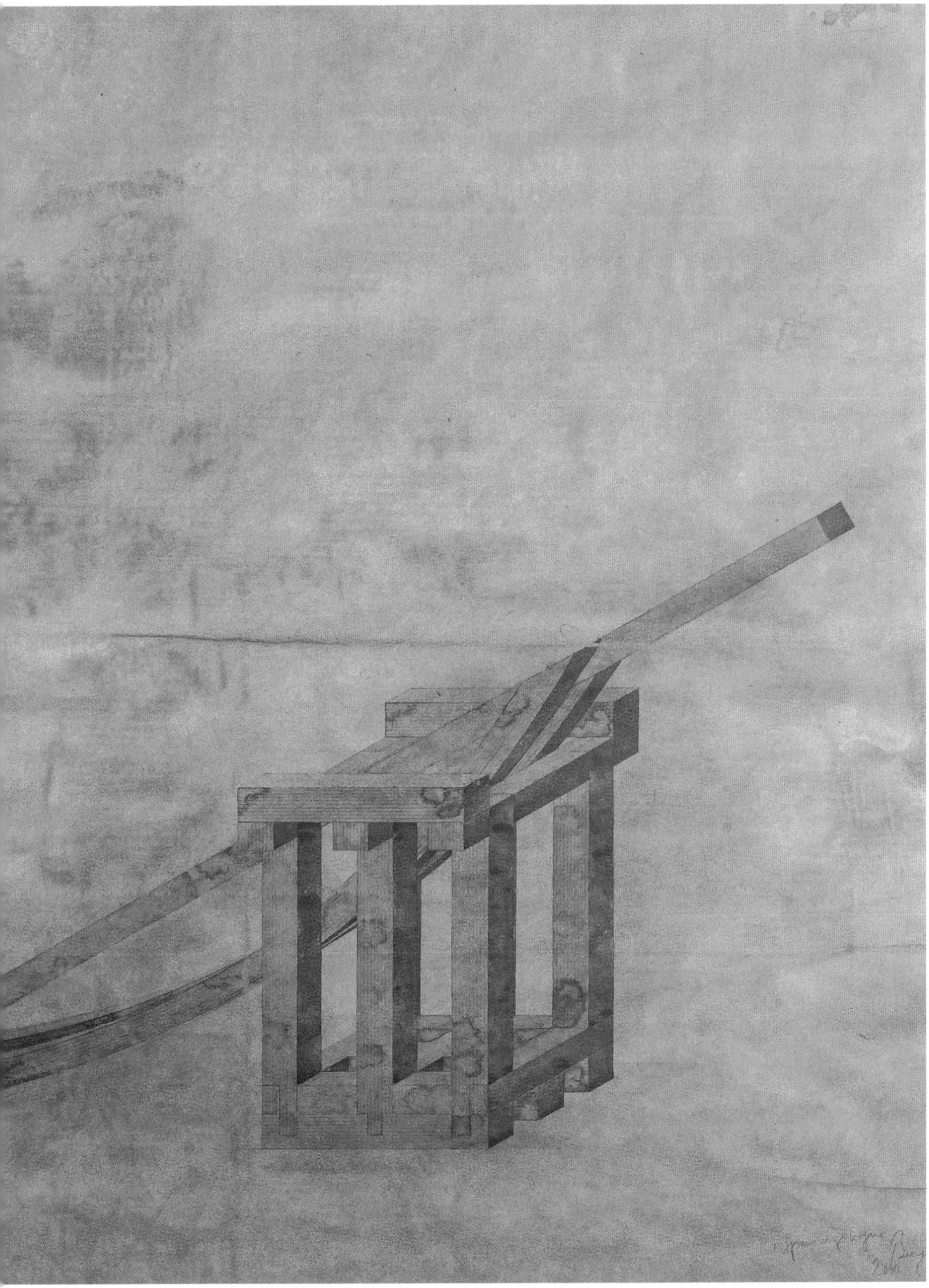

Fotografien, Skizzen, Gouachen, Pläne, Modelle, Ausstellungen

Es ist ebenso evident wie naheliegend, dass ein Künstler, der die Realisierung seiner großen Projekte ausführenden Handwerksbetrieben anvertraut, auf die Erklärbarkeit seiner Absichten und Realisierungswünsche besonderen Wert legt und legen muss. Ebenso müssen Auftraggeber, Sponsoren und Kuratoren von der Sinnfälligkeit der Projekte überzeugt werden. In dieser Hinsicht arbeitet Claus Bury tatsächlich wie ein Architekt mit exakt bemaßten Planzeichnungen. Aber wie jeder Architekt erstellt er auch Gedankenskizzen in Skizzenbüchern und vergegenwärtigt sich in stark farbigen Gouachen neben den Proportionen vor allem die psychologischen Stimmungen, in die ihn die Wahrnehmung solcher Anregungskontexte versetzt.[12]

Schon um 1880 wurde in Deutschland, in bewusster Abgrenzung zu Frankreich und zum malerischen Fassadenkult der Beaux-Arts-Entwürfe, immer wieder die einfache geometrische Zeichnung betont. Der Wiener Architekt Adolf Loos sah in der Überzüchtung der Zeichentechniken geradezu ein Grundübel aller historistischen Architektur. Deshalb forderte er eine rigorose Abkehr vom Zeichenkult des 19. Jahrhunderts: „Der beste Zeichner kann ein schlechter Architekt sein, der beste Architekt kann ein schlechter Zeichner sein ... Hüte dich vor dem Originellsein. Das Zeichnen verleitet dazu. ... Gute Architektur kann beschrieben, sie müsste nicht gezeichnet werden. Das Pantheon kann man beschreiben. Sezessionsbauten nicht."[13] Die Architekturzeichnungen der 1920er-Jahre suchten dann in ihren exakten Bauzeichnungen, etwa bei Walter Gropius oder Hannes Meyer, den Anschluss der Bauwirtschaft an die Konstruktionstechniken des Maschinenzeitalters.

Bei Claus Burys Bleistiftzeichnungen ist immer der Charakter von Werkzeichnungen dominant. Die Wechselbeziehung zwischen Konzept, Darstellung und realisierter Raumskulptur wird besonders deutlich. Mit Hingabe zeichnet er exakt vermaßte Konstruktionspläne, allerdings nicht wie die meisten Architekten und Planer mit Rapidographen oder CAD-Programmen am Computer, die einen immer exakt gleichbleibenden Strich garantieren. Bury nutzt stattdessen die viel sensibleren Bleistifte, deren Druck auf das Papier wechselt, wodurch die Strichstärken an- und abschwellen. Seine Werkpläne sind insofern Freihandkonstruktionen. So wird bei ihm auch der Ausführungsplan zum Indikator emotionaler Gestimmtheiten und bekommt grafische Qualitäten.

Seine filigranen Planzeichnungen lassen an mittelalterliche Aufrisse für Klöster oder Kathedralen denken. Mit ihren Kombinationen von Ansichten, Grundrissen und Schnitten wirken sie zudem wie präzise Ingenieurzeichnungen. Für die die Skulpturen ausführenden Handwerksbetriebe sind diese Konstruktionspläne viel eher nüchterne Gebrauchsanweisungen als sensible Partituren. Sie sind immer flächenplan, niemals perspektivisch und ohne jede plastische Volumenandeutung; schattenlos, ohne Tiefenräumlichkeit oder die Darstellung des Einfallens von Licht. So mag man diese Pläne auch als Antithesen zu seinen farbintensiven und gestischen Gouachen lesen.

Es ist ebenso frappierend wie logisch, dass ein Künstler verschiedene Darstellungstechniken nutzt. Die Maler der Renaissance und des Barock fertigten mit Quadrierungen versehene sogenannte *Kartons* an. Diese Vorzeichnungen wurden dann, oft von

Ungefähres [An Approximation] designates the arbitrary ambiguity of the work it refers to with refreshing candour.

Some of Bury's titles refer to genre-specific antecedents. A student of Land Art projects cannot avoid Robert Smithson's *Spiral Jetty*. Similarly the corresponding

CAT. NO. 10, 7, 12

Bury titles such as *Wave Sculpture*, *Black Sculpture* or *Spiral Sculpture* denote a work of art basically as a lexical entry that is devoid of emotive connotations. It is certainly no coincidence that these sculptures have not been called *Marvellous Sculpture*, *Family Sculpture* or *Conspicuous Sculpture*.

On the other hand, it would hardly occur to Claus Bury to call his Goethe installation on Goetheplatz *Dem abwesenden Olympier zu Ehren* [In Honour of the Absent Olympian] or his aluminium sculpture on the Mainzer Landstraße *Apotheose des Pendelns* [The Apotheosis of Commuting]. In such cases my grandmother used to say: 'Too much cleavage'.

Photographs, sketches, gouaches, plans, models, exhibitions

It is self-evident that an artist who entrusts the realisation of his large-scale projects to practical crafts businesses attaches great value to his intentions and wishes with regard to execution being explainable, and that he must do so. Equally patrons, sponsors and curators must be convinced that the projects make sense. In this respect Claus Bury really does work like an architect, with plans that are accurately dimensioned and drawn to scale. Like any architect, however, he also jots down his thoughts in sketchbooks; most importantly, he renders in visual terms in saturated gouaches along with proportion analyses the psychological moods his perception of such contexts has put him in.[11]

As early as 1880 simple geometric drawings were often favoured in Germany in deliberate differentiation from France and the painterly façade cult characteristic of Beaux-Arts design. Adolf Loos saw the emphasis on overly sophisticated techniques of draughtsmanship as the fundamental defect inherent in all Historicising architecture. That is why he called for the radical rejection of the nineteenth-century cult of drawing: 'The best draughtsman can be a poor architect; the best architect can be a bad draughtsman [...] Beware of trying to be original. Drawing is a temptation to do so. [...] Good architecture can describe; it need not be drawn. The Pantheon can be described but Secession buildings cannot.'[12] Then in the 1920s, architectural draughtsmanship sought to link the building trade with the technical drawings of the machine age in precise construction drawings such as those associated with Walter Gropius and Hannes Meyer.

Claus Bury's pencil drawings are predominately work drawings that clearly reveal the interrelationship between concept, representation and open-form architectonic sculpture. Although committed to drawing precisely dimensioned construction plans to scale, he, unlike most architects and planners, eschews the standardised uniform line produced by Rapidograph technical drawing pens or CAD software.

Assistenten, im größeren Maßstab in Fresken oder Ölgemälde übertragen. Andere beherrschten neben der Ölmalerei Silberstift-, Rötel- und Kohlezeichnung, Holzschnitt, Kupferstich, Aquatinta-Radierung und Gouache. Im 19. Jahrhundert kommt die Lithografie hinzu, später dann der Offset- und der Siebdruck.

Die Gouachetechnik wurde schon von Dürer, Raffael und Tizian bravourös beherrscht. Renommierte moderne Vertreter der Gouachemalerei sind zum Beispiel Henri Matisse und Marc Chagall. Gouachefarben sind im Grunde konzentrierte Wasserfarben, aber weniger durchscheinend und können auch pastos verarbeitet werden. So vereinen sie Eigenschaften von Öl- und Aquarellfarben. Claus Bury benutzt auf Reisen kleinformatige Aquarellblöcke für seine Gouachen, um seine Eindrücke in pastosen Notaten festzuhalten. Ihr heftiger Pinselduktus erscheint bewusst zu groß für die kleinen Papierformate. So entstehen malerisch-gestische Blätter, die in ihrer Verve und ihrem Furor an die Malerei der Neuen Wilden wie Rainer Fetting, Helmut Middendorf, Bernd Zimmer oder Elvira Bach erinnern. Im Œuvre von Bury scheinen diese Gouachen geradezu ein Korrektiv und eine Ergänzung zu sein, sowohl zu seinen schwarz-weißen Reisefotografien als auch zu seinen Werkplänen: Valenzen versus Strukturen. Damit ist evident, dass der Künstler eine Balance innerhalb seiner künstlerischen Ausdrucksmöglichkeiten anstrebt.

Und es gibt Beispiele, wo Bury konstruktive Zeichnungen mit lavierter Tusche oder Gouachefarben furios übermalt. Es ist so, als sollte Exaktheit und Rationalität mit Emotion und Leidenschaft überblendet werden. Das erinnert an die übermalten Porträtfotografien von Arnulf Rainer. Innerhalb der archäologischen Wissenschaften nennt man ein solches Verfahren *Palimpsest.* Denn vor allem in den spätantiken und frühmittelalterlichen Jahrhunderten waren die damals üblichen Schriftträger Papyrus und Pergament knapp und sehr teuer. Man schabte deshalb vorhandene Texte ab und nutzte die Schriftträger neu, wobei allerdings oft Reste der Vorgängerbeschriftung erhalten blieben. Seit der Mitte des 19. Jahrhunderts, als viele bedeutende Palimpseste wiederentdeckt und entschlüsselt wurden, verwendet man den Begriff auch allgemein als Metapher für kreative und geistige Prozesse. Manche Neurowissenschaftler sind seit etwa einem Jahrzehnt zudem davon überzeugt, dass das menschliche Gedächtnis und Erinnerungen überhaupt wie Palimpseste funktionieren.

Bury hat ein traumhaft sicheres Gespür für die perfekte Ästhetik einer Freihandzeichnung oder einer Gouache. Diese Sicherheit der Beherrschung der künstlerischen Mittel und Methoden geht einher mit einem außergewöhnlich profilierten konzeptionellräumlichen Vorstellungsvermögen; einer Begabung, man mag auch sagen, einem Instinkt, der an Raumerfindungen von Étienne-Louis Boullée oder Andrea Palladio erinnert.

Vor allem aber baut Claus Bury Modelle seiner begehbaren Architekturen in Maßstäben zwischen 1:10 und 1:25 sowie in meist edlen, oft dunklen Hölzern. Sie kommen wie kleine architektonische Preziosen daher: idealtypische, zu imaginierten Städten zusammenstellte Hochhausmodelle, gegen die selbst die Fata-Morgana-Skylines der neureichen Scheichs in Saudi-Arabien blass bleiben. In seinem Atelier oder auch in Einzelausstellungen stellt er diese minimalistischen Hochhaus-Logos öfters zu komplexen Modelllandschaften zusammen. Als Gruppe bilden sie einen poetischen, fiktionalen Kosmos, der die gebauten Realitäten der Raumskulpturen gleichberechtigt

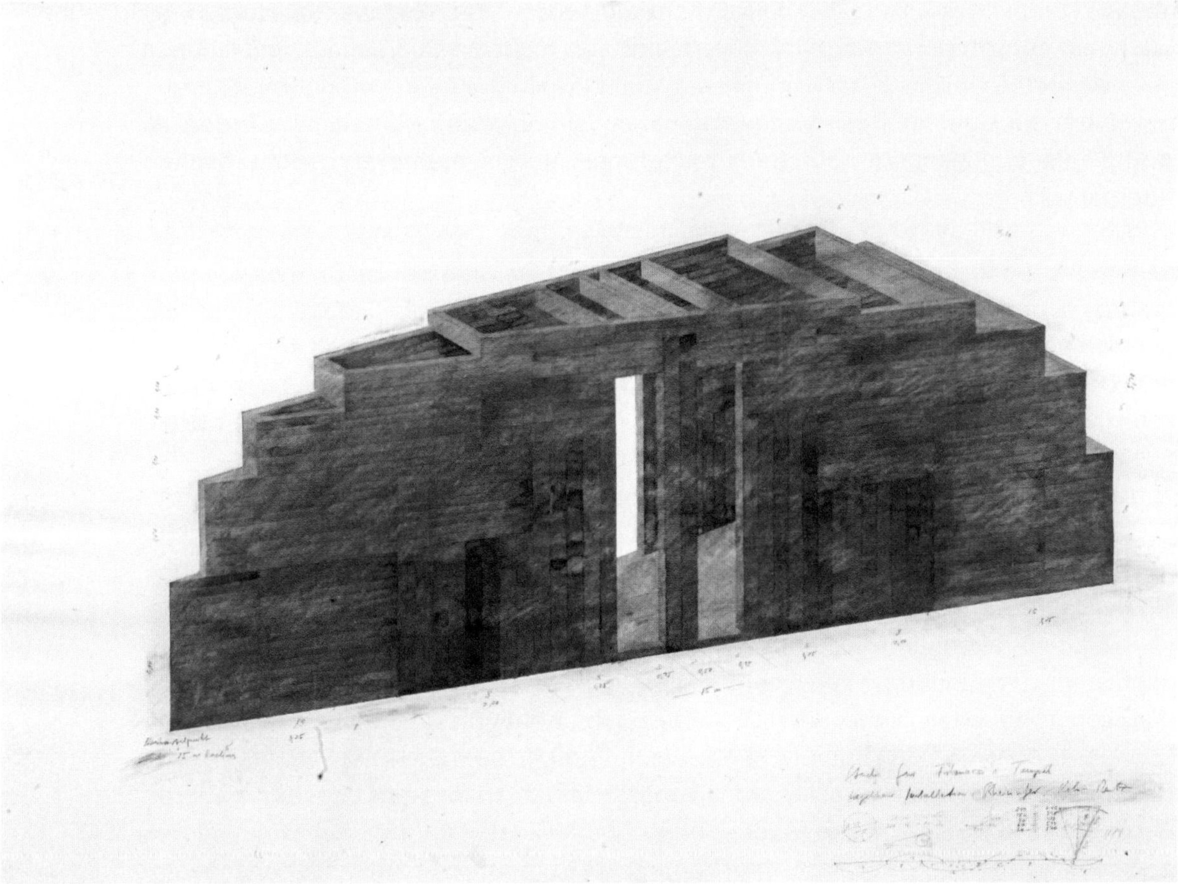

Gouache für Kat. Nr. 23, Fibonaccis Tempel / Gouache for cat. no. 23, Fibonacci's Temple ergänzt, bereichert und übersteigt. So entstehen idealtypische Topologien seiner plastischen Auffassungen und Vorlieben.

Seine Modelle sind miniaturisierte Skulpturen *sui generis*, die auch im kleinen Maßstab eine Ahnung der räumlichen Wucht und der körperlichen Erlebnisqualitäten dieser Architekturplastiken vermitteln und in ihrer handwerklich-gestalterischen Präzision die Autonomie selbstständiger Kunstwerke ausstrahlen. Diese Modelle haben ebenso komplexe wie konzeptionelle Potenziale. Es geht dem Künstler um Notationen von Kubaturen, Proportionen und Maßverhältnissen, nicht um Oberflächensimulationen der realisierten Objekte. Eher kommen die Maserungen der für die Modelle verwendeten Hölzer zur Geltung. Reales und Imaginäres, Symbolik und Materialität werden als „Möglichkeiten" gestaltet, durchaus manchmal auch in mehreren gestalterischen Alternativen.

Weil aber Modelle eher dreidimensionale Andeutungen als ausformulierte Gewissheiten sind, potenzieren sie die Fantasie ihrer Betrachter. Sie sind, um Charles-Édouard Jeanneret, genannt Le Corbusier, zu zitieren, ein „ernsthaftes Spiel". Modelle sind stets Simulationen in dreifacher Hinsicht: im Maßstab, im Material und im Grad ihrer Abstraktion. Das birgt Chancen und Risiken. Chancen, weil das Modell sich auf das Wesentliche konzentrieren kann; Risiken, weil Detailinformationen hinsichtlich der dann realisierten Fassung nicht ausformuliert werden können.

Aber neben ihren strukturellen Dimensionen lösen diese Modelle auch ikonografische Konnotationen aus: Sie erinnern an außereuropäische, totemistische Beschwörungsskulpturen und ihre Rezeption durch europäische Künstler in den 1910er- und 1920er-Jahren. Die Modellkosmen in Burys Atelier lassen so von ferne auch ein bisschen an die Atelierräume von Pablo Picasso mit seinen afrikanischen Skulpturen oder auch an die Bewunderung von Georges Braque, Henri Matisse und Emil Nolde für die magischen, rituellen Bildwerke und animistischen Votivplastiken des afrikanischen Kontinents denken. Denn Burys Modelllandschaften von abstrahierten Baukörpern entfalten eben auch den Charakter archaischer Skylines. Insgesamt gesehen gehören Burys Konstruktionspläne und Modelle ohne Zweifel zu den delikatesten Dokumenten grafischer Erläuterung und plastischer Vergegenwärtigung von zeitgenössischer Skulptur überhaupt.

Aber wenn man so wie dieser Bildhauer zwischen mannigfaltigen künstlerischen Medien, Techniken und Ausdrucksformen pendeln kann und will – von der Ideenskizze zur Konstruktionszeichnung, von der Gouache zur Fotografie, vom plastischen Edelholzmodell zur Vitrinenpräsentation, von Außenrauminstallationen zu musealen Inszenierungen – dann ist es nicht nur wahrscheinlich, sondern unvermeidlich, dass diese verschiedenen künstlerischen Zugangsweisen die Multivalenz der Durchdringung eines Themas gravierend erweitern und auffächern.

Und diese verschiedenen visuellen Idiome stimulieren auch den Variantenreichtum der verbalen Strategien, die der Künstler verwendet und je nach Ansprechpartner ändert. Mit großer Überzeugungskraft kann er die Leiter und ausführenden Handwerker der Metallbaubetriebe, Holzwerkstätten oder Steinmetzunternehmen für seine Ideen und Konzepte motivieren. Ebenso muss er kommunale Entscheidungsträger, Baubeamte und Ämter, Politiker und Grundstückseigentümer oder Anwohner sowie die diversen

Instead he executes far more responsive lines with pencils, with line thickness varying on the paper depending on the pressure applied to the pencil. His working drawings are, in that sense, freehand constructions. In his hand, even the construction plan becomes an indicator of his emotional state and assumes graphic qualities. His delicately drawn plans are reminiscent of medieval elevation drawings for monasteries or cathedrals. Moreover, with their combinations of views, ground plans and cross sections, they look like precise engineering drawings. These construction plans are, for the crafts businesses that execute the sculptures, objective sets of instructions rather than sensitive musical scores. They are always two-dimensional plans, never perspective drawings, and are devoid of any suggestion of sculptural volume, unshaded, without spatial depth or any representation of light incidence. Hence these plans may also be read as the antithesis of Bury's gestural gouaches in saturated colour.

It is astonishing yet only logical that an artist should use a range of representation techniques. Renaissance and Baroque painters made what are known as *cartoons*, on squared *cartone* paper. These preliminary drawings were executed, often by assistants, on a larger scale as frescoes or oil paintings. Apart from oil painting, other artists mastered silverpoint, sanguine (red chalk) and charcoal drawing, woodcut, copperplate engraving, aquatint etching and gouache. In the nineteenth century lithography was added to the techniques and media available to artists, followed by offset and silkscreen printing.

Dürer, Raphael and Titian were past masters at using the techniques required for working in the medium of gouache. Henri Matisse and Marc Chagall, to take just two examples, were recent modern exponents of gouache painting. Gouache paints are, basically, concentrated watercolours but are less transparent and also allow pastose application. This means gouache unites the salient characteristics of oils and watercolour paints. When travelling, Claus Bury uses watercolour sketchbooks in small formats for his gouaches to capture the impressions he has had in pastose notations laid down in vehement brushwork that seems too large for the small sheets of paper. Thus painterly gestural pictures emerge in verve and panache reminiscent of painting by the 'New Wild Ones', including Rainer Fetting, Helmut Middendorf, Bernd Zimmer and Elvira Bach. In Bury's oeuvre these gouaches seem to correct and supplement both his black-and-white travel photographs and his working drawings: valences versus structures. This just goes to show that the artist is seeking to equilibrate the possibilities he has for artistic expression.

And there are examples of construction drawings Bury has aggressively overpainted with washes of Indian ink or gouache. Precision and a rational approach seem to be blanked out by emotion and passion. This handling recalls Arnulf Rainer's overpainted portrait photographs. Archaeology and related disciplines call the result of this procedure a palimpsest. In Late Antiquity and the early medieval centuries especially, the supports for writing – papyrus and parchment – were in short supply and very expensive. Hence existing texts were scraped down and the support was reused, although traces of the previous writing often remained. Since the mid nineteenth century, when many important palimpsests were rediscovered and deciphered,

Montagetrupps überzeugen. Das geht nur mit einer gewissen Bodenständigkeit, vor allem aber nur mit Respekt und Akzeptanz gegenüber allen Beteiligten.

Und dann gibt es noch die Einzel- oder Gruppenausstellungen, die Bury regelmäßig beschickt. Hier kann er im Dialog mit Kuratoren, Kunstwissenschaftlern und anderen Künstlern szenografische Kontexte und Inszenierungen seiner Werke und Werkgruppen realisieren, also diskursiv und zugleich sinnlich argumentieren, sie in Beziehung setzen zu seinen fotografischen Serien, Plänen und Modellen. Dazu gehören Ausstellungen im Suermondt-Ludwig-Museum in Aachen und dem Hessischen Landesmuseum in Darmstadt, dem Wilhelm Lehmbruck Museum in Duisburg und dem Museum Folkwang in Essen, dem Deutschen Architekturmuseum, dem Dommuseum und dem Museum Angewandte Kunst, alle in Frankfurt am Main, dem Museum Schloss Friedenstein in Gotha und dem Historischen Museum in Hanau, dem Museum Pfalzgalerie in Kaiserslautern und dem Museum Ludwig in Köln, der Städtischen Kunsthalle in Mannheim, der Neuen Sammlung – The Design Museum in München und dem Neuen Museum – Staatliches Museum für Kunst und Design sowie dem Germanischen Nationalmuseum, beide in Nürnberg, im Brüder Grimm-Haus und Museum Steinau in Steinau an der Straße, dem Neuen Museum der Klassik Stiftung Weimar, dem Museum Wiesbaden und dem Von der Heydt-Museum Wuppertal sowie in den Kunstvereinen von Ludwigsburg, Neuenkirchen/Soltau, Pforzheim, Schwerte, Wolfenbüttel und Würzburg. Dazu kommen diverse Galerien, nicht nur in Deutschland, sondern auch in Australien und den USA.

Auch wenn nicht alle diese Institutionen vergleichbare kulturpolitische und wissenschaftliche Reputationen haben, erkennt man leicht, dass Claus Bury offenbar mit einer flächendeckenden kuratorischen Resonanz in Deutschland rechnen kann. Insgesamt hat Bury bisher etwa 40 Einzelausstellungen gehabt und an ungefähr ebenso vielen Gruppenausstellungen teilgenommen.

In sieben dieser Städte – Duisburg, Frankfurt, Hanau, Köln, Mannheim, Nürnberg und Weimar – entstanden die Ausstellungen im Dialog mit zeitgleich realisierten öffentlichen Skulpturen. Die synergetischen Effekte zwischen einer öffentlichen Installation und einer sie begleitenden Ausstellung dürften auf der Hand liegen. Die Großskulptur bekommt einen diskursiven Resonanzraum in der Ausstellung, während in ihr auf das Wahrnehmungsangebot der begehbaren Architekturskulpturen hingewiesen werden kann.

Seit etwa zehn Jahren bietet sich Claus Bury die Möglichkeit, in großen Überblicksausstellungen die Bandbreite seiner Themen und Vorlieben, Techniken und künstlerischen Strategien vor- und auszustellen. Das begann mit der Ausstellung *Gegenläufig* 2007 im Deutschen Architekturmuseum in Frankfurt am Main, setzte sich 2010 mit der Ausstellung *Maßstabssprünge* im Neuen Museum Nürnberg fort und mündete in die Ausstellungstrilogie *Meine Sicht,* die 2014 im Neuen Museum Weimar / Klassik Stiftung Weimar, 2015 im Museum Pfalzgalerie in Kaiserslautern und 2016 im Historischen Museum Hanau gezeigt wurde.

KAT. NR. 88

KAT. NR. 94

KAT. NR. 97–99

Zu sehen waren jeweils 1:1-Skulpturen, die oft für die jeweiligen Ausstellungsräume entstanden sind und mit ihnen in Dialog traten. Hinzu kamen erläuternde Konstruktionszeichnungen für die beteiligten Firmen, Modelle für viele der begehbaren Architekturskulpturen im Außen- oder Innenraum, die sein Faible für historische Baukunst ebenso this technique has also been generally applied metaphorically to creative and intellectual processes. Moreover, some neuroscientists have become convinced in the past decade that human memory and recollections in fact function like palimpsests with overwriting.

Bury has an unerring eye for the consummate aesthetic of a freehand drawing or a gouache. His assured mastery of medium and technique is accompanied by an exceptionally well-developed conceptual and spatial imagination, a talent – one might also say an instinct – reminiscent of the spatial inventiveness of Étienne-Louis Boullée and Andrea Palladio.

First and foremost, however, Claus Bury builds small-scale models of his enterable architectural structures on scales ranging from 1:10 to 1:25 and usually executed in fine, often dark, woods that look like small architectonic treasures, ideal types of high-rise models. He arranges them into imaginary cities that make even the fata morgana skylines of the United Arab Emirates, awash in oil money, pale by comparison. In his studio and also in solo shows, Bury often composes these minimalist high-rise logos into complex model cityscapes. As a group they form a poetic fictional universe that supplements the built realities of his open-form architectonic sculptures on an equal footing, enriching and transcending them. Thus ideal types become topologies of his sculptural conceptions and preferences. His models are miniaturised sculptures sui generis, which, even on such a small scale, convey an idea of the spatial power and physical experiential qualities of this architecture sculpture. They have been crafted and designed with such precision that they radiate the autonomy of independent works of art in their own right. These models possess qualities that are potentially as complex as they are conceptual. The artist is concerned with ascertaining the volumes of solids, noting proportions and scales rather than superficially simulating the objects to be realised. Instead the grain of the woods used for the models is showcased. Real and imaginary, symbolism and material properties are designed as 'possibilities', sometimes also in several alternative designs.

However, because models are three-dimensional suggestions rather than completely formulated certainties, they raise viewers' imaginative responses to a higher power. To quote Charles-Édouard Jeanneret, referred to as Le Corbusier, when speaking of architecture, they represent 'the learned game, a clever game, a game of skill'. Models are always simulations in three respects: in scale, in material and in degree of abstraction. This provides opportunities yet can be risky. Opportunities because the model can concentrate on essentials; risky because information on details of the version to be realised cannot be completely expressed. Still, apart from their structural dimensions, these models also trigger iconographic connotations: they are reminiscent of non-European, totemistic invocation sculpture and the response to such sculpture by European artists between 1910 and the 1930s. In this respect the model universes in Bury's studio also call to mind the sub-Saharan African sculpture in Pablo Picasso's studio rooms or the admiration felt and expressed by Georges Braque, Henri Matisse and Emil Nolde for the magical, ritual works of art and animist votive sculpture from the African continent. Bury's model landscapes formed of abstract buildings definitely do assume the character of archaic skylines.

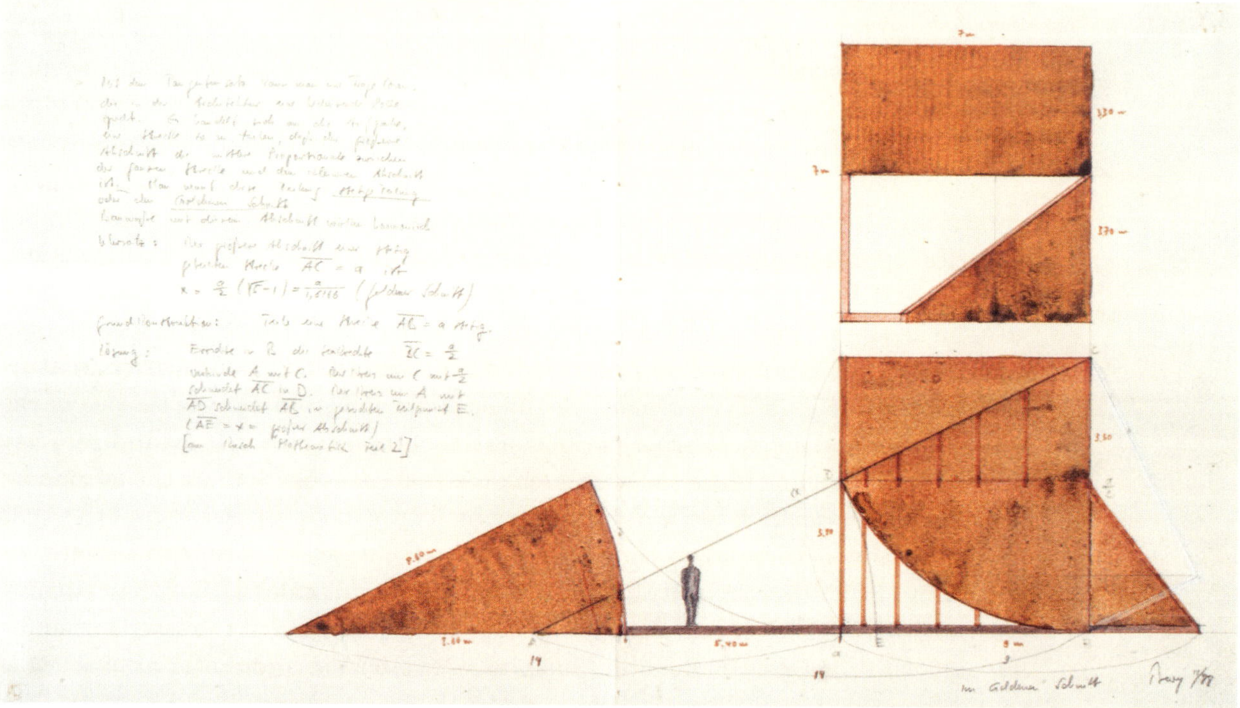

Gouache für Kat. Nr. 34, Im Goldenen Schnitt / Gouache for cat. no. 34, In the Golden Section

Viewed as a whole, Bury's construction plans and models are undoubtedly some of the most exquisite documents of graphic explanation and sculptural visualisation in contemporary sculpture anywhere.

On the other hand, if it is possible – and desirable – to commute back and forth as this sculptor does between manifold media, techniques and art forms, ranging from idea sketches to construction drawing, from gouache to photograph, from sculpture model in precious wood to display-case presentation, from outdoor installation to museum stagings, it is not only likely but in fact inevitable that these polyvalent aesthetic approaches seriously expand and diversify thematic penetration. And this range of visual idioms also stimulates variation in the verbal strategies the artist uses and changes, depending on whom he is addressing. Bury is powerfully convincing when seeking to motivate the heads of metalworking businesses, woodworking and stonemasons' workshops and the skilled craftsmen working in them to accept his ideas and concepts. He must also persuade the powers that be at the municipal level, the building officials and authorities, politicians and property owners as well as the various installation crews involved. That is only possible with a deft touch of down-to-earth affability, but the qualities most needed are respect for and acceptance of all concerned.

And then there are the solo and group shows to which Bury regularly contributes work. Here he can realise scenographic contexts and stagings of his works and groups of works in dialogue with curators, art historians and fellow artists; he can argue both discursively and sensuously and relate his works to his photographic series, plans and models. His shows include exhibitions at Suermondt-Ludwig-Museum in Aachen Hessisches Landesmuseum in Darmstadt, Wilhelm Lehmbruck Museum in Duisburg and Museum Folkwang in Essen, Deutsches Architekturmuseum, Dommuseum and Museum Angewandte Kunst, all in Frankfurt am Main, Museum Schloss Friedrichstein in Gotha and Historisches Museum in Hanau, Museum Pfalzgalerie in Kaiserslautern and Museum Ludwig in Cologne, Städtische Kunsthalle in Mannheim, Neue Sammlung in Munich, Neues Museum – Staatliches Museum für Kunst und Design as well as Germanisches Nationalmuseum, both in Nuremberg, Brüder-Grimm-Haus und Museum Steinau in Steinau an der Straße, the new Klassik Stiftung Weimar museum, Museum Wiesbaden and Von der Heydt-Museum in Wuppertal as well as Art Associations in Ludwigsburg, Neuenkirchen/ Soltau, Pforzheim, Schwerte, Wolfenbüttel and Würzburg. In addition there have been a number of shows at galleries, not only in Germany but also in Australia and the US. The cultural policies and even academic standing of the above institutions may vary, but it is easy to see that Claus Bury can obviously count on positive curatorial feedback throughout Germany. To date, Bury has had a total of forty solo shows and has participated in thirty-seven group shows.

In seven of the above-mentioned cities – Duisburg, Frankfurt, Hanau, Cologne, Mannheim, Nuremberg and Weimar – the Bury exhibitions have grown out of dialogues with sculpture realised concomitantly in public spaces. The synergistic effects generated between a public installation and an exhibition accompanying it should be perfectly obvious. The monumental sculpture is provided with a discursive re-verdeutlichen wie die farbintensiven Malerbücher, in denen er in pastoser Gouachetechnik seine Eindrücke antiker Architekturen festhält. Ergänzt wurden diese Materialien durch archetypische Strukturmodelle für imaginierte Hochhäuser sowie Fotografien von geschichteten Heuballen, die Bury *Bauernarchitekturen* nennt und seit 1981 weltweit dokumentiert hat. Auch Fotografien eingerüsteter Bauten wurden gezeigt, die – ebenfalls seit 1981 entstanden – an die industriearchäologischen Fotodokumentationen von Bernd und Hilla Becher erinnern und von Bury als *Vorbilder*-Serie bezeichnet werden.

Aber weil Modelle Simulationen von Wirklichkeit sind, unterliegen sie nicht deren Limitierungen. Sie können surreale und dadaistische, utopische, futurologische und reine Fantasie-Sichtweisen freisetzen und die Realitäten der Welt als Möglichkeitsform verdeutlichen. Indem diese verschiedenen Zugangsweisen in einer Ausstellung und dem sie begleitenden Katalog aufeinander bezogen werden können, bilden sie ein diskursives Argumentationsgerüst von ebenso verbaler wie visueller Dichte und Komplexität.

Auch bietet sich so die Möglichkeit, wiederkehrende Themen und ikonografische Konstanten seines Œuvres zu konturieren. In Burys Fall sind das: die Themen Schiff, Tor, Haus, Brücke und Sitzstufen, historische Anklänge an Pyramiden und Tempel sowie geometrische Vokabulare, die Tangenten, Parabeln, Segmentbogen, Schwingungsebenen und Lisenen nutzen; darüber hinaus Serialität, Kontinuität und Sequenzierung von ästhetischen Details; proportionale und kompositorische Strategien der Nutzung von Gegenläufigkeit, Balance, Fragilität, Labilität und der Störung von Ordnungen; Maßstabsänderungen, Raumerfahrungen, Perspektivenwechsel, „Behaustheiten" sowie ihre Überprüfung und Irritation, um die Stellung und Selbsterfahrung der Menschen in ihrem Umraum zu stimulieren und zu provozieren; Öffentlichkeit und Intimität, Kommunikativität und Kontemplation, um reflektierend innezuhalten; ikonografisch die Paraphrasierung antiker Bau-Vorbilder aus Europa, Nord- und Südamerika, Asien und Australien; die Faszination an den Frühformen industrieller Ingenieurbauten, an der Einrüstung von Turmarchitekturen und an der Formenvielfalt der Heuballen-*Bauernarchitekturen;* das Austarieren und Sich-aufeinander-Beziehen von konstruktiven und malerischen Strategien und Interessen sowie das Denken in Werkgruppen.

Das bedeutet im Übrigen auch, einmal gefundene Werkideen für verschiedene Auftraggeber zu variieren, also Mehrfachnutzungen gleicher Objekte an verschiedenen Standorten anzustreben, aber eben auch bei einem neuen Projekt auf bereits vorhandene technische Erfahrungen sowie auf kompetente Handwerksbetriebe zurückgreifen zu können.

Alle diese Aspekte bündeln sich schlussendlich zu einem Gesamtbild, welches gerade im Überblick über sein Werk und dessen Entwicklung eine beharrende Folgerichtigkeit und Konsequenz zeigt. Bury ist auf eine alltägliche, dabei umso nachdrücklichere Weise effizient: zum einen ein Systematiker in Hinsicht auf seine archivalische Selbstverwaltung von zehntausenden Fotografien, Plänen, Zeichnungen, Skizzen und Korrespondenzen; dann ein realistischer Träumer, der sich etwa bei Erläuterungen gegenüber einem Gast in seinem Atelier in ausführlichen Erinnerungen an vergangene Projekte und Exkursionen verlieren kann; schließlich ein wacher, reflektierter Teilnehmer am Diskurs der zeitgenössischen Kunst und ihrer Einbettung in gesellschaftliche sonance chamber in the exhibition whereas the exhibition can point out what can be seen from inside and outside the enterable architectonic sculptures.

For some ten years now, Claus Bury has had the opportunity to present and exhibit the range of his subject matter and preferences, techniques and aesthetic strat-
CAT. NO. 88 egies at large retrospectives. It all began with *Gegenläufig* [Counterrotating], a 2007 retrospective at Deutsches Architekturmuseum in Frankfurt am Main, was followed
CAT. NO. 94 up in 2010 with *Maßstabssprünge* [Leaps of Scale] at Neues Museum in Nuremberg
CAT. NO. 97–99 and culminated in *Meine Sicht* [My View], an exhibition trilogy shown in 2014 at Neues Museum Weimar / Klassik Stiftung Weimar, in 2015 at Museum Pfalzgalerie in Kaiserslautern and in 2016 at Historisches Museum Hanau. The exhibits at each show were sculptures on a 1:1 scale that were often site-specific, made for the rooms in which they were to be shown and to engage in dialogue with them. Then there are explanatory construction drawings for the firms he works with on his projects. Like the painting books in which Bury has captured his impressions of ancient architecture in gouaches notable for saturated colour and pastose applications of paint, his models for many of his enterable architectonic sculptures for outdoor and indoor spaces clearly reveal his fondness for historic architecture. The painting books were supplemented by archetypal structural models for imaginary high-rise buildings, photographs of stacked bales of hay, which Bury calls 'farmer architecture' and has documented worldwide since 1981, and buildings encased in scaffolding that are reminiscent of the industrial archaeology documented in the photographs taken by Bernd and Hilla Becher, which Bury calls 'prototypes' for his series. However, because models are simulations of reality, they are not subject to its limitations. Models can release Surrealist and Dadaist, utopian, 'futurological' and purely fantastic ways of seeing and explaining the realities of this world as a form of possibility. Since these various approaches in an exhibition and the accompanying catalogue are interrelated, they form a discursive framework for a line of reasoning that is both verbally and visually dense and complex.

Similarly, an opportunity is thus provided for outlining recurring themes and iconographic constants in his oeuvre. In Bury's case the themes are 'ship, gate, house, bridge and steps that can be used as seating', historic echoes of pyramids and temples; a geometric lexis that uses tangents, parabolas, segmental arches, oscillation planes and pilaster strips; series, continuity and sequencing of aesthetic details; strategies entailing the use of countervailing forces, balance, fragility, instability and disturbance of order in proportion and composition; changes in scale, experiences of space, changes in perspective, 'being housed' and checking and disrupting this feeling to stimulate, even provoke, how people experience their position in their surroundings; being public and being intimate, being communicative and being contemplative in order to stop and reflect; iconographically paraphrasing ancient architectural prototypes in Europe, North and South America, Asia and Australia; a fascination with the early forms of industrial architecture built by engineers, tower structures encased in scaffolding for repairs and the diversity of forms found in hay bale 'farmer architecture'; and equilibrating and establishing connections between structural and painterly strategies and interests as well as thinking in groups of

Kontexte. Insofern ist Claus Bury ein sinnlicher Intellektueller, ein sensorischer Rationalist und ein neugieriger Kreativ-Historiker, aber vor allem: ein Künstler.

Neben dem Werk gibt kaum etwas so sehr Auskunft über einen Künstler wie sein Atelier: über sein Kunstverständnis, über die Art und Weise seines künstlerischen Arbeitens, über seine Strategien des Aufbewahrens und Erinnerns. Ein Atelier ist für einen Künstler sein Rückzugs-, Konzentrations- und Kontemplationsort, ein Ort des Cocooning für seine ästhetischen Diskurse und Horizonte. Früher wie heute waren und sind Ateliers aber auch Orte der gesellschaftlichen Selbstdarstellung und Reputation. Von Albrecht Dürer bis Peter Paul Rubens, von Hans Makart bis Franz von Stuck und Franz von Lenbach, von Alberto Giacometti bis Pablo Picasso, von Andy Warhol bis Markus Lüpertz hielten viele Künstler in ihren Ateliers „Hof" und veranstalteten ausgelassene Atelierfeste.

Für Claus Bury dagegen ist sein Atelier ein durch und durch pragmatischer Arbeitsraum, obgleich es auch bei ihm zahlreiche ästhetische Überraschungen und Entdeckungen zu machen gibt. Dazu gehören die Modellskylines aus Edelhölzern, zahlreiche Projektmodelle, Kleinskulpturen befreundeter Künstler, Zeichenschränke mit Hunderten Blättern und Künstlerbüchern, Fotografien und persönliche Dokumente an den Wänden, eine veritable Kunstbibliothek und vor allem ein zirka zwölf Quadratmeter großer zentraler Arbeitstisch sowie eine freistehende technische Zeichenmaschine für Konstrukteure und Architekten. So ist Burys Atelier sehr wohl ein Psychogramm seiner ästhetischen Überzeugungen, Denkweisen und Vorlieben. Eine Besonderheit in diesem Zusammenhang ist, dass Bury in einigen seiner umfangreichen Einzelausstellungen manche der Ateliersituationen nachgebaut und damit einen Teil seiner Privatheit öffentlich gemacht hat.

Epilog

Es hat eine durchaus logische Folgerichtigkeit, dass Claus Bury nach seinen Erfahrungen und Erfolgen als Schmuckdesigner die internen körperbezogenen Fragestellungen auf externe, aber ebenso körperbezogene Kontexte erweitert hat. Denn so wie Schmuck das Bewusstsein der eigenen körperlichen Präsenz intensiviert, intensivieren begehbare architektonische Skulpturen das Körpergefühl durch die Stimulierung unterschiedlicher Wahrnehmungen von Enge und Weite, Nahsicht und Fernsicht, Perspektiven und Vogelperspektiven, von Übersicht und Durchblick, von Einsichten in Mikro- und Makrozusammenhänge. Wie positionieren wir uns räumlich in der Welt? Was bedeutet es, sich in raumzeitlichen Kontinuen zu bewegen? Wie finden wir unseren „Ort"? Wie werden wir heimisch und können „Behaustheit" realisieren, wie Martin Heidegger dies nannte? Und ist Lebensvertrauen nicht abhängig von Ortsvertrauen?

Das sind große und tiefe Fragen, die Bury sicherlich nicht beantworten, aber symbolisch stellen kann. Und so ist seine Kunst eine Sinnfrage – jede gute Kunst sollte dies sein. Schon Hegel hatte statuiert, dass die Welt Hauscharakter hat und dass die Menschen nicht nur die Sterblichen, sondern auch die Wohnenden sind. Der Mensch ist von Grund auf ein Wohnwesen. Sein Verhältnis zum Weltganzen ist ein Einwohnerverworks. Incidentally, all this entails varying the ideas informing works to target a particular commission – that is, multiple use of an object, actually using it more than once for different commissions at different sites. It also means being able to rely on available technical expertise as well as competent crafts businesses for each new project.

Taken together, all these aspects ultimately amount to an overall picture that reveals, especially when the entire oeuvre and its development are taken into consideration, persistent consistency and coherence. Bury is efficient in the usual sense of the term, which makes this quality all the more impressive: on the one hand, he is systematic in terms of administering archives comprising tens of thousands of photographs, plans, drawings, sketches and letters. On the other, he is a realistic dreamer, who can lose his train of thought while expansively expatiating on recollections of past projects and excursions to a guest in his studio. Finally, he is an alert participant in the discourse about contemporary art and how it is embedded in societal contexts because he has thought about these issues deeply. This means Claus Bury is a sensual intellectual, a sensory rationalist, a curious, creative historian and, above all, an artist.

And apart from their work, nothing reveals so much about artists as their studios: how they think about art, how they approach their work, what strategies they have for storing and recollecting. Artists' studios are places to which they can retreat, to concentrate and contemplate, places for 'cocooning' their aesthetic discourses and horizons. Artists' studios have always also been places for burnishing their owners' image and reputation. From Albrecht Dürer to Peter Paul Rubens, from Hans Makart to Franz von Stuck and Franz von Lenbach, from Alberto Giacometti to Pablo Picasso, from Andy Warhol to Markus Lüpertz, many artists have 'held court' in their studios and given riotous studio parties. For Claus Bury, on the other hand, his studio is a thoroughly pragmatically conceived and equipped workroom even though there are numerous aesthetic surprises and discoveries to be made even in his surroundings. They include model skylines made of precious woods, numerous project models, small sculptures made by fellow artists who are friends of his, storage cabinets for drawings housing hundreds of sheets and artist's books, photographs and personal documents on the walls, an impressive art library and, most notably, a large central table with a work surface about twelve metres square as well as a freestanding technical drawing machine for civil engineers and architects. Hence Bury's studio is definitely a psychogram of his aesthetic convictions, ways of thinking and preferences. Noteworthy in this connection is the fact that Bury has reproduced studio situations in some of his extensive solo shows, thus making part of his private life public.

Epilogue

It is only logical that Claus Bury, after so much experience and success as a jewellery designer, should extend internal issues relating to the body to external but equally body-related contexts. After all, just as jewellery enhances the wearer's conscious-

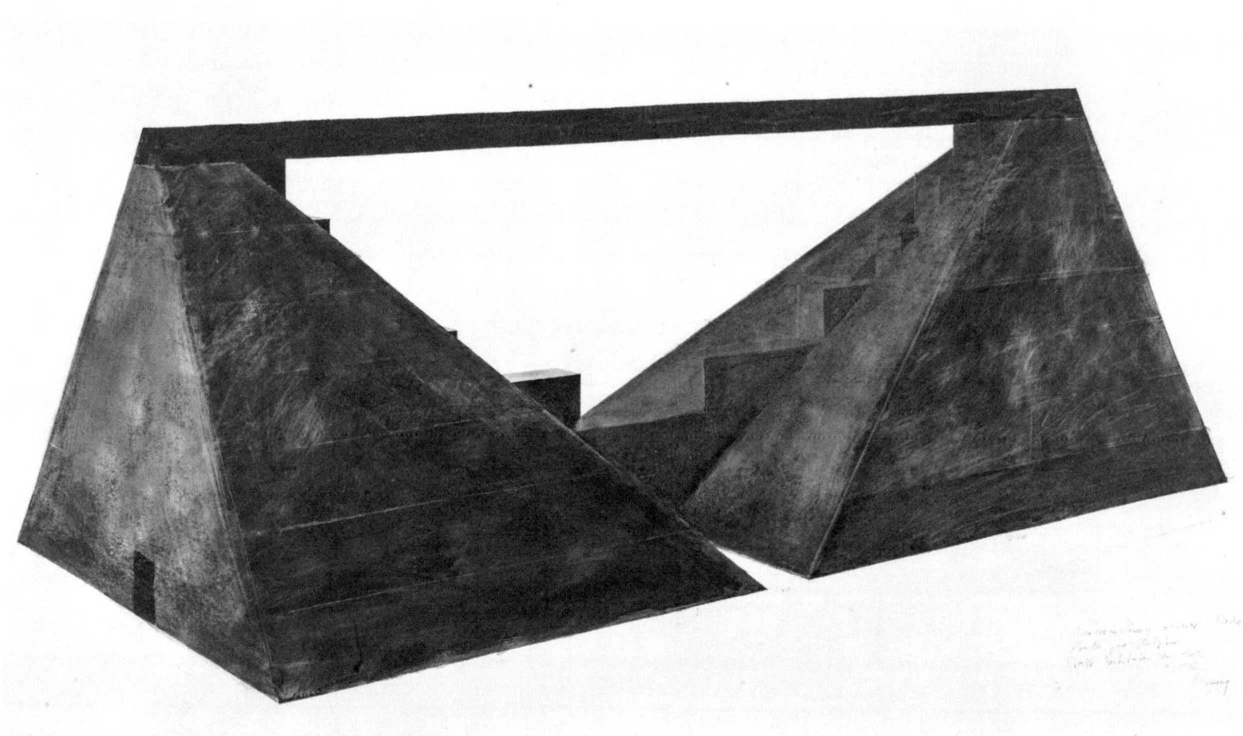

Gouache für Kat. Nr. 21, Bridge Project / Gouache for cat. no. 21, Bridge Project ness of his or her physical presence, so enterable open-form architectonic sculpture intensifies physical feeling by stimulating a wide range of perceptions of narrowness and vastness, close-up aspects and distant panoramic views, perspectives and bird's-eye perspectives, overview and vista, insights into microcosmic and macrocosmic contexts. How do we position ourselves spatially in the world; what does it mean to move in spatial and temporal continua, how do we find our 'place', how do we make ourselves feel at home and how can we realise 'being in the world as dwelling in it' as Martin Heidegger called it, and doesn't living a trusting life depend on trust in a place? Those are vastly profound questions that Bury is unlikely to be able to answer yet he can take them on symbolically. And that makes his art a question of meaning: that is what all good art should be. Hegel once stated that the world was like a house and that human beings were not merely mortals but also dwellers. Human beings are essentially creatures that need dwellings. Their relationship to the cosmos is that of residents. Viewers of Bury's sculpture sense this metaphorical equation of world and dwelling, world and spaces.

And, since these architectonic sculptures inspire and simulate physical and perceptual experiences in us, they are participatory – meaning, everyone joins in. Participation means here circumambulation and entering, exploring and discovering, realising by taking action. Thus works of this kind persuade those who view them to become active users and add the *vita activa* to the *vita contemplativa*. And, of course, *homo faber* thus becomes *homo ludens*, because only the 'playful man' is fully a human being, as Friedrich Schiller observed. Living imaginatively to the full generates a knock-on emotional effect in these spatial passe-partouts. The material properties of these sculptural spaces support and intensify the feelings thus stimulated. That is how these enterable, experienceable open-form sculptures become intellectual partners, eloquent interlocutors.

Hence it might be said that Claus Bury is working on exposing and subjecting physical experience to the influence of culture. The fast accelerating pace of virtuality is, given today's context of material conditioning, not least also a therapeutic agenda. Responsiveness and concentration, acceptance and curiosity are called for if one is to become more intense and stimulated in this way through the conscious perception of one's surroundings. Becoming aware of one's own physicality and the surprises and adventures associated with this process by experiencing works of art equilibrates body, soul and intellect in a meaningfully enriching way so that, as Friedrich Schiller put it in his *Letters on the Aesthetic Education of Man*, 'man does not neglect himself' in the sense of missing out on his full potential. Abstract thinking and looking complement each other in such a way that the senses form the interface between body and soul/intellect. This implies that Bury's open-form architectonic sculptures also mark the achievement of a delicate balance between sensuality and reason with respect to holistic and active perception. We are literally 'grasping' and 'embracing' our environment and immediate surroundings and thus appropriating them. All communication, knowledge, emotions and ideas of the world are premised on sensory perception. The senses and reason are indissolubly intertwined.

hältnis. Diese Gleichung von Welt und Haus, Welt und Räumen spüren die Betrachter der Bury-Skulpturen. Und indem diese architektonischen Skulpturen uns zu Körper- und Wahrnehmungserfahrungen anregen und stimulieren, sind sie Partizipations-, also Mitmach-Kunst. Sie regen uns zu unmittelbaren Erlebnissen an und stellen eine Öffentlichkeit her, die sie zu Bühnen machen. Partizipation heißt hier, das Angebot dieser Skulpturen – sie zu umrunden und zu begehen, zu erforschen und zu entdecken – durch aktives Handeln zu realisieren.

So überreden diese Werke ihre Betrachter dazu, tätige Benutzer zu werden und der *vita contemplativa* eine *vita activa* hinzuzufügen. Und natürlich wird dadurch der *homo faber* zum *homo ludens*, denn nur der „spielende Mensch" ist ganz Mensch, wie Friedrich Schiller bemerkte. Imaginative Lebendigkeit erzeugt bei diesen Raum-Passepartouts eine Sogwirkung von Emotionalität. Die Materialität der skulpturalen Räume unterstützt und intensiviert diese Gefühle. Diese begeh- und erfahrbaren Raumskulpturen werden so zu intellektuellen Partnern, zu einem sprechenden Gegenüber.

So mag man sagen, dass Claus Bury an der Kulturalisierung von Körpererfahrungen arbeitet. Das ist im heutigen Bedingungshorizont galoppierender Virtualität ein nicht zuletzt auch therapeutisches Programm. Eine solche Intensivierung und Stimulierung durch das bewusste Wahrnehmen von *surroundings* erfordert Aufnahmefähigkeit und Konzentration, Akzeptanz und Neugierde. Durch Erfahrungen von Kunstwerken sich selbst seiner Körperlichkeit und den damit verbundenen Überraschungen und Abenteuern gewahr zu werden, bringt Körper, Geist und Intellekt in eine gehaltvolle Balance, die uns bereichert, damit, wie Friedrich Schiller in seinen Briefen *Über die ästhetische Erziehung des Menschen* sagte, „der Mensch sich nicht selbst versäume." Denn abstraktes Denken und Anschauung ergänzen sich, wobei die Sinne die Schnittstelle zwischen Körper und Geist bilden.

Insofern markieren Burys Raumskulpturen auch ein Ausponderieren zwischen Sinnlichkeit und Vernunft in Hinsicht auf eine ganzheitliche und aktive Wahrnehmung. Denn wir „begreifen" und „erfassen" unsere Umwelt und Umgebung im wörtlichen Sinn und eignen sie uns so an. Sinnliche Wahrnehmung ist die Voraussetzung aller Kommunikation, aller Erkenntnis, aller Emotionen und aller Vorstellungen von Welt. Sinne und Vernunft sind nicht voneinander abzukoppeln.

1 Einen Catalogue raisonné über das Gesamtwerk von Claus Bury zu erstellen, würde den Umfang jeder denkbaren Einzelpublikation bei Weitem sprengen. Die einzelnen Werkgruppen haben etwa folgende Umfänge: 60 Malbücher mit jeweils etwa 50 Gouachen, also 3000 Bilder; etwa 6000 Kleinbilddias, etwa 1500 Fotografien von *Bauernarchitekturen;* etwa 500 Fotografien von eingerüsteten Türmen; etwa 10.000 Fotografien von antiken Bauwerken aus allen Erdteilen; etwa 500 Pläne und Modellfotos von nicht realisierten Projekten; etwa 2000 Briefe Künstlerkorrespondenz; etwa jeweils 30 Dokumente für die ca. 100 realisierten Projekte. Das sind insgesamt etwa 26.500 Dokumente. Bei einem angenommenen Umfang pro Band von 500 Dokumenten ergäbe sich ein Korpus von ca. 50 Bänden. Dennoch lässt sich das vorliegende Buch in gewisser Weise als ein Catalogue raisonné der Architekturskulpturen dieses Künstlers verstehen. Skizzen und Konstruktionszeichnungen, Modelle und eher malerische Reflektionen zu diesen Raumskulpturen wurden integriert. Einige wenige nicht realisierte Projekte blieben unberücksichtigt. Deshalb besteht diese Publikation aus zwei Teilen. Der erste Teil reflektiert den Kosmos der architektonischen Skulpturen des Künstlers in kultur- und kunsthistorischen Kontexten und verortet ihn ästhetisch. Der zweite Teil ist als Werkverzeichnis dieser Projekte angelegt, die jeweils beschrieben, analysiert und interpretiert werden.

2 Zu Claus Burys umfangreichem Schmuck-Œuvre siehe den Katalog Neues Museum Nürnberg / Die Neue Sammlung München (Hrsg.): *Claus Bury. Maßstabssprünge*, Nürnberg 2010, S. 14–104

3 Uwe Wieczorek, in: *Claus Bury. Katalog Oktogon 1*, Wiesbaden 1987, o. S.

4 Zu den Würdigungen seiner künstlerischen Tätigkeit gehören ebenso Stipendien: 1976 ein Stipendium des Kultur-

1 Compiling a catalogue raisonné of Claus Bury's work would be far beyond the scope of any individual publication imaginable. The individual work groups comprise the following: 60 painting books, each containing some fifty gouaches – that is, a total of 3,000 pictures; about 6,000 35 mm slides, approx. 1,500 photographs of 'farmer architecture'; about 500 photographs of towers encased in scaffolding; approx. 10,000 photographs of ancient architecture from all continents; about 500 plans and photos of models of projects that have not been realised; approx. 2,000 letters to and from fellow artists; and about 30 documents each for the approx. 100 projects that have been realised. That makes a total of some 26,500 documents. If one assumes 500 documents in each volume, that would make for a catalogue amounting to about fifty volumes. Nonetheless the present book is, in a certain sense, definitely a catalogue raisonné of this artist's architectonic sculpture. Sketches and construction drawings, models and what tend to be painterly reflections on these open-form sculptures have been integrated in the publication. A few projects that have not been realised have not been included. Consequently the present publication consists of two parts: the first part mirrors the cosmos of the artist's architectonic sculptures in their cultural and art historical contexts and locates his aesthetic stance; the second part is arranged as a catalogue of works from those projects, which describes, analyses and interprets each one.

2 For Claus Bury's extensive oeuvre in jewellery, see the catalogue Neues Museum Nürnberg/Die Neue Sammlung München (eds.), *Claus Bury. Maßstabssprünge*, Nuremberg 2010, pp. 14–104.

3 Uwe Wieczorek, in *Claus Bury. Katalog Oktogon 1*, Wiesbaden 1987, n.p.: 'Medien zur individuellen Sensibilisierung der raumkörperlichen Erlebnisfähigkeit'

4 His art has also been honoured with grants and bourses: in 1976 with a grant from the Kulturkreis im Bundesverband der Deutschen Industrie; 1981 a grant from the National Endowment for the Arts, Washington, DC, USA; 1985 a bourse from the Casa Baldi, Olevano Romano, Italy; 1986 a grant from the Kunstfonds e.V., Bonn; and 1990 grants from the Stiftung Skulpturenpark Seestern, Düsseldorf, and from the Skulpturenpark Schloss Philippsruhe, Hanau.

5 See Karin von Maur, *Der Klang der Bilder*, Munich 1999.

6 See Volker Fischer, 'Kunst und Design: Grenzverletzer werden unnachsichtig belohnt', in Anette Geiger and Michael Glasmeier (eds.), *Kunst und Design. Eine Affäre*, Hamburg 2012, pp. 105–116.

7 Manfred Schneckenburger, 'Bewegter Stillstand. Pendulum', in *Claus Bury. Pendulum*, Stuttgart 1998, pp. 8–19, pp. 9–10, 12.

8 Jörg van den Berg, 'Wahrnehmungsarchitekturen. Skulptur – Objekt – Bühne', in *Maßstabssprünge* (see note 1), pp. 211–222, 215.

9 See Ulrich Schneider, 'Bauernarchitektur', in Florian Hufnagl (ed.), *Bauernarchitektur. Reisefotografie von Claus Bury*, Berlin n.d., pp. 10–23.

10 Christoph Brockhaus, 'Schiffskonstruktionen 1979–2005', in Ingeborg Flagge (ed.), *Claus Bury. Gegenläufig. Low Tide, High Tide*, Ostfildern 2006: 'Burys Schiffsikonographie ist einzigartig in der zeitgenössischen architektonischen Großskulptur und enthält auch andere ikonographische Elemente seines skulpturalen Werkes wie Tempel und Portal, Brücke und Bogen, Stufung, Treppung und Stapelung.'

11 Most artist monographs are concerned either with the artist himself or works authorised by his history, perhaps also preliminary studies, sketches and models. As a rule, this results in an adequate, even good, survey of an oeuvre. But it leaves out the grey zones of the aesthetic act of inventing and defining a work's form. How many preliminary considerations and alternatives to a spontaneous artistic inspiration are binned? The actual creative process of arriving at a work's form, be it a painting, sculpture, piece of music or a literary work, is, therefore, highly likely to consist of five to six times as many aesthetic deliberations on the artist's part. Generally, these discarded alternatives are not kept, let alone documented; artists tend to have 'inner scissors in their minds'. In exceptional cases, however, such additional documents are encountered, often because artists' friends or relatives have kept them. Unpublished material, which is often stored in archives, is, on the other hand, often found in artists' estate inventories.

12 Heinrich Kulka, Adolf Loos. *Das Werk des Architekten*, Vienna 1931, pp. 17–18: '*Der beste Zeichner kann ein schlechter Architekt sein, der beste Architekt kann ein schlechter Zeichner sein […] Hüte dich vor dem Originellsein. Das Zeichnen verleitet dazu. […] Gute Architektur kann beschrieben, sie müsste nicht gezeichnet werden. Das Pantheon kann man beschreiben. Sezessionsbauten nicht.*'

kreises im Bundesverband der Deutschen Industrie; 1981 ein Stipendium des National Endowment for the Arts, Washington D.C., USA; 1985 ein Stipendium der Casa Baldi, Olevano Romano, Italien; 1986 ein Stipendium des Kunstfonds e.V., Bonn; 1990 Stipendien der Stiftung Skulpturenpark Seestern, Düsseldorf und des Skulpturenparks Schloss Philippsruhe, Hanau.

5 vgl. Karin von Maur: *Der Klang der Bilder*, München 1999

6 Der Begriff Corten setzt sich aus CORrosion Resistance (Rostwiderstand) und TENsile Strength (Zugfestigkeit) zusammen.

7 vgl. Volker Fischer: Kunst und Design. Grenzverletzer werden unnachsichtig belohnt, in: Anette Geiger, Michael Glasmeier (Hrsg.): *Kunst und Design. Eine Affäre*, Hamburg 2012, S. 105–116

8 Manfred Schneckenburger: Bewegter Stillstand. Pendulum, in: *Claus Bury. Pendulum*, Stuttgart 1998, S. 8–19, S. 9 f., 12

9 Jörg van den Berg: Wahrnehmungsarchitekturen. Skulptur – Objekt – Bühne, in: Neues Museum Nürnberg / Die Neue Sammlung München (Hrsg.): *Claus Bury. Maßstabssprünge*, Nürnberg 2010, S. 211–222, S. 215

10 vgl. Florian Hufnagl (Hrsg.): *Bauernarchitektur. Reisefotografie von Claus Bury*, Berlin o. J.; darin: Ulrich Schneider: Bauernarchitektur, S. 10–23

11 Christoph Brockhaus: Schiffskonstruktionen 1979–2005, in: Ingeborg Flagge (Hrsg.): *Claus Bury. Gegenläufig. Low Tide, High Tide*, Ostfildern 2006

12 In den meisten Künstlermonografien geht es um die entweder vom Künstler selbst oder durch die Geschichte autorisierten Werke, vielleicht auch um Vorstudien, Skizzen und Modelle. Das gibt in aller Regel einen guten und hinreichenden Überblick über ein Œuvre. Es lässt aber die Grauzonen der künstlerischen Formfindung unberücksichtigt. Wie viele Vorüberlegungen und Alternativen zu einem künstlerischen Einfall landen im Papierkorb? Der tatsächliche künstlerische Schaffensprozess einer Formfindung, sei sie malerisch, skulptural, musikalisch oder literarisch, besteht also wahrscheinlich mindestens aus dem fünf- oder sechsfachen Umfang künstlerischer Überlegungen. Mit einer „inneren Schere im Kopf" werden diese aussortierten Alternativen in der Regel nicht aufgehoben, geschweige denn dokumentiert. Das kann einen Historiker nicht befriedigen. In Ausnahmefällen finden sich dann doch ab und zu solche Zusatzdokumente; oft, weil sie Freunde oder Angehörige des Künstlers aufbewahrt haben. In Künstlernachlässen findet sich manchmal ebenso unveröffentlichtes Material, das häufig in Archiven verwahrt wird.

13 Heinrich Kulka: Adolf Loos. *Das Werk des Architekten*, Wien 1931, S. 17 f.

Projekte und Skulpturen

Projects and Sculptures

1

Geometrische Formationen, Teil I a (1975) Judäische Wüste, Israel

1975 unterrichtete Claus Bury an der Bezalel Academy of Arts and Design in Jerusalem. Mit einer Handvoll Studenten zog er in die Judäische Wüste, deren karger Boden von Geröll gekennzeichnet ist. Seile wurden mit Zelthaken im Boden verankert und von den im Raum verteilten Studenten so gespannt, dass sie als „Landmarks" geometrische Areale markierten. Der ansonsten menschenleere, archaische weite Raum wurde so zu einem durch Gemeinschaft kulturalisierten Biotop. Auf einer symbolischen Ebene verweisen solche minimalistischen Eingriffe in dieser urtümlichen Landschaft darauf, dass sie ein geschichtsgesättigter Raum biblischer Mythen ist.

Geometrical Formations, Part I a (1975) Judaean Desert, Israel

In 1975 Claus Bury was teaching at the Bezalel Academy of Arts and Design in Jerusalem. Accompanied by a small group of students, he went out into the Judaean Desert, whose barren floor is scattered with scree. Using ropes, which were anchored in the soil with tent hooks and, as 'landmarks', linked to each other by the ropes, thus marking geometric surfaces, Bury made the otherwise empty, archaic open space into a biotope acculturated by a community. On the symbolic plane, such Minimalist interventions in this primeval landscape indicate that it is a historic space steeped in biblical myth.

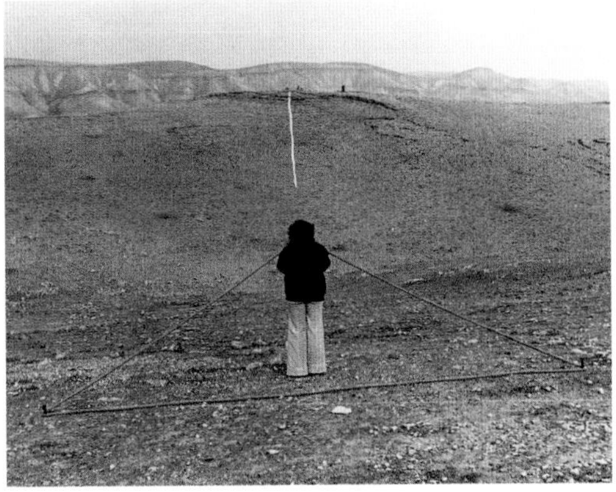
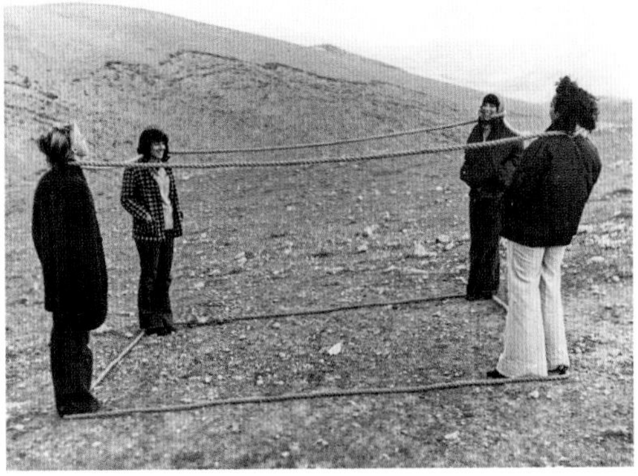
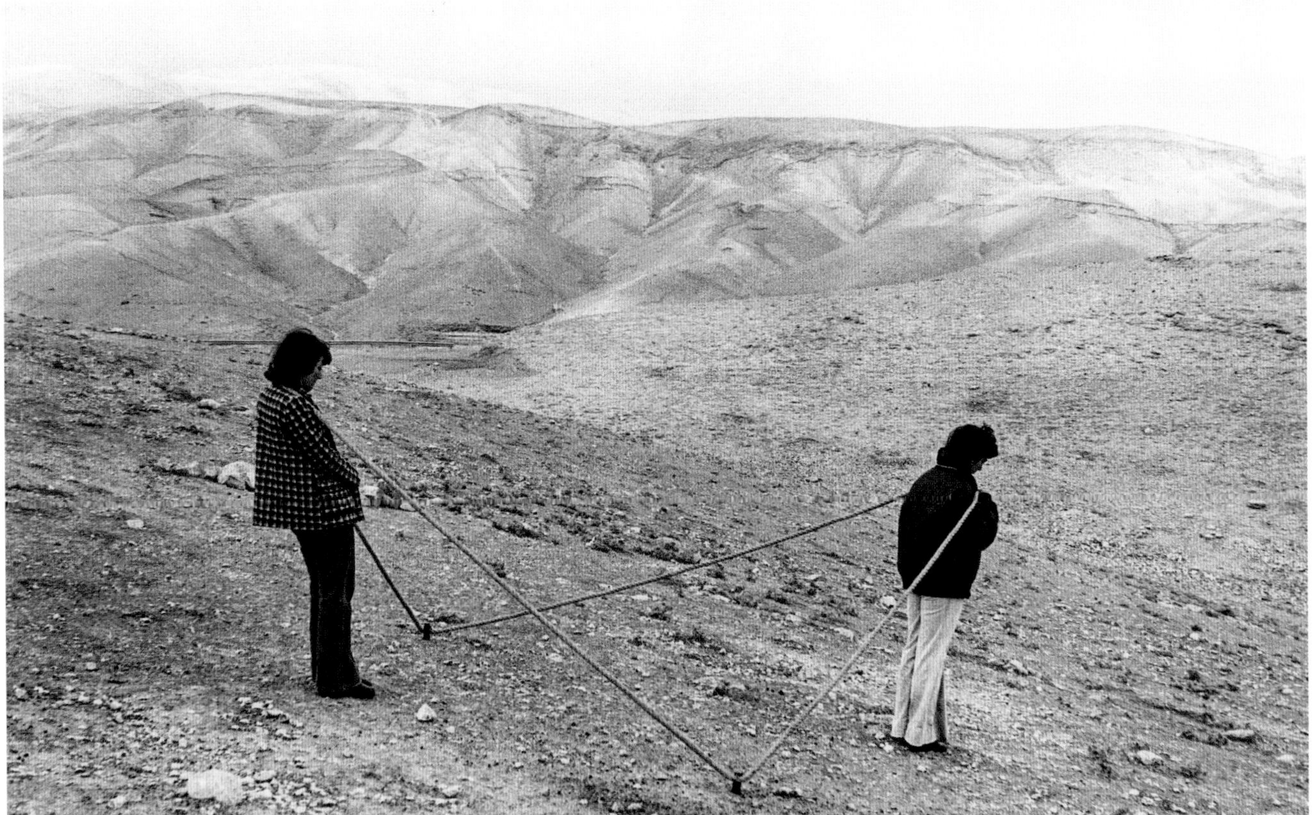

2

Geometrische Formationen, Teil I b (1975) Judäische Wüste, Israel

Mit größeren Felsbrocken begrenzte Bury in der Geröllebene ein quadratisches Areal. Von einem Stab im Zentrum aus wurden symmetrisch Schnüre an die vier Ecken des Steinfeldes gespannt und das Areal so als archaisches Behausungszeichen lesbar. Assoziationen zu Feldvermessungen mit Theodoliten stellen sich ein. Zudem errichtete Bury mit seinen Studenten ein entsprechendes ephemeres Monument auf dreieckiger Basis sowie einen Steinkreis. Die drei geometrischen Urformen – Quadrat, Dreieck und Kreis – sind kulturelle Artefakte, die, als Hinweis auf den Beginn mathematischen Verständnisses, das abstrakte Denken – und damit den Beginn der Kultur – in eine vorher unberührte Landschaft implantieren.

Geometrical Formations, Part I b (1975) Judaean Desert, Israel

Bury used quite large boulders to delimit a square area in the scree plain, which, through a rod at the centre, from which strings were stretched leading symmetrically to the four corners of the stony field, was thus made readable as an archaic sign for a dwelling. Allusions to, and associations with, land surveying with theodolites were awakened. He also joined his students in building a correspondingly ephemeral monument on a triangular base as well as another, round stone circle. The three basic geometric shapes – square, triangle and circle – as fundamental to understanding mathematics are cultural artefacts that implant abstract thinking and, with it, the beginnings of culture in a previously pristine landscape.

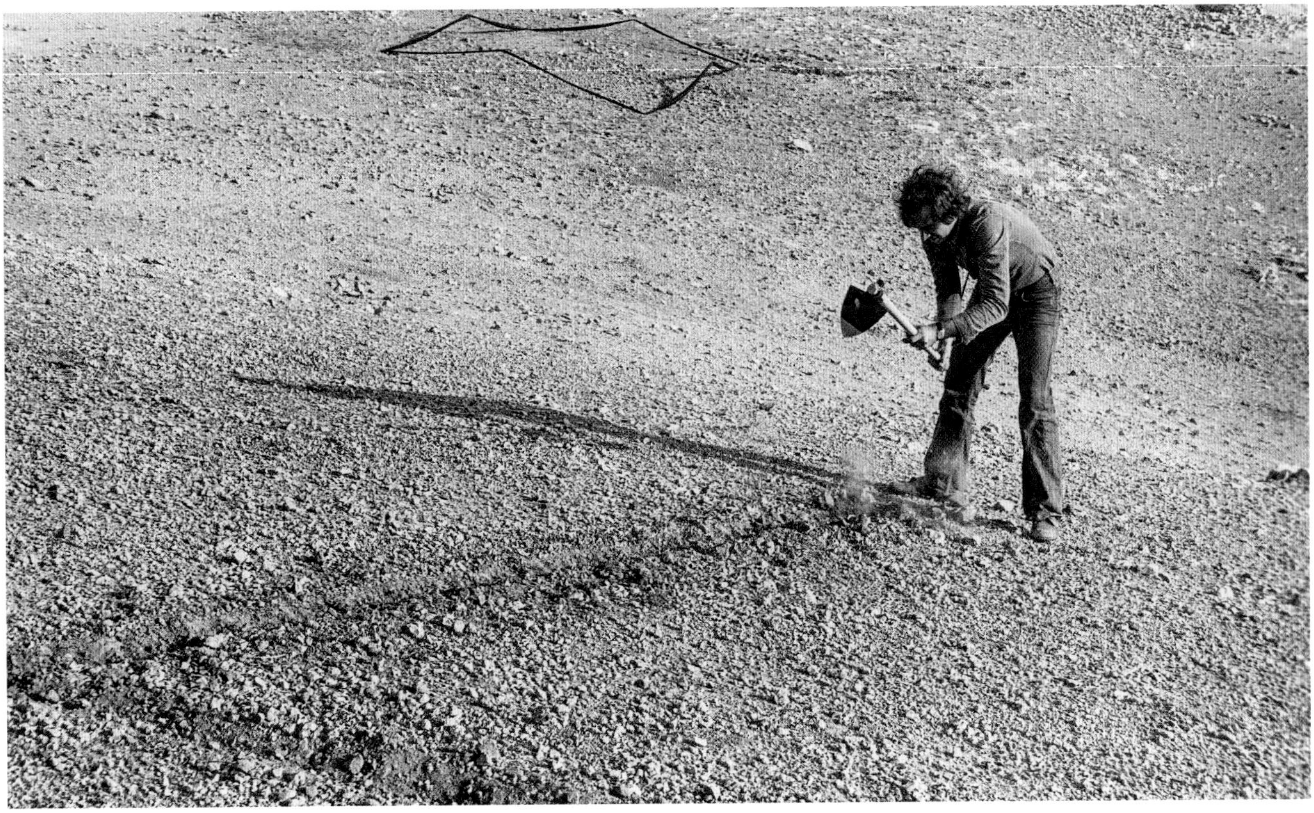

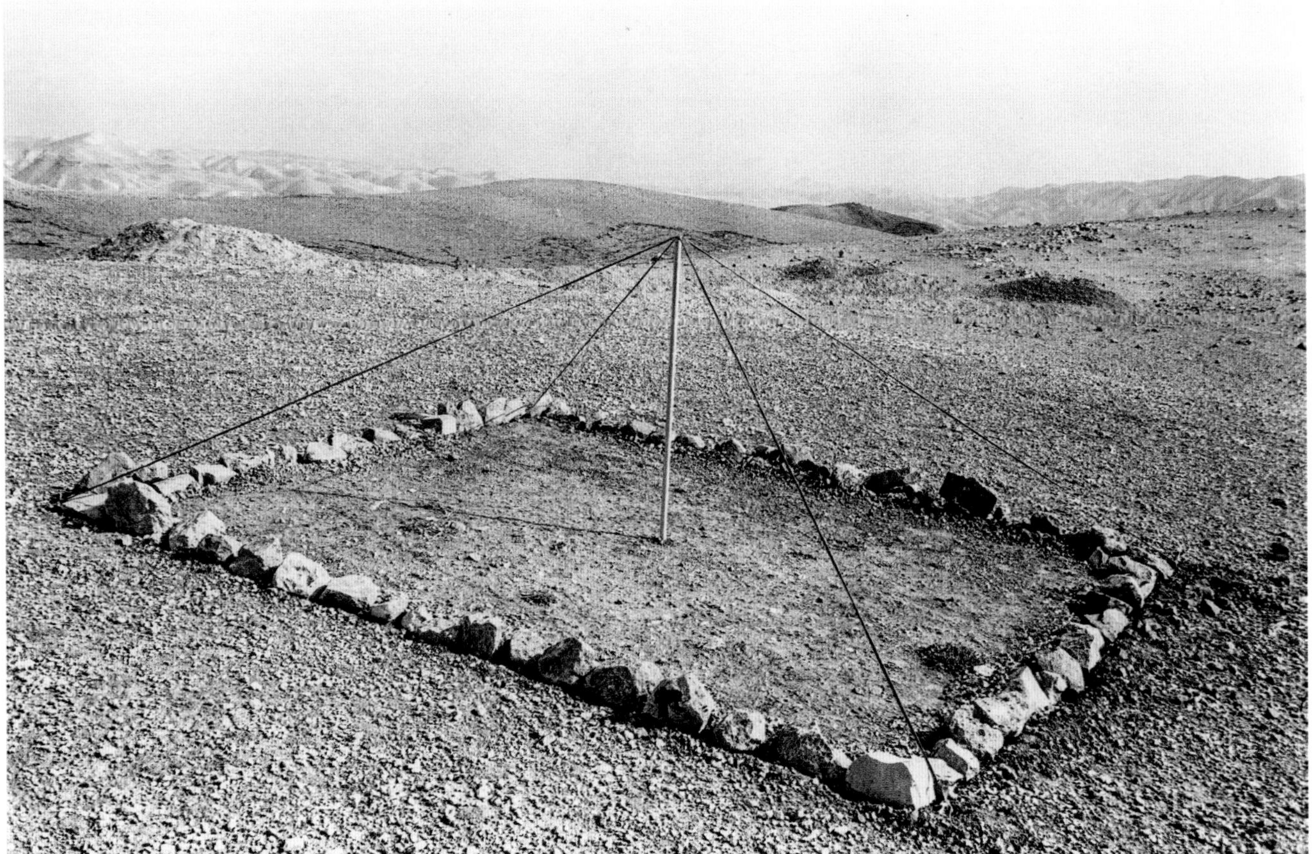

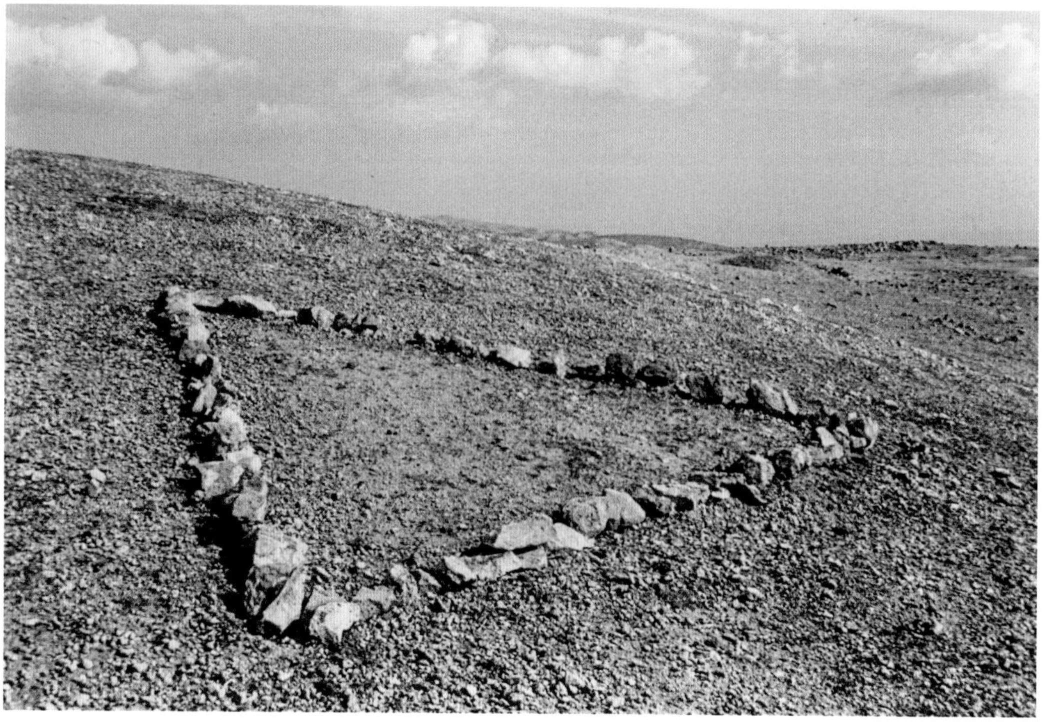

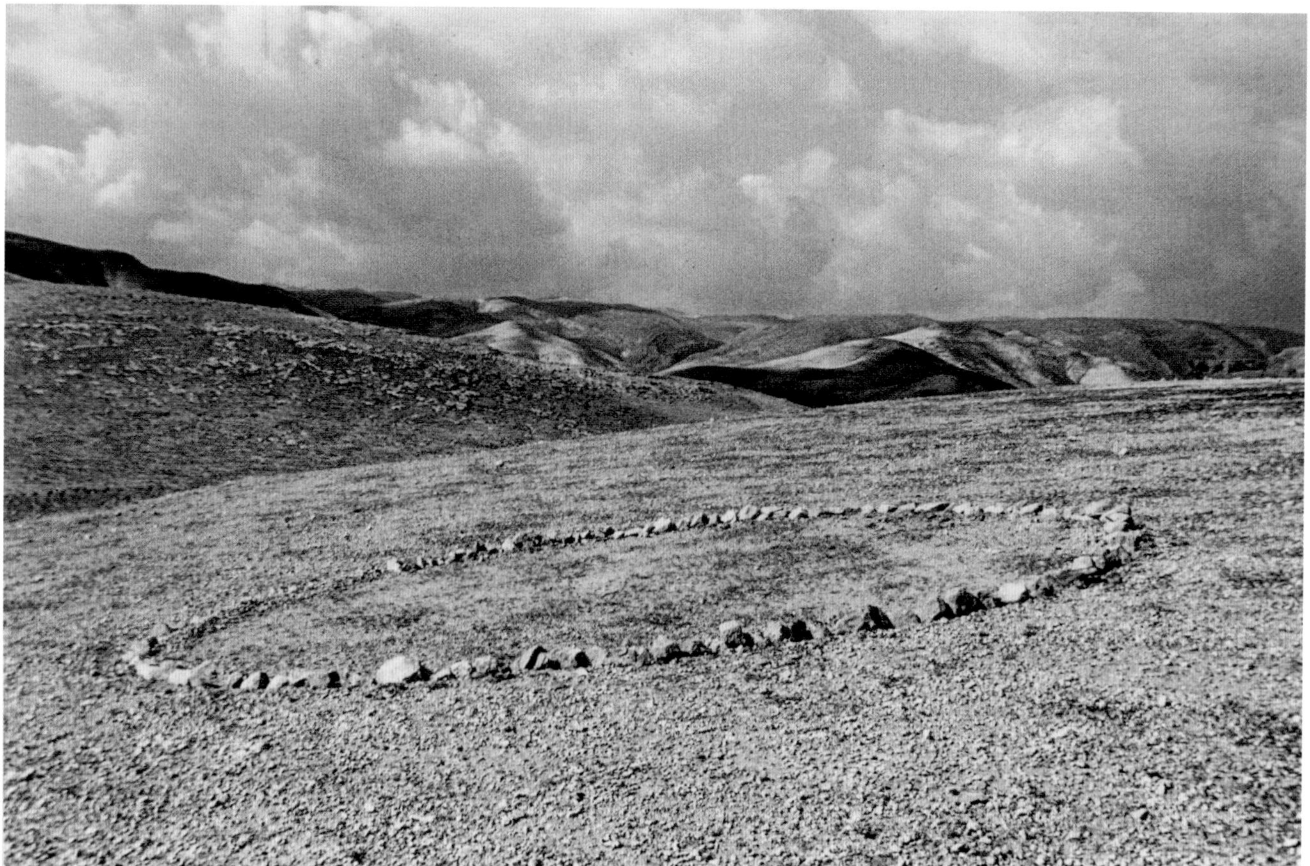

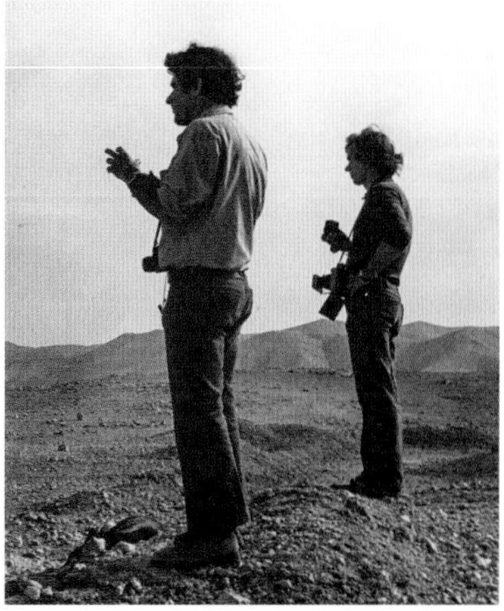

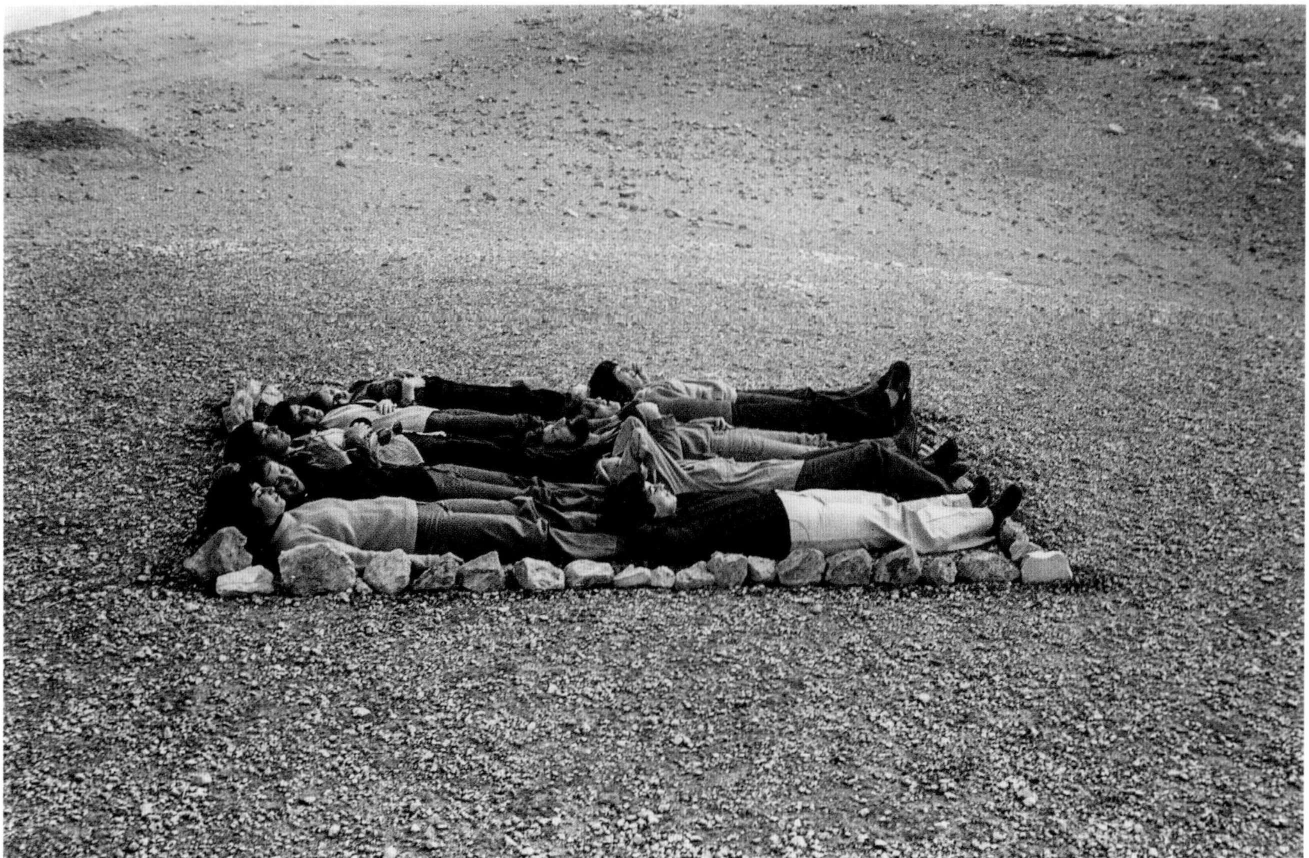

3

Geometrische Formationen, Teil I c (1975) Judäische Wüste, Israel

Weitere Variationen der *Geometrischen Formationen* bestanden aus ausgelegten bzw. am Boden verspannten Stoffbahnen, die sich in einigen Anordnungen auch zu dreidimensionalen Zeichen verräumlichten. Zudem bildeten die Studenten selbst geometrische Formationen wie Kreuze, Kreise oder Dreiecke. So wurden die Individuen zu integrativen Teilen einer organisierten künstlichen Struktur. Dank der Übersetzung sozialer, kommunikativer Beziehungen in raumbezogene Geometrien, wird der Handlungsraum einer Performance zum ästhetischen und kulturell reflektierten Ereignis. In einem Land wie Israel, in dem noch die letzte Wüstendüne militärisches Interesse auslöst, aber zugleich auch antike ikonografische und heilsgeschichtliche Bezüge hat, ist das ein deutliches und eben auch politisches Statement: Der rein künstlerisch-avantgardistische Eingriff in ein solch komplexes Areal mit seiner in gewisser Weise historischen Kontaminierung steht für eine Wahrnehmung jenseits machtpolitischer Kalküle. Das ist ebenso romantisch wie subversiv.

Geometrical Formations, Part I c (1975) Judaean Desert, Israel

Other variations consisted of bolts of cloth laid out on the ground and tautened, which in some arrangements even assumed volume to become three-dimensional signs. The students on their own also constructed geometrical formations, such as crosses, circles and triangles. In this way individuals became integrative parts of an organised artificial structure. Communicative social relations were translated into spatially related geometries. Thus the acting space of a performance becomes an event with aesthetic and cultural reverberations. In a country such as Israel, in which every dune in the desert triggers military interest, but which also has ancient iconographic and multiple religious connotations, a purely avant-garde artistic intervention in such a complex area with what is in a certain sense historical contamination is in fact also a political statement: advocating perception beyond the machinations of power politics. It is as romantic as it is subversive.

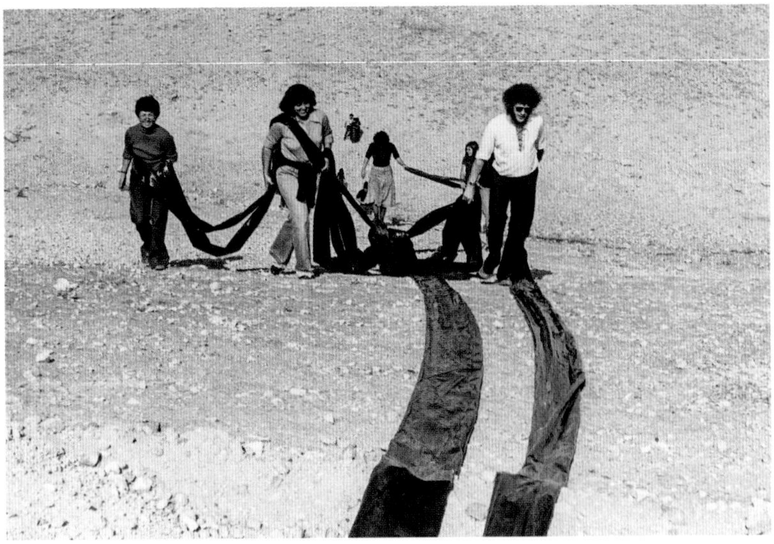

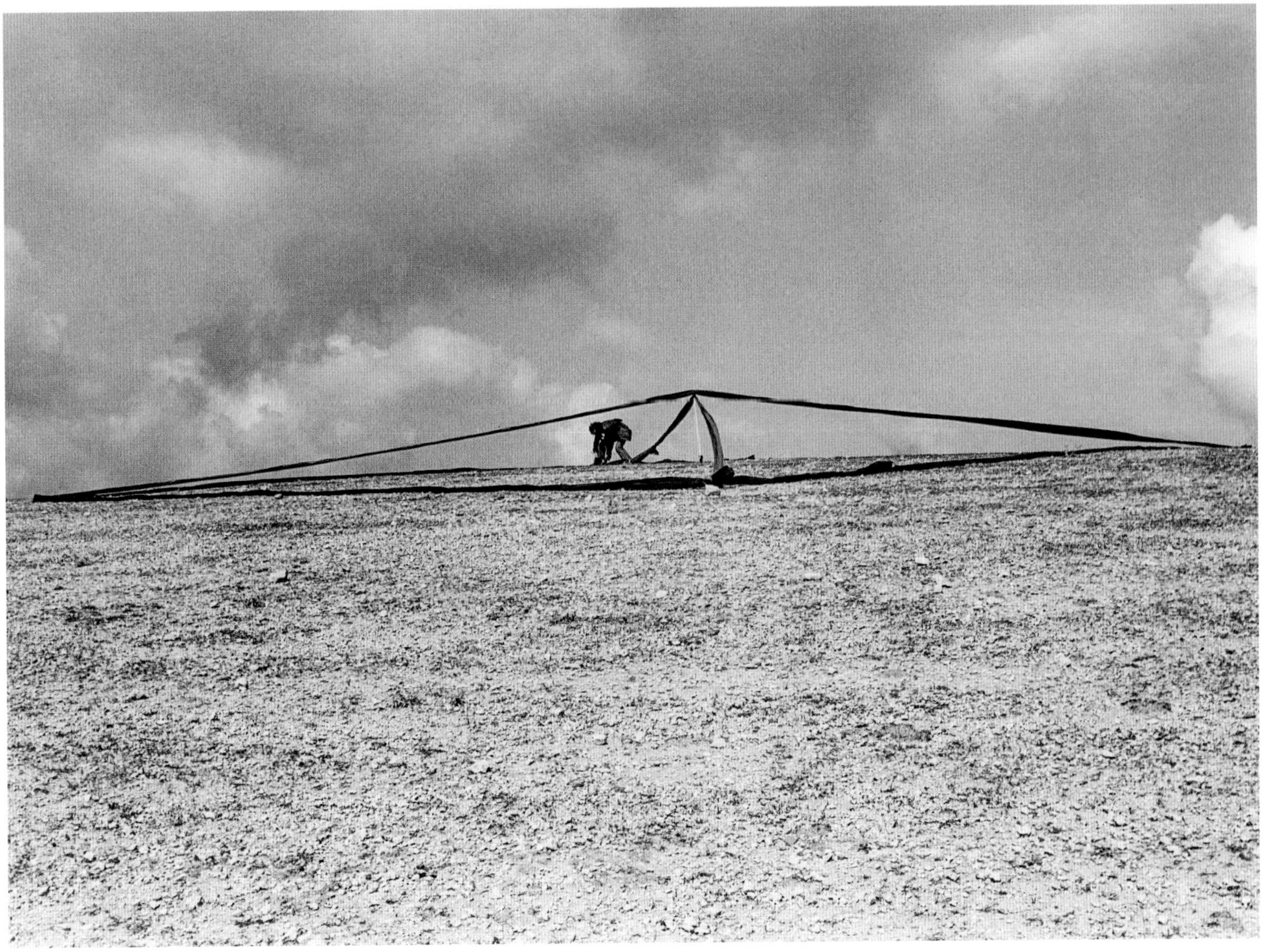

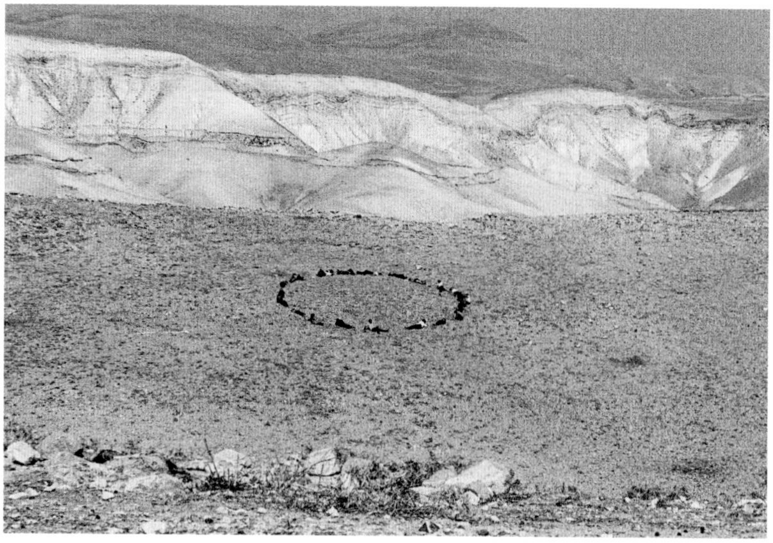

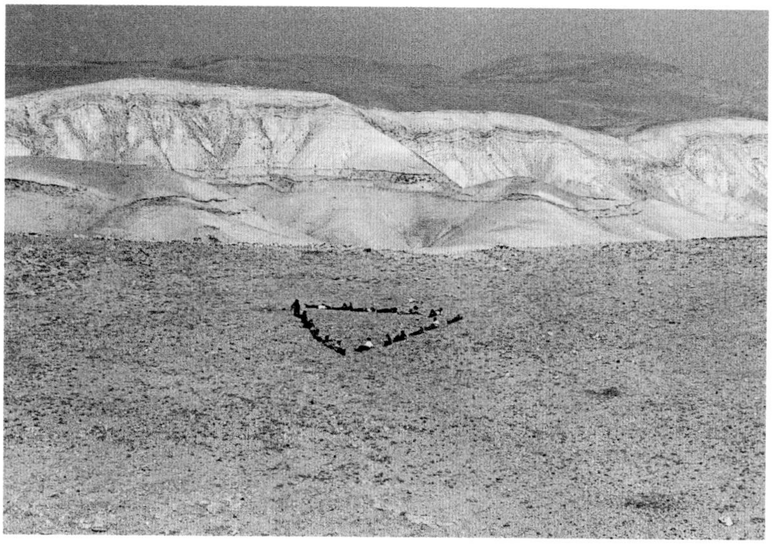

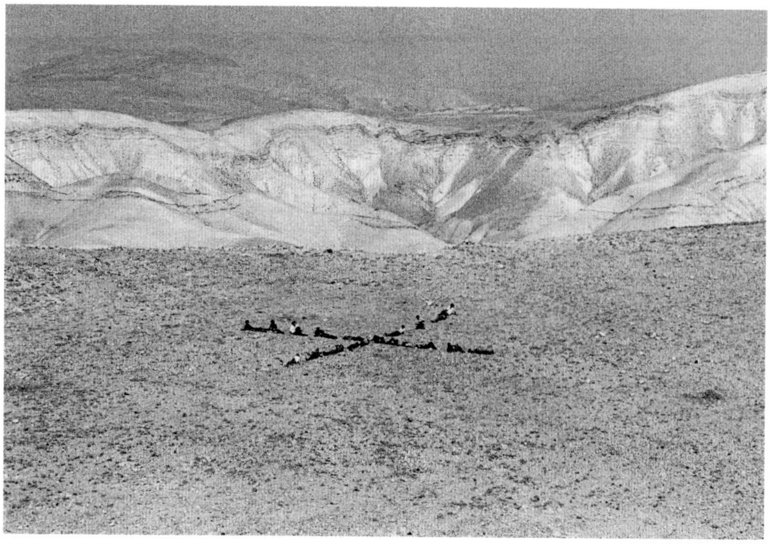

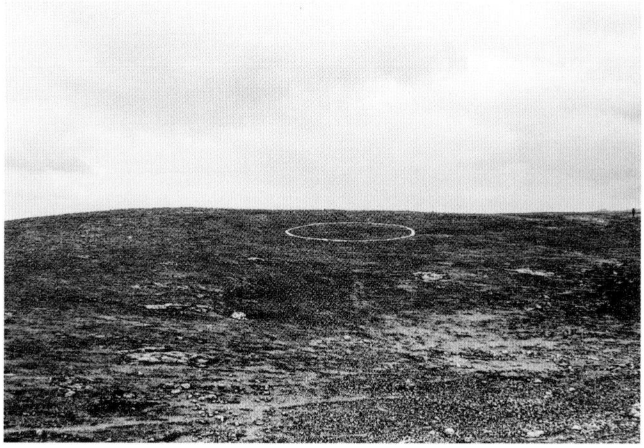

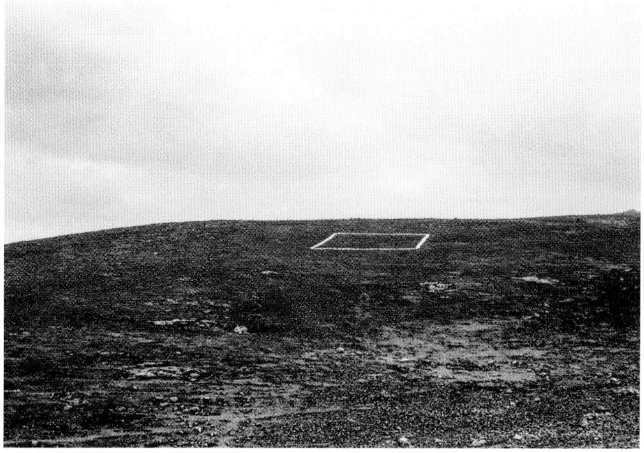

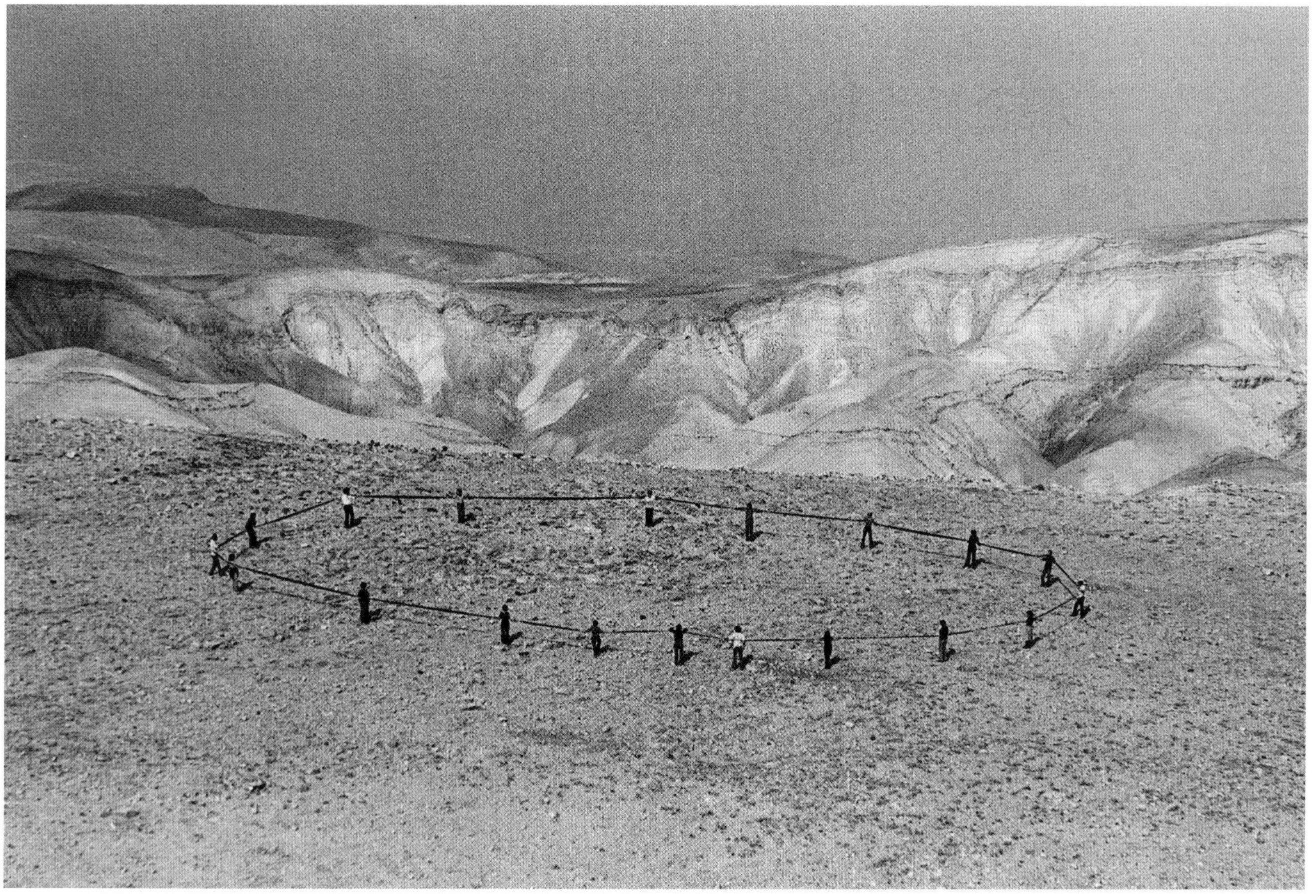

4

Geometrische Formationen, Teil II (1978) Sinai-Halbinsel (nahe Nueba), Ägypten (damals von Israel besetzt)

Am Fuße einer dramatischen Felslandschaft ließ Claus Bury 40 Studenten der Jerusalemer Bezalel Academy mit jeweils etwa zwei Quadratmeter großen weißen Tüchern im hellen Wüstensand eine Art Körperballett aufführen. In verschiedenen Anordnungen und räumlichen Konstellationen bildeten die Menschen Großformen, die sie als choreografiertes „Ornament der Masse“ zeigten. Mal verdeckten die hochgehaltenen weißen Tücher die Menschen dahinter, mal fungierten sie als Körperpassepartout hinter ihnen, mal bildeten die Studenten eine prozessionsartige Linienformation. Dieses Sich-Versammeln zeigte somit Variationen von geordneten Menschenansammlungen, denen man ihre körpersprachliche Grammatik ansah.

Geometrical Formations, Part II (1978) Sinai Desert (near Nueba), Egypt (at this time occupied by Israel)

At the foot of a dramatic escarpment, Claus Bury had forty students from the Bezalel Academy in Jerusalem – each of them fitted out with large white pieces of cloth measuring about two square metres – perform as a sort of corps de ballet in the light-coloured desert sand. In a variety of arrangements and spatial combinations, the students formed decorative large shapes that showed them as a choreographed ‘ornament of mass’. At times the white cloths held up by the students concealed the performers behind them; at others the cloths functioned as body passe-partouts behind them, or the students formed into a line resembling a procession. Assembling in this way showed variations on orderly crowds of people, the grammar of whose body language was apparent.

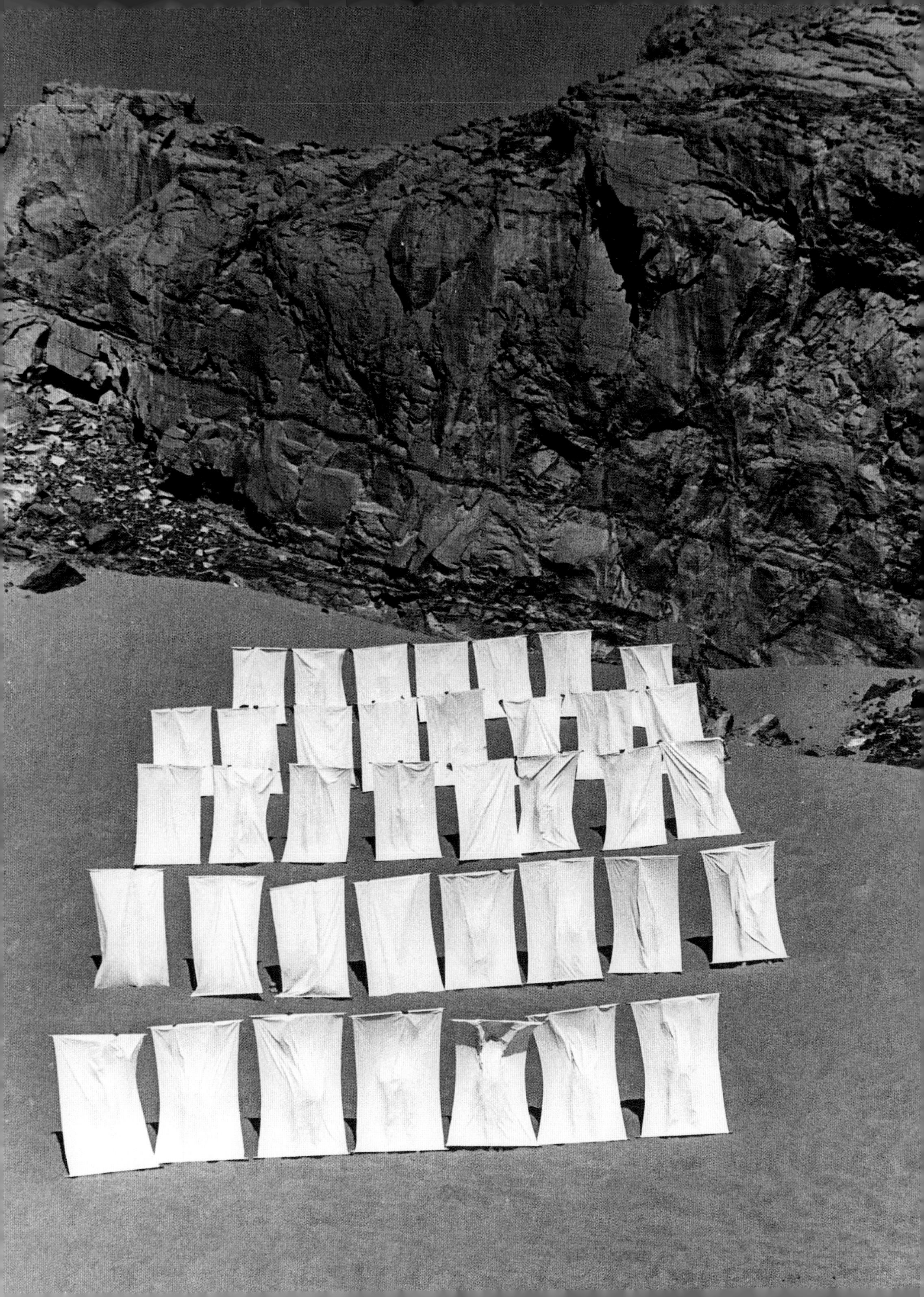

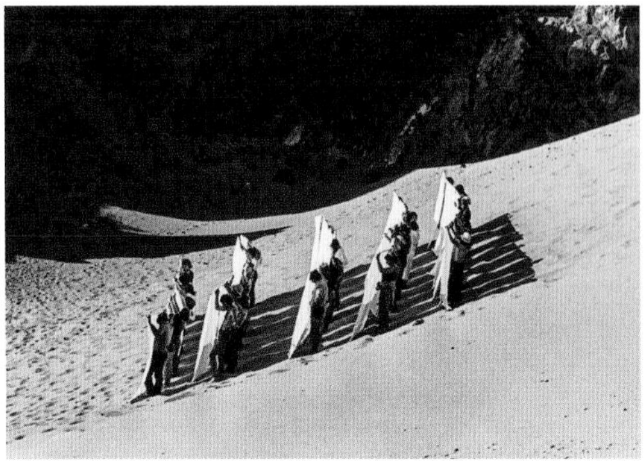

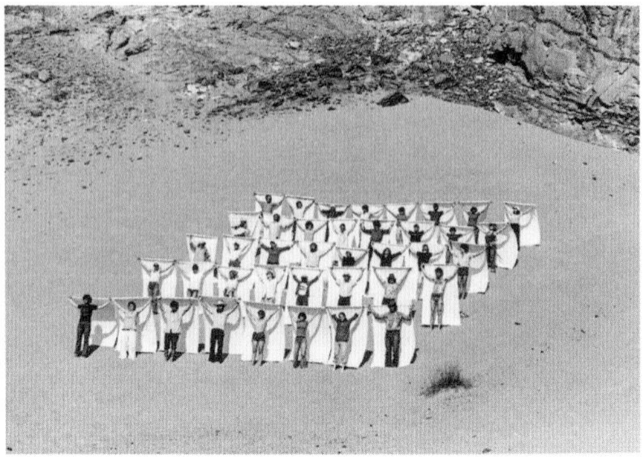

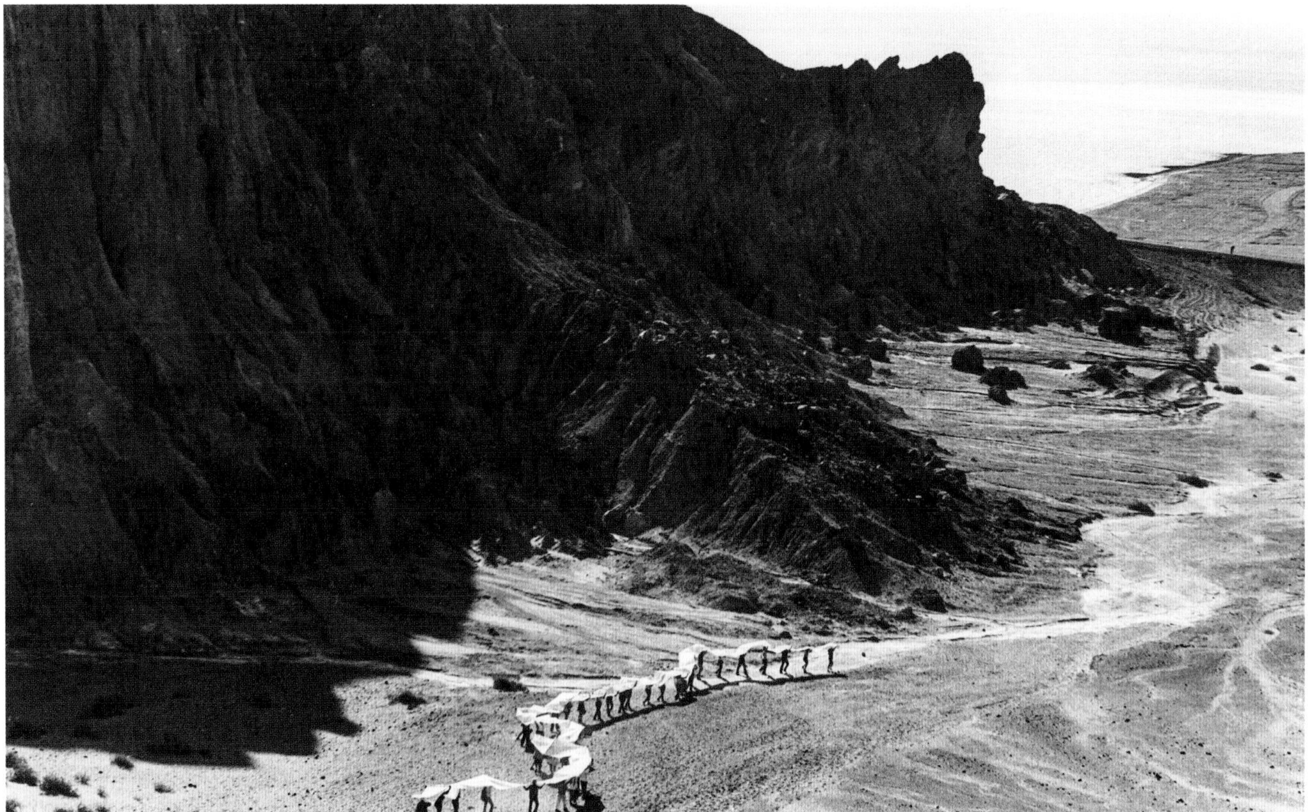

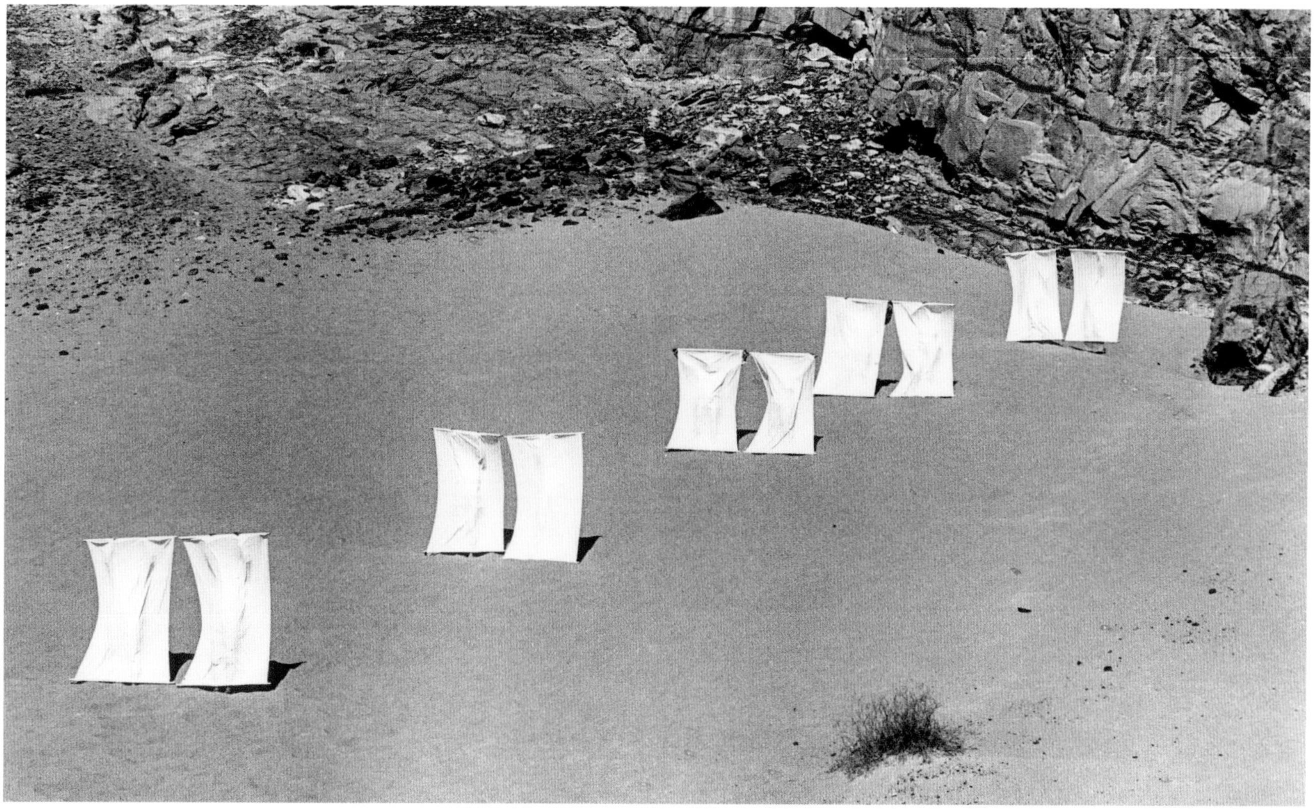

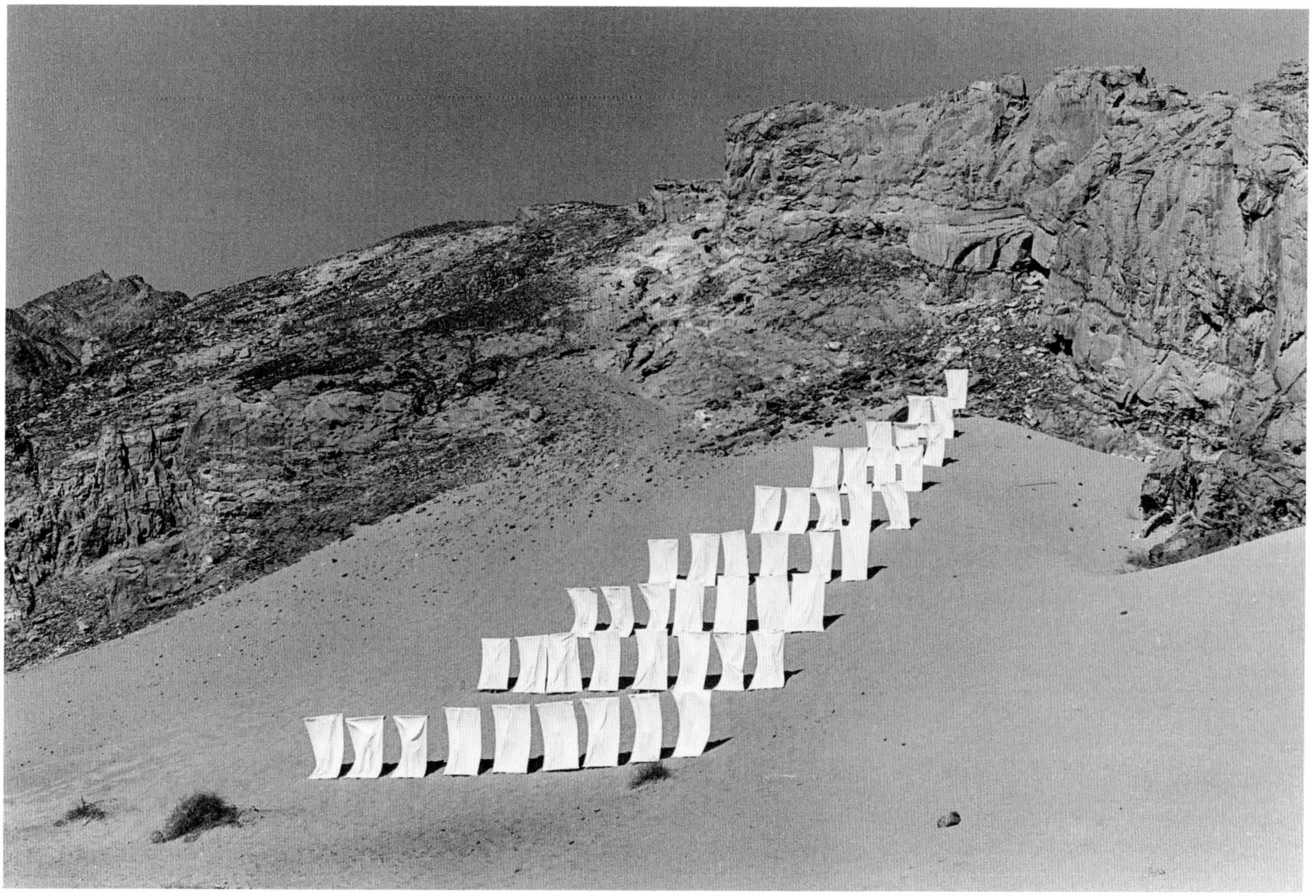

5

Geometrische Formationen, Teil III (1978) Memphis, Tennessee, USA

Im Jahr 1978 realisierte Bury mit etwa 20 Studenten der Memphis School of Art ebenfalls eine Art Körperballett wie in der Sinai-Wüste (vgl. Nr. 4), nun aber in urbanen Situationen: auf städtischen Brachen. Erneut ließ er die Performer durch Stoffbänder eine Gruppenverbindung herstellen, die man jenseits ihrer ästhetischen Abstraktheit durchaus auch als Symbol komplexer zwischenmenschlicher Beziehungen und sozialer Kontakte verstehen kann. Auch hier handelt es sich um raumbezogene Ballette, die die ausführenden Protagonisten als Teile einer komplexen Choreografie begreifen.

Geometrical Formations, Part III (1978) Memphis, Tennessee, USA

The same year, 1978, Bury also realised a sort of corps de ballet, with about twenty students from the Memphis School of Art, but this time in urban situations in brown-field urban spaces. Like in the Sinai Dessert (see No. 4), he again used bolts of cloth to have them create group connections, which, apart from their abstract aesthetic, can also certainly be interpreted as a symbol of complex interpersonal relationships and social contacts. Here, too, it was a question of space-related ballets that the performers saw as part of a complex choreography.

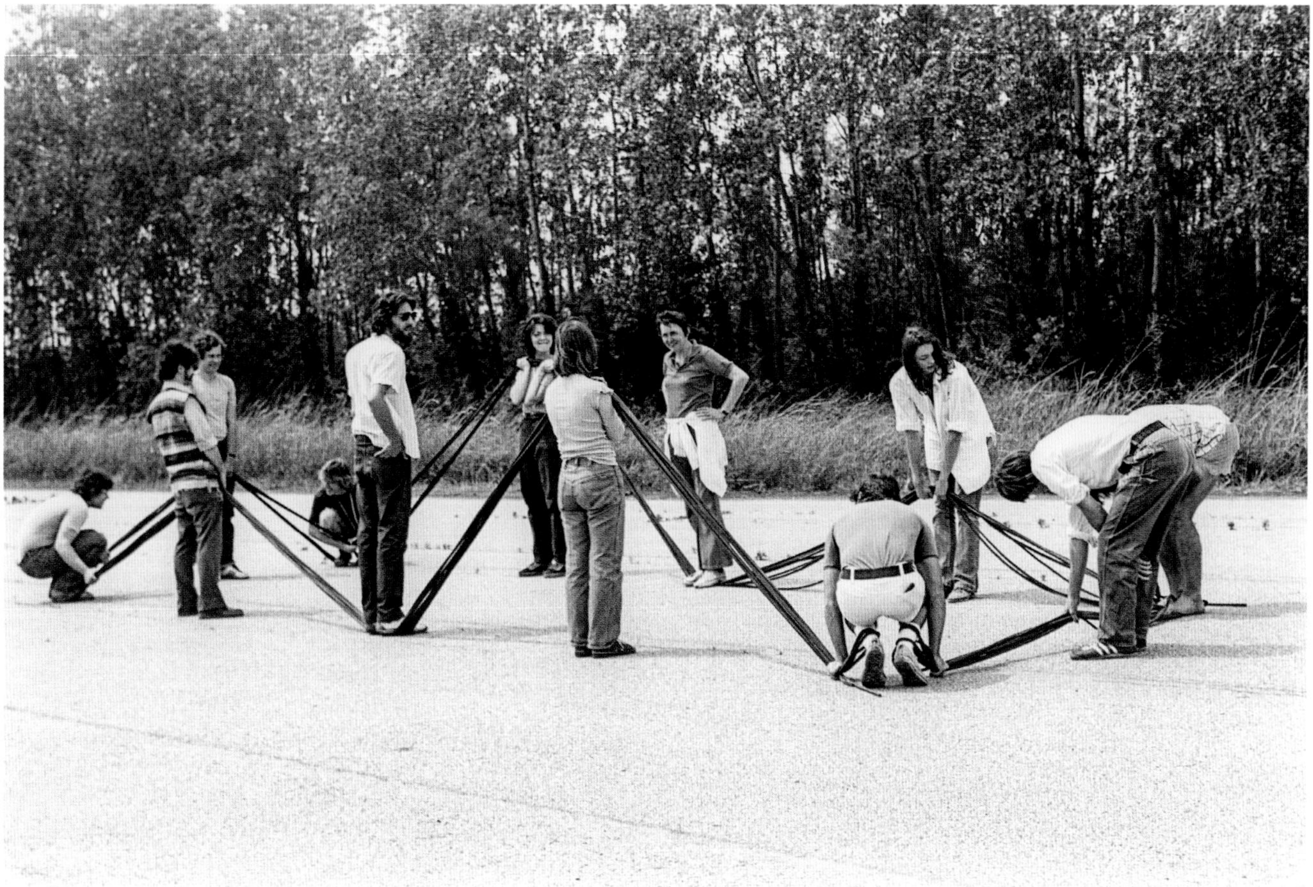

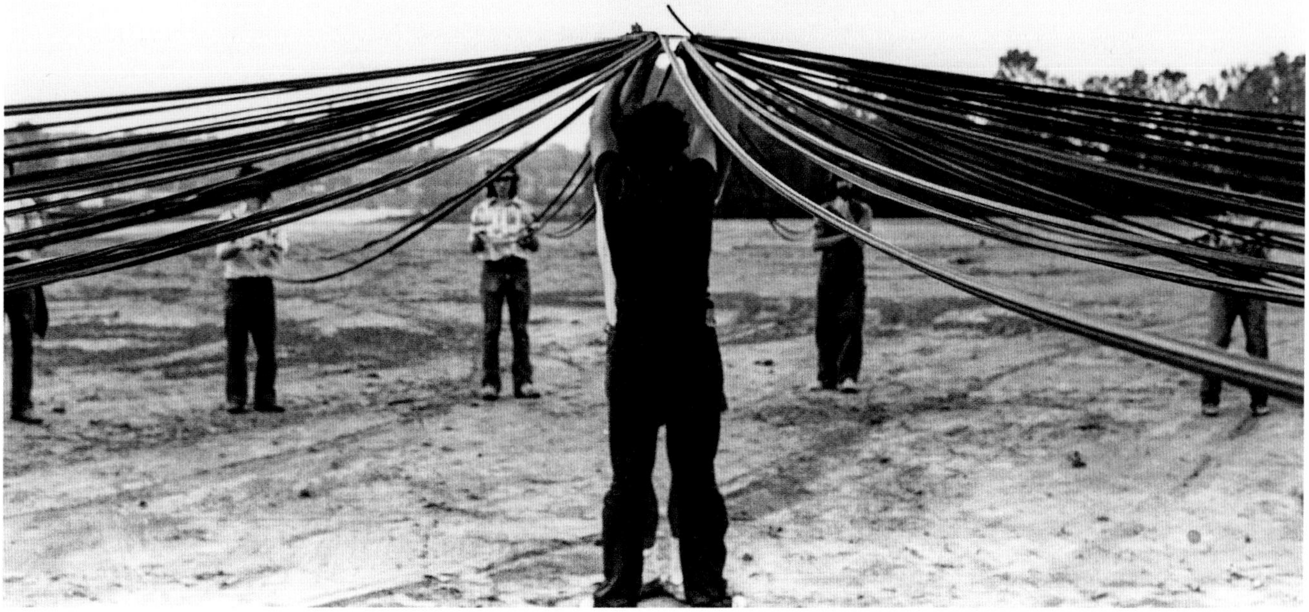

6

Geometrische Formationen, Teil IV (1979) Noojee/Victoria, Australien

In Australien entstand auf einer Wiese eine weitere Choreografie in der Serie der *Geometrischen Formationen.* Bury ließ Studenten der Melbourne School of Art dunkle Stoffbahnen halten und zwischen sich aufspannen. Solche Inszenierungen erinnern in ihrer konzeptionellen Strenge an die Körpererweiterungen durch Stoffbahnen des Künstlers Franz Erhard Walther. Dessen *1. Werksatz* (1963–1969) etwa besteht aus 55 Arbeiten aus Baumwollstoffen, die man interaktiv entfalten oder sich überstülpen kann. Auch bei diesem Künstler schälen sich geometrische Formationen im Raum heraus, die durch Benutzer interaktiv verändert werden können. Im Grunde arbeitet Franz Erhard Walther mit einem handlungs- und landschaftsbezogenen Werkbegriff, der Ort und Zeit, Körper, Raum und Richtung als adäquat zu traditionellen Bildhauermaterialien wie Metall, Stein und Holz begreift. Burys *Formationen* gehen von einem vergleichbaren Werk- und Materialbegriff aus.

Geometrical Formations, Part IV (1979) Noojee/Victoria, Australia

Another choreographed work in the *Geometrical Formations* series was created on a meadow in Australia. Working with students from the Melbourne School of Art, Bury had them hold up bolts of dark cloth and keep the cloth taut between them. In their Conceptual stringency, such stagings are reminiscent of the body extensions consisting of bolts of cloth featured by the artist Franz Erhard Walther, such as his *1. Werksatz* [1st Work Set] (1963–1969), fifty-five works executed in cotton fabrics that people can unfold interactively or slip over themselves. This is another artist in whose work geometric formations emerge in space that can be interactively altered by users. Basically, Franz Erhard Walter operates with an action- and landscape-related concept of the work that regards place and time, body, space and direction as just as suitable as traditional sculptor's materials, including metal, stone and wood. A similar concept of work and material informs Bury's *Formations*.

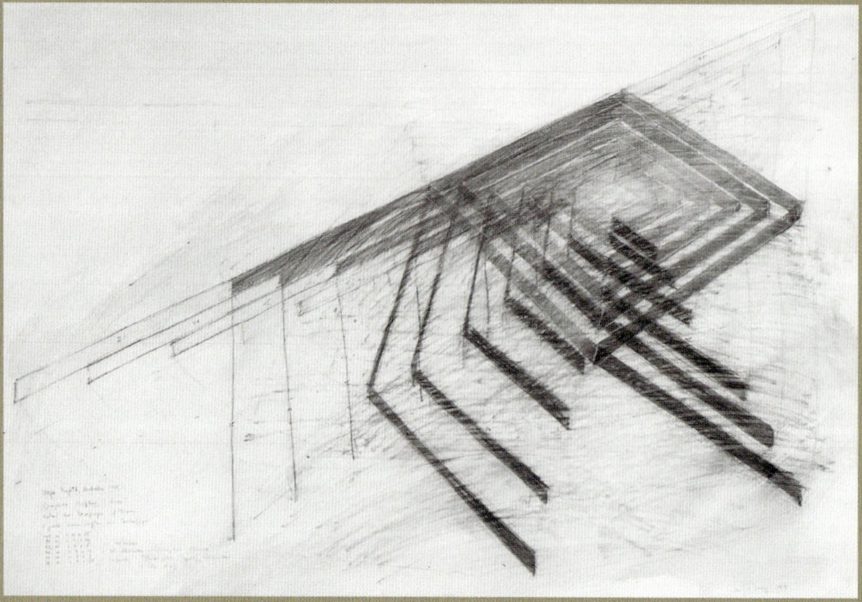

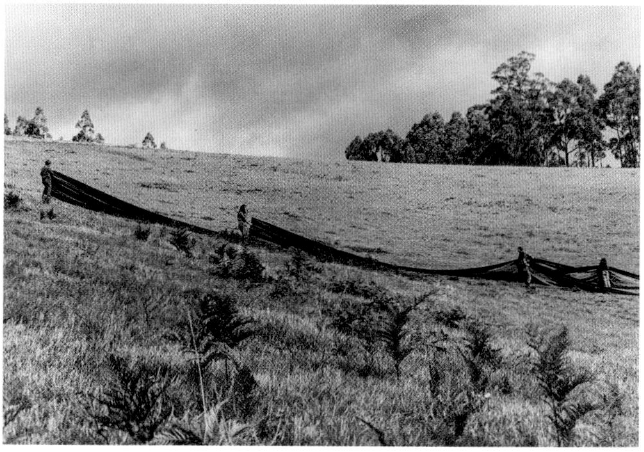

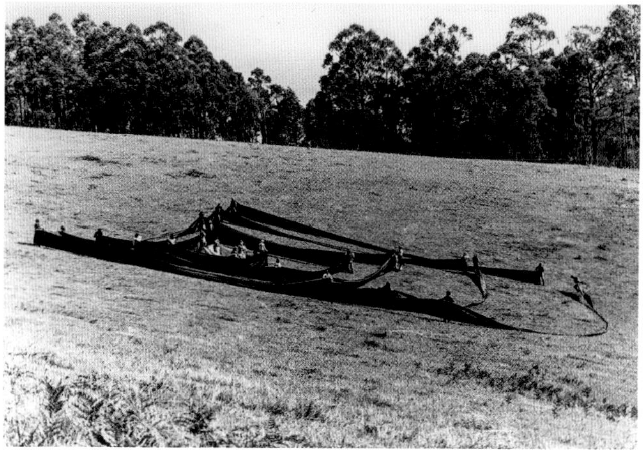

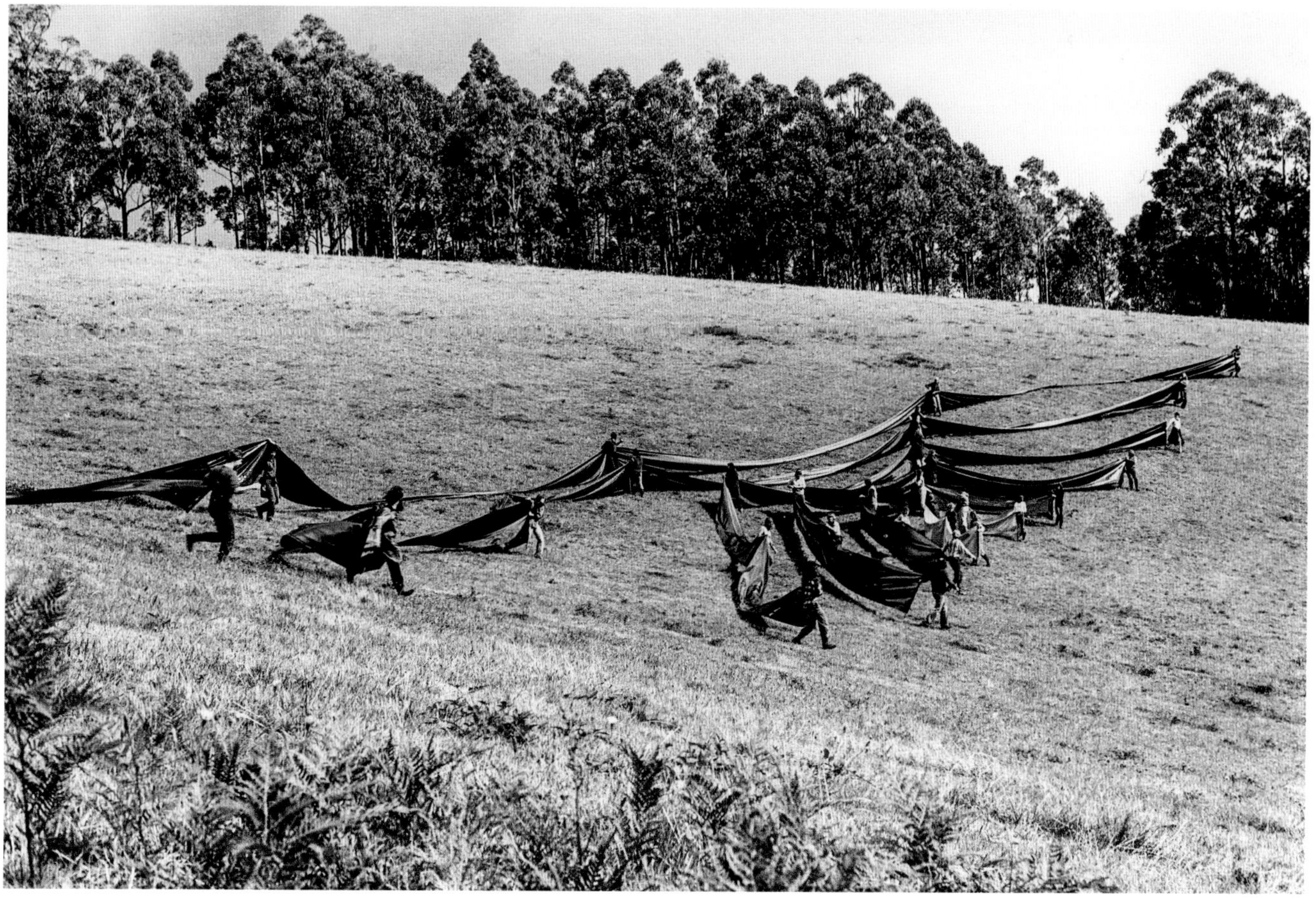

7

Black Sculpture (1979)
Noojee/Victoria, Australien

Dieses Land-Art-Projekt besteht aus dünn dimensionierten, sich abtreppenden naturbelassenen Holzstämmchen, zwischen die wie ein Sichtschutz sechs Kunststofffolien gespannt und mit Schnüren fixiert sind. Auch dieses Environment war begehbar und ermöglichte sich verändernde Blickachsen auf die unberührte Wiese seines Standortes und die dicht bewaldeten Berghänge in der Umgebung. Die unbearbeiteten Holzstämme verstärken auch hier den Eindruck eines spontanen Kommentars – für dessen Realisierung kaum komplexe Planungen notwendig waren – auf die vorhandene Landschaft und ihre gewissermaßen heroische Unauffälligkeit.

Black Sculpture (1979)
Noojee/Victoria, Australia

This Land Art project consists of very thin tree trunks left in their raw state and positioned in an inverse pyramidal formation. Pieces of plastic sheeting are stretched between the thin trunks as if to shield them from view. The pieces of sheeting on six levels, starting with one piece, are lashed to each other with cords. This environment, too, was enterable and enabled viewers to look out along changing sightlines on to the pristine meadow of its site and the densely wooded mountain slopes in the vicinity. The unworked tree trunks reinforced the impression of being a spontaneous commentary on the existing landscape and its rather heroic unobtrusiveness, for the realisation of which complex planning was virtually unnecessary.

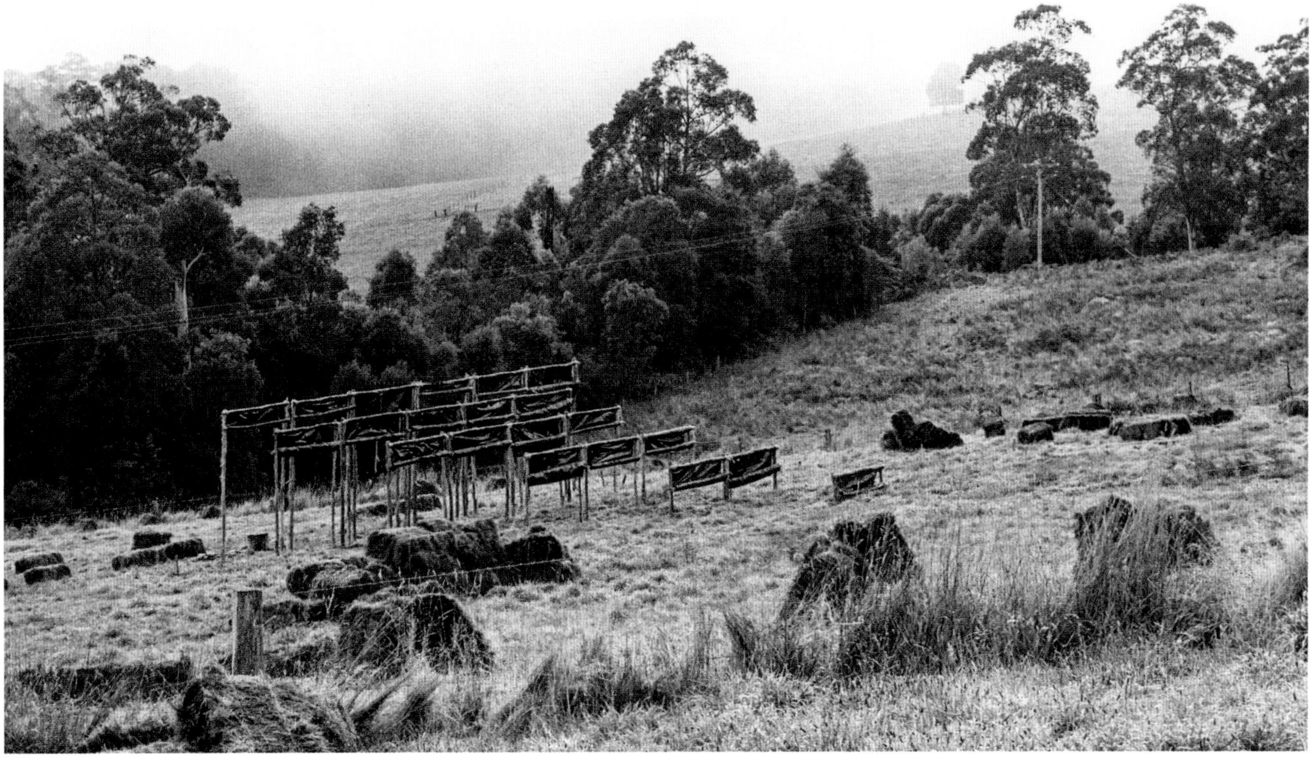

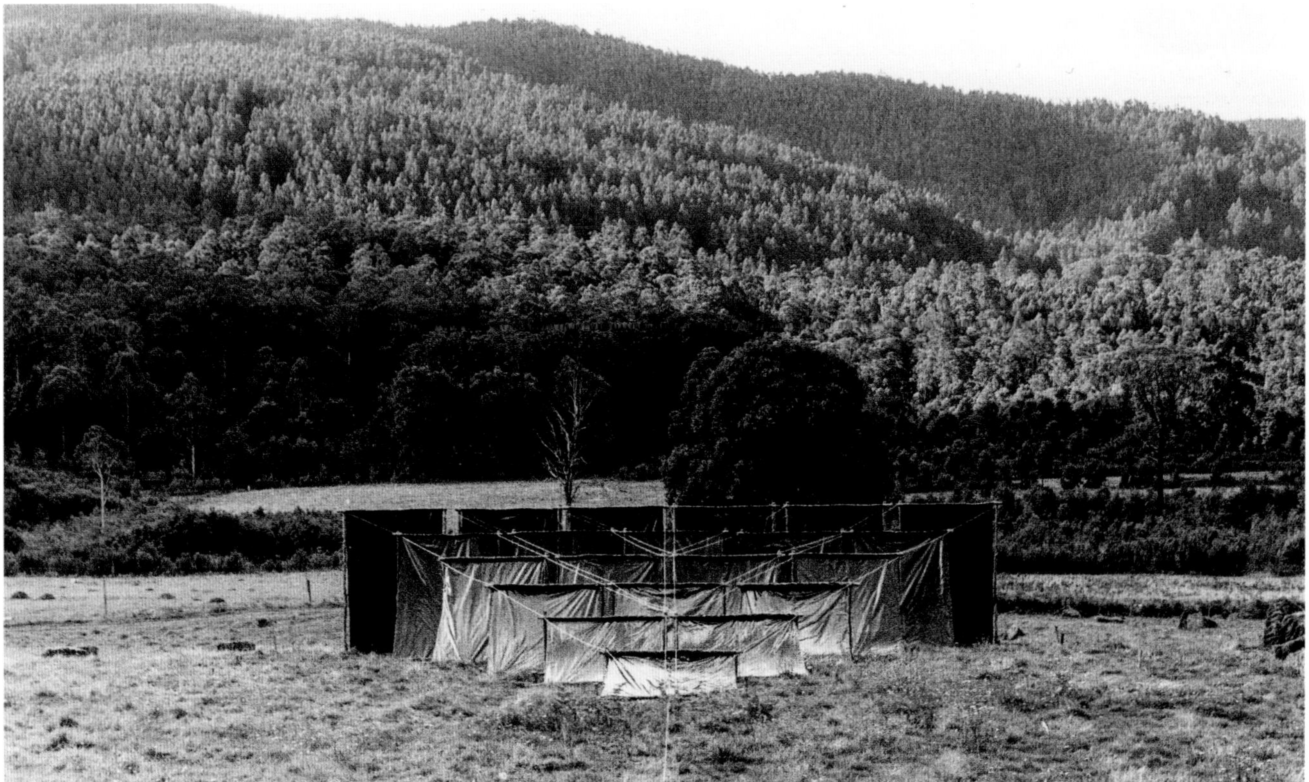

8

White Sculpture (1979)
Noojee/Victoria, Australien

Eine Variante der *Black Sculpture* (vgl. Nr. 7) ist die zum gleichen Zeitpunkt am gleichen Ort entstandene *White Sculpture*. Hier werden erneut Naturholzstämmchen zu dreizehn sich abtreppenden Toren arrangiert, die mit einer weißen, baldachinartig durchhängenden Stoffbahn überspannt sind. Die begehbaren Tore sind mit Seilen statisch abgespannt. Die weiße und die schwarze Skulptur sind in unmittelbarer Nachbarschaft errichtet und gehen so einen Dialog ein, der an die fernöstliche meditative Vorstellung von Yin und Yang als ausponderiertes Gleichgewicht erinnert.

White Sculpture (1979)
Noojee/Victoria, Australia

A variant of *Black Sculpture* (see No. 7), *White Sculpture* was created at the same time in the same place. Again thin tree trunks in their natural state were arranged to form thirteen gates in ascending order, which were covered over by a baldachin made of a white bolt of cloth that sagged to form swags in drooping curves between the tree trunks. The enterable gates were statically braced with ropes. The white and black sculptures were set up in very close proximity to each other, thus forming a dialogue that was reminiscent of the Far Eastern meditative idea of Ying and Yang as counterpoised equilibrium.

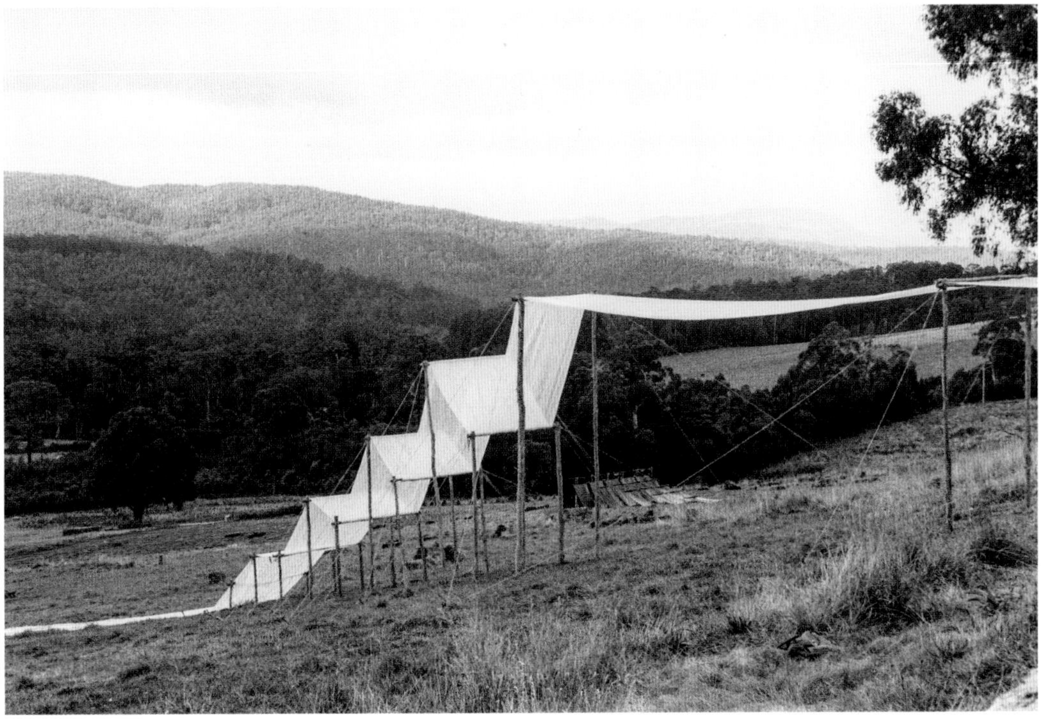

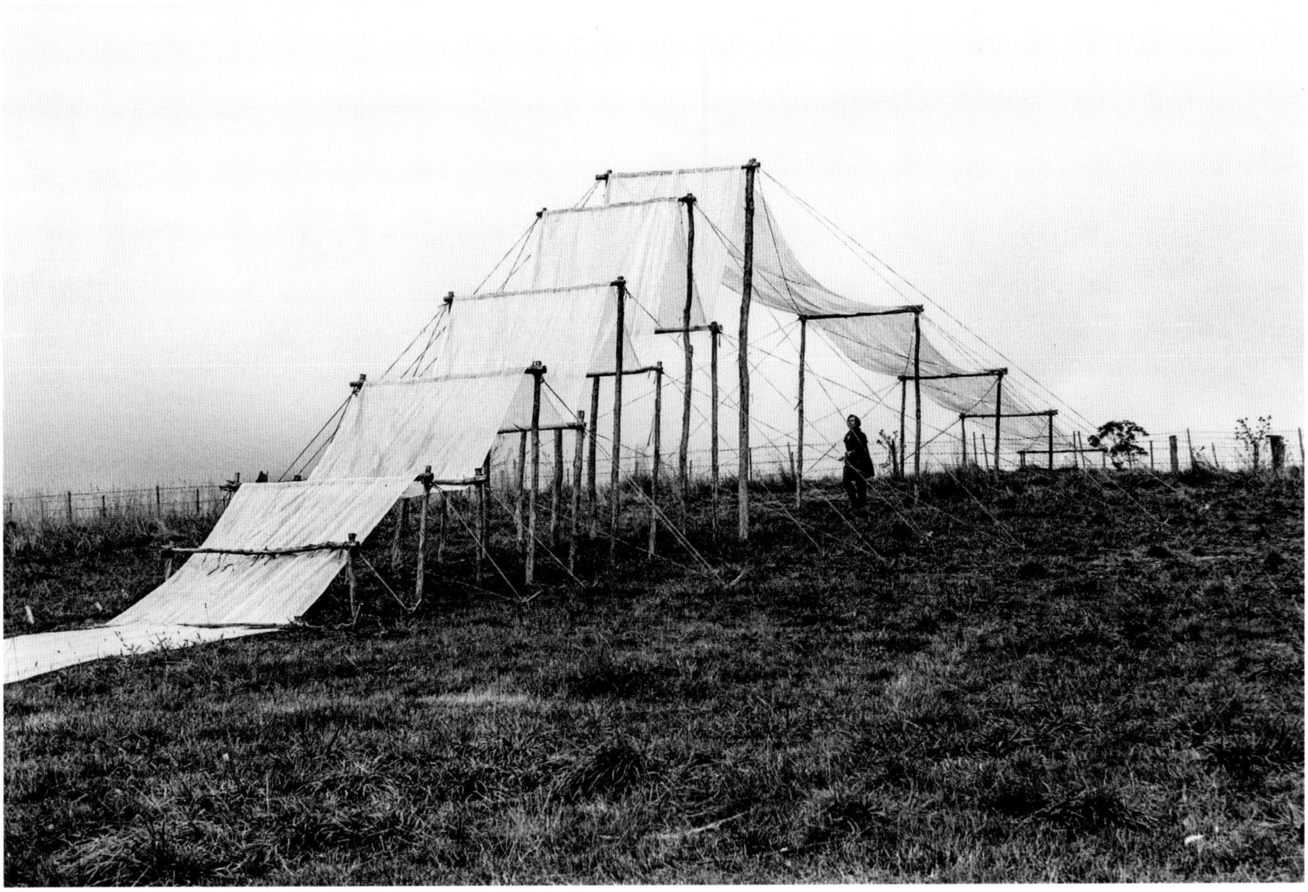

9

Geometrische Formationen,
Teil V, White Staircase (1979)
University of Adelaide, Australien

In einem säulenflankierten Kreuzgang der Universität von Adelaide hatte Bury neun weiße Stoffbahnen treppenartig hintereinander abgespannt. Sie versperrten einerseits den Durchgang, betonten aber auf der andern Seite den transitorischen Charakter eines solchen Raumes. So machten sie den neorenaissancistischen Säulengang mit seinen an Andrea Palladio erinnernden Rundbögen zu einem spannungsvollen Passepartout für eine zeitgenössische Kunstinstallation, deren Leichtigkeit und provisorischer Charakter die Schwere der historischen Architektur konterkarierte. Und: Treppenhäuser sind immer transitorische Räume, die Höhenunterschiede überwinden und es ermöglichen, aus einer Raumwahrnehmung in eine andere zu wechseln.

Geometrical Formations,
Part V, White Staircase (1979)
University of Adelaide, Australia

Bury stretched nine bolts of white cloth one behind the other in a stepped formation in a colonnaded quadrangle at Adelaide University. On the one hand, they blocked the passage but, on the other, emphasised the transitory character of such a transitional space, which was meant to be crossed through. In this way the bolts of cloth turned the neo-Renaissance colonnade with its round arch recalling Andrea Palladio into an exciting passe-partout for a contemporary art installation, whose lightness and temporary nature counteracted the heaviness of the historic architecture. Staircases are always transitory spaces that overcome differences in height and make it possible to switch from perspective on perceiving space to another.

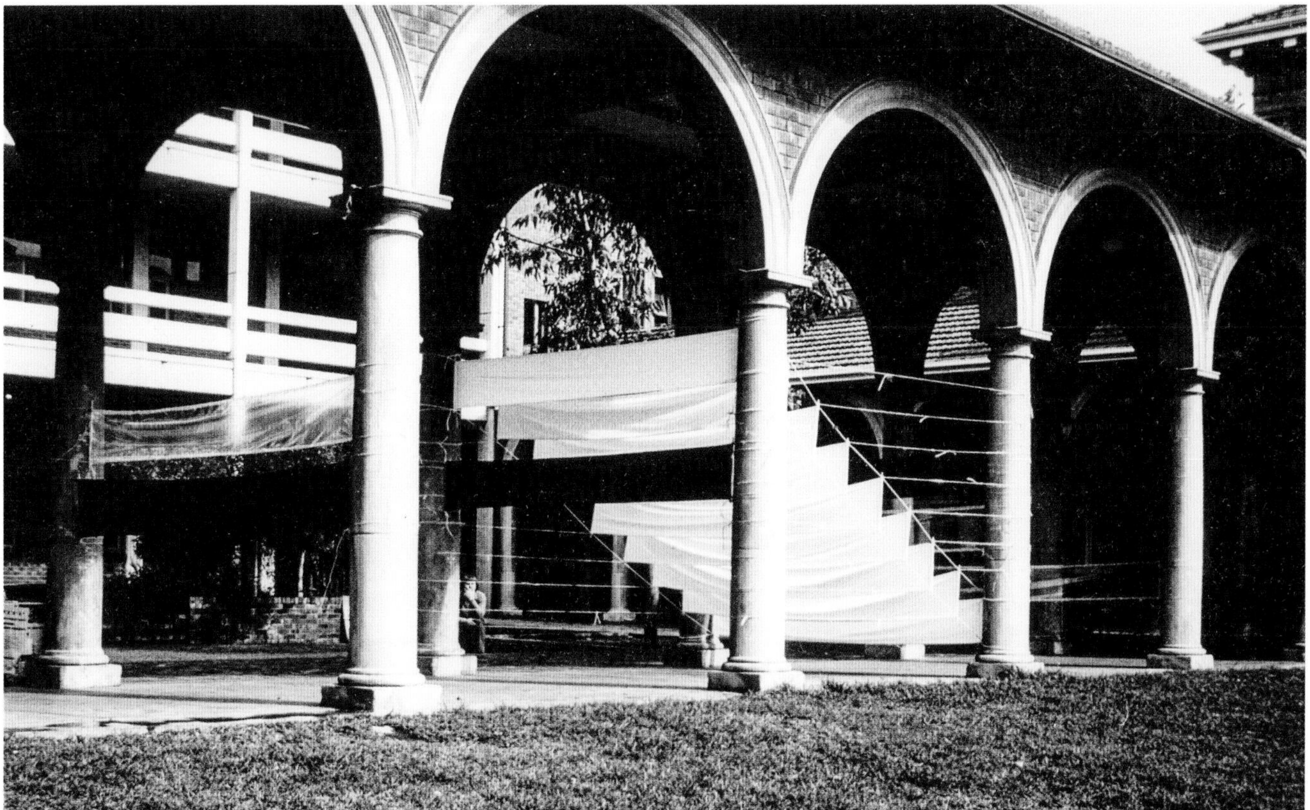

10

Wave Sculpture (1979)
Palm Beach nahe Sydney, Australien

25,5 × 12 × 7,5 m

Dieses früheste Werk in der Gruppe der Wasser- und Schiffsikonografie, die *Wave Sculpture*, ist ein mit Tüchern bespannter und Seilen im Strandboden abgespannter abstrahierter Segelaufbau. Bury installierte diese ephemere Skulptur vor der Steilküste am Strand von Palm Beach bei Sydney in Australien. Nach 18 Stunden hatte die Flut dieses temporäre Land-Art-Projekt zerstört. Die fragile Staketenkonstruktion aus dünn dimensionierten Vierkantlatten erzeugte zusammen mit den Seilen und Segeln ein dynamisches, dabei begehbares Licht- und Schattenspiel. Der Charakter eines eher flüchtigen Eingriffs in das Strandambiente machte dieses Werk zudem zu einem konzeptionellen Statement und einer skriptural in erzwungener Eile realisierten Signatur. Flüchtige Spuren im Sand.

Wave Sculpture (1979)
Palm Beach, near Sydney, Australia

25.5 × 12 × 7.5 m

This is the earliest work in the group featuring water and ship iconography. *Wave Sculpture* is a ship-like yet abstract structure built of sails consisting of stretched cloth and twine mounted on the sand before a cliff at Palm Beach, near Sydney, Australia. Eighteen hours later the incoming tide destroyed this temporary Land Art project. The fragile structure of fencing stakes, thin four by fours, created – together with the twine and sails – a dynamic yet enterable play of light and shade. Its character as a fleeting intervention in the beach environment also made this work a Conceptual statement and a signature realised scripturally in enforced haste. Fleeting traces in the sand.

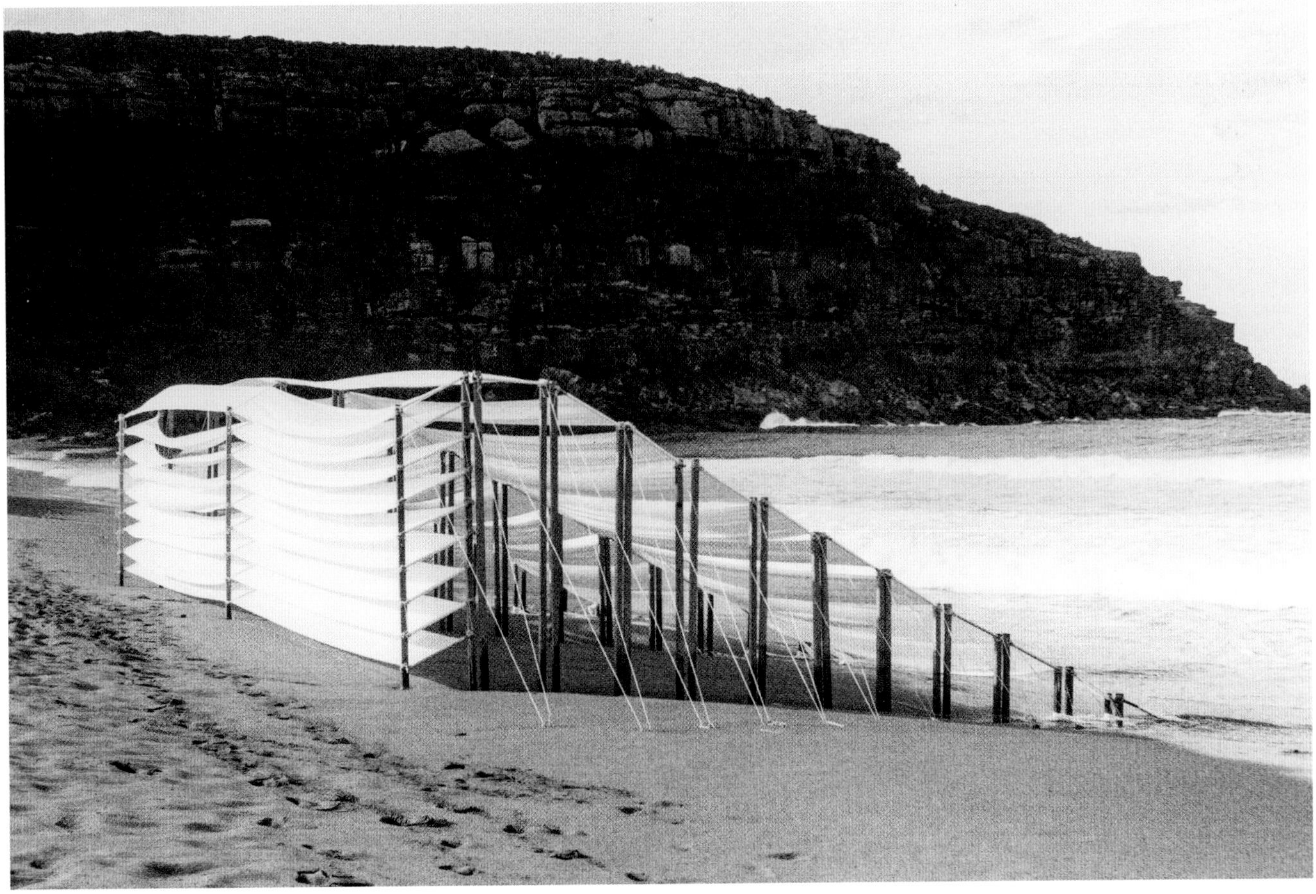

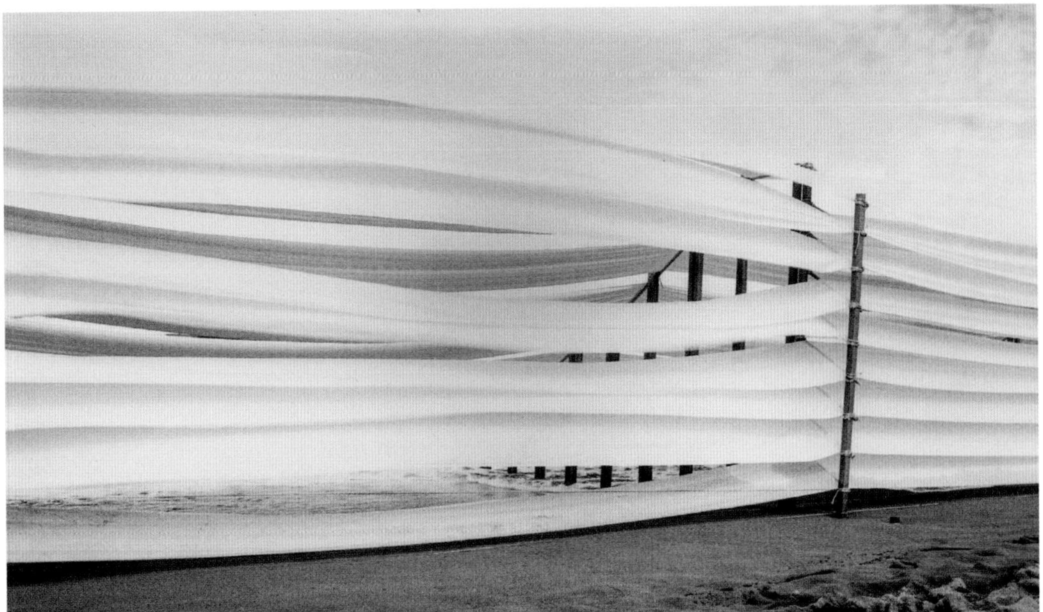

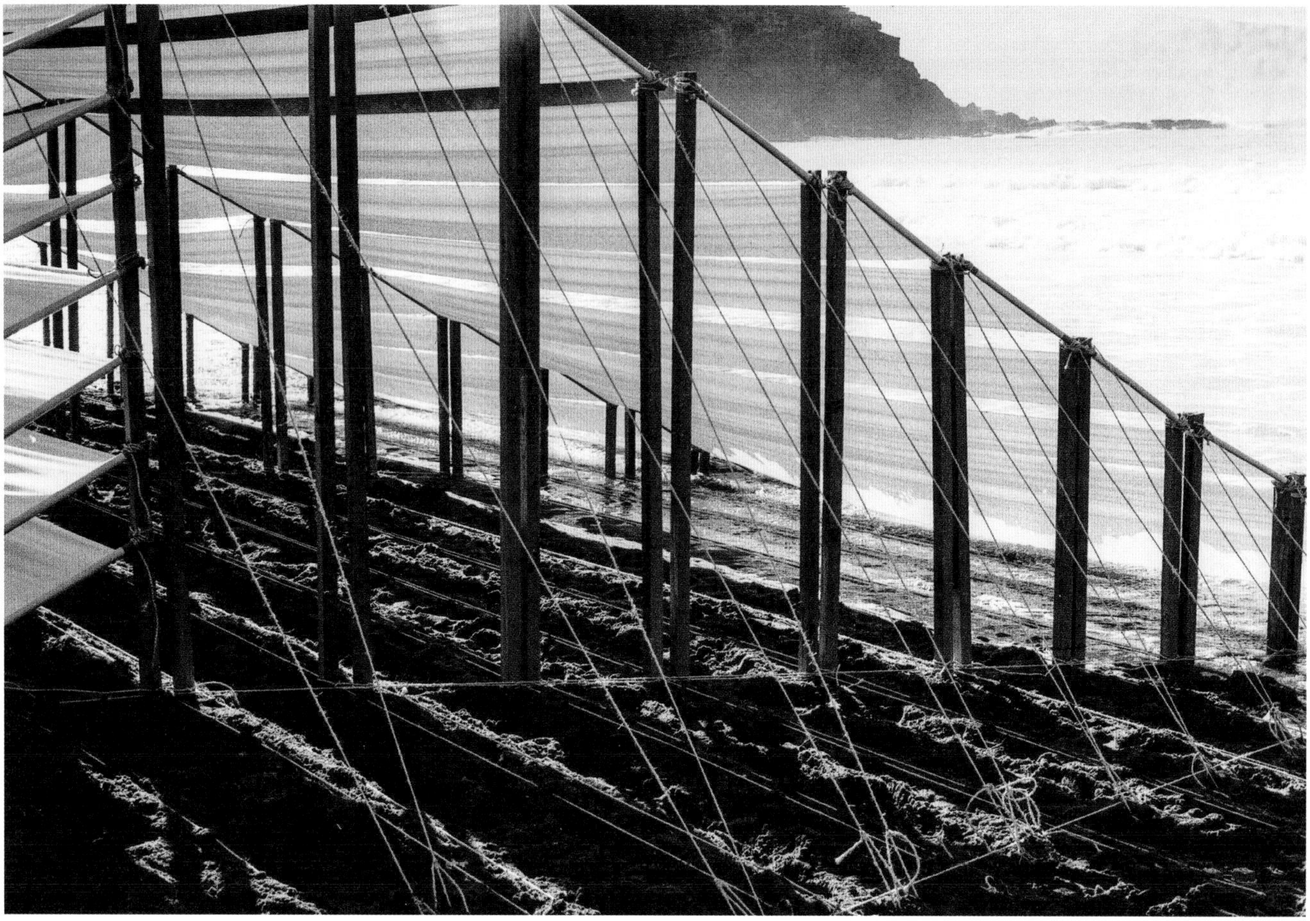

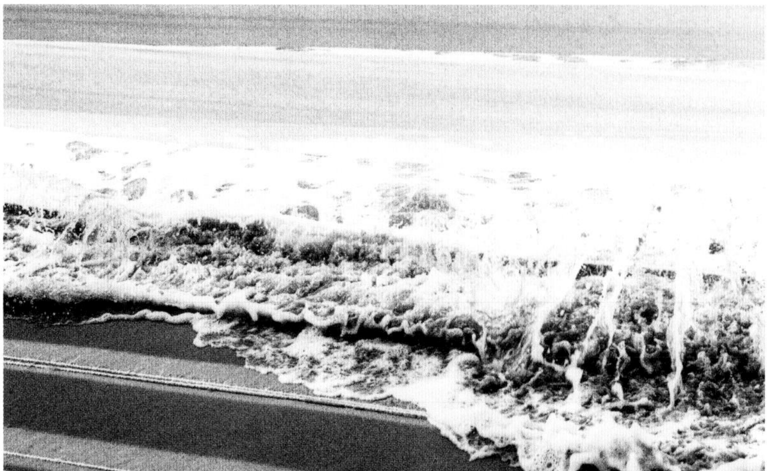

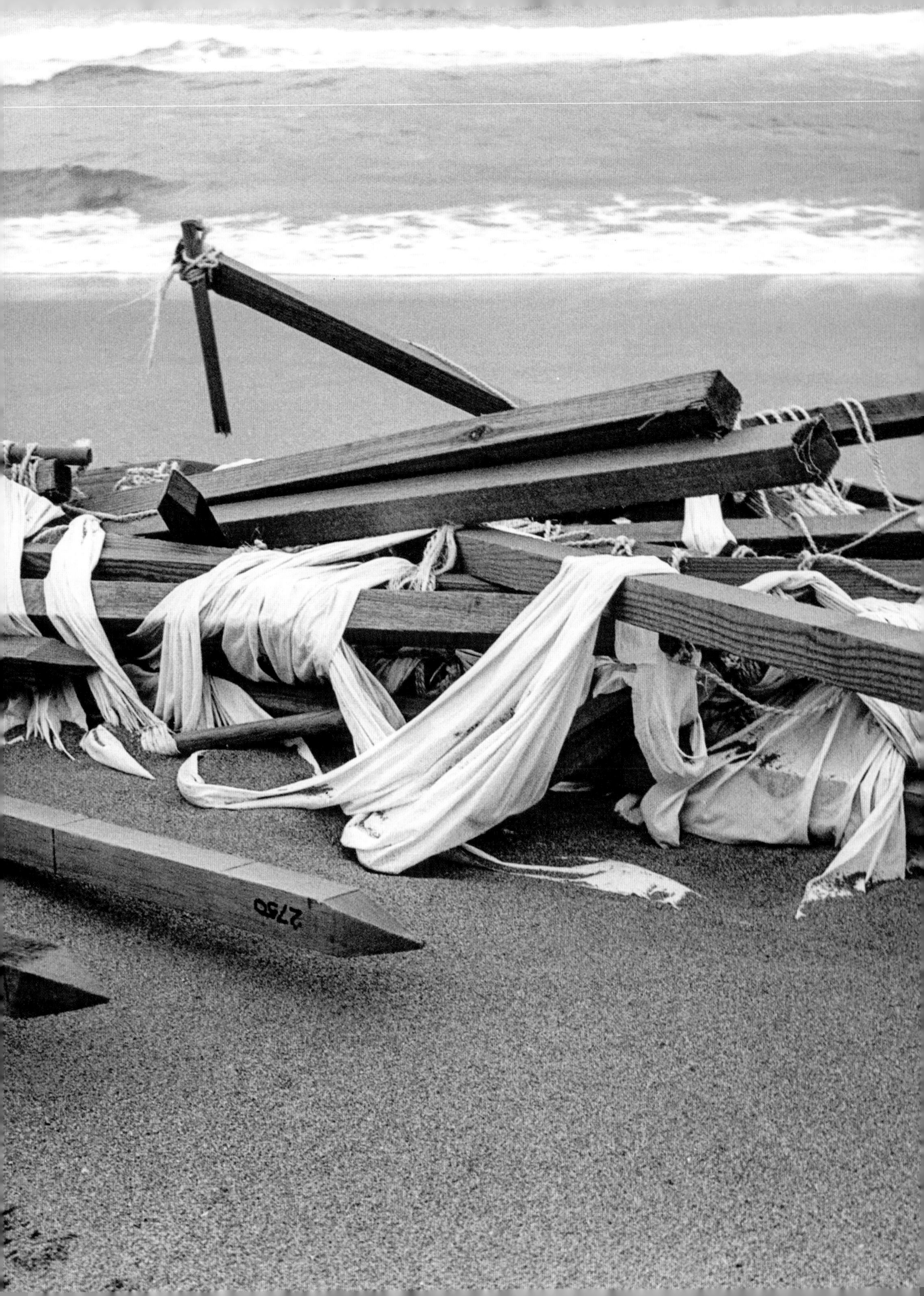
2750

11

Schwarze Skulptur (1979)
Kurpark Wilhelmsbad, Hanau, Deutschland

Rundhölzer, Gummibahnen, Hanfseile.
4×3×6,3 m

Aus Rundhölzern und Gummibahnen kreierte der Künstler für den Hanauer Kurpark eine muschelförmige, facettierte, bergende Gehäuseform, die von ferne an Konzertpavillons erinnern mag, wie man sie in solchen Parks oft findet. Aber es ist erneut eine Arbeit von konzeptioneller Strenge, die durch die abgespannten Hanfseile zudem an Baustellenabsperrungen denken lässt. So ist diese spröde Skulptur in einem bürgerlichen Kurpark bewusst antimondän, fast proletarisch.

Black Sculpture (1979)
Kurpark Wilhelmsbad, Hanau, Germany

Roundwood, rubber webbing, hemp rope.
4 × 3 × 6.3 m

The artist created a shell-shaped, faceted, sheltering form of enclosure for the Hanau Kurpark. It may be reminiscent of the concert pavilions that are often installed in such parks, but it is again a work of Conceptual stringency; the taut hemp ropes recall the barriers set up at construction sites. This rough sculpture in a bourgeois spa park is deliberately anti-mondaine, almost proletarian.

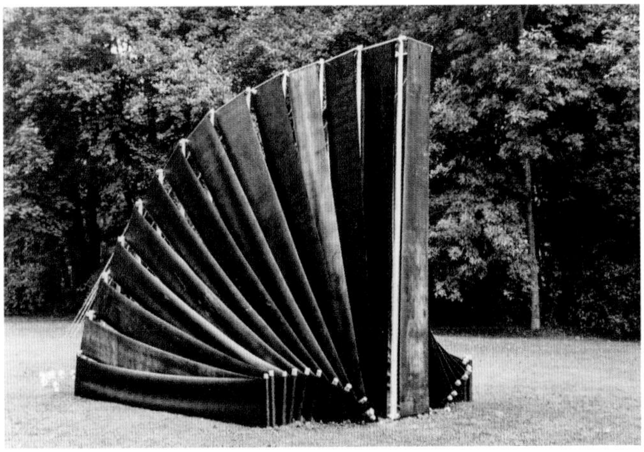

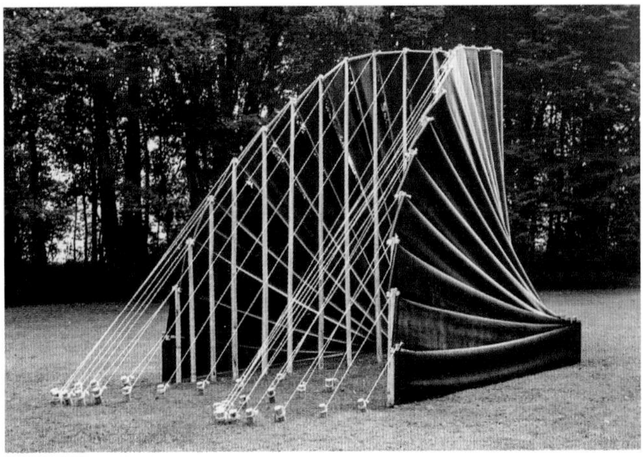

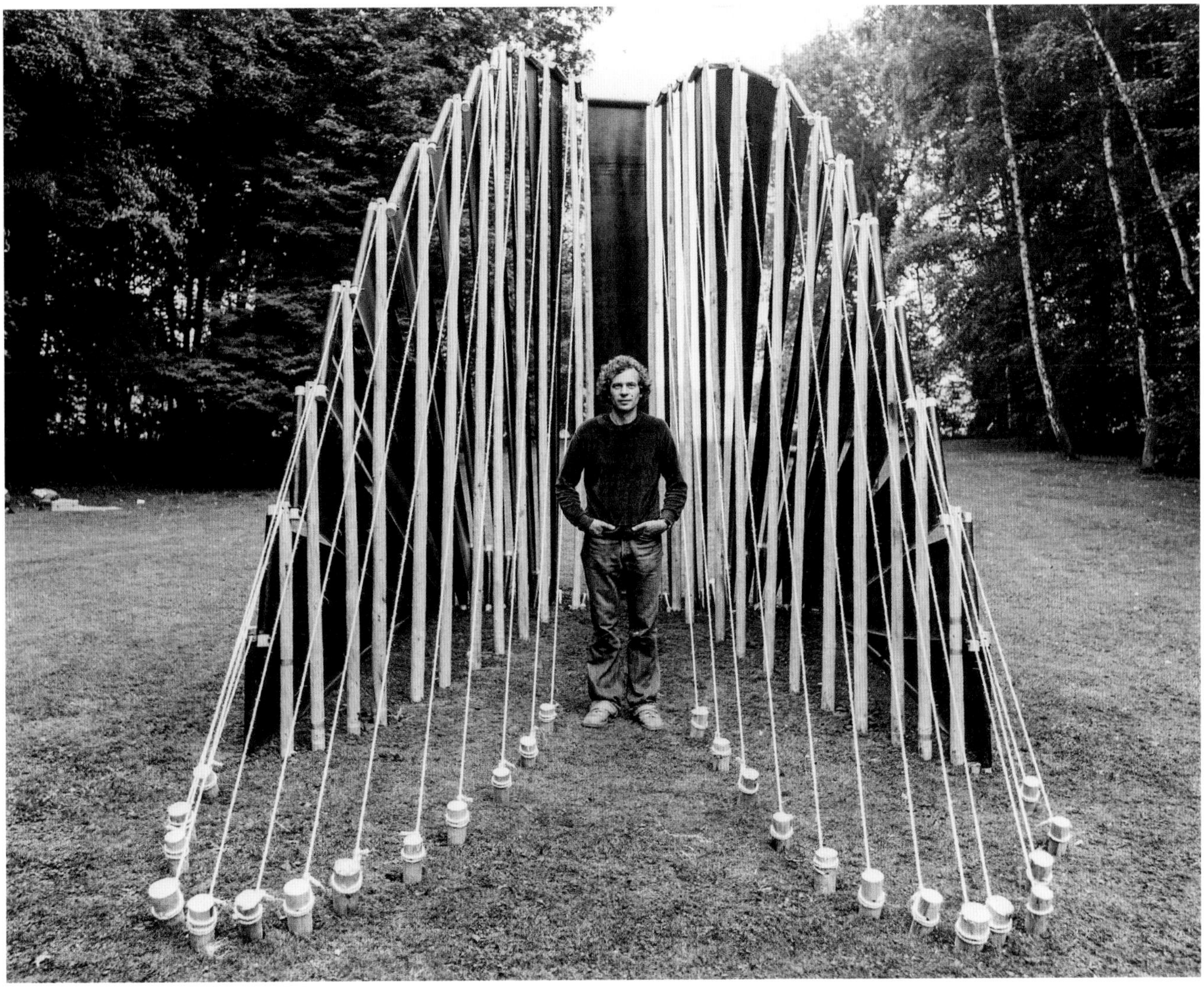

12

Spiral Sculpture (1980)
Sakonnet, Rhode Island, USA

Holz, Gummibahnen. 2,8×6×6 m

Im kleinsten Staat der USA, nordöstlich von New York, realisierte Bury auf einer Grassode am Meeresstrand eine sich diagonal flächig nach oben schraubende Kreisform, deren 34 Segmente wie eine Treppe mit ansteigenden Höhenversprüngen arbeiteten. Diese Holzkonstruktion mit vertikalen Gummituchverspannungen wirkt wie eine Maschine der Leonardo-Zeit, eine Frühform technischen Apparatedenkens. Die Kreisform maß 6 Meter im Durchmesser und war an ihrer höchsten Stelle 2,8 Meter hoch. Im Mittelpunkt dieser Konstruktion überlagerten sich die Spitzen der Segmente auf einer senkrechten Achse zu einer zylindrischen Spirale in helixartiger Anordnung.

Spiral Sculpture (1980)
Sakonnet, Rhode Island, USA

Wood, rubber webbing. 2.8 × 6 × 6 m

In the smallest US state, north-east of New York City, Bury realised a circular form in thirty-four flat segments that spiralled up diagonally with all segments operating like a stair with the risers increasing in height. This wooden structure with vertical rubberised cloth stretched across it stood on a strip of turf on the beach. It looks like a machine from the Leonardo era, an early form of apparatus produced by technical tinkering. The circular form measured six metres in diameter and was 2.8 metres tall at its highest point. At the centre of the structure, the tips of the segments overlapped on a vertical axis in a helical arrangement to form a cylindrical spiral.

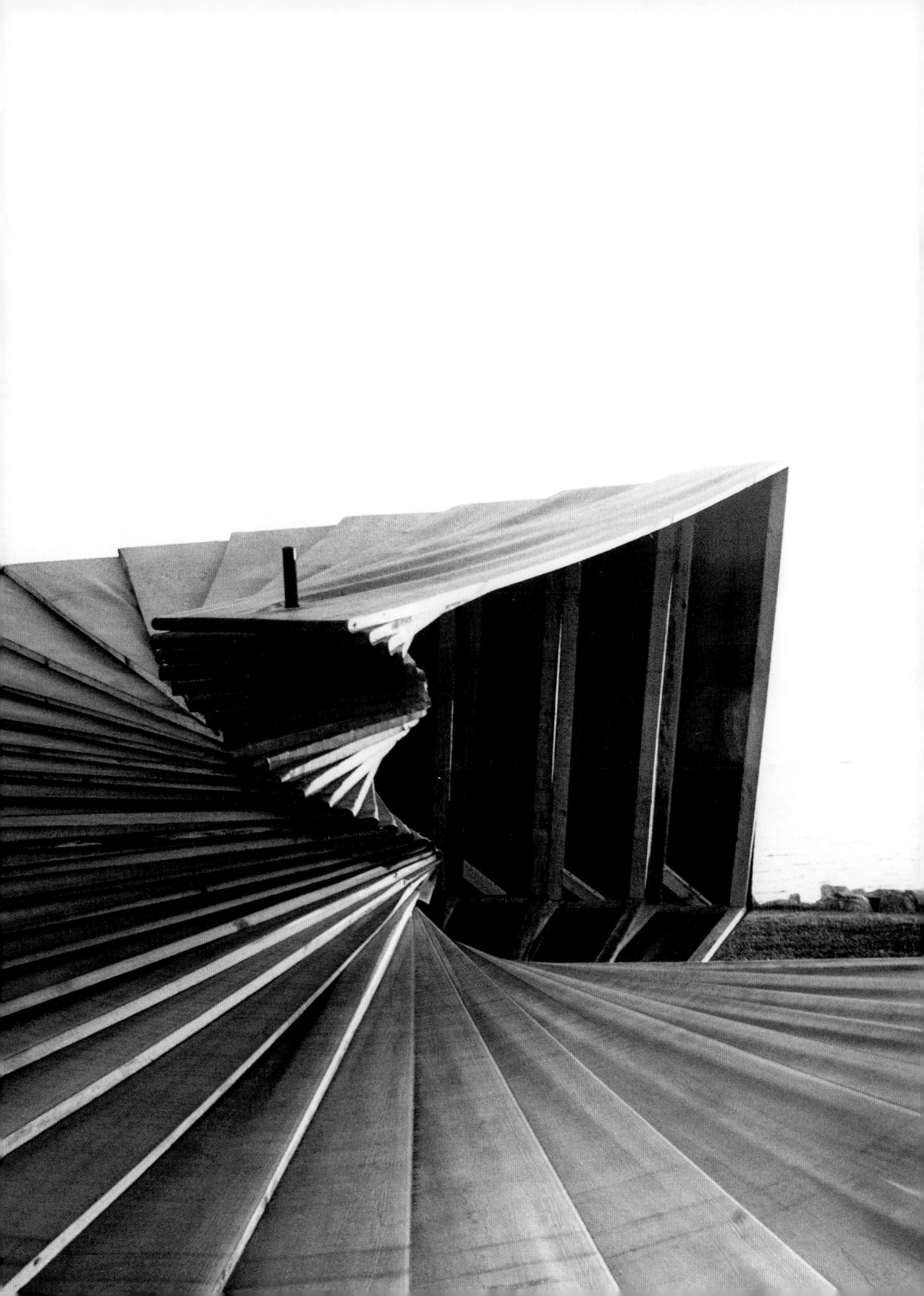

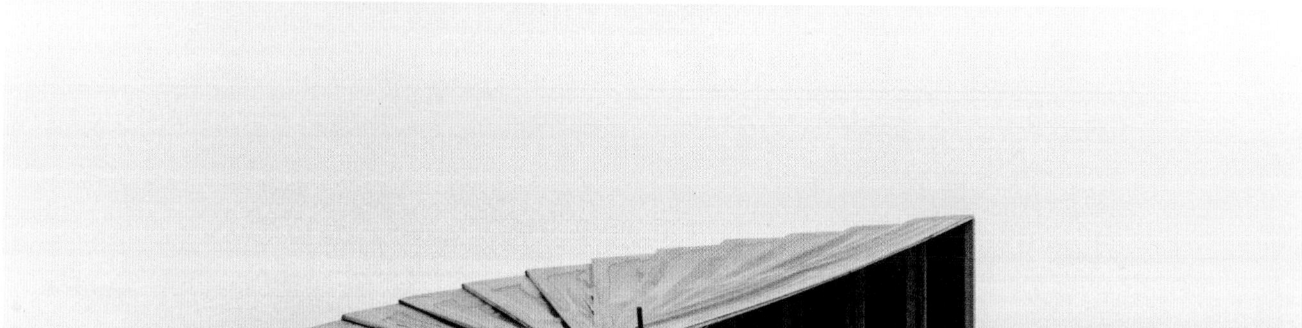

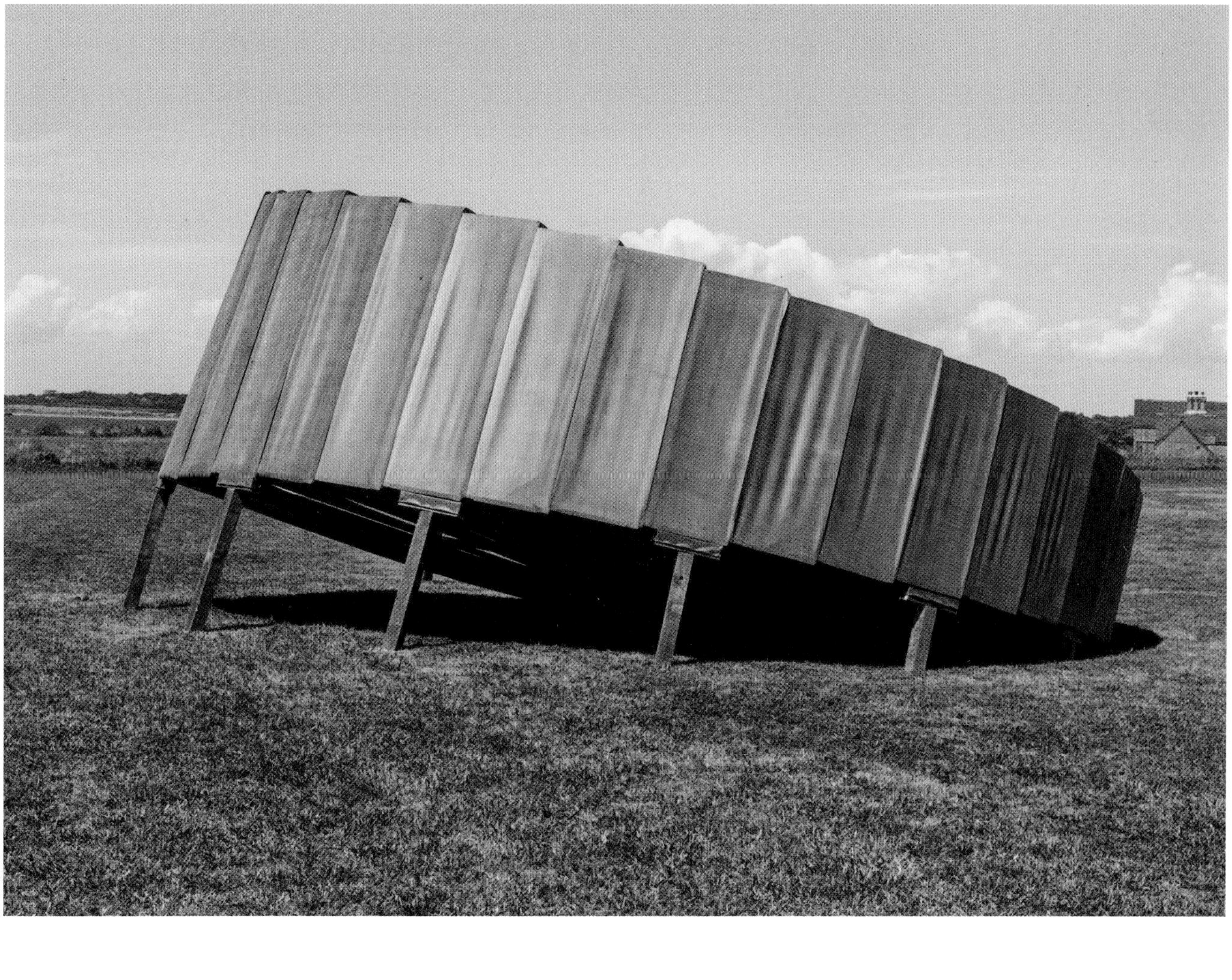

13

Circular Progression (1980)
Art Gallery, University of Rhode Island, Kingston, USA

3×9 m

Die drei auf neun Meter messende Innenraumskulptur besteht aus verschraubten Latten, die eine röhrenartige, lichte Großform definieren. Sie ist einladend geöffnet und motiviert zum Durchschreiten. Die sich ergebenden seriellen Reihungen der Latten sowie ihre Verdoppelung durch Licht- und Schattenspiele erzeugen eine flirrende Fragilität. Sie lassen aber auch an die Gerüstbauten eines offenen Dachstuhls oder eines Schiffsrumpfes denken. Es geht mithin auch um Inversionserfahrungen: die Innenwelt der Außenwelt der Innenwelt.

Circular Progression (1980)
Art Gallery, University of Rhode Island, Kingston, USA

3 × 9 m

Measuring three by nine metres, this sculpture for an interior space consists of battens screwed together to define a tubular, airy yet monumental form that is enticingly open, motivating visitors to walk through it. The resulting serial arrangement of the battens plus the fact that the play of light and shade doubles them creates a shimmering fragility. The arrangement also recalls the trusses of an open roof construction or the hull of a ship. Hence it also represents experiences of multiple inversion: the interior of the exterior of the interior.

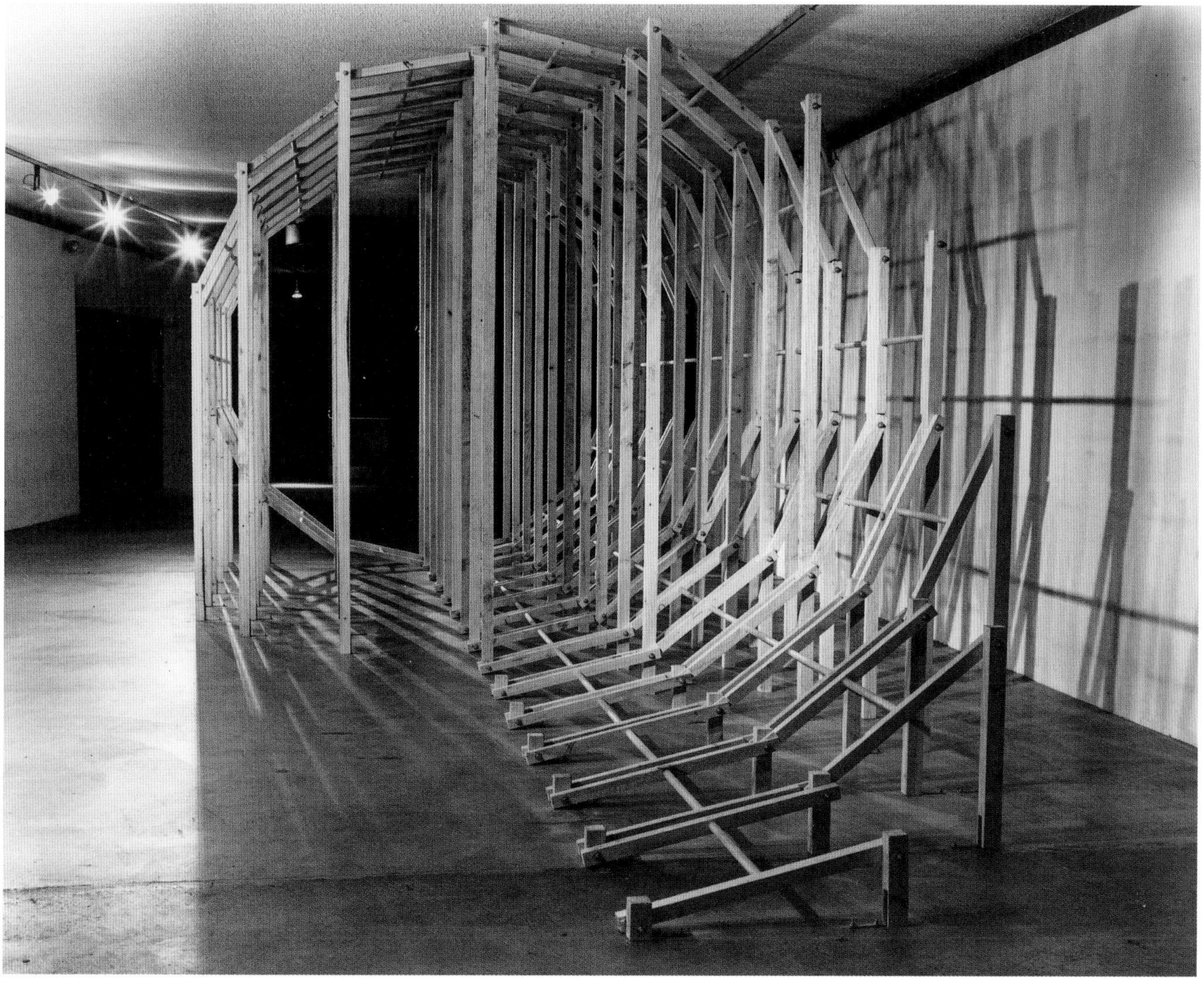

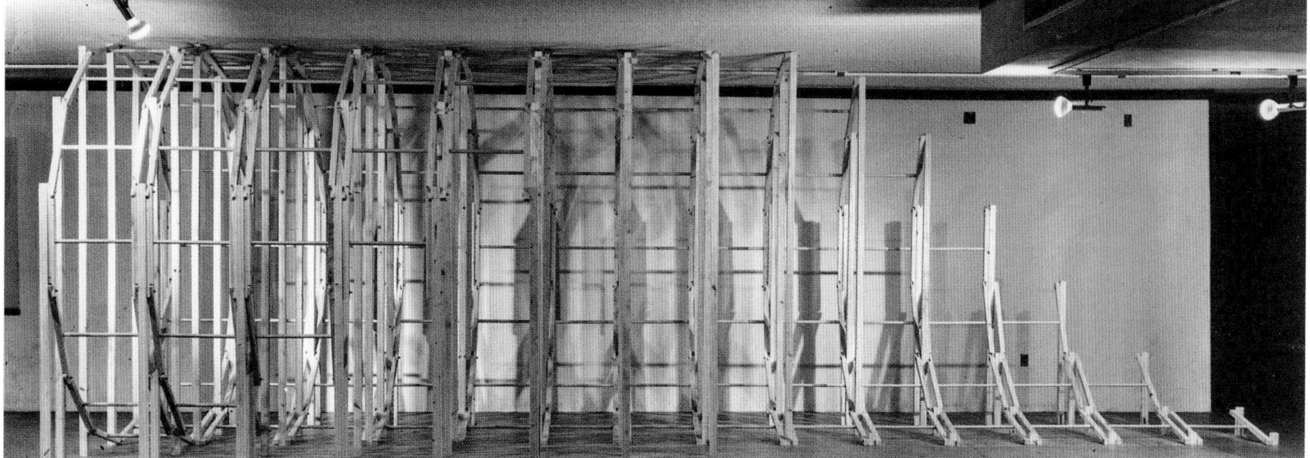

14

Wind Sculpture (1980)
Barrington, Rhode Island, USA

Holz, Leinen, Hanfseile. 5 × 18 × 13,5 m

Diese lichte Skulptur nahm eine Fläche von 18 auf 13,5 Meter ein und war 5 Meter hoch. Ähnlich wie bei der *White Staircase*-Installation in Adelaide (vgl. Nr. 9) hatte Bury hier zwischen Holzstäben, die mit Hanfseilen abgespannt waren, auf einer Grassode unmittelbar am Meer an die 25 Leinenstreifen waagrecht verspannt. Das grazile Gerüst bestand aus acht kontinuierlich größer werdenden Halbkreisbögen, die eine serielle Reihung erzeugten. Hier zelebrierte der Künstler eine Poesie konstruktiver Schönheit und Sinnfälligkeit, die an den Pragmatismus eingerüsteter Bauten erinnert, die er in den folgenden Jahrzehnten hunderte Male fotografisch dokumentierte.

Wind Sculpture (1980)
Barrington, Rhode Island, USA

Wood, linen, hemp rope. 5 × 18 × 13.5 m

This airy sculpture took up a surface measuring eighteen by thirteen and a half metres and was five metres high. As he had done with the *White Staircase* installation in Adelaide (see No. 9), Bury stretched some twenty-five strips of linen between wooden posts that were linked horizontally with hemp ropes on a strip of turf by the sea. The graceful framework consisted of eight semicircular arches that grew progressively larger to create a serial array. Here the artist was celebrating a poetry of structural beauty and meaningfulness reminiscent of the pragmatism informing buildings encased in scaffoldings that he would document hundreds of times in the decades to come.

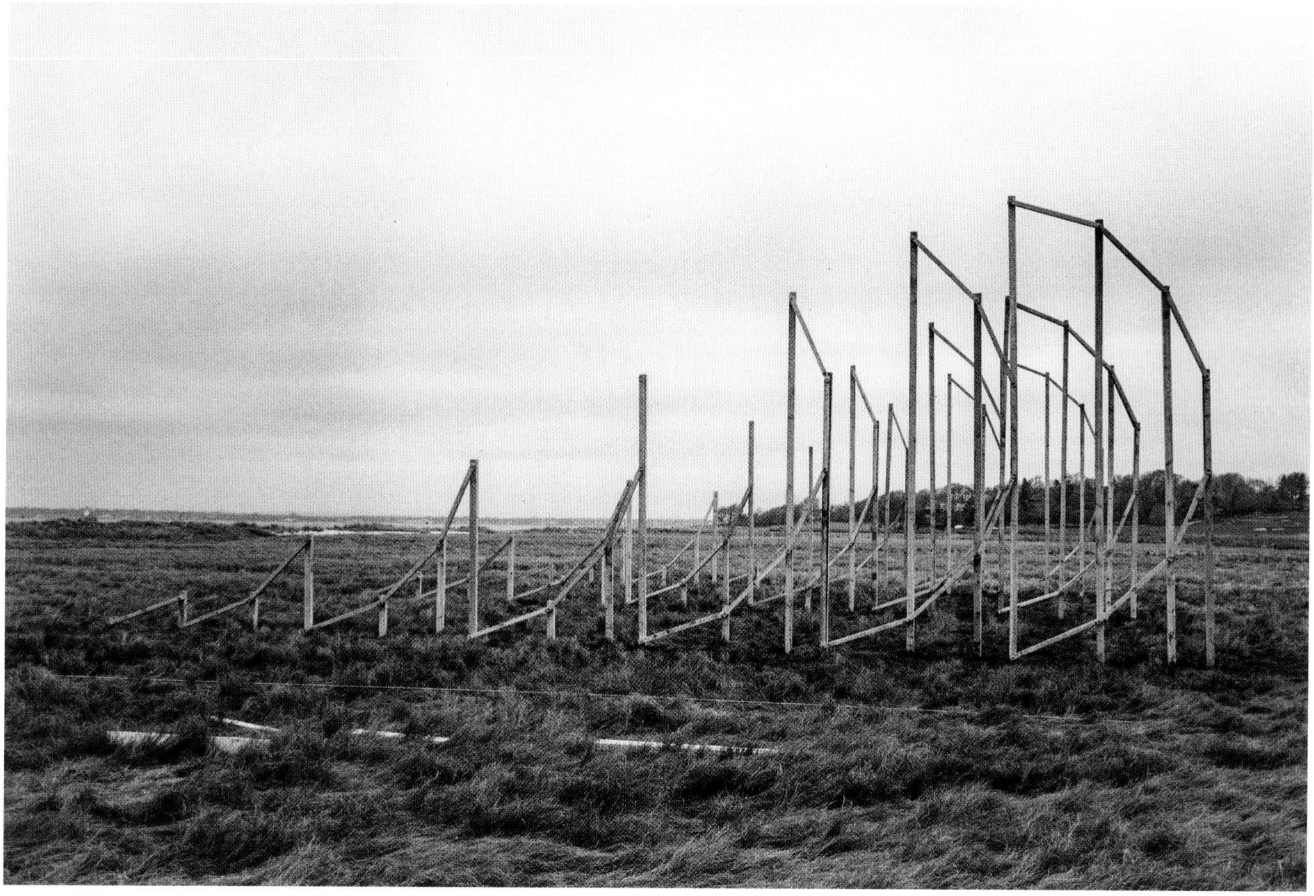

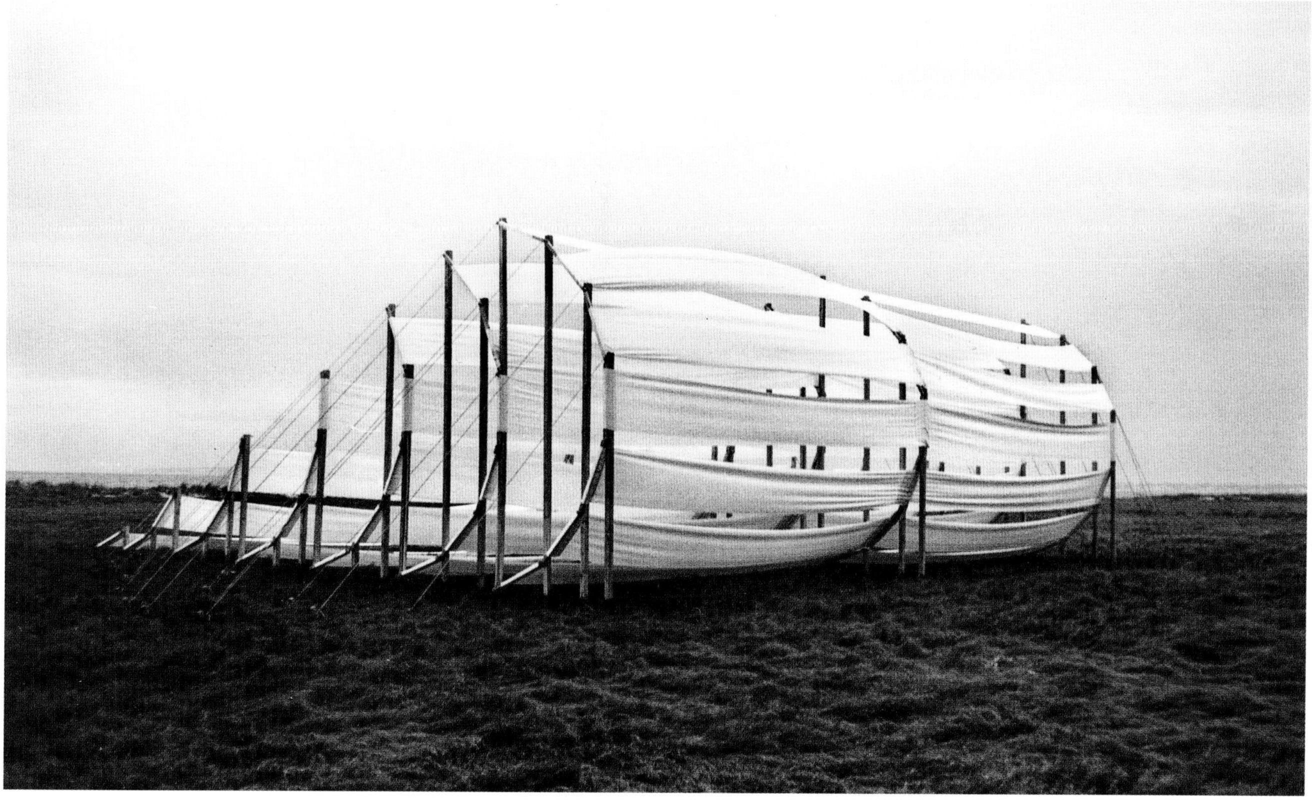

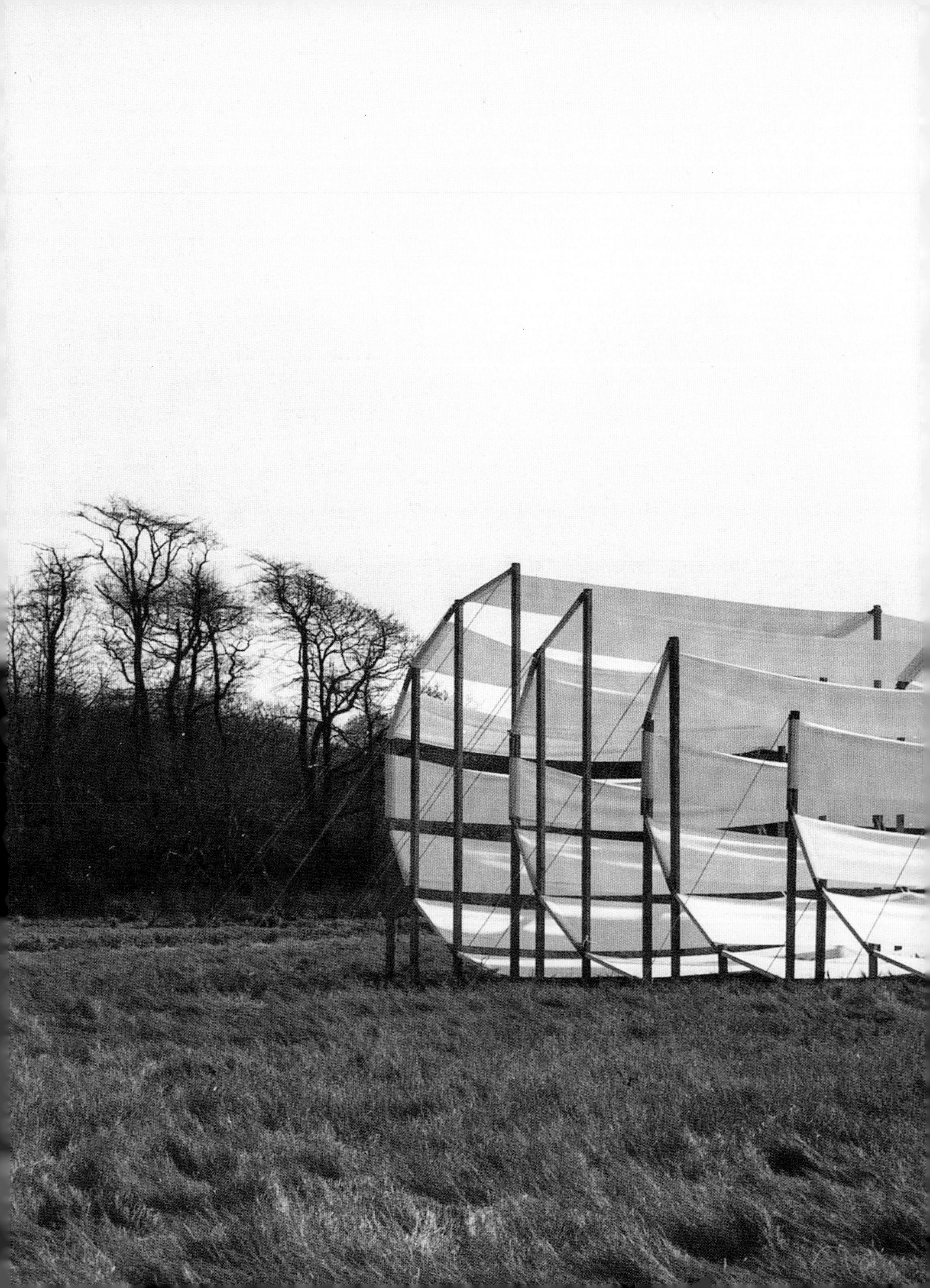

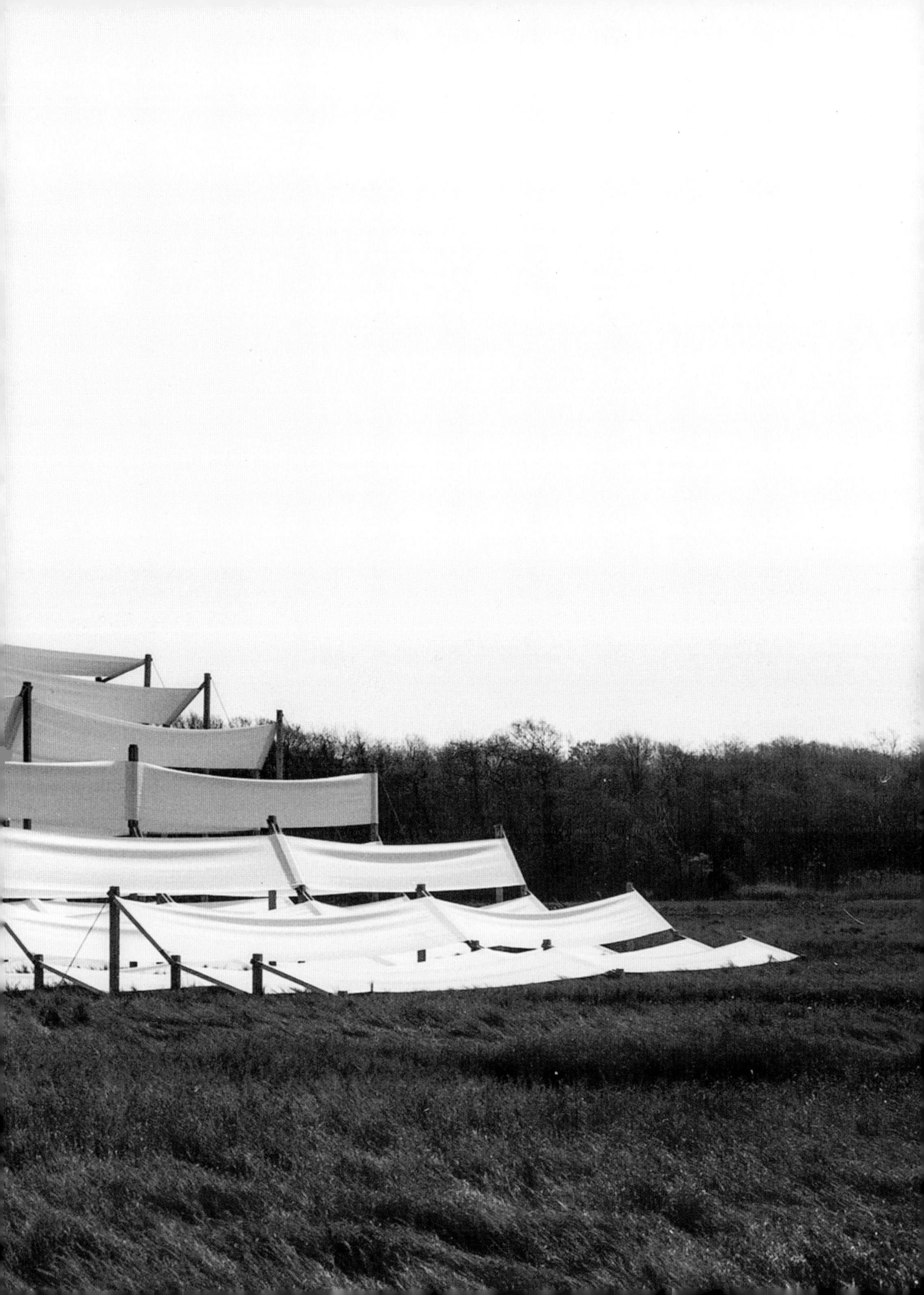

15

Extension (1980)
University of California,
San Diego, USA

Holz, Kabel, Plastikfolie schwarz und weiß. 3×12×7 m

Die Arbeit *Extension* besteht aus dünnen Holzpflöcken, die – vor einer Hausfassade ansteigend – bis zur Traufhöhe reichen. Waagrecht sind unregelmäßig gewachsene Stäbe als Querverbindungen verankert, über die Claus Bury dann jeweils gut hundert schwarze und weiße transparente Plastikfolien gelegt hat. Diese Installation wirkt in ihrer provisorischen Unexaktheit wie ein bäuerlicher Sonnenschutz für Bohnenpflanzen oder Weinreben. Flankiert von subtropischen Bananenbäumen, denkt man unwillkürlich an Plantagen. Der Titel der Installation mag in Hinblick auf den Charakter der Gebäudeerweiterung entstanden sein.

Extension (1980)
University of California,
San Diego, USA

Wood, cable, plastic sheeting in black and white. 3 × 12 × 7 m

This work also consists of thin posts that rise in front of a house façade in ascending order to reach the eaves. Rods of irregularly shaped natural wood were anchored as lateral links, with some one hundred black and white sheets of transparent plastic foil laid across them. Because it is so provisory and imprecisely constructed, this Claus Bury installation looks like a sunshade made by a farmer for beans or grape vines. Since it is flanked by subtropical banana plants, viewers are automatically reminded of plantations. The title of this installation may have resulted from the character of the building extension.

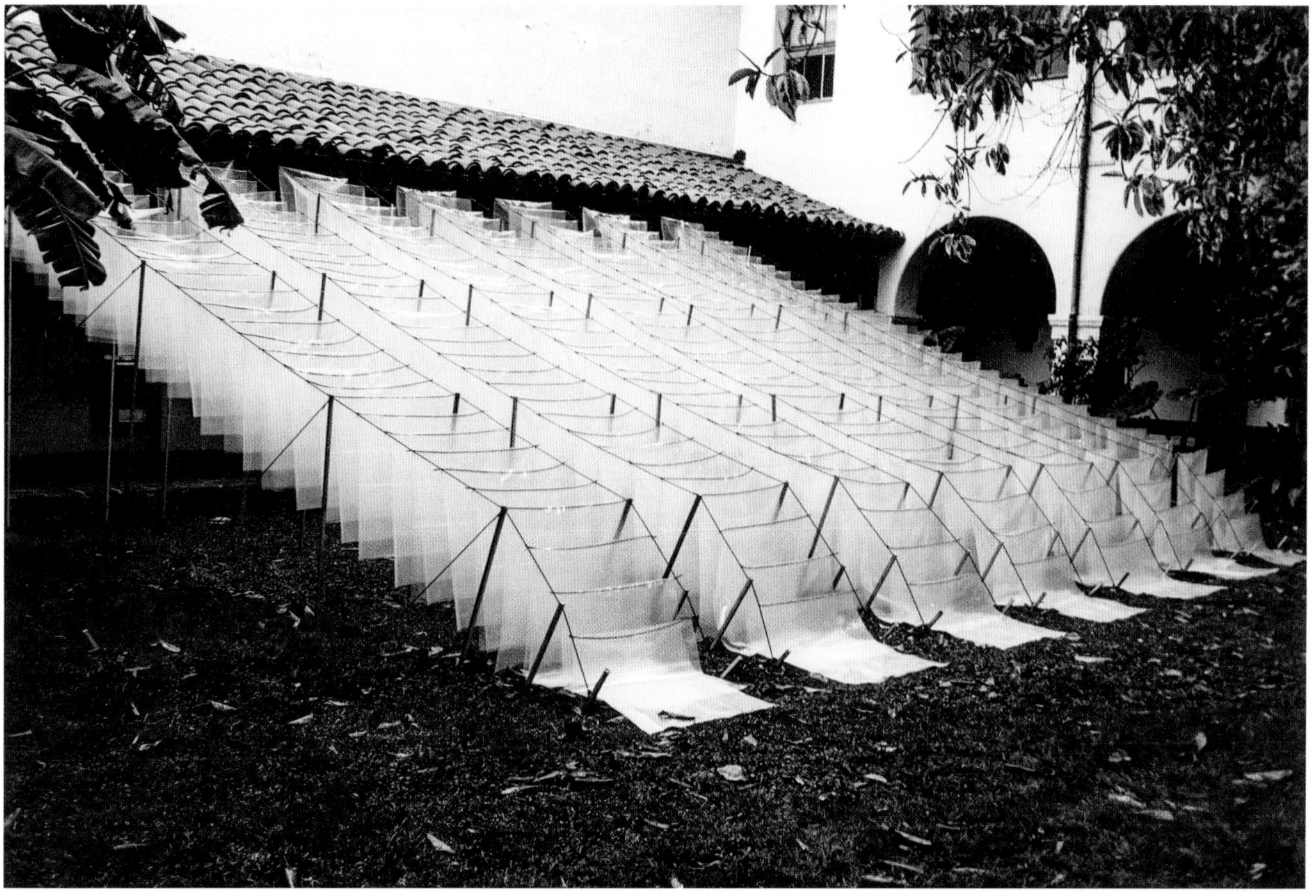

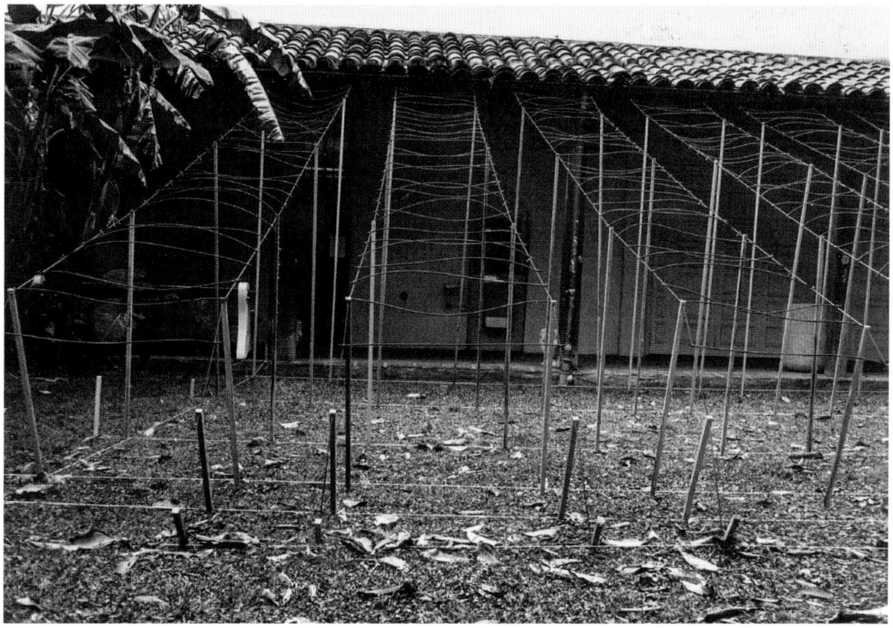

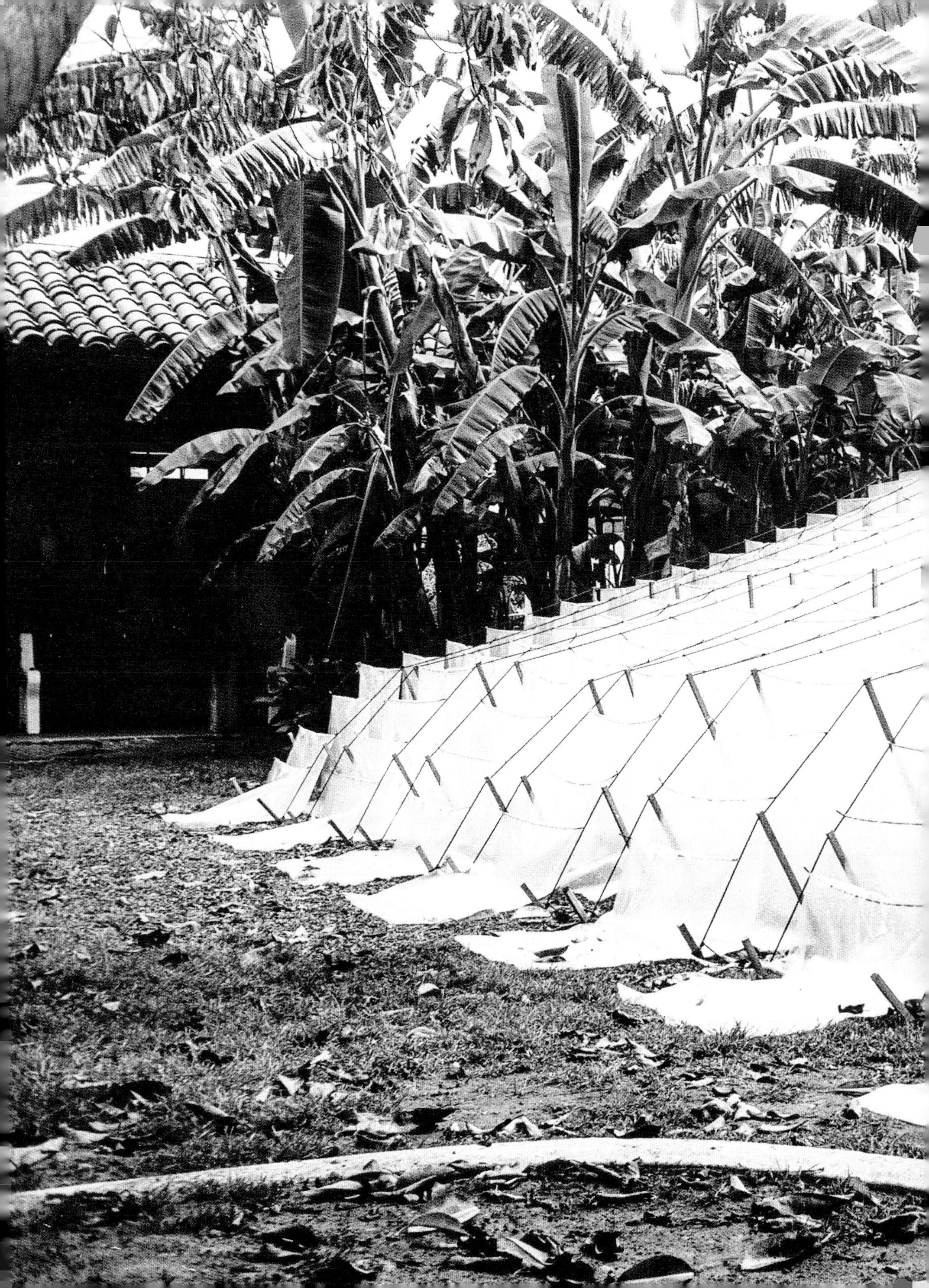

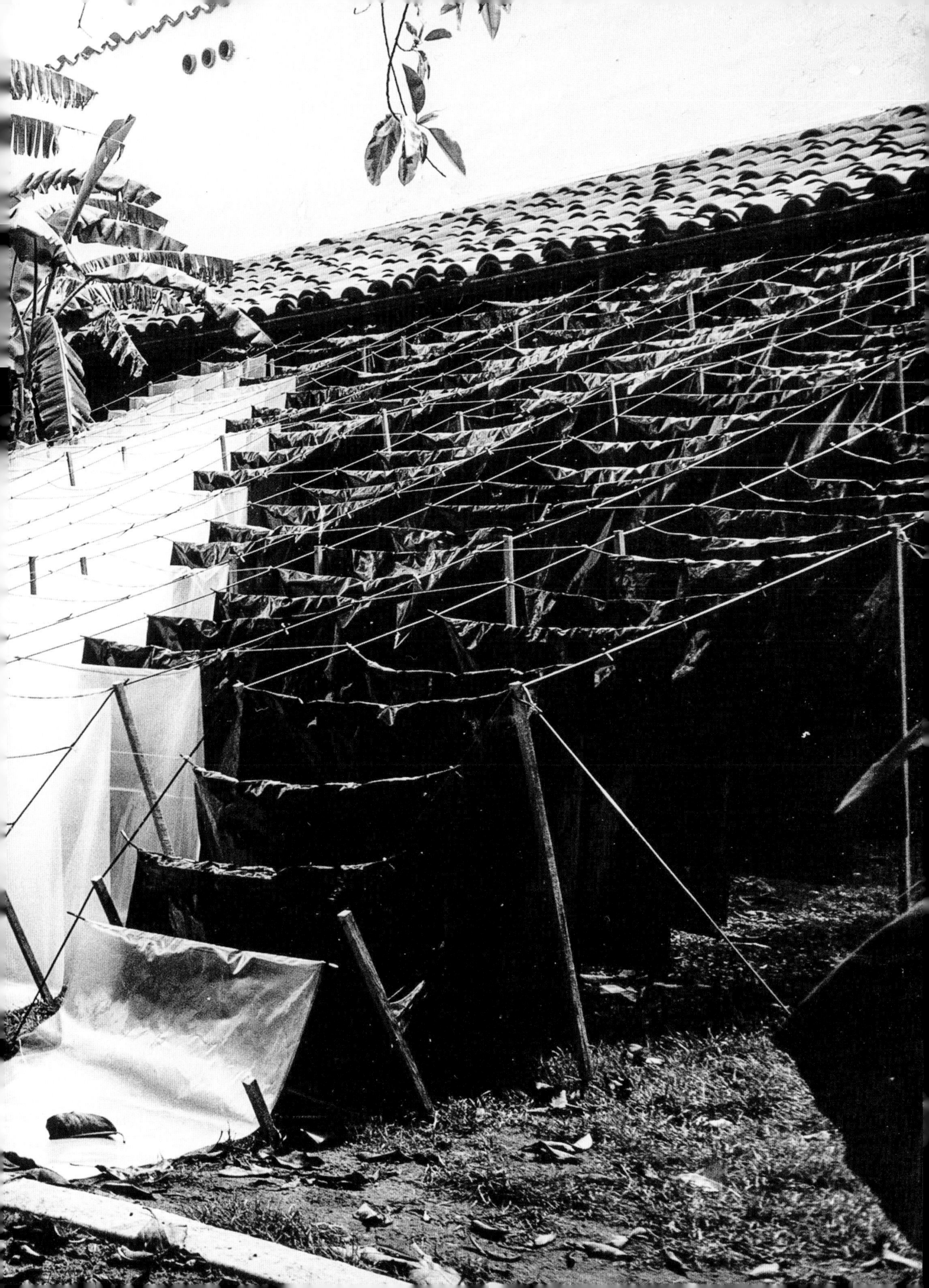

16

Concave – Convex – Construction (1980)
Brown University, Providence, Rhode Island, USA

Holzkonstruktion. 4,6 × 11,7 × 5,4 m

Mit 180.000 Einwohnern ist Providence die drittgrößte Stadt der Neuenglandstaaten. Auf der Goldberger Terrace des List Art Centers der Brown University installierte Bury eine gewächshausartige Gerüststruktur aus konkaven und konvexen Segmentbögen, wobei die Außenbögen kontinuierlich in die Innenbögen übergehen. So entsteht eine dynamische Sequenz, denn keines der zwölf senkrechten Kompartimente gleicht dem nächsten. Situiert vor einer rigide gerasterten Betonsteinfassade, wirkt diese Arbeit wie eine Hommage an die grazilen Gerüststrukturen historischer Gewächshäuser des 19. Jahrhunderts – aber auch als avantgardistische Kunstinstallation.

Concave – Convex – Construction (1980)
Brown University, Providence, Rhode Island, USA

Timber structure. 4.6 × 11.7 × 5.4 m

With a population of 180,000, Providence, Rhode Island, is the third largest city in New England. Bury installed a scaffolding-like structure reminiscent of a greenhouse and consisting of concave and convex segmental arches on the Goldberger Terrace at the Brown University List Art Center. The outer arches fitted seamlessly into the inner arches to create a dynamic sequence, for none of the twelve vertical compartments were identical. Situated in front of the rigid squares of a cast concrete block façade, this work of Bury's resembles a tribute to the delicate framework of nineteenth-century greenhouses as well as avant-gardist art installations.

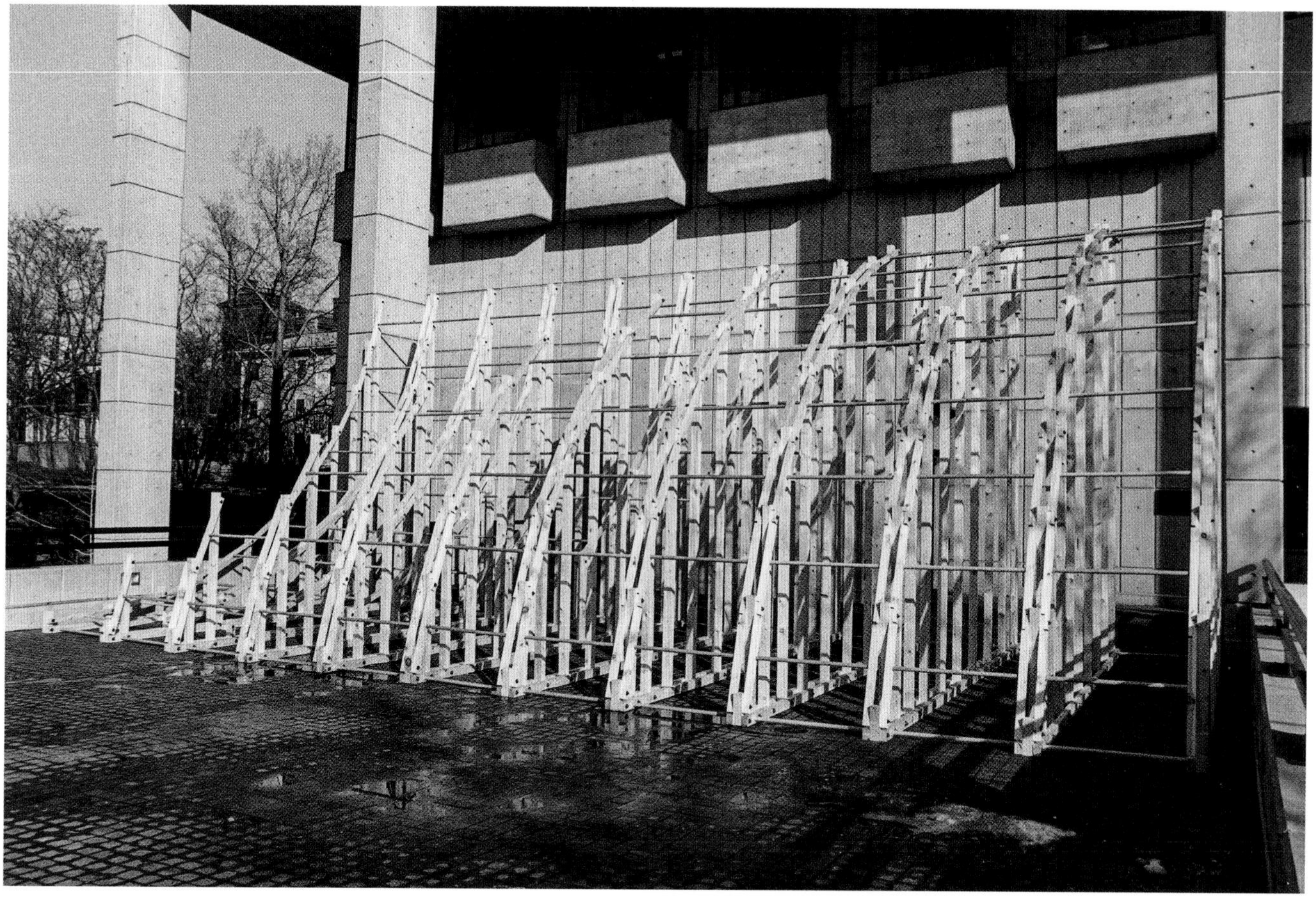

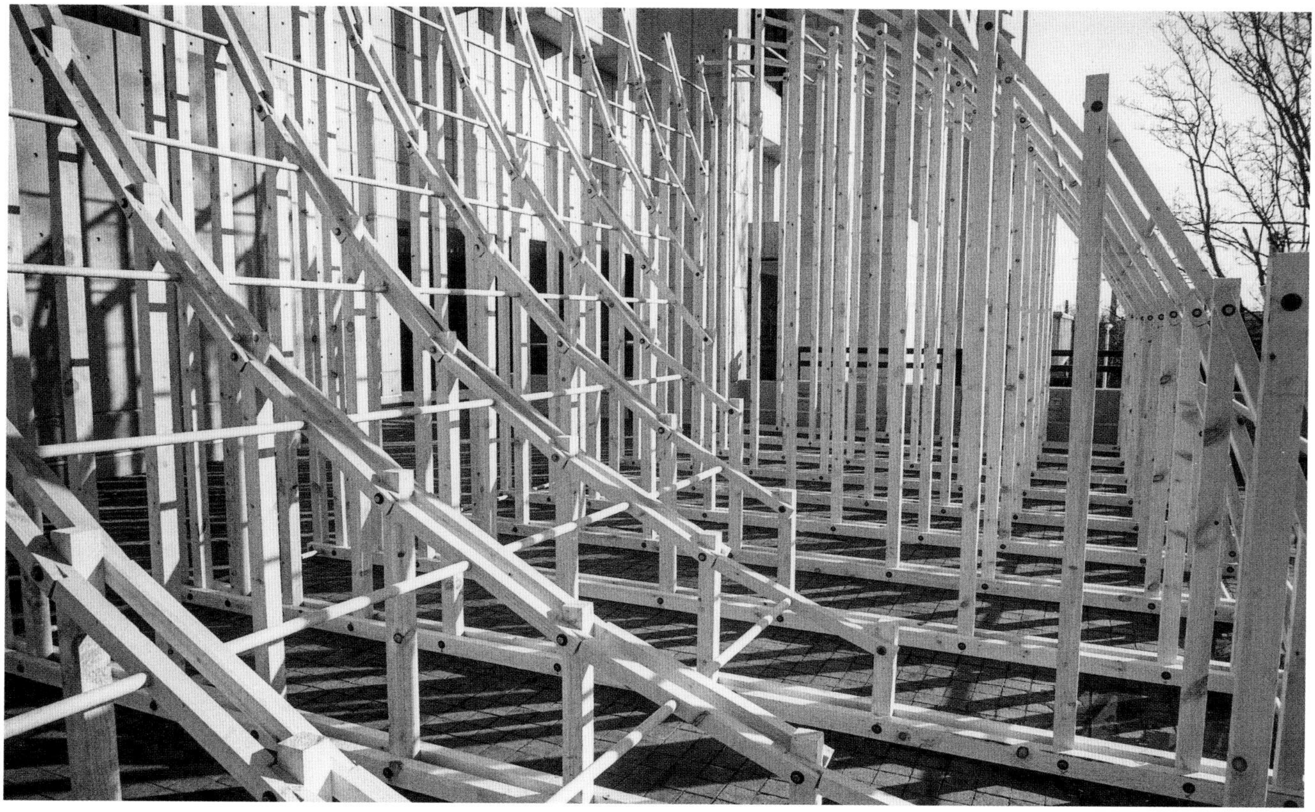

17

Geometrische Formationen, Teil VI (1981) Hochschule für Gestaltung, Offenbach am Main, Deutschland

1981 hatte Claus Bury eine Gastprofessur an der Hochschule für Gestaltung in Offenbach. Mit seinen Studenten bespielte er eine Nottreppe des Tiefkais zum Main hin: Zwischen ihre gusseisernen Handläufe wurden zwölf weiße Stoffbahnen über die Stufen gehängt, sodass aus der pragmatischen Treppe eine nur visuell benutzbare ästhetische Installation wurde. Diese Dysfunktionalisierung erprobte die Studentengruppe auch im Inneren des Hochschulgebäudes, wo sie auf ähnliche Weise einen Treppenaufgang verhängte. Bei beiden Projekten wurde auch der Rückbau, also die Zerstörung, dokumentiert. Diese Formen einer rituellen Aggression verweisen allerdings positiv auf das prinzipielle Werden und Vergehen aller künstlerischen Eingriffe. Insofern sind, jedenfalls mental, diese beiden Projekte durchaus als Land-Art-Installationen zu begreifen.

Geometrical Formations, Part VI (1981) Hochschule für Gestaltung, Offenbach am Main, Germany

In 1981 Claus Bury was a visiting professor at the Hochschule für Gestaltung in Offenbach. With his students he mounted an installation on an emergency staircase on the river embankment of the Main: twelve bolts of white cloth were suspended between the cast-iron railings in such a way that the stairs made for a pragmatic purpose were turned into an aesthetic installation that could only be put to a visual use. The group of students also tested dysfunctionalising a staircase inside the Hochschule's building, where they draped a staircase in a similar way. The dismantling of both projects – that is, their destruction – was documented. However, these forms of ritual aggression refer in a positive sense to the principle of waxing and waning that informs all artistic interventions. Bearing that in mind, these two projects can both be classified, at least intellectually, as Land Art installations.

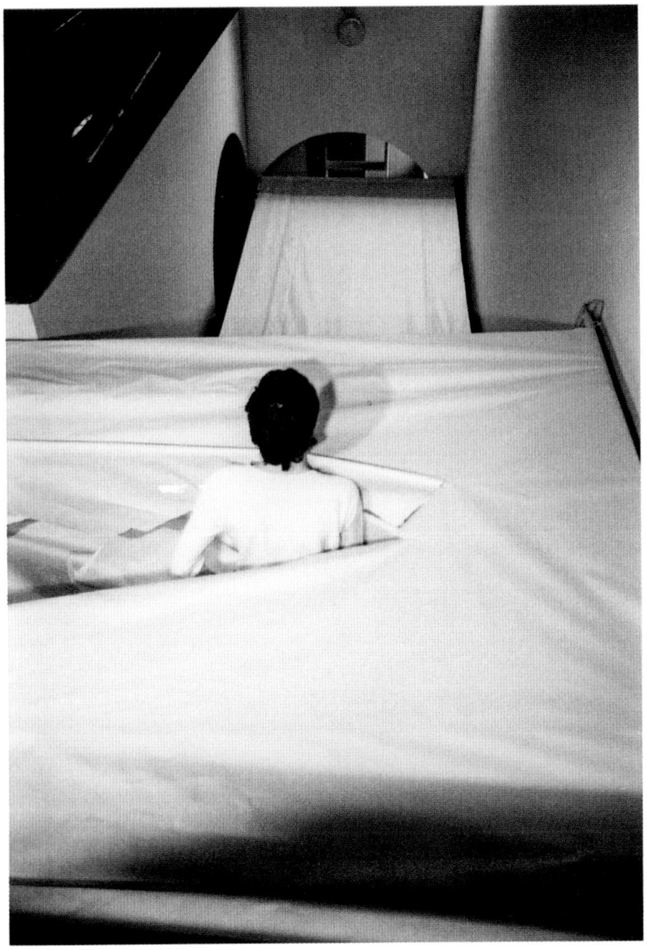

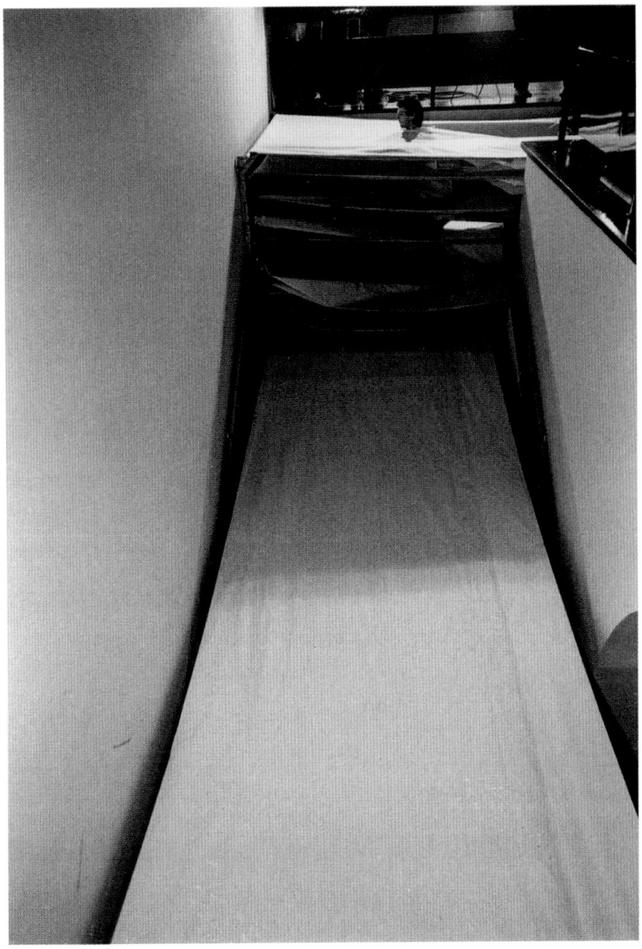

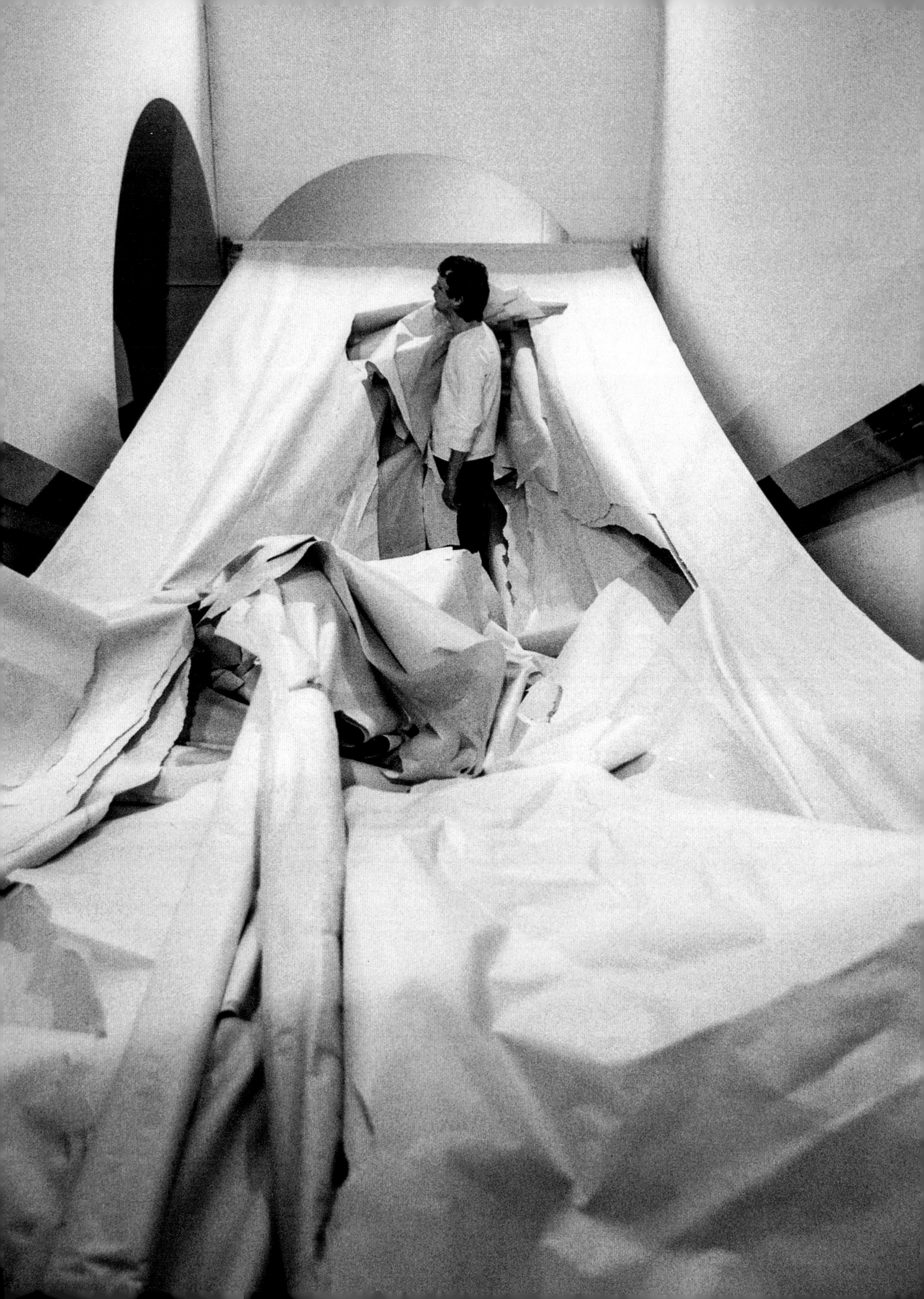

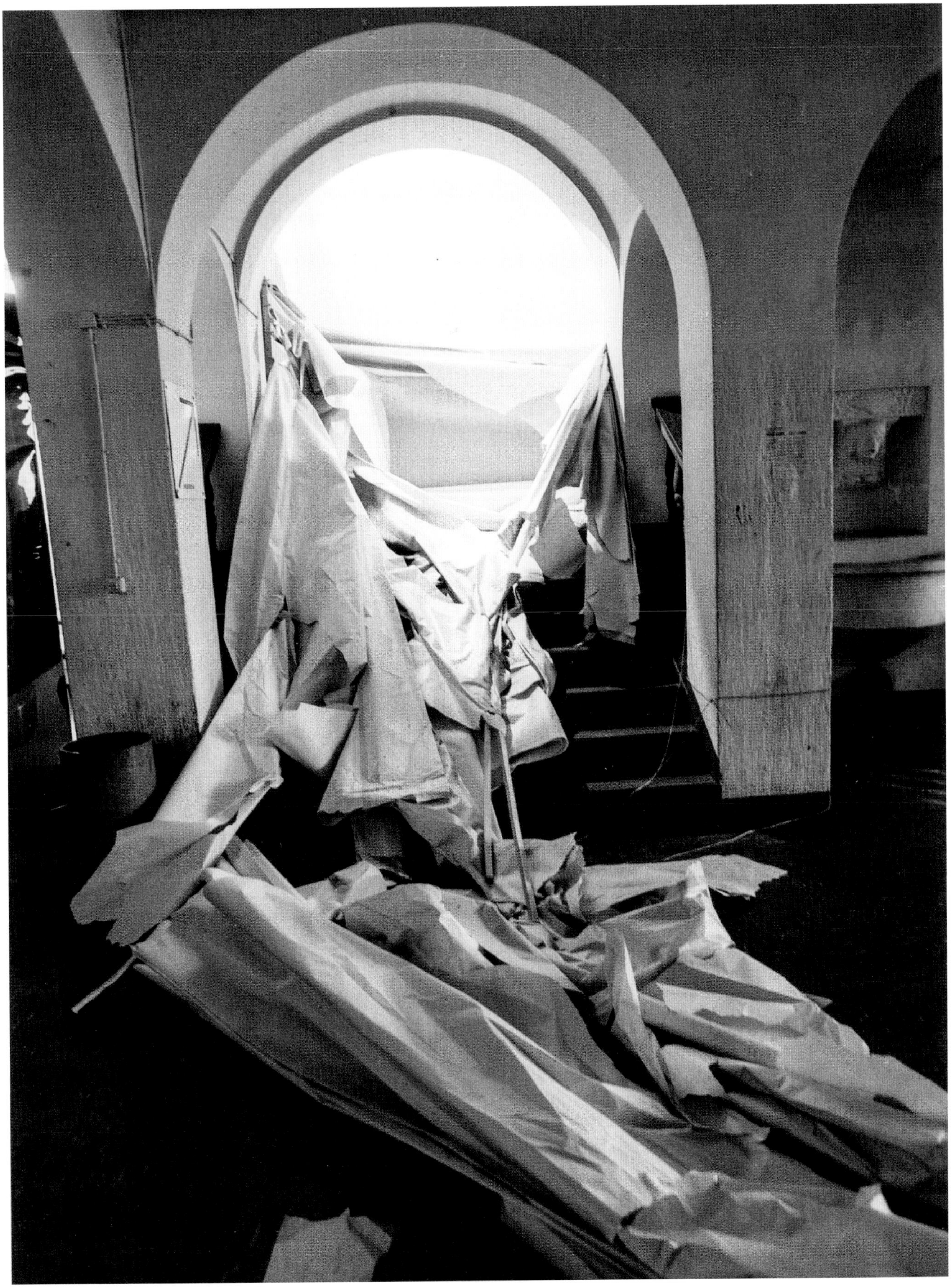

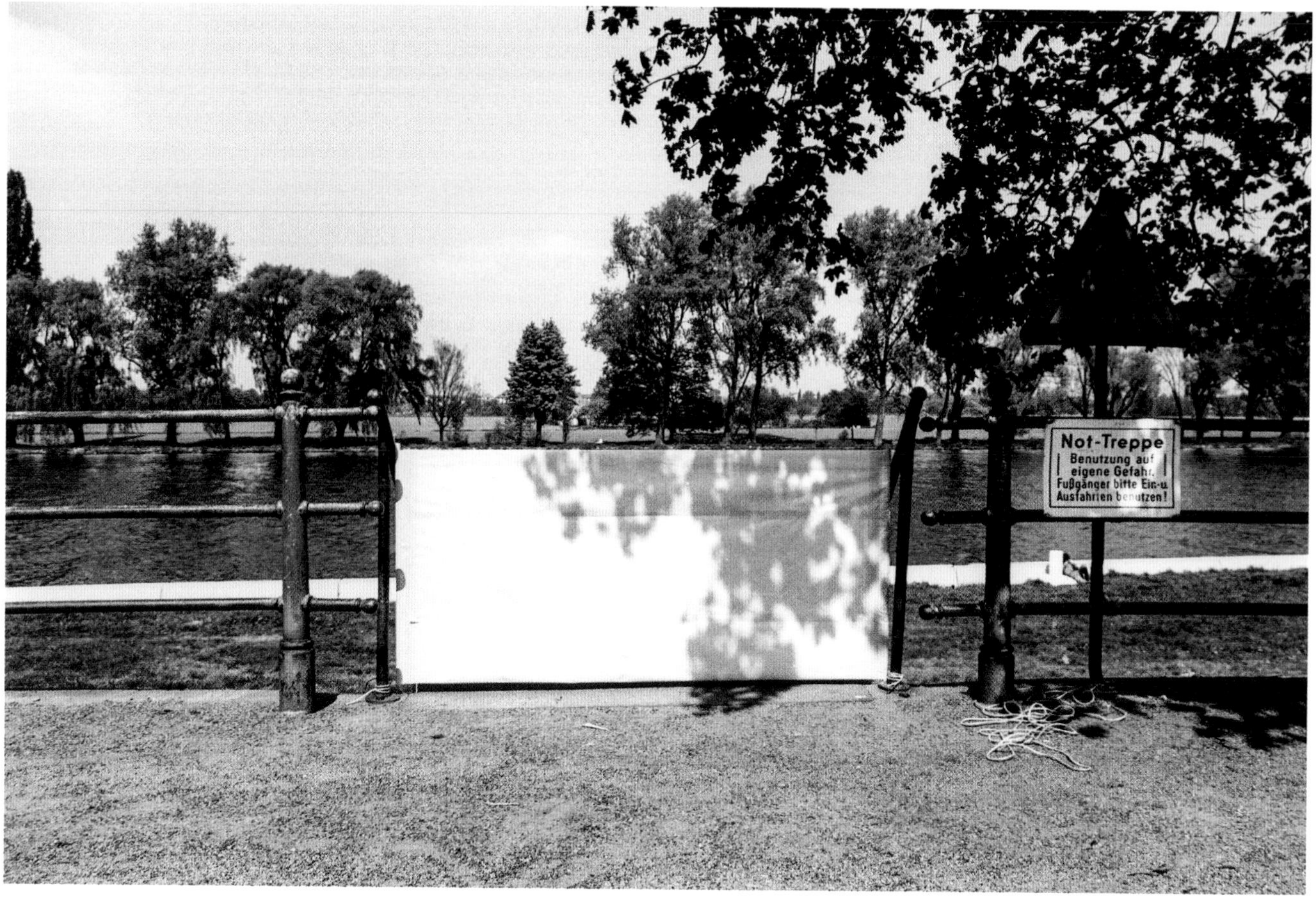
Not-Treppe
Benutzung auf
eigene Gefahr.
Fußgänger bitte Ein-u.
Ausfahrten benutzen!

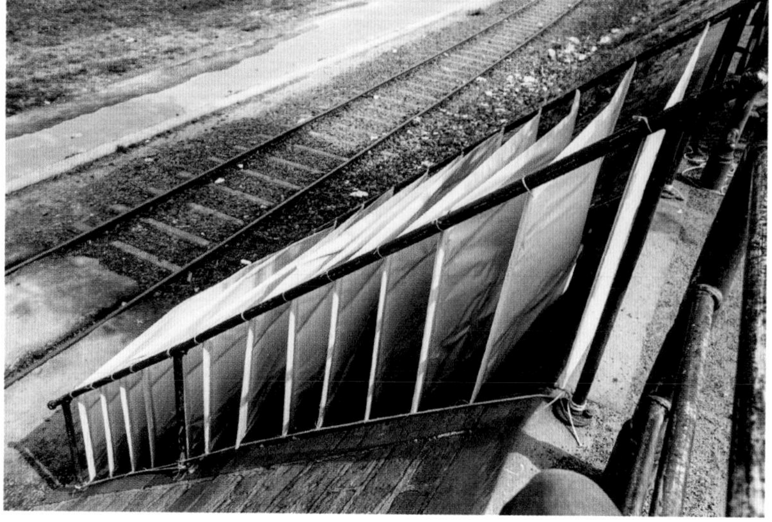

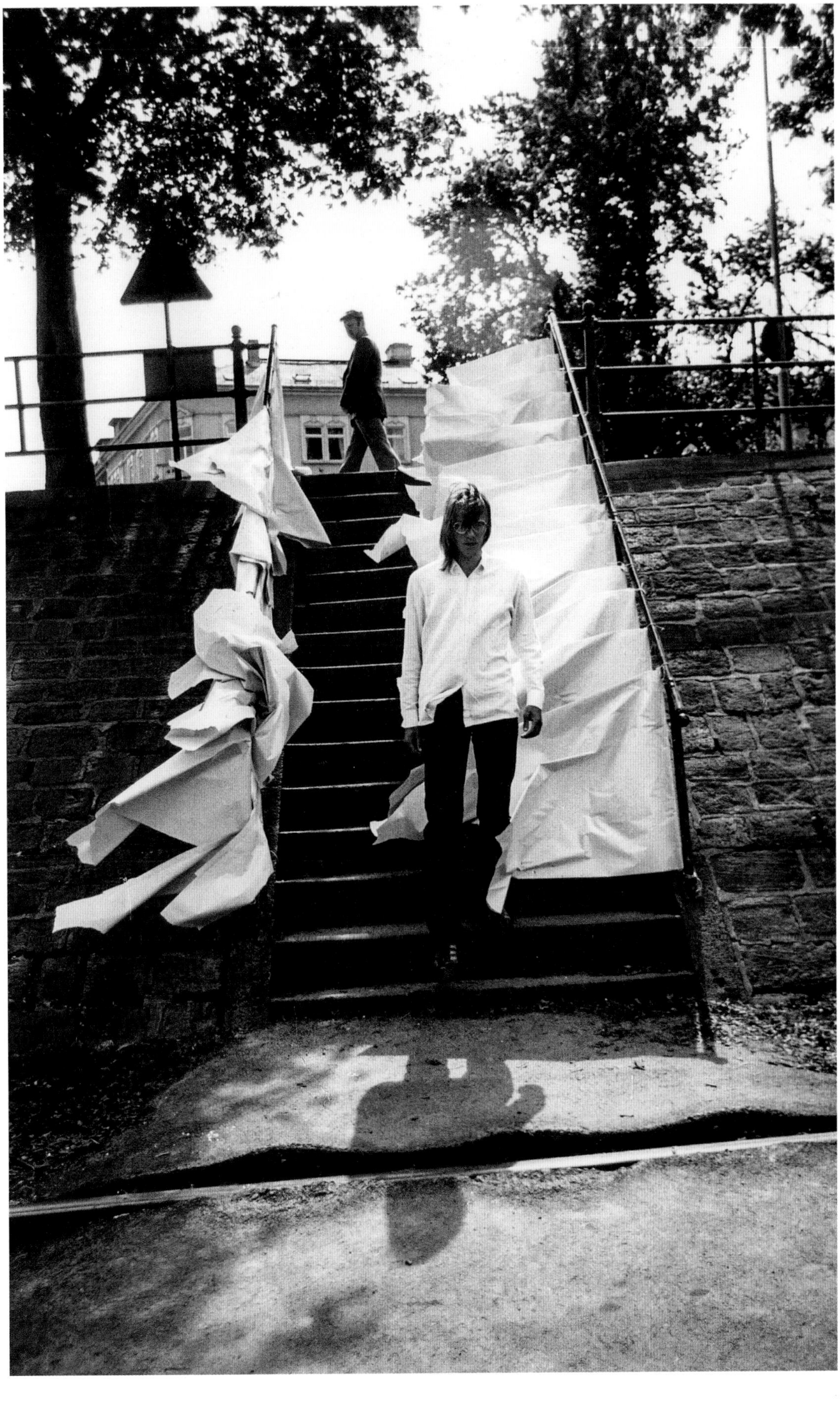

18

Raumverschiebung (1981)
Dreieichpark, Offenbach, Deutschland

Holzkonstruktion. 10 × 7,5 × 5 m

In gewisser Weise nahm Claus Bury nach seiner Rückkehr aus den USA dortige skulpturale Erfahrungen wieder auf, zum Beispiel die kontinuierlich auf- bzw. absteigende Reihung von Elementen, die er bereits in Rhode Island durchdekliniert hatte. Wie später auch beim Madison-Square-Park-Projekt in New York (vgl. Nr. 21) waren es bei der Arbeit im Offenbacher Dreieichenpark zwei miteinander korrespondierende Großformen, deren eine elf jeweils auf der Spitze stehende, sich kontinuierlich verändernde Querschnitte zeigte, während die darauf antwortende Gegenform ebenfalls elf sich waagrecht abtreppende Abstufungen aufwies. Wie später in New York waren auch hier große alte Bäume nahe an der Doppelskulptur und limitierten so die Weitsicht in den Umgebungsraum. Die in ihrer Grundfläche zehn auf siebeneinhalb Meter messende Raumplastik nahm mit ihrem Titel selbstreferenziell auf die sich kontinuierlich verschiebende Wahrnehmung beim Umschreiten der beiden Teile Bezug. Nicht jeder Betrachter aber konnte sich offenbar mit dieser Skulptur anfreunden, denn es kam zu einem Bombenanschlag, der Teile der Installation zerstörte. Nach Ermittlungen der Polizei stellte sich heraus, dass es sich dabei um einen Streich von Jugendlichen gehandelt hatte.

Spatial Shift (1981)
Dreieichpark, Offenbach, Germany

Timber structure. 10 × 7.5 × 5 m

On his return from the US, Claus Bury can be said in a certain sense to have resumed working on the sculptural experiences he had paradigmatically explored in Rhode Island, for instance, featuring the uninterrupted sequential ordering of ascending or descending elements. As later also in the Madison Square Park Project in New York (see No. 21), the work in the Dreieichpark in Offenbach consisted of two large different but corresponding forms. Eleven exemplars of one form stood on their tips to reveal constantly shifting cross sections whereas the eleven replicas of the corresponding form also revealed eleven descending horizontal steps. As later in New York, in Offenbach there were also large old trees near the double sculpture, a setting that defined the extent of the view into the surrounding space. This open-form sculpture and its title relate self-referentially to the continuously shifting perception viewers experience while walking about both parts. Not all viewers were delighted with this sculpture, it would seem, because parts of the installation were destroyed by a bomb. A police investigation found that the attack on the sculpture had been an act of adolescent vandalism.

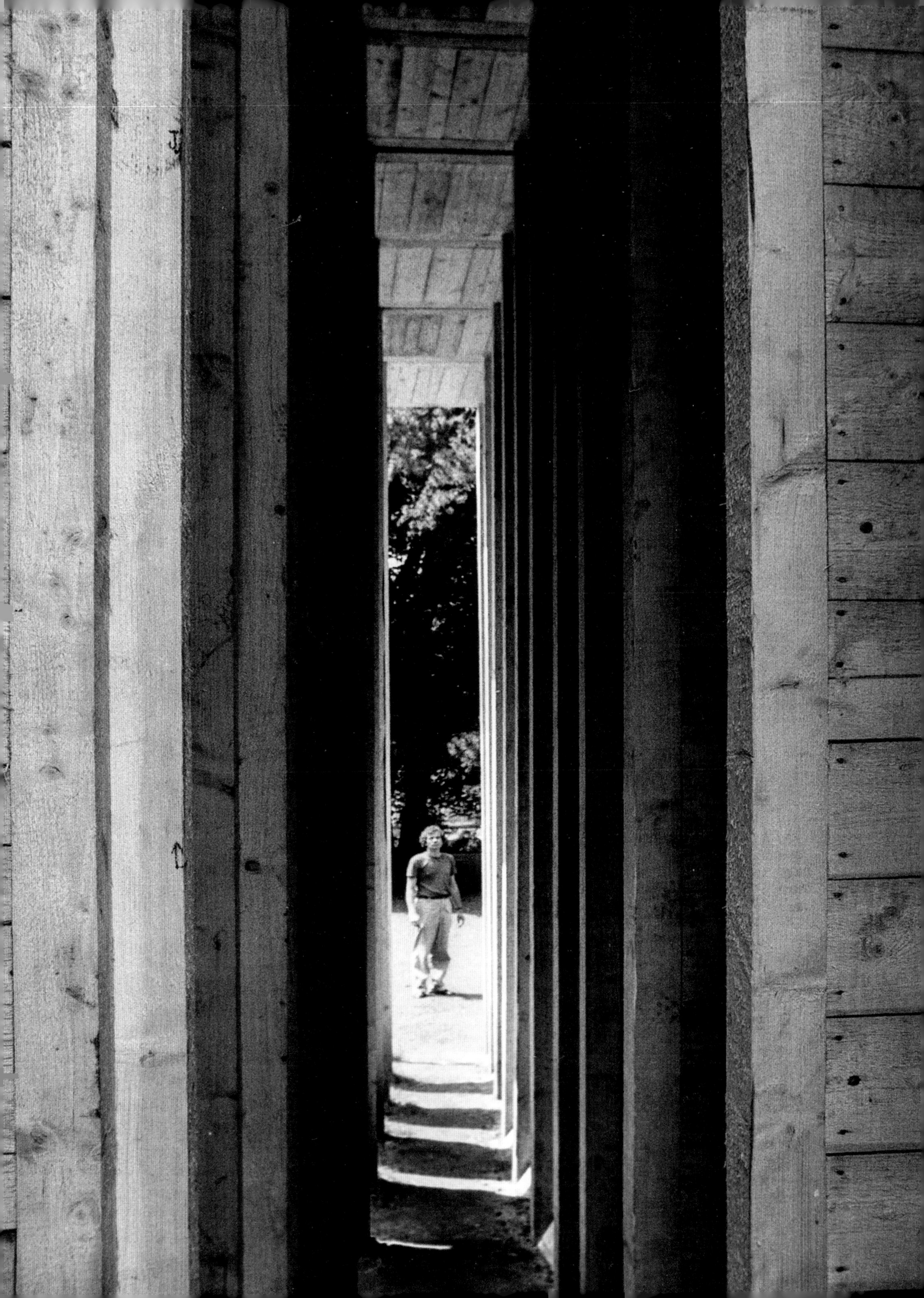

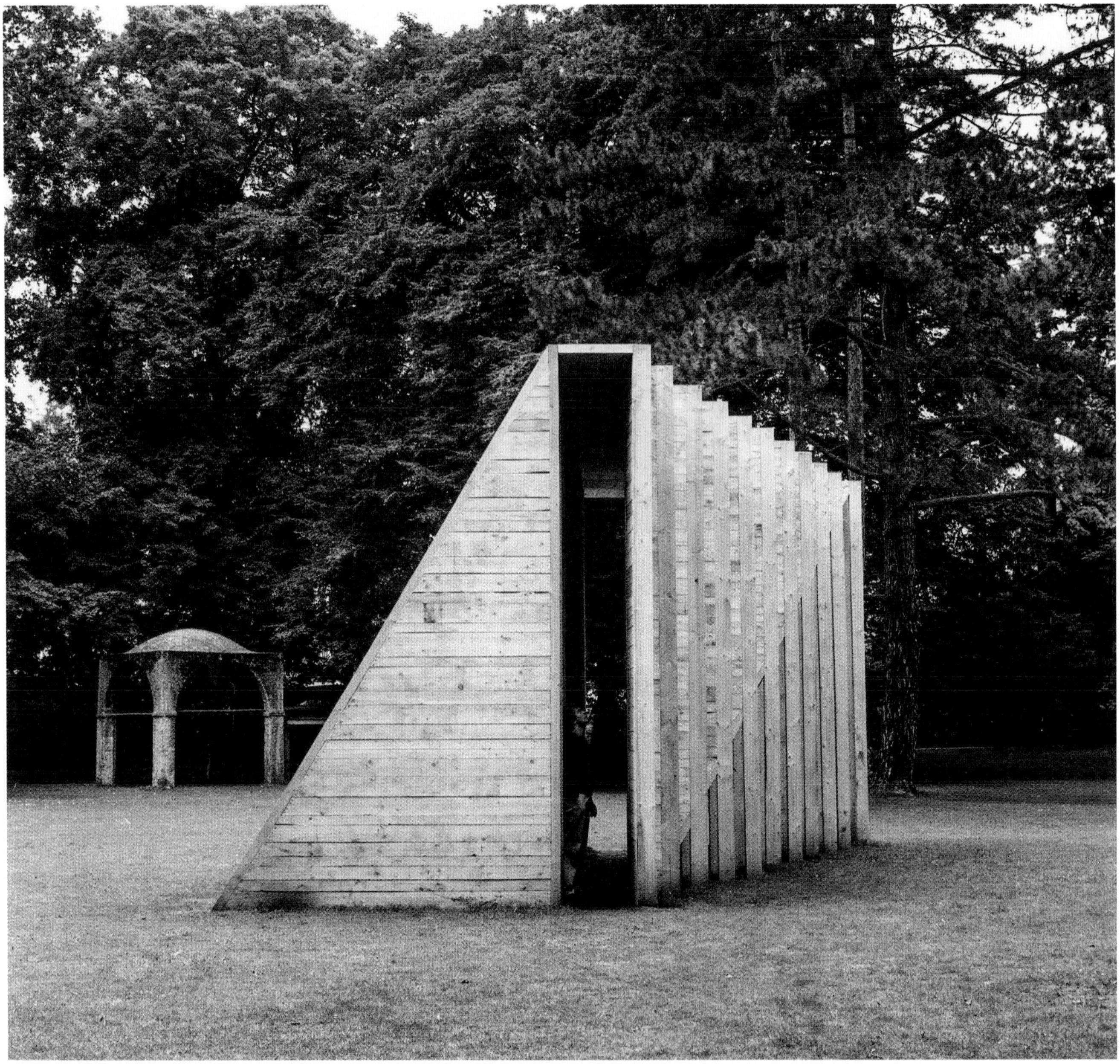

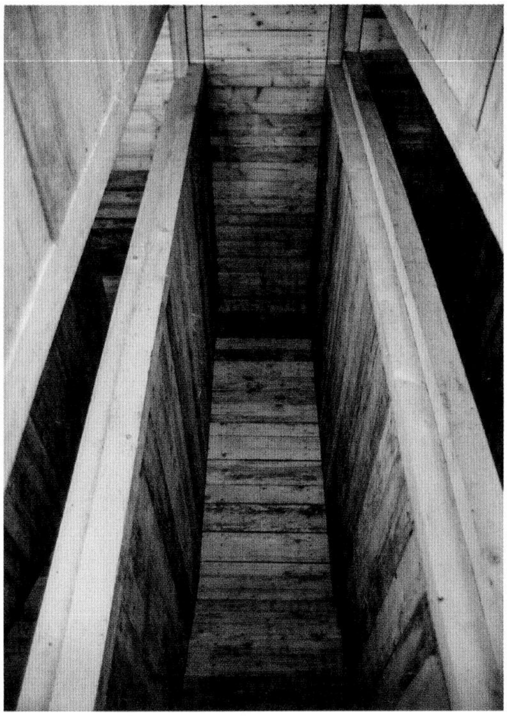

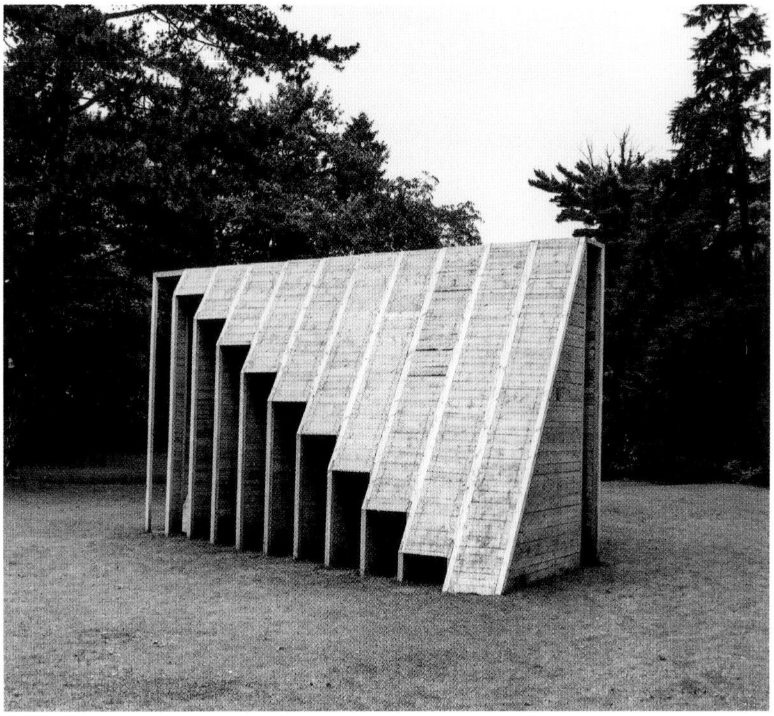

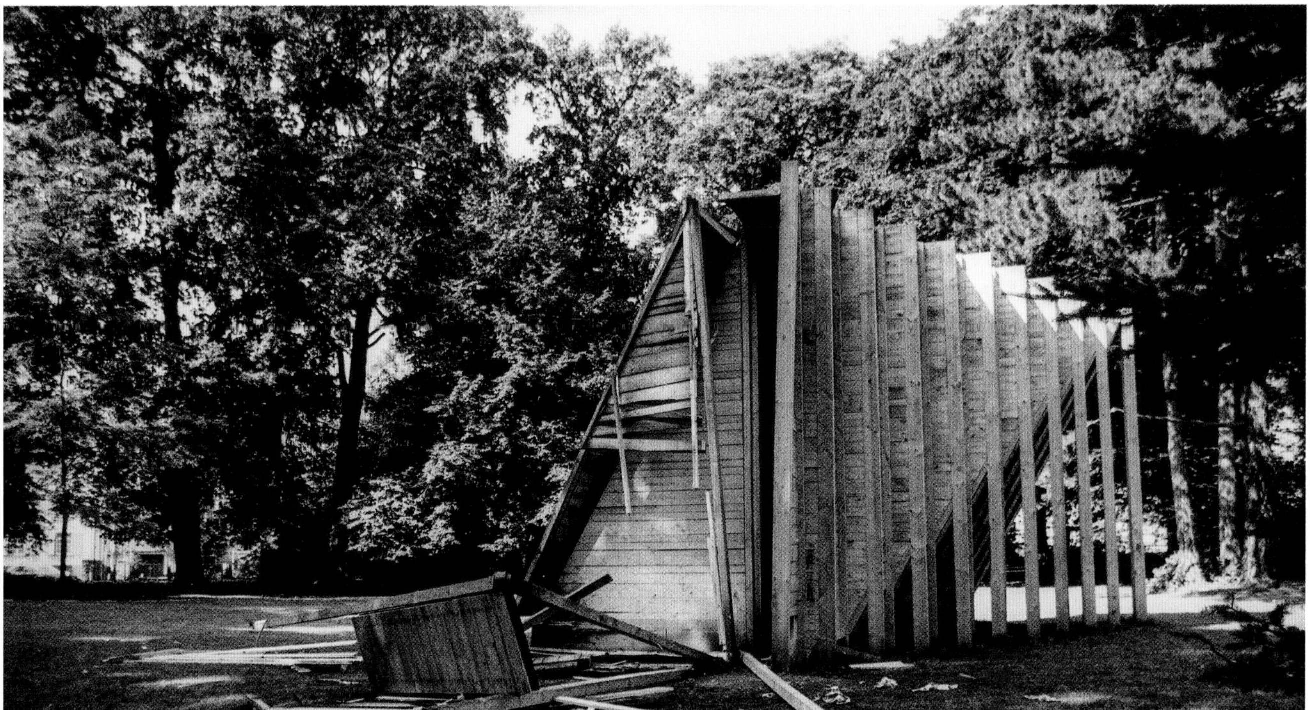

19

Geometrische Formationen, Teil VII (1982) Calgary, Kanada

Wie eine nostalgische Reminiszenz an sein damals fünf Jahre zurückliegendes Projekt in der Sinai-Wüste (vgl. Nr. 4) wirken die Körperschilde, mit denen Bury auf einer Abraumhalde in Calgary in Kanada 16 Studenten der Calgary School of Art in strenger Formation aufmarschieren ließ, um eine körperhafte Raumgeometrie zu erzeugen. Es gab eine Variante mit Milchglasscheiben, hinter denen die Studenten nur schemenhaft sichtbar waren. Mal hielten sie die Schilde senkrecht oder diagonal vor sich, mal gekippt über ihre Köpfe. Das Projekt kokettierte offenbar bewusst mit der Reflexionsintensität von Sonnenkollektoren. Eine zweite Variante nutzte undurchsichtige schwarze Folienbespannungen.

Geometrical Formations, Part VII (1982) Calgary, Canada

The body shields that Bury had sixteen of his students at the Calgary School of Art march out on in strict formation on a slag heap create a physical spatial geometry as a nostalgic commemoration of the project he had organised in the Sinai desert five years previously (see No. 4). There was a variant with milk-glass panes, behind which the students were only visible as shadowy outlines. Sometimes the students held the shields upright or diagonally in front of themselves, at others tilted above their heads. This project evidently played deliberately on the reflected intensity of sun collectors. A second variant used sheets of opaque black plastic sheeting stretched taut.

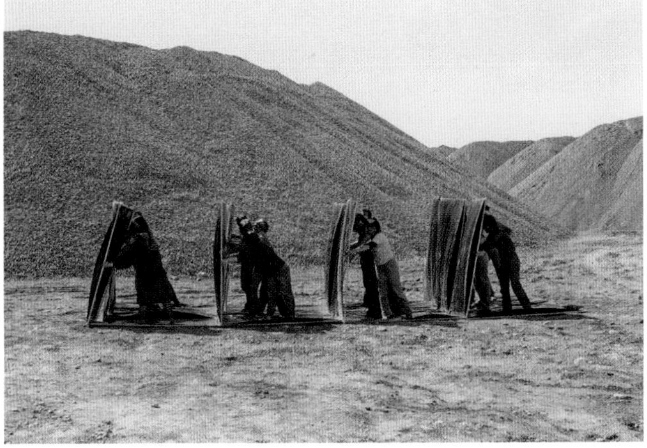

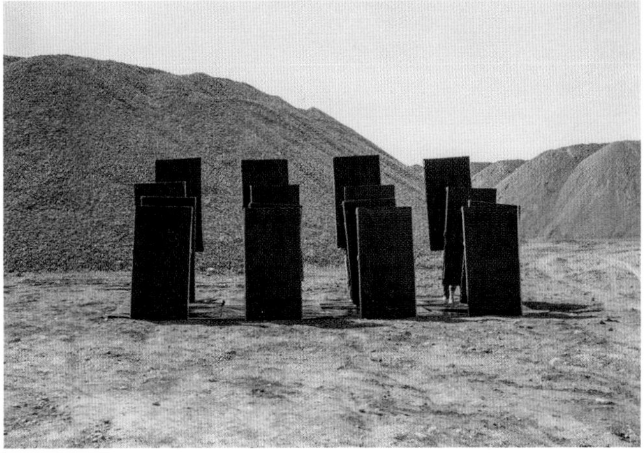

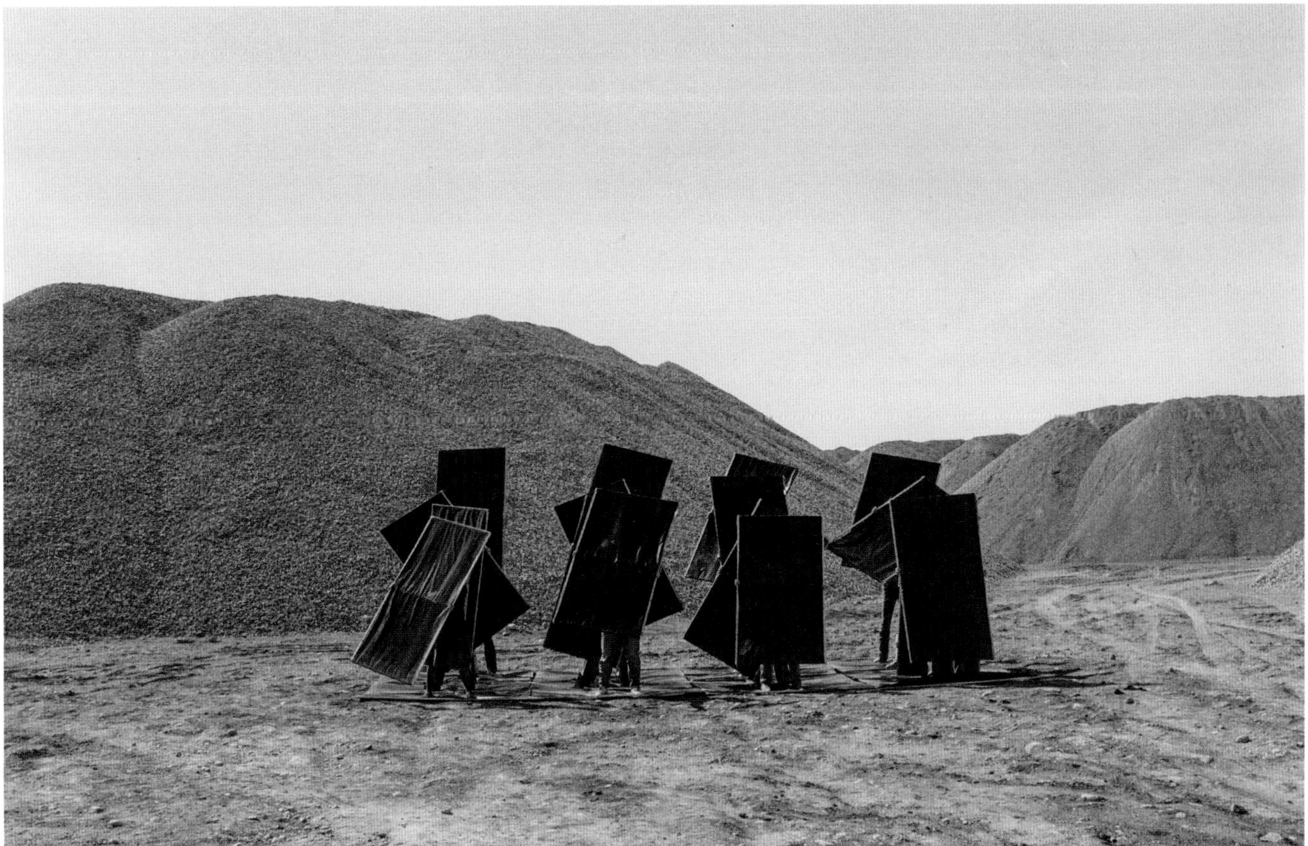

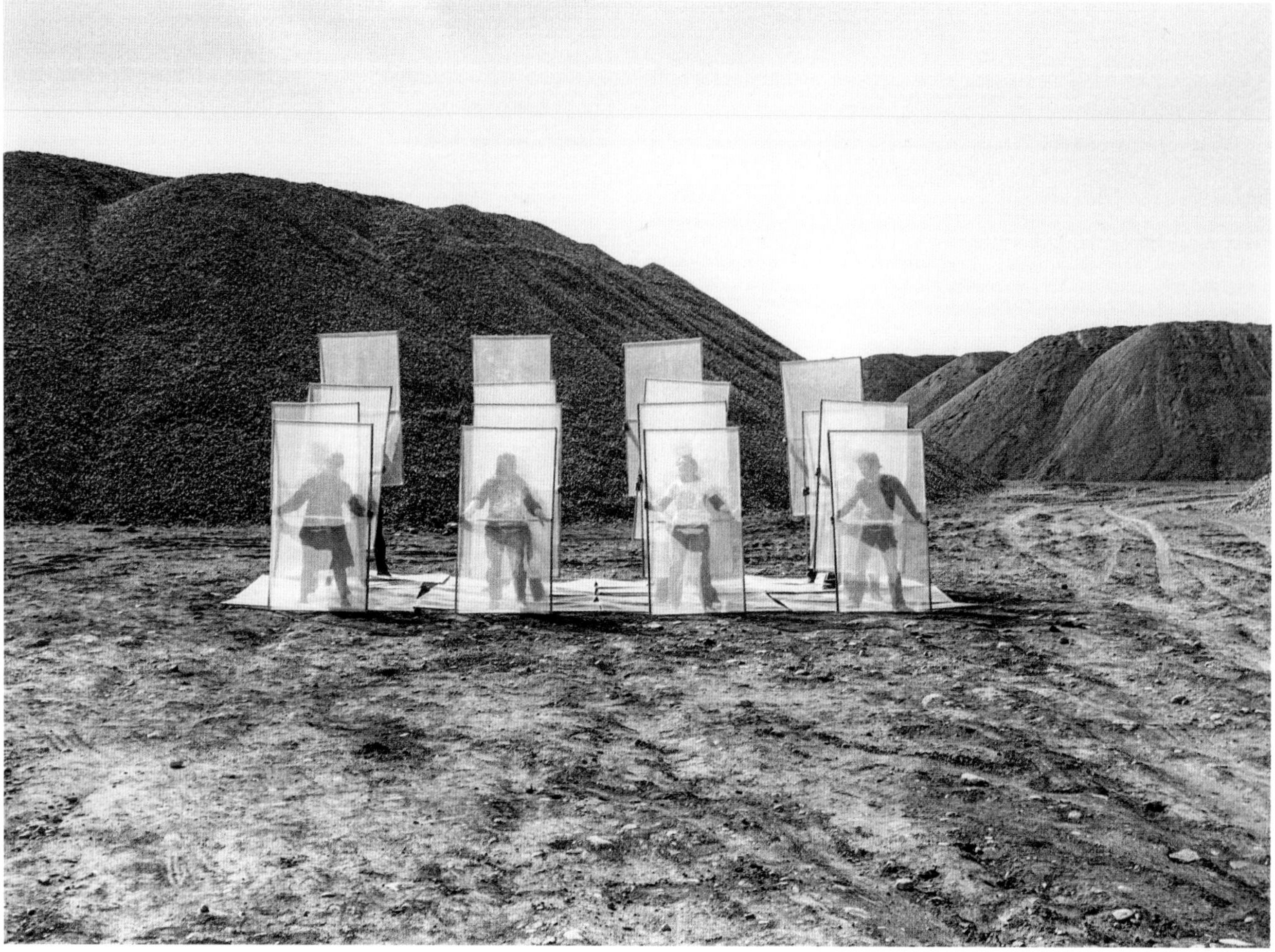

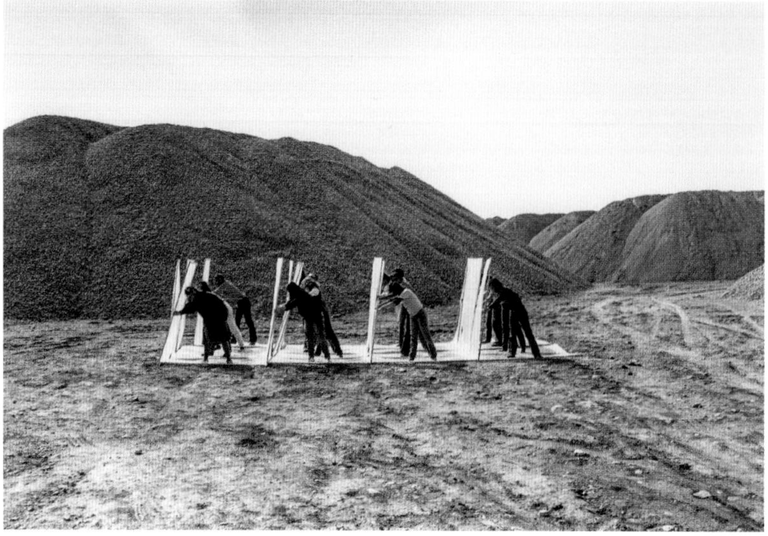

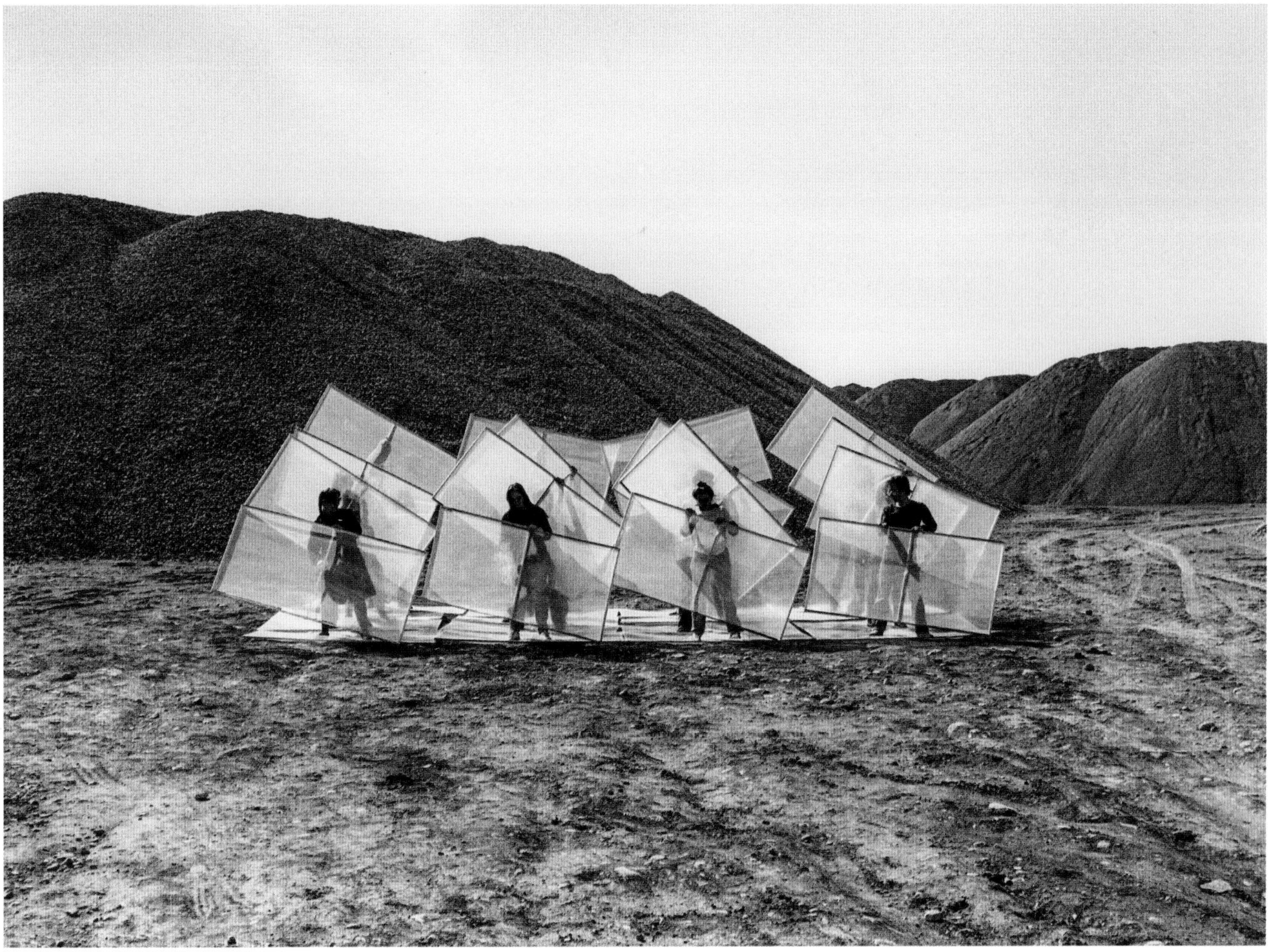

20

Two Elevated Walkways (1982) Moore College of Art & Design, Philadelphia, USA

Holzkonstruktion. 14,73 × 3,12 × 2,92 m

Knapp fünfzehn auf gut drei Meter maß die zweizügige Rauminstallation, die Bury im Moore College of Art & Design in Philadelphia installierte. Zwei gegenläufige gewellte Gänge, die leicht klaustrophobisch wirkten, waren zwischen Pfostenreihen verspannt und konnten begangen werden. Die Erfahrung einer körperlichen Desorientierung nahm eine rhythmische Erfahrung von Enge vorweg und bot Nutzungsoptionen an, die das Verhältnis der Menschen zu dem sie umgebenden Raum untersuchen. Der Künstler hatte damit eine Thematik fixiert, die ihn in vielen späteren Projekten immer wieder beschäftigen sollte.

Two Elevated Walkways (1982) Moore College of Art & Design, Philadelphia, Pennsylvania, USA

Timber structure. 14.73 × 3.12 × 2.92 m

The spatial installation Bury set up in the Moore College of Art & Design in Philadelphia measured roughly fifteen by at least three metres. Two undulating walkways heading in opposing directions looked rather claustrophobia-inducing. They were stretched between rows of posts, and visitors could walk on them. The experience of physical disorientation anticipated a rhythmic experience of narrowness, and provided options for use that explored human beings' relationship to the space surrounding them. Thus the artist had targeted a theme he would continue to investigate in many later projects.

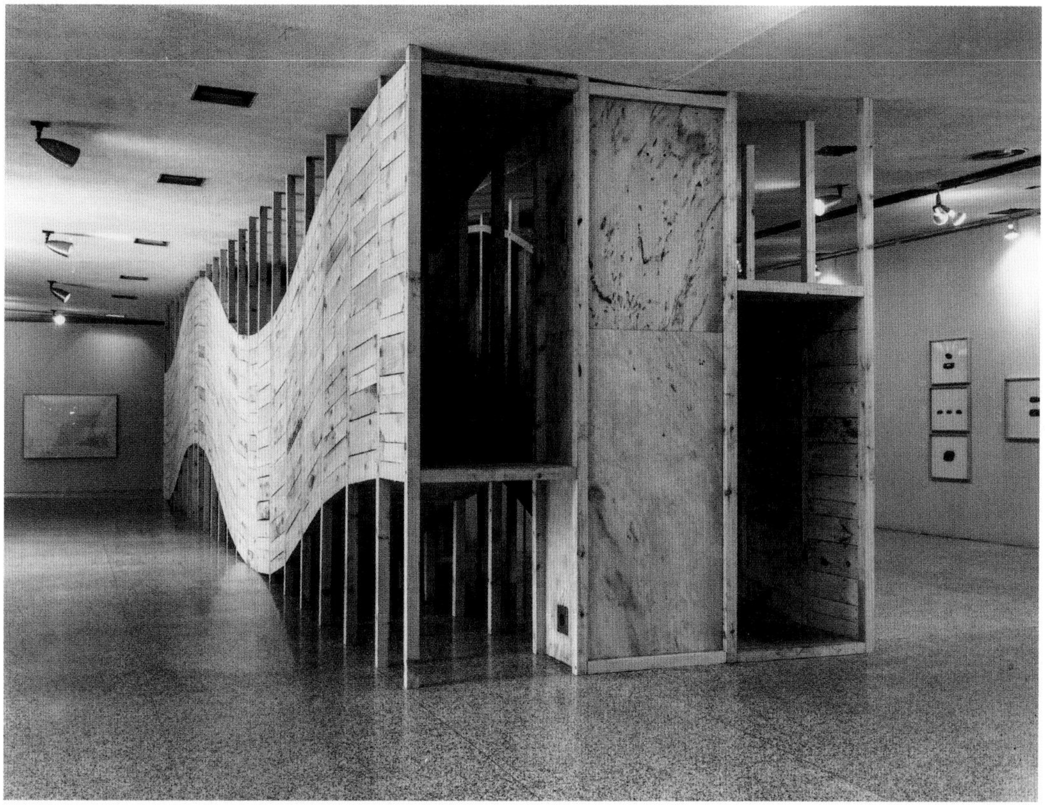

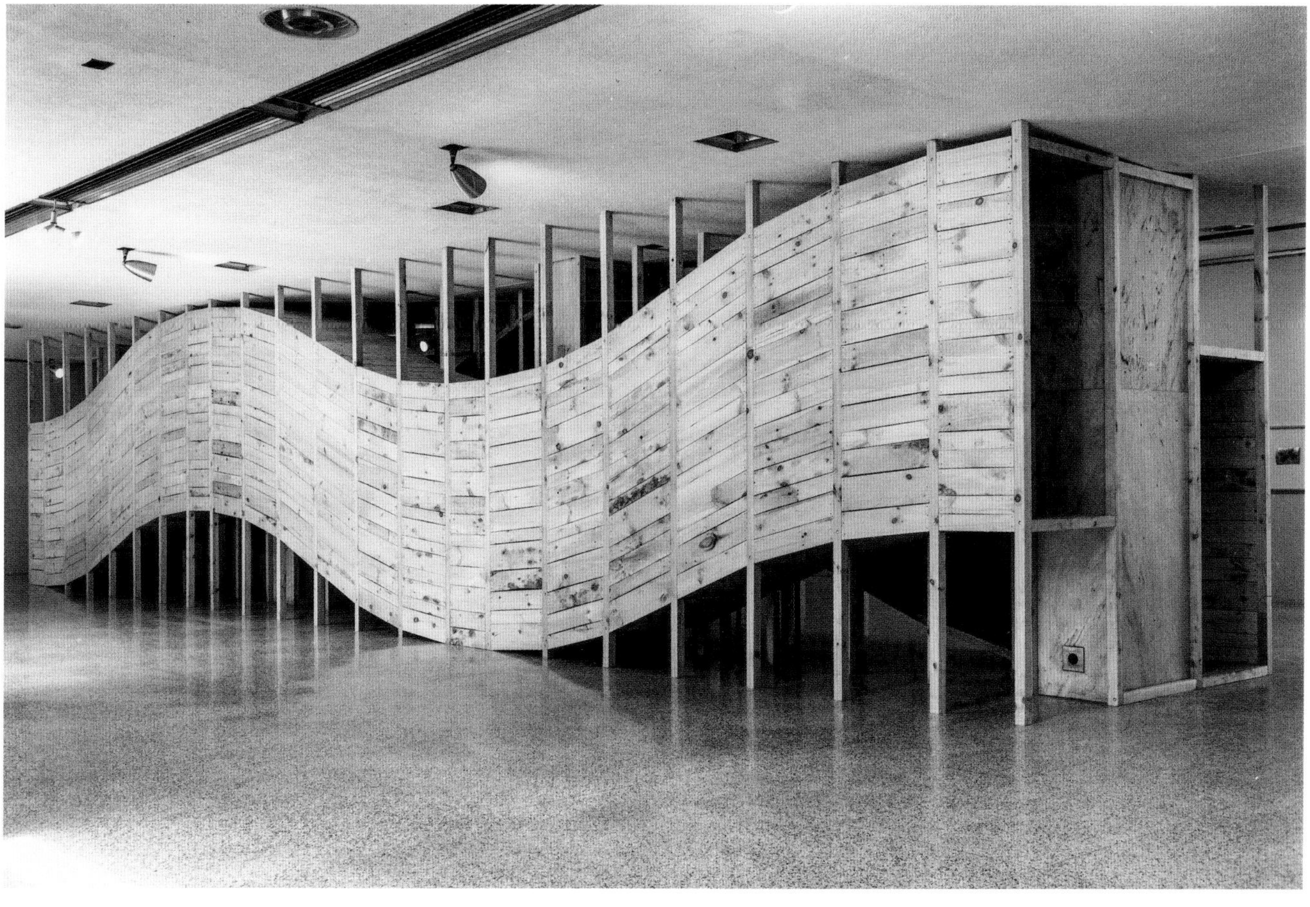

21

Bridge Project (1983)
Madison Square Park, New York, USA

Holzkonstruktion, Cortenstahl-Verbindung.
3,7 × 11,5 × 4,5 m

Zwei pyramidale, vollflächig mit Fichtenholzbrettern verkleidete Steildachformen stehen sich gegenüber und berühren sich nur durch eine gemeinsame Bodenlinie. In dieses so entstehende „Tal" führen an den Innenseiten jeweils auf ihrer senkrechten Mittelachse Stufen aufeinander zu. Die Firste der beiden Dachformen sind durch einen verbindenden Balken mit dreieckigem Querschnitt verbunden und schließen so die Großform. Die elfeinhalb auf viereinhalb Meter messende Bodenfläche bei einer Höhe von knapp vier Metern verdeutlicht, dass der Künstler in der durchaus beengten innerstädtischen Parksituation trotzdem die Anmutung von Monumentalität angestrebt hat. Ikonografisch sind Anklänge an die Architektur der Azteken deutlich und gewollt.

Bridge Project (1983)
Madison Square Park, New York, USA

Timber structure, Corten steel connector.
3.7 × 11.5 × 4.5 m

Two steep pyramidal roof forms, both completely clad with sprucewood boards, stand facing each other, only touching at the floor line they share. Steps lead along the inner faces into the vertical central axis of the 'valley' thus formed. The ridgepoles of the two roof shapes are connected by a linking balcony that is triangular in cross section to enclose the overarching form. The ground area covered measures eleven and a half by four and a half metres and the work is about four metres above ground level. Its size and dimensions make clear that the artist aimed at the feel and appearance of monumentality despite the cramped space afforded by an inner-city park location. The iconographic echoes of Aztec architecture are clearly evident and intentional.

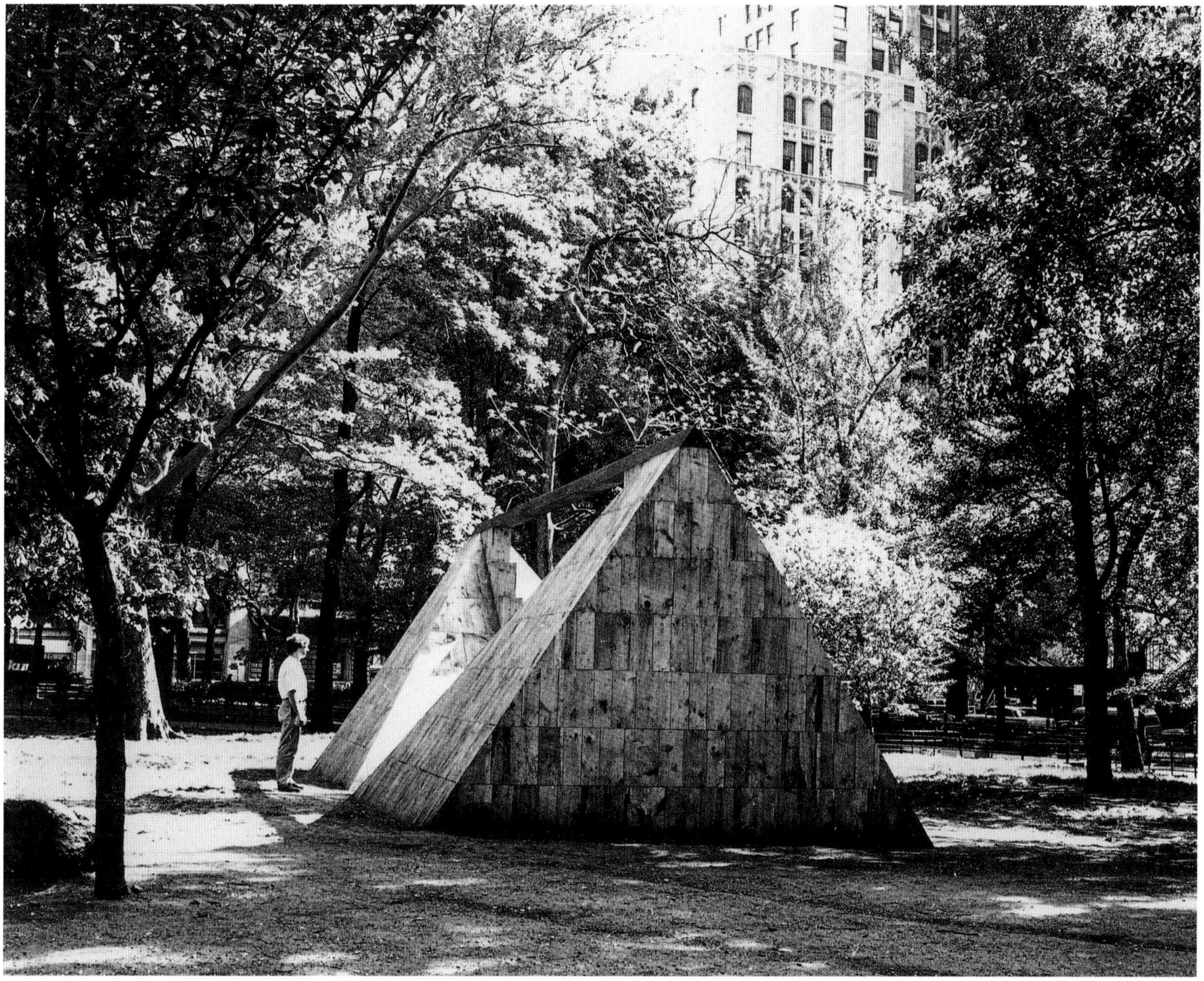

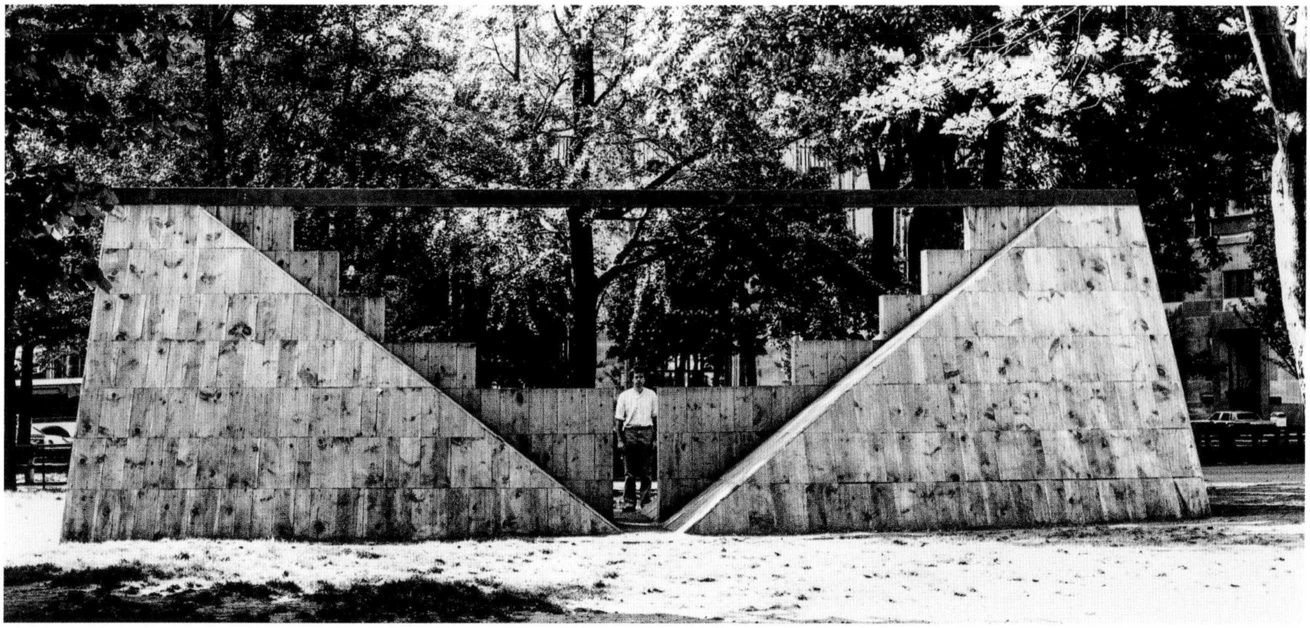

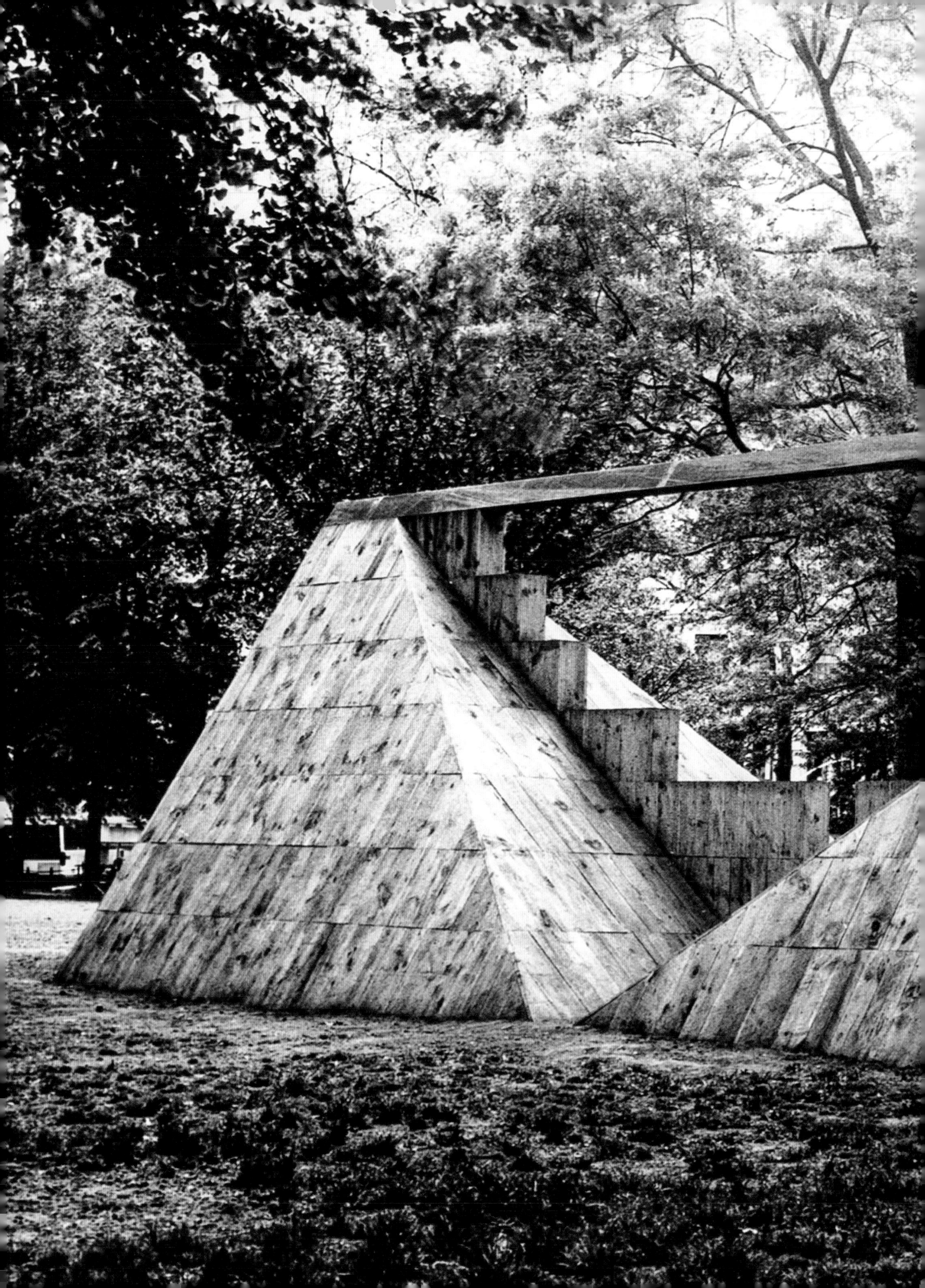

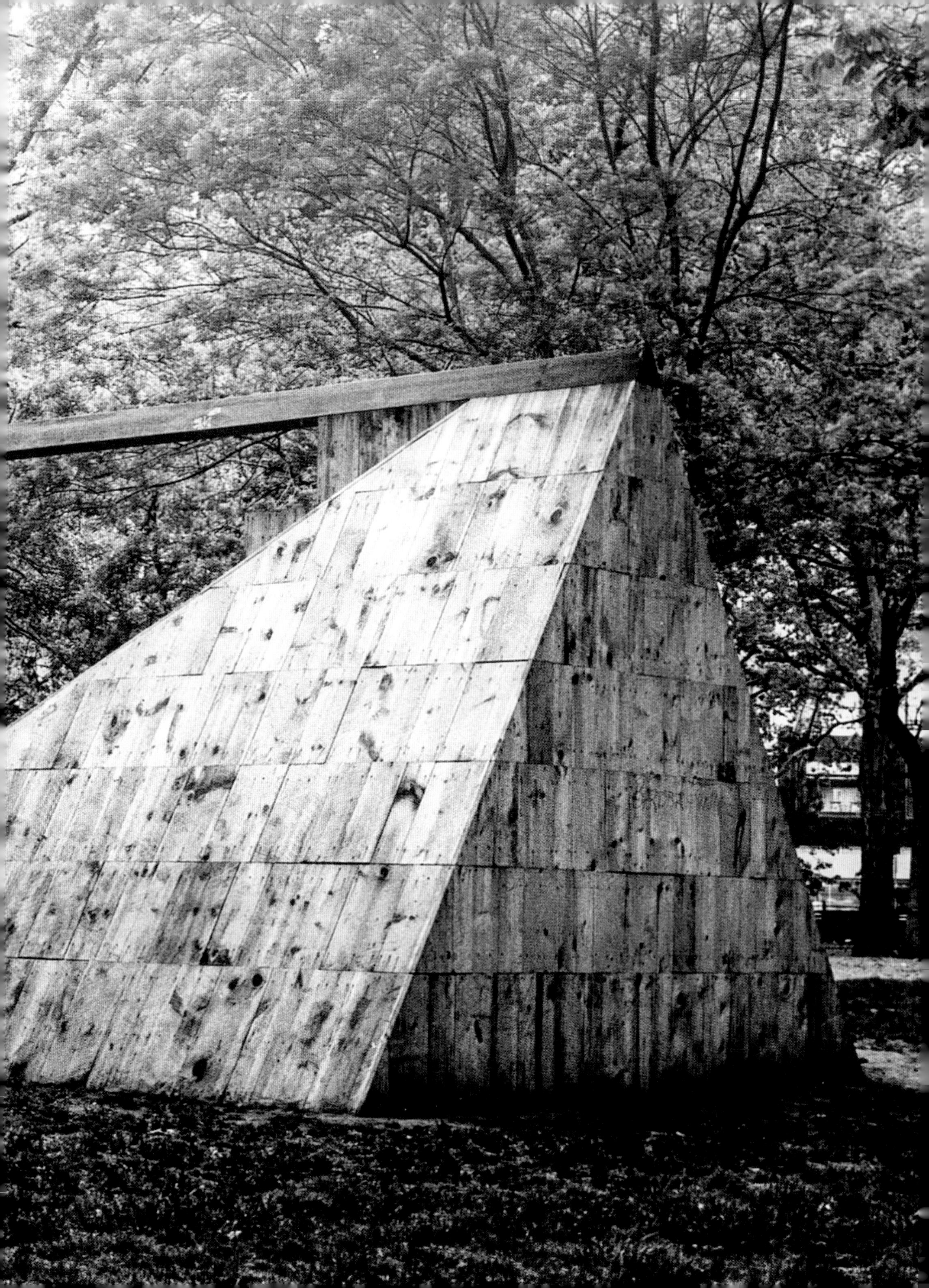

22

Stadtmauer-Projekt (1983)
Kartäuserwall, Köln, Deutschland

Für dieses Projekt besann sich der Künstler auf mittelalterliche Kasematten, also auf benutz- und bewohnbare, in einer Reihe angeordnete Räume, fortifikatorisch mindestens vier Meter hoch, die konventionell kaum zu stürmen waren. Blockhüttenhafte Räume mit Schießscharten-Fenstern knapp unter der offenen Dachkante, so rigide, wie Stadtmauern nun einmal sind. Bury nannte dieses Projekt einen *Vorschlag für eine architektonische Skulptur,* was diesem militärisch wirkenden Projekt einen zivilen Kontext gibt.

City Wall project (1983)
Kartäuserwall, Cologne, Germany

For this project the artist was thinking of medieval casemates – that is, usable rooms in fortifications that could even be lived in and were paratactically arranged at least four metres up from the ground and almost impossible to take by conventional means – rooms like those in blockhouses with arrow-slit windows just below the open roof edge, in fact as rigid as city walls actually are. Bury called this project *Proposal for an Architectonic Sculpture,* which provides this military-looking project with a civil context.

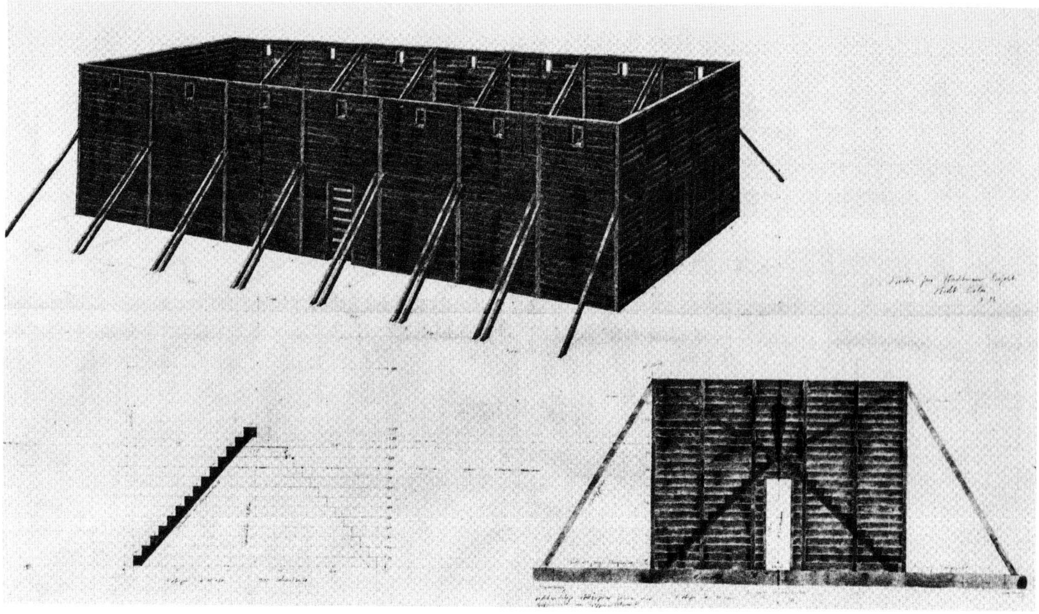

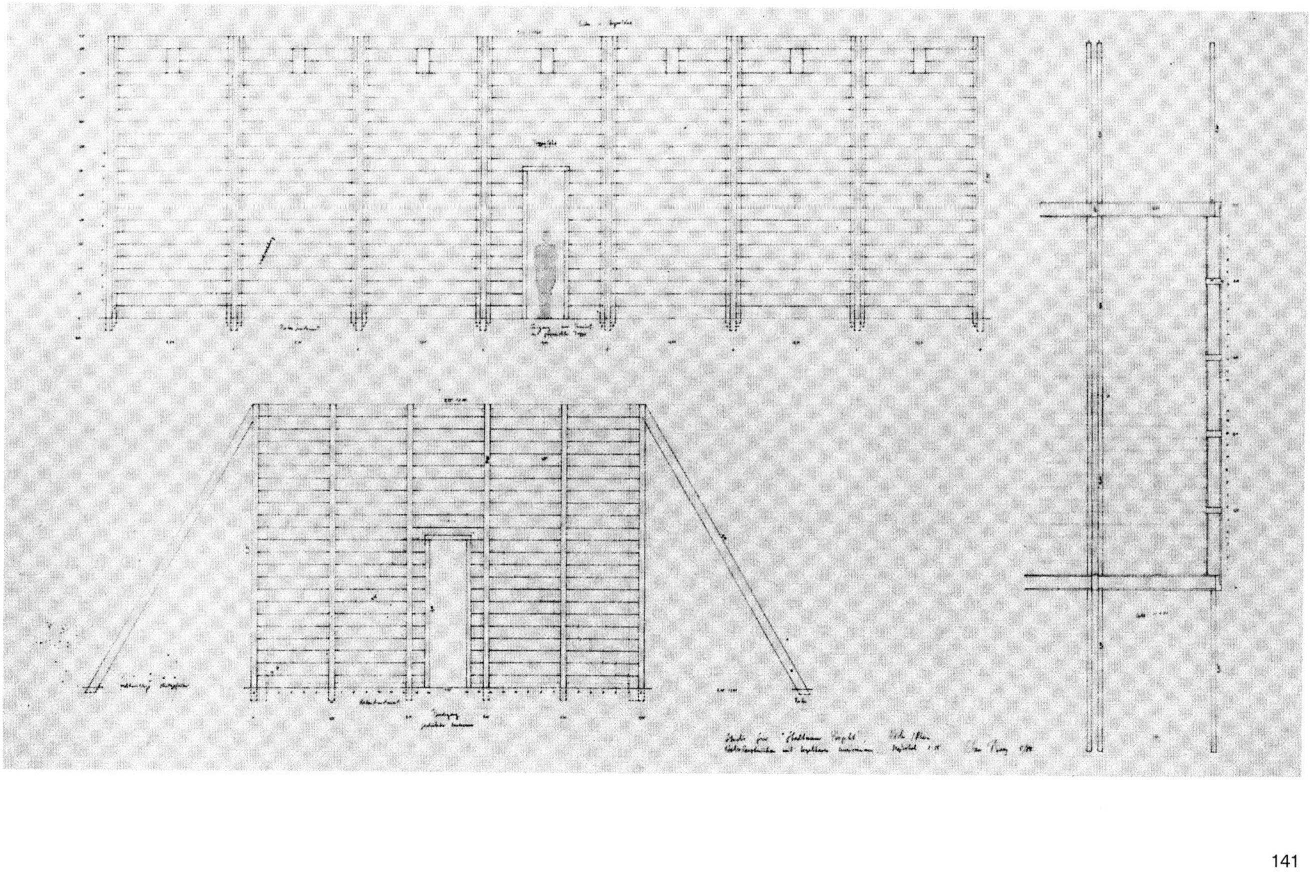

23

Fibonaccis Tempel (1984) Deutzer Rheinufer, Köln, Deutschland

Holzkonstruktion. 15 × 5,7 × 6,3 m

Ab dieser Skulptur aus Fichtenholz ist der Künstler arbeitsteilig nur noch für den Entwurf zuständig, der Skizzen, Modelle und Konstruktionspläne umfasst. Die Realisierung der großen Holzarbeit überließ er hier erstmals einem ausführenden Fachbetrieb. Auch zeigt der Entwurf zum ersten Mal jene räumliche Komplexität, die von diesem Zeitpunkt an das Werk von Bury auszeichnet. Eine Tempelfassade mit symmetrischen Abtreppungen in den Proportionen der Fibonacci-Reihe wird durch ein konstruktives Gerüst zu einem begehbaren Innenraum, der aus hochschlanken Fensteröffnungen den Blick über den Fluss zum Kölner Dom und zur Deutzer Brücke ermöglicht. Zurückspringende Stufungen gliedern die Raumkomposition ebenso wie deren Wahrnehmung. Öffnung und bergende Umhüllung ergänzen sich, Nahsicht und Fernsicht ebenso. Inzwischen ist diese Skulptur leider entfernt worden.

Fibonacci's Temple (1984) Deutz Rhine Embankment, Cologne, Germany

Timber structure. 15 × 5.7 × 6.3 m

The only hands-on work actually done on this sprucewood sculpture by the artist was the design, which comprised sketches, models and construction plans. This large work in wood was the first he commissioned an expert specialist business to execute from a design of his. The design itself also represents a new departure for Bury because it is the first sculpture to reveal the spatial complexity that would distinguish his work from this point on. A temple façade stepped symmetrically, its proportions following the Fibonacci series, is turned by construction scaffolding into an enterable interior that affords views out over the river to Cologne Cathedral and the Deutz Bridge through tall slender window apertures. Receding steps articulate the spatial composition and how it is perceived. The opening and the sheltering envelopment supplement each other, as do the close-up and the view from a distance. In the meantime this sculpture has, unfortunately, been removed.

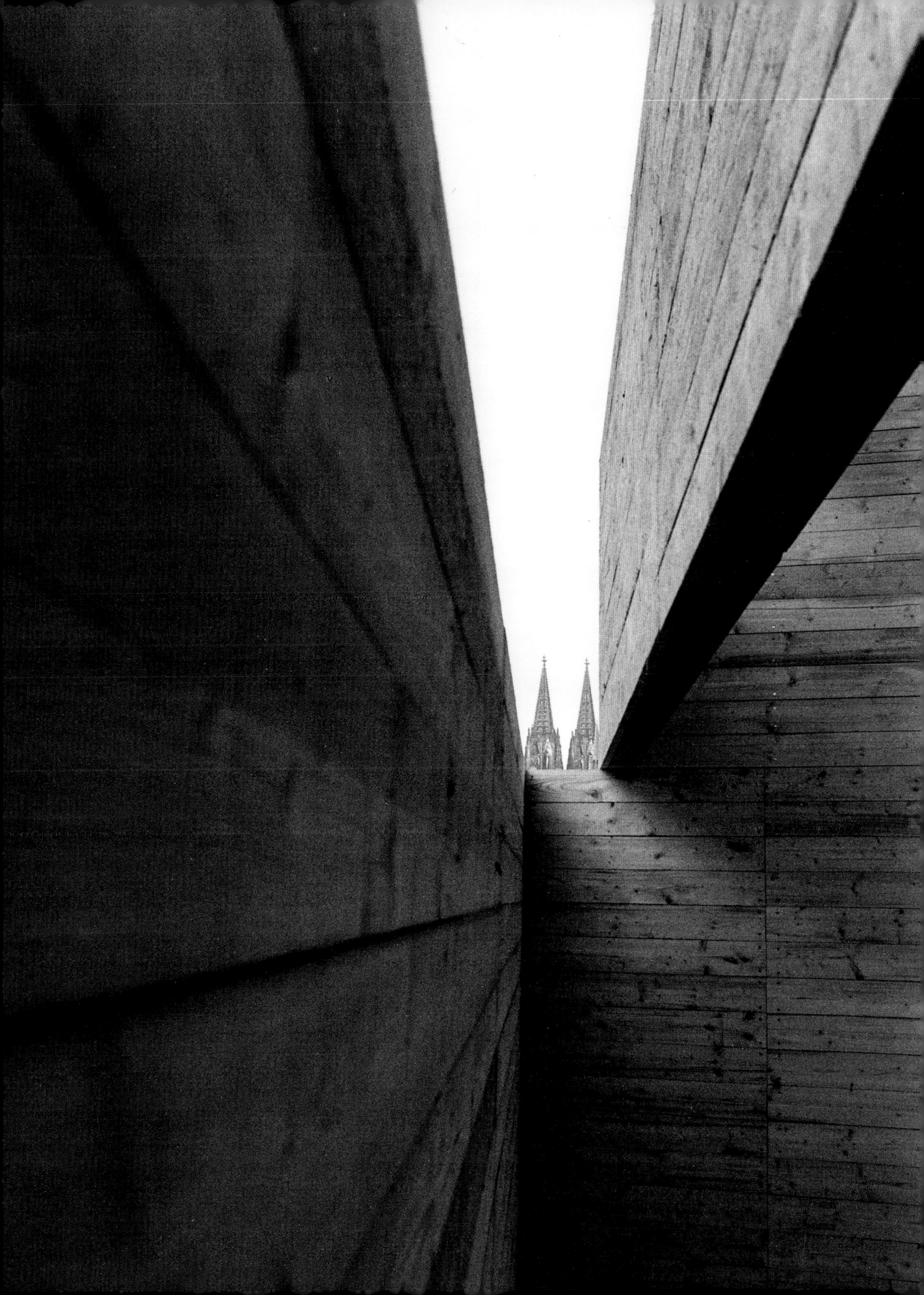

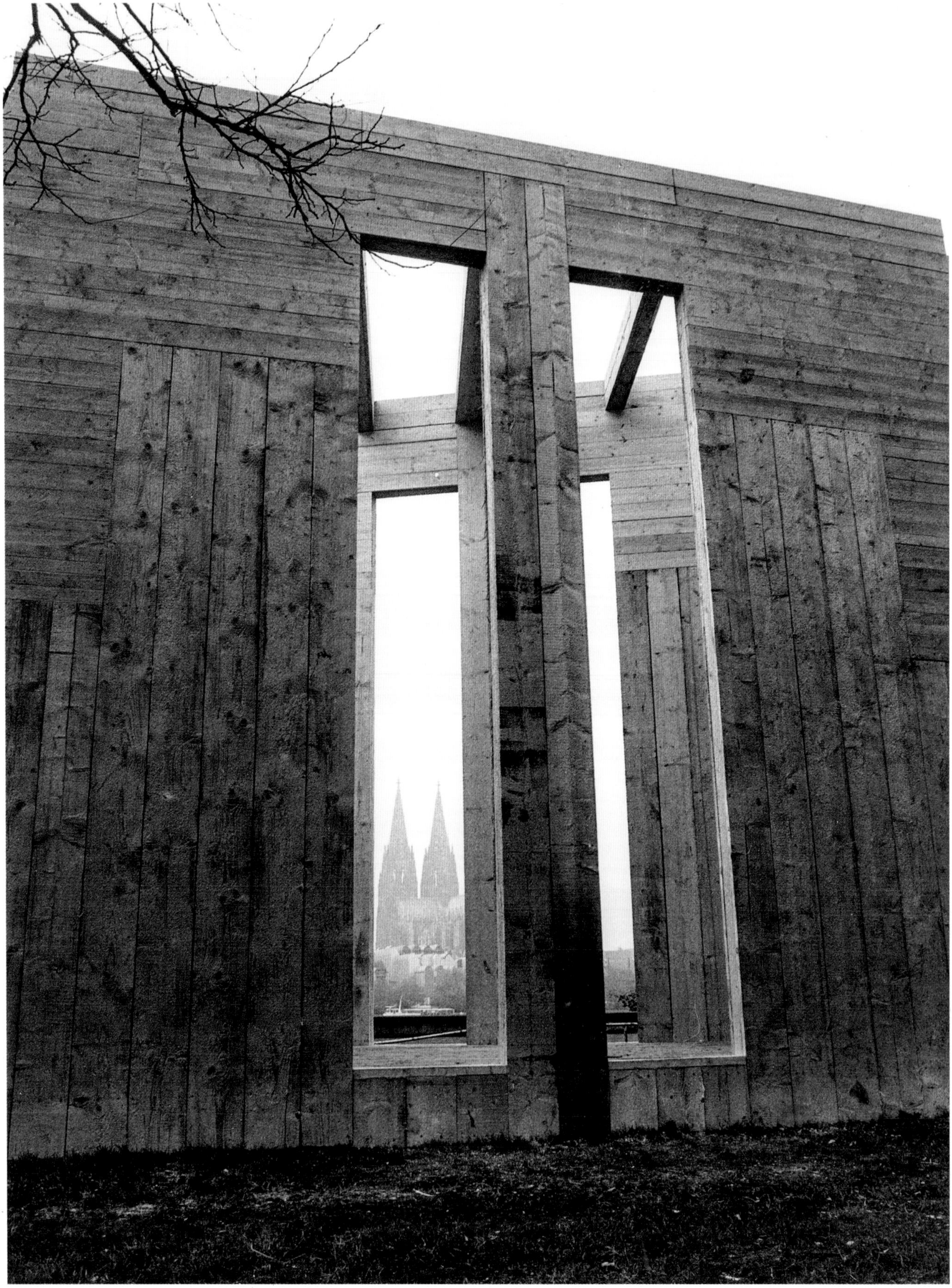

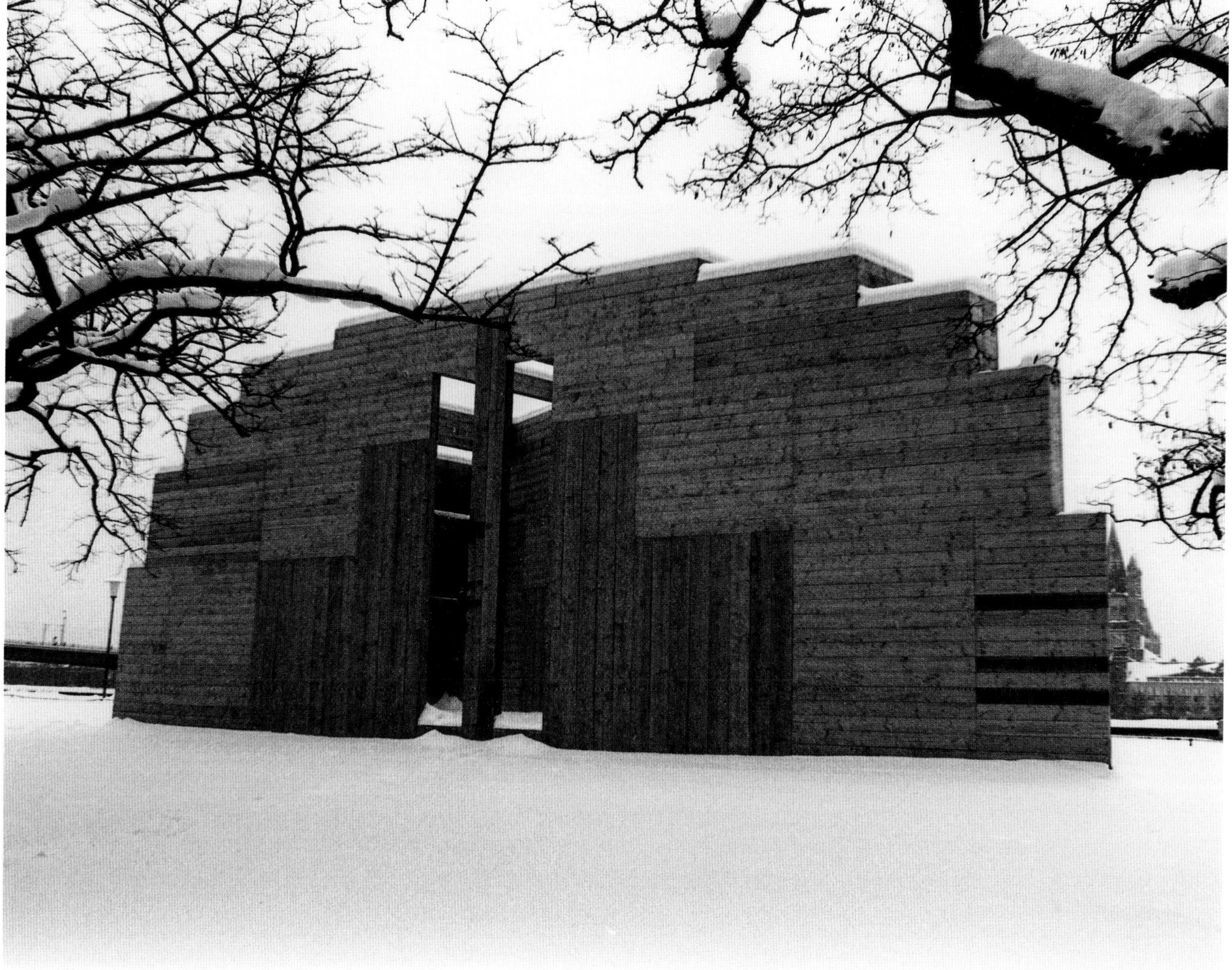

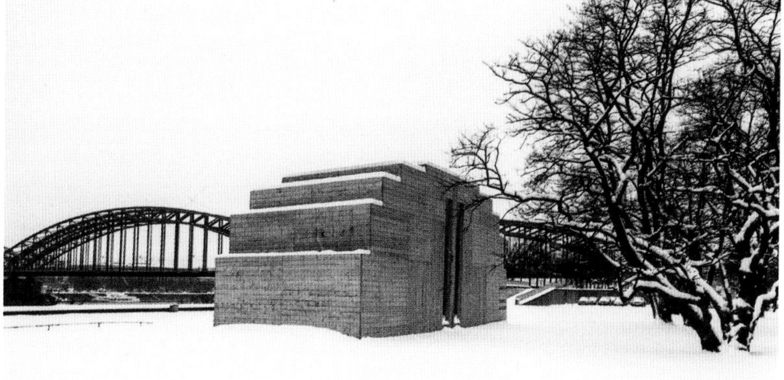

24

Jürgen-Ponto-Brunnen (1984)
Rathausplatz Oberursel, Deutschland

Flossenbürger Granit

Dieser Gedächtnisbrunnen aus Flossenbürger Granit für den von der Roten Armee Fraktion (RAF) 1977 in seiner Oberurseler Villa ermordeten Vorstandssprecher der Dresdner Bank, Jürgen Ponto, nimmt das Zentrum des gepflasterten Oberurseler Rathausplatzes ein. Auf einer hellen Feinbetonplatte erhebt sich ein massiver rechteckiger Granitblock, an dessen einer Schmalseite eine siebenstufige Treppe auf ein etwa ein Meter hohes Podest führt. Auf der gegenüberliegenden Schmalseite antwortet ihr eine etwa um 30 Grad geneigte Fläche, die in ein vertieftes Becken führt. In der Längsachse der Anlage hat Bury eine weitere siebenstufige freistehende Treppe ohne Handläufe positioniert. Vier Granitwürfel, zwei davon freistehend, die beiden anderen in Korrespondenz zur Brunnenanlage abgeschrägt, sowie zwei Sitzbalken aus Granit komplettieren das Ensemble. Etwa zwanzig mittelgroße Bäume und blühende Randbepflanzungen bringen etwas Natur in den ansonsten nicht eben spektakulären Platz, der von einem Kiosk und einem Terrassencafé aus den frühen 1970er-Jahren gesäumt wird. Die minimalistische Formensprache des Brunnens hat eine moderne Dignität, ohne aufdringlich modernistisch zu sein.

Jürgen Ponto Fountain (1984)
Oberursel Town Hall square, Germany

Flossenbürg granite

This memorial fountain constructed of Flossenbürg granite and dedicated to Jürgen Ponto, chairman of the Dresdner Bank board, who was murdered by the Red Army Faction (RAF) at his Villa in Oberursel in 1977, takes up the centre of the paved Oberursel Town Hall square. A massive rectangular block of granite rises above a platform about a metre high with a light-coloured fine concrete finish and a stair with seven steps leading up to it on one of the block's narrow sides. The stair corresponds to a surface tilted at an angle of about thirty degrees on the opposite narrow side, leading into a deep basin. Bury positioned another freestanding stair with seven steps and no railing in the longitudinal axis of the structure. Four granite cubes, two of which are freestanding while the other two have been installed at a slope to correspond structurally with the fountain, and two granite baulks as benches to sit on round off the whole. About twenty medium-sized trees and flowering shrubbery around the edges bring something of a natural setting to what is otherwise definitely not a very spectacular square, which is bounded by a kiosk and an early 1970s terrace café. The Minimalist formal idiom of the fountain has a modern solemnity about it without being obtrusively modernist.

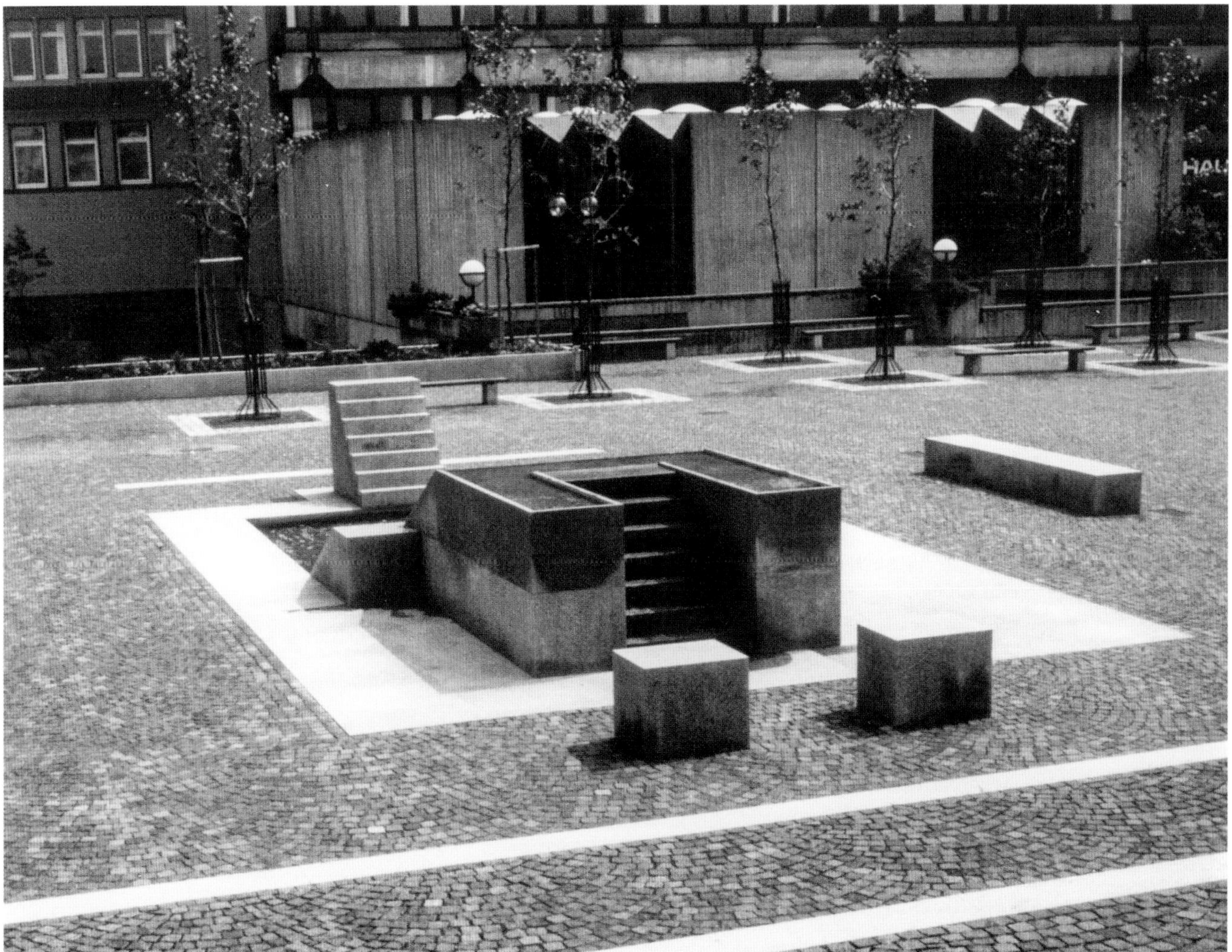

25

Torbogen (1985)
Trier, Deutschland

Für die Stadt Trier, in der das römische Stadttor Porta Nigra steht, hat Bury eine große Torskulptur konzipiert, die wie eine Pyramide allseitig geneigte Flächen aufweist. Aber er hat diesen massiven Baukörper mit einem dreiteiligen, klassisch hierarchisierten Zugang versehen. Damit aber positioniert er seine zeitgenössische Raumskulptur in den ikonografischen Kontext klassischer abendländischer Kunst, für die ein Triptychon eine kanonisierte Darstellungsform ist. Das dominante Symbol von Trier, das römische Stadttor, wird also mit einer christlichen Darstellungstradition und -konvention überblendet. Bury sah eine Skulptur als große Halbkreisform vor, eine nach hinten geneigte Scheibe, der eine ebenso geneigte Gegenscheibe geantwortet hätte. Im dadurch sich ergebenden Zwischenraum sollten Treppen die oberen Bereiche des Torbogens erschließen. Leider konnte dieses Torprojekt nicht verwirklicht werden.

Arch (1985)
Trier, Germany

For the city of Trier, in which the Roman city gate, the Porta Nigra, still stands, Bury conceived a large arched gateway sculpture that reveals tilted surfaces on all sides like a pyramid. However, he endowed this solid structural shell with a tripartite, classically hierarchised entrance. In so doing, however, he positioned his contemporary open-form sculpture in the iconographic context of Western classical art, in which the triptych is a canonical representational form. Thus a Christian representational tradition and convention are superimposed on the Roman city gate, the dominant symbol of Trier. Bury visualised a sculpture as a large semicircular form, a disc tilted backwards, which would have had a corresponding opposing disc, tilted at the same angle. Stairs were to have led up to the upper part of the arch in the resulting space between the two discs. Unfortunately, this arch project was never realised.

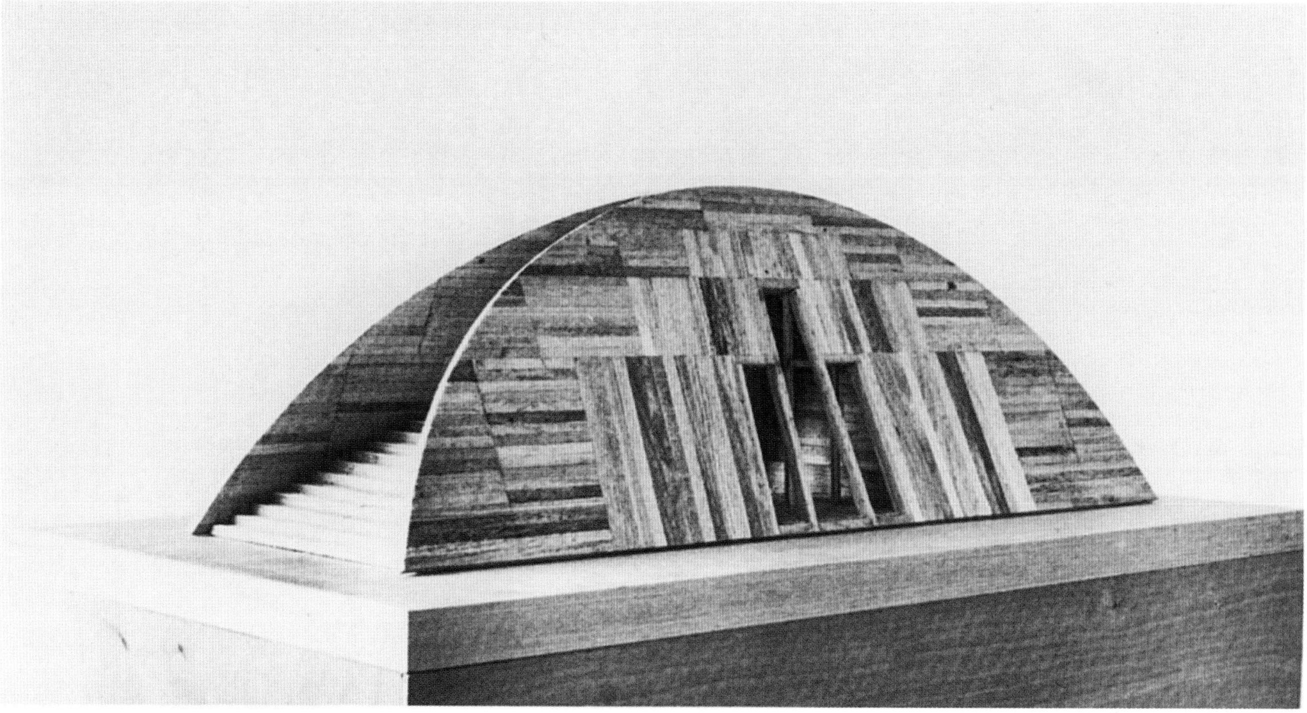

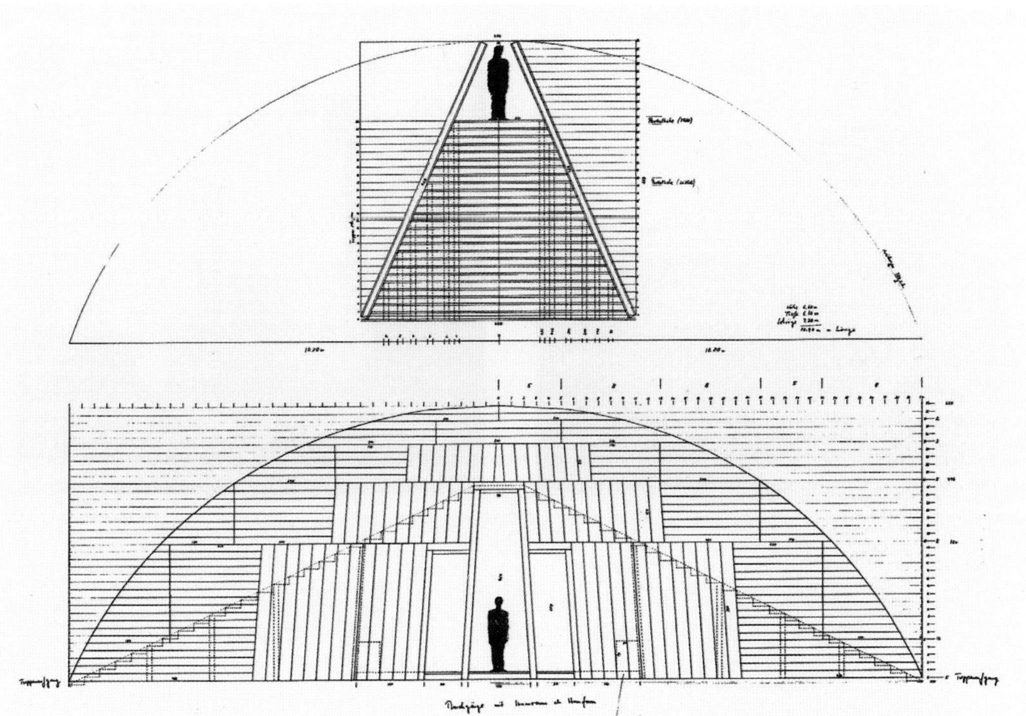
Studie für einen Torbogen
Skulpturprojekt Trier / Porta Nigra
Bury 5/85

26

Im Labyrinth (1986)
Innenhof des Hessischen Verwaltungsgerichtes, Wiesbaden, Deutschland

Cortenstahl

Im zweigeteilten Innenhof des Hessischen Verwaltungsgerichtes hat Bury ein Labyrinth aus Buchsbaumhecken installiert, die die klassische Idee des Boboligartens aus dem 16. Jahrhundert hinter dem Florentiner Palazzo Pitti, dem Hauptsitz der Medici als Großherzöge der Toskana, aufgreift. Zwischen dem oberen und dem unteren Niveau des Innenhofes vermittelt eine Wendeltreppe. Zentrale Punkte bilden die Skulpturen *Zwiegespräch* aus Cortenstahl, die eine aus rektangulären Pfosten ineinander gesteckte Kubatur bilden. Dass der Skulpturentitel auf die Vertraulichkeit von Gesprächen zwischen Anwalt und Mandant oder auf die Intimität des Labyrinthes anspielt, ist ebenso denkbar wie die Möglichkeit, dass der Irrgarten selbst auf die manchmal verschlungen Entscheidungsfindungen von Gerichten verweist.

In the Labyrinth (1986)
Inner courtyard of the Hessian Administrative Court, Wiesbaden, Germany

Corten steel

The inner courtyard of the Hessian Administrative Court is divided into two parts. In it Bury installed a boxwood hedge labyrinth that echoes the classical ideal of the sixteenth-century Boboli Gardens behind the Palazzo Pitti, the seat of the Medici as the grand dukes of Tuscany. A winding stair links the lower level of the court with the upper. Pivotal points are marked by *Tête-à-tête*, sculptures of Corten steel that form a cubature of rectangular posts inserted into each other. The title of the sculpture may allude to the confidentiality informing talks between lawyers and clients, or the intimacy of a labyrinth or the labyrinth itself may just as conceivably refer to the sometimes tortuous process by which courts arrive at findings.

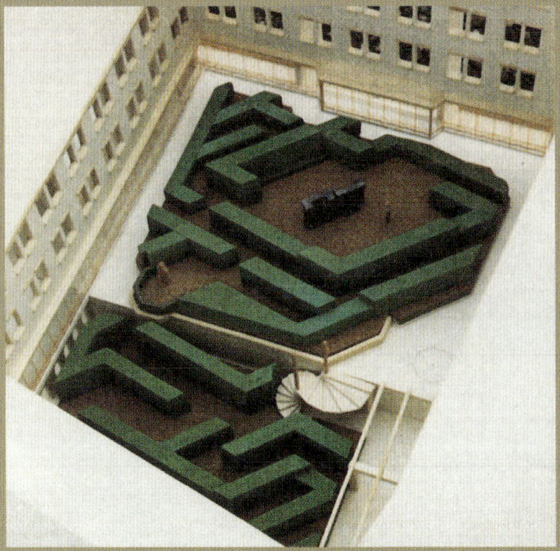

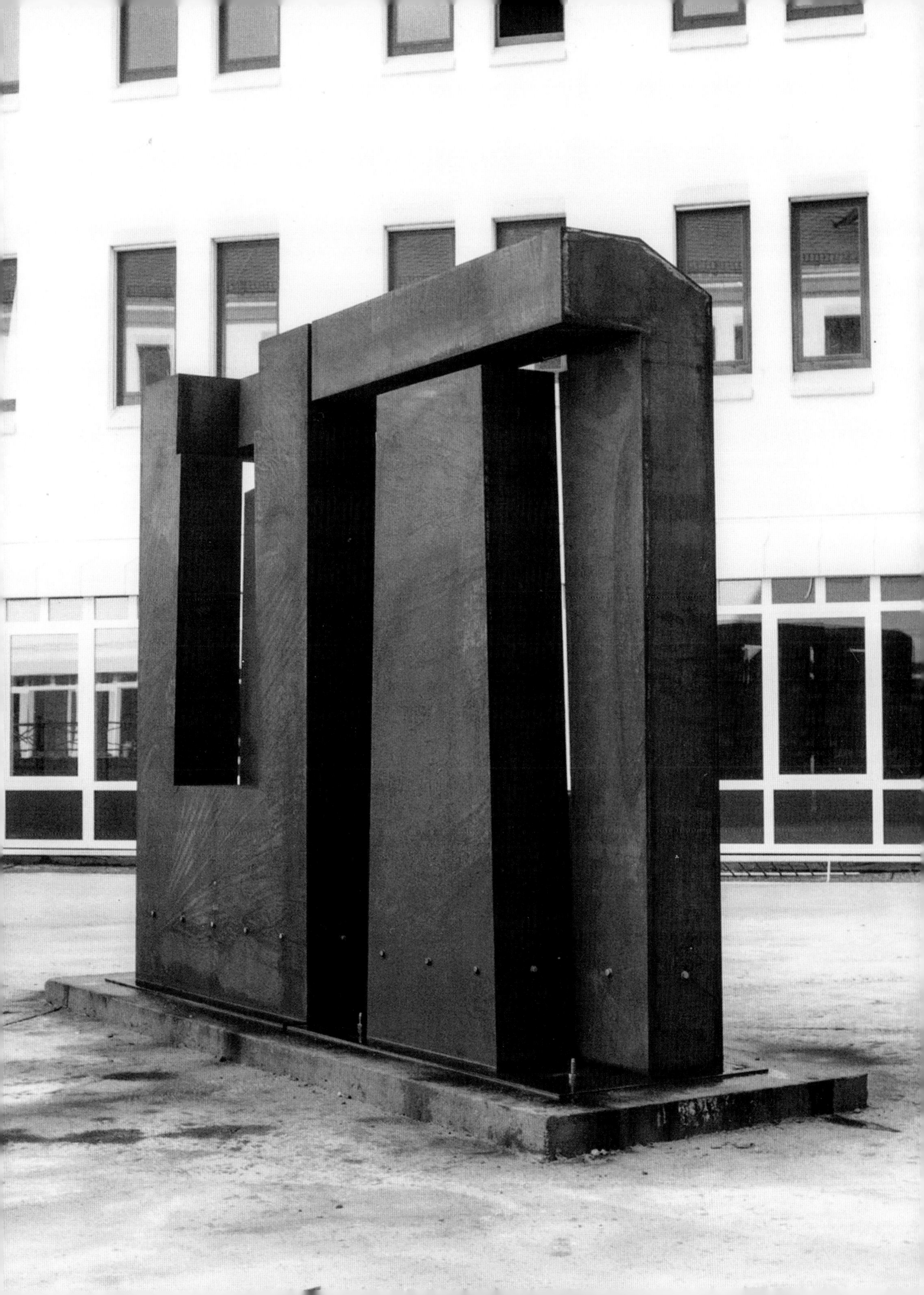

27

Stapelung (1986)
Innenhof Finanzamt Brühl, Deutschland

Flossenbürger Granit. 5,2 × 1,9 × 1,3 m

Auch diese Skulptur besteht wie der Jürgen-Ponto-Brunnen in Oberursel (vgl. Nr. 24) aus Flossenbürger Granit. Sie misst etwa fünf auf zwei Meter und ist durch diagonal abgeschrägte Steinscheiben, Podeste und zum Sitzen einladende Balken charakterisiert. Diese Anlage wirkt expressiver als die meisten anderen bildhauerischen Werke des Künstlers. Ihre Formensprache verarbeitet Anregungen der Baukunst der Etrusker ebenso wie der südamerikanischen Architektur der Mayas und Inkas, hat aber aufgrund der Scharfkantigkeit der Steinscheiben auch grafisch-konzeptionelle Qualitäten.

Stacking (1986)
Inner courtyard, Brühl Tax Office, Brühl, Germany

Flossenbürg granite. 5.2 × 1.9 × 1.3 m

Like the Jürgen Ponto Fountain in Oberursel (see No. 24), this sculpture is made of Flossenbürg granite. Measuring about five by two metres, it is distinguished by diagonally installed slabs of stone with cut-out panels, pedestals and baulks inviting viewers to sit on them. This structure looks more expressive than most of the artist's other works of sculpture. Its language of forms has assimilated inspiration from Etruscan architecture as well as South American Maya and Inca architecture, yet the crisply sharp-edged appearance of the stone slabs also lends it graphic Conceptual qualities.

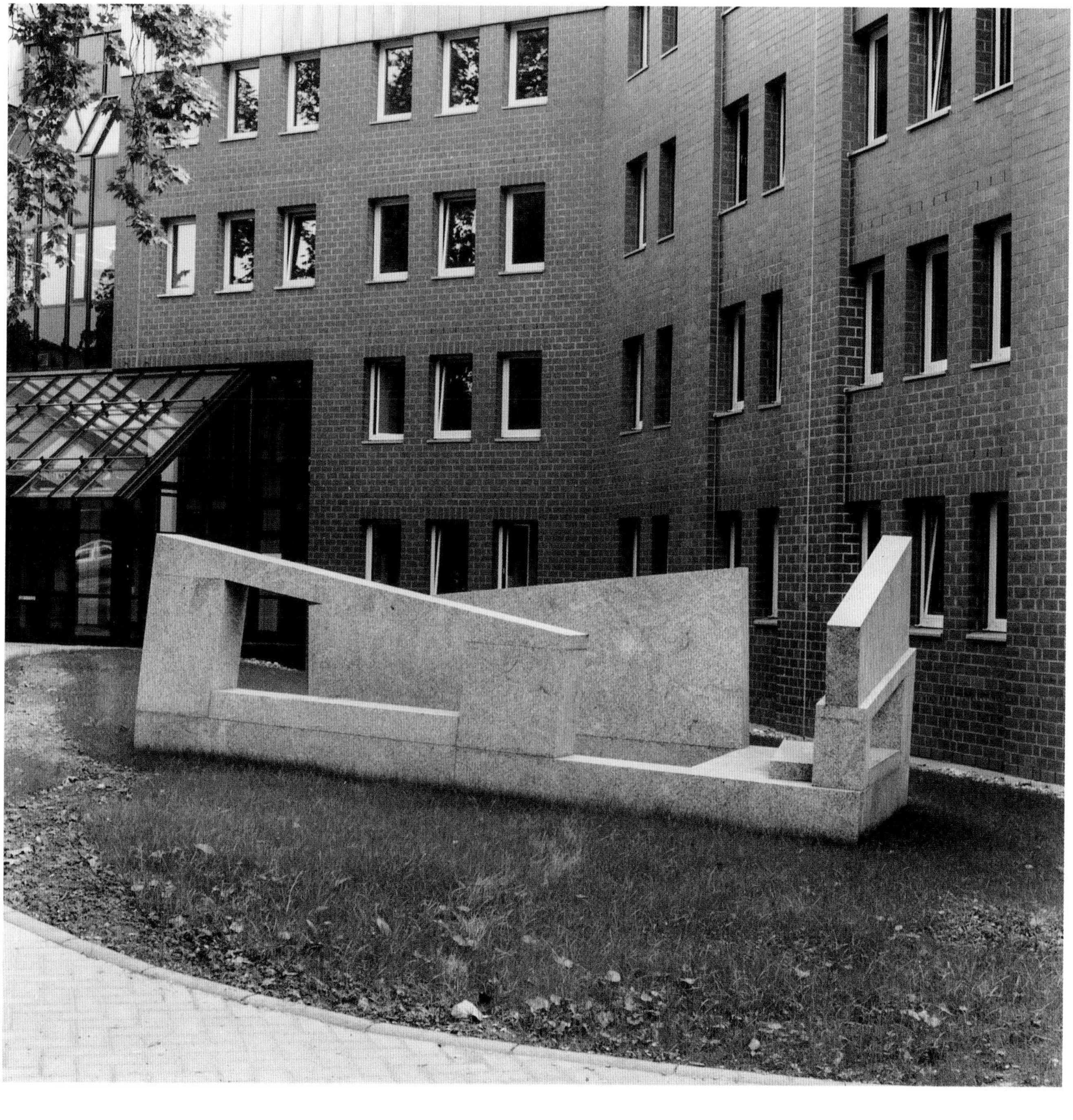

28

Mercator (1986)
Kantpark, Duisburg, Deutschland

Holzkonstruktion. 6 × 12 m

Gerhard Mercator, 1512 in Flandern geboren, lebte ab 1552 bis zu seinem Tod 1594 in Duisburg. Er war zu seiner Zeit einer der einflussreichsten Kartografen der Welt. Sein bekanntestes Werk ist seine berühmte Weltkarte, die erstmals die sogenannte Mercator-Projektion anwendete, bei der die Größenverhältnisse des kugelförmigen Globus auf einen Zylinder projiziert und von da übertragen werden. Eine solche Projektion ist winkel-, aber nicht flächentreu, sodass sich gravierende Verzerrungen ergeben. Trotzdem waren diese Karten über fast 400 Jahre hinweg die einflussreichsten Weltkarten, die auch in Schulen weltweit benutzt wurden. Erst ab Mitte der 1970er-Jahre wurden die Atlanten umgestellt, weil man in diesen Karten eurozentristrische Verzerrungen erkannte. Burys radiale Holzskulptur zitiert in abstrakter Weise diese Projektionsproblematik. Sie besteht aus einem halbrunden Podest von zwölf Metern Durchmesser, welches zum verweilenden Sitzen einlädt. Von ihm aus erheben sich sechs Meter hohe Viertelkreise, die sich im Zentrum kreuzen und dort hohe schmale Durchgänge bzw. Durchblicke freigeben. Die im rechten Winkel zur Grundfläche hochgestellten Viertelkreise kann man als geometrische Übersetzung der Mercator-Projektion verstehen.

Mercator (1986)
Kantpark, Duisburg, Germany

Timber structure. 6 × 12 m

Born in Flanders in 1512, Gerhard Mercator lived in Duisburg from 1552 until he died in 1594. In his day he was one of the most influential cartographers in the world. His best known work is the celebrated map of the world, the first to have used what is still known as a ‘Mercator projection’, with the land masses of the earth, which is roughly a sphere, projected to scale on to a cylinder and taken from there for use. A projection of this kind preserves angles rather than surface area, which results in serious distortion. For all its faults, maps of this kind were the most influential of all world maps and were also used worldwide in schools. The switch away from maps based on the Mercator projection did not take place until the mid 1970s, when they began to be regarded as too Eurocentric. Bury’s radial wooden sculpture quotes in an abstract way the problems associated with this projection. The work consists of a semicircular platform twelve metres in diameter, which invites viewers to sit and linger on it. Quarter segments of circles six metres high rise out of it to cross at the centre, where they open up high, narrow passages and vistas. Set up perpendicularly to the floor surface, the quarter-circle segments can be interpreted as a geometrical version of the Mercator projection.

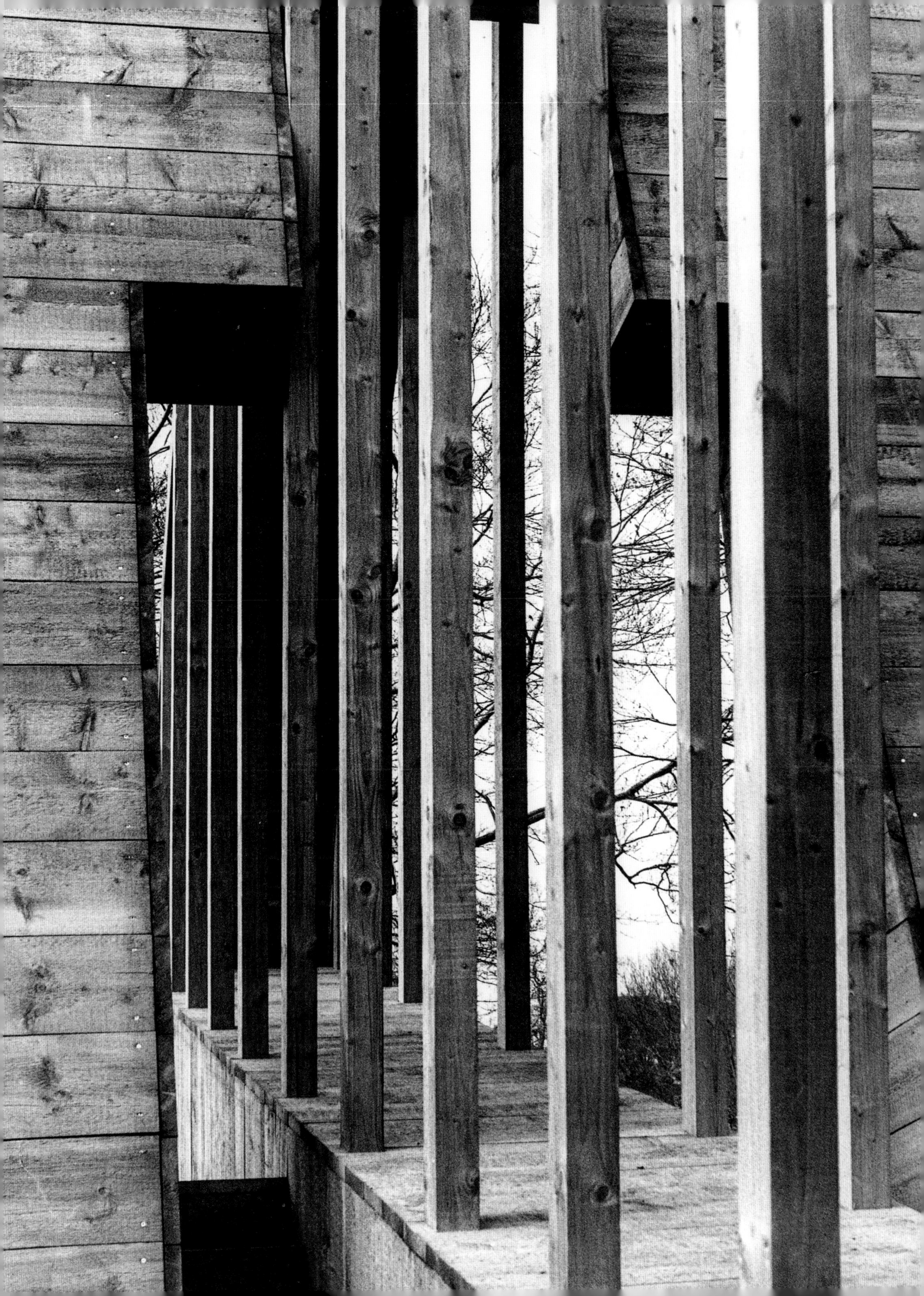

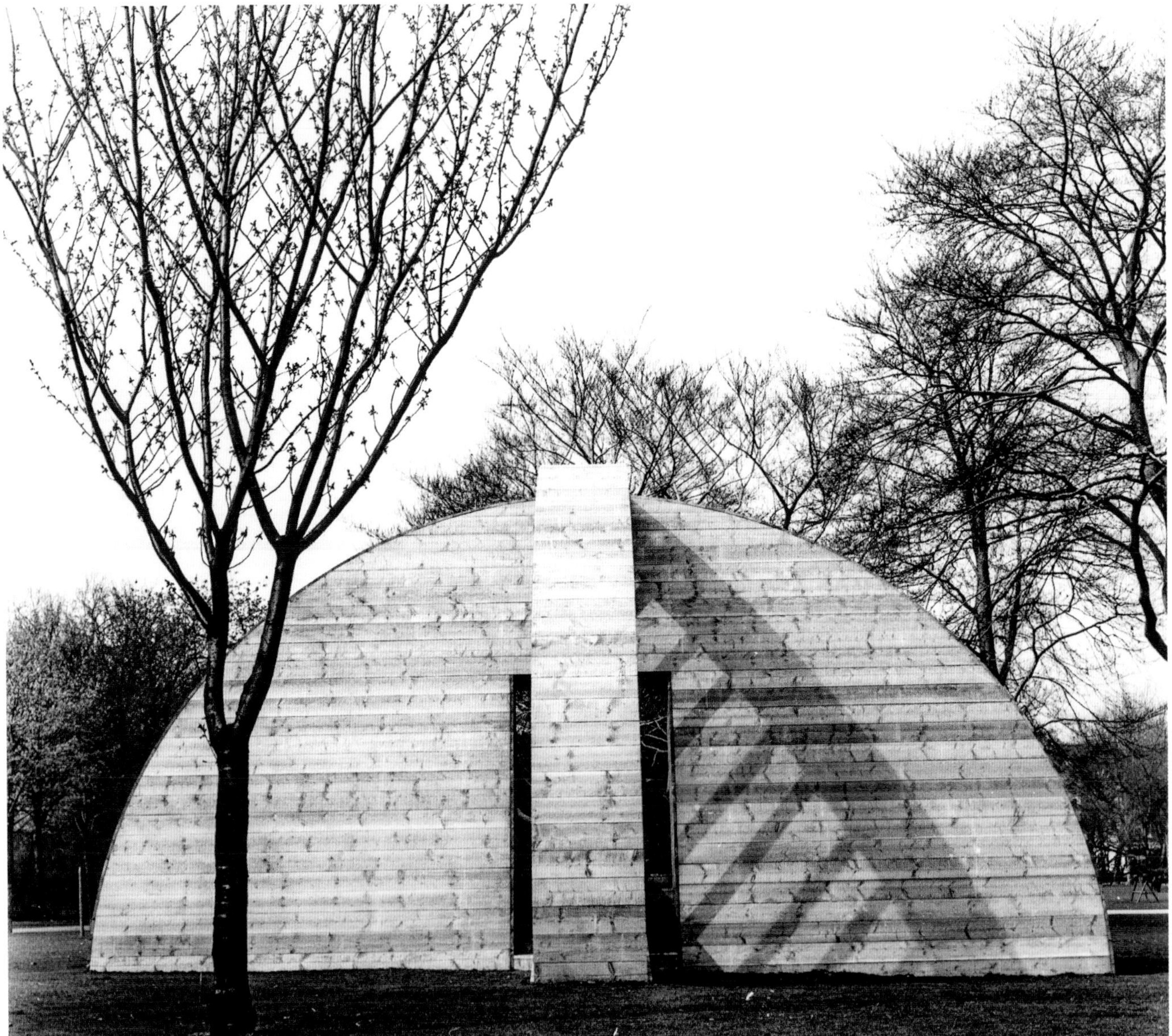

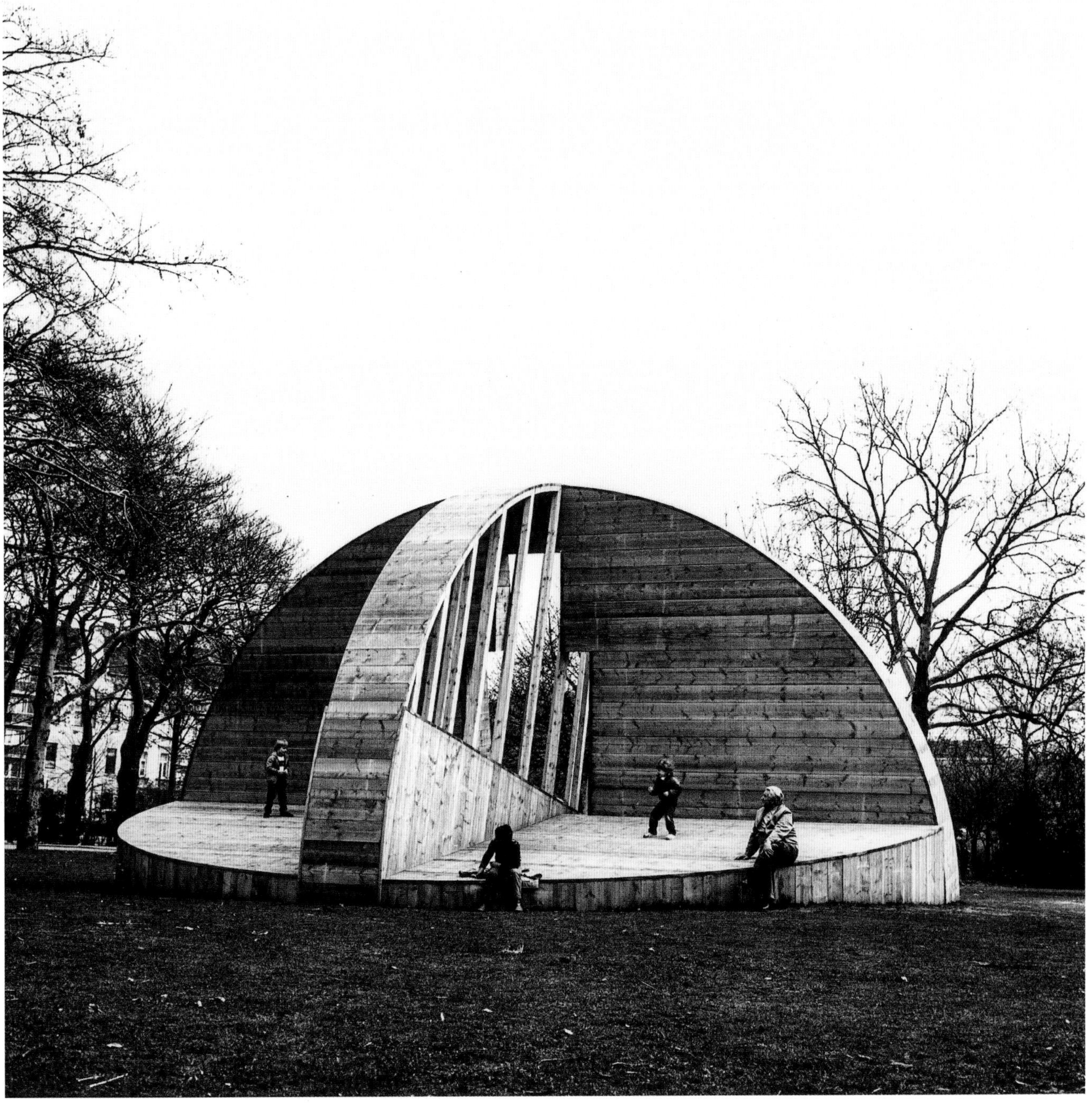

29

Stapelung (1987)
Museum Wiesbaden, Deutschland

Holzkonstruktion. 5,5 × 0,65 m;
1,5 × 0,8 m; 1,3 m

Der Künstler hat hier eine flach gelagerte Skulptur aus vier lackierten Holzschichten kreiert, deren Stapelung in labiler Schräglage erfolgt. Die Längsseiten zeigen vier trapezförmige Öffnungen, die die Skulptur wie Fenster durchstoßen und deren Formen ebensolche Trapeze innerhalb der Flächen antworten. Es gibt nur spitze, aber keine rechten Winkel; eine Anspielung an die ähnlich wirkenden Formen etruskischer Grabanlagen. Die Skulptur steht in deutlichem Kontrast zum jugendstiligen Dekor des Museumsraumes. Entgegen dem ersten Eindruck allerding ist diese Plastik nicht massiv, sondern als Hohlform aus Holzbohlen präzise gefügt. Formal wirkt sie tektonisch schwer und so archaisch wie ein Kenotaph. Aber ihre Proportionen sind wesentlich komplexer als es auf den ersten Blick erscheint. Sie beziehen sich wie viele der Skulpturen von Claus Bury auf die berühmte Zahlenreihe des Leonardo Fibonacci (1, 2, 3, 5, 8, 13, 21 etc.), der Entwicklungsprozesse in der Natur entsprechen. Das betrifft die Windungen eines Schneckengehäuses oder die Verteilung und Anordnung der Samenkörner einer Sonnenblume ebenso wie die makrokosmischen Spiralbewegungen der Galaxien.

Stacking (1987),
Museum Wiesbaden, Germany

Timber structure. 5.5 × 0.65 m;
1.5 × 0.8 m; 1.3 m

Here the artist has created a sculpture consisting of four lacquered sheets of laminated wood and laid out in the horizontal in such a way that they are stacked in an unstable slant. The long sides boast four trapezium-shaped apertures that cut through the sculpture like fenestration and correspond to similar trapeziums within the surfaces. There are acute angles but no right angles: an allusion to the similar-looking shapes of Etruscan tombs. The sculpture contrasts sharply with the Jugendstilesque design of the museum room in which it is placed. Unlike the immediate impression it makes, however, this sculpture is not solid but is a hollow form made of precisely fitted planks. Formally speaking, it looks tectonically heavy and as archaic as a cenotaph. Its proportions, on the other hand, are substantially more complex than it might seem at first glance. As is the case with so many of Claus Bury's sculptures, they are related to the celebrated Leonardo Fibonacci number series (1, 2, 3, 5, 8, 13, 21 and so on), which correspond to natural processes of development. This is just as true of the coils of a snail shell as it is of the distribution and arrangement of seeds in a sunflower or the spiralling movements of the galaxies on the macrocosmic plane.

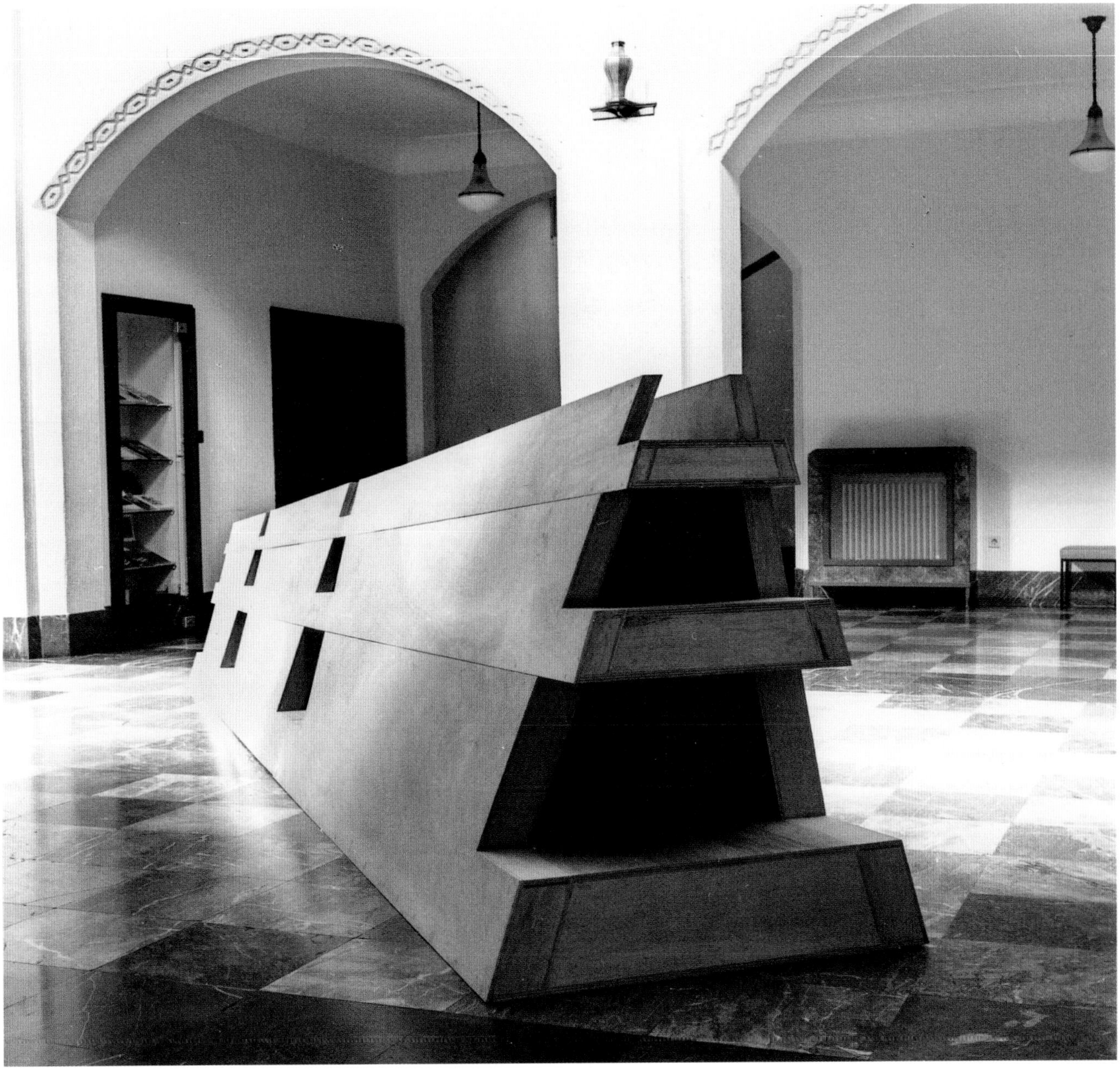

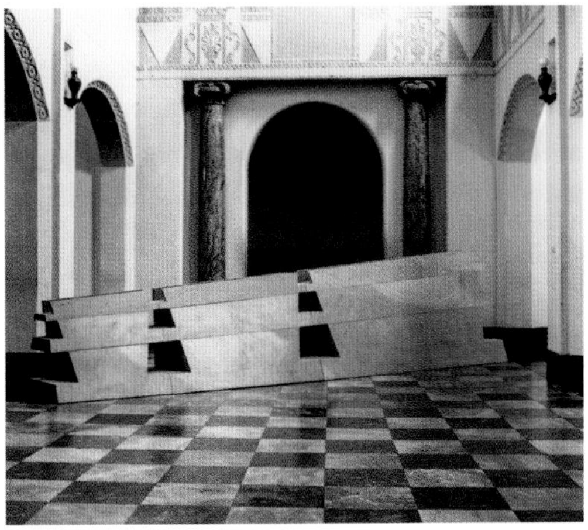

30

Stapelung (1987)
Kurpark Königstein, Deutschland

Flossenbürger Granit. 3,4 × 2,75 × 1,5 m

Auch diese etwa dreieinhalb Meter hohe Steinskulptur aus Flossenbürger Granit hat der Künstler aus trapezförmigen, kubischen Formen aufgebaut, die sich in additiver Schichtung vertikal verdichten. Erneut erinnert die Anlage in ihrer Formensprache an etruskische Sepulkralbauten, die Bury als Rom-Stipendiat 1985 intensiv studiert und in Zeichnungen und Fotografien festgehalten hat. Die Skulptur besteht aus drei in der Höhe und im Volumen gestaffelten vertikalen Toren und ermöglicht beim Umschreiten immer wieder verschiedene Perspektiven und Eindrücke. So bieten die tektonischen Fügungen dieser Volumenskulptur, durch die man auch hindurchgehen kann, eine plastische Reichhaltigkeit, deren antike Anmutung mit zeitgenössischer Komplexität überblendet ist. Der alte, reichhaltige Baumbestand des Kurparks Königstein verortet als optischer Hintergrund und Kontext diese Skulptur im Bedeutungsraum naturintegrativer Statements.

Stacking (1987)
Kurpark Königstein, Germany

Flossenbürg granite. 3.4 × 2.75 × 1.5 m

Standing about three and a half metres high, this stone sculpture of Flossenbürg granite was also built up of trapezium-shaped, cubic forms that condense in the vertical in additive layering. This structure, too, is reminiscent of Etruscan sacral architecture, which Bury studied intensively and captured in drawings and photographs while he was on a study grant in Rome in 1985. The sculpture consists of three vertical gates that are staggered in height and volume and open up constantly changing perspectives and impressions for visitors walking around them. The tectonic constructions of this volume sculpture, which visitors can also walk through, provide a sculptural diversity whose ancient appearance is overlaid with contemporary complexity. The rich stock of venerable trees in the Kurpark Königstein places this sculpture as its visual background and context in the semantic space of a nature-integrated statement.

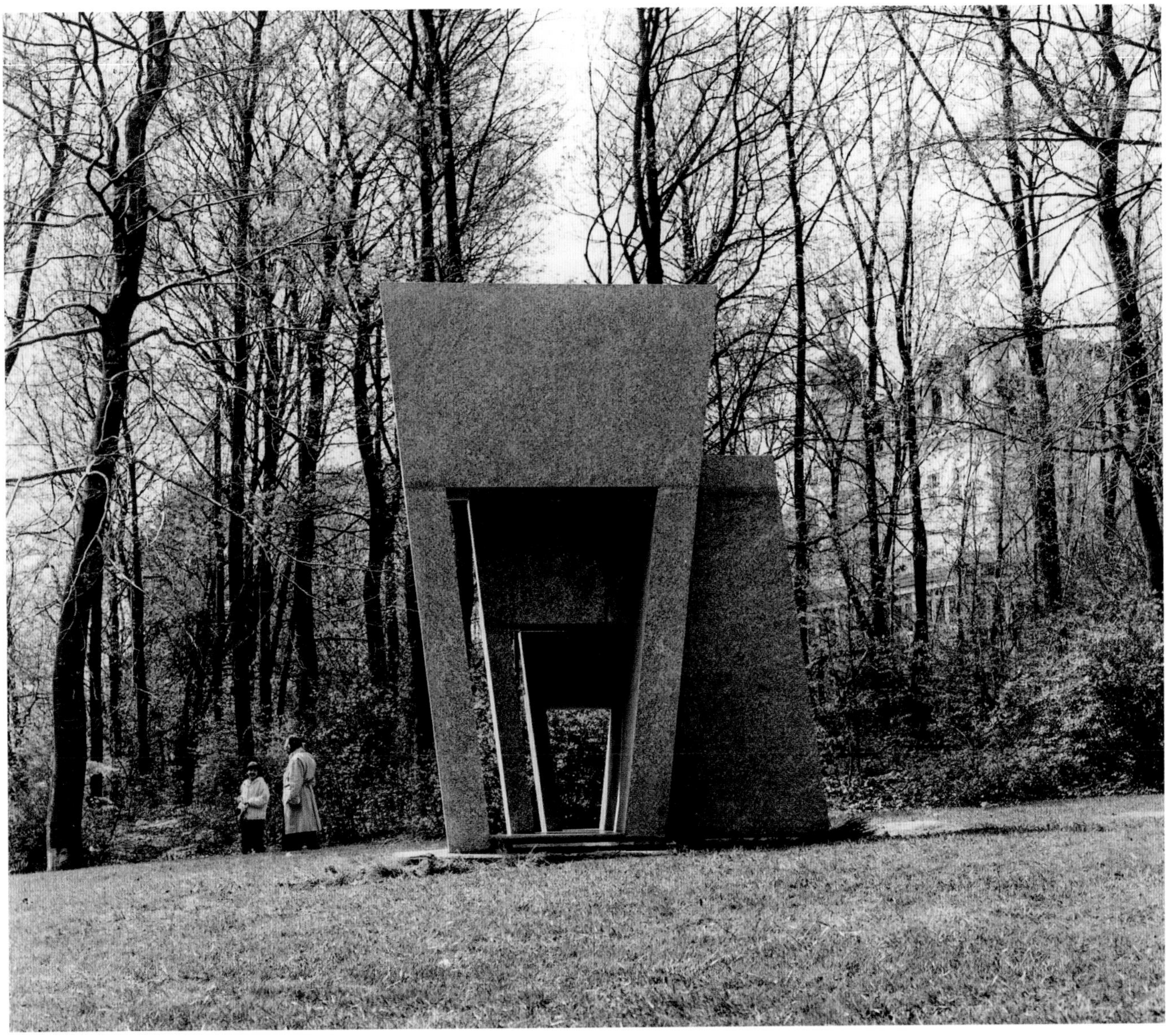

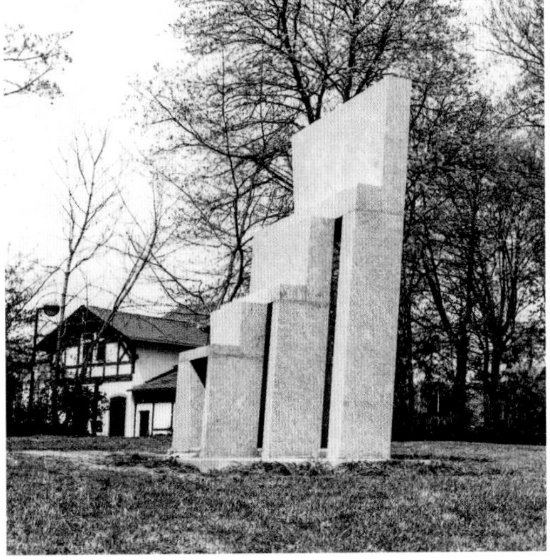

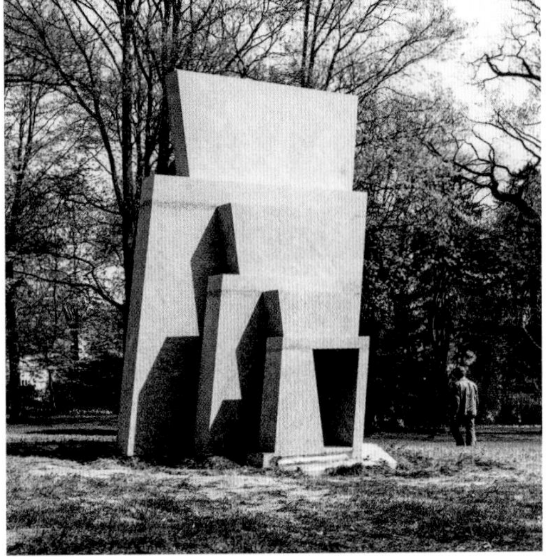

31

Doppelportal
Museum Wiesbaden (1987),
Historisches Museum Hanau (1987),
Kunstraum Fuhrwerkswaage Köln
(1988), Deutschland

Holzkonstruktion, farbiger Füllspachtel.
4×6,2×1,6 m

Die beiden jeweils auf vier Stützen stehenden Portale wurden an drei verschiedenen Orten gezeigt, wobei Bury sie auf den jeweiligen *genius loci* zugeschnitten hatte. In Wiesbaden ergaben sich ihre Proportionen von 5,2 bzw. 4 Metern Höhe aus den Maßen des Ausstellungsraumes. Ein Jahr später variierte Bury die Skulptur und passte sie einfühlsam der sachlichen, am Bauhaus orientierten Innenarchitektur des Kölner Kunstraumes an. Die aus Holz gefertigten Portale sind mit Füllspachtel geglättet und farbig lackiert. Als durchschreitbare monumentale Raumzeichen nehmen sie dennoch auf das Maß und die Gestalt des Menschen in ähnlich Weise Bezug wie Le Corbusiers *Modulor*. Ihr vertikaler Charakter wurde durch senkrechte Abstufungen nochmals betont. Diese Doppelportale durchdrangen sich jeweils im rechten Winkel und paraphrasierten so auch die Struktur von sakralen Vierungsräumen. Die kubische Monumentalität ließ an die Architekturen der Mayas und Inkas denken, aber auch an die megalithische Anlage im südenglischen Stonehenge sowie an etruskische Baukunst.

Double Portal
Museum Wiesbaden (1987),
Historisches Museum Hanau (1987),
Kunstraum Fuhrwerkswaage,
Cologne (1988), Germany

Timber structure, coloured filler paste.
4 × 6.2 × 1.6 m

The two portals, each of which stands on four supports, were shown at three different venues. Bury attuned it to the *genius loci* of each. In Wiesbaden the heights of 5.2 and four metres resulted from the proportions of the exhibition space. A year later Bury varied the sculpture, adapting it sensitively to the neutral interior decoration of the Cologne Kunstraum, which is Bauhaus-orientated. Made of wood, the portals have been smoothed over with high performance interior wood filler and given coats of paint. As monumental walk-through spatial signs, they are related to human proportions and the human figure in a way similar to Le Corbusier's *Modulor*, an anthropomorphic scale of proportions. The vertical character of the portals is doubly emphasised by upright increments. These double portals interpenetrated at right angles, thus also paraphrasing the structure of sacral crossing spaces. Their cubic monumentality is reminiscent of Maya and Inca architecture as well as the megalithic monument Stonehenge in southern England and Etruscan architecture.

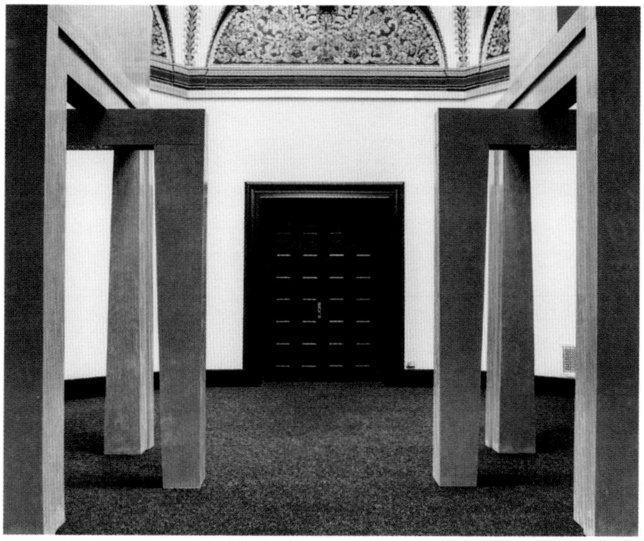

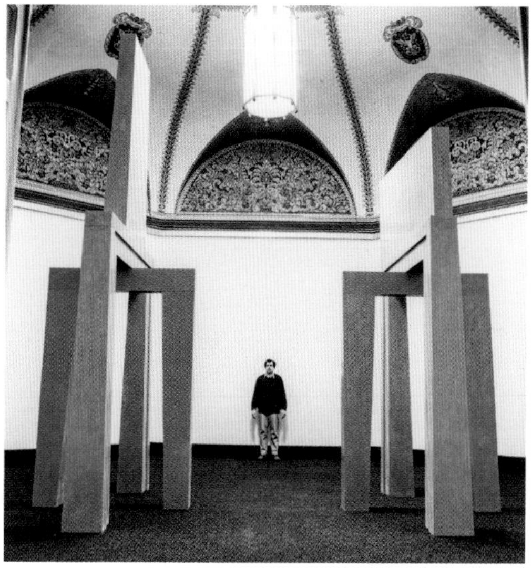

Museum Wiesbaden

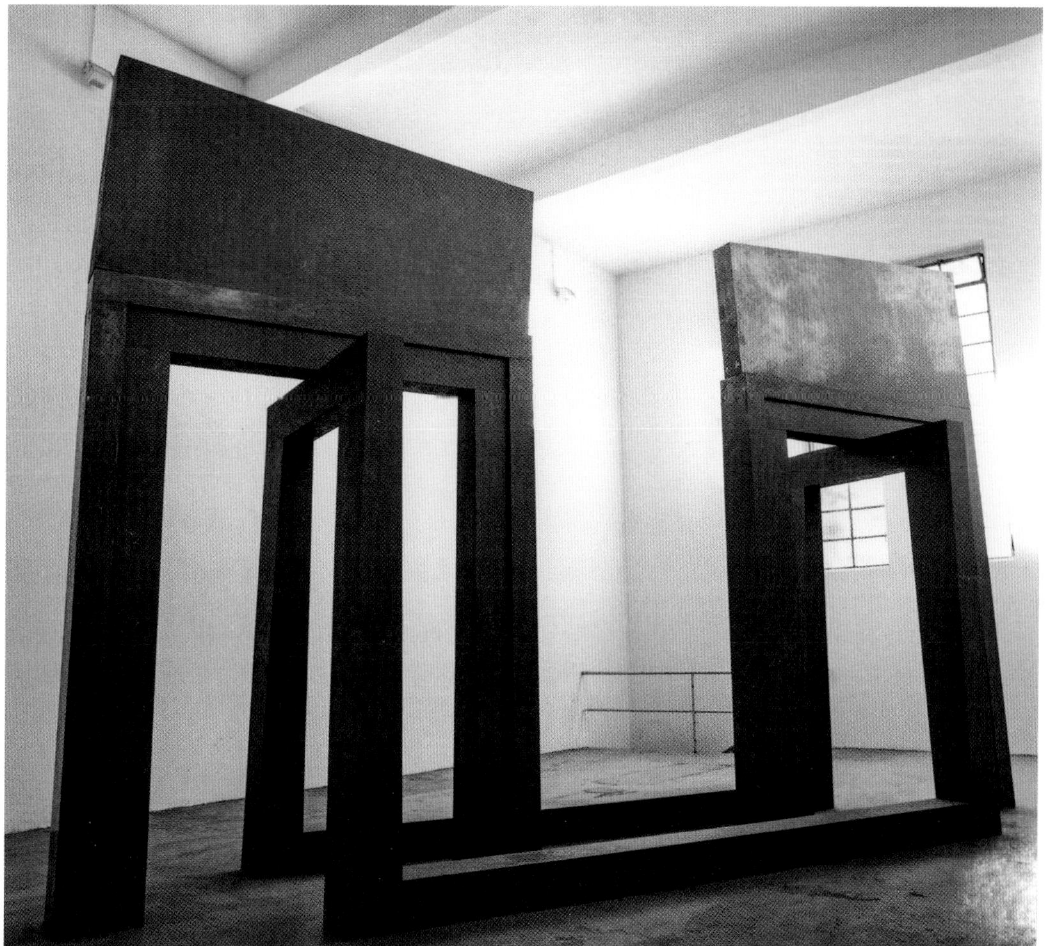

Kunstraum Fuhrwerkswaage Köln

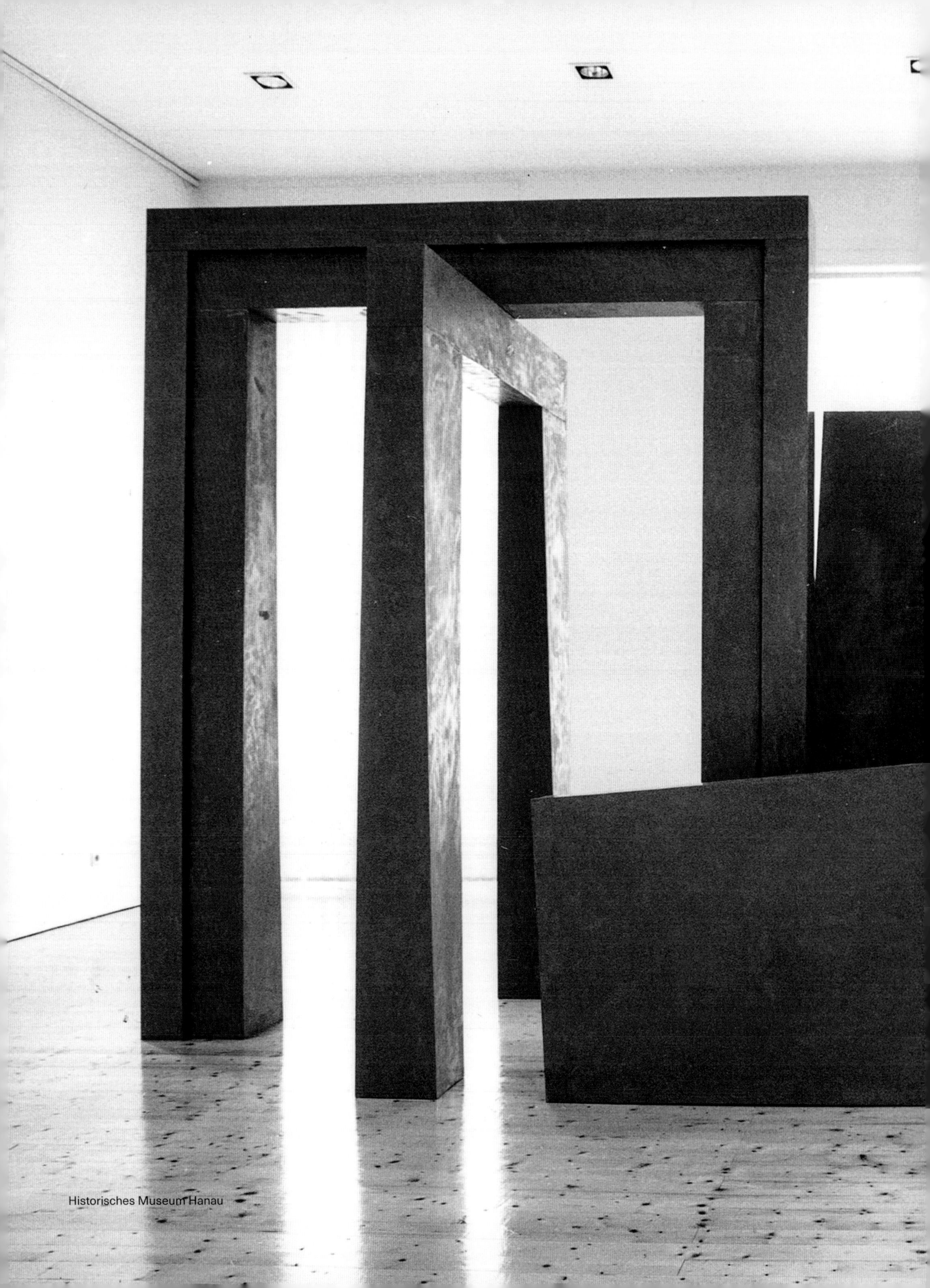
Historisches Museum Hanau

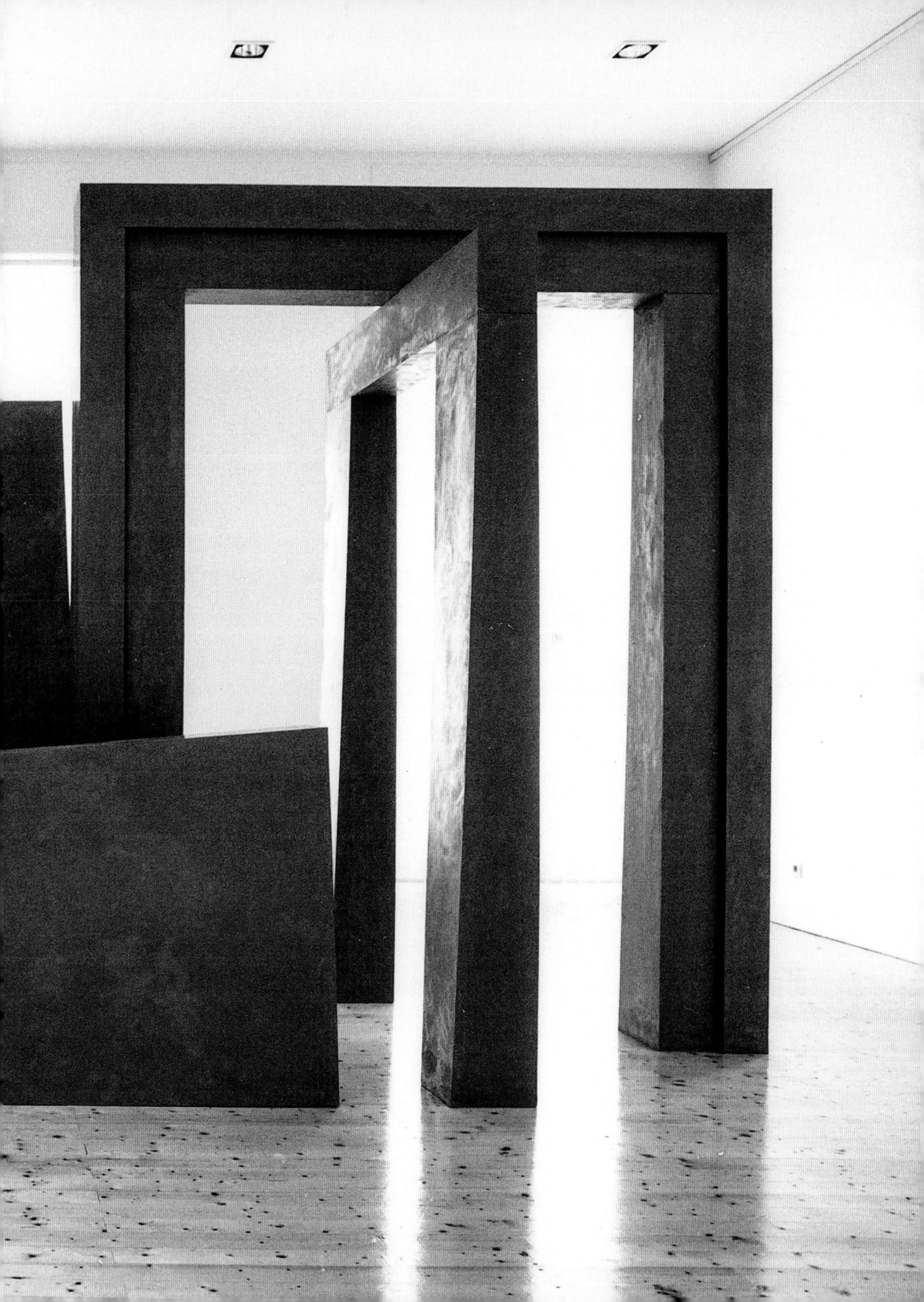

32

Geometrische Formationen, Teil VIII (1987) Justus-Liebig-Universität Gießen, Deutschland

Gemeinsam mit Studenten der Universität Gießen entwickelte Bury eine sechzehnteilige, in enger Wegführung durchschreitbare Rauminstallation aus senkrechten und schräg geneigten, transparent bespannten Lattenrahmen. Sie entfalten sich auf beiden Seiten des engen Durchgangs symmetrisch und fächerförmig. In kontinuierlich steiler werdenden Winkeln und Aufspreizungen dekliniert der Künstler hier – wie auch in allen früheren *Geometrischen Formationen* – serielle Kontinuitäten, die in ihrer sequentiellen Logik in Analogie zu filmischen Prinzipien stehen. Diese ephemere Raumskulptur ist etwas übermannshoch und misst etwa vier auf fünf Meter. Sie positioniert sich als flüchtiges Statement im doppelten Sinne am „Wegesrand“.

Geometrical Formations, Part VIII (1987) Justus Liebig University Gießen, Germany

Together with students from Gießen University, Bury developed an open-form installation in sixteen parts, a narrow passage leading through a closed-form walk-through installation that consists of horizontal and inclined batten frames with transparent foil stretched across them. They unfold symmetrically like fans on both sides of the narrow passage through them. In angles that grow continuously more acute and widening stretches, the artist here – as in all earlier *Geometrical Formations* – declines a paradigm of serial continuities that in their sequential logic are analogous to filmic principles. This ephemeral open-form sculpture is slightly taller than a man of average height and measures about four by five metres. It is positioned both literally and figuratively as a fleeting statement 'by the wayside'.

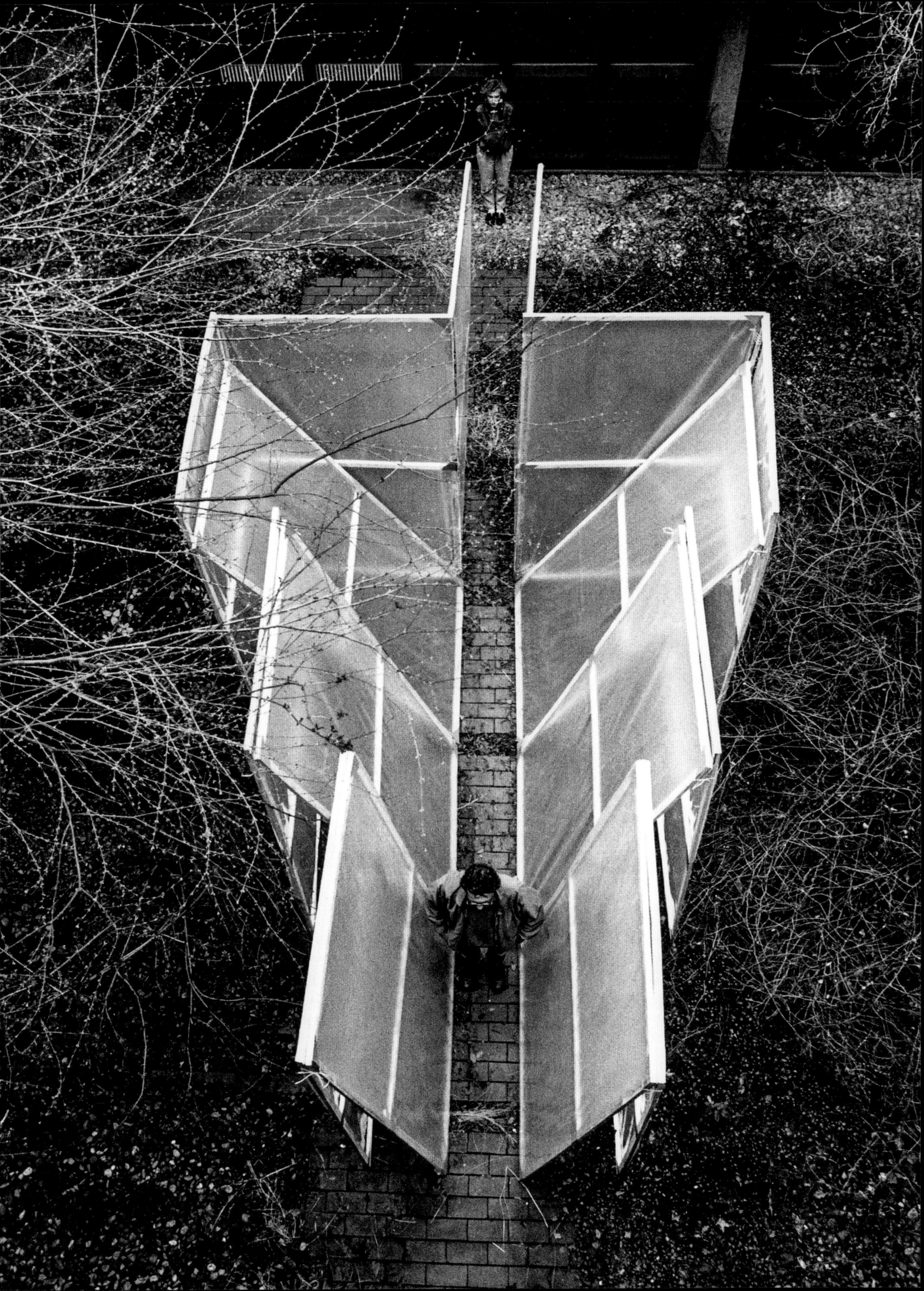

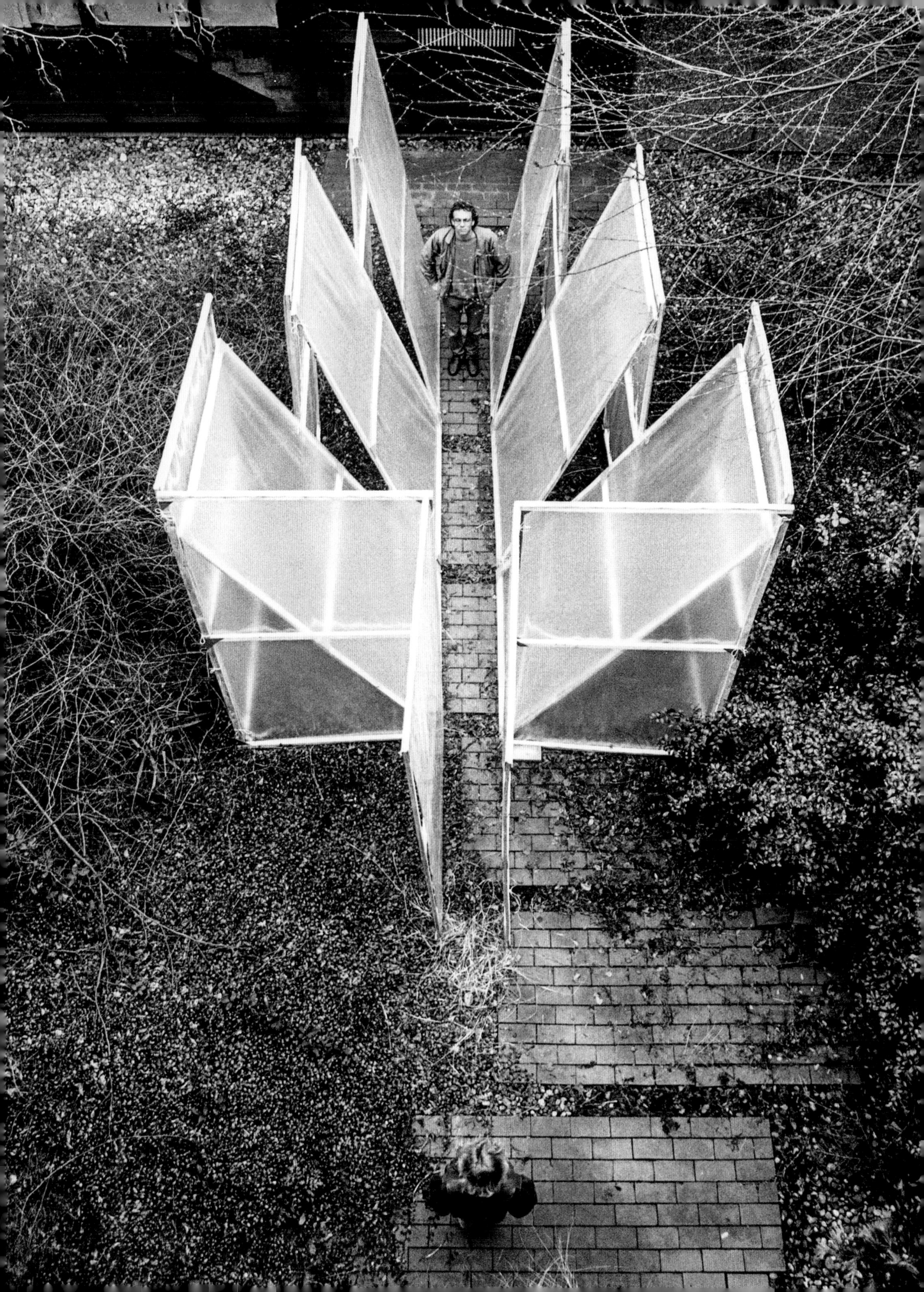

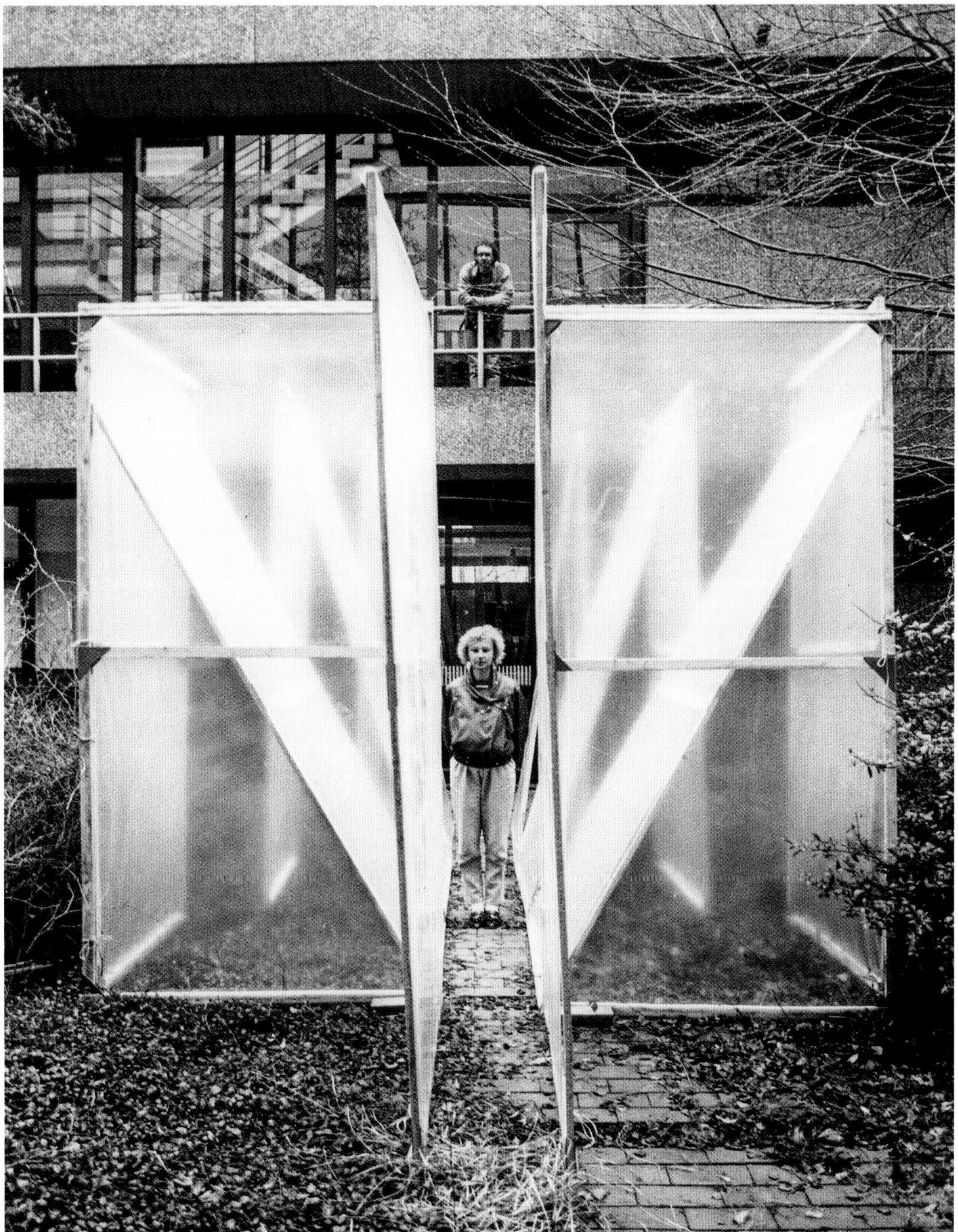

33

Haus des Hasselbacher Reiters (1987) Im Tal, Hasselbach/Werkhausen, Deutschland

Holzkonstruktion. 5 × 8 × 6 m

Dieses holzbohlengedeckte archaische Monument, irgendwo auf einem Acker *in the middle of nowhere* errichtet, wirkt wie eine südamerikanische Stufenpyramide mitten in einer verlassenen Pampa. Aber dieser im Grunde noch jungfräuliche Landschaftsraum *Im Tal* zwischen Hasselbach und Werkhausen wird seit 30 Jahren von über 50 Künstlern mit Außeninstallationen und Land-Art-Projekten kulturalisiert. Initiiert hat diesen Skulpturengarten der Bildhauer Erwin Wortelkamp. Zu den landschaftsbezogenen Installationen gehören neben Burys Skulptur Arbeiten von James Reineking, Ludger Gerdes, Ansgar Nierhoff und Götz Stöckmann. Burys Tempelallusion hält die Balance zwischen gestapelten Heuballen – von denen der Künstler seit Jahrzehnten fasziniert ist –, südamerikanischen und ägyptischen Anspielungen, aber auch Anklängen an Farmerarchitekturen des amerikanischen Mittleren Westens. So gelingt es Bury mit dieser Überblendung verschiedener Kulturkreise und historischer Bezüge, einen Archetyp abstrakter Konkretion und konkreter Abstraktion zu kreieren. Schon Hegel hatte statuiert, dass die Welt Hauscharakter hat und dass die Menschen nicht nur die Sterblichen, sondern auch die Wohnenden sind. Der Mensch ist von Grund auf ein Wohnwesen. Sein Verhältnis zum Weltganzen ist ein Einwohnerverhältnis. Diese Gleichung von Welt und Haus spüren die Betrachter dieser Haus- Skulptur.

House of the Hasselbach Rider (1987) In the Valley, Hasselbach/Werkhausen, Germany

Timber structure. 5 × 8 × 6 m

This archaic monument clad in timber planking and set up somewhere in a field in the middle of nowhere looks like a South American step pyramid in the vastnesses of the pampas. However, more than fifty artists have culturally engaged with this still pristine landscape space In the Valley between Hasselbach and Werkhausen with outdoor installations and Land Art projects for the past thirty years. The sculptor Erwin Wortelkamp was the initiator of this sculpture garden. Apart from the Bury sculpture, works by James Reineking, Ludger Gerdes, Ansgar Nierhoff and Götz Stöckmann are other installations that relate to the scenery here. Bury's allusion to a temple is a balancing act between stacked bales of hay – which have fascinated the artist for years – and South American and Egyptian allusions as well as echoes of farmer architecture in the US Midwest. Thus Bury has succeeded with this overlayering of several culture spheres and historical links in creating an archetypal abstract concretion and concrete abstraction. Hegel long ago posited that the world had the character of a house and that human beings were not only mortal but also dwellers. Man is in substance a dwelling being. His relationship to the world whole is that of a resident. Viewers of this house sculpture sense this equation of the world with a house.

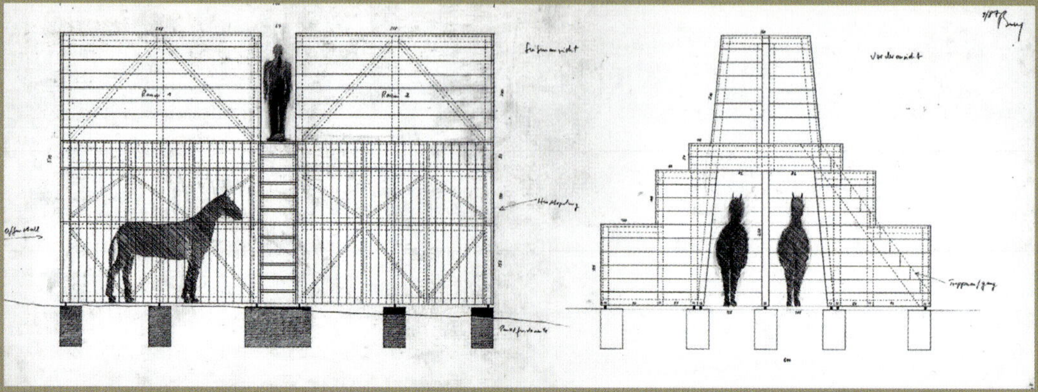

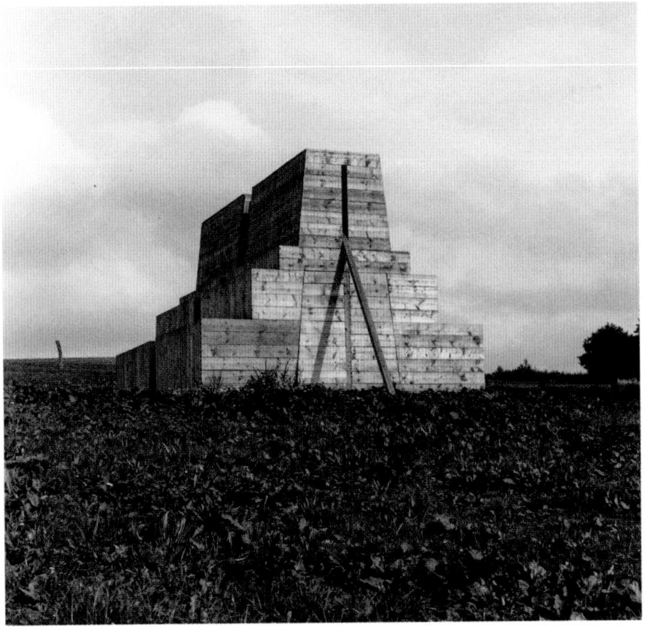

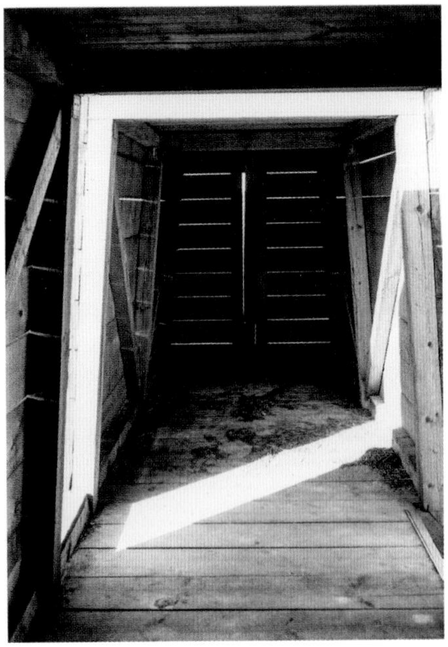

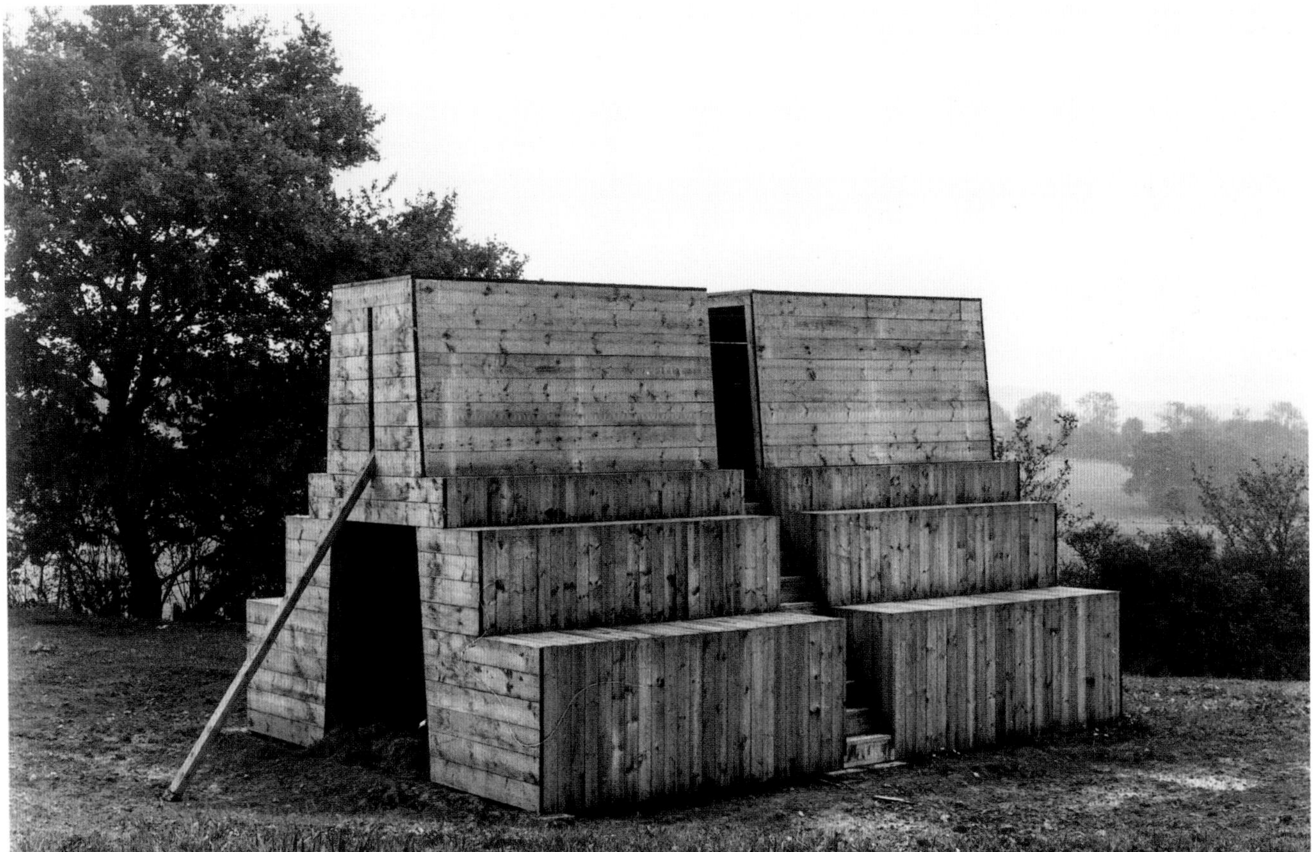

34

Im Goldenen Schnitt (1989)
Konstabler Wache, Frankfurt am Main, Deutschland

Holzkonstruktion. 7 × 23 × 7 m

Dieser innerstädtische Platz am östlichen Ende der Frankfurter Einkaufsstraße Zeil ist während des zweimal pro Woche stattfindenden Bauernmarktes ein pulsierender, äußerst kommunikativer Treffpunkt verschiedener Nationalitäten, Ethnien und Berufsgruppen. Aber außerhalb dieser Aktivitäten atmet der Platz mit seinen kasten- und rasterförmigen Randbebauungen eine urbane Tristesse, der auch mehrere Jahrzehnte immer wieder neuer städtebaulicher Verbesserungsanläufe nicht beikommen konnten. Insofern ist Burys begehbare Großskulptur, die genau hier nun *Goldener Schnitt* heißt, ein durchaus satirischer Kommentar auf eine schmerzlich vermisste Harmonie und fehlende stimmige Proportionen. Der Künstler hat zwei hausgroße offene Holzkuben, die miteinander in räumlicher und visueller Beziehung stehen, mitten auf die rigide gerasterte Pflasterung des Platzes positioniert, die temporär die rektanguläre Fantasielosigkeit dieses Platzes konterkarieren. Aggressive Schlitze und angeschnittene Segmentbögen, die wie Bauwunden wirken, unterstreichen die Unwirtlichkeit dieses Stadtraumes. Die sicherlich bewusst gewollte Ruppigkeit der Installation, die an Baustellen-Hilfsbauten erinnert, lässt eine in sich ruhende Verweilzufriedenheit nicht aufkommen.

In the Golden Section (1989)
Konstabler Wache, Frankfurt am Main, Germany

Timber structure. 7 × 23 × 7 m

During the farmer's market that takes place twice a week, this inner-city square at the eastern end of the Zeil, the Frankfurt shopping street, is a vibrant, extremely communicative meeting place of nationalities, ethnic groups and professions. However, apart from such activities, the square with its box and grid-shaped peripheral developments exudes an urban tristesse that even constant efforts at improvement made by urban planners over several decades have been unable to alleviate. This means that Bury's enterable monumental sculpture, which in this particular place is called The Golden Section, is a stinging satirical commentary on harmony that is sorely missed and felicitous proportions that are lacking. The artist has positioned two open cubes of wood that are both spatially and visually interrelated in the midst of the rigid grid formed by the paving of the square to temporarily counteract its tediously unimaginative rectangularity. Aggressive slits and slashed arch segments that look like wounds incurred by the structure underscore the unwelcoming appearance of this urban space. The surliness of the installation must have been intentional. Reminiscent of temporary structures erected on construction sites, it stifles at once any restful feelings that it might be satisfying to linger there.

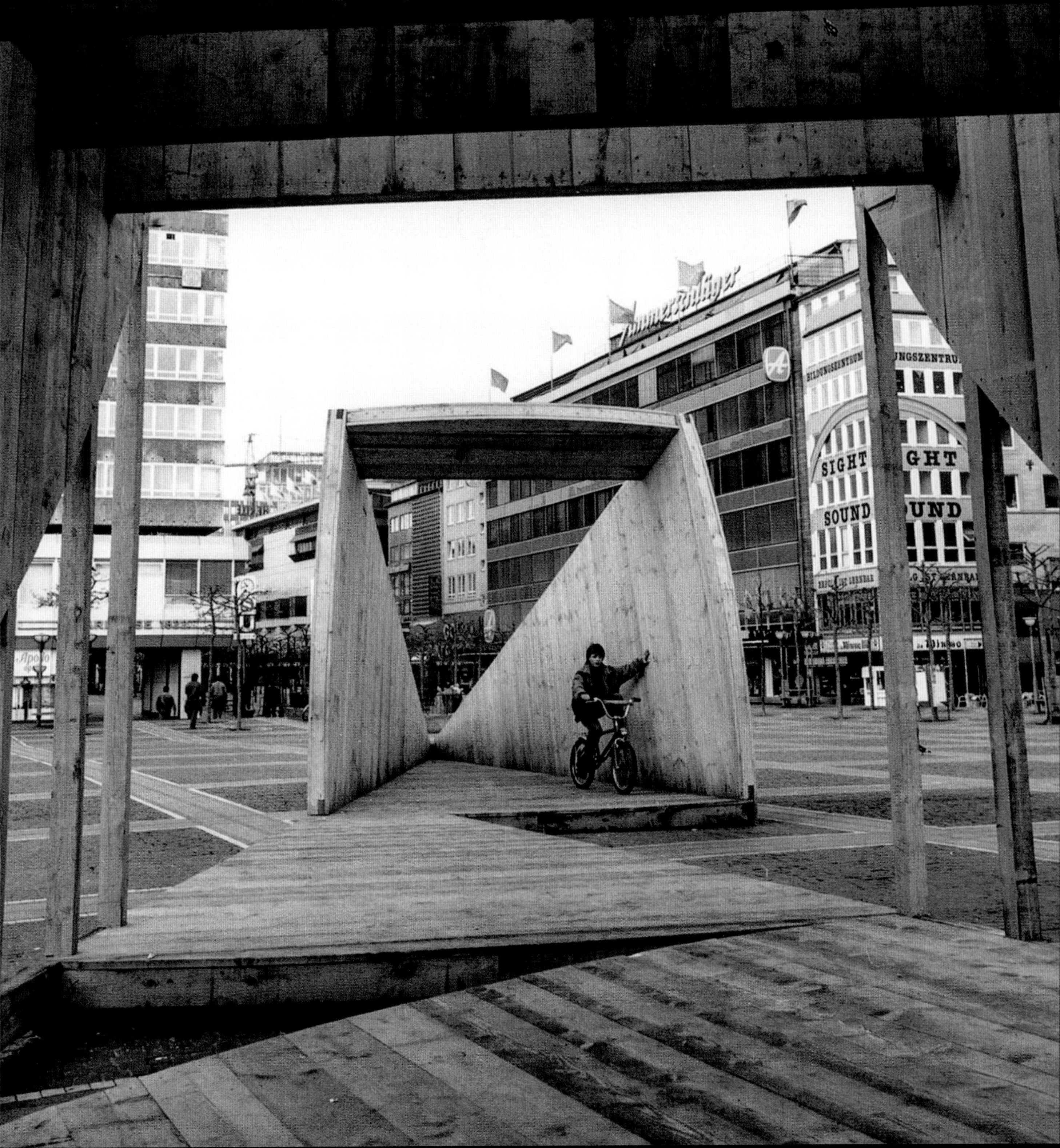
BILDUNGSZENTRUM
SIGHT
SOUND

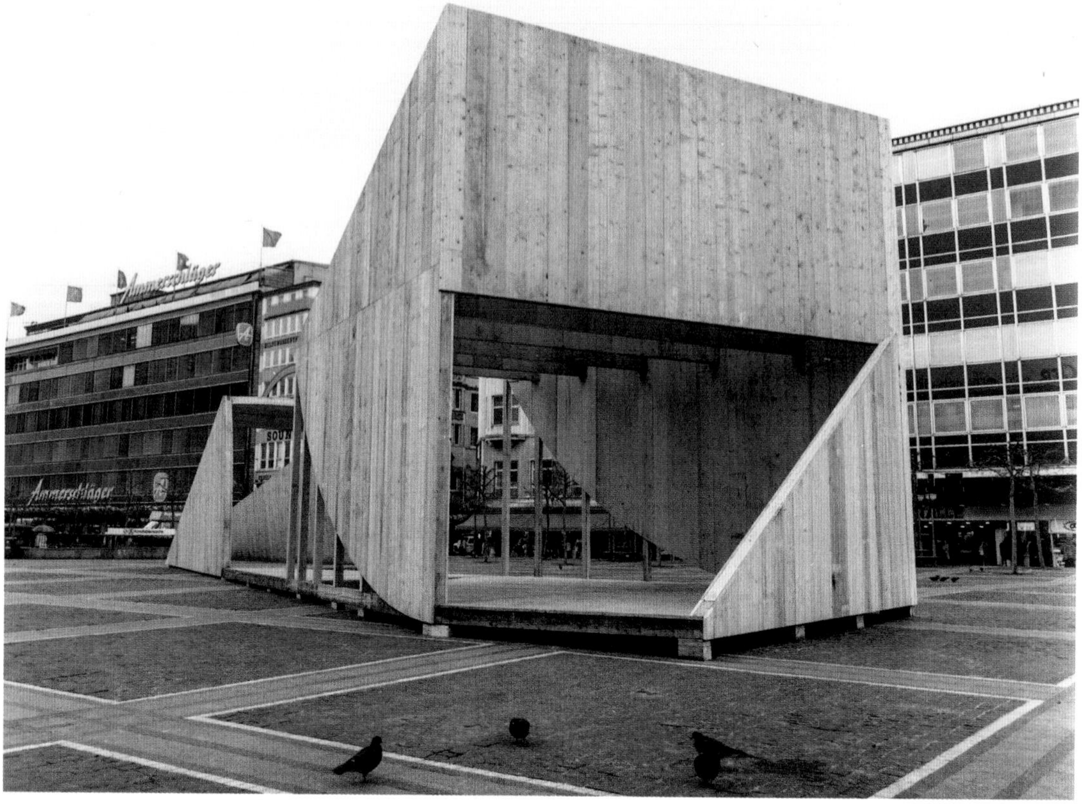
Ammerschläger
Ammerschläger

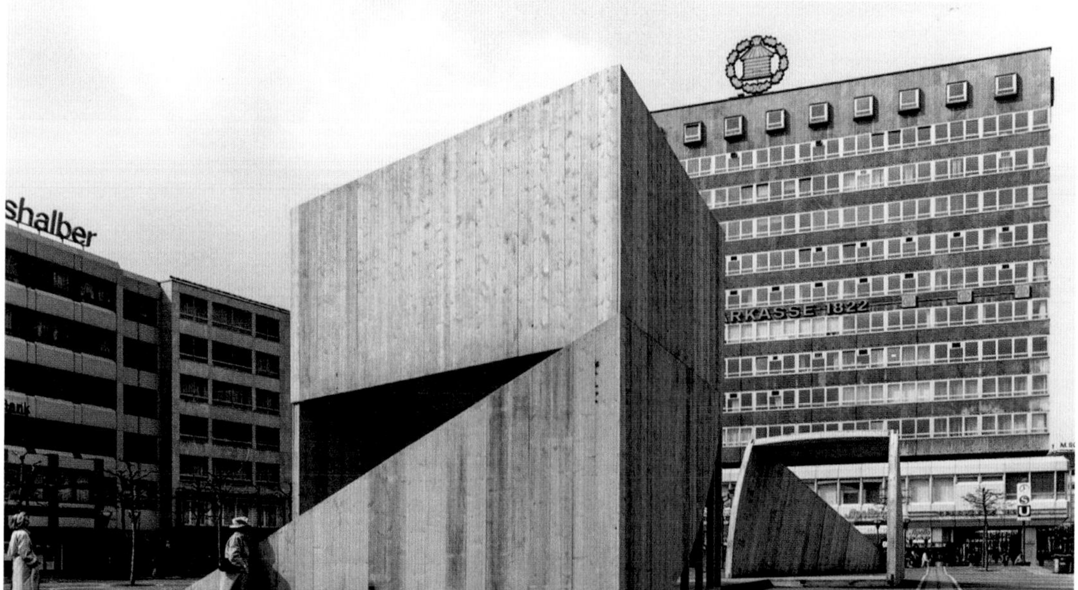
shalber
ARKASSE 1822

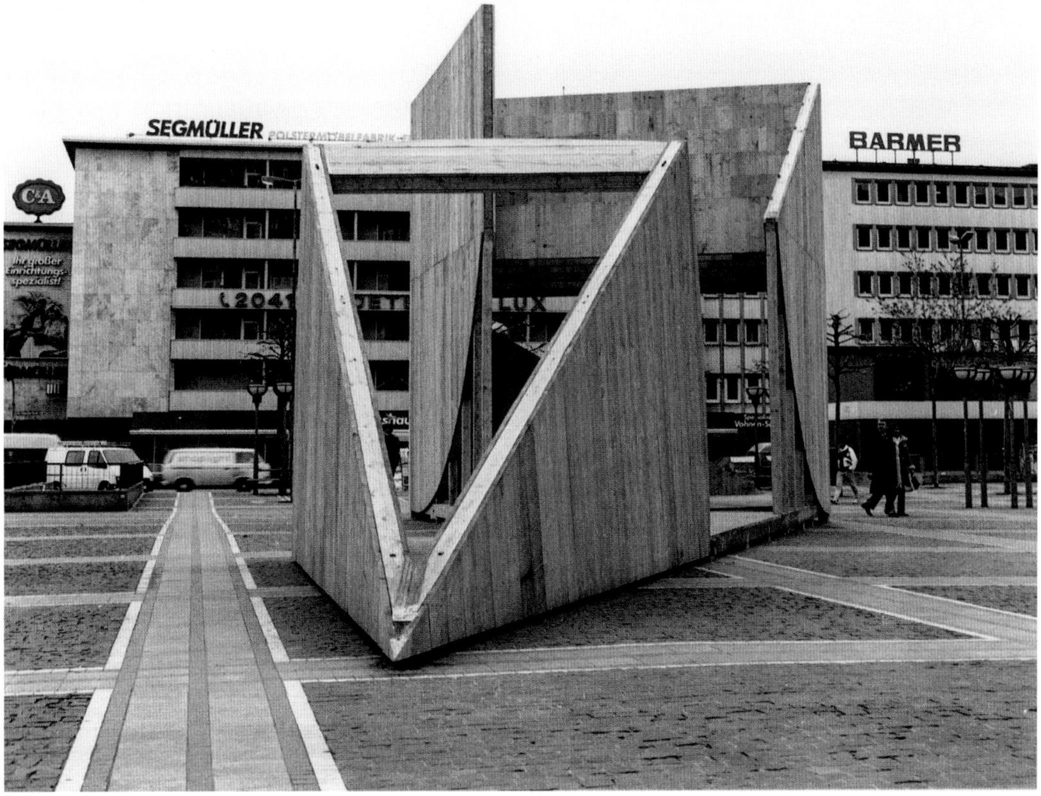
SEGMÜLLER
BARMER
C&A

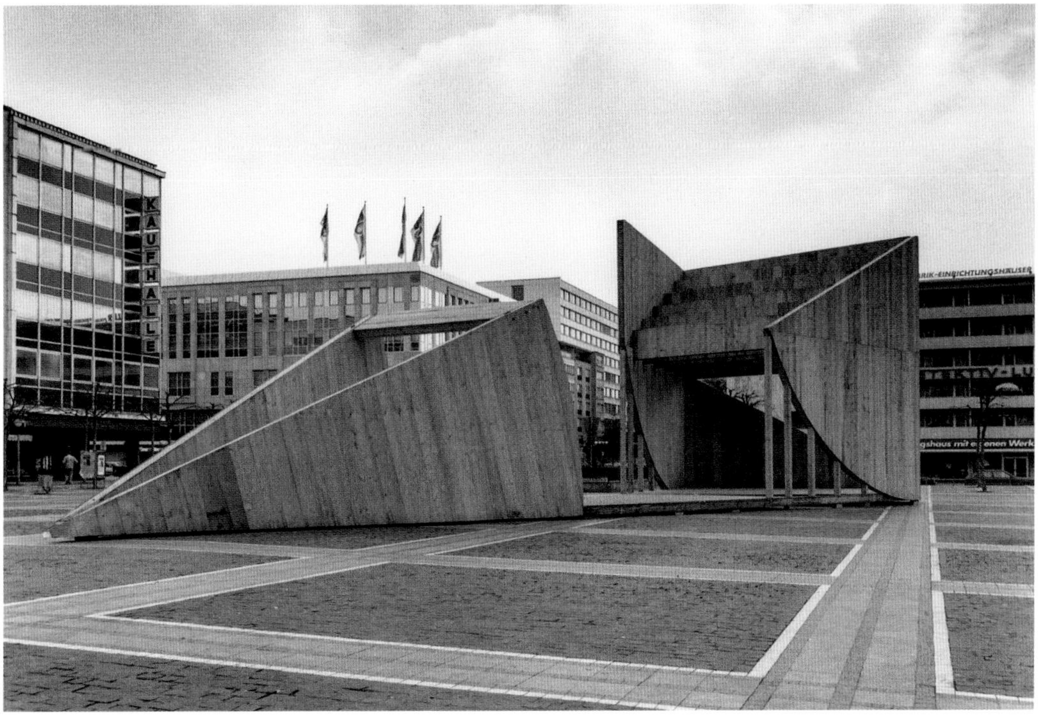
KAUFHALLE

35

Stadtportal Nürnberg (1989)
Kornmarkt, Germanisches Nationalmuseum, Nürnberg, Deutschland

Holzkonstruktion. 7 × 7,8 × 7,8 m

In einer innerstädtisch beengten Situation direkt vor dem Eingang des Germanischen Nationalmuseums in Nürnberg hat der Bildhauer eine Raumskulptur positioniert, die erneut Kreissegmente spannungsvoll mit vertikalen, relativ engen Treppenaufgängen kontrastiert. Die Enge der Aufgänge provoziert eine Konzentration auf das Treppensteigen selbst: erst am Ende des Aufstiegs weitet sich der Blick durch einen verbindenden Quergang mit Fensteröffnungen auf den Vorplatz und die Eingangsfassade des Museums. Sehr deutlich werden durch die Installation Perspektivenwechsel angeregt, die sich auch auf die wechselvolle Geschichte dieses in seiner Anfangsphase nationalheroischen Museums richten. 1852 gegründet, ist es mit 1,3 Millionen Objekten heute das größte kulturgeschichtliche Museum des deutschsprachigen Raums. Der Titel *Stadtportal* spielt wohl darauf an, dass das Museum mit seinen reichhaltigen Beständen auch einen Fokus auf die Geschichte und die wechselnden Selbstverständnisse der Stadt Nürnberg ermöglicht. Wie durch eine Sanduhr betritt man beim Besteigen dieses „Zugangs auf Zeit" den sich aus- und aufweitenden Referenzraum historischer Zeugnisse, zumal strukturell durchaus auch Verweise und Anklänge zur Architektur der Etrusker vorhanden sind.

Nuremberg City Gate (1989)
Kornmarkt, Germanisches Nationalmuseum, Nuremberg, Germany

Timber structure. 7 × 7.8 × 7.8 m

The sculptor squeezed an open-form sculpture into an inner-city location directly in front of the entrance to the Germanisches Nationalmuseum in Nuremberg. Once again circle segments form an exciting contrast with ascending stairs in vertically arranged tiers that are relatively close together. The cramped look of the ascending stairs induces concentration on the act of climbing stairs that are relatively narrow: the vista only widens out at the top of the stairs because it is seen through a linking transverse passage with window apertures giving on to the square in front and the entrance façade of the museum. Changes in perspective, which are also directed at the turbulent history of the museum, in its infancy a hotbed of heroic nationalism, are very urgently suggested by this installation. Founded in 1852, the Germanisches Nationalmuseum houses 1.3 million objects and is today the largest museum devoted to cultural history in the German-speaking countries. The title of the installation, City Gate, probably alludes to the fact that with its rich inventory the museum also makes possible a focus on the history and changing self-image of the city of Nuremberg itself. As if going through an hourglass, visitors climbing this 'temporary access' enter a continually expanding and widening referential space, especially since allusions to, and echoes of, Etruscan architecture are definitively also present.

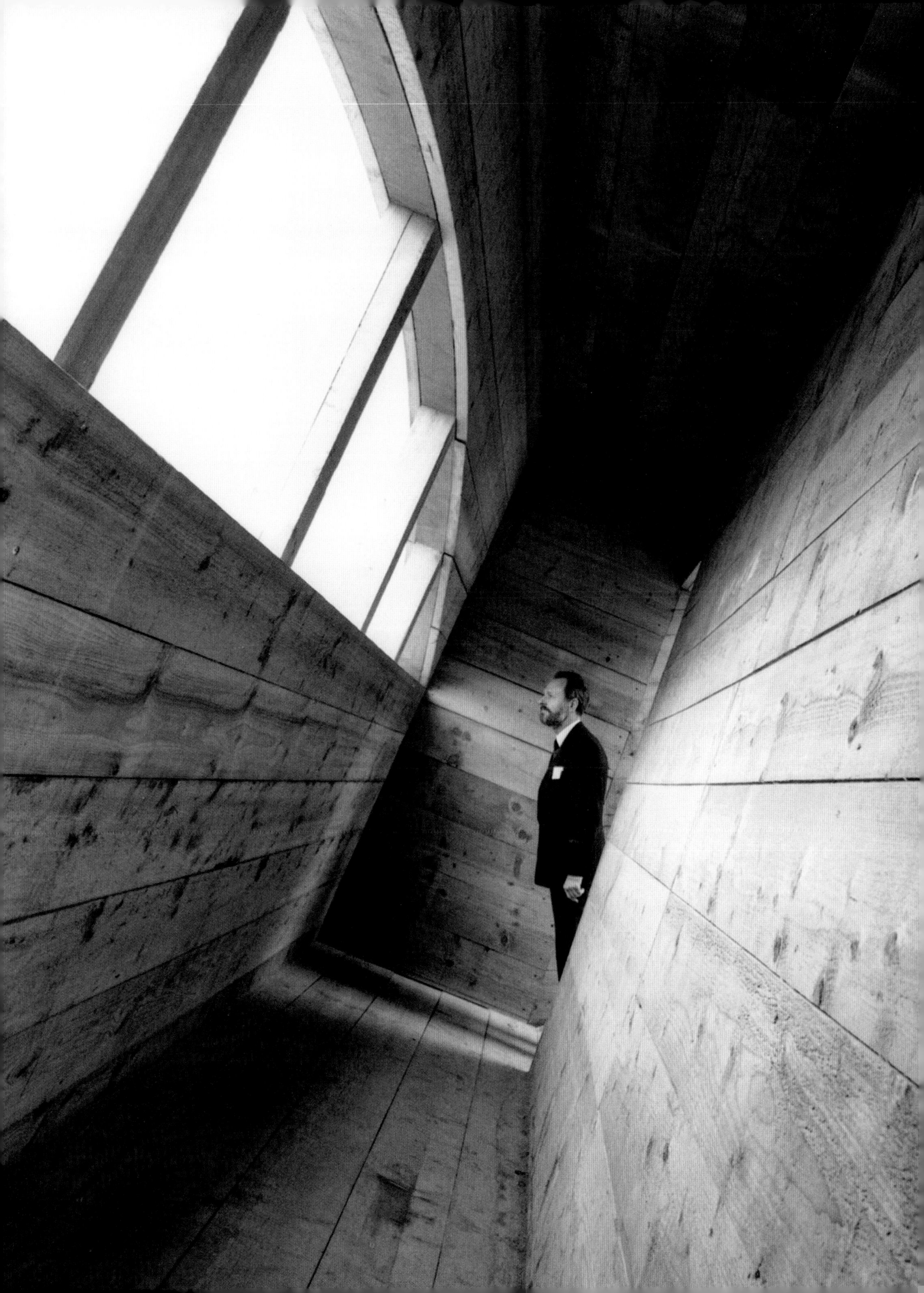

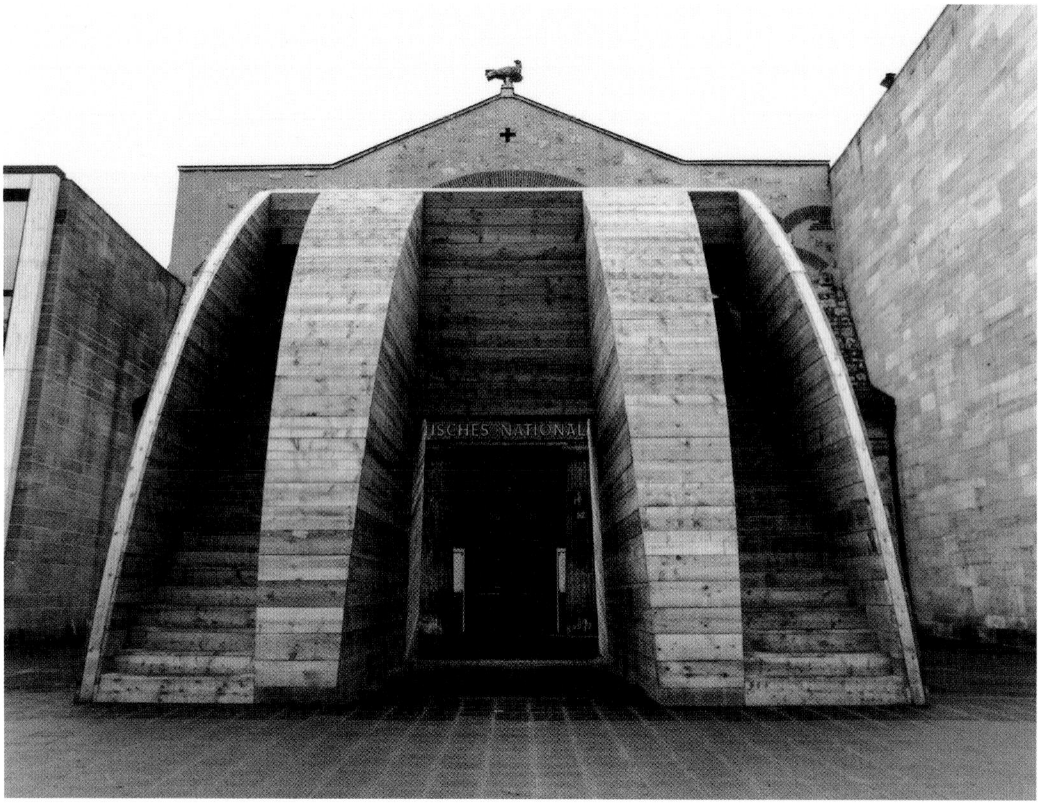
ISCHES NATIONAL

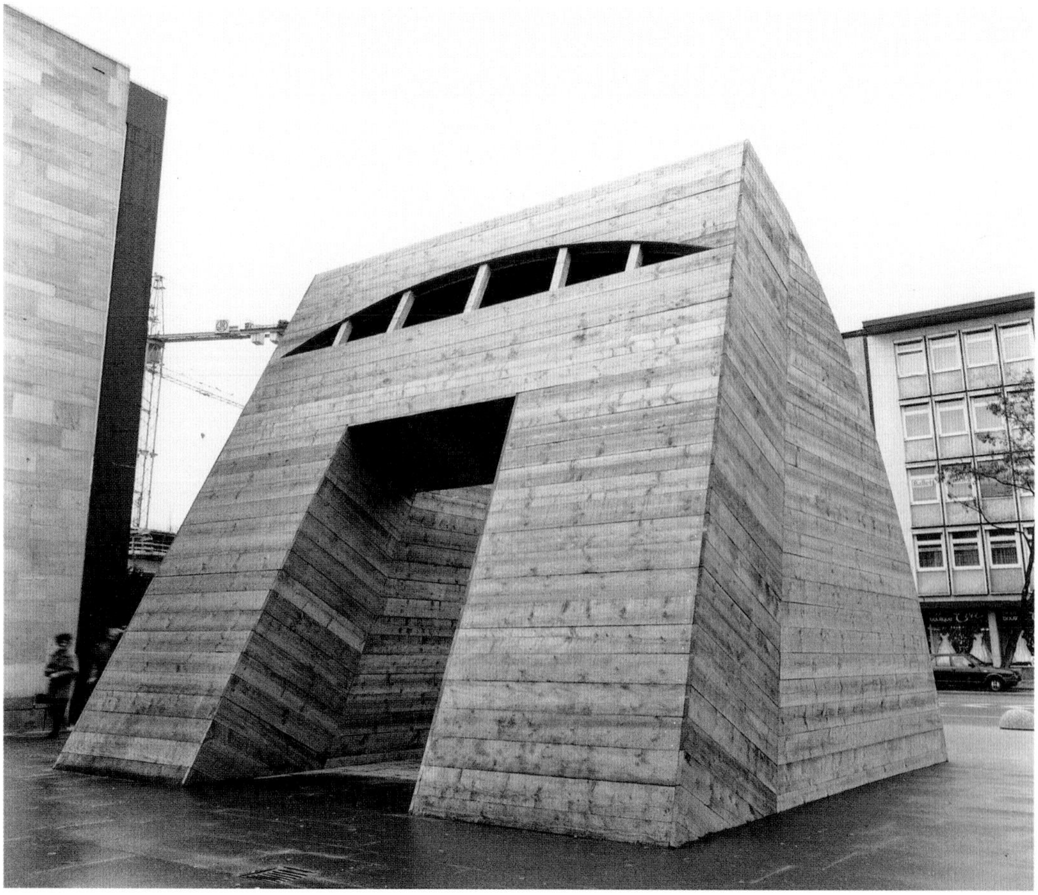

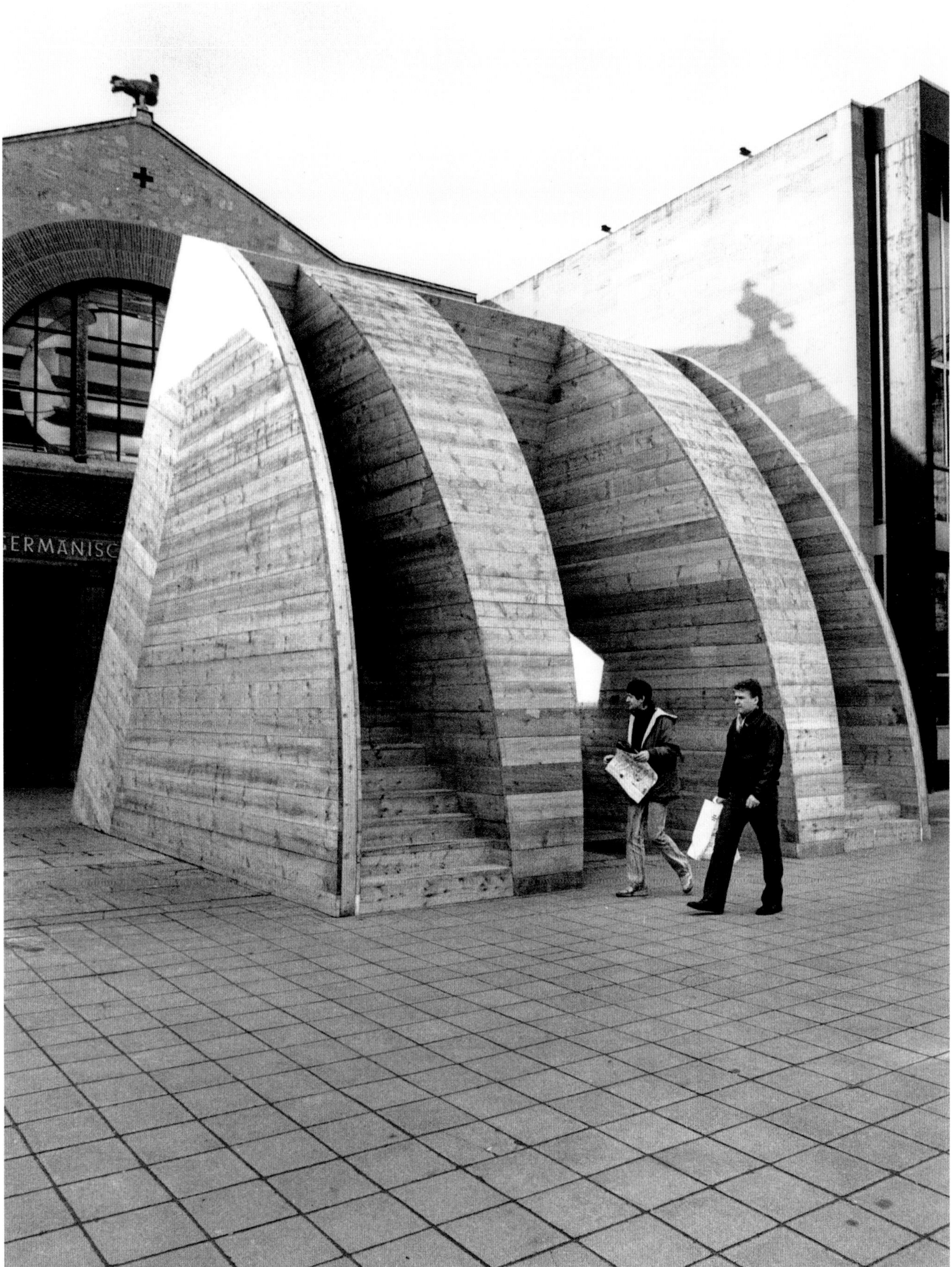
ERMANISC

36

Der Augenblick (1989)
Kunstverein Springhornhof, Neuenkirchen bei Soltau, Deutschland

Holzkonstruktion. 6,5 × 7,5 × 5 m

Ein Kubus mit Öffnungen sitzt auf einem trapezförmigen Quaderstumpf. Die Schnittseiten dieses geometrischen Körpers verbindet ein begehbarer Durchgang. Auf den Stirnseiten korrespondiert er mit einem erhöhten weiteren, zu dem jeweils zehn Stufen hinaufführen. Die gegenläufige Geometrie der kubischen Primärkörper ebenso wie die gegenläufige Anordnung der Durchgänge erzeugt eine spannungsvolle, allansichtige Balance und Counterbalance. Dieses bildhauerische Prinzip einer vollständig strukturellen Harmonie, die pragmatische Nutzungen eher zitiert als ausformuliert, ist eine genuin raumkünstlerische Qualität, die Raumerfahrungen stimuliert. Diese werden im oberen Bereich nochmals intensiviert, indem die Treppen, die auch zum kontemplativen Verweilen einladen, und die schrägen Balkenlagen ein miniaturisiertes Wahrnehmungslabyrinth erzeugen. Insofern ist auch hier der Titel doppelbödig, denn er verweist auf die visuelle Stimulation ebenso wie auf die zeitliche Dimension.

The Moment (1989)
Kunstverein Springhornhof, Neuenkirchen bei Soltau, Germany

Timber structure. 6.5 × 7.5 × 5 m

A cube with apertures rests on a trapezium-shaped truncated rectangular prism. An enterable passage links the cut sides of this geometric solid. On its narrow faces, it corresponds with a raised second cube, with ten steps leading up to each. The reverse geometry of the cubic primary solids and the arrangement of the countervailing passages generate an exciting interplay of balance and counterbalance. This sculptural principle of completely structural harmony that cites practical uses rather than developing them fully is an authentic architectural quality that triggers spatial experiences. These experiences are again intensified in the upper area by the stairs, which also invite visitors to linger and meditate, and the slanting beams create a miniaturised perceptual labyrinth. Hence the title of this work, too, is ambiguous because it evokes both visual stimulation and the temporal plane.

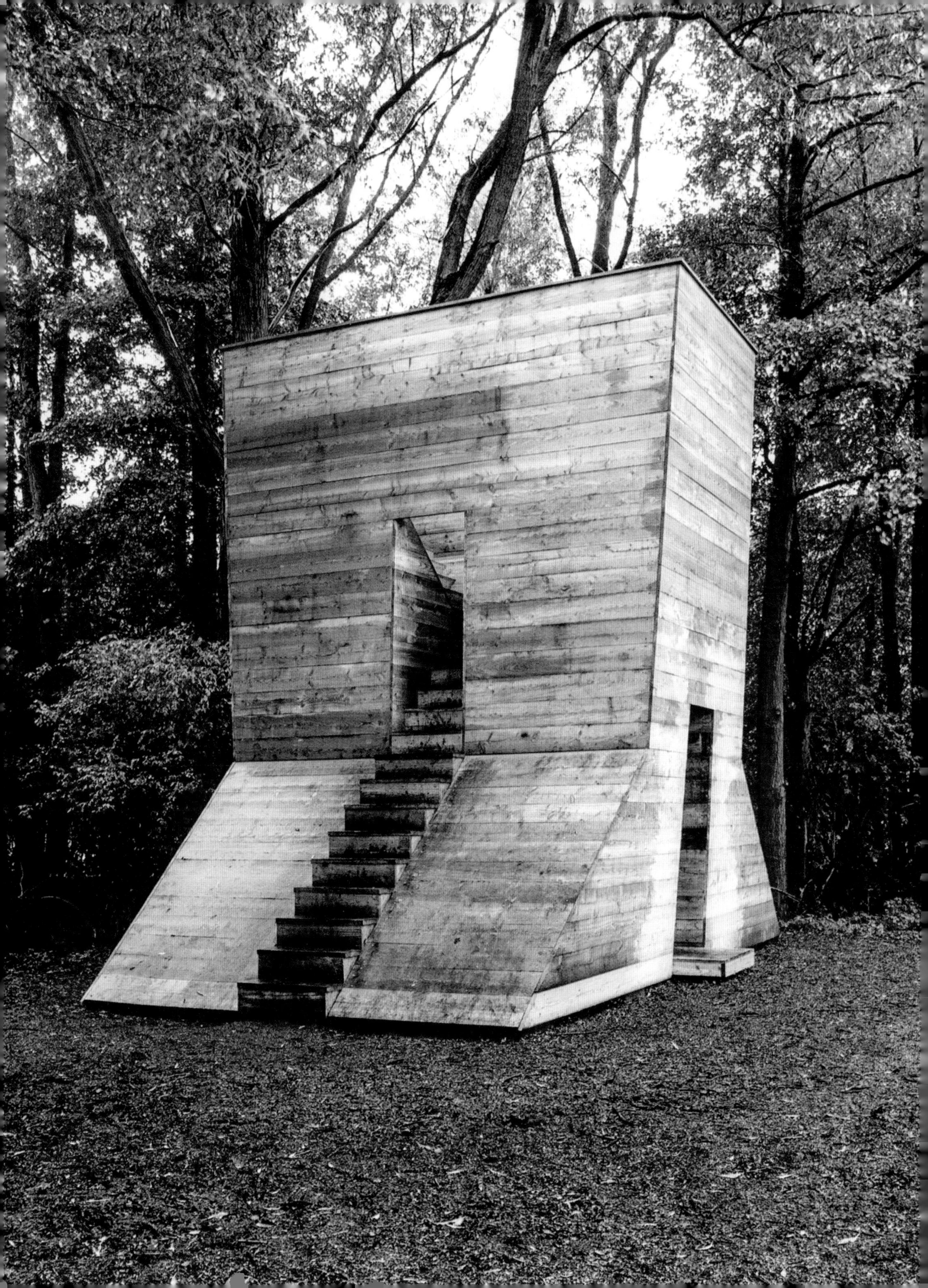

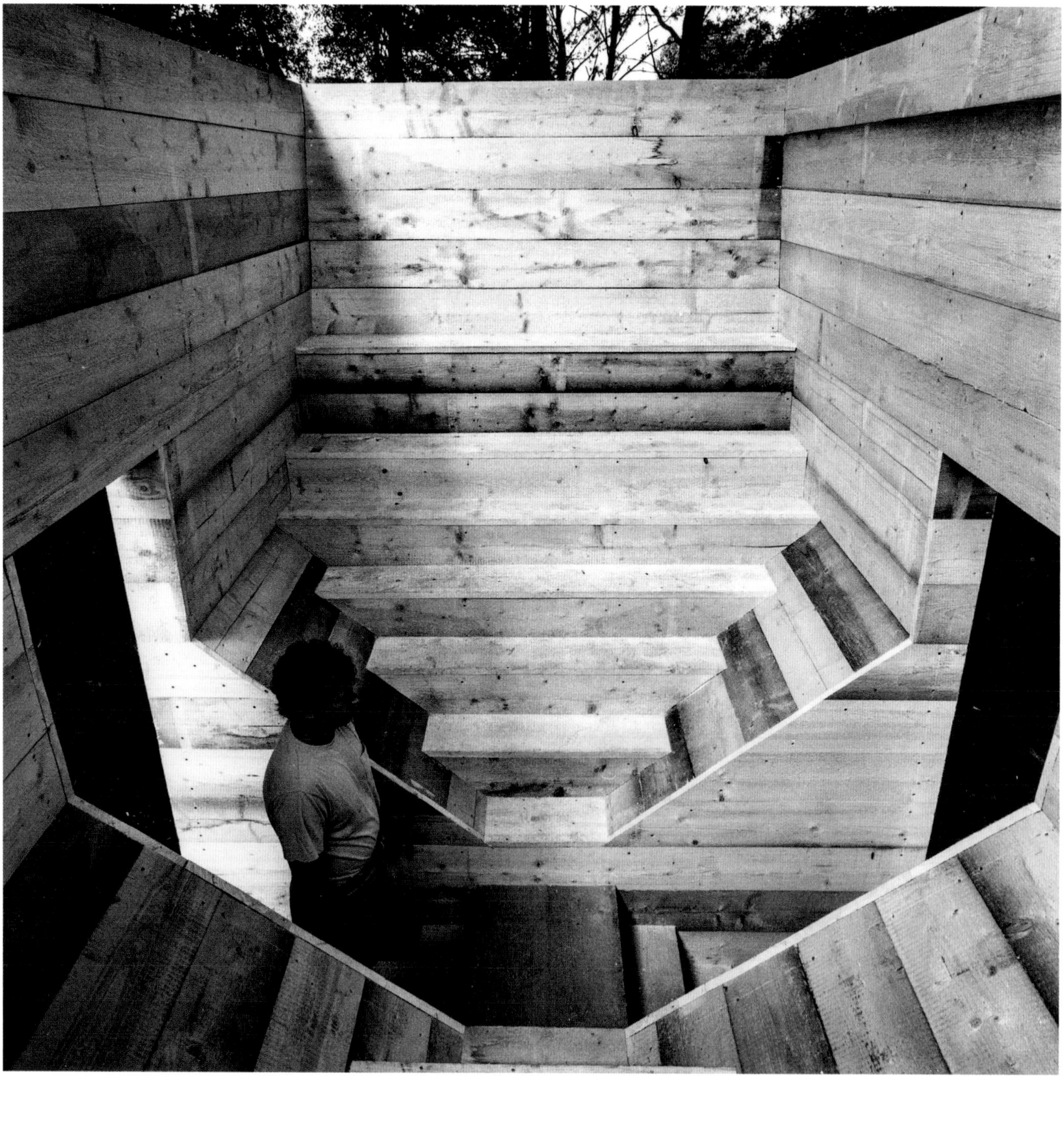

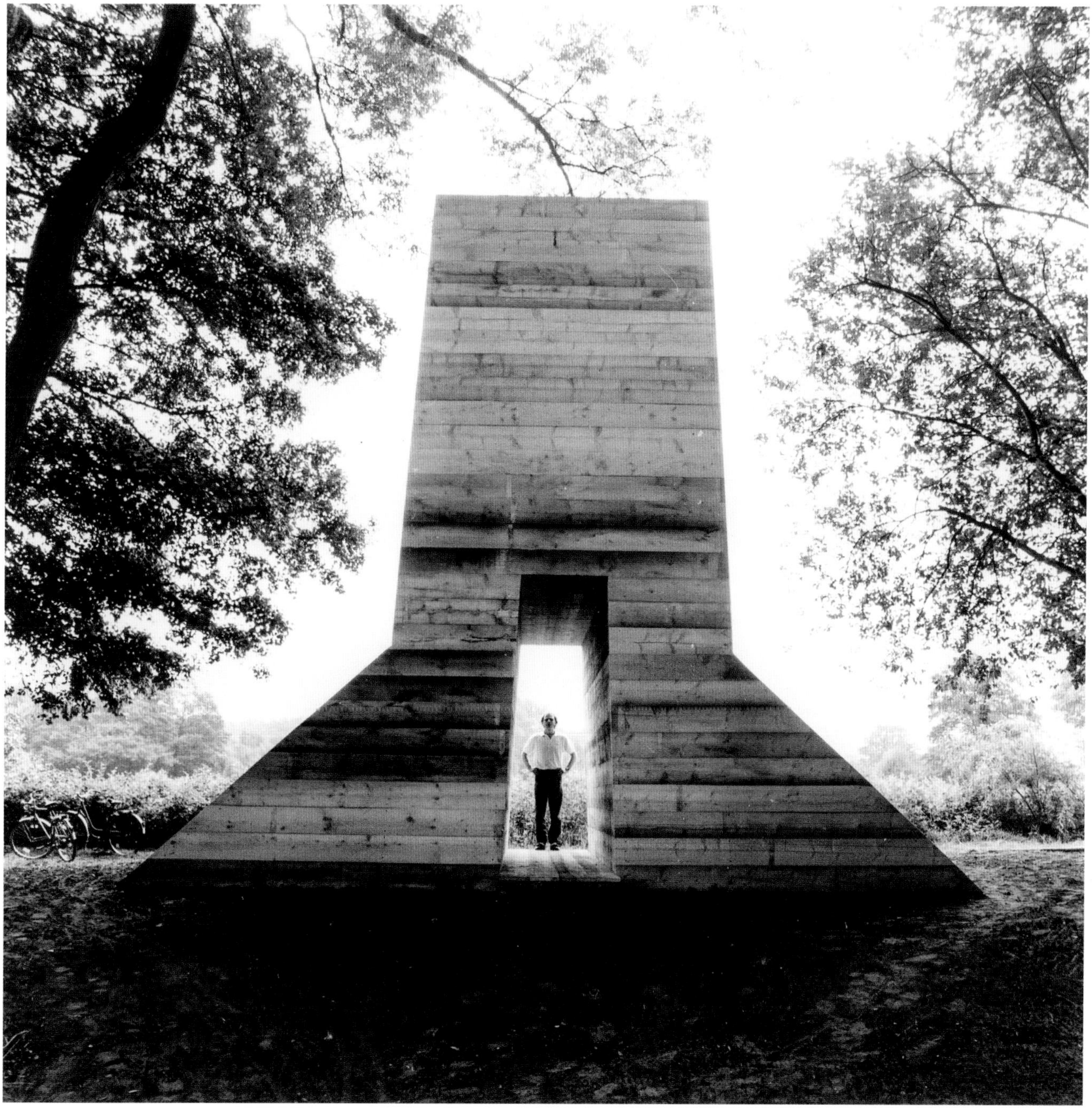

37

Engpass (1990)
Mainufer, Skulpturenpark Schloss Philippsruhe, Hanau, Deutschland

Holzkonstruktion, Leimschichtholz.
5,3×4,3×1,3 m

1990 vergab die Stadt Hanau zum dritten Mal ihren Kunstförderpreis *Stadtbildhauer Skulpturenpark.* Jeweils drei Bildhauer wurden von einer Jury ausgewählt, im Park von Schloss Philippsruhe Skulpturen zu realisieren. Im Rahmen der beiden ersten Förderpreise entstanden Arbeiten von James Reineking, Michael Croissant, Klaus Simon, Alf Lechner, Nikolaus Gerhart und Heinz-Günter Prager. Für den dritten Wettbewerb wurden neben Claus Bury Dorothee von Windheim und Edgar Gutbub ausgewählt. Bury wählte als Standort für seine Skulptur die Mainwiesen, die außerhalb des Schlossparks zwischen diesem und dem Main liegen. Er konzipierte eine Skulptur aus naturbelassenem Fichtenholz. Zwei sphärisch gebogene, jeweils neunmal abgetreppte Parabelsegmente bilden eine Raumklammer. An ihrem höchsten Punkt schließen sie sich bogenartig zu einer spitzen Spangenform zusammen. Durch ihre Situierung in den Mainauen steht Burys Hochplastik in einer konkreten Beziehung zur Landschaft und Vegetation, zum Fluss und zur nahen Schlossparkmauer. Ihre skulpturalen Volumen machen sie zu einem geometrischen Körper, der wie gemauert erscheint. Es könnte sich auch um ein antikes Artefakt handeln, freigegeben nach Jahrhunderten vom Schlick der Geschichte. Burys *Engpass* ist anthropomorph kodiert: Er erinnert ein bisschen an einen Geburtskanal. Der Haupteindruck dieser Konstruktion mit einer Höhe von 5,3 Metern, einer Länge von 4,3 Metern und einer Breite von 1,3 Metern aber ist der einer archaischen Anbetungsstele, die assyrisch, minoisch oder altmexikanisch sein könnte. Zudem stellen sich Assoziationen zu manchen Raumskulpturen des russischen Konstruktivisten Naum

Pinch Point (1990)
Main Embankment, Philippsruhe Castle Sculpture Park, Hanau, Germany

Timber structure, glue-laminated timber.
5.3 × 4.3 × 1.3 m

In 1990 the city of Hanau awarded its third Sculpture Park City Sculptor prize for the promotion of art: three sculptors were chosen by a jury to realise sculptures in the grounds of Philippsruhe Castle. Under the auspices of the first two art prizes, works were created by James Reineking, Michael Croissant, Klaus Simon, Alf Lechner, Nikolaus Gerhart and Heinz-Günter Prager. Dorothee von Windheim and Edgar Gutbub were selected along with Claus Bury to compete for the third award. Bury chose the River Main water meadows that are outside the castle grounds and stretch between them and the Main as the site of his sculpture. He conceived a sculpture of untreated spruce. Two spherically arced parabola segments, each stepped nine times, form a spatial parenthesis. At their highest point they converge like an arch to form a pointed clasp-like shape. Because it is situated in the Main water meadows, Bury's tall sculpture has entered on a site-specific relationship with the scenery and vegetation, the river and the nearby wall enclosing the castle grounds. Its sculptural volume makes it a geometric solid that appears to have been built of masonry. It might also be an ancient artefact released from the silt of history after centuries of oblivion. Bury's Pinch Point is anthropomorphically coded: it is slightly reminiscent of a birth canal. However, the overriding impression made by this structure, which is 5.3 metres high, 4.3 metres long and 1.3 metres wide, is that it resembles an archaic votive stela that might be Assyrian, Minoan or ancient Mexican. Associations with some open-form sculptures by the Russian Constructivist Naum Gabo also surface, for instance,

Gabo ein. Etwa zu seiner 25 Meter hohen, mit Bronze überzogenen Stahlskulptur in Rotterdam, die 1957 vor einem Gebäude von Marcel Breuer für das Warenhaus Bijenkorf aufgestellt wurde. Das Aufspüren mentaler und konstruktiver Denkformen kultureller Artefakte aus antiken Zeiten und ihre Übertragung in eine zeitgenössische skulpturale Sprache ist eines von Burys besonderen Talenten. Aber neben den historischen Anklängen geht es auch bei dieser Arbeit um Bewegungs- und Wahrnehmungserfahrungen ihrer Betrachter und Benutzer. So schreibt Hans M. Schmidt in einer Begleitbroschüre: „Die statische Form der Skulptur ist im doppelten Sinne auf Bewegung angelegt: das Werden der Form und die Erfahrung des Betrachters. Ihre grundlegende Botschaft heißt: Veränderung und Wandlung als das einzig Bleibende“. Neben den Skulpturenparks in Hanau und Hasselbach gibt es ähnliche landschaftsbezogene Skulpturenparks in Bad Homburg und Münster. Und die Museum Insel Hombroich besteht aus mehreren Ausstellungspavillons des Künstlers Erwin Heerich, die ebenfalls wie große, nun allerdings gemauerte Raumskulpturen wirken.

with a Gabo bronze-plated steel sculpture about twenty-five metres high that was set up in 1957 in front of a building by Marcel Breuer for the Bijenkorf Department Store in Rotterdam. Tracking down intellectual and structural modes of thought from antiquity and translating them into a contemporary sculptural idiom is one of Bury's special talents. Apart from the historic reverberations, however, this is another work of his that is concerned with the experiences viewers and users have in moving about and through it and perceiving it. As Hans M. Schmidt writes in an accompanying brochure: 'The static form of this sculpture is designed for movement in two senses of the word: emerging form and the viewer's experience of it emerging. Its underlying message is: change and transformation as the sole thing that remains'. There are similar landscape-related sculpture parks in Bad Homburg and Münster as well as the ones in Hanau and Hasselbach. And the Hombroich Museum Island consists of several exhibition pavilions by the artist Erwin Heerich, which, although built masonry, also look like large open-form sculptures.

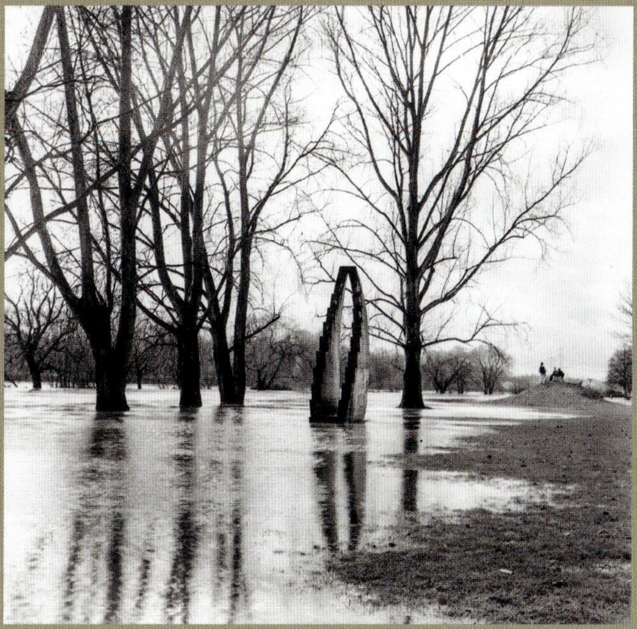

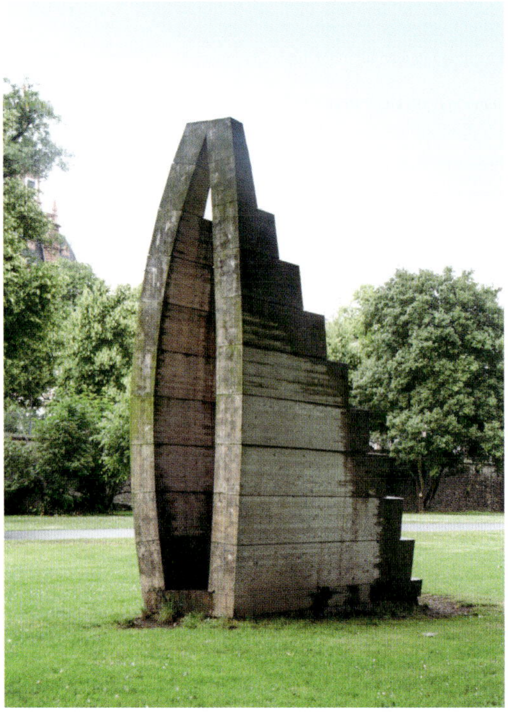

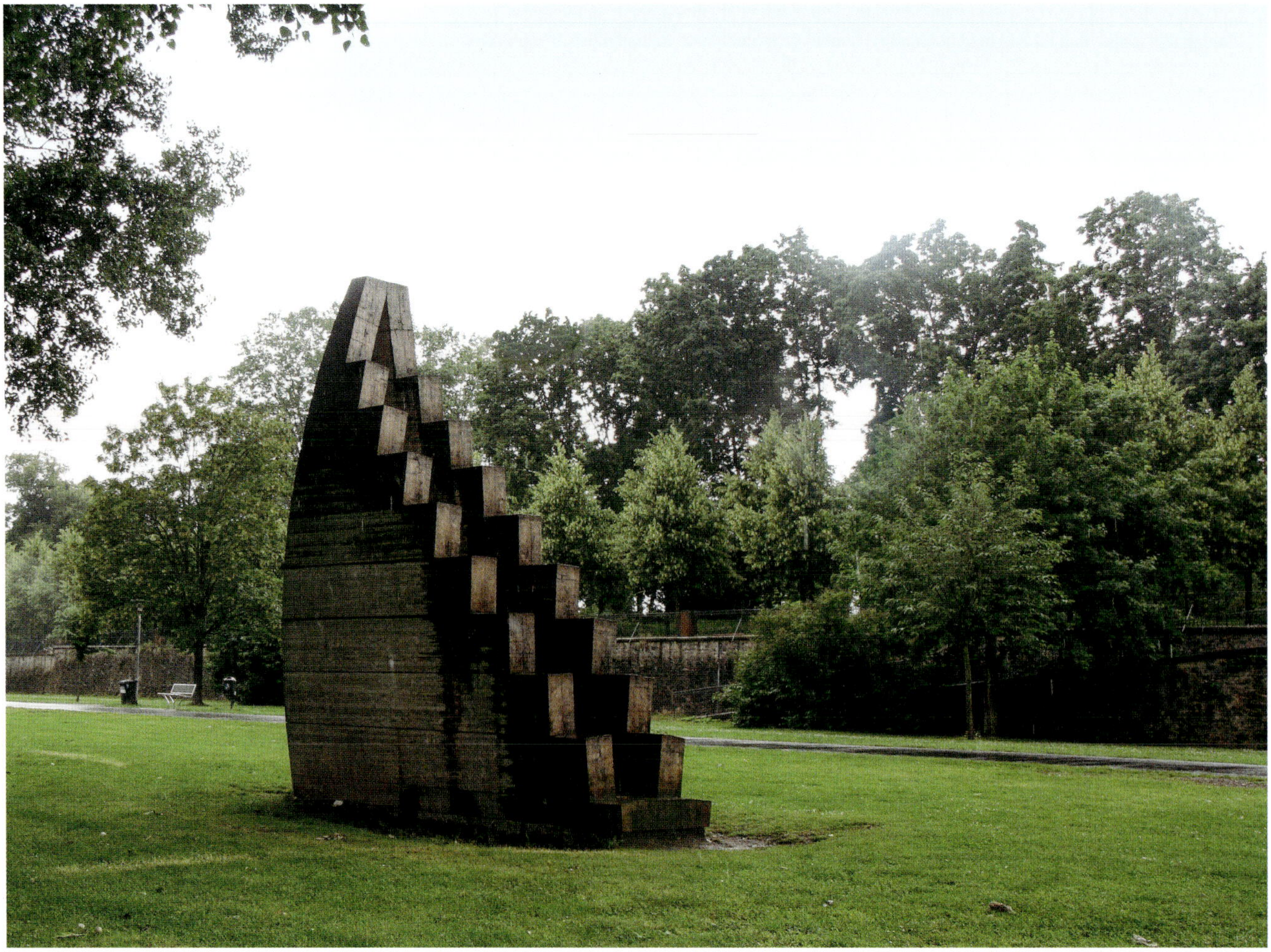

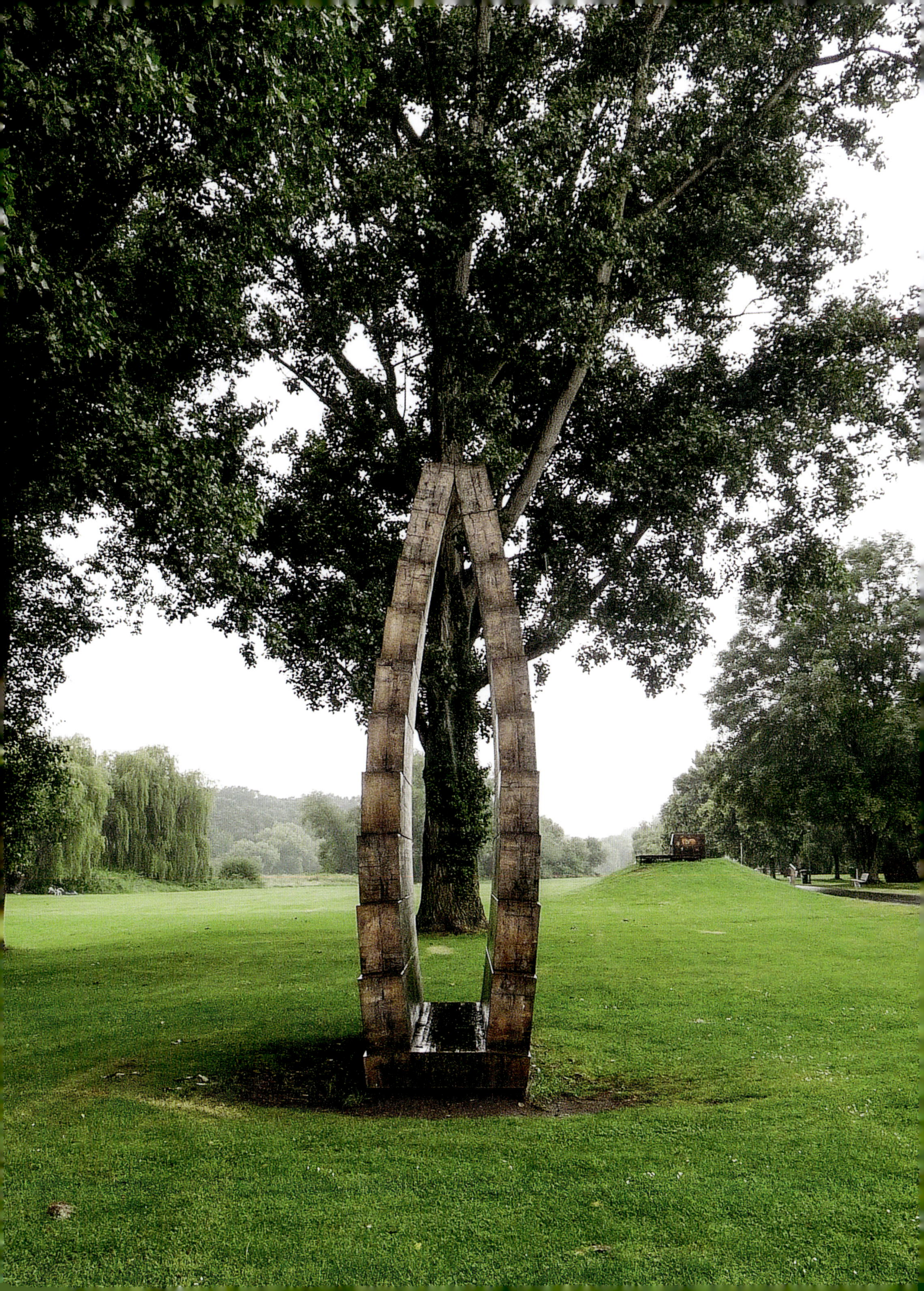

38

Gegenüberstellung I (1990)
Arbeitsamt Nürnberg, Deutschland

Cortenstahlkonstruktion

Im Innenhof des Nürnberger Arbeitsamtes hat Bury eine zweiteilige Skulptur aus Cortenstahl installiert. Beide Teile sind jeweils aus drei konisch zulaufenden, eng geführten vertikalen Stelen komponiert. Ihre mit etwas Abstand zu den vertikalen Ensembles situierten flachen Sockel laden zum Sitzen ein. Die dialogische Verdopplung der sehr abstrakt wirkenden Raumplastik verleiht ihr eine gewisse Intensität, weil die Betrachter ihre Wahrnehmungen der beiden Teile unwillkürlich vergleichen. Innerhalb von etwa drei Jahren färbte sich der Cortenstahl, der wegen seiner Korrosionsbeständigkeit auch Wetterstahl genannt wird, von der ursprünglichen Blechfarbe über hellbraun, braun, braunviolett nach dunkelbraun-violett und wurde schließlich nahezu schwarz.

Confrontation I (1990)
Nuremberg Job Centre, Germany

Corten steel structure

Bury installed a two-part sculpture of Corten steel in the inner courtyard of the Nuremberg Job Centre. Both parts, which stand close together, are each composed of three thin, conical tapering stelae. The flat base of the sculpture that projects quite far out from the stelae can be sat on. The dialogic doubling of this very abstract-looking open-form sculpture lends it particular intensity because viewers unwittingly compare perceptions of the two parts. Within the space of about three years, the Corten steel, which is also known as 'weathering steel', changed colour from the original metal colour, evolving through shades of light brown, brown and purplish brown to become purplish dark brown and ultimately almost black.

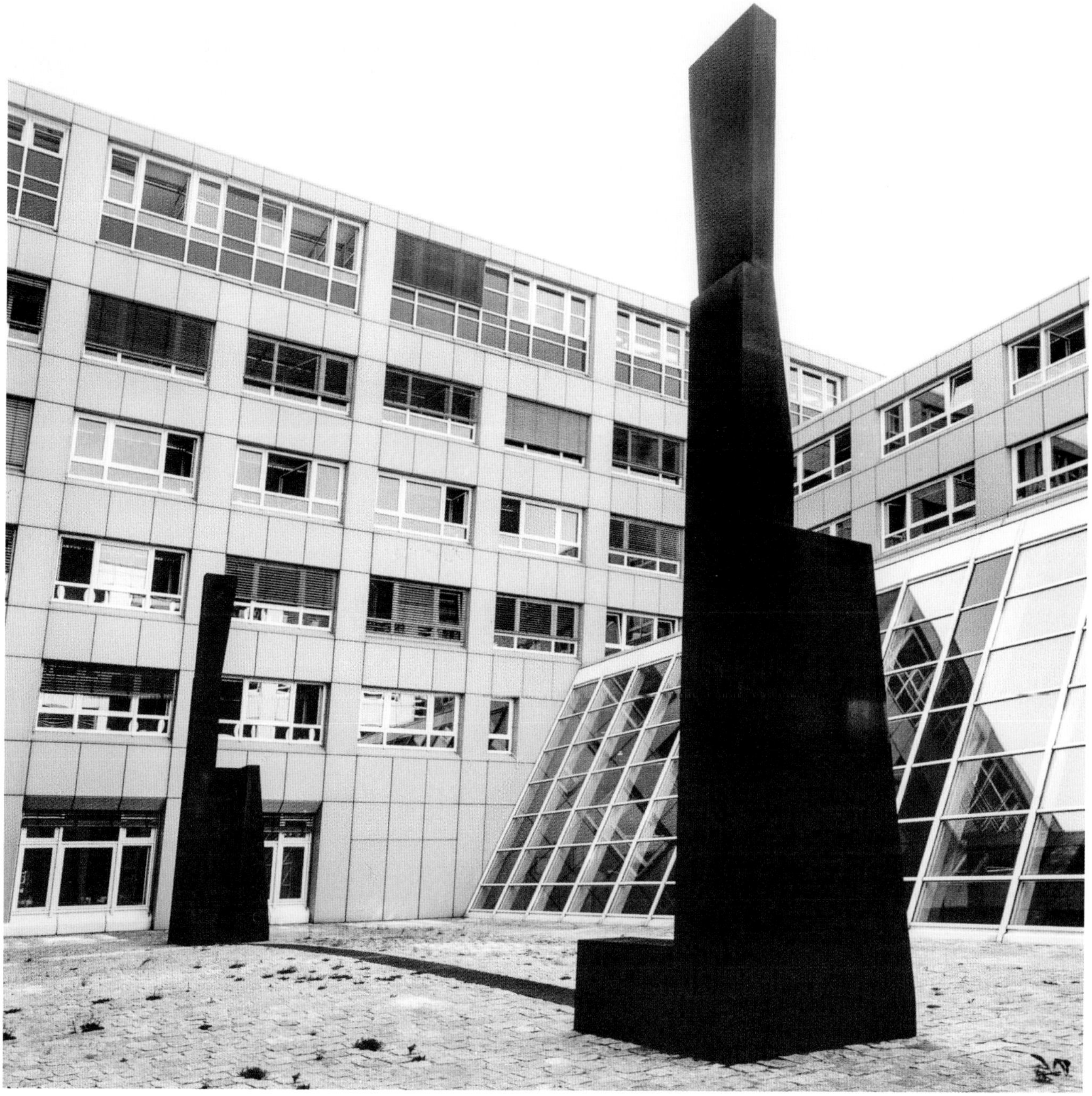

39

Windwurfschneise Aspenhainer Kopf (1990)
Neuwirtheim/Kinzigtal, Deutschland

Im Januar und Februar 1990 richteten fünf heftige Winterstürme in der Nähe der hessischen Stadt Gelnhausen – in der südlichen Vogelsbergregion zwischen Kinzigtal und Wetterau – viermal so große Verwüstungen an wie im Rest von Deutschland. Allein in der Gegend des Kinzigtals betrug die Windwurfmenge den zehnfachen Jahreseinschlag. Der Orkan schlug eine breite Schneise in den Wald der Fürsten zu Isenburg und Büdingen, die mit zirka 10.000 Hektar, also 100 Quadratkilometern, zu den größten privaten Forstbetrieben in Deutschland zählen. Für diese Schneise der Verwüstung konzipierte Claus Bury ein landschaftsbezogenes Kunstwerk am Aspenhainer Kopf, ein beim Biebergemünder Ortsteil Neuwirtheim ins Kinzigtal hineinstoßender Hang. Der Künstler entwarf eine in den Hang hineinreichende, begehbare Architekturskulptur von 150 Metern Länge, zu deren Bau der umgeworfene Baumbestand verwendet werden sollte. Die geborgenen Fichtenstämme wären auf einer Länge von 96 Metern in zwei Reihen in sechs bis zweieinhalb Metern Abstand zu einem ansteigenden Palisadenaufgang angeordnet worden. Am Fuß des Aspenhainer Kopfes sah Bury eine doppelt geführte Treppenanlage vor. Dieser Palisadengang sollte zu einem knapp 18 Meter hohen, in Pfahlbauweise errichteten Aussichtsturm führen. Die Skulptur war nicht nur als Erinnerung an diese Naturkatastrophe konzipiert, bei der die Winde Spitzengeschwindigkeiten von 285 Stundenkilometern erreichten, sondern sollte auch als Lärmschutzwall neben der Autobahn Frankfurt–Fulda dienen. Rückblickend erscheint die Aussichtsplattform, die beim Betreten den Blick über den verwüsteten Waldhang in das Kinzigtal erlaubt hätte, wie eine frühe Vorwegnahme des 2006 realisierten *Bitterfelder Bogens*. Beide Aussichtsplattformen ermöglichen beeindruckende Vogelperspektiven. Zudem verbindet diese beiden Projekte, dass sich beim Erklimmen die Ansichten der Baumbestände ständig wandeln, bis man über den Wipfeln zu schweben scheint. Auf beiden Seiten des Aufgangs war eine Neuaufforstung vorgesehen, deren junge Bäume nach ein paar Jahren die begehbare Skulptur hätten verschwinden lassen. Allerdings verhinderten die geschätzten Kosten von 900.000 DM (also etwa 450.000 Euro), für deren Finanzierung die Holz- und Forstwirtschaft sowie die öffentliche Hand hätte aufkommen sollen, die Realisierung des Projektes.

Wind Damage Path Aspenhainer Kopf (1990)
Neuwirtheim, Kinzig Valley, Germany

In January and February 1990, five severe winter storms near Gelnhausen, a city in Hesse – in the southern Vogelsberg region between the Kinzig Valley and Wetterau – wrought four times the havoc bad weather did in the rest of Germany at the time. In the Kinzig Valley region alone, the wind damage amounted to ten times the annual average. The European windstorm left a broad path of destruction in its wake in the forest owned by the Princes of Ysenburg-Büdingen, which, covering some 10,000 hectares – that is, roughly 100 square kilometres – is one of the largest privately owned and managed forests in Germany. For this wind damage path, Claus Bury envisaged a landscape-related work of art on the Aspenhainer Kopf, a slope that extends into the Kinzig Valley near Neuwirtheim. The artist designed an enterable architecture sculpture 150 metres long to extend into the slope. The trees toppled by the windstorm were to be used to build the sculpture. The spruce trunks salvaged for the purpose would have been arranged in two rows ninety-six metres long at intervals ranging from six to two and a half metres to form a ramp ascending to a palisade-like structure. At the foot of the Aspenhainer Kopf slope, Bury envisaged a double stair. This ramp was to lead to an observation tower about eighteen metres high and built on pilings. The sculpture was conceived not only as a memorial to this natural catastrophe, during which wind speeds of up to 285 kph were recorded, but also as a noise barrier wall next to the Frankfurt-Fulda motorway. In retrospect, the observation platform, which would have afforded views across the devastated wooded slope into the Kinzig Valley, looks like an anticipation of Bury's *Bitterfeld Arch*, which was built in 2006. Both observation platforms provide impressive bird's-eye views of the surrounding scenery. Another feature that the two projects have in common is that climbing up to them constantly changes the visitors' perspective on the trees during the ascent until, on reaching the top, they feel they are hovering over the treetops. Reforestation was planned for both sides of the stair; as they grew, the young trees would have hidden the enterable sculpture entirely. Unfortunately, a cost estimate of DM 900,000 (about €450,000), which was to have been financed by the timber and forestry business as well as the public purse, put paid to realising the project.

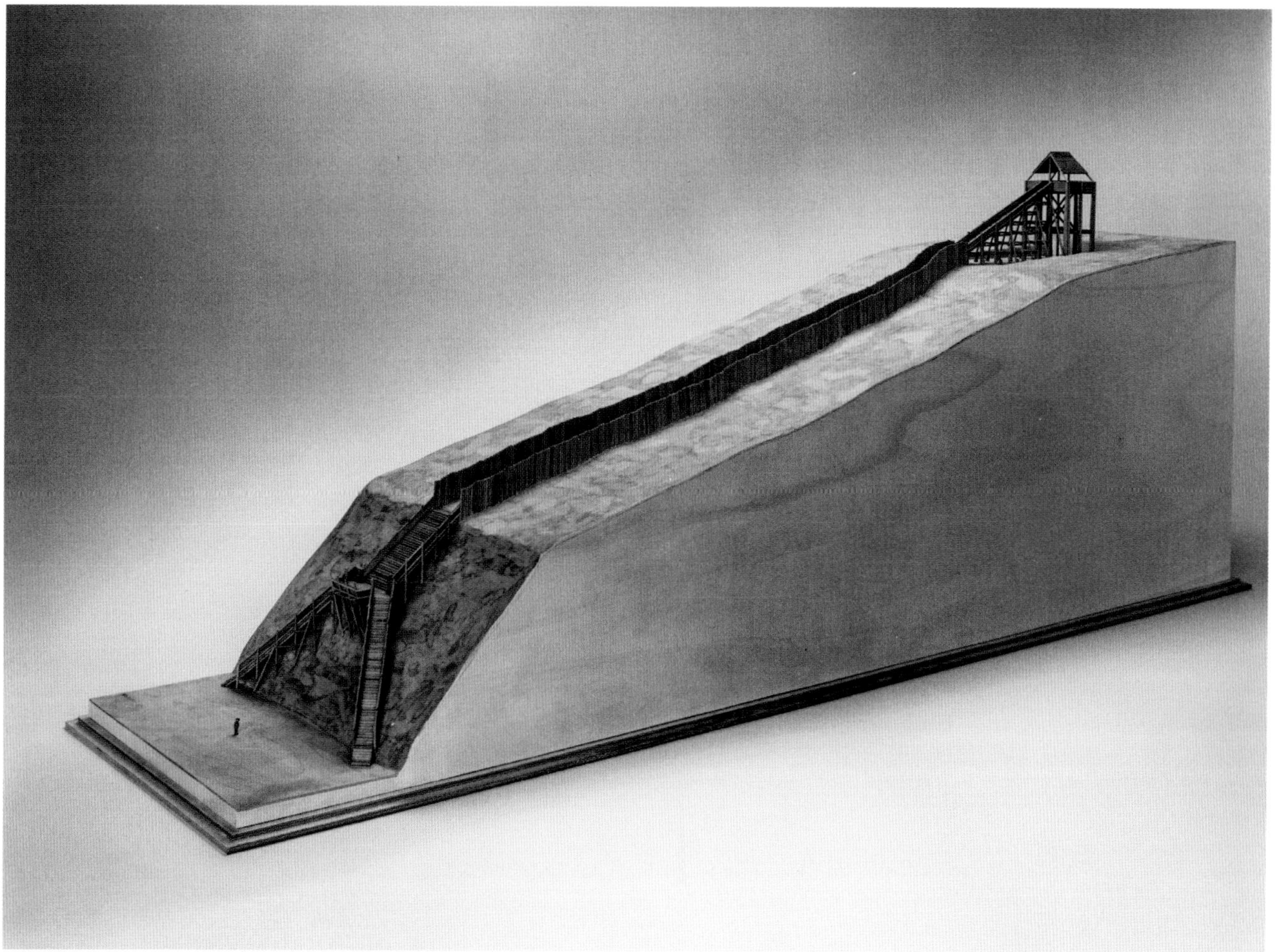

40

Kreuzwölbung (1991)
Arbeitsamt Bremen, Deutschland

Leimschichtholz (Douglasie).
5,2 × 13,5 × 2,5 m

Diese groß dimensionierte, gleichwohl elegante Arbeit aus Douglasien-Leimschichtholz entstand als Gemeinschaftsprojekt mit dem Kölner Bildhauer Ansgar Nierhoff. Sie orientiert sich in ihrer räumlichen Positionierung an Achsenbezügen und Durchblicken, die der Innenhof, die Durchgänge und die Architektur vorgeben. Die Skulptur besteht aus drei sich überschneidenden bzw. kreuzenden schwungvollen Segmentbögen, die kraftvoll bis kurz vor einer sie stoppenden Gebäudefassade aufsteigen. Dort werden sie von vertikalen Stützen gehalten. Horizontale, mauerartig liegende Quader begrenzen den Raum des Gesamtensembles und definieren dessen internen Erlebnisraum. Zudem wird dieser durch neu angepflanzte Bäume als „Raum im Raum" im Innenhof herausgehoben und separiert, aber auch verzeitlicht.

Cross Vault (1991)
Bremen Job Centre, Germany

Glue-laminated timber (Douglas fir).
5.2 × 13.5 × 2.5 m

This large yet elegantly clear work of glue-laminated Douglas fir timber was created as a joint project with the Cologne sculptor Ansgar Nierhoff. It is positioned in the space with its axes and apertures aligned in such a way that they anticipate the inner courtyard, the passages and the architecture. The sculpture consists of three forcefully overlapping or crossing segmental arches that rise powerfully until just before a façade of the building stops them. At that point they are held by vertical supports. Horizontal rectangular prisms that look like masonry delimit the space containing the whole work and define its internal experiential space. In addition, the space is picked out and separated but also put into a temporal framework as a 'space in a space' by three newly planted trees.

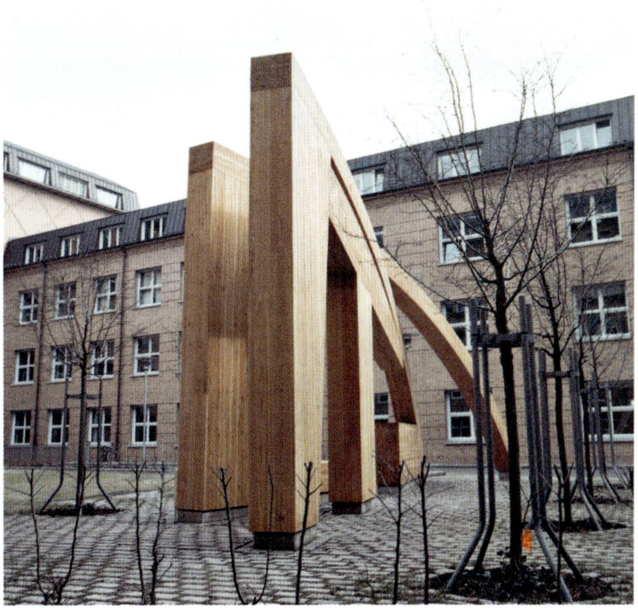

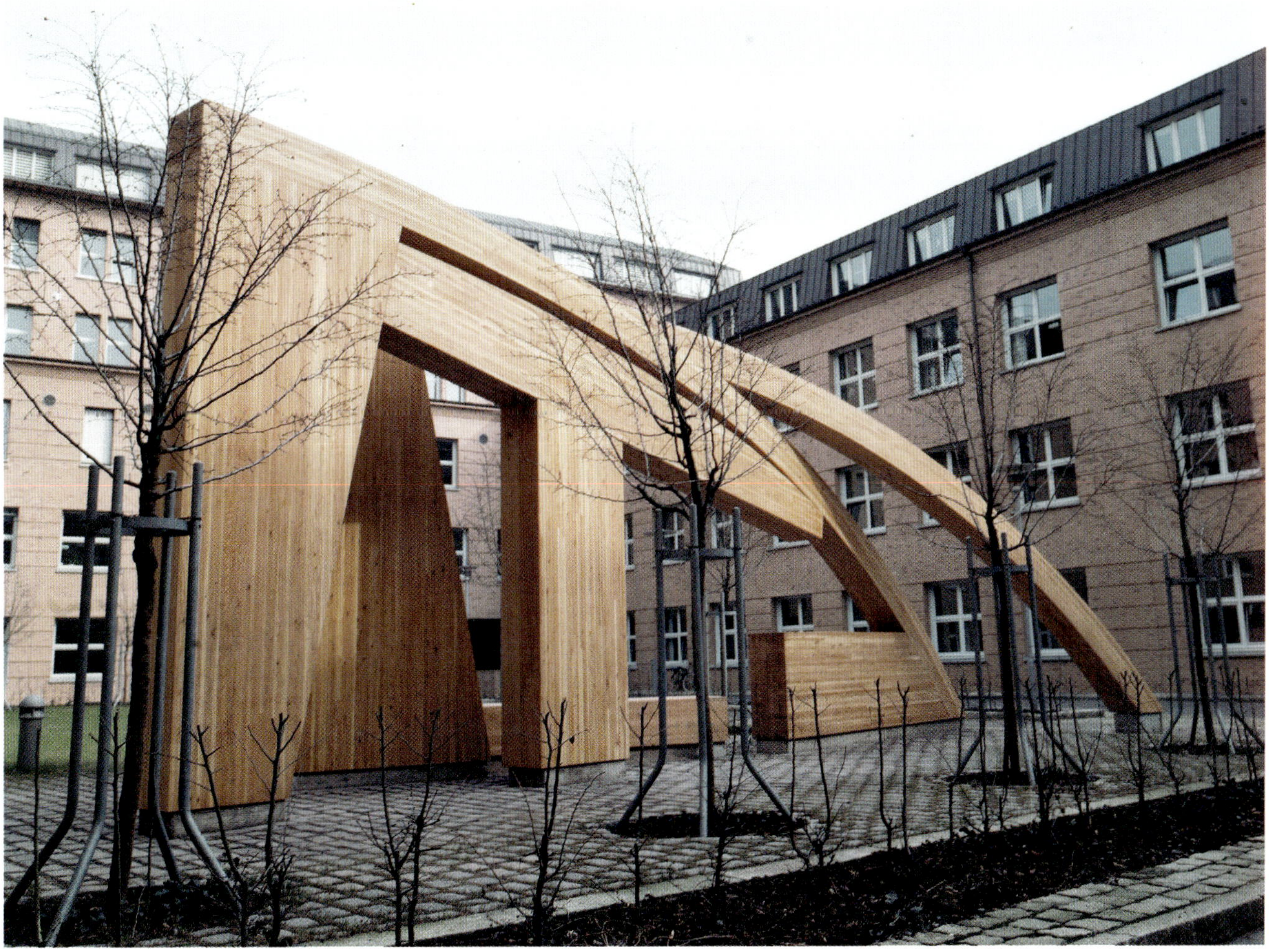

41

Turmtor Friedrichsberg (1991) Landesgartenschau, Pforzheim, Deutschland

Holzkunstruktion. 12,2 × 7,2 × 8,6 m

Jede Landesgartenschau ist eine künstlich angelegte gärtnerische und landschaftsgestalterische Leistungsschau, gewissermaßen eine grüne Messe im Freien. Burys *Turmtor*, der Name weist darauf hin, ist ein Gebäude, das gut zwölf Meter hoch ist und in der Fläche etwa sieben auf neun Meter misst. Das Haus besitzt einen dreiteiligen Eingang an der Giebelfront, der den gleichfalls dreiteiligen Toreingang für das Trierer *Torbogen*-Projekt (1985, vgl. Nr. 25) wieder aufnimmt. Den besteigbaren dachartigen Treppen an den Längsseiten entwachsen zwei rektanguläre Dachaufbauten. Diese Aufbauten bestehen im Inneren aus umgedreht auf den First gestellten Satteldächern, zwischen denen ein über Treppen erreichbarer, intim dimensionierter, kontemplativer Rückzugsbereich zum Verweilen einlädt. Die dünnen Außenwände dieser Gartenschau-Pavillons wie auch jene der Seitenfassaden erinnern an Plakatwände oder Billboards. So ist dieses *Turmtor* in seiner generellen Großform vielleicht eine Reminiszenz an die amerikanische *vernacular architecture* eines Robert Venturi oder Robert A. M. Stern. Allerdings sind in dieser Skulptur die strukturellen räumlichen Charakteristika wie Über- und Unterschneidungen, Vexierangebote und Öffnungen konzeptioneller und raffinierter als in Nutzarchitekturen.

Friedrichsberg Gate Tower (1991) State Horticultural Show, Pforzheim, Germany

Timber structure. 12.2 × 7.2 × 8.6 m

Every State Horticultural Show is an artificially laid out display of garden design and landscape architecture, an outdoor trade fair in a sense. Bury's *Gate Tower*, as the name implies, is a building about twelve metres high and with a surface area of some seven by nine metres. The house boasts a tripartite entrance on a gabled front that also reproduces the tripartite entrance gate for the Trier *Arch* project (1985, see No. 25). Two rectangular roof-like superstructures grow out of stairs on the long sides that can be climbed. Inside, these superstructures consist of gable roofs turned upside down on the ridgepole. Between them stairs lead up to a retreat area on an intimate scale that invites visitors to linger and meditate. The thin outer walls of these Horticultural Show pavilions as well as their side façades are reminiscent of poster walls or billboards. Hence this *Gate Tower* in its overall large form perhaps represents an homage to the American vernacular architecture with which the likes of US architects Robert Venturi and Robert A. M. Stern are associated. However, its structural spatial characteristics such as overlapping and undercutting, optical illusions and apertures are more Conceptual and sophisticated in this sculpture than they would be in utilitarian architecture.

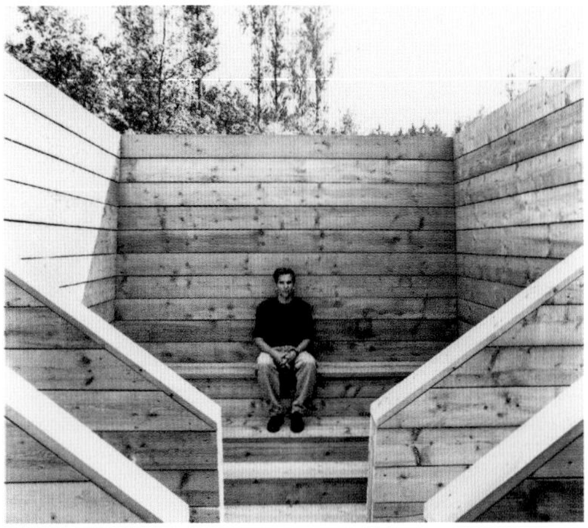

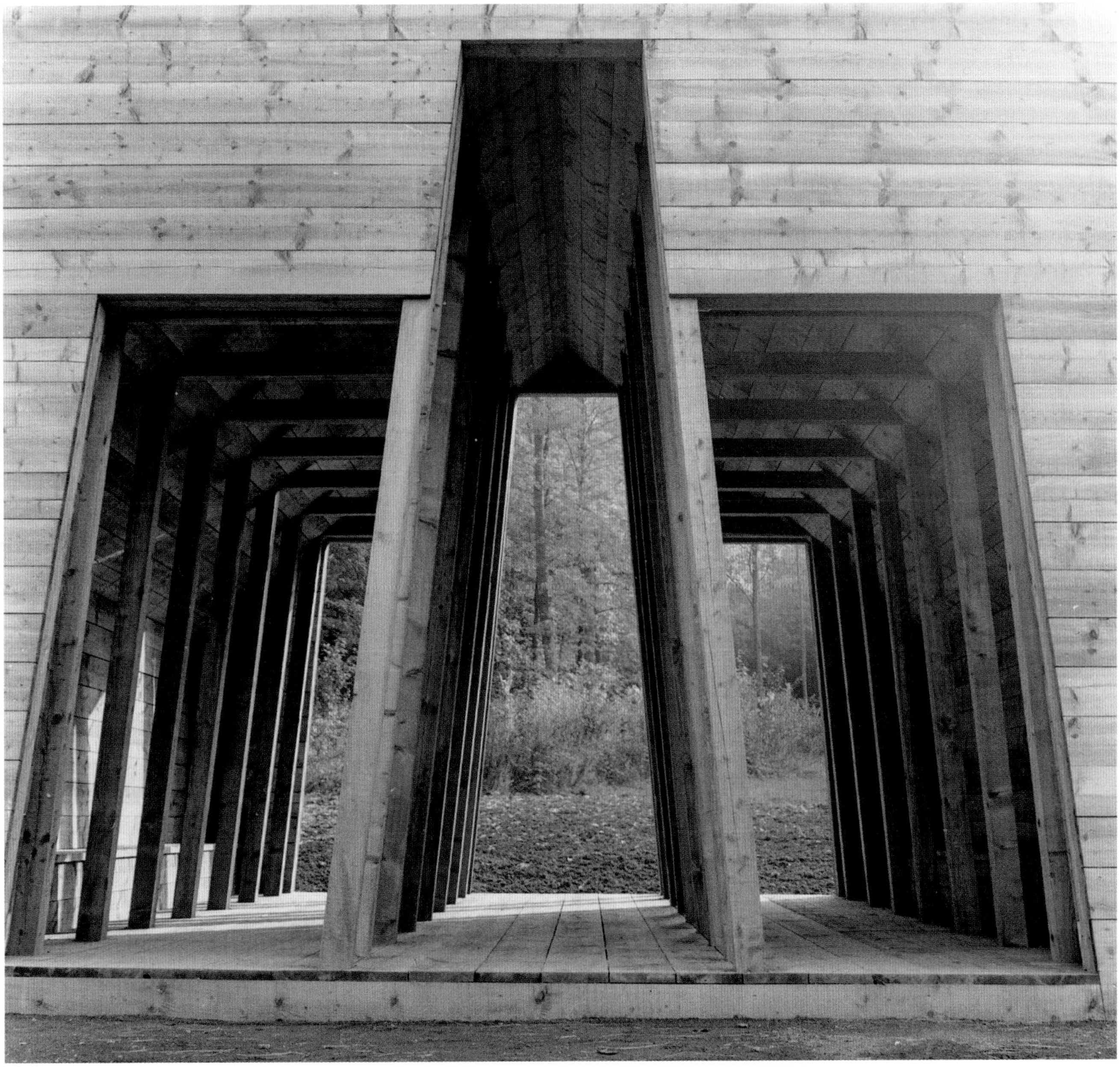

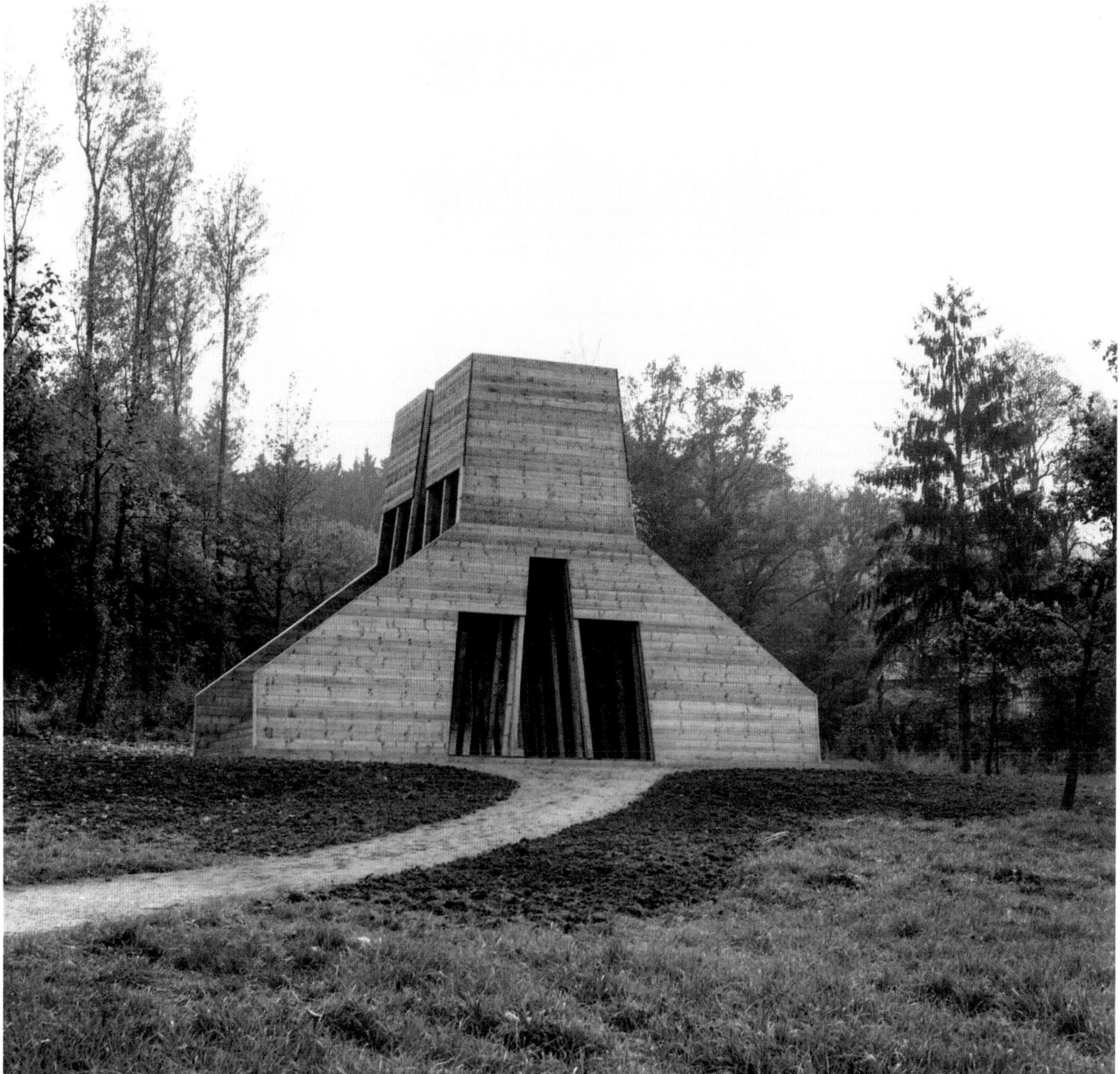

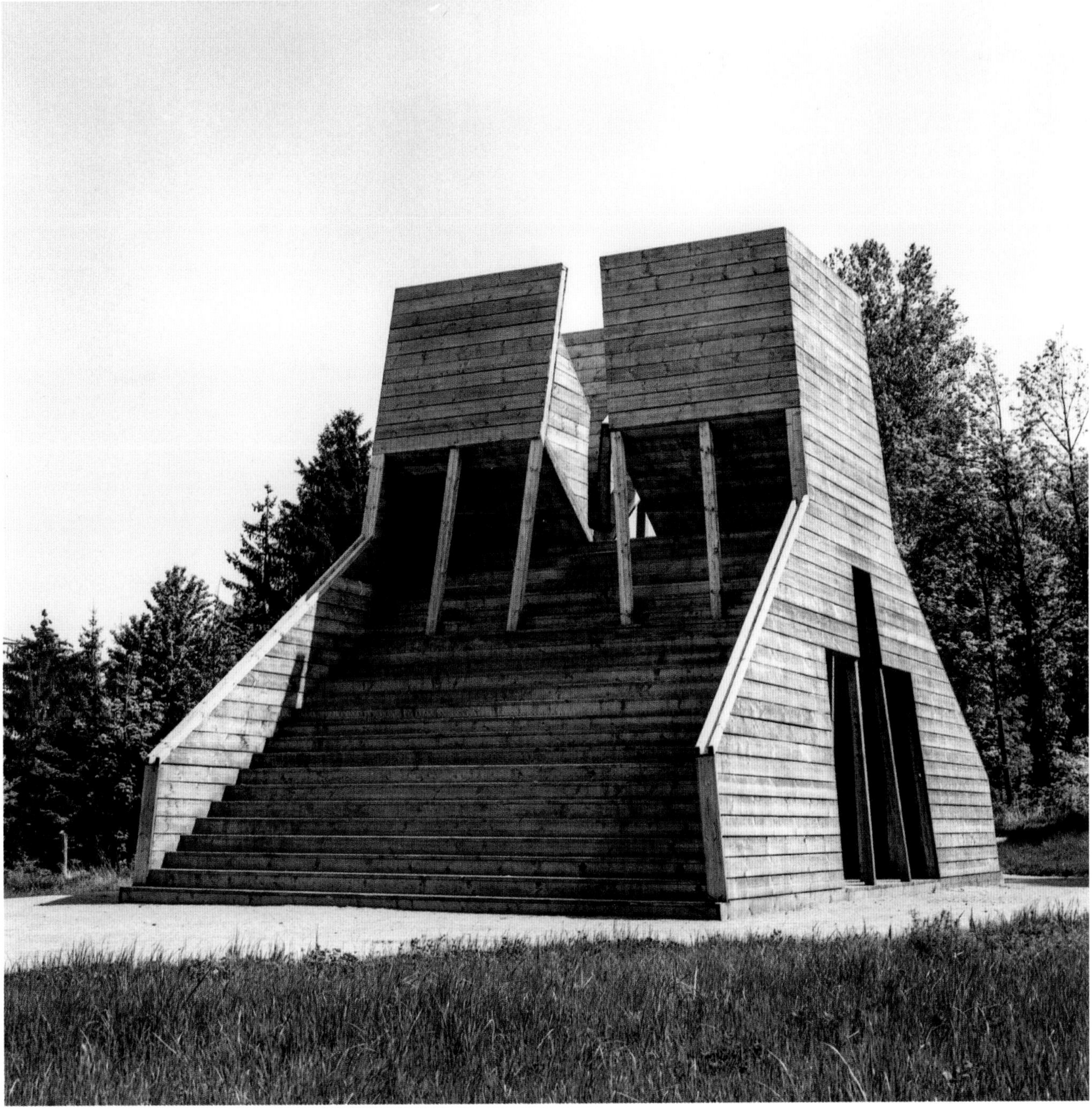

42

Auf Goethes Platz (1991)
Goetheplatz, Frankfurt am Main, Deutschland

Holzkonstruktion. 9,3 × 5,8 × 5,8 m

Auf einer Fläche von knapp sechs auf sechs Metern errichtet, wirkte die neun Meter hoch strebende Skulptur auf dem innerstädtischen Goetheplatz wie ein archaischer Thron oder ein XXL-Stuhl für Werbezwecke. Bury hatte hochrechteckige Quader gewissermaßen ineinandergesteckt und sie mit einer überdimensionierten „Stuhllehne" sowie einer fensterartigen Öffnung versehen. Aus den Quadern erwuchs eine Art kantiger Obelisk, der der Skulptur Denkmalcharakter verlieh. Burys Arbeit stand an genau jener Stelle, wo seit 1844 das von Ludwig Schwanthaler geschaffene Goethedenkmal positioniert war, bevor es nach seiner Restaurierung ab August 2007 wieder an seinem ursprünglichen Standort aufgestellt wurde. Man konnte diese Skulptur durchaus als Stellvertreter für das abwesende Denkmal begreifen, wie ja auch der Titel suggeriert. An den Basen der Quader gab es quadratische Würfel, die zum Hinsetzen und Verweilen einluden. Jörg van den Berg bemerkt: „Man kann hier Platz nehmen, um den Preis der totalen Aufmerksamkeit. In dem Maße, wie man zum Beobachter des Geschehens im öffentlichen Raum wird, wird man zugleich zum Beobachteten. Genau das markiert eine der Besonderheiten vieler Großskulpturen von Claus Bury: Sie werden zu Bühnen im öffentlichen Raum."[1] Und Manfred Schneckenburger schreibt über die Skulptur: „Sie skelettiert und abstrahiert eine gigantische Sitzfigur bis aufs Fichtenholz und durchdringt ihr Gebälk optisch mit den Pilastern der zurückliegenden Architektur. Gleichzeitig bietet sie in ihrem Inneren einen Sitzplatz an, der die kolossale Abbreviatur körperlich nachvollziehbar macht. Ein geistvolles Spiel in der Spannung von Monument und Subversion."[2]

1 Jörg van den Berg: Wahrnehmungsarchitekturen. Skulptur – Objekt – Bühne, in: Neues Museum Nürnberg / Die Neue Sammlung München (Hrsg.): Claus Bury. Maßstabssprünge, Nürnberg 2010, S. 211–222, S. 218

2 Manfred Schneckenburger: Bewegter Stillstand. Pendulum, in: Claus Bury. Pendulum, Stuttgart 1998, S. 8–19, S. 11

On Goethe's Square (1991)
Goetheplatz, Frankfurt am Main, Germany

Timber structure. 9.3 × 5.8 × 5.8 m

Set up on a surface measuring roughly six by six metres, this sculpture rose to the lofty height of nine metres on Goetheplatz, an inner-city square, like an archaic throne or an XXL chair for advertising purposes. Bury had, as it were, put elongated rectangular prisms inside one another and given them an outsize 'chair back' as well as a window-like aperture. An angular obelisk of sorts grew out of the rectangular prisms to lend the sculpture the character of a monument. Bury's work stood on precisely the spot where the Goethe Monument created by Ludwig Schwanthaler in 1844 had been placed. Taken down for restoration in August 2007, the Schwanthaler Goethe monument was re-erected on its original site. The Bury sculpture could definitely be interpreted as a surrogate for the monument in its absence, and this is in fact what its title suggests. There were cubes at the bases of the rectangular prisms that invited visitors to sit down and stay for a while. Jörg van den Berg remarked: 'You can take a seat here for the price of being a star attraction. Just as you become an observer of what is going on in this public space, you also become the object of observation. This very quality is what marks one of the special features of Claus Bury's monumental sculptures: they become stages in a public space.'[1] And Manfred Schneckenburger writes on this sculpture: 'It skeletonises and abstracts a gigantic seated figure down to spruce wood and penetrates its beams visually with the pilasters of the architecture of the past. At the same time it provides a place to sit in its interior that makes this colossal abbreviation physically amenable. A witty play on the tension between monument and subversion.'[2]

1 Jörg van den Berg, 'Wahrnehmungsarchitekturen. Skulptur – Objekt – Bühne', in Neues Museum Nürnberg/Die Neue Sammlung München (eds.), *Claus Bury. Maßstabssprünge*, Nuremberg 2010, pp. 211–222, p. 218.

2 Manfred Schneckenburger, 'Bewegter Stillstand. Pendulum', in *Claus Bury. Pendulum*, Stuttgart 1998, pp. 8–19, p. 11.

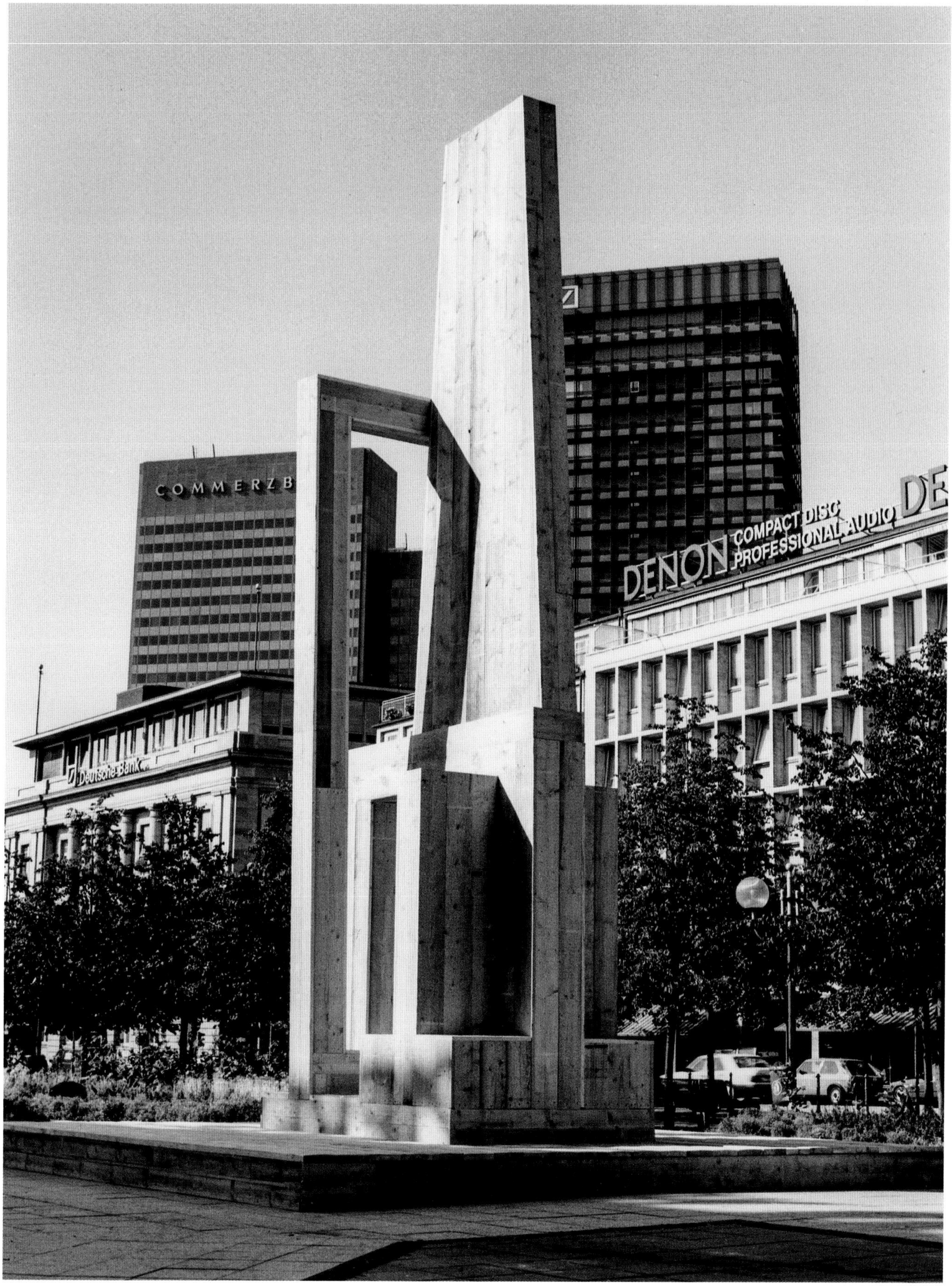
COMMERZB
Deutsche Bank
DENON
COMPACT DISC
PROFESSIONAL AUDIO
DE

43

Gegenüberstellung II (1992)
Arbeitsamt Ahlen, Deutschland

Aluminiumkonstruktion

Ähnlich wie bei der Doppelskulptur für das Arbeitsamt in Nürnberg (vgl. Nr. 38) hat Bury auch für jenes in Ahlen in Westfalen eine doppelte Anordnung gewählt. Beide aus hochglänzendem Aluminium gefertigten Plastiken stehen in einer Abfolge von mehrgeschossigen Innenhöfen mit umlaufenden Balkonen. Es sind vertikale kubische Keile mit Sockeln, deren interne Proportion erneut auf die Zahlenfolge von Fibonacci zurückgehen. Beide Keile sind durch senkrechte Schlitzöffnungen dynamisiert, die sich ebenfalls in den Fibonacci-Proportionen, aber gegenläufig zur Außenkontur der Skulpturen, nicht von unten nach oben, sondern, umgekehrt, von oben nach unten verjüngen.

Confrontation II (1992)
Ahlen Job Centre, Germany

Aluminium structure

As he had for his double sculpture for the Nuremberg Job Centre (see No. 38), Bury chose a double arrangement for his work in Ahlen, North Rhine-Westphalia. Both sculptures are made of high-gloss aluminium and stand in a flight of courtyards enclosed by multistorey buildings with continuous balconies. The sculpture consists of vertical cubic wedges with bases, whose internal proportions again derive from the Fibonacci Sequence. Both wedges are dynamised by apertures in the form of vertical slits, which are also proportioned according to Fibonacci yet run counter to the exterior contour of the sculptures – that is, they taper from top to bottom instead of conversely from bottom to top.

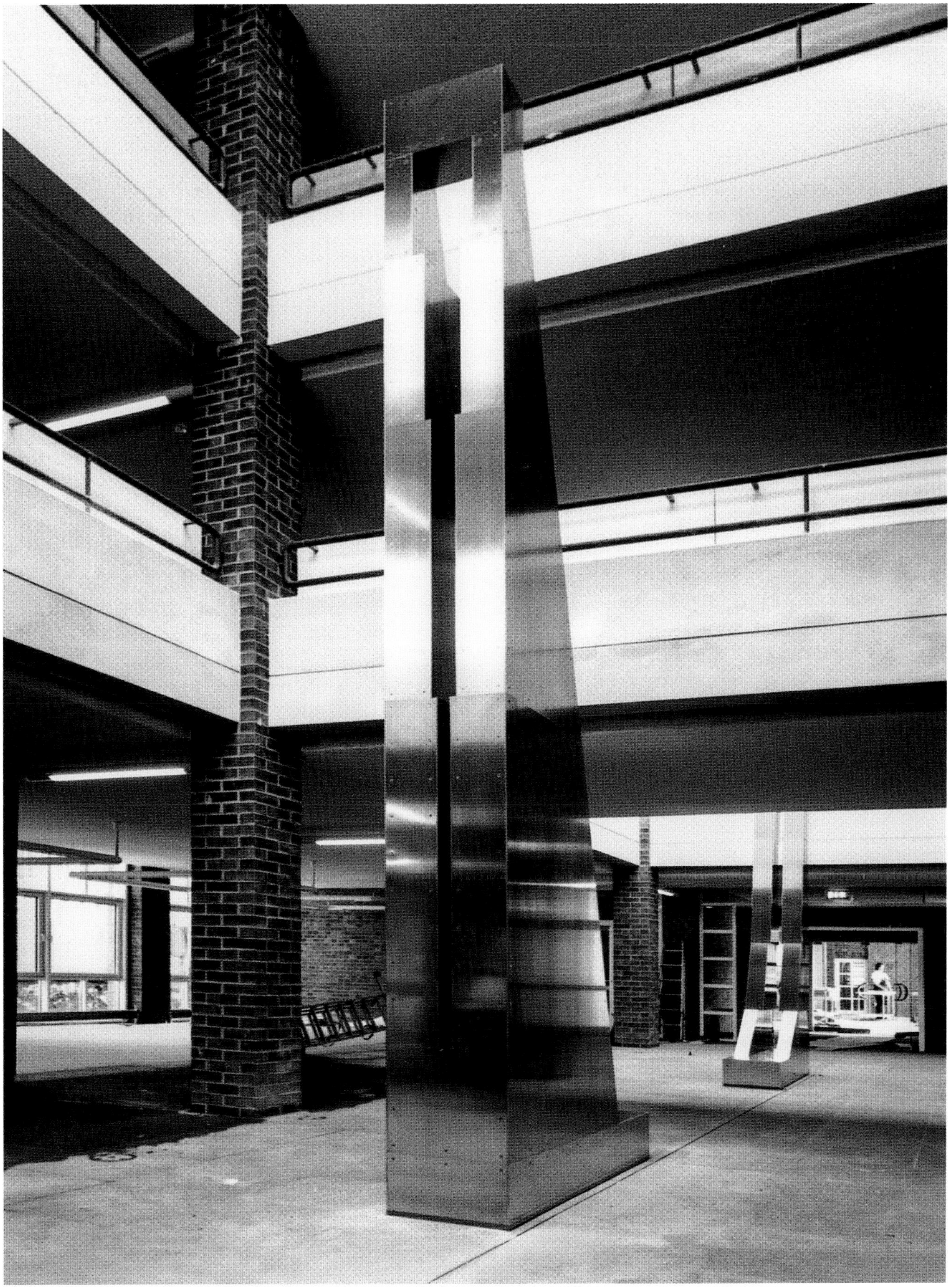

44

Am Kreuzungsbogen (1992) Internationale Gartenbauausstellung, Stuttgart, Deutschland

Holzkonstruktion. 8,6 × 14,5 × 5 m

Wie in Pforzheim auf der Landesgartenschau (vgl. Nr. 41) entstand ein Jahr später auch für die Internationale Gartenbauausstellung in Stuttgart im Grunde eine Pavillonarchitektur. Und wie bei seinem *Mercator*-Projekt für Duisburg (vgl. Nr. 28) verwendete Bury auch hier Kreissegmente, um eine kuppelartige Konstruktion zu errichten. Wieder bilden die Kreissegmente ein rektanguläres Kreuz. An der Frontseite rahmen sie ein großes offenes Tor, welches rechtwinkelig von einer dreiachsigen Treppenanlage geschnitten wird. Ihre beiden äußeren Achsen führen jeweils zu einer Blindwand, während die mittlere als Einschnitt radial über die Mitte hinausführt und Auf- und Abstieg sowie eine Fernsicht ermöglicht. Am Scheitelpunkt der Treppenkonstruktion erzeugen palladianische Rundbogenfenster die Anmutung einer Villenarchitektur der Renaissance. Hinter den Fensteröffnungen gibt es jeweils komplexe loggienartige, mit Sitzgelegenheiten versehene Aussichtsbalkone. Hier konnten die Gartenschaubesucher auf Höhe der umgebenden Baumwipfel kontemplativ innehalten. In den offenen Eckwinkeln der Segmentbogenkonstruktion wechselt die Fichtenholzbeplankung von waagrecht zu senkrecht und ergibt so als flächige Binnenfigur ein weiteres Motiv ikonografischer Eindrücklichkeit. Wie bei allen Raumskulpturen Burys ist auch hier das Spiel von Licht und Schatten, welches die Treppen, Scheiben und Öffnungen erzeugen, äußerst dynamisch und verlebendigt die plastische Intensität.

Arch (1992) International Horticulture Show, Stuttgart, Germany

Timber structure. 8.6 × 14.5 × 5 m

As he had done at the State Horticulture Show in Pforzheim (see No. 41), Bury created what was essentially a pavilion structure a year later for the International Horticulture Show in Stuttgart. And like his *Mercator* project for Duisburg (see No. 28), Bury's Stuttgart Horticulture Show features circle segments to create a dome-like structure. The circle segments again form a rectangular cross. On the front side they frame a large open gate, which is cut at right angles from a staircase with three axes. The two outer axes each lead to a blind wall, whereas the central axis leads radially beyond the middle as a hiatus that makes climbing up and down and looking into the distance possible. At the apex of the stair structure, Palladian arched windows evoke Renaissance villa architecture. Behind each of the window openings, there is a complex loggia-like observation balcony equipped with seating, where visitors to the Horticulture Show could take a thoughtful break on a level with the crowns of the trees surrounding them. In the open angular corners of the segmental arch construction, the spruce planking switches from horizontal to vertical, thus providing a further motif that was iconographically memorable as a planar figuration within the contours of the work. As with all Bury's open-form sculptures, here, too, the play of light and shade created by stairs, discs and openings is extremely dynamic and animates the sculptural intensity of the work.

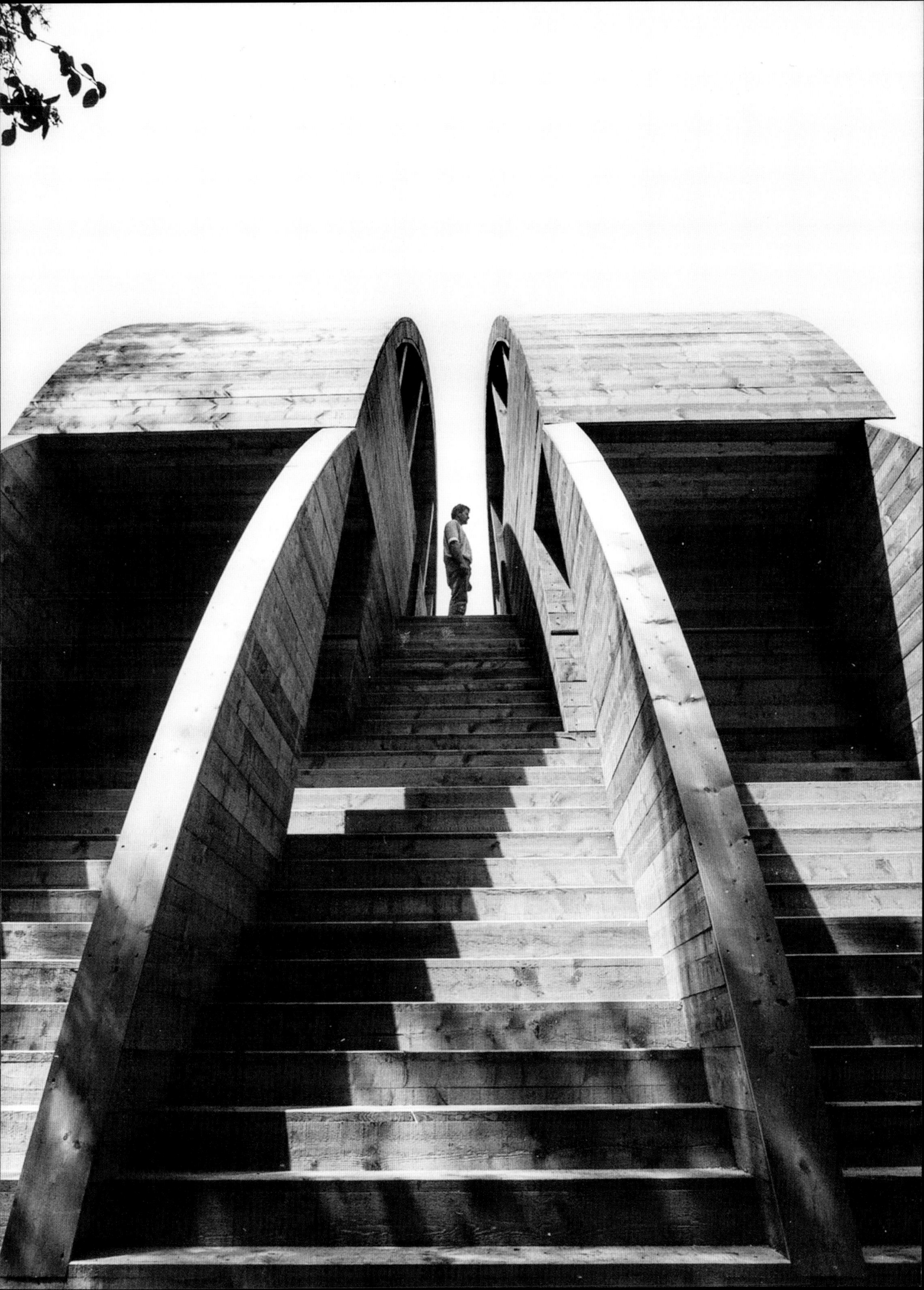

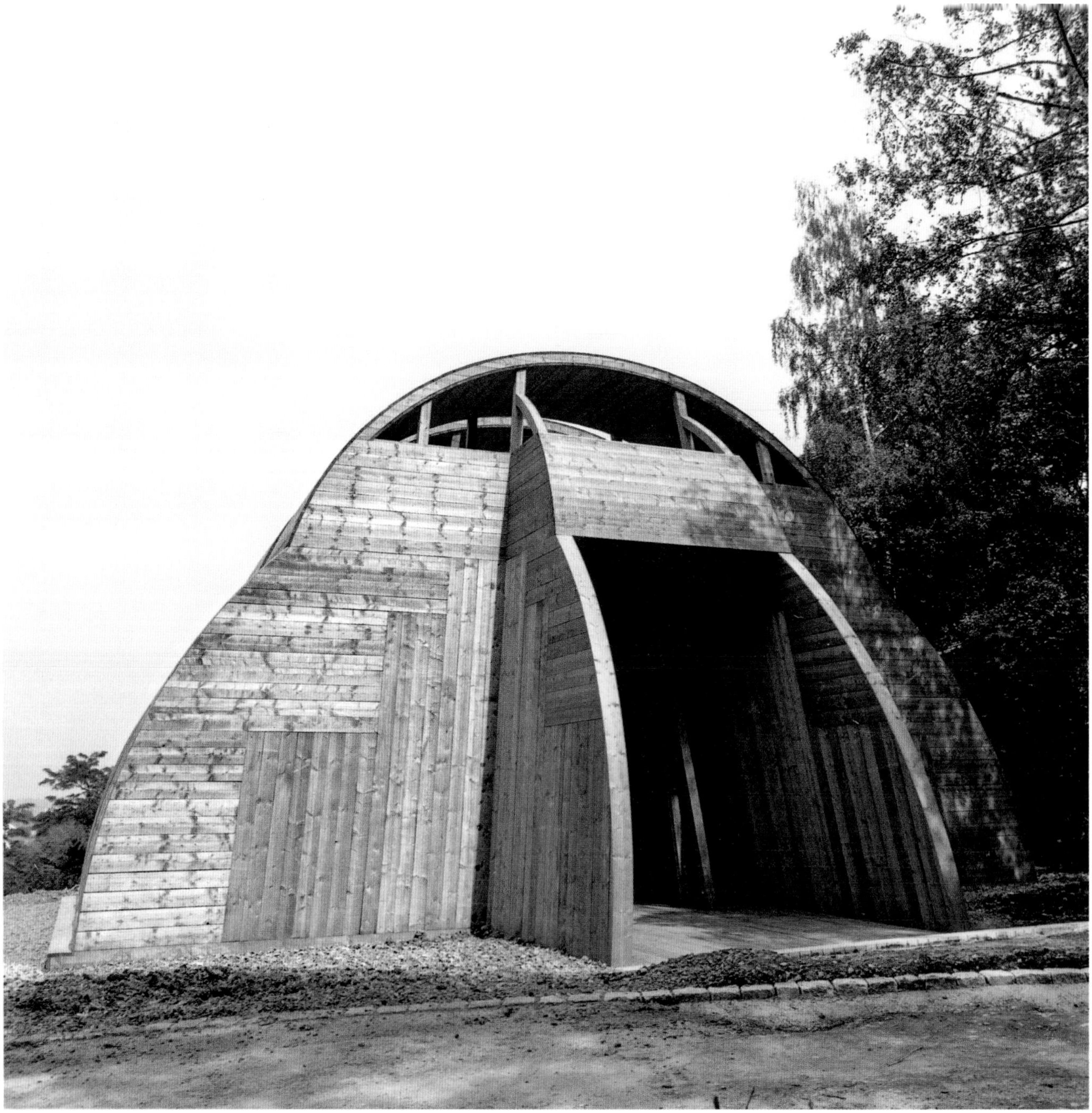

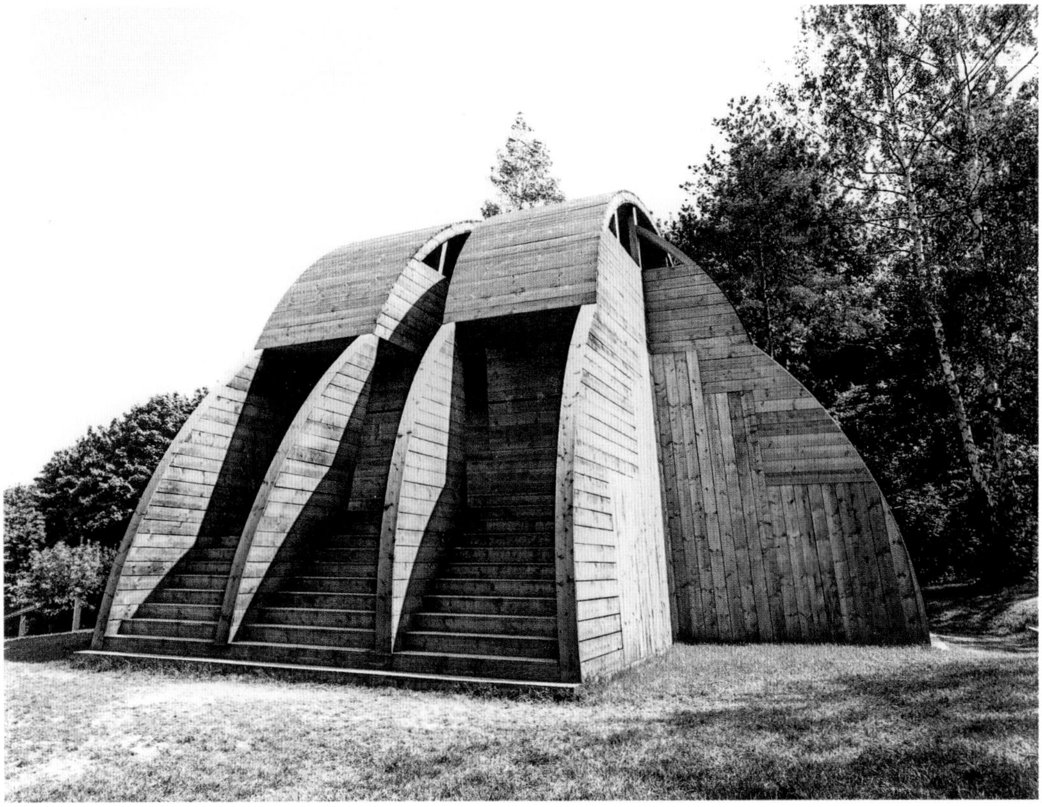

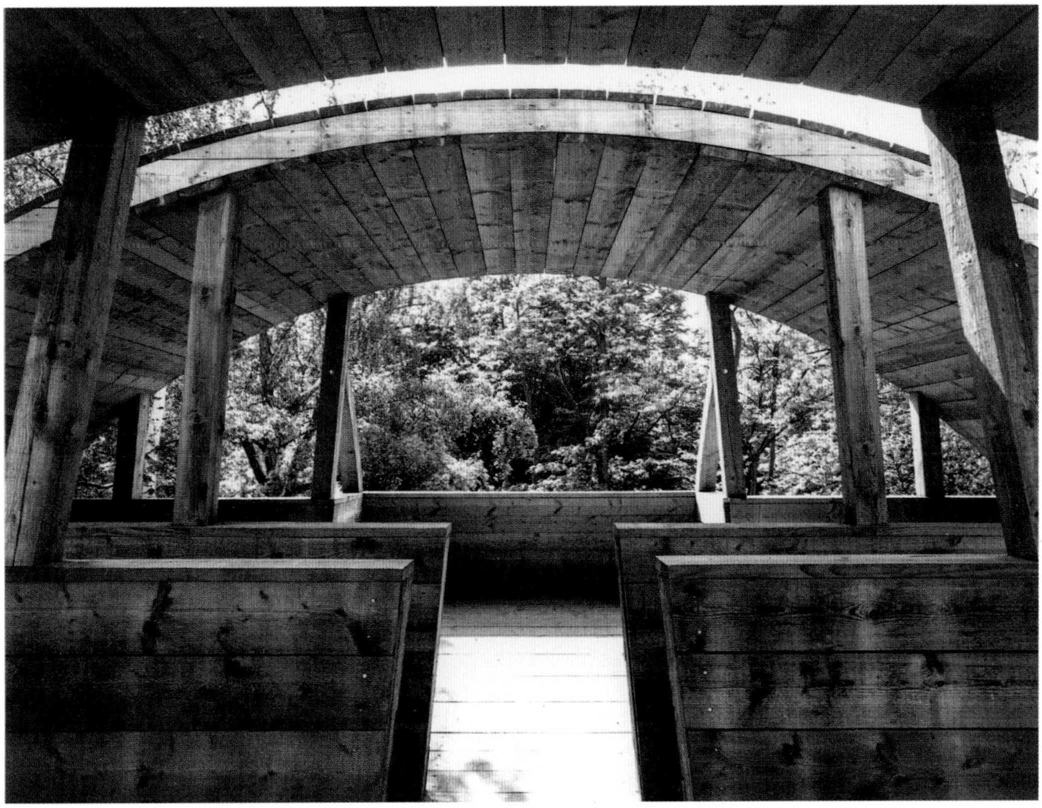

45

Schwingung (1993)
Dresdner Bank, Windmühlstraße, Frankfurt am Main, Deutschland

Holzkonstruktion, Leimschichtholz.
20×8,1×1,8 m

Bei der Skulptur für den Innenhof der Dresdner Bank in Frankfurt am Main liegen zwei gegenläufige Segmentbögen direkt an das Gebäude an. Die konkaven und konvexen Schwünge sind mit einander verbunden. Als Kontrapunkt liegt eine weitere geschwungene Segmentform auf dem Innenhofboden und verleiht der ansonsten sehr labil wirkenden Konstruktion statische Beständigkeit. Drei integrierte Sitzbänke laden zum Verweilen ein. Bury erläuterte seinen Entwurf entsprechend der Vorgabe der Bank, Kunst als Wahrnehmungsraum für Menschen zu schaffen, wie folgt: „Mich reizte vor allem der Kontrast des durch Glas und Sandstein gegliederten Neubaus und der schlichten, hell verputzten Fassade des Altbaus, der den 30 Meter hohen Innenhof in seiner vertikalen Gliederung unterbricht und eine Abwechslung in der Rhythmik schafft, die ich mir für meine Konzeption zunutze gemacht habe. Innerhalb der Grundfläche des Hofes dient ein 19 auf 19 Meter messendes Quadrat als Proportionsvorgabe für meine Überlegungen. Die Breite des Raumes wird durch die verschieden positionierten Radien (19 Meter) innerhalb der Skulptur als auch für die Anordnung der gebogenen Baumreihen zugrunde gelegt, so dass die Verwandtschaft zwischen Raumvorgabe und Raumdynamik für den Betrachter aus unterschiedlichsten Positionen nachvollziehbar wird und somit ein spannungsvoller Dialog von Skulptur und Architektur entsteht. Die Einteilung der Fassadengliederung von 0,5 und 1 Meter in vertikaler Richtung gilt auch für die Breite der Skulptur, die aus drei unterschiedlichen Schwingungsebenen zu einer an die Sandsteinfassade lehnenden bzw. verankerten ‚Figur' zusammengefasst wird, die Struktur der Fassade kontrastiert und analog zur Schrägverschiebung des Altbaus in entgegengesetzter Bewegung aus der Rechtwinkligkeit gedreht ist. Gegenüber der Skulptur bilden neun kleinwüchsige japanische Zierkirschen ein abgeschlossenes Ensemble, das den Übergang der in Rasenstein gefassten Bodenfläche zur Skulptur und Architektur schafft, gleichzeitig mit den integrierten Sitzbänken zum Verweilen einlädt, den bespielten Raum auch als Erlebnisraum zu begreifen."

Oscillation (1993)
Dresdner Bank, Windmühlstraße, Frankfurt am Main, Germany

Timber structure, glue-laminated timber.
20 × 8.1 × 1.8 m

The two opposing arc segments featured in Bury's sculpture for the inner courtyard of the Dresdner Bank in Frankfurt am Main lean directly on the building. The concave and convex arches are linked. Another curved segmental form lies on the paving of the inner courtyard as counterpoint to the other two, lending static consistency to what would otherwise be a very unstable-looking structure. Three integrated benches invite visitors to sit down and stay. In the following Bury explains his design following the bank's specifications that he was to create art as perceptual space for human beings: 'What appealed to me most was the contrast between the new build articulated by glass and sandstone and the simple façade of the old building rendered in a light colour that interrupts the articulation in the vertical of the inner courtyard, which is thirty metres high, and varies the rhythm that I have made use of for my conception. Within the surface area covered by the courtyard, a square measuring nineteen by nineteen metres meets the specifications in terms of proportions for my planning. The width of the space is used as the basis through the variously positioned radii (nineteen metres) within the sculpture and also for the arrangement of the arced rows of trees so that the relationship between the space as given and the dynamics of that space can be grasped by viewers from all sorts of vantage points, so an exciting dialogue between sculpture and architecture arises. The division of the façade articulation into units of half a metre and one metre in the vertical also holds for the width of the sculpture, which is held together by three different oscillation planes to form a "figure" leaning on, or anchored by, the sandstone façade. The structure of the façade contrasting with and analogous to the diagonal slant of the old building is turned out of the perpendicular in a contra-rotating movement. Across from the sculpture nine dwarf Japanese flowering cherry trees form a complete whole to create a transition from the surface of the courtyard, which is covered in grass reinforcement block paving, to the architecture and, with the integrated benches, extend an invitation to linger, to understand performative space also as experiential space.'

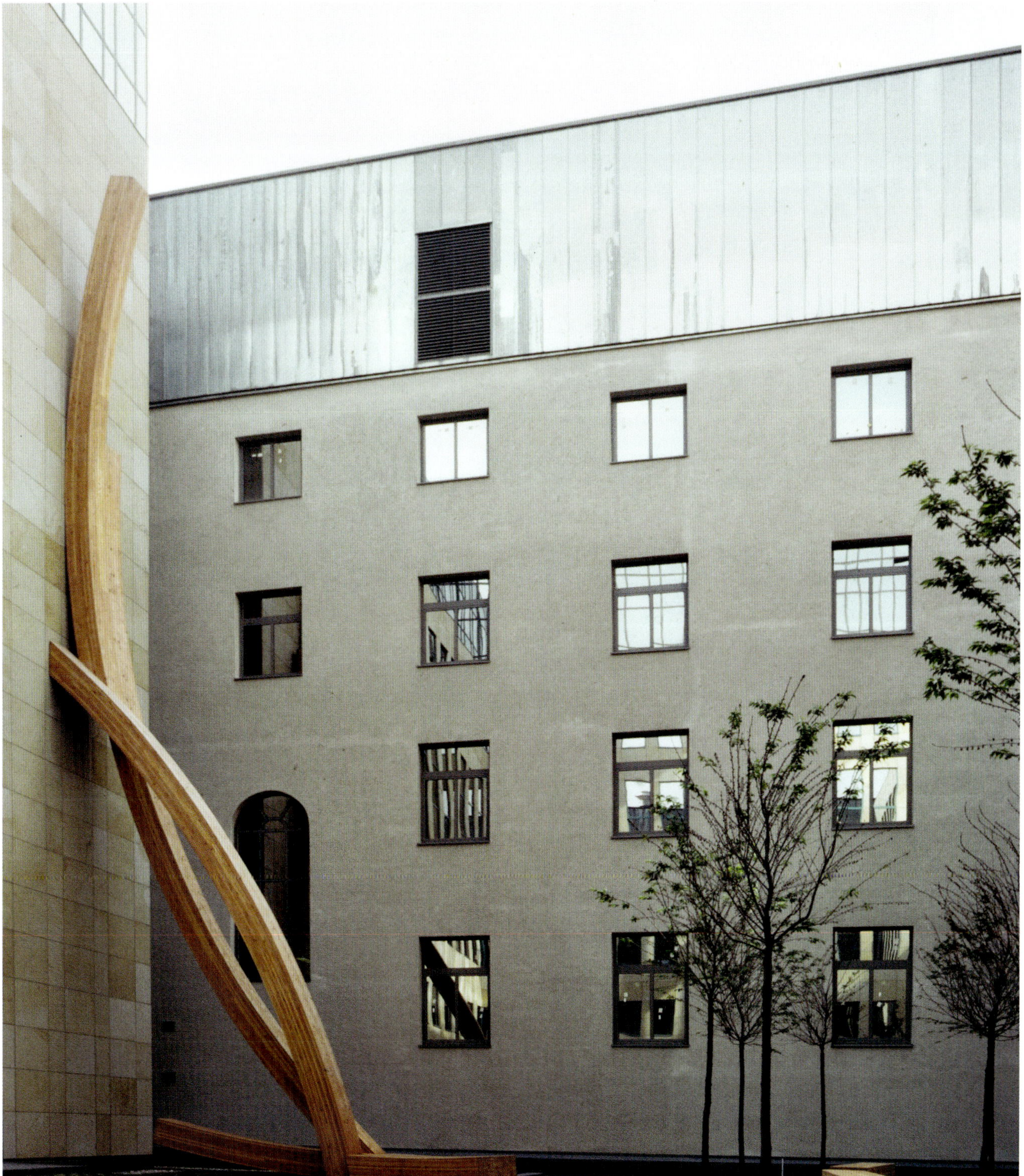

46

Tempelbaum (1993)
Lichtwiese, Technische Universität Darmstadt, Deutschland

Holzkonstruktion, Leimschichtholz (Tujapflanze). 8×3,5×3,5 m

In Form eines mit großen Öffnungen durchbrochenen Pyramidenstumpfes entstand auf der Lichtwiese der Technischen Universität Darmstadt ein einladender Verweilraum, der innen wie außen integrierte Sitzbänke aufweist. In der einen Achse laden viereinhalb Meter hohe Portalöffnungen zum Durchschreiten der Skulptur ein, in der anderen Achse gibt es jeweils zwei Fensteröffnungen mit eingestellten Fensterbänken, auf denen man sowohl von innen als auch von außen sitzen kann. Vier Querbalken bilden nach zwei Dritteln der Gesamthöhe eine Art Zwischendach, auf dem der obere, geschlossene Dachaufbau ruht. In ihm ist eine große Thujapflanze eingetopft. So wird dieser kleine Rekreationstempel von dreieinhalb Metern im Quadrat auch zu einem bergenden Passepartout für botanische Sorgfalt.

Temple Tree (1993), Lichtwiese Darmstadt Technical University, Germany

Timber structure, glue-laminated timber (thuja). 8 × 3.5 × 3.5 m

An inviting space to linger in with integrated benches inside and out was created in the form of a truncated pyramid pierced with large apertures on the Lichtwiese at Darmstadt Technical University. On one axis portal apertures four and a half metres high encourage visitors to walk through the sculpture. On the other axis there are two window apertures, each with window seats installed which can be sat on both from the inside and the outside. Four lateral beams form a sort of intermediate roof structure on which the upper, closed roof structure rests. It serves as a pot for a large thuja. Thus this little temple for rest and recreation that is only three and a half metres square has also become a sheltering framework for nurturing the botanical.

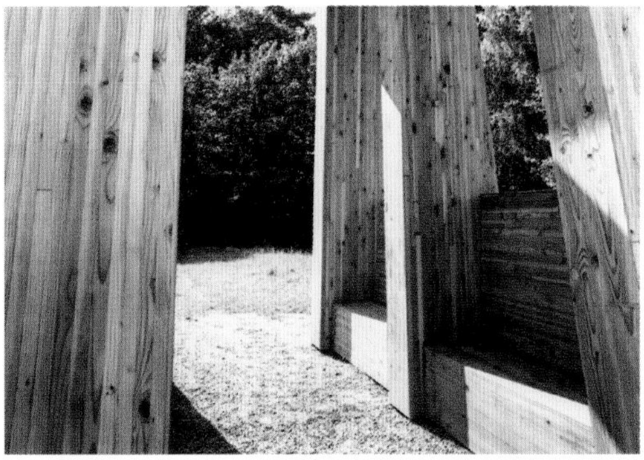

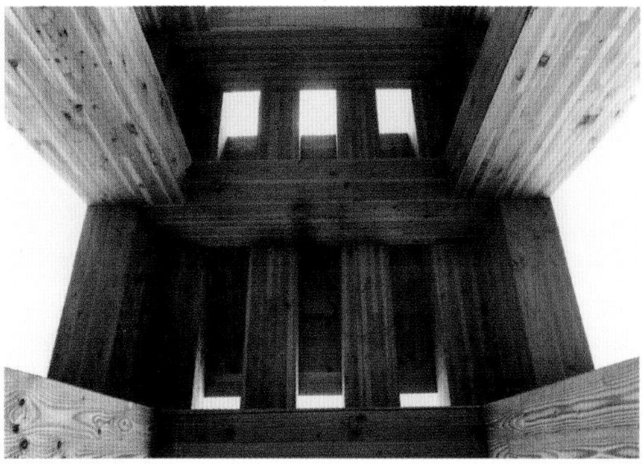

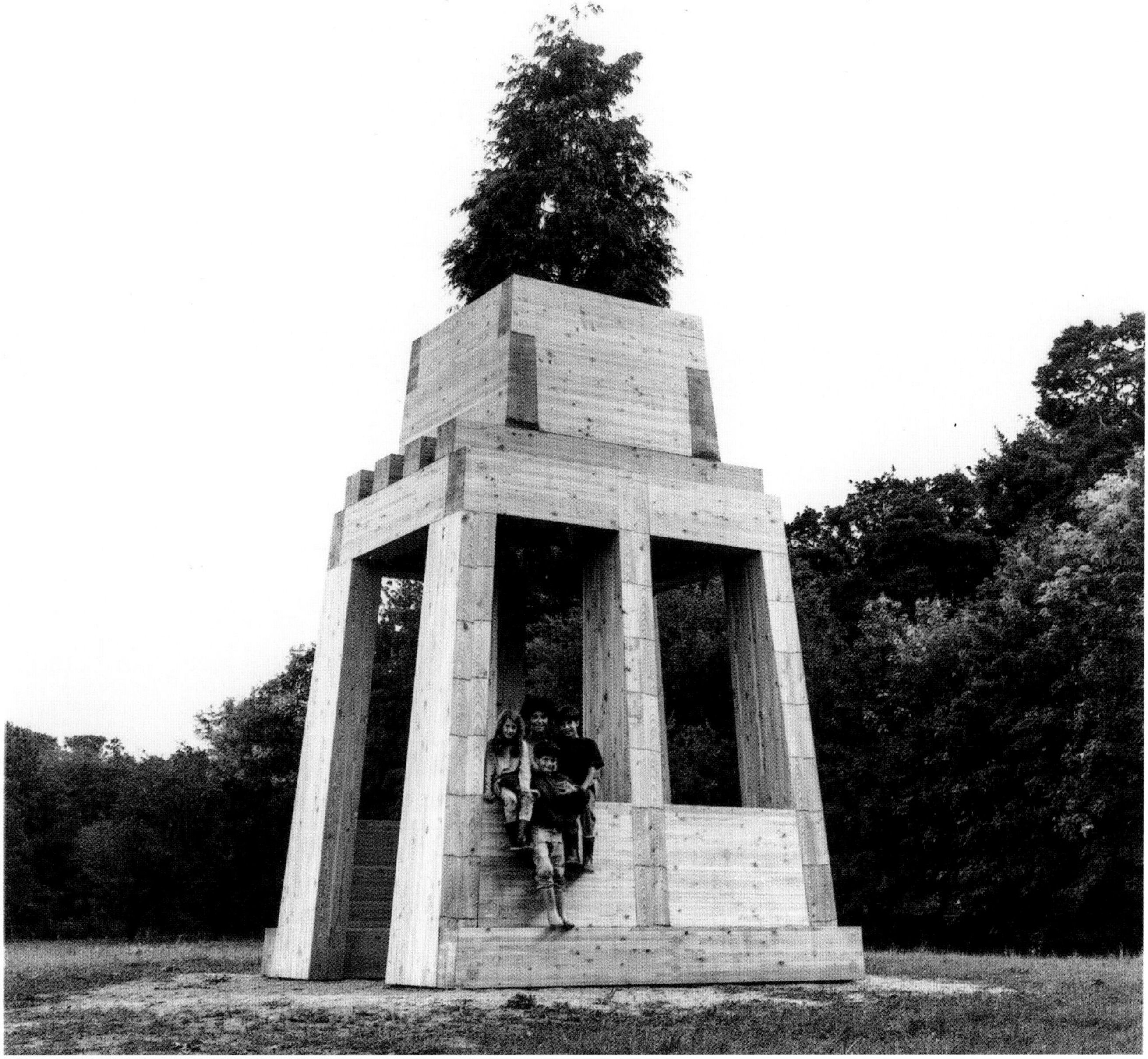

47

Im Turmblick (1992) Skulpturenprojekt Gotha, Deutschland

Holzkonstruktion, Leimschichtholz.
7,5 × 5,7 × 2,8 m

„Standort und Proportionen der Skulptur, die ein Hybride zwischen Turm und Tor ist, basieren auf dem Grundrissprinzip der Gothaer Schlossanlage Friedenstein. Die symmetrisch gebaute rechteckige Anlage fügt sich exakt in eine Kreisform, deren Maßeinheiten in zwei-, drei-, fünf- und siebenteiligen Abschnitten gekennzeichnet sind. Diese Zahlenvorgaben sind Grundlage meiner Proportionsberechnungen, wobei die geschwungene Form der Skulptur in ihrer Abwicklung der Dachform des Ostturmes entspricht. Der Standort meiner Skulptur ist innerhalb der Gesamtgeometrie festgehalten und befindet sich in der kreisförmig angelegten, von Bäumen gefassten und dem Westturm zugewandten Parkanlage", erläutert der Künstler seine Konzeption. Und Annette Reich stellt fest: „Für das Verweilen und Innehalten befinden sich fest installierte Sitzgelegenheiten im Inneren der Skulptur, die zur körperlichen und geistigen Rast einladen. Aufgrund der Möglichkeit, sich innen und außen niederlassen zu können, wird die plastisch realisierte Idee zusätzlich physisch wahrnehmbar."[1] Aber auch bei dieser Arbeit rhythmisiert Bury die Flächen durch Vor- und Rücksprünge sowie den asymmetrischen Gebrauch von Radien.

1 Annette Reich: gehen, hindurch, hinein, hinauf und dasein. Über die Erfahrbarkeit der Skulpturen von Claus Bury, in: Klassik Stiftung Weimar / Museum Pfalzgalerie Kaiserslautern (Hrsg.): Claus Bury. Meine Sicht, Köln 2014, S. 196–201.

Tower View (1992) Gotha Sculpture Project, Germany

Timber structure, glue-laminated timber.
7.5 × 5.7 × 2.8 m

'The site and the proportions of the sculpture, which is a hybrid between a tower and a gate, are based on the ground plan of Friedenstein Palace in Gotha. The symmetrically designed square structure fits exactly into a circular form, which is measured into sections with two, three, five and seven parts. These numbers are the basis of my calculations for proportion, with the curving form of the sculpture continuing the form of the East Tower roof. The site of my sculpture fits within the overall geometry and is in a circular part of the grounds surrounded by trees facing the West Tower,' thus the artist explaining his design. And Annette Reich confirms: 'For lingering and meditating there are permanently installed places to sit inside the sculpture that are an invitation to rest both physically and spiritually. Due to the possibility of sitting both inside and out, the sculpturally realised idea can also be perceived physically.'[1] For this work, too, Bury has rhythmicised surfaces with projections and concavities as well as the asymmetrical use of radii.

1 Annette Reich, 'gehen, hindurch, hinein, hinauf und dasein. Über die Erfahrbarkeit der Skulpturen von Claus Bury', in Klassik Stiftung Weimar/Museum Pfalzgalerie Kaiserslautern (eds.), *Claus Bury. Meine Sicht*, Cologne 2014, pp. 196–201.

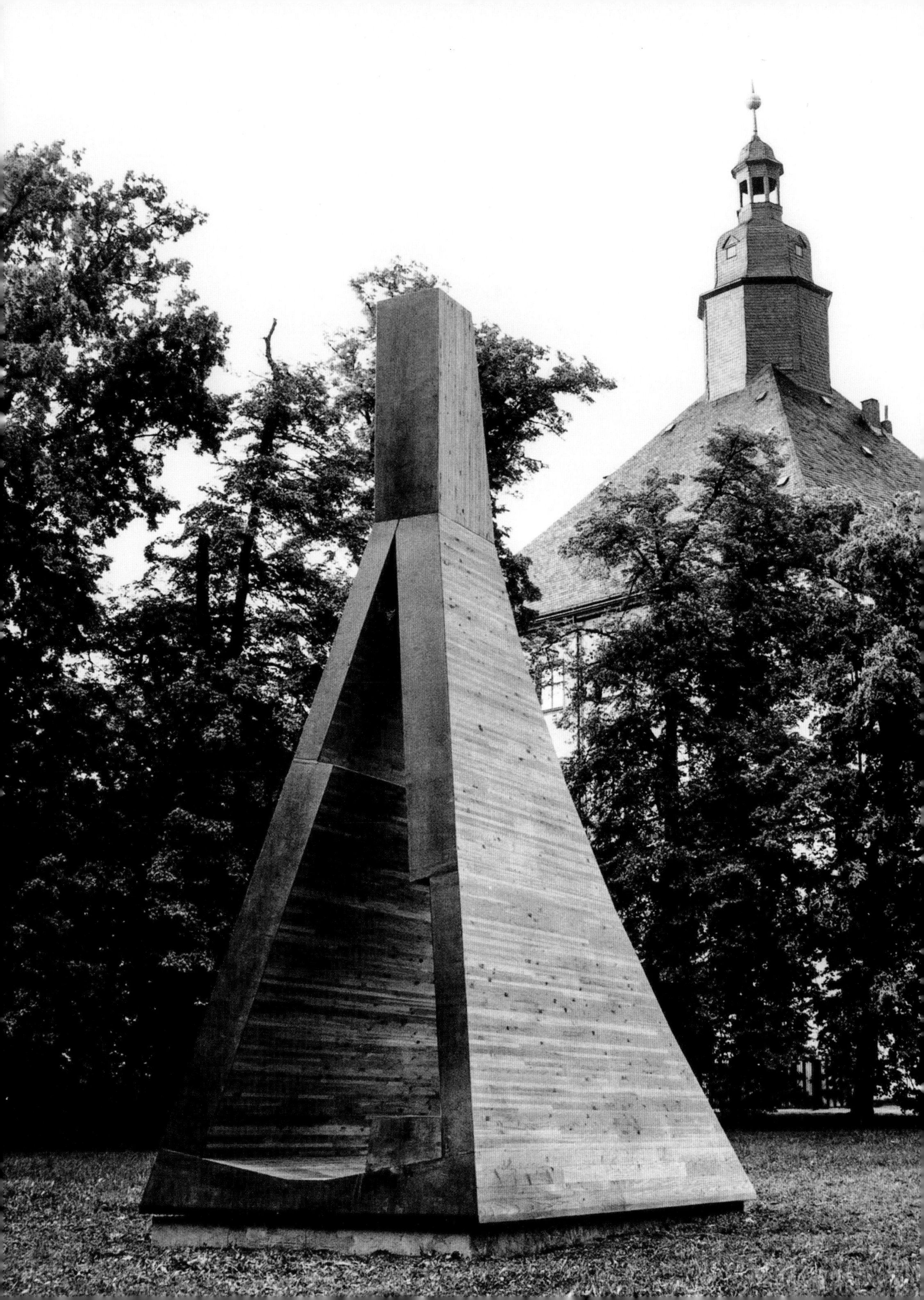

48

Stapelung (1994)
Innenhof Ratsgebäude der Europäischen Union, Brüssel, Belgien

Holzkonstruktion, Leimschichtholz.
3,15 × 9,8 × 4 m

Diese Skulptur aus Douglasienholz hat die Anmutung einer zerstörten Brücke. Ihre massiven Geländer neigen sich gegenläufig. Und ein über ihre Begrenzung hinausragendes, quer liegendes, die Passage versperrendes dickes Brettschichtholz wirkt wie eine Barrikade. Es mag die sperrige Europäische Gemeinschaft symbolisieren, deren Mitglieder sich gegenseitig oft behindern und beharken. Die Konstruktion wirkt wie eine Apotheose konfliktreicher Kräfte, zumal die Schichtholzstempel massiv und massig, fast brutal dimensioniert sind. Da gibt es keine harmonischen Proportionen, ausgewogene Maßverhältnisse oder versöhnlichen Ansichten und Perspektiven. Diese Skulptur ist aggressiv und bedrohlich und die Schräglage der Seitengeländer erinnert an untergehende Schiffe. Insgesamt eine Ikonografie destruktiver Anspielungen und Verweise.

Stacking (1994)
Inner Courtyard of the Europa Building, the seat of the European Council and the Council of the European Union, Brussels, Belgium

Timber structure, glue-laminated timber.
3.15 × 9.8 × 4 m

This sculpture of Douglas fir looks like a destroyed bridge. Its massive railings slope in opposing directions. And thick glue-laminated timber projecting out in the horizontal beyond its confines to block passage through the work looks like a barricade. It may symbolise the unwieldy European Union, whose members often stand in each other's way and are at loggerheads with one another. The structure looks like the apotheosis of conflicting forces, especially since the laminated timber 'pit props' are solid and weighty, on an almost brutal scale. Here there are no harmonious proportions, balanced dimension ratios or conciliatory views and perspectives. This sculpture is aggressive and threatening, and the slope of the side rails recalls sinking ships. Altogether an iconography of destructive allusions and references.

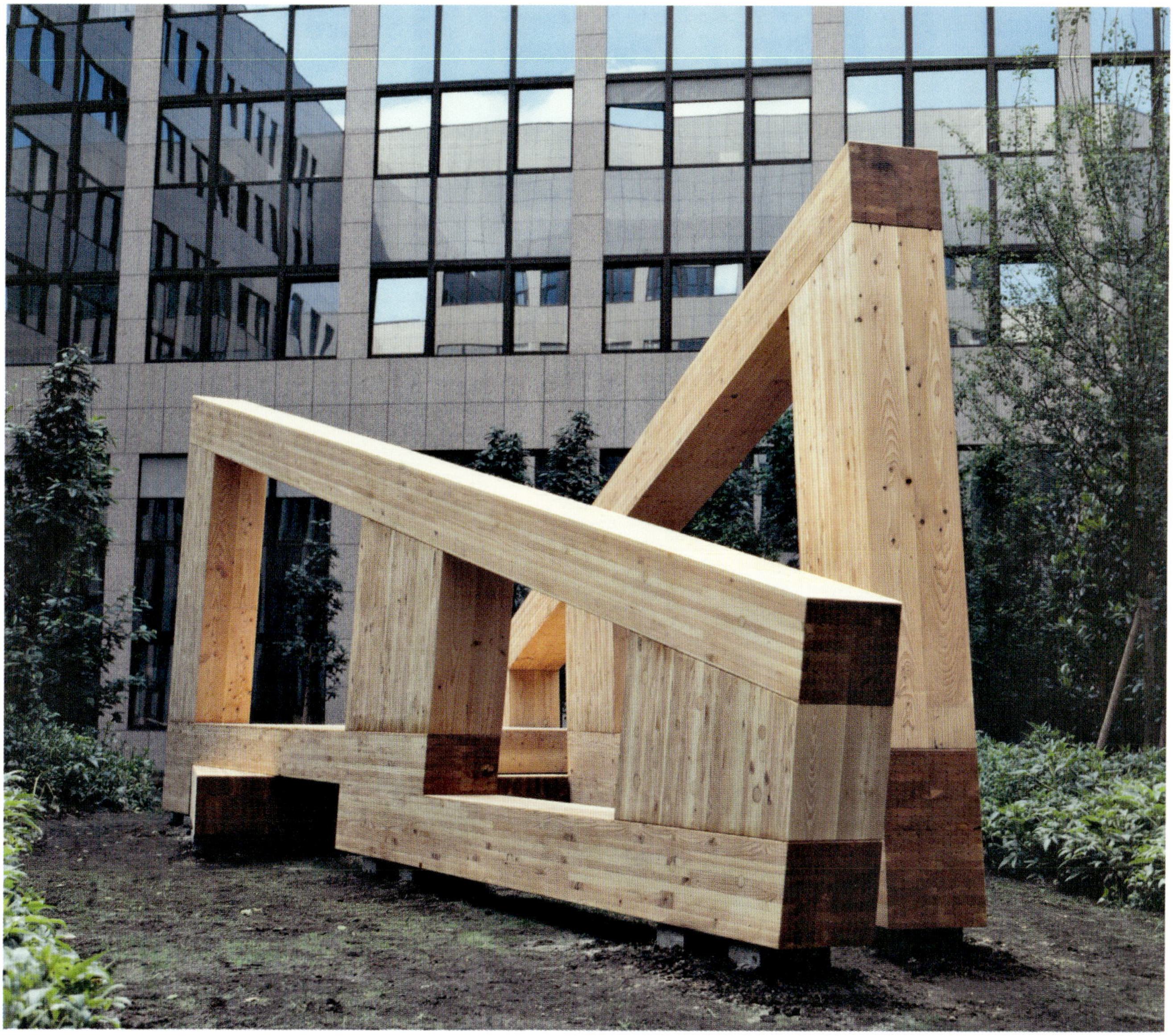

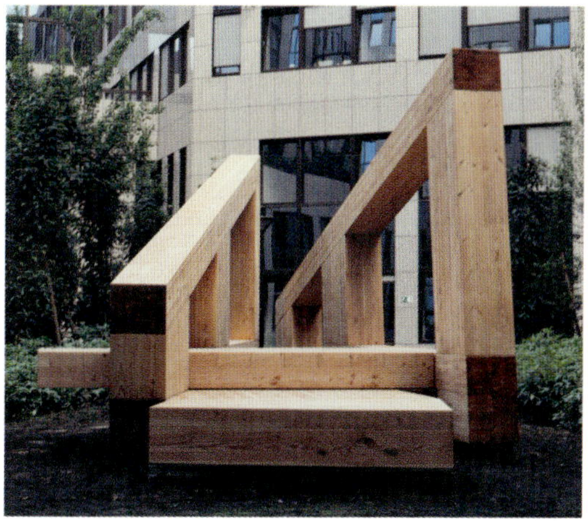

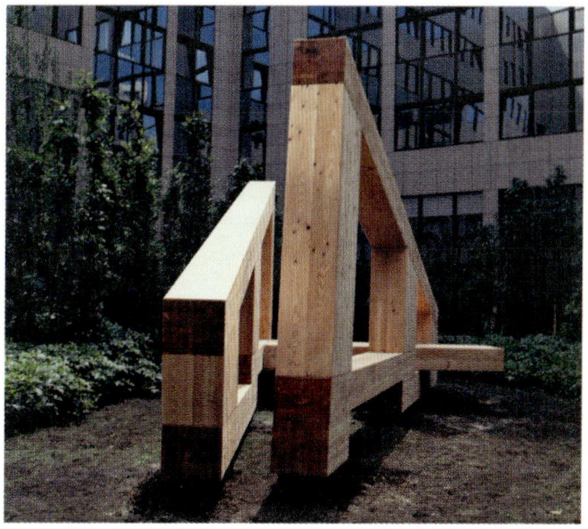

49

Im Kreisbogen (1994)
Arbeitsamt Traunstein, Deutschland

Holzkonstruktion, Leimschichtholz
Außenbereich / Eingang: 4,8 × 9 × 0,9 m
Innenbereich / Rückseite: 4,8 × 10,8 × 4,7 m

Für das Arbeitsamt in Traunstein schuf Claus Bury zwei neun bzw. knapp elf Meter lange Außenskulpturen vor der Vorder- und Rückfront des Gebäudes. Erneut werden Segmentbögen, vertikale Kanthölzer und horizontale Balken in spannungsvolle Beziehungen zueinander gesetzt. Die Verbindungen der einzelnen Bestandteile der Skulpturen sind jedoch nicht integrativ-harmonisch, sondern störrisch nebeneinandergesetzt. Zwar gibt es reichlich Angebote zum Sich-Niederlassen, doch bricht die dynamische Linienführung der gekurvten Kompartimente aggressiv im Luftraum ab.

In the Arc of a Circle (1994)
Traunstein Job Centre, Germany

Timber structure, glue-laminated timber
Exterior / entrance: 4.8 × 9 × 0.9 m
Interior / rear: 4.8 × 10.8 × 4.7 m

Claus Bury created two outdoor sculptures measuring nine and about eleven metres long that were set up in front of the front and rear façades of the Traunstein Job Centre. Again segmental arches, vertical square-edged timbers and horizontal beams are joined in exciting interrelationships. However, the links between the individual elements of the sculptures are restively juxtaposed rather than harmoniously integrated. There are plenty of places to sit, yet the dynamic line of the curvy compartments breaks off aggressively in the surrounding space.

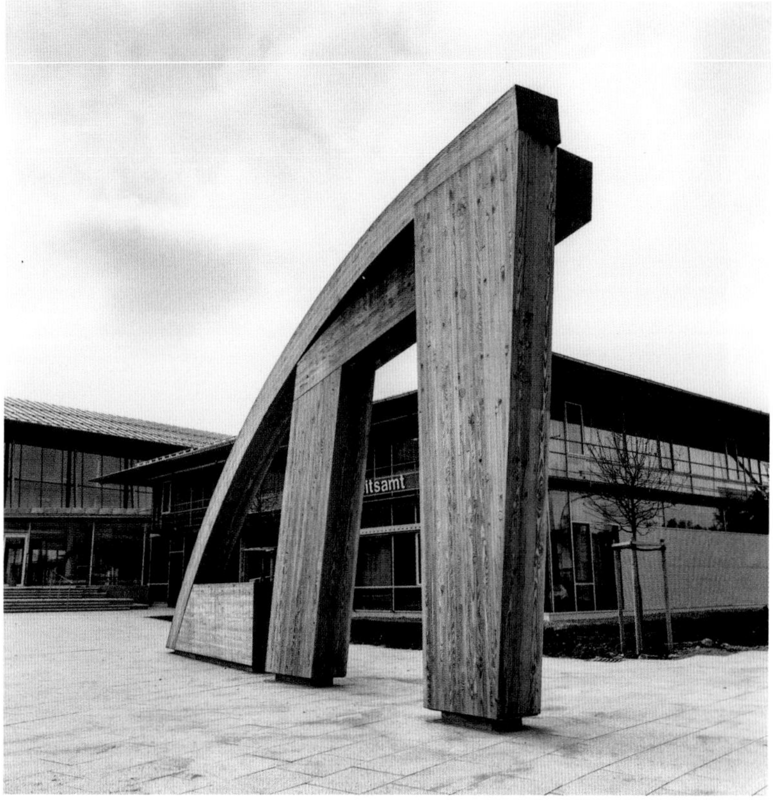

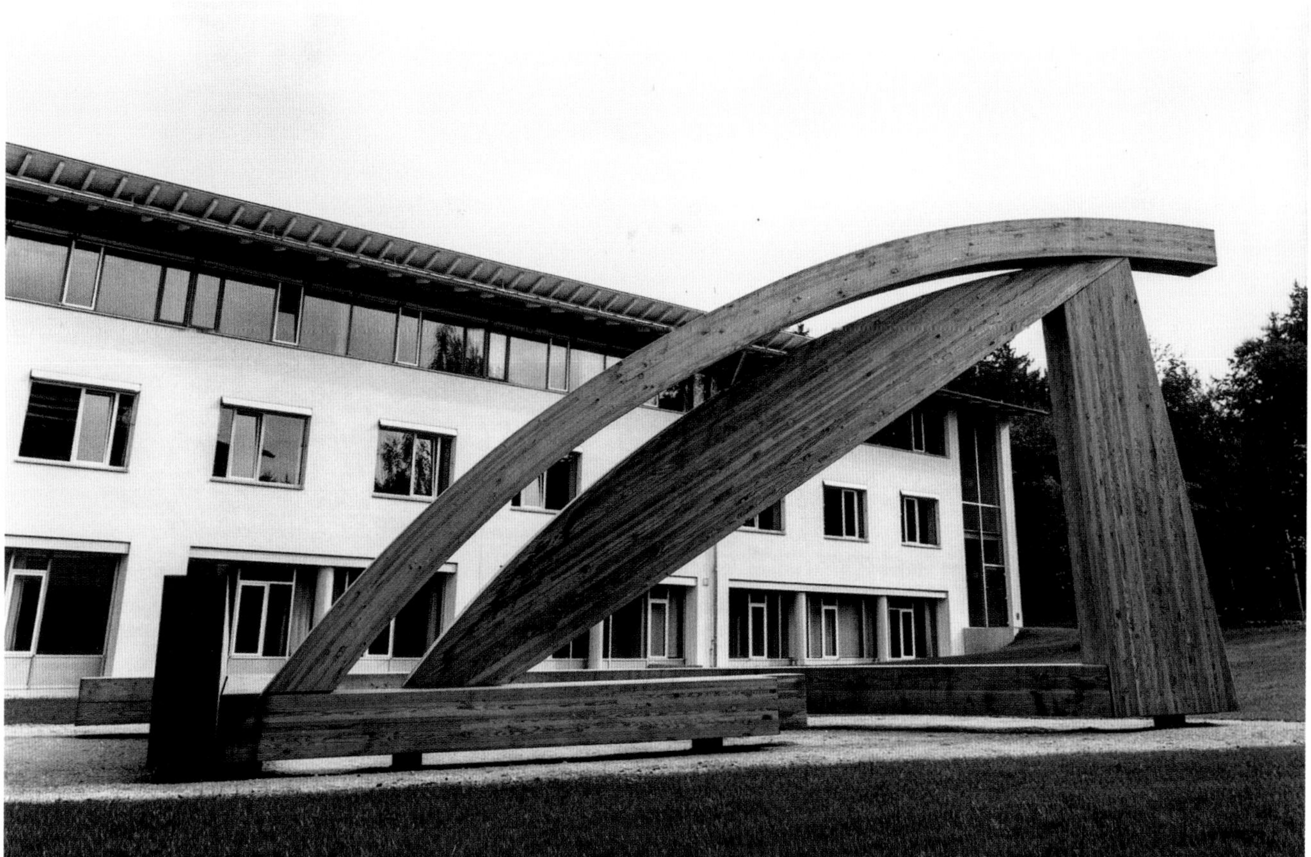

50

Gestrandet (1994)
Rheinufer, Köln-Sürth, Deutschland

Holzkonstruktion. 10×4,1×3 m

Diese Holzkonstruktion benutzt ein ähnliches grafisches Zeichen wie die Skulptur *Stapellauf* (vgl. Nr. 60). Wie eine kippende Kiste schiebt sich ein kubischer, zum Inneren des Schiffsrumpfes abgetreppter Körper in das stilisierte Boot und verleiht ihm so eine labile Balance. Die Treppen laden zum sitzenden Verweilen ein, um von hier aus den majestätischen Strom zu betrachten. So sind sie eine Aufforderung zur Kontemplation und Besinnung. Durch ihre monumentale Größe mit zehn Metern Länge und vier Metern Höhe wird ein Maßstabssprung bewirkt. Die Schräglage der Skulptur verstärkt die Assoziationen, die der Titel ohnehin auslöst: Ein gestrandetes Schiff ist schwimmunfähig. Die Strandung zählt neben dem Kentern oder einer Kollision zu den schweren Seeunfällen, die meist einen Verlust des Schiffes bedeuten. Aber hier meint der Titel wohl auch: Nach langer Irrfahrt endlich angekommen.

Beached (1994)
Rhine Embankment, Cologne-Sürth, Germany

Timber structure. 10 × 4.1 × 3 m

This wooden structure uses a graphic sign similar to that underlying the sculpture called *Launch* (see No. 60). Like a box tipping over, a cubic volume with a downwardly stepped interior has been injected into the stylised boat to lend it a precarious balance. Inviting visitors to sit and linger here to observe the majestic river from this fine vantage point, the steps call for meditation and reflection. A leap in scale is caused by their monumental size: ten metres in length and four metres in height. The tilt of the sculpture reinforces the associations that the title definitively evokes: a beached ship is immobilised. Running aground, capsizing and collision are among the most serious accidents that can happen at sea, usually entailing the loss of a ship. Here, however, the title probably also means: after a long odyssey, finally at home.

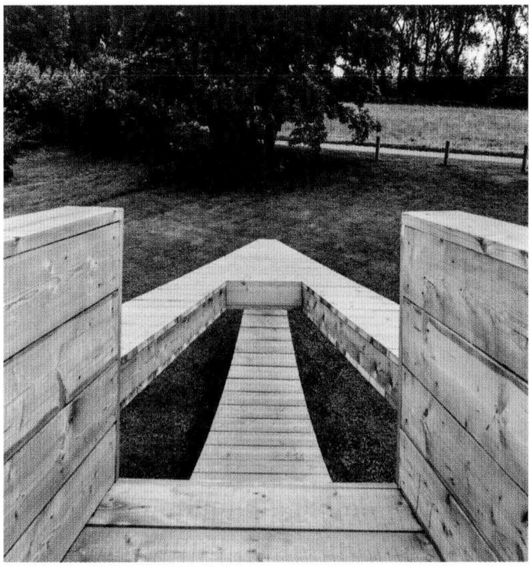

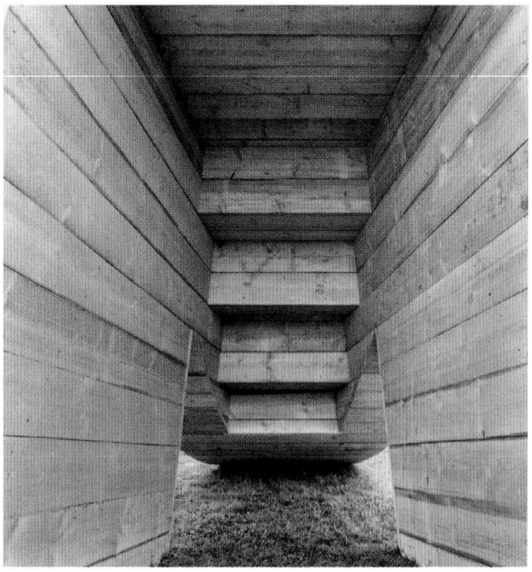

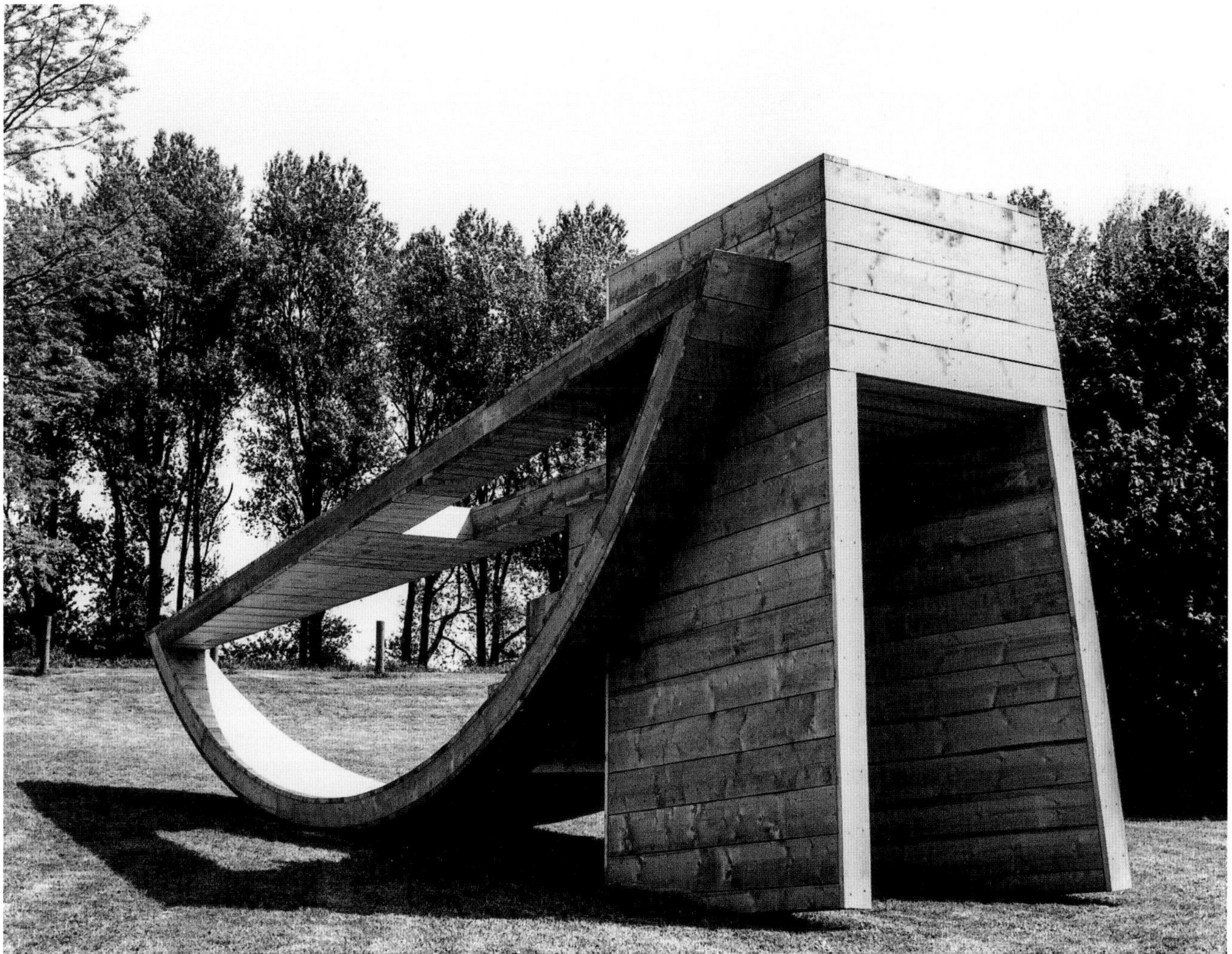

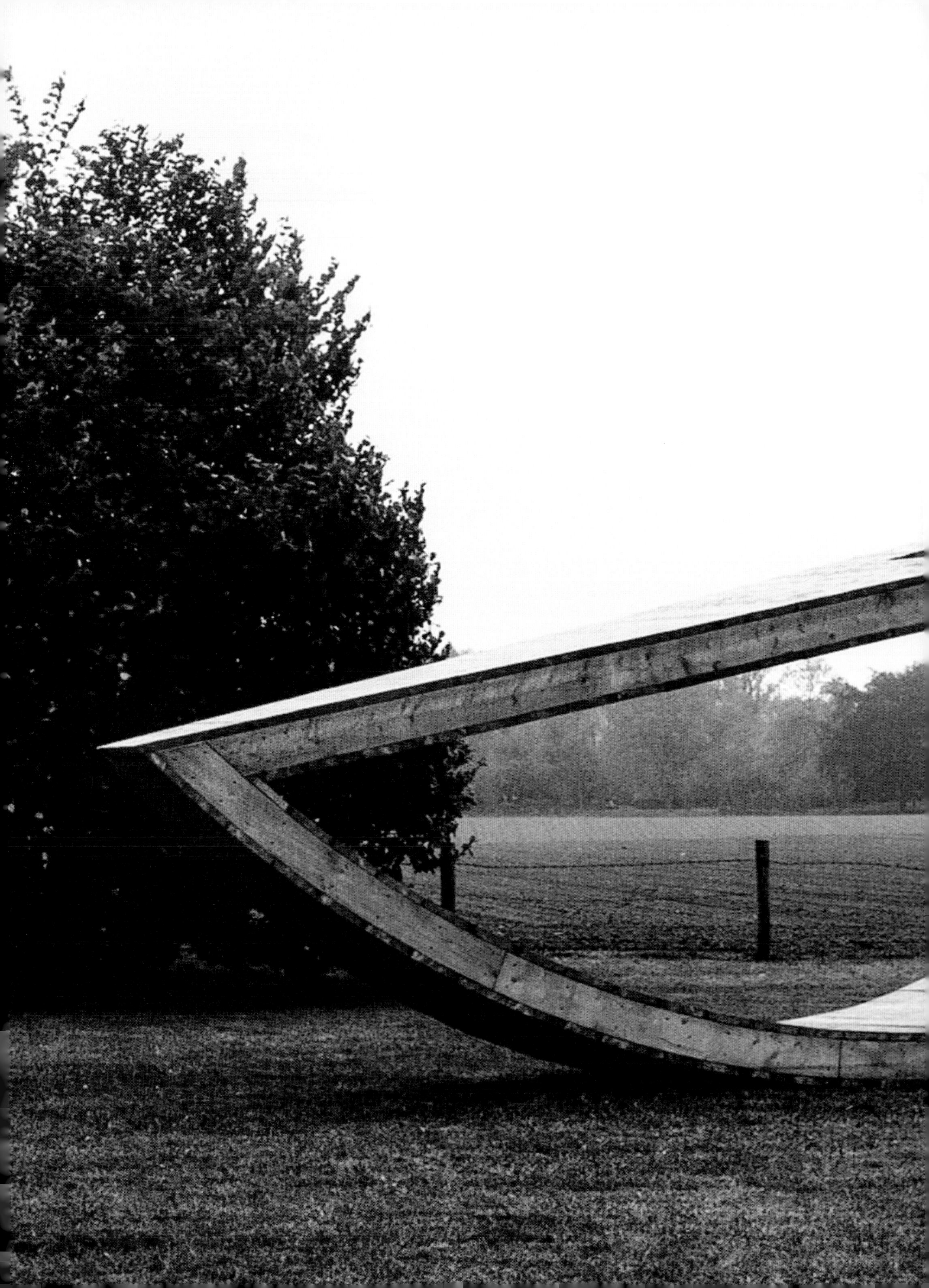

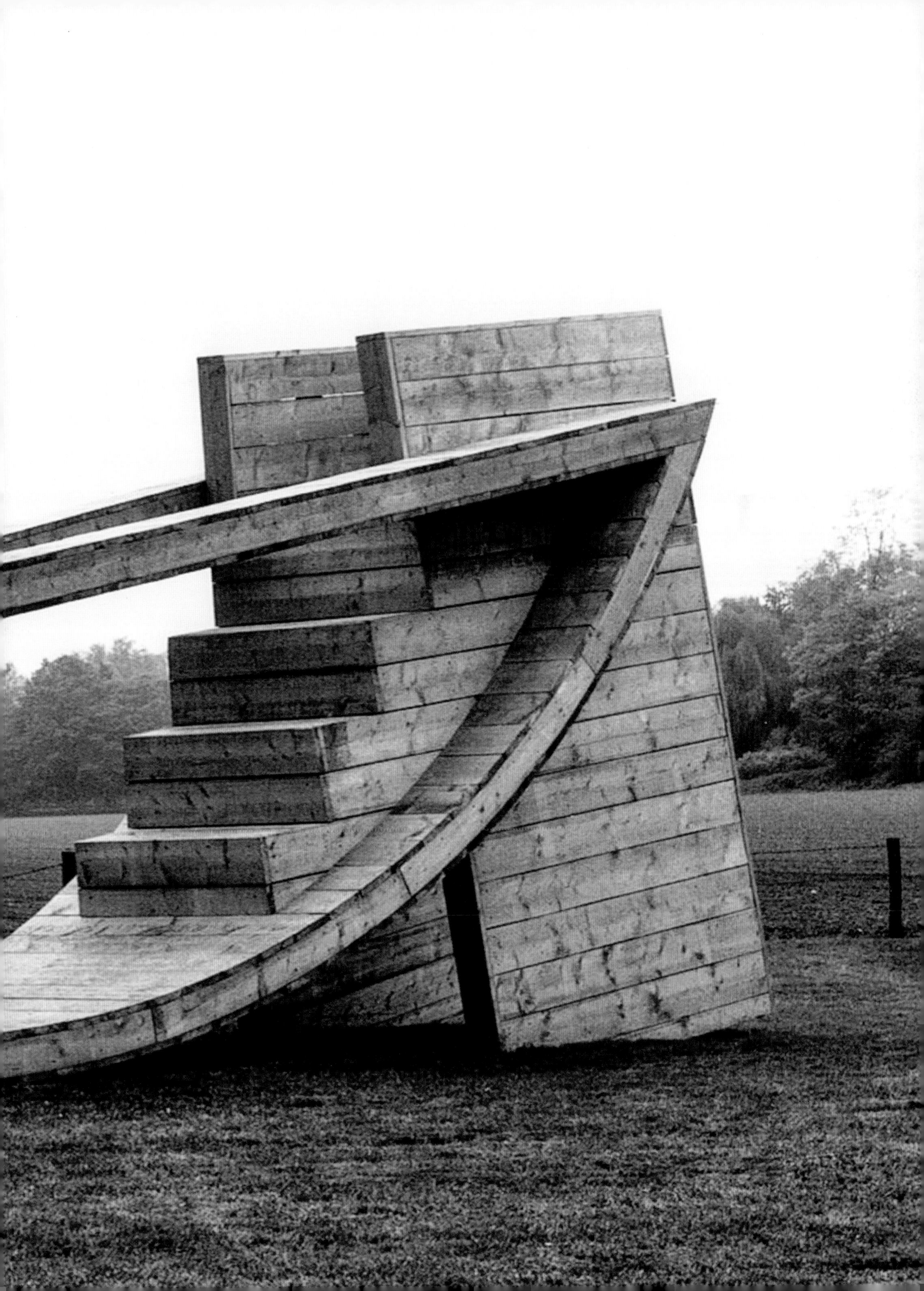

51

Torbogen (1995)
Darmstadt, Deutschland

Holzkonstruktion. 8,8×4,5×6,5 m

In Zusammenarbeit mit dem Hessischen Landesmuseum Darmstadt entstand am Karolinenplatz auf einem dreistufigen Treppenpodest eine Monumentalskulptur. Sie besteht aus vier leicht geneigten massiven Kanthölzern, die als Stützen im Quadrat angeordnet sind. Zwischen ihnen ist als oberer Abschluss ein mächtiges gebogenes Balkensegment eingepasst. An seiner Unterseite hängt – wie das Gewicht am Pendel einer Regulatoruhr – ein X-förmiges Kreuz. Die Formensprache dieser Skulptur erinnert vage an die sozialistische Ikonografie von Hammer und Sichel. Zudem ist „ausixen" eine Negationsmetapher. Insofern ist dieser Großplastik subkultan eine gesellschaftskritische Subversivität eingeschrieben.

Arch (1995)
Darmstadt, Germany

Timber structure. 8.8 × 4.5 × 6.5 m

A monumental sculpture on a three-stepped pedestal was erected on Karolinenplatz in a joint project with the Hessisches Landesmuseum Darmstadt. It consists of four slightly tilted solid squared timbers that are arranged to form a square as supports. They are linked at the top by being fitted into a powerful arched beam segment. An X-shaped cross, a saltire, is suspended from the underside of the beam – like the weight on the pendulum suspended from the verge wheel of a mechanical clock. The language of forms used for this sculpture is vaguely reminiscent of socialist hammer and sickle iconography. Moreover, 'to cross out' is a metaphor for negation. Hence this large sculpture is subcutaneously tattooed with subversive social criticism.

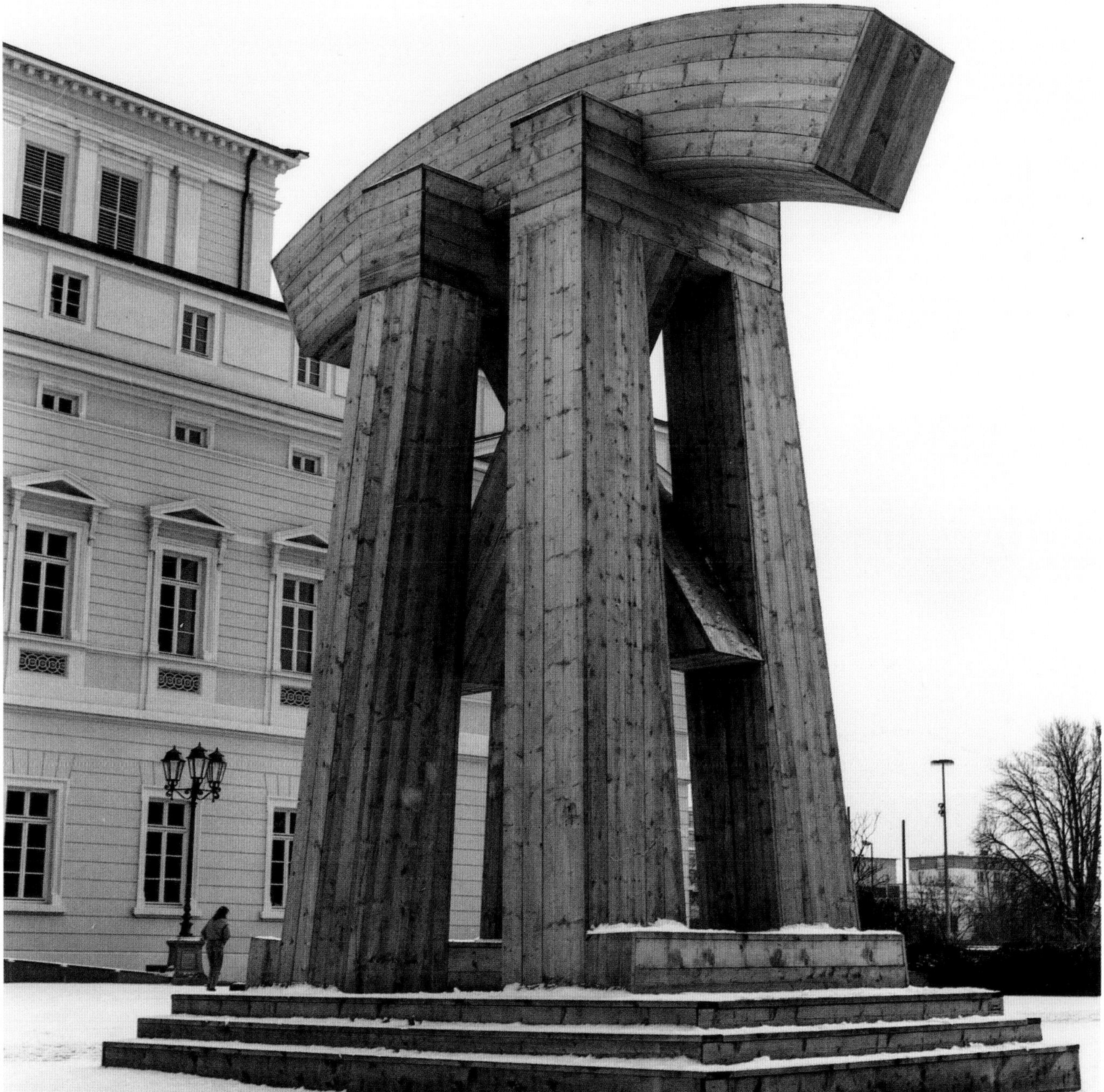

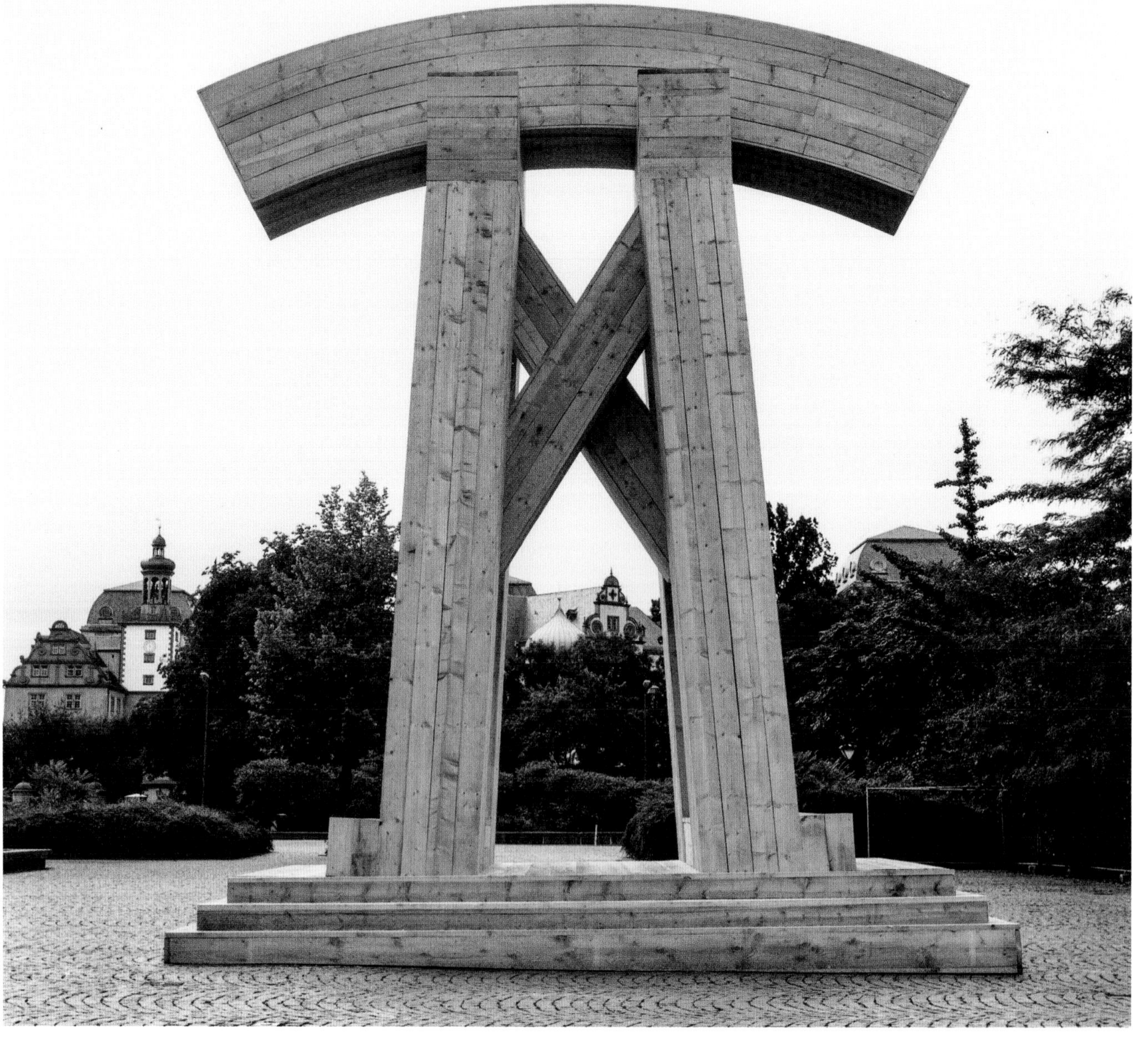

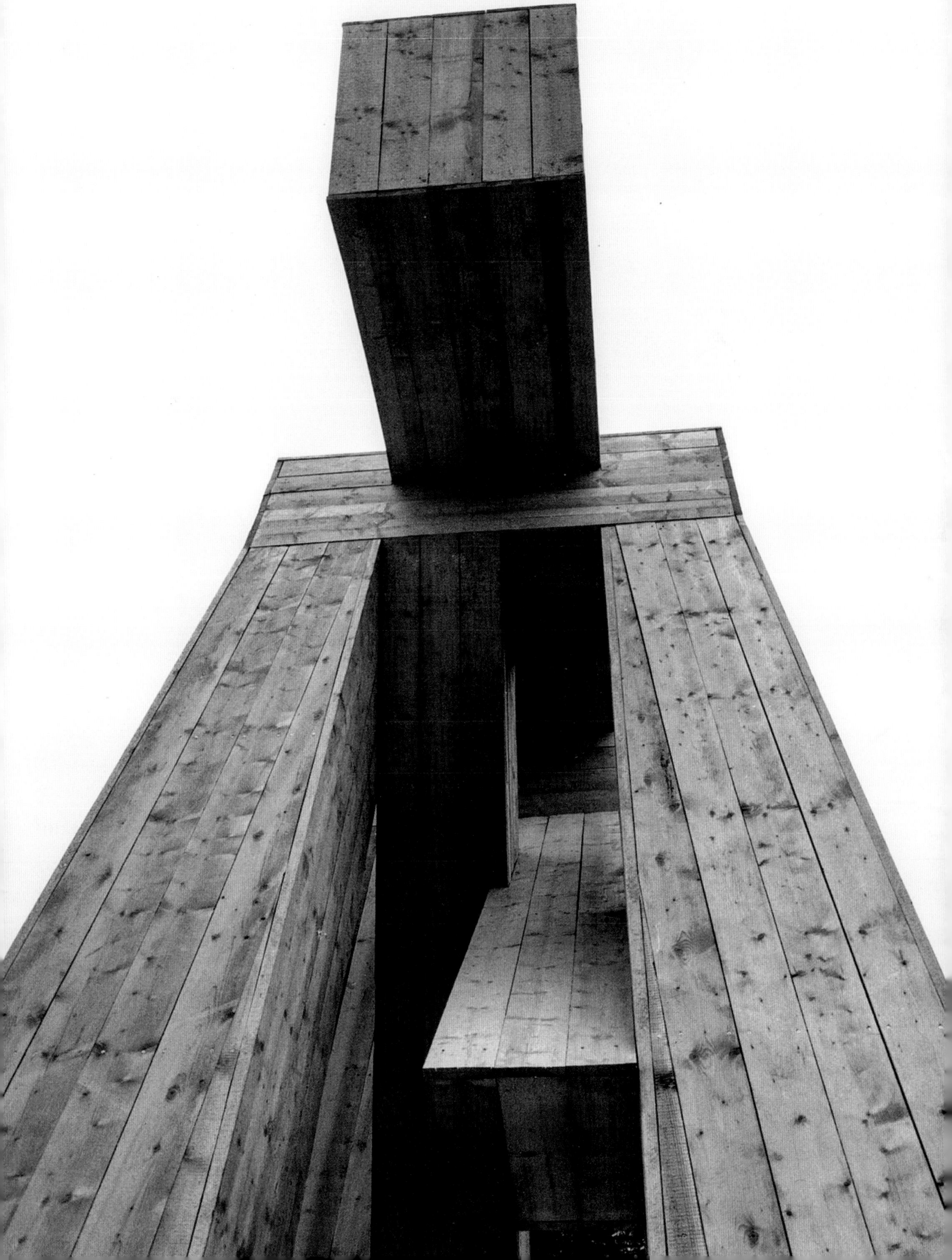

52

Museum für Völkerkunde,
Entwurfsmodell (1995)
Frankfurt am Main, Deutschland

Das Frankfurter Weltkulturen Museum (früher Museum für Völkerkunde) besitzt eine der größten und bedeutendsten ethnografischen Sammlungen Europas, zu der auch die historischen Bestände des der Universität angeschlossenen Frobenius-Institutes gehören. Insofern hat es eine geradezu teleologische Tragik, dass seit nunmehr über zwanzig Jahren vier aufeinanderfolgende Kulturdezernenten und ebenso viele wechselnde Direktorate es bis heute nicht vermocht haben, diesem Museum einen angemessenen Neubau durch die Finanzierungszustimmung der Frankfurter Stadtverordnetenversammlung zu verschaffen. Bisher domiziliert das Museum in drei benachbarten, ehemals privaten Gründerzeitvillen am Schaumainkai. Es gab zwar mehrere Architekturwettbewerbe unter Beteiligung weltweit renommierter Architekten wie etwa Richard Meier aus New York, aber ab Mitte der 1990er-Jahre verschlechterten sich die finanziellen Ressourcen des Kulturamtes gravierend, sodass an eine „große Lösung" mit projektierten 12.000 bis 15.000 Quadratmetern Ausstellungsfläche nicht mehr zu denken war. In dieser Situation schlug Claus Bury eine relativ bescheidene zweigeschossige Ausstellungshalle von etwa 35 auf 27 Meter vor, die sich als autochthone Holzständerkonstruktion aus Leimbindern typologisch auf die Häuptlingshäuser Polynesiens bezog. Die zweigeschossige Halle hätte also eine Fläche von zirka 1900 Quadratmetern gehabt. Burys dreiachsige Halle wird von zwei unterschiedlich hohen gekurvten Blechdächern geschützt, deren Versprung senkrechte Oberlichtfenster ermöglicht. Die lichte Konstruktion wird durch die geschlossenen Metallbedachungen im Inneren verschattet und genügt so auch konservatorischen Anforderungen. Atmosphärisch ist Burys Ausstellungshalle eher eine Agora, ein Versammlungs- und Diskussionsort mit integrierter Werkstatt. In einem programmatischen Text zu diesem Projekt von Michael Stolleis, dem Vorsitzenden des Kuratoriums des Museums, heißt es: „Frankfurt rühmt sich, eine weltoffene Stadt zu sein. Nahezu jeder

Museum für Völkerkunde,
design model (1995)
Frankfurt am Main, Germany

The Weltkulturen Museum in Frankfurt (formerly the Museum für Völkerkunde) houses one of the largest and most important ethnographic collections in Europe, to which the historic inventory of the Frobenius Institute, attached to the university in Frankfurt, also belongs. Hence it is really a teleological tragedy that for more than twenty years four successive city councillors in charge of cultural affairs and just as many directors in sequence have to the present day been unable to provide this museum with a new building commensurate to the importance of its collections by obtaining approval for adequate financing from Frankfurt City Council. Up to now the museum has been housed in three abutting, formerly private Gründerzeit (early 1870s) villas on the street Schaumainkai. There have been several architecture competitions to which such starchitects as Richard Meier from New York submitted entries, but since the mid 1990s the financial means available to the Office for Cultural Affairs have been increasingly meagre so that a projected 'grand solution' affording 12,000 to 15,000 square metres of exhibition space could no longer be considered an option. In this dire situation Claus Bury proposed a comparatively modest two-storey exhibition hall measuring some thirty-five by twenty-seven metres to be constructed of glue-laminated timber that would relate typologically to Polynesian Big Man houses. Bury's two-storey hall would, therefore, have had an exhibition space measuring about 1,900 square metres. Its three aisles would have been protected by two curving tin roofs of varying height, and their setback – the step-like recession they created in the building's profile – would have made space for vertical skylights. The light and airy structure is shaded by closed interior metal roofing, thus also meeting conservation standards. Bury's hall is actually more evocative of an agora, a place for assembling and discussion, with an integrated workshop. In a text by Michael Stolleis, chairman of the museum board of trustees, the agenda indritte Einwohner kommt aus dem Ausland und jeder bringt Elemente seiner eigenen Kultur mit. In einer solchen Stadt könnte ein Museum für Völkerkunde der zentrale Ort des Austauschs, des Kennenlernens und des Abbaus von Vorurteilen sein. Dazu braucht man jedoch Flächen für eine eigene Dauerausstellung, für Wechselausstellungen sowie kulturelle Veranstaltungen. Das 1904 gegründete Museum für Völkerkunde zählt zu den bedeutendsten in Deutschland. Seine Sammlungen umfassen heute über 65.000 Objekte, vor allem aus Indonesien, Ozeanien, Neuseeland, Afrika, Nord-, Mittel- und Südamerika. Aufbewahrt werden sie in einem Depot. Der Öffentlichkeit sind sie nicht bekannt. Die schon lange laufenden Planungen für einen Neubau am Museumsufer sind ins Stocken geraten und schließlich gescheitert. Ein Objekt, das 120 Millionen kosten sollte, ist gegenwärtig und wohl noch lange Utopie."

forming this project is set out as follows: 'Frankfurt prides itself on being a cosmopolitan city. Almost one in three residents is from abroad, and all contribute elements of their own cultures to the mix. In a city like this, an ethnological museum could be the hub for exchanging ideas, becoming acquainted and breaking down prejudice. For this to be operative, however, exhibition spaces are needed for permanent exhibition and rotating exhibitions as well as cultural events. The Museum für Völkerkunde, founded in 1904, is among the most important museums in Germany. Now its collections include more than 65,000 objects, chiefly from Indonesia, Oceania, New Zealand, Africa and North, Central and South America. They are kept in a depository. The public has no access to them. Planning for a new museum building on the Museum Embankment that had been ongoing for a long time stalled and ultimately came to nothing. An object that was to cost 120 million [euros] is currently, and probably for a long time to come, utopian.'

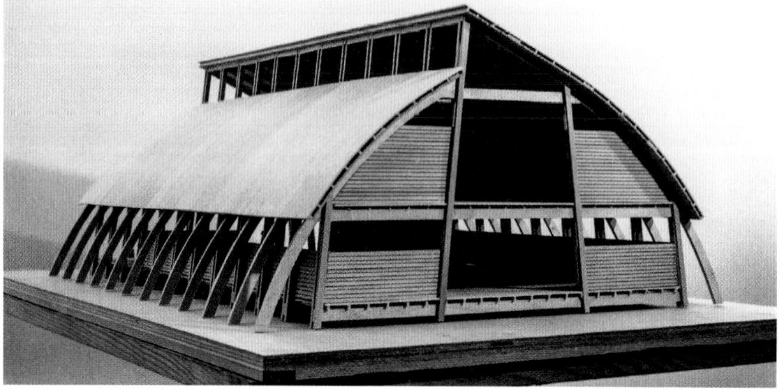

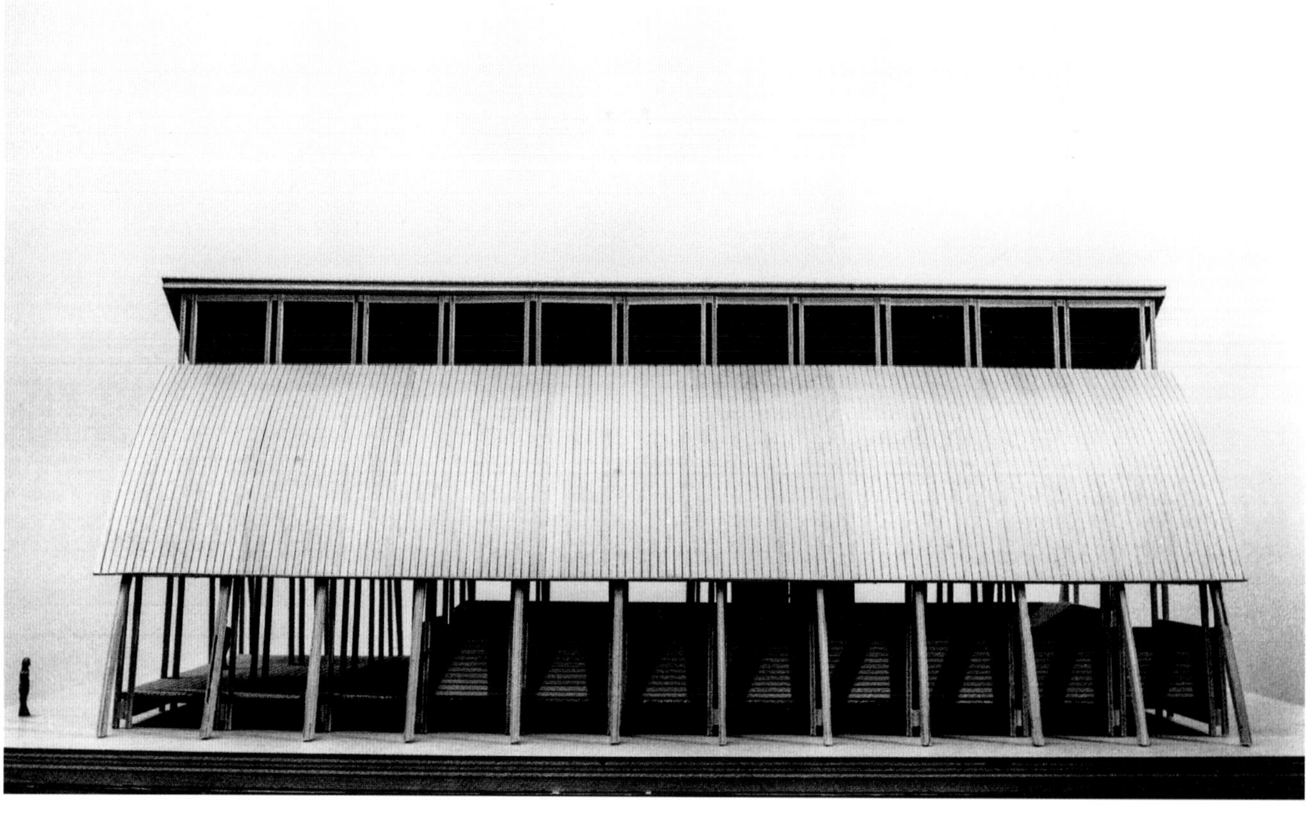

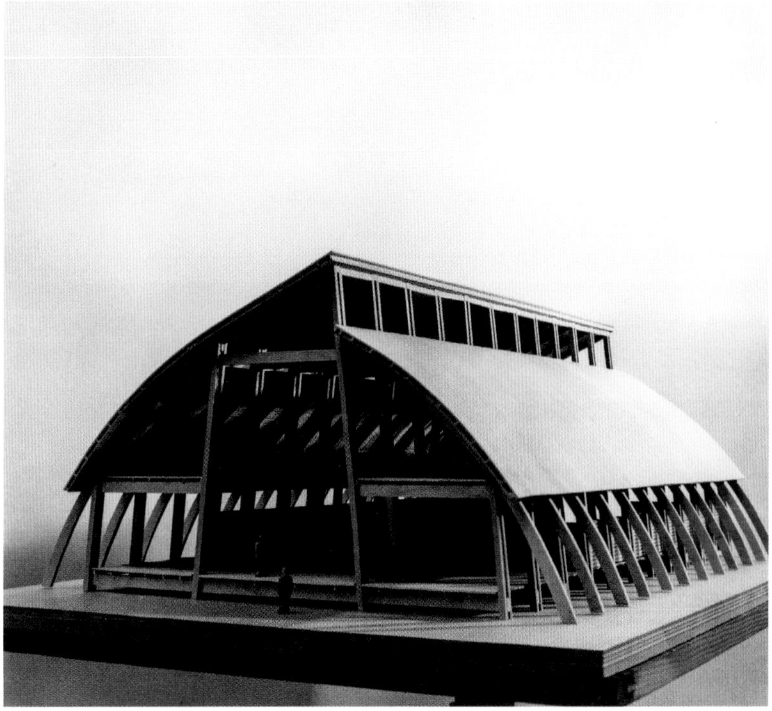

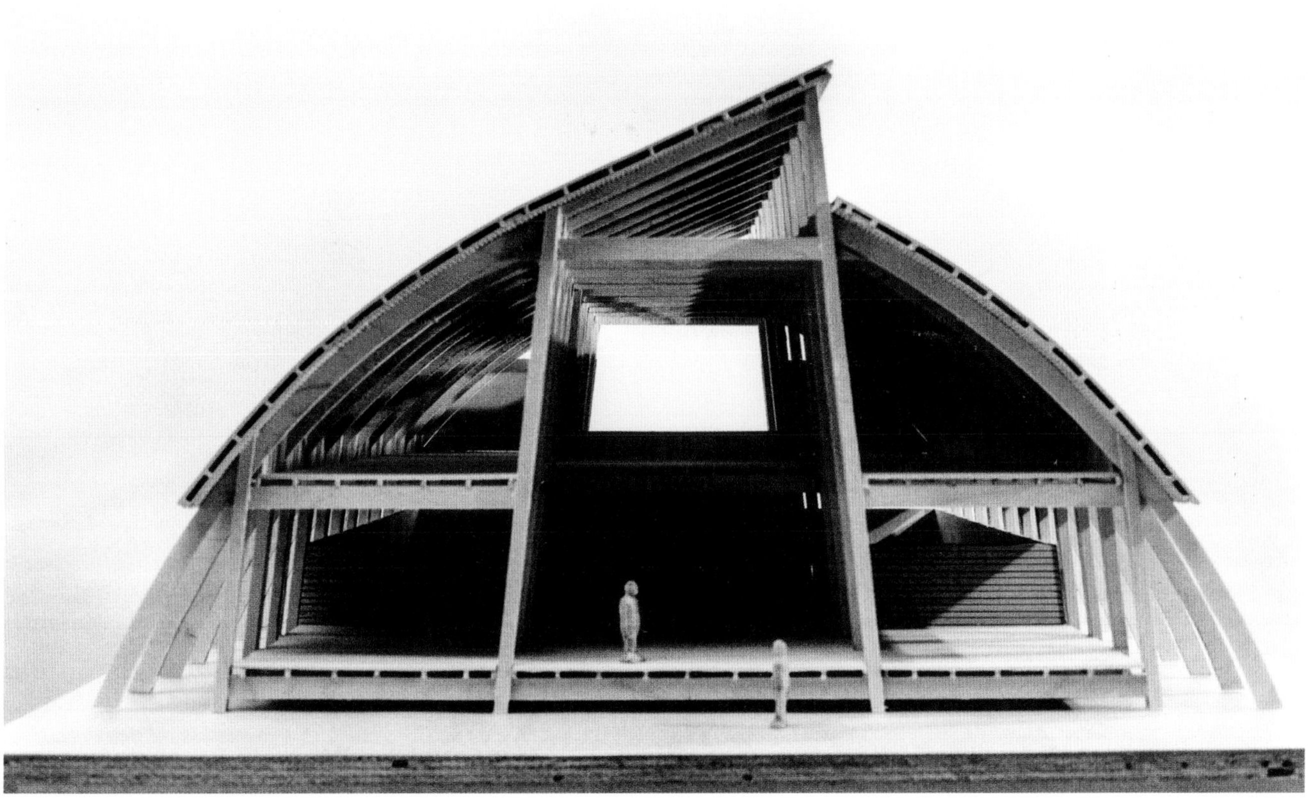

53

Am Baumdenkmal (1995)
Stadtpark Schwerte, Deutschland

Holzkonstruktion, Leimschichtholz (Buchsbaum). 7×4,3×4 m

Für den Stadtpark in Schwerte entwarf Bury eine pyramidale Außenskulptur als kommunikativen Aufenthaltsort und Treffpunkt. Auch hier gibt es Innen- und Außenbänke, eine rhythmisierende Unterbrechung der kontinuierlichen Pyramidenform im oberen Bereich und erneut eine Grünpflanze als Bekrönung – in diesem Fall eine Buchsbaumkugel, die ebenso geometrisch wirkt wie die Skulptur selbst. Durch die Skulptur führt einer der Parkwege. So ist sie zugleich Verweilort und Durchgang.

At the Tree Monument (1995)
Schwerte City Park, Germany

Timber structure, glue-laminated timber (boxwood). 7 × 4.3 × 4 m

Bury designed a pyramidal outdoor sculpture for the City Park in Schwerte as a place for meeting and exchanging ideas. Here, too, there are benches inside and out, rhythmicising interruption of the smooth pyramid form in its upper zone, and again a living plant as a finial – in this case a piece of spherical boxwood topiary, which looks just as geometrical as the sculpture itself. One of the park paths goes through the sculpture so it is both a place to linger and a passage.

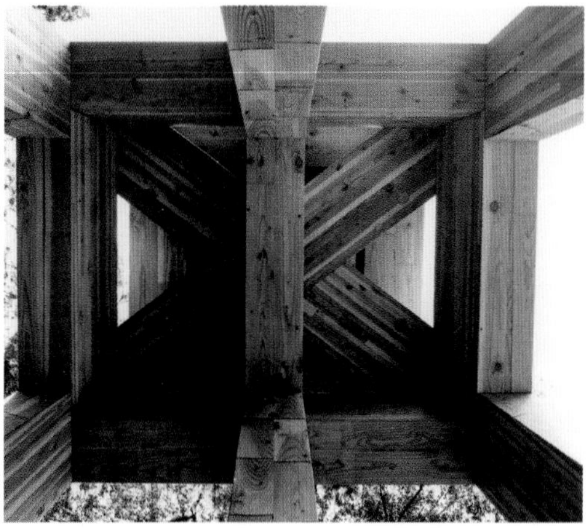

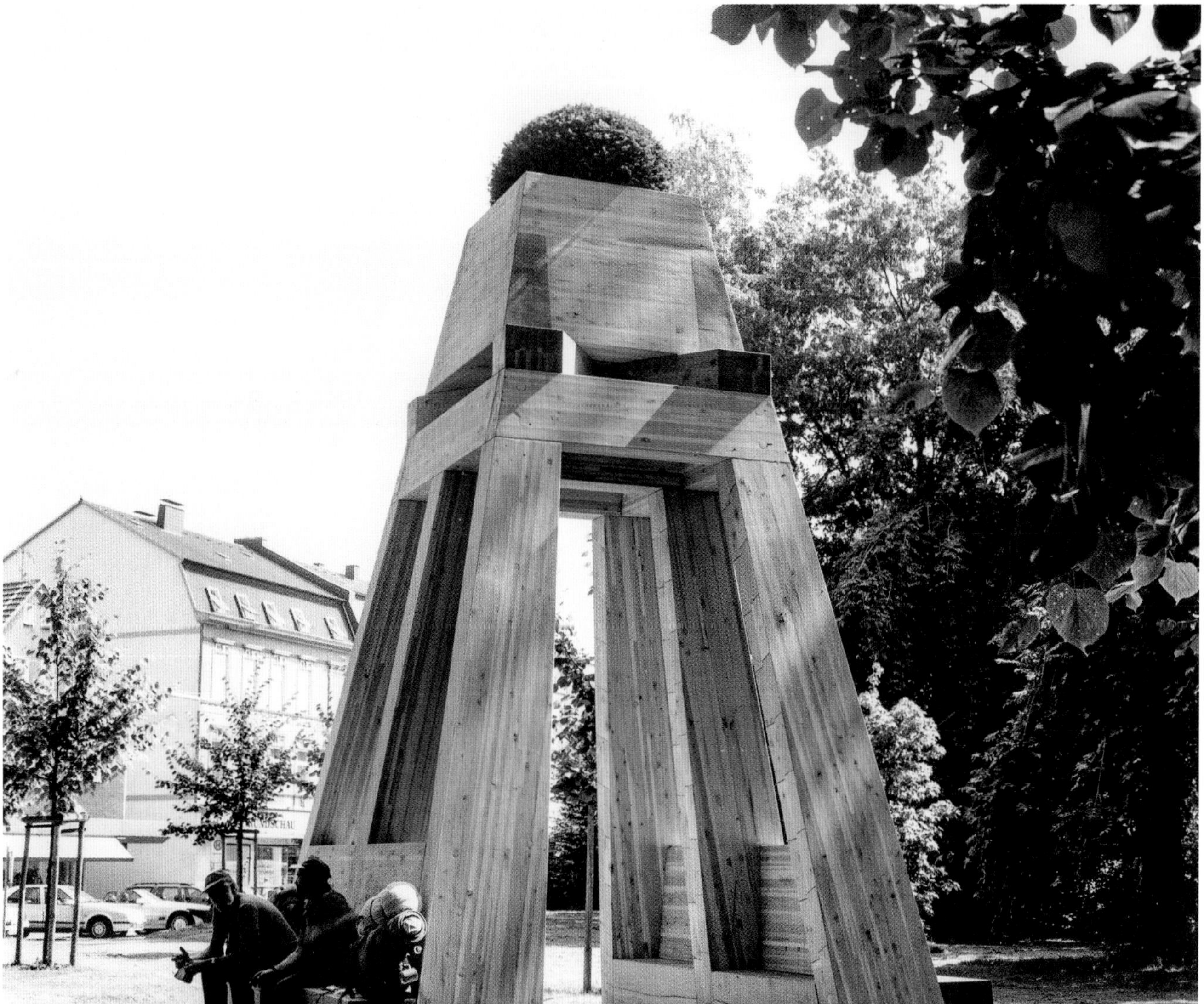

54

Erhöhte Abstufung (1996)
Philosophenweg,
Justus-Liebig-Universität Gießen,
Deutschland

Cortenstahl. 5,5×4,6×2 m

Auf einer hügeligen Anhöhe entstand eine fünfeinhalb Meter hohe Skulptur aus Cortenstahl. An ihren vier Ecken ist die rechteckige Plastik durch vier geneigte Kanthölzer begrenzt, zwischen denen auf den Längsseiten jeweils größere Trapezformen mit gegenläufiger Ausrichtung stehen. An den Innenwänden sind Sitzgelegenheiten angebracht. Den Abschluss bildet ein asymmetrisch abgestufter sechslagiger Dachaufbau. Durch die proportionalen Abweichungen vermittelt auch dieses Werk eine beträchtliche formale Spannung. Wegen ihrer erhöhten topografischen Lage wird die Skulptur gerne als Aussichtsort genutzt.

Elevated Gradation (1996)
Philosophenweg,
Justus Liebig University Giessen,
Germany

Corten steel. 5.5 × 4.6 × 2 m

A Corten steel sculpture five and a half metres high was erected on a lofty mound. The rectangular sculpture is bounded at its four corners by four tilted squared timbers, between which four quite large trapezium-shaped openings on each of the long sides stand in opposing directions. Seating is attached to the inner walls. The work is topped by an asymmetrical roof construction formed of six stepped layers. This is yet another work of Bury's that conveys considerable formal tension through deviation from a proportional ratio. Its elevated topography makes the sculpture a popular place for observing the surrounding scenery.

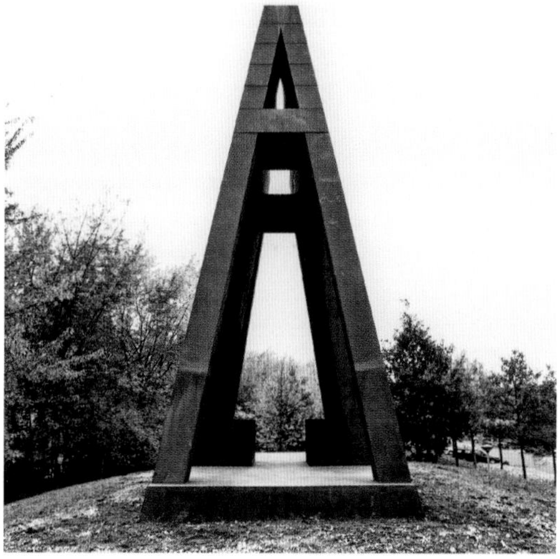
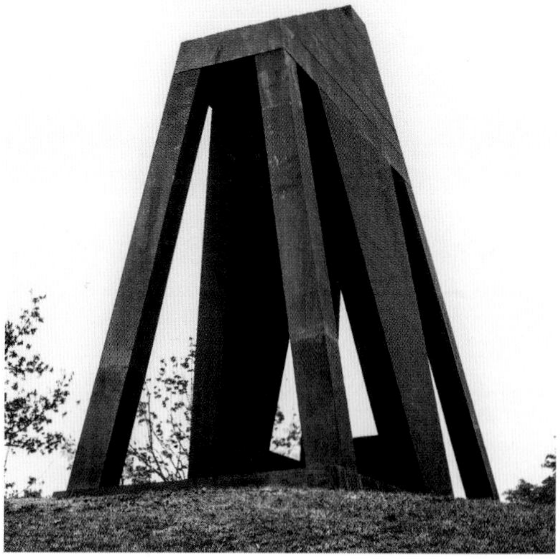
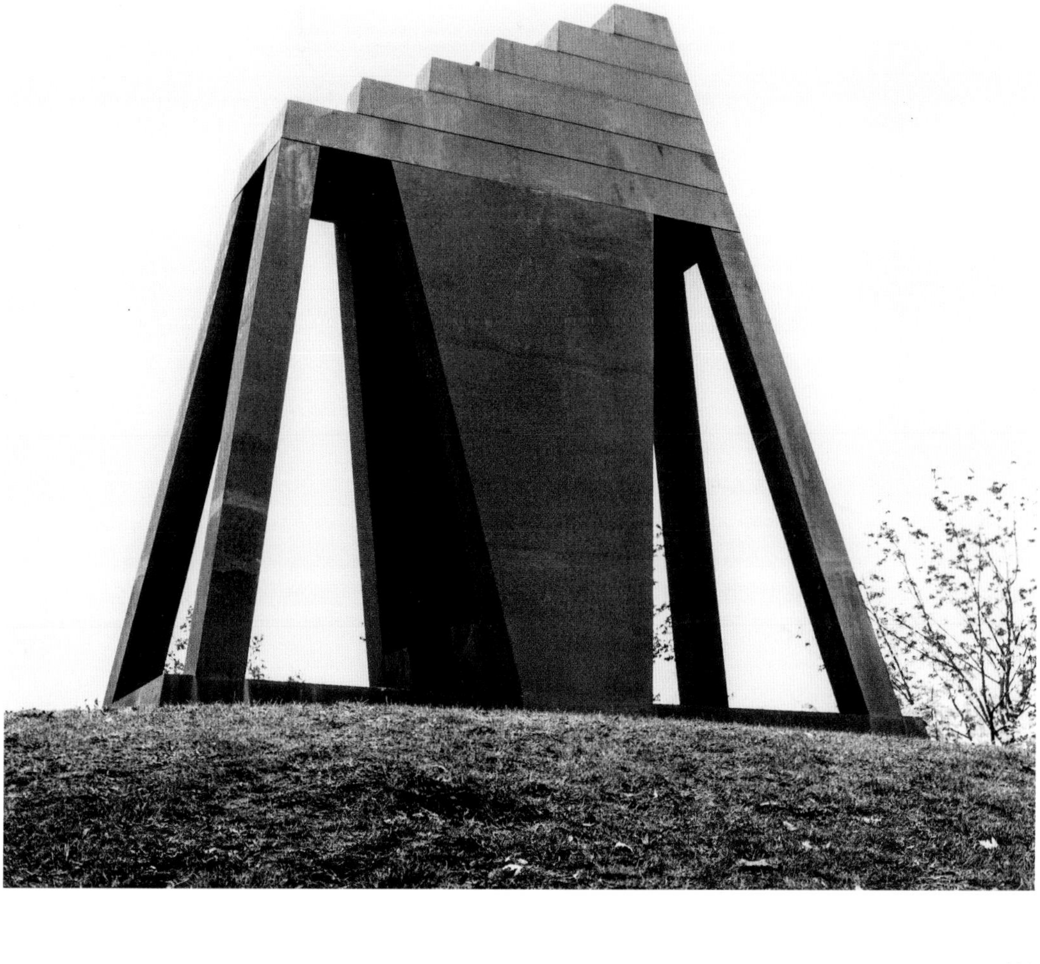

55

Wir sitzen alle in einem Boot (1996)
Kinziginsel, Gelnhausen, Deutschland

Holzkonstruktion, Leimschichtholz, Baumstämme. 10×20×8 m

Auf halber Strecke zwischen Frankfurt am Main und Fulda liegt Gelnhausen. Die etwa 20.000 Einwohner zählende Kreisstadt des Main-Kinzig-Kreises ist die Heimatstadt Claus Burys. In einer Skulptur des Künstlers am Ufer der Kinzig lagerten auf zwei doppelkufigen Bögen aus Leimschichtholz zirka 1500 naturbelassene Baumstämme aus geschädigten Wäldern der Umgebung. Damit ist diese Arbeit sehr deutlich ökologisch positioniert. Zugleich nahm das Werk Bezug auf die Kaiserpfalz Gelnhausen, die besterhaltene Pfalz der Stauferzeit, die um 1170 auf 12.000 Baumstämmen errichtet worden war. Zwischen den sich aufspreizenden Bögen dieser 280 Tonnen schweren Skulptur führte ein enger, fast bedrohlich wirkender Gang hindurch. Seine Seitenwände wurden von den durch Windbruch und Umweltschäden kaputten Baumstämmen gebildet. Die Kolossalskulptur maß zehn auf zwanzig Meter und war acht Meter hoch, nahm also einen Raum von 1600 Kubikmetern ein. Auch hier akzentuierte der Künstler bewusst eine Labilität, die in diesem Fall allerdings nicht nur statisch-konstruktiv, sondern auch agrarpolitisch begründet ist. Die Kufen waren mit untergeschobenen Stämmen gegen Abrollbewegungen geschützt und die obere Kante der gestapelten Baumstämme war aus der Waagrechten gekippt. Die Schnittkanten der Stämme ließen sich durch ihre Jahresringe als konservierte Zeit, aber auch als *memento mori* charakterisieren. Holz überhaupt verwittert relativ schnell und verändert damit seine Farbe. Die Sichtbarkeit der zeitlichen Begrenztheit dieser Installation verweist auf die temporären Bedingungen ihrer Aufstellung. Sie wurde anlässlich des Hessentages 1996 errichtet, aber im Februar 2010 aus witterungstechnischen Gründen nach 14 Jahren abgebaut, obwohl sich Initiativen für ihre Erhaltung und Restaurierung gegründet hatten. Im Übrigen spricht der Titel dieser Arbeit für sich.

We're All in the Same Boat (1996)
Kinziginsel, Gelnhausen, Germany

Timber structure, glue-laminated timber, logs. 10 × 20 × 8 m

Gelnhausen is halfway between Frankfurt am Main and Fulda. With a population of about 20,000, it is the administrative seat of the Main-Kinzig district and Claus Bury's birthplace. A sculpture of the artist's comprised about 1,500 tree trunks left in their natural state that had been salvaged from damaged woods nearby resting in two arcs of glue-laminated timber, each edged with double runners. Its contents and location indicate that this work conveyed a very clear ecological stance. It also represented a historical reference to the best preserved imperial palace from the Staufer era, which was built on 12,000 tree trunk pilings in Gelnhausen *c.*1170. A narrow, almost menacing-looking passage led through the spreading arcs of the sculpture, which weighed 280 tonnes. Its side walls were formed of tree trunks that had been broken off and toppled by high wind and other environmental damage. The sculpture was indeed colossal: eight metres high, twenty metres long and ten metres wide, amounting, therefore, to a volume of 1,600 cubic metres. Here, too, the artist deliberately emphasised instability, in this case, however, not just in the static, structural sense but also with reference to agrarian policy. Tree trunks wedged beneath the runners prevented slippage. The upper edge of the stacked tree trunks tilted from the horizontal. The cut edges of the tree trunks could be characterised by their annual rings as time preserved and also as memento mori. Wood weathers quite quickly, in fact, and its colour changes. The high visibility of the temporal conditions this installation was subjected to refers to its temporary nature. Set up for the 1996 Hessentag cultural festival, it was dismantled in February 2019 because weathering had rendered it a hazard, although initiatives for preserving and restoring it had been initiated. Otherwise, the title of this work is self-explanatory.

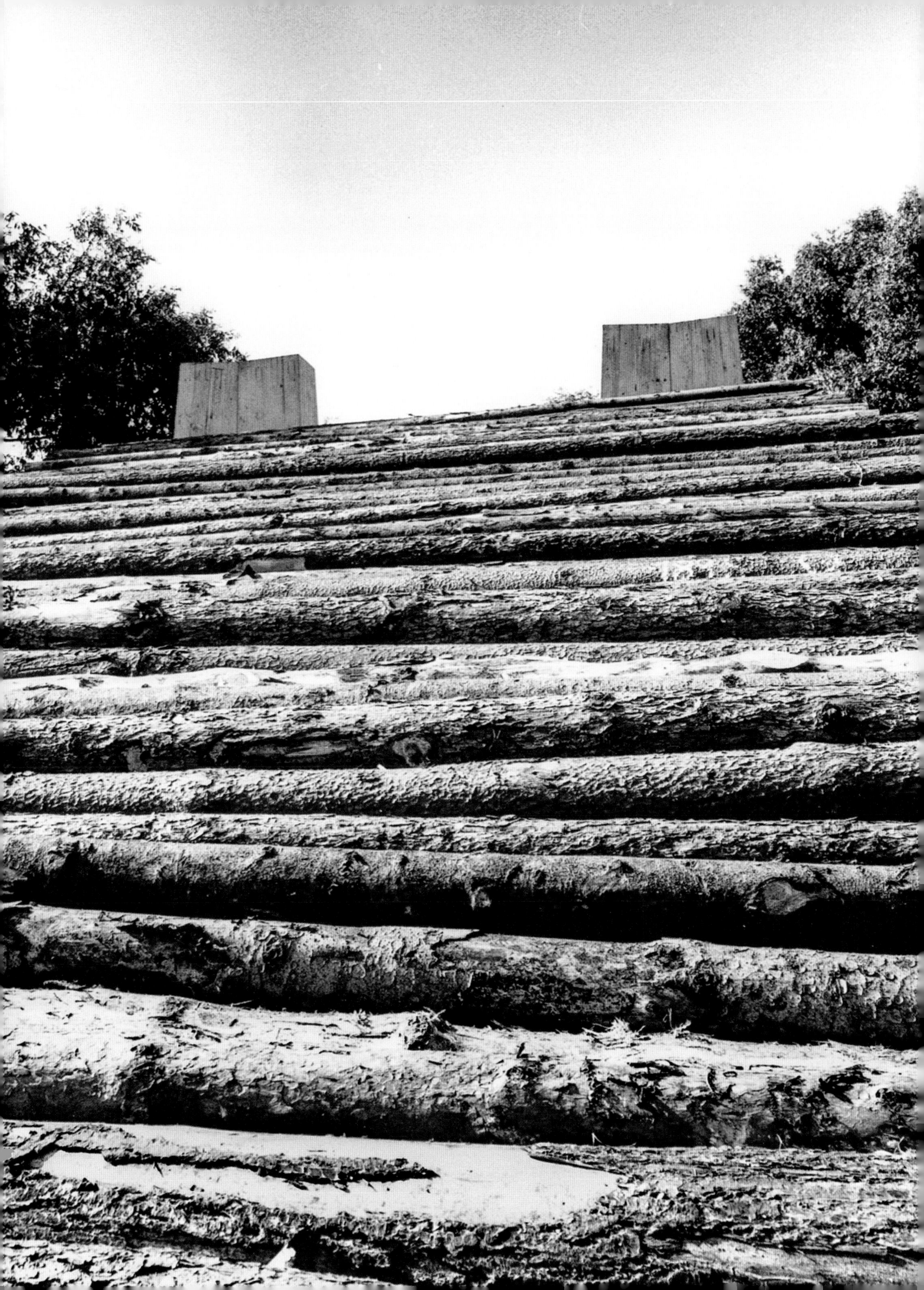

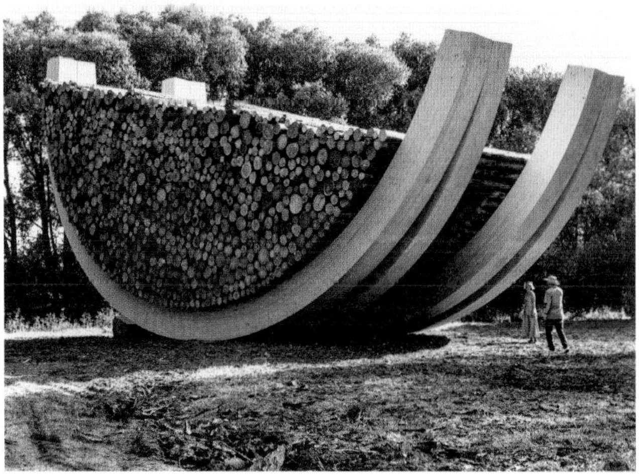

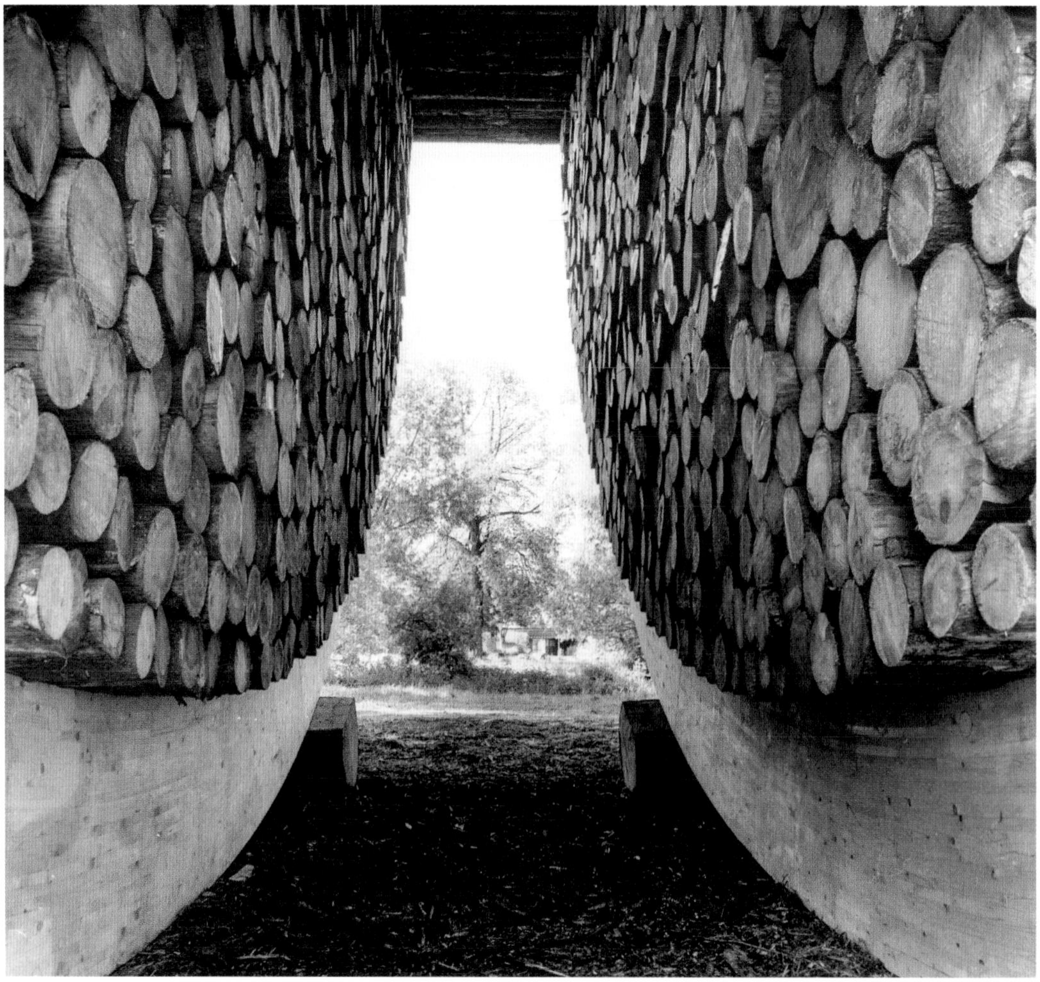

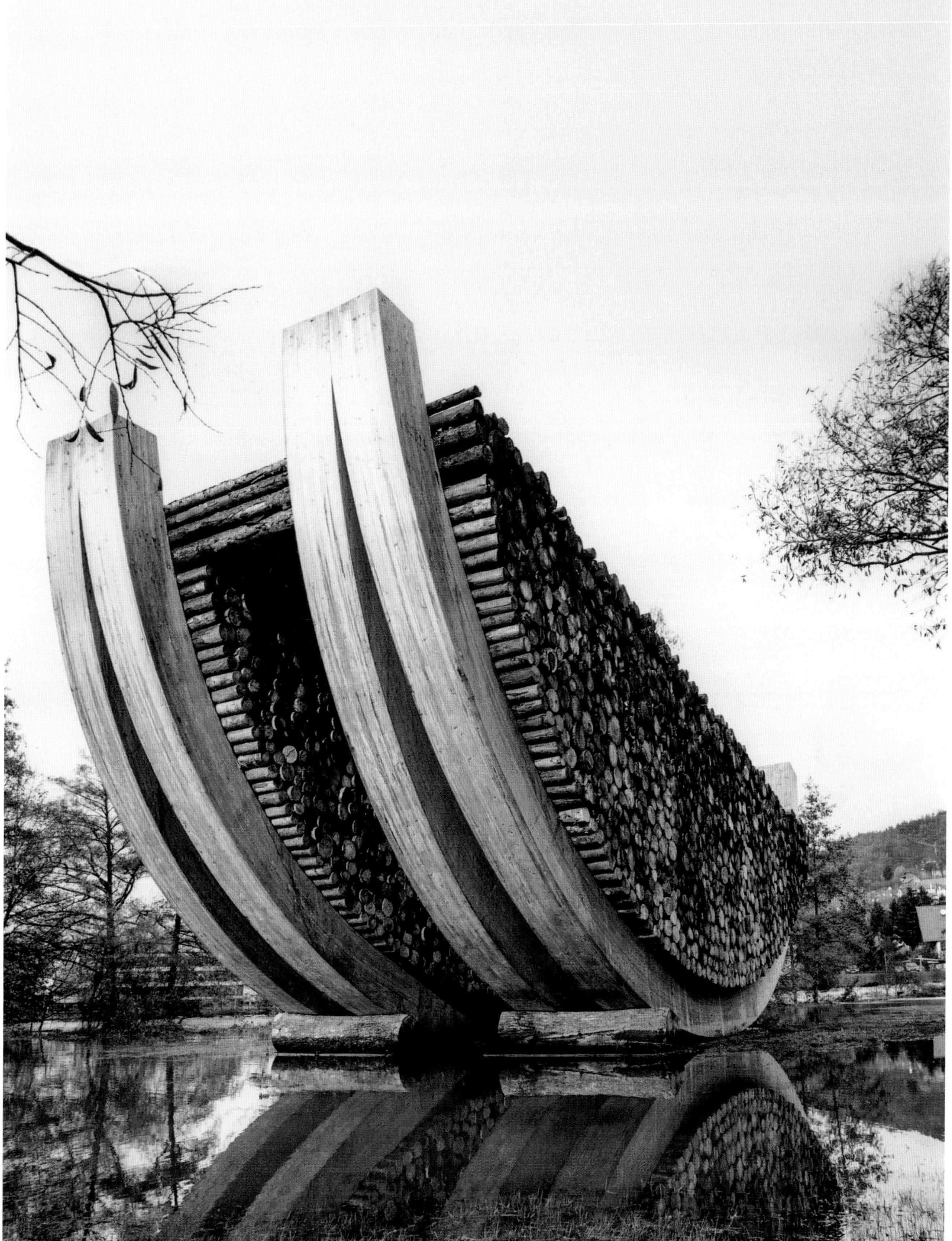

56

Stufenschichtung (1996)
Skulpturengarten am Seminarzentrum für Erwachsenenbildung Stein Egerta, Schaan, Liechtenstein

Granit. 3 × 3 × 0,5 m

Im Skulpturengarten Stein Egerta der Liechtensteinischen Staatlichen Kunstsammlung in Schaan positionierte Bury in Nachbarschaft zu barocken Steinbänken eine seriell wirkende moderne Plastik. Sie befindet sich in der Sichtachse einer historistischen Treppe, die zu einem kreisrunden Fontäne-Brunnen herabführt, und besteht, so könnte man meinen, aus sieben Lagen würfelförmiger Kuben. Tatsächlich sind es zusammenhängende Quaderlagen. Der Eindruck von Würfeln entsteht durch Öffnungen, die von Lage zu Lage, von oben nach unten kontinuierlich schmaler werden, wobei die Schlitze in jeder Ebene in ihrer Flächensumme stets gleich sind. Die fünf Öffnungen in der untersten Lage nehmen also die gleiche Leerfläche ein wie die darüber liegenden vier, dann drei, dann zwei Schlitze, um in der obersten Ebene zu nur noch einer Öffnung zu werden. Als Gesamtform ist diese *Stufenschichtung* eine Paraphrase auf die gerasterten Lochfassaden funktionalistischer Kastenbauten und insofern ein Kontrast zum historistischen, verwunschen-romantischen Standort.

Step Layering (1996)
Sculpture Garden at the Stein Egerta Seminar Centre for Adult Education, Schaan, Liechtenstein

Granite. 3 × 3 × 0.5 m

Bury positioned a modern sculpture with a serial appearance close to Baroque stone benches in the Stein Egerta Sculpture Garden at the Liechtenstein State Art Collection in Schaan, Liechtenstein. In the sightline of a Historicising stair that leads down to a round fountain, the sculpture, it might seem, consists of seven layers of cubes. In fact, they are continuous rectangular prisms. The impression that the sculpture is built of cubes is created by apertures that grow continuously narrower from layer to layer, going from top to bottom. The total surface area of the slits is, however, the same on each level. This means that the five apertures in the lowest layer take up the same surface area as the four above them, which in turn are matched in area by the three on the next level and equalled by the combined surface areas of the two above them, which amount to the surface area of a single aperture on the highest level. Viewed as an overarching form, *Step Layering* is a paraphrase of functionalist square high-rise buildings, their façades punctured by grid fenestration. Hence this sculpture stands in stark contrast with the idyllic romantic look of its historic site.

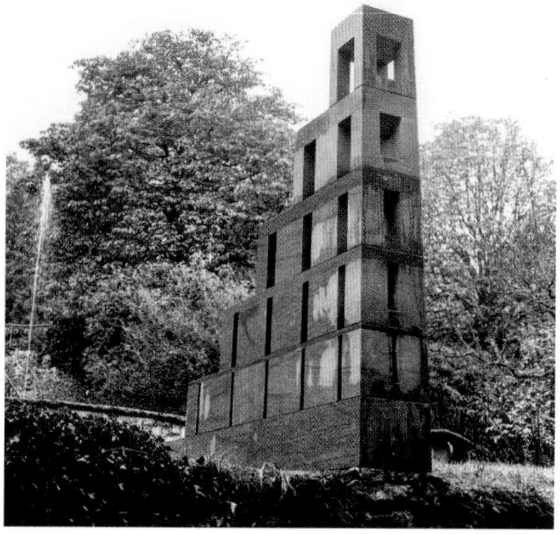

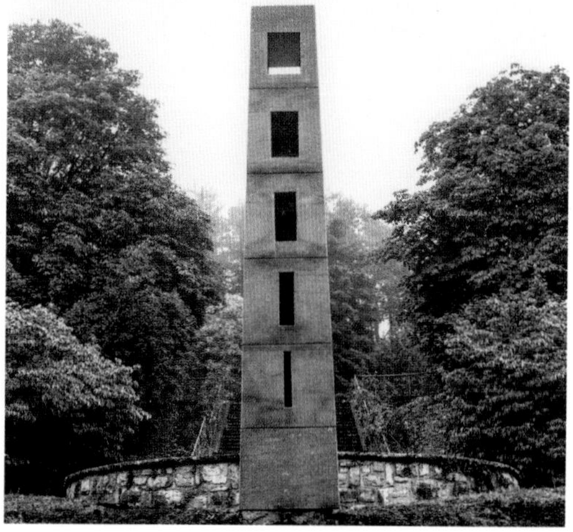

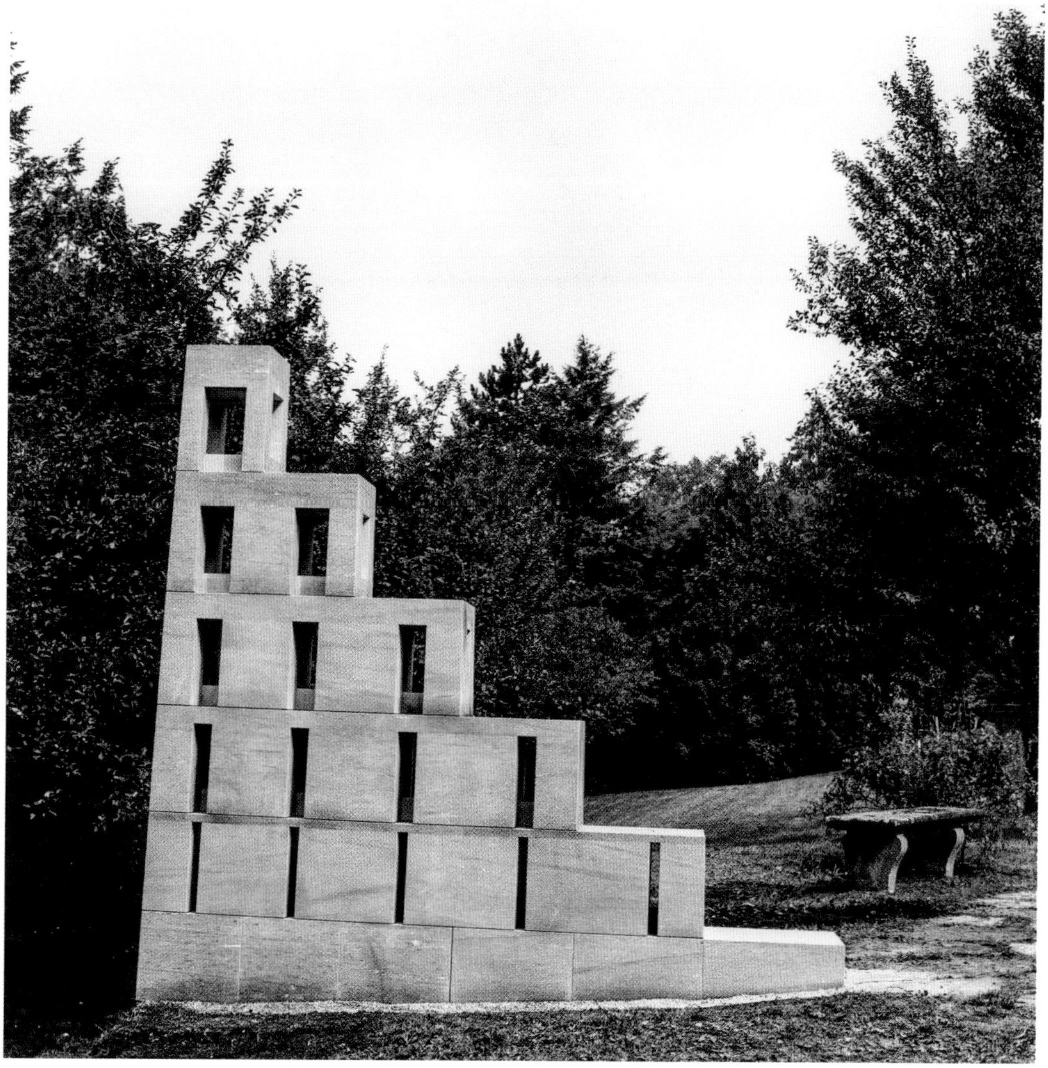

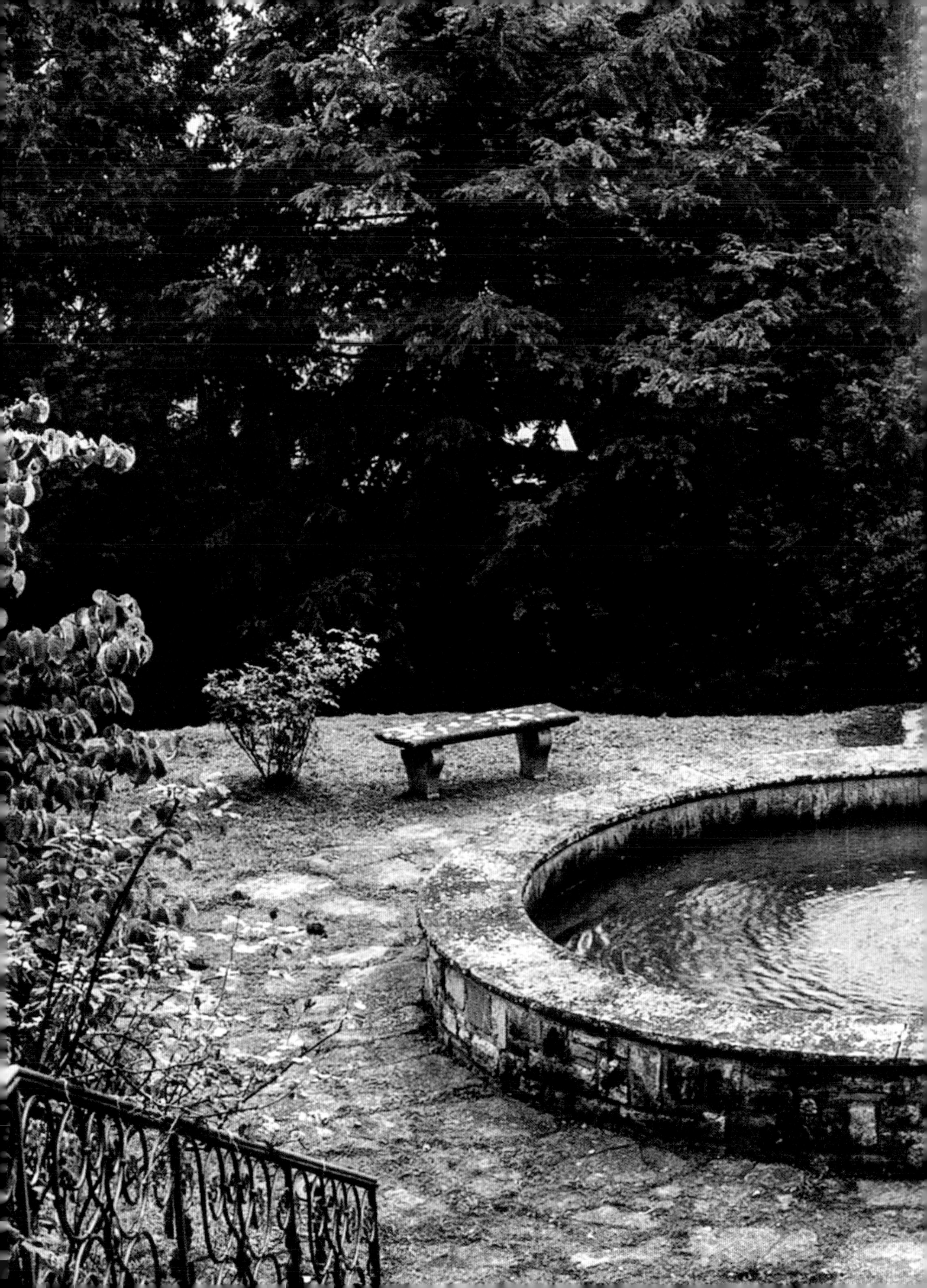

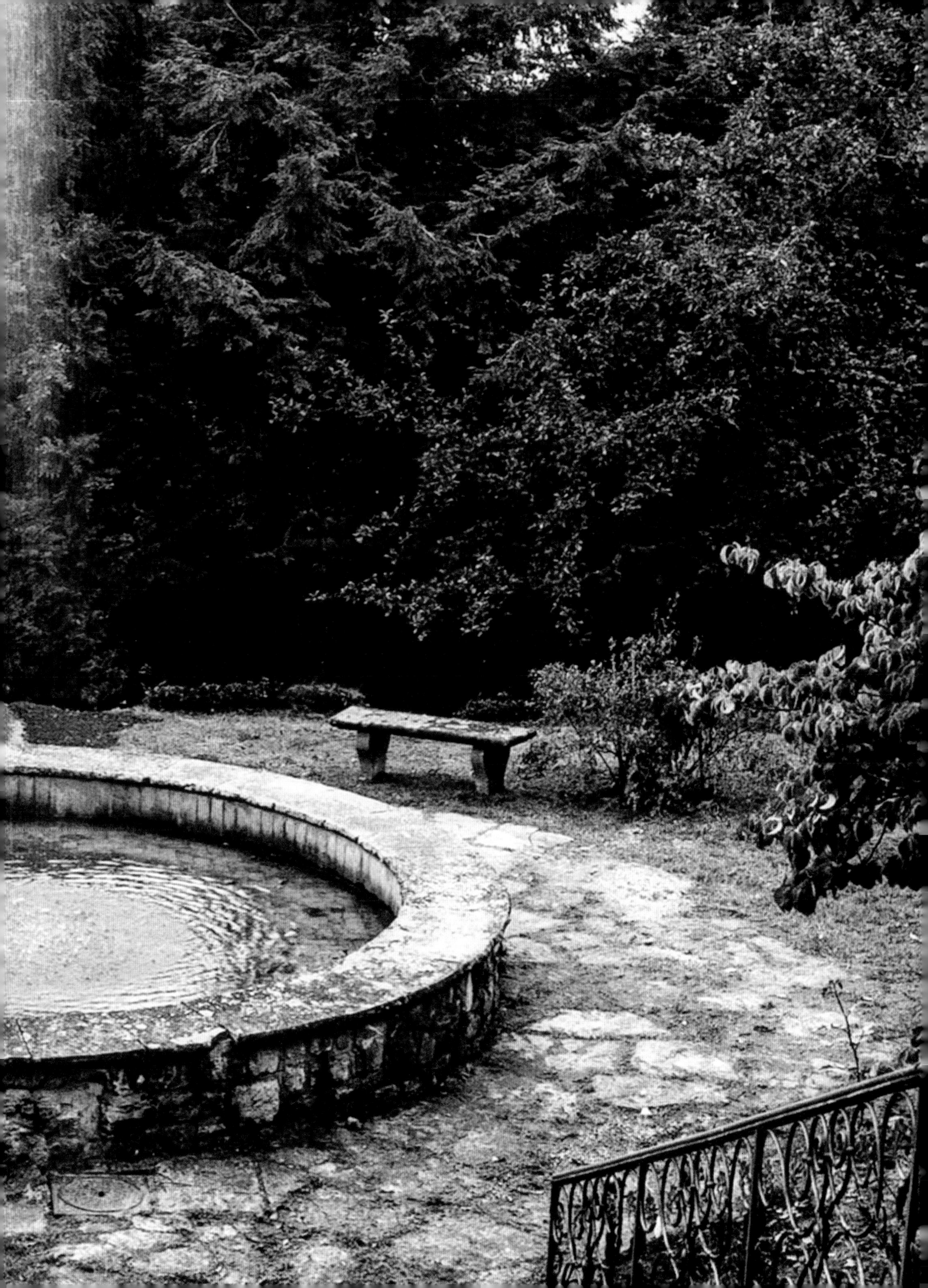

57

Schlitten (1996)
Köbelerhof, Kördorf, Deutschland

Holzkonstruktion, Leimschichtholz, Baumstämme. 4 × 10 × 4 m

Diese zehn auf vier Meter messende Arbeit ist eine um die Hälfte verkleinerte Variante der Monumentalskulptur *Wir sitzen alle in einem Boot* aus dem gleichen Jahr in Gelnhausen (vgl. Nr. 55). Sie steht auf einer Privatwiese eines Bauernhofes in Kördorf. Die Maßstabsveränderung zieht eine Bedeutungsveränderung nach sich. Die ökologische Fanalwirkung der Großskulptur bekommt eine private Dimension, obwohl alle Elemente der Skulptur wie die naturbelassenen Baumstämme und das Schichtholz die gleichen sind wie bei ihrem größeren Pendant. Auch die Konstruktion und die ästhetische Machart sind bei beiden Fassungen identisch. Sich selbst zu zitieren, ist eine geläufige Praxis in allen Epochen der europäischen Kunst, aber auch in außereuropäischen Kulturen, vor allem in Asien.

Sledge (1996)
Köbelerhof, Kördorf, Germany

Timber structure, glue-laminated timber, logs. 4 × 10 × 4 m

Measuring ten by four metres, this work is a variant of the monumental sculpture *We're All in the Same Boat* scaled down by half (also 1996; see No. 55). *Sledge* stands on private ground, a meadow that is part of a farm in Kördorf. The change in scale also entailed a shift in meaning. The ecological beacon effect of the monumental sculpture has gained a private aspect, although all elements of this sculpture, including the rough-hewn tree trunks left in their natural state and the laminated wood, are the same as in its larger companion piece. Even the construction and the aesthetic side, the handling, of the two versions are identical. Quoting oneself has been common practice down through the ages in European art, as well as the art of non-European civilisations, especially in Asia.

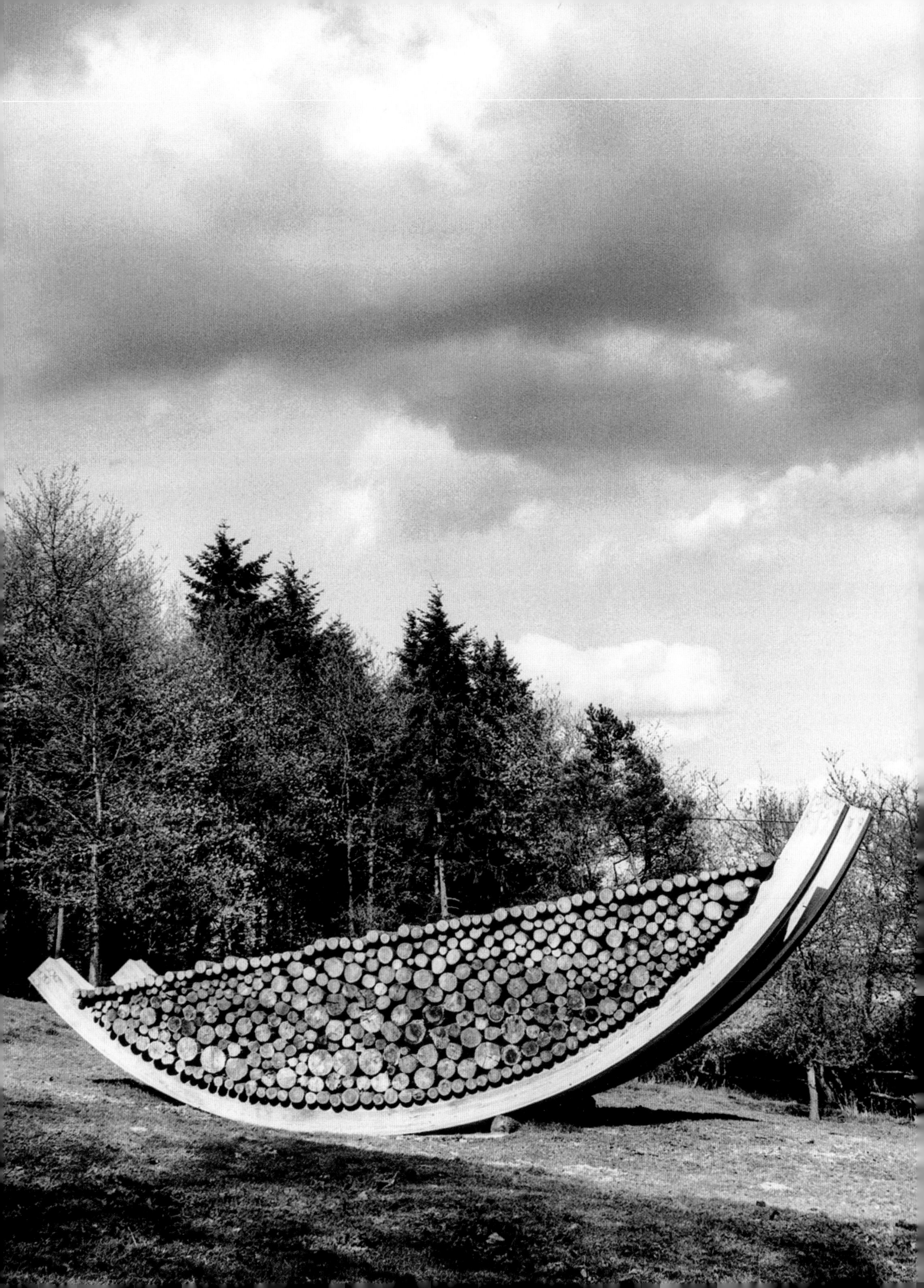

58

Vom Modell zum Bauprojekt (1996)
Im Galluspark, Frankfurt am Main, Deutschland

Holzkonstruktion, Leimschichtholz.
3,36 × 1,35 × 1,2 m

Diese Skulptur von Claus Bury, die kategorial selbstreferenziell seine Arbeitsweise reflektiert, wurde im November 1996 im Foyer des Unternehmenssitzes der Frankfurter Philipp Holzmann BauProjekt AG in der Straße Im Galluspark installiert. Auf einem symmetrischen Sockel aus kubischen Pfeilern stehen zwei archetypische Giebelhäuser, die archaische Konstruktionsprinzipien aufgreifen und wie antike Tempel wirken. Im Inneren dieser Tempelmodelle gibt es treppenartige Abstufungen, die aber gegenläufig konstruiert sind. In einem der Häuser bilden sie vom Boden aus ansteigende Treppen, im anderen eine identisch proportionierte abgestufte Deckenform. Diese antithetischen Modelle lassen insofern auch Assoziationen zu Giovanni Battista Piranesi und M.C. Escher zu. Das Doppelmodell hat eine Höhe von knapp dreieinhalb Metern, sodass sich die beiden Häuser vom Foyer aus gesehen deutlich über Kopf befinden. Man kann sie aber von einer offenen Galerie aus auch von oben betrachten. Je nach Betrachterposition verändern sich die wahrgenommenen Proportionen der Skulptur. Verschiedenfarbige Hölzer wie helles Buchenholz, rötlich-dunkles Meraniholz und dunkelbraunes, fast schwarzes Mahagoniholz verleihen dieser Skulptur eine vornehme Dignität und lassen an historische Ornamentparkette in verschiedenen Holzarten oder Intarsien denken. Auch die erhöhte Sockelung trägt zu dieser Nobilitierung bei, die zudem die erhöhte Objektpositionierung des monumentalen Pergamonaltares im gleichnamigen Berliner Museum aus dem zweiten vorchristlichen Jahrhundert herbeispielt.

From Model to Building Project (1996)
Im Galluspark, Frankfurt am Main, Germany

Timber structure, glue-laminated timber.
3.36 × 1.35 × 1.2 m

This sculpture of Claus Bury's reflects his way of working, which can be categorised as self-referential. It was set up in the lobby of the Philipp Holzmann BauProjekt AG headquarters at Im Galluspark, Frankfurt am Main, in November 1996. Two archetypal gabled houses that incorporate archaic principles of construction and look like ancient temples stand on a symmetrical base composed of cubic pillars. Inside this temple model, receding slabs are laid like stairs yet are constructed in opposing directions. In one of the temple-like structures, they form a staircase rising from the floor, in the other an identically proportioned stepped form of ceiling. These antithetical models also evoke associations with Giovanni Battista Piranesi and M.C. Escher. Because the double model is nearly three and half metres high, both temple structures as seen from the lobby are considerably above viewers' heads. The proportions of the sculpture shift with the viewer's vantage point. Variously coloured woods, such as light beech, dark red meranti wood and dark brown, almost black, mahogany, lend this sculpture stately elegance and are reminiscent of antique ornamental parquetry in various woods or marquetry executed with intarsia. The high plinth also contributes to enhancing the majestic effect made by the work, especially since it evokes the raised position of the monumental Pergamon Altar from the second century BCE in the Berlin museum of the same name.

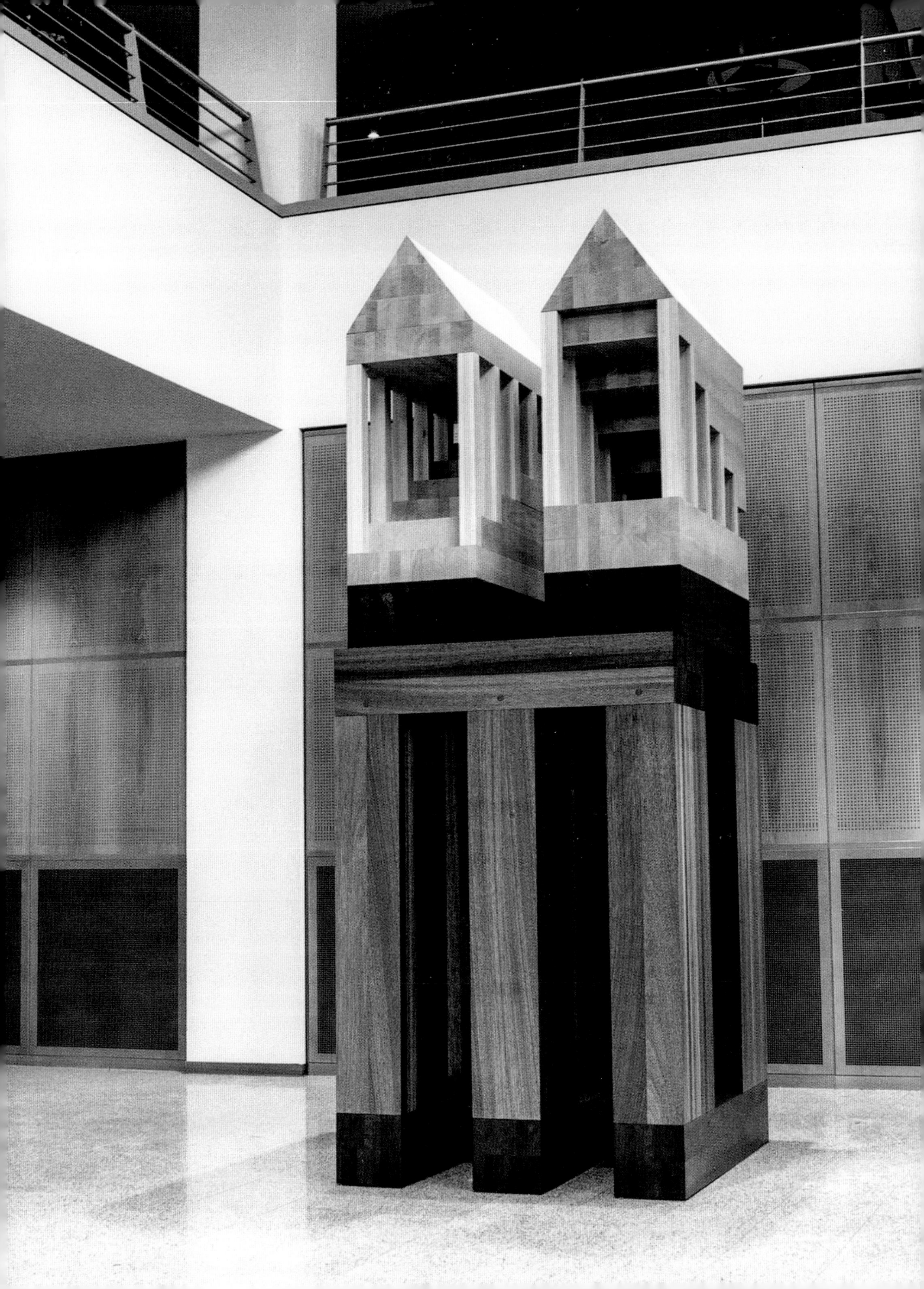

59

Zentrifugal – Vertikal (1996)
Köln-Wahnheide, Deutschland

Holzkonstruktion, Leimschichtholz.
Vertikal: 25 × 8 × 3,4 m
Horizontal: 2,66 × 25 × 8 m

Zwei gegenläufige, im rechten Winkel zueinander positionierte, senkrecht aufgerichtete Kreisformen, die aus gebogenem Douglasien-Schichtholz konstruiert sind, wirken wie monumentale Rotationsmaschinen, deren Dynamik nur dadurch begrenzt wird, dass sie jeweils in waagrecht liegende Ausläufer münden. Beide Kreise sind in ihrem Formverlauf an ihren Außenkanten jeweils sieben Mal abgestuft. Ein solcher Entwurf erfordert eine äußerst präzise handwerkliche Umsetzung. Ikonografisch steht er in der Tradition des Kubofuturismus, den künstlerische Projekte in Anlehnung an physikalische Tatbestände wie Umfang, Gleichgewicht und Schwere charakterisierten. Neben dessen Hauptvertreter Kasimir Malewitsch mag auch Wladimir Tatlin mit seinem berühmten, allerdings nicht realisierten *Monument der Dritten Internationale* (1919) eine Anregung für diese Skulptur Burys gewesen sein. Außerdem können auch die um 1920 entstandenen hängenden Konstruktionen von Alexander Rodtschenko hier eine Rolle gespielt haben. Daneben kultiviert diese in sich kreisende plastische Arbeit aber eben auch eine Maschinenästhetik perfekt ineinandergreifender technischer Teile. Die Dichotomie des Werktitels *Zentrifugal – Vertikal* bezieht sich darauf, dass in dieser Skulptur die nach außen strebenden Zentrifugalkräfte, die auch Fliehkräfte heißen und bei Dreh- und Kreisbewegungen auftreten, durch ihre vertikale Positionierung gewissermaßen ruhiggestellt sind. Aber auch die Vorstellung eines Torus, also eines geometrischen Körpers in Form eines Reifens oder Rettungsrings, stellt sich ein. Mathematisch gesprochen ist ein Torus das topologische Produkt zweier Kreise.

Centrifugal – Vertical (1996)
Cologne-Wahnheide, Germany

Timber structure, glue-laminated timber
Vertical: 25 × 8 × 3.4 m
Horizontal: 2.66 × 25 × 8 m

Two contra-rotating circular forms constructed of bent Douglas fir glue laminated timber set up vertically at right angles to each other, look like monumental rotation machines whose dynamism is only restricted by the circumstance that each of them ends in an outlying horizontal spur. The contour of the outer edge of each circle is stepped seven times. Executing a design of this kind requires extremely precise craftsmanship. Iconographically, it belongs to the Cubo-Futurist tradition, in which art projects were characterised by being based on physical givens such as circumference, balance and weight. Apart from the movement's chief exponent, Kazimir Malevich, Vladimir Tatlin with his celebrated design for a *Monument to the Third International* (1919), which was unfortunately never realised, may have been a source of inspiration for this Bury sculpture. In addition, suspended constructions produced by Aleksandr Rodchenko in *c.* 1920 may have played a role here. Because it circles within itself, the Bury sculpture also pays tribute to a machine aesthetic of perfectly meshing technical parts. The dichotomy of the work title, *Centrifugal – Vertical*, refers to the fact that in this sculpture centrifugal force, which acts on objects in rotating and circular motion to make them fly outwards from their circular path, is to a certain extent arrested by virtue of being positioned in the vertical. However, the idea of a torus – that is, a geometric solid shaped like a tyre or lifebelt – also comes to mind. In mathematical terms, a torus is the topological product of two circles.

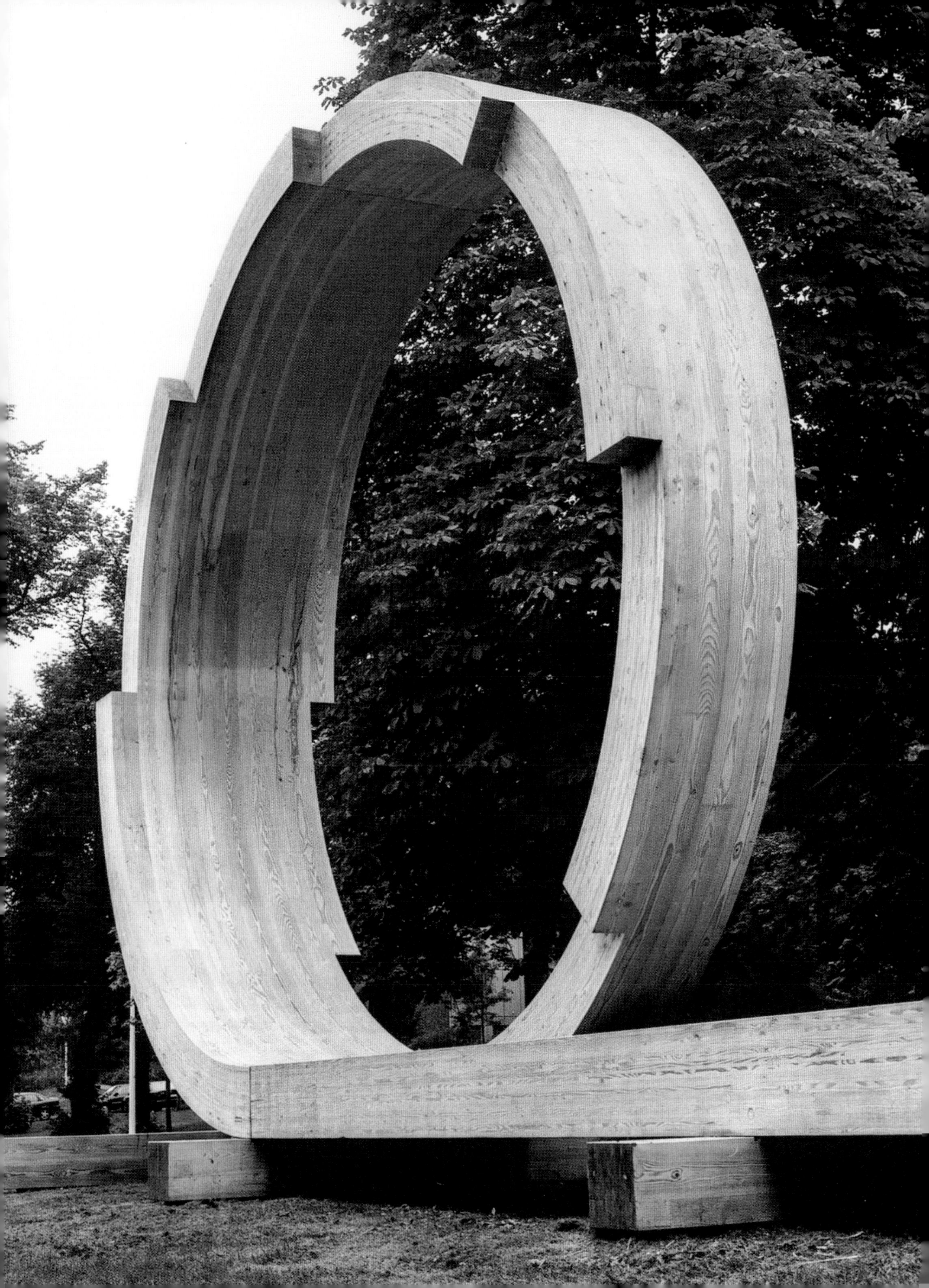

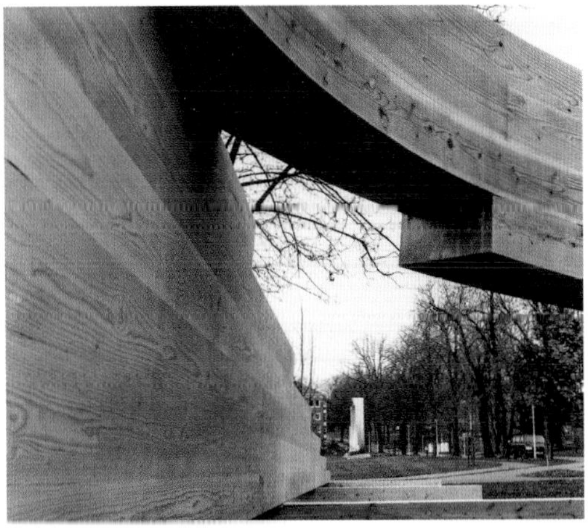
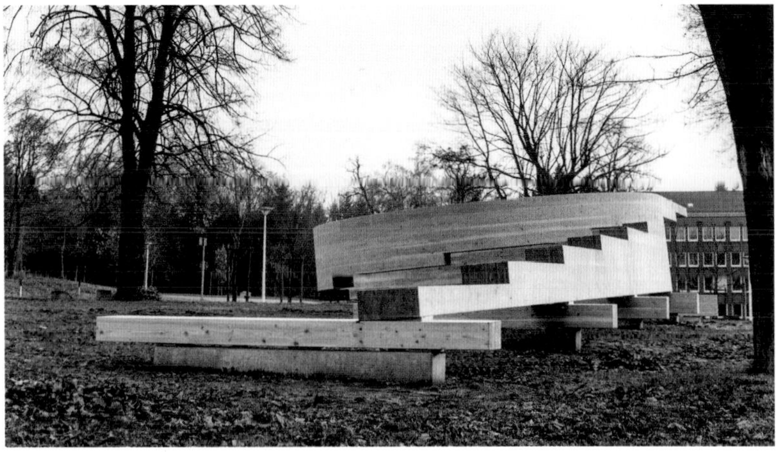
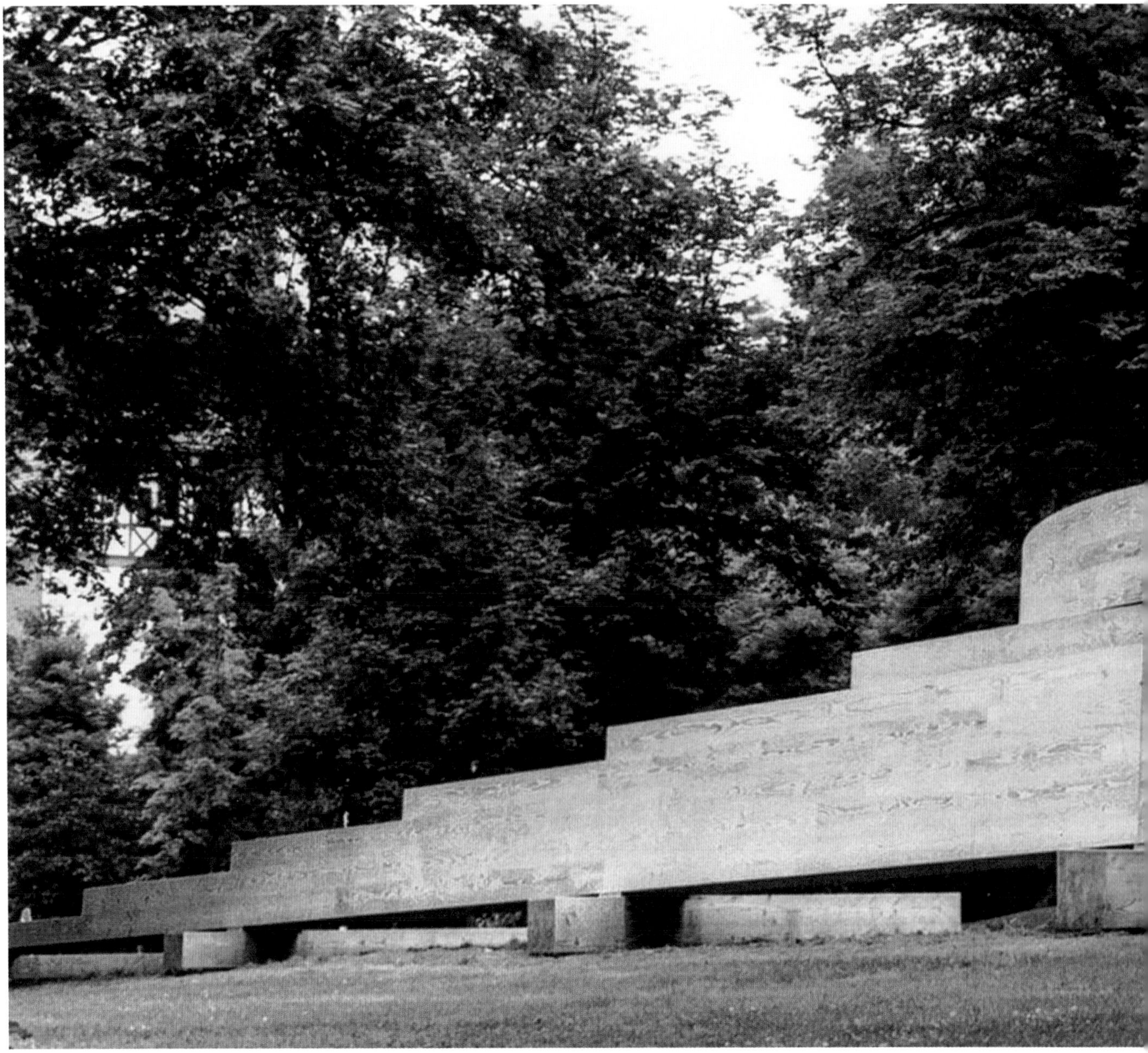

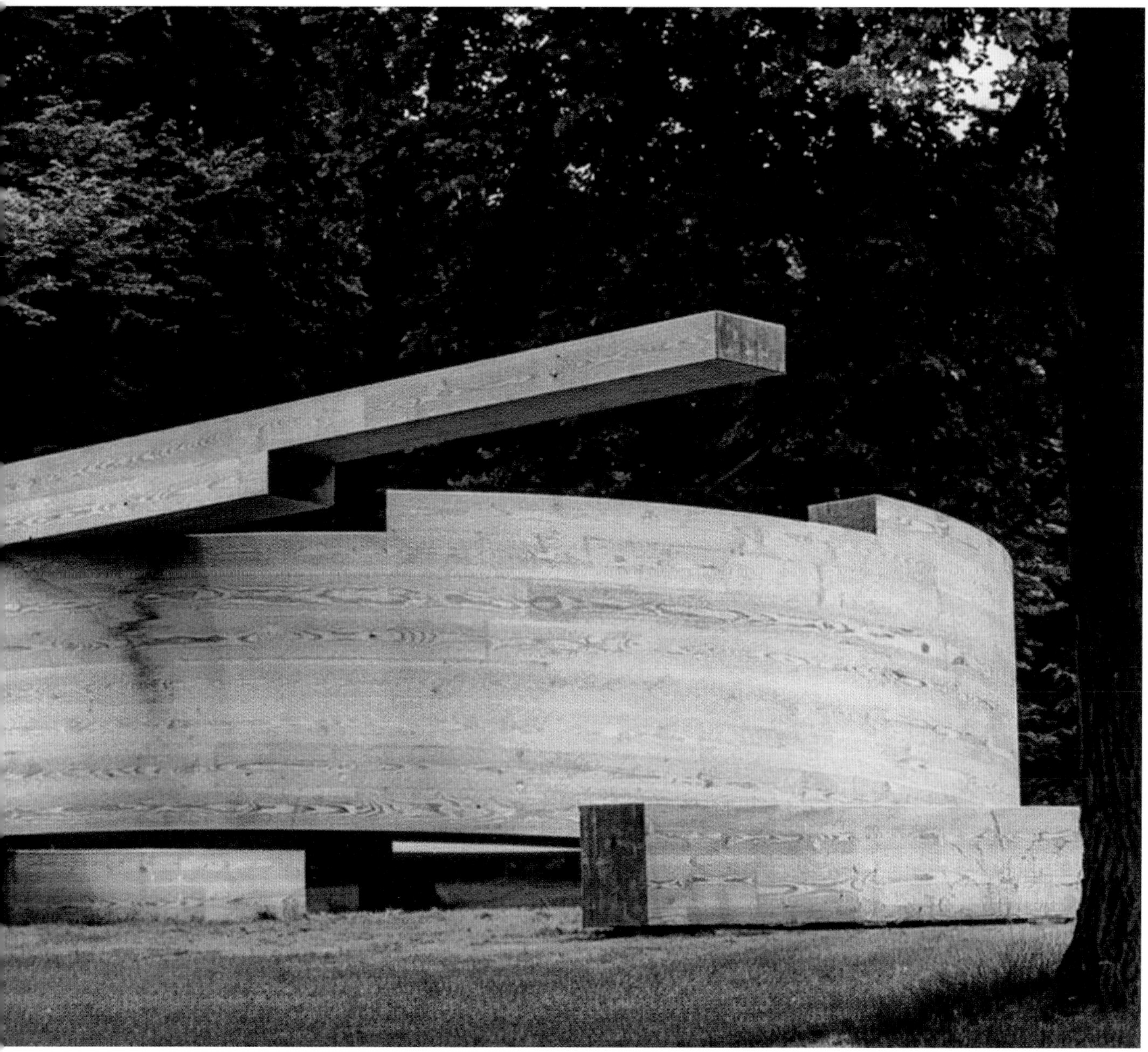

60

Stapellauf (1997)
Mainufer Würzburg, Deutschland

Holzkonstruktion, Leimschichtholz.
4,8 × 11 × 4,1 m

Diese massive, muskuläre Konstruktion paraphrasiert in Form eines zeichenhaften Piktogramms die generelle Gestalt eines Schiffsrumpfes, der aber auch an einen umgekehrten Brückenbogen erinnert. In besonders widerstandsfähigem Douglasienholz hat Bury aus massigen Holzstempeln ein wuchtiges, gleichwohl grafisches Zeichen kreiert, welches den Maßstab des Mainufers bewusst übersteigt. Das Nadelholz dieses nordamerikanischen Fichtengewächses liefert vorzügliche Schiffsmaste und ausgezeichnetes Nutzholz. Durch die überdimensionierten schrägen Abstützstempel evoziert diese Skulptur zudem auch Anklänge an abgestützte Bergwerkstollen und Eisenbahnschienen sowie abgestützte basilikale Kirchenschiffe. Der Name der Skulptur verweist auf jenen Zeitpunkt, an dem ein Schiffsrumpf fertig gebaut und schwimmfähig ist und zu Wasser gelassen wird. Die Fertigstellung des bereits schwimmenden Schiffes mit Aufbauten und der Montage der Innenausrüstung erfolgt am sogenannten Ausrüstungskai. So symbolisiert dieses Schiffszeichen den oft feierlich begangenen Höhepunkt der Bauphasen eines Schiffsbaus zu einem Zeitpunkt, bevor die schrägen Stützmasten entfernt werden.

Launch (1997)
Würzburg Main Embankment, Germany

Timber structure, glue-laminated timber.
4.8 × 11 × 4.1 m

This solidly muscular construction paraphrases in the form of a sign-like pictogram the general shape of a ship or boat hull, although it is also reminiscent of a reversed arch bridge. Bury has used Douglas fir timber, which is particularly durable, to create a massive, albeit graphic, sign with which he has deliberately exceeded the scale of the Main Embankment. The wood of this North American conifer makes excellent sailing boat masts and sturdy timber for use in construction. Bury's use of outsized slanting pit props also evokes echoes of mine shafts supported by them as well as railway tracks and buttressed basilica naves. The name of the sculpture refers to the point at which a ship or boat hull has been finished and is ready to be pushed or rolled into water. The floating hull is then equipped with its superstructures and the interior is mounted at what is known as the fitting-out or outfitting dock. Thus this sign for a ship symbolises the often ceremonially observed high point of shipbuilding before the slanting timbers used to brace the hull are removed.

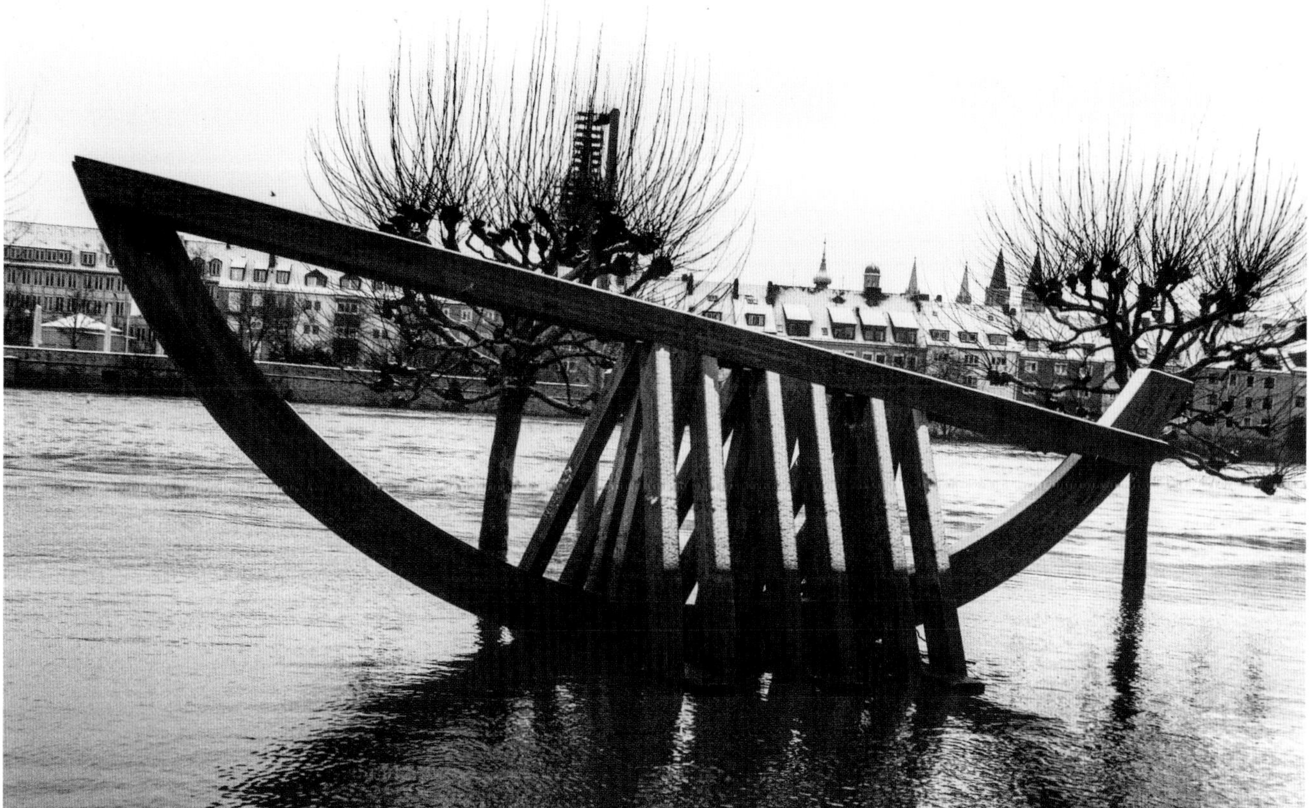

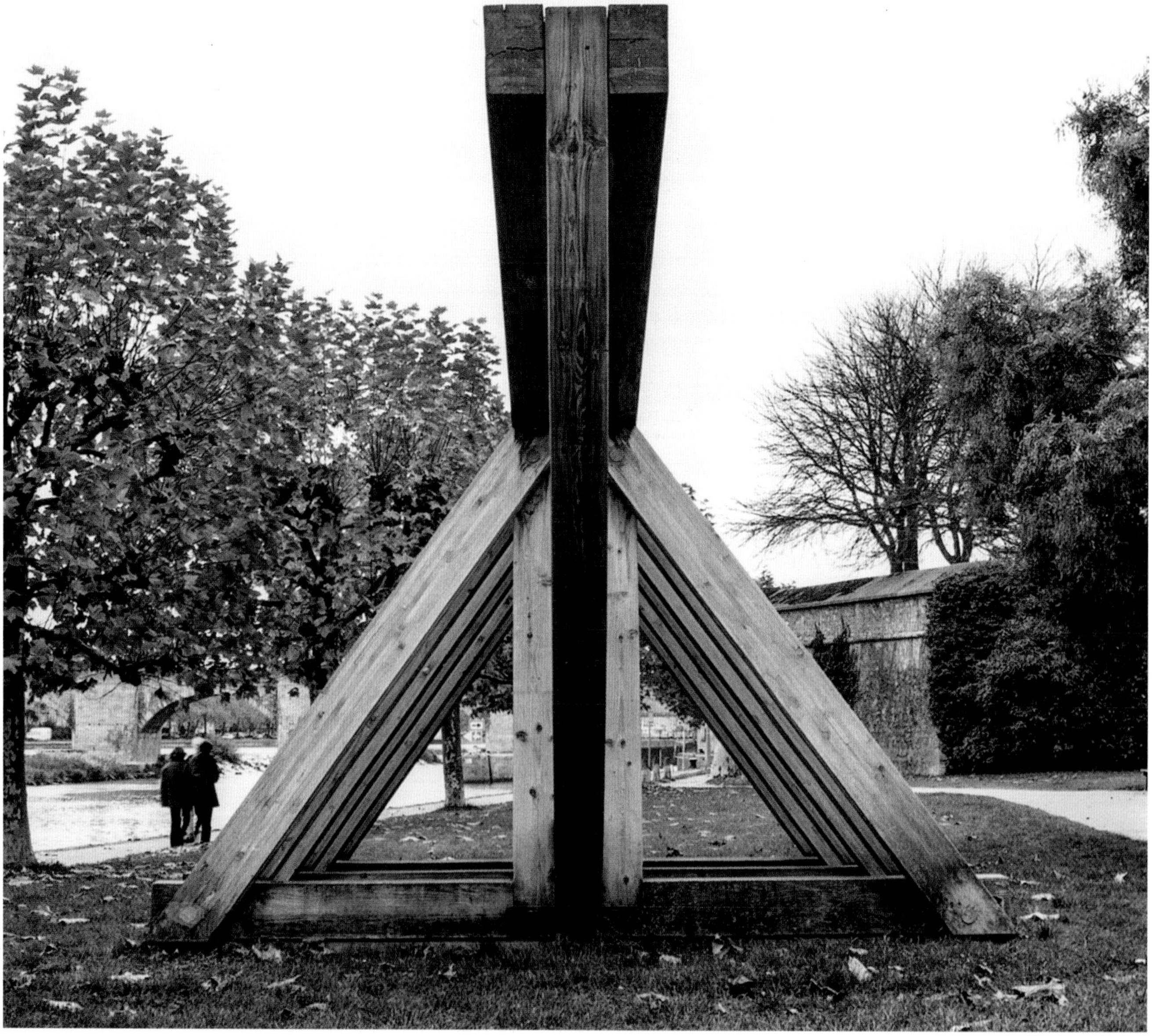

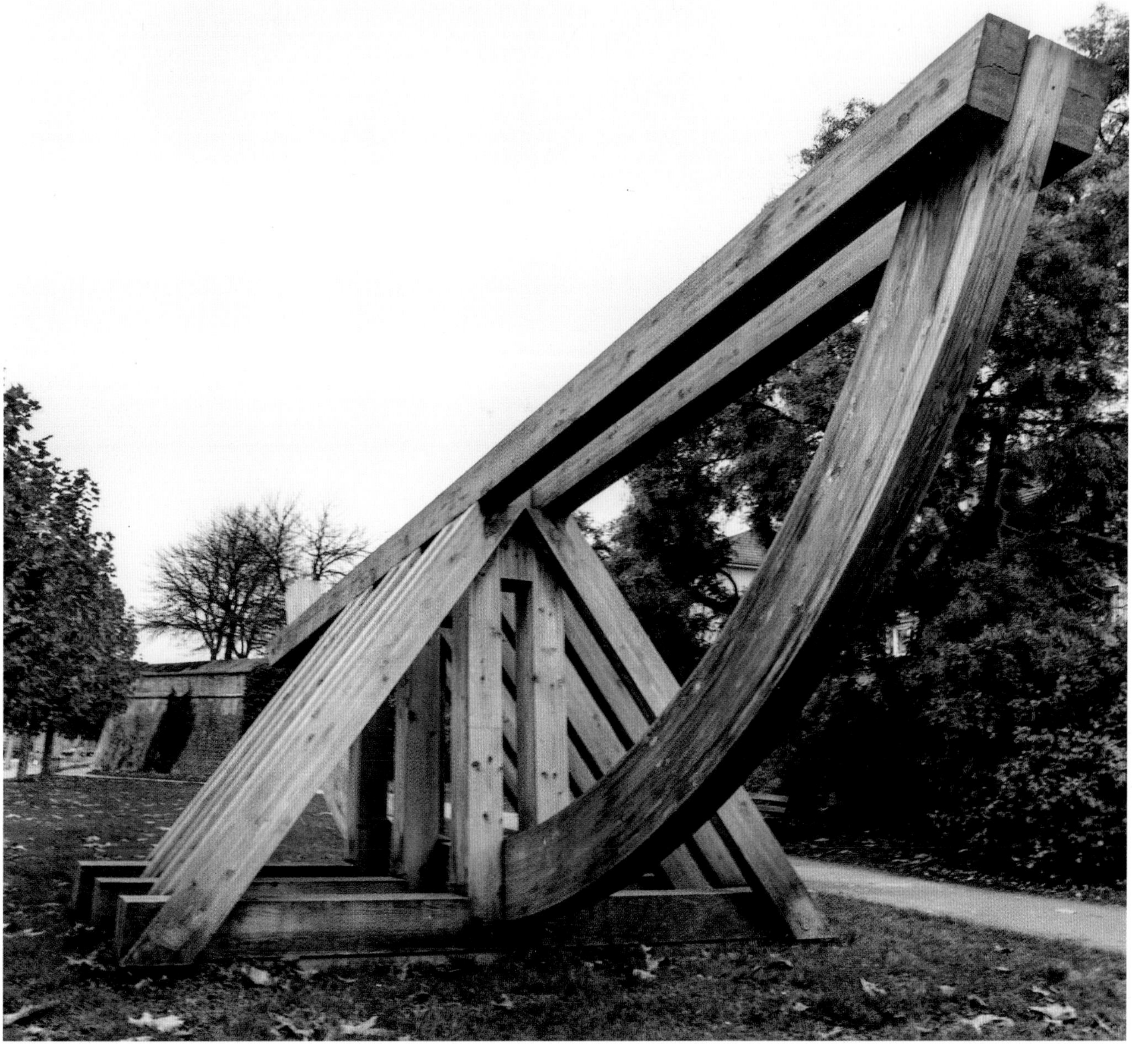

61

Pendulum (1997)
Mainzer Landstraße, Frankfurt am Main, Deutschland

Aluminiumkonstruktion. 21 × 5,2 × 2,65 m

Dies ist Claus Burys erste Skulptur in Metall, aus Schiffsbau-Aluminium. Sie steht vor dem FBC-Hochhaus an der dicht befahrenen innerstädtischen Mainzer Landstraße in Frankfurt am Main, einer urbanen Magistrale mit zirka zwanzig Hochhäusern zwischen der Alten Oper und dem Baseler Platz. Bei dieser Skulptur sind in einem Schaft, der sich nach den Proportionen der Fibonacci-Folge entwickelt, zwei entgegengesetzt verlaufende Bogenelemente eingespannt. York Förster schreibt: „Die Bögen berühren sich an den Enden, daraus entsteht in der Längsansicht ein spitzes Oval. Es ‚hängt' in dem auslaufenden Ende des Schaftes, das es mit seinem Gewicht für einen Augenblick nach unten zu biegen scheint. Daraus ergibt sich für den Betrachter der namengebende schwingende Eindruck, die ganze Konstruktion scheint unter Spannung zu stehen. Aber auch das Oval selbst wirkt elastisch, fast wie eine Abstraktion der Blattfedern historischer Fahrzeuge."[1] Bury präzisiert: „Das Pendulum war ein Auftrag von der Dresdner Bank, vor dem Gebäude in der Mainzer Landstraße, dem Frankfurter Bürocenter, eine Skulptur aufzubauen, da das Bürocenter von den meisten Kunden nicht gefunden wurde. ... Ich habe mir gesagt, wenn das das Problem ist, dann darf die Skulptur nicht vor dem Eingang des Hauses positioniert sein, sondern muss vielmehr in den Straßenraum hineinragen. ... Als ich diese Skulptur, die ja 21 Meter hoch ist, im Thüringer Werk der Firma Arnold realisieren ließ, konnte das nur in der Horizontale in der Werkshalle gebaut werden. Sie wurde aus Schiffsbau-Aluminium hergestellt ..."[2] Der Skulpturenname mag auch an Edgar Allen Poes berühmte Pendel-Geschichte sowie an Umberto Ecos verschwörungstheoretische Parabel über das *Foucaultsche Pendel* erinnern, die von okkulten Manifesten und dem „Großen Plan" des Templerordens handelt, aber auch über Hermetik und die Kabbala. Eco zelebriert in diesem Roman die Verwirbelung von Jahrhunderten als intellektuelles Spiel.

1 York Förster: Gegenläufig – Claus Burys Arbeit im Deutschen Architekturmuseum, in: Ingeborg Flagge (Hrsg.): Claus Bury. Gegenläufig. Low Tide, High Tide, Ostfildern 2006, S. 11

2 Claus Bury, in: Maßstabssprünge. Ein Gespräch, in: Neues Museum Nürnberg/Die Neue Sammlung München (Hrsg.): Claus Bury. Maßstabssprünge, Nürnberg 2010, S. 105–119, S. 117 f.

Pendulum (1997)
Mainzer Landstraße, Frankfurt am Main, Germany

Aluminium structure. 21 × 5.2 × 2.65 m

This is Claus Bury's first metal sculpture. Made of shipbuilding aluminium, it stands in front of the Frankfurt Office Centre (FBC) building, one of about twenty skyscrapers on the heavily travelled inner-city Mainzer Landstraße, an urban arterial thoroughfare running between the Alte Oper and Baseler Platz in Frankfurt am Main. The sculpture consists of two opposing arc elements, which are tied into a shaft developed according to the proportions of the Fibonacci series. York Förster writes: 'The arcs touch at their ends to form a pointed oval in the longitudinal view. It "hangs" in the tapering end of the shaft, which it seems to bend downwards with its weight for a moment. This results in viewers having the impression that it is swinging, hence the name. The entire construction seems to be under tension. However, the oval itself looks elastic, almost like an abstraction of the leaf-spring suspension in historic vehicles.'[1] Bury fills in the details: '*Pendulum* was a commission from the Dresdner Bank to set up a sculpture in front of the building on the Mainzer Landstraße, the Frankfurt Office Center, because most clients had trouble finding the Office Center. [...] I said to myself if that is the problem, the sculpture mustn't be placed in front of the entrance to the building but, on the contrary, has to project out into the street space. [...] When I had this sculpture, which after all is twenty-one metres high, made at the Arnold works in Thuringia, it could only be built in the horizontal in the factory workshop. It was made of shipbuilding aluminium.'[2] The title of the sculpture may also call to mind the famous Edgar Allen Poe story *The Pit and the Pendulum*, as well as Umberto Eco's parable about conspiracy theories, *Foucault's Pendulum*, which is about occult manifestos and a 'Grand Plan' hatched by the Knights Templar as well as hermeneutics and the Kabbala. In this novel Eco celebrates centuries of turbulence as an intellectual game.

1 York Förster, 'Gegenläufig – Claus Burys Arbeit im Deutschen Architekturmuseum', in Ingeborg Flagge (ed.), *Claus Bury. Gegenläufig. Low Tide, High Tide*, Ostfildern 2006, p. 11.

2 Claus Bury, in 'Leaps of Scale. A Conversation', in Neues Museum Nürnberg/Die Neue Sammlung München (eds.), *Claus Bury. Leaps of Scale*, Nuremberg 2010, pp. 120–133.

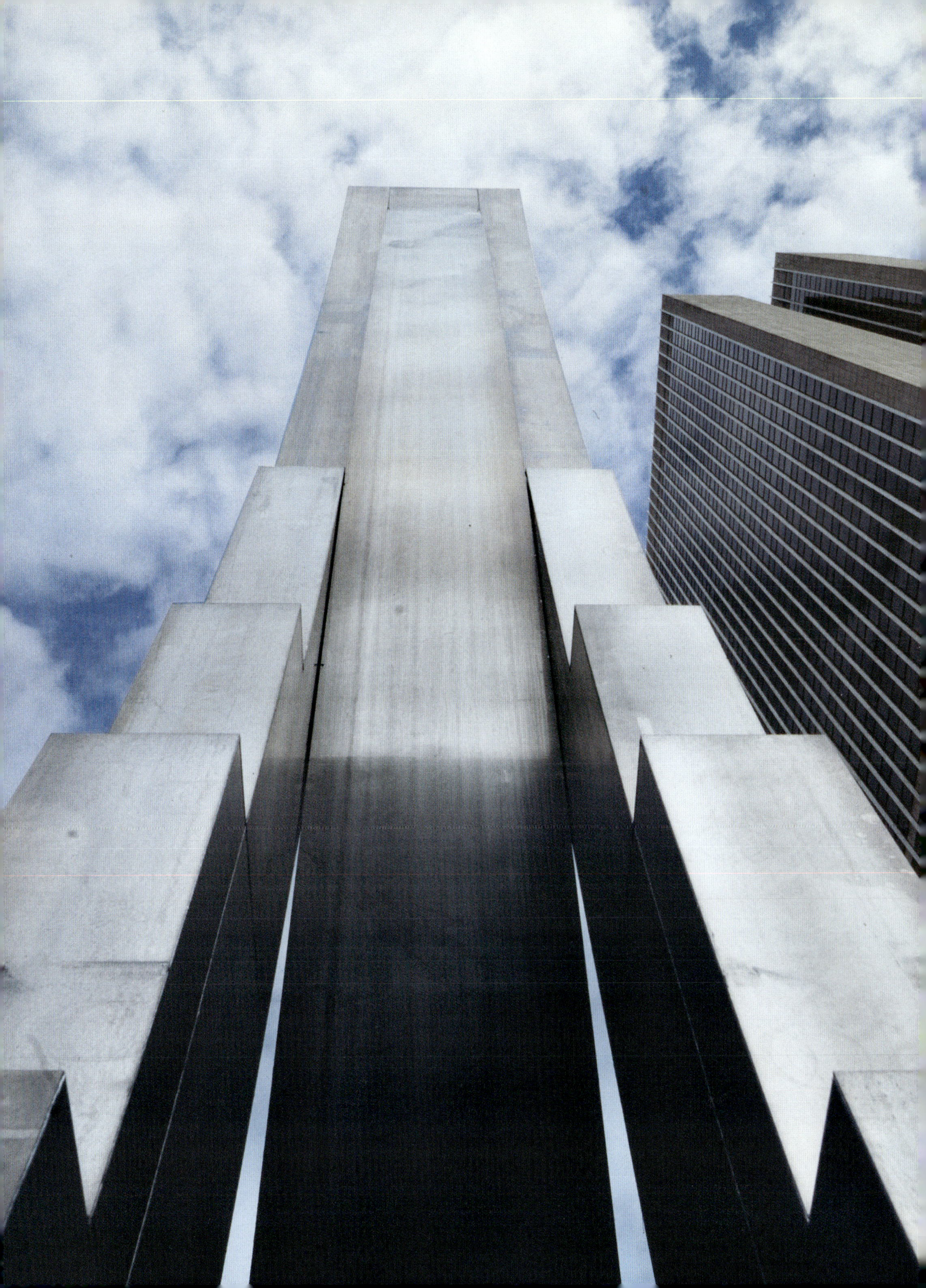

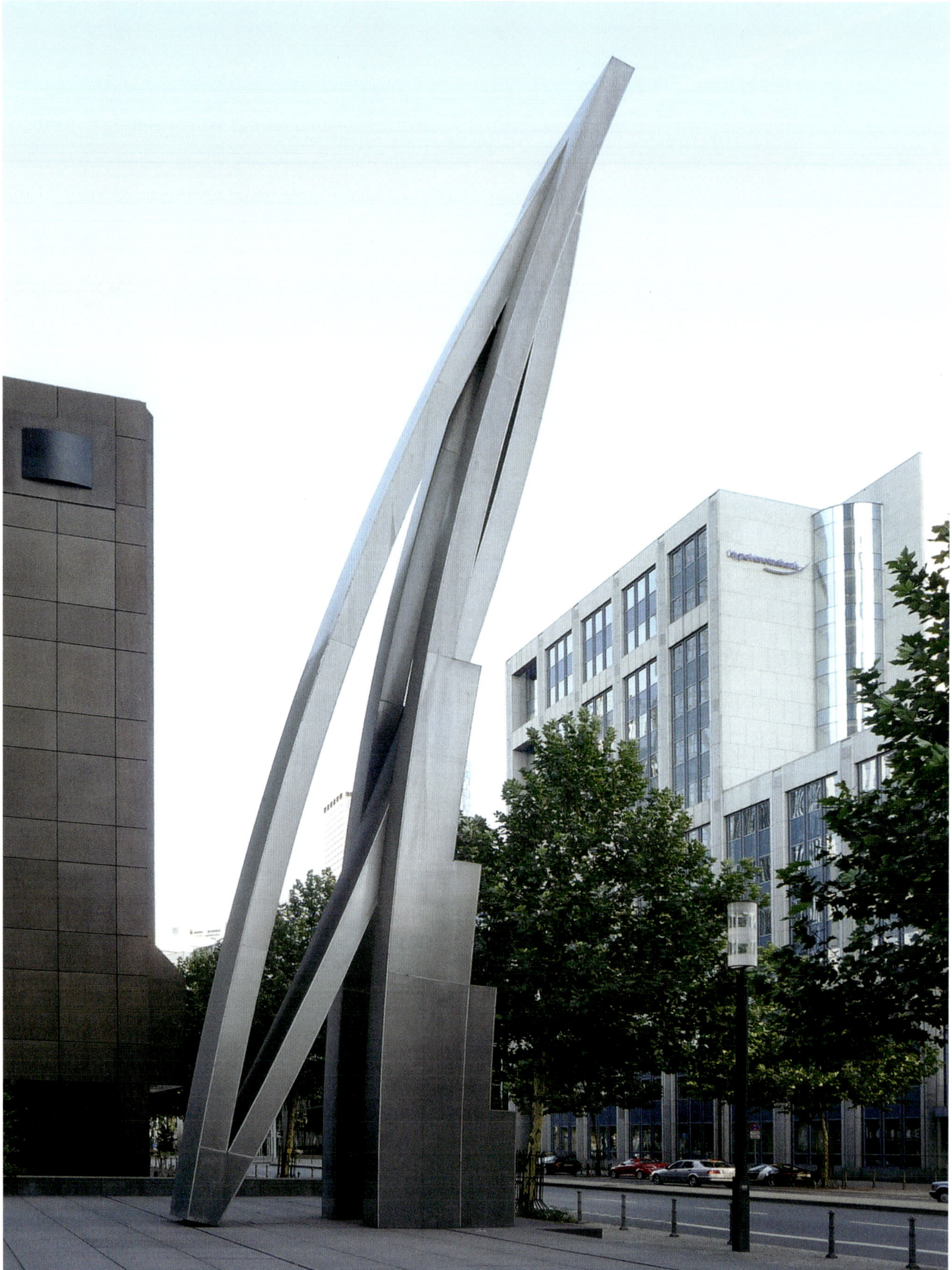

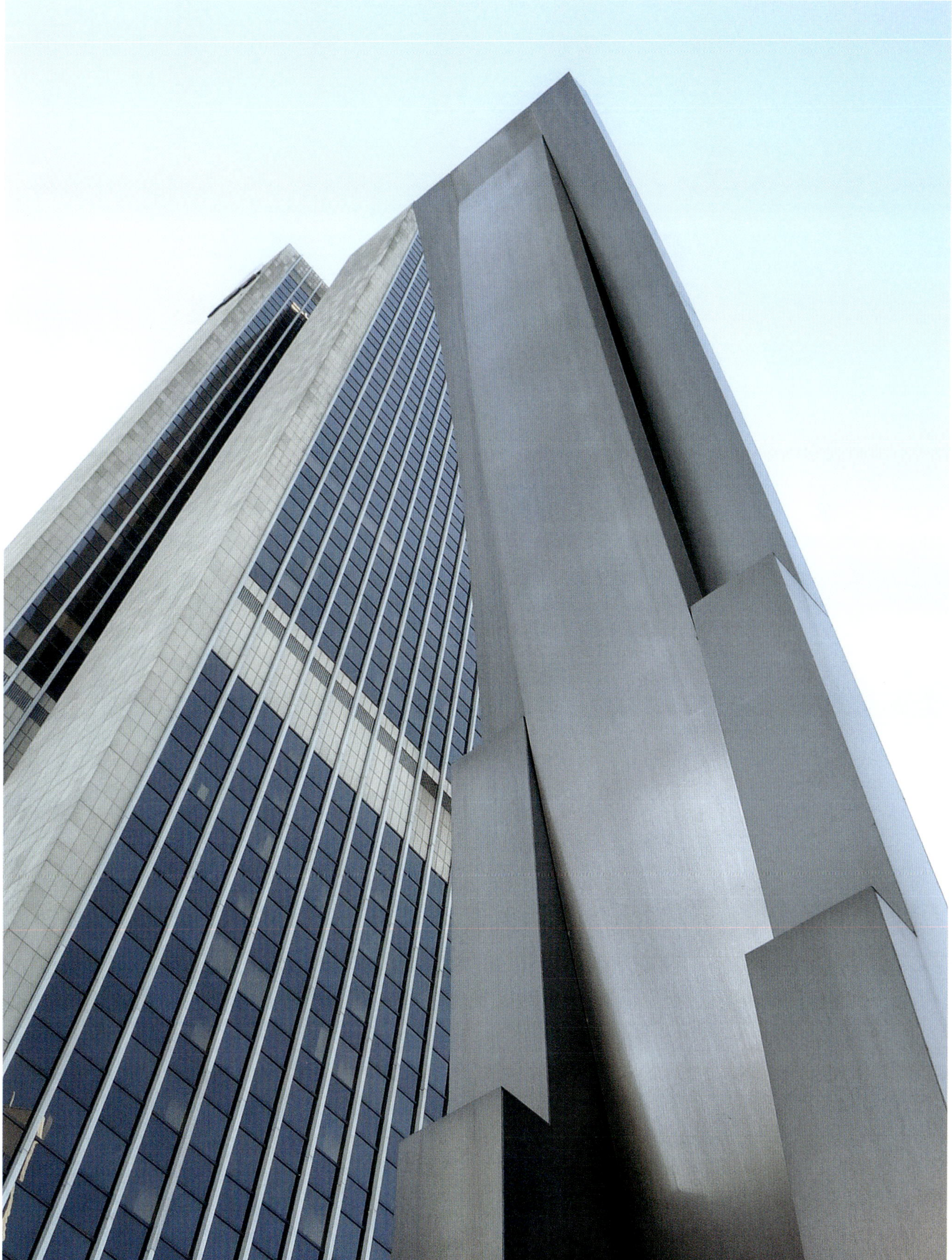

62

Radiale Schwingung (1998)
Deutsche Hochschule für Verwaltungswissenschaften Speyer, Deutschland

Cortenstahl. 10 × 10 × 4,4 m

Auf einem Hochschulcampus eine große bildhauerische Arbeit zu installieren, erfordert eine andere Aufmerksamkeitsökonomie als in einem Park oder einer Flussaue. Ein solches Gelände ist von Betriebsamkeit gekennzeichnet, die allerdings bei den Studenten oft zielgerichtet auf ihre Lehrinhalte oder das Anbahnen kommunikativer Beziehungen ausgerichtet ist. Insofern hat diese Skulptur aus Cortenstahl, die zehn auf zehn Meter misst und sich bis zur Höhe von vier Metern emporschwingt, eine intensivere Autonomiegeste als Burys begehbare Architekturskulpturen aus Holz. Die abstrakt-skulpturale Avantgarde-Tradition scheint hier ausgeprägter zu sein. Im Bedeutungskontext meint hier der Titel, vom Radius ausgehend bildnerisch zu denken. Sechs Bogensegmente, die, jeweils zu dritt verbunden, ein offenes sphärisches Dreieck bilden, sind mit konkaven und konvexen Schwüngen miteinander und ineinander verflochten. Die Winkeleckpunkte dieser Dreiecke lassen die Konstruktion nicht plan in einer Ebene abknicken, sondern die Segmente werden mit räumlichen Versprüngen verbunden. Das erhöht den störrischen Eindruck der Plastik: Ihre Eleganz erscheint „gestört" und relativiert. Ihrem Titel entsprechend scheint diese Plastik tatsächlich zu schwingen.

Radial Oscillation (1998)
German Research Institute for Public Administration, Speyer, Germany

Corten steel. 10 × 10 × 4.4 m

Installing a large work of sculpture on a university campus calls for an attention economy that differs from the one to be applied to setting up a sculpture in a park or a riverine water meadow. Campuses are known for being abuzz with activity, which, however, is often directed by students at what they are being taught or at initiating communicative relationships. Hence this Corten steel sculpture measuring ten by ten metres and, at its highest point, swinging upwards to a height of four metres, represents a more intense gesture of autonomy than Bury's enterable architecture sculptures, which are made of wood. The abstract sculptural avant-garde tradition seems to be more pronounced in the Speyer work. In the semantic context, the title means thinking in sculptural terms from the radius outwards. Six arc segments, bundled in threes to form an open spherical triangle, are intertwined with concave and convex curves. The vertices of these triangles cause the construction to bend down but not in a single plane. Instead the segments are linked with spatial setbacks, recessions in their profiles. This feature enhances the refractory impression made by the sculpture: its elegance seems to have been 'disrupted' and put into perspective. True to its title, this sculpture really does seem to oscillate.

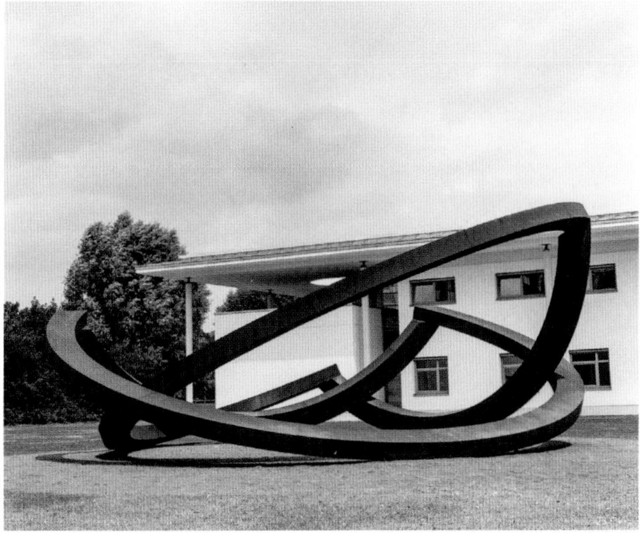

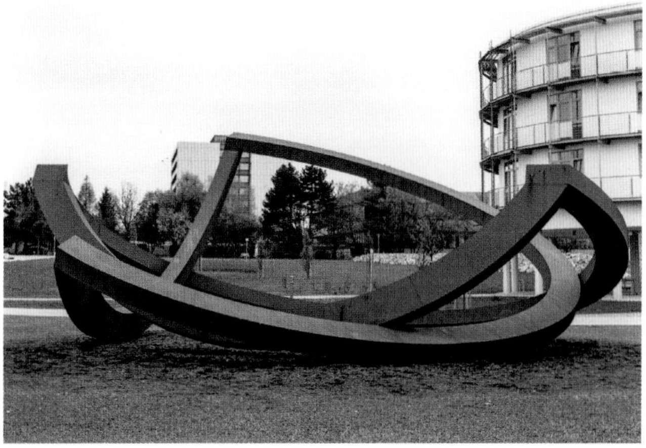

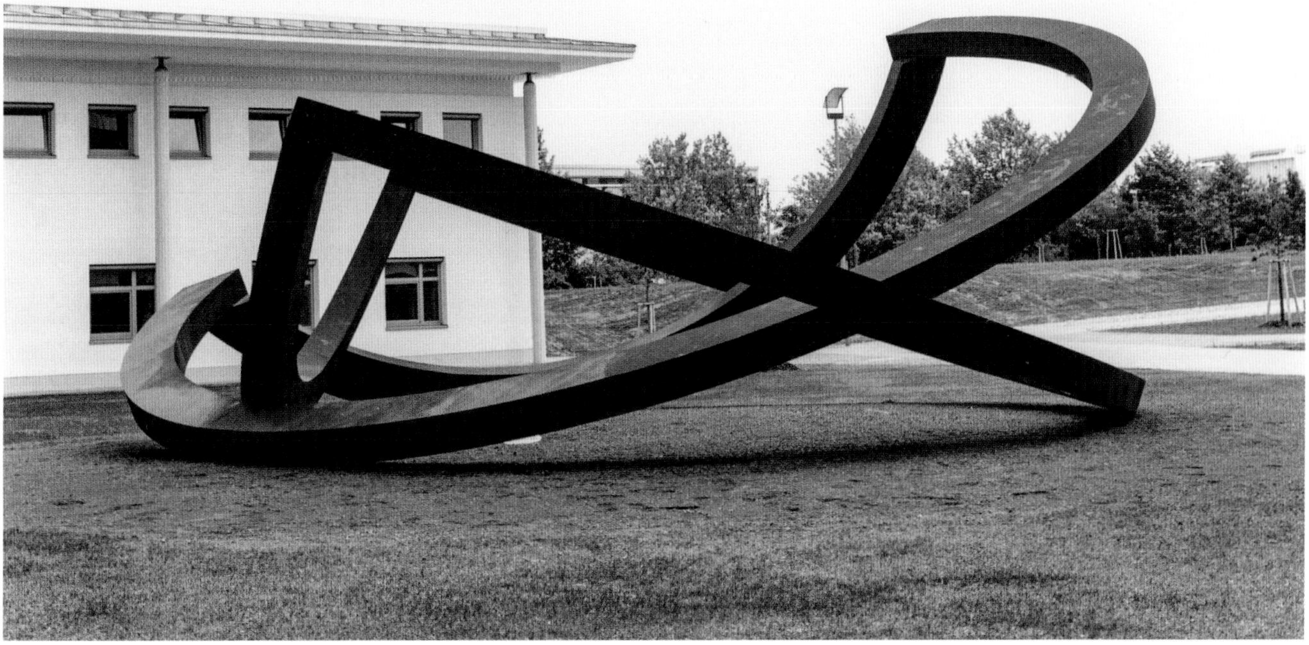

63

Radiale Drehung (1998)
Fachhochschule Aachen, Deutschland

Holzkonstruktion, Leimschichtholz.
8 × 7,7 × 3,1 m

Diese Skulptur ist in ihrer bildhauerischen Ausformung der *Radialen Schwingung* in Speyer (vgl. Nr. 62) sehr benachbart, auch wenn sie hier nicht aus Cortenstahl, sondern aus Leimschichtholz hergestellt ist. Wiederum sind es sechs radiale Bogensegmente, die, ineinander verschlungen, eine räumlich komplexe dynamisch-schwungvolle Konstruktion ergeben. Aber anders als in Speyer, wo die Standfläche der Plastik eben ist, hat Bury hier auf eine hügelige Grasbodenfläche reagiert, indem er die Skulptur räumlich dieser Gegebenheit angepasst hat. Und so wirkt sie aus verschiedenen Perspektiven sehr unterschiedlich: einmal fast gedrungen-flach, dann aber sich bis auf drei Meter hoch auftürmend.

Radial Rotation (1998)
Fachhochschule Aachen, Germany

Timber structure, glue-laminated timber.
8 × 7.7 × 3.1 m

This work is very close to *Radial Oscillation* in Speyer (see No. 62) in its sculptural shape even though, unlike the latter, it is made of glued-laminated timber. Once again, six radial arc segments are intertwined to produce a spatially complex, dynamically forceful construction. Unlike the work in Speyer, where the plinth of the sculpture is flat, Bury has reacted to a hilly stretch of lawn by adapting the sculpture spatially to the prevailing topographical conditions. And how it looks depends entirely on the angle from which it is viewed: sometimes it looks squat and low, then again it towers in full view to a height of three metres.

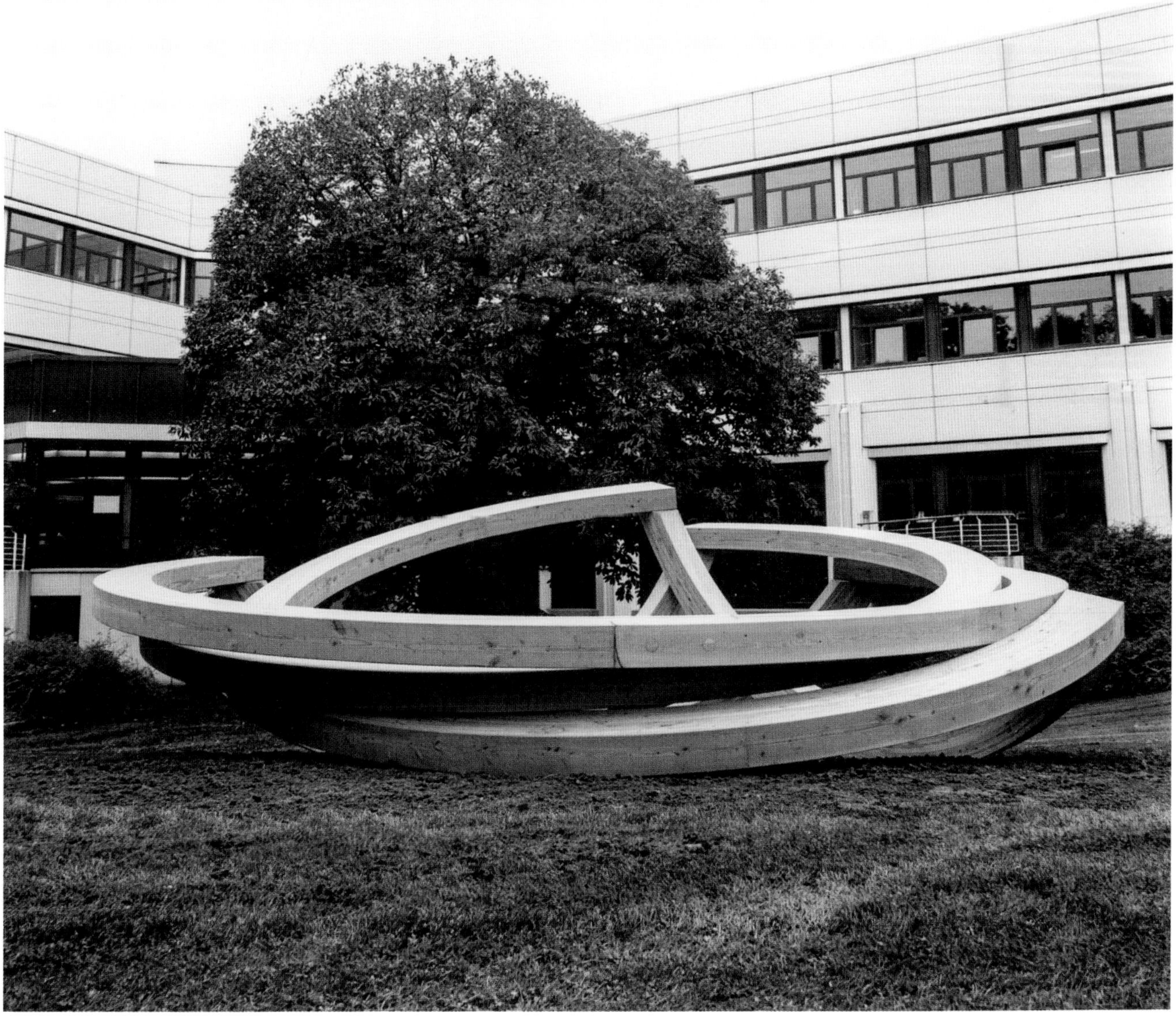

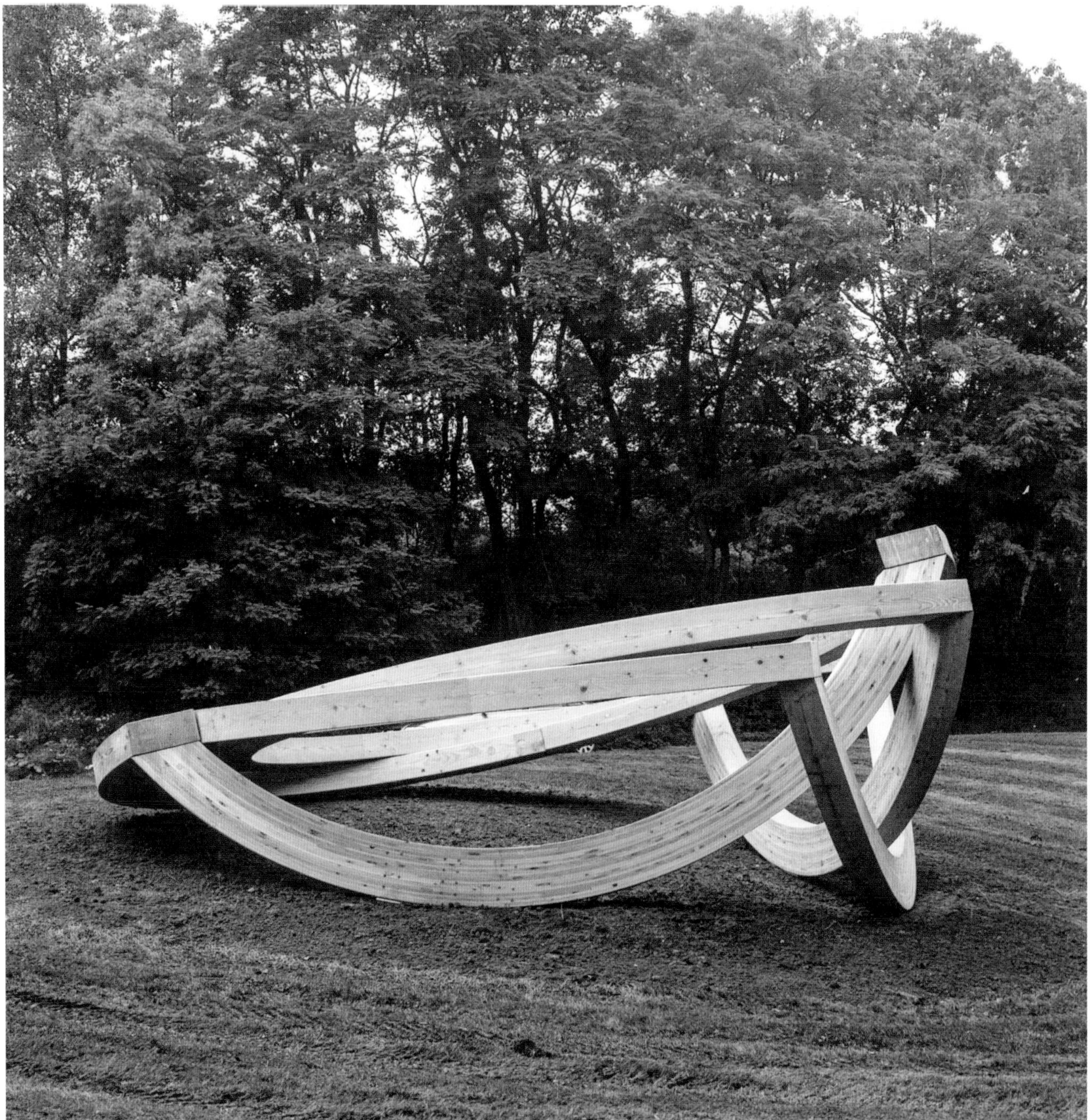

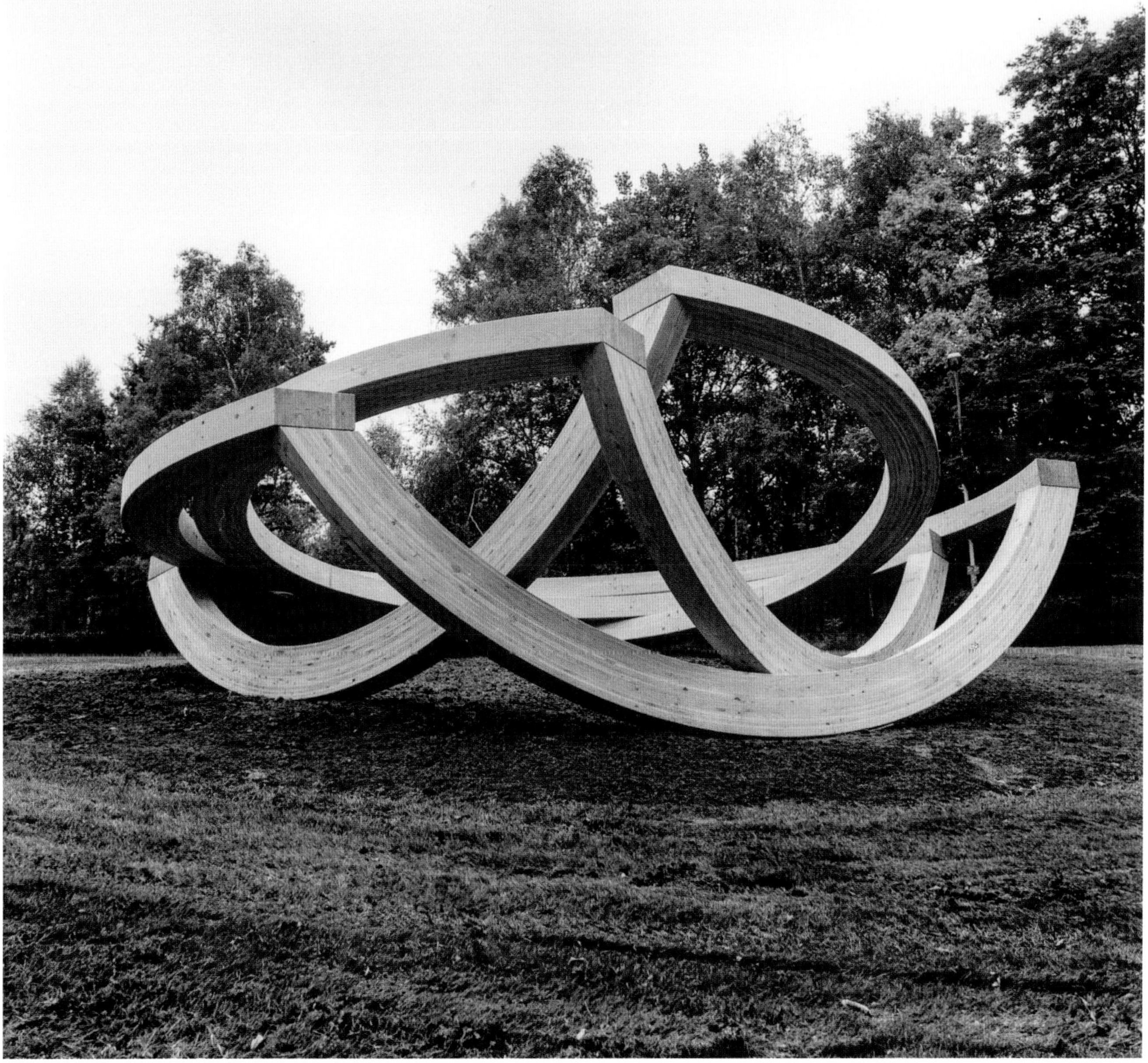

64

Konstante Bewegung (1999)
Fachhochschule Koblenz, Deutschland

Schiffsbaualuminium.
3,6 × 19 × 3,4 m

Auf einer mit Betonsteinen gepflasterten Fläche hat Bury hier die konstruktive Logik seiner radialen Skulpturen in Speyer und Aachen ins Gegenteil verkehrt. Liegen dort die Segmentbögen auf dem Boden auf und steigen, sich öffnend, noch oben, so sind sie hier auf dreieckigen Podesten aus Aluminium auf einer Fläche von etwa 19 auf vier Meter über dem Boden aufgelagert. Auch hier überkreuzen sich die Segmente, aber der Gesamteindruck ist wesentlich ruhiger – auch deshalb, weil jeweils ein konkaves und konvexes Segment eine geschlossene, auf einer Ebene gefügte Form ergeben.

Constant Movement (1999)
Fachhochschule Koblenz, Germany

Shipbuilding-grade aluminium.
3.6 × 19 × 3.4 m

Here, on a surface paved with concrete stones, Bury has reversed the logic underlying the construction of his radial sculptures in Speyer and Aachen. Whereas there the arc segments lie on the ground from where they rise while opening out, here they are mounted above ground on triangular aluminium pedestals on a surface measuring about nineteen by three and a half metres. Here, too, the segments cross, but the overall impressions is considerably more tranquil – also because a concave and a convex segment result in a closed form configured on a single plane.

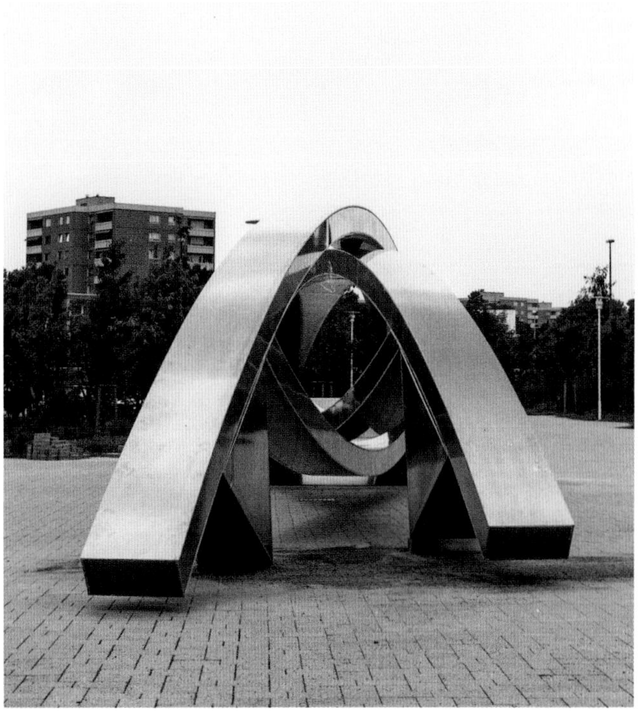

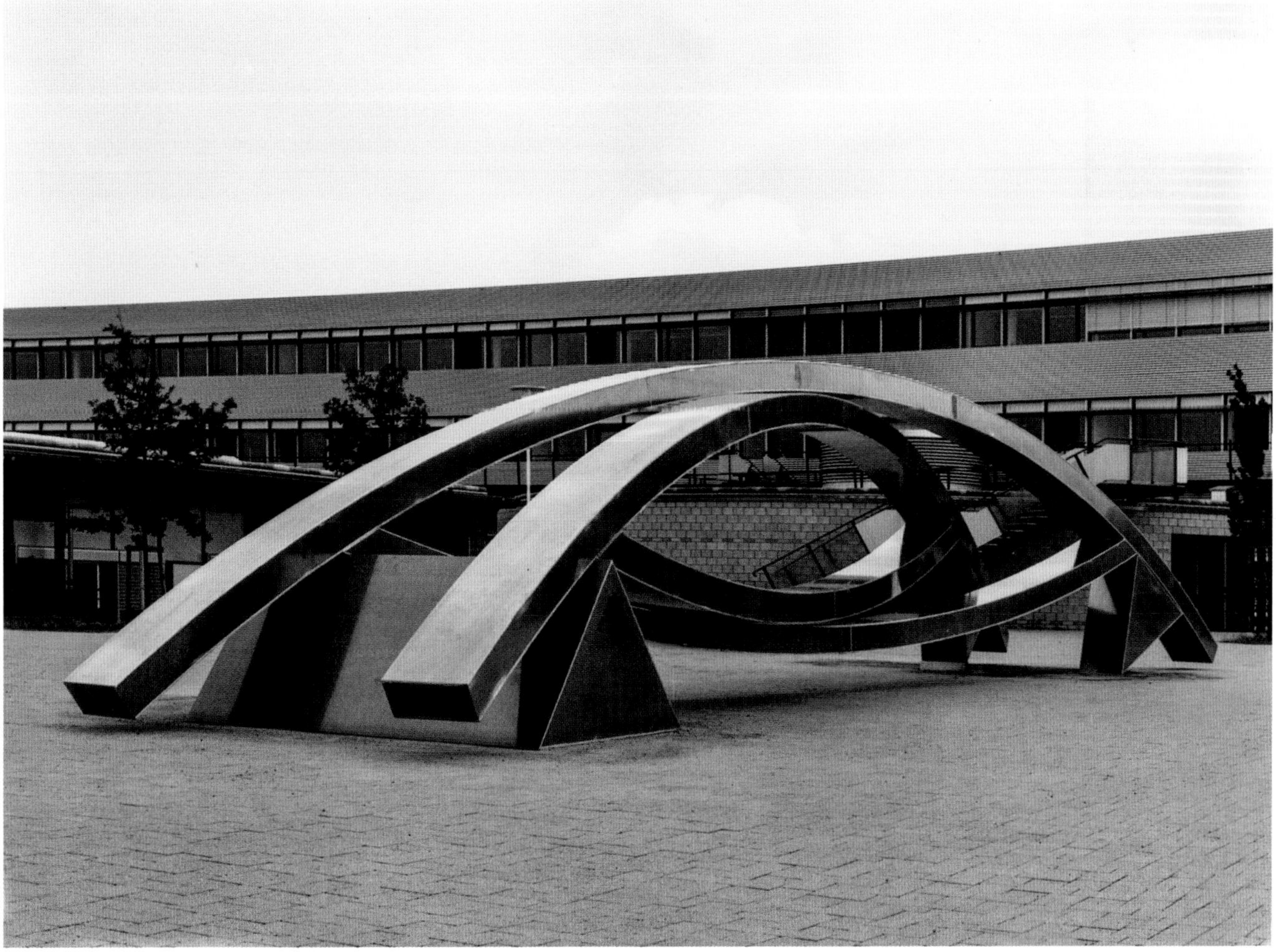

65

Blick zum Wipfel (1999)
Museumspark, Museum für Angewandte Kunst, Frankfurt am Main, Deutschland

Holzkonstruktion. 7,5 × 11,4 × 2,5 m

Auf den 250. Geburtstag von Johann Wolfgang von Goethe nahmen so gut wie alle Frankfurter Kulturinstitutionen mit Veranstaltungen Bezug. Das Museum für Angewandte Kunst entwickelte ein dreiteiliges Projekt aus Goethes populärstem Gedicht *Wanderers Nachtlied*. Es bestand aus einer Ausstellungslandschaft, die aus allen Abteilungen des Museums Sammlungsobjekte zu den Inhalten des Gedichtes in Beziehung setzte, sowie einer eigens für dieses Projekt geschaffenen Werkgruppe von Claus Bury, die ebenfalls metaphorisch und ikonografisch auf das Gedicht reagierte (vgl. auch Nr. 66 und 67). Er konzipierte drei Raumskulpturen, zwei für den Außenraum und eine für den Innenraum des Museums. Auf einer kleinen Anhöhe im Museumspark entstand ein begehbares, leicht aus der Achse gekipptes, nach oben offenes Kegelstumpfsegment. Gemäß den Gedichtzeilen *In allen Wipfeln / Spürest Du / Kaum einen Hauch* lenkt es den Blick nach oben in die Baumwipfel. Durch diese Installation, die sowohl fensterartige Öffnungen als auch eine umlaufende Sitzbank enthielt, wird Naturerfahrung provoziert – an einem Ort der Kontemplation und der Abstraktion vom „Tagwerk des Menschen", seiner täglichen Verwicklung, von der Goethe sprach. Durch die nach oben offene Sicht wird eine beengte, ja bedrängende Raumerfahrung – die sich beim Betreten oder Hinsetzen in diesem Kegelstumpf zunächst unweigerlich einstellt – in der Balance gehalten, weil Fernsichtiges, Weitentferntes ebenso möglich ist. Von außen signifikantes Raumzeichen, von innen Erfahrungsraum für den wahrnehmenden Menschen. So unterstreicht diese Skulptur die Kulturalisierung der Natur und die Naturalisierung der Kultur – auch als Hommage an die meisterliche Verzahnung des Museums von Richard Meier und seiner architektonischen Innenräume mit dem naturgegebenen Außenraum des Museumparks. Die Realisierung der Skulptur erfolgte durch Auszubildende des Berufsförderungswerkes Bau Thüringen in Nordhausen.

View to the Treetop (1999)
Museumspark, Museum für Angewandte Kunst, Frankfurt am Main, Germany

Timber structure. 7.5 × 11.4 × 2.5 m

Virtually all Frankfurt cultural institutions commemorated the 250th anniversary of Johann Wolfgang von Goethe's birth. The Museum of Applied Arts developed a tripartite project from Goethe's most popular poem, 'Wanderer's Nightsong II'. It consisted of an exhibition landscape that related objects from all museum departments to the content of the poem as well as a group of works created specially for this project by Claus Bury, which also responded metaphorically and iconographically to the Goethe poem (see also Nos. 66 and 67). Bury designed three open-form sculptures, two for outdoors and one for inside the museum. An enterable segment of a truncated cone, slightly tilted from its horizontal axis and open at the top, was made for a slight elevation in the museum grounds. Following the lines from the poem, 'Above all treetops / You sense / hardly a breath of air', the truncated cone directs the viewers' gaze upwards into the treetops. An experience of nature is triggered by this installation, which was fitted out with both apertures resembling fenestration and seating all the way round – at a place of meditation and abstraction as an escape from 'the work done by my hands this day', the daily grind Goethe spoke of. The view through the open top of the sculpture providing a constricted, indeed oppressive, experience of space – that inevitably sets in when a viewer enters this truncated cone or sits down in it – is balanced by a farsighted one because it is equally possible to see things that are at a great distance. Externally a significant spatial sign, internally an experiential space for the person perceiving it. Thus this sculpture underscores nature being culturalised and culture being renatured – also as a tribute to the masterly interlinking of the museum designed by Richard Meier and its architectonic interiors with the natural environment surrounding it as the museum park. The sculpture was realised by apprentices from the Berufsförderungswerk Bau Thüringen [Thuringa Promotional Vocational Centre for Construction], in Nordhausen.

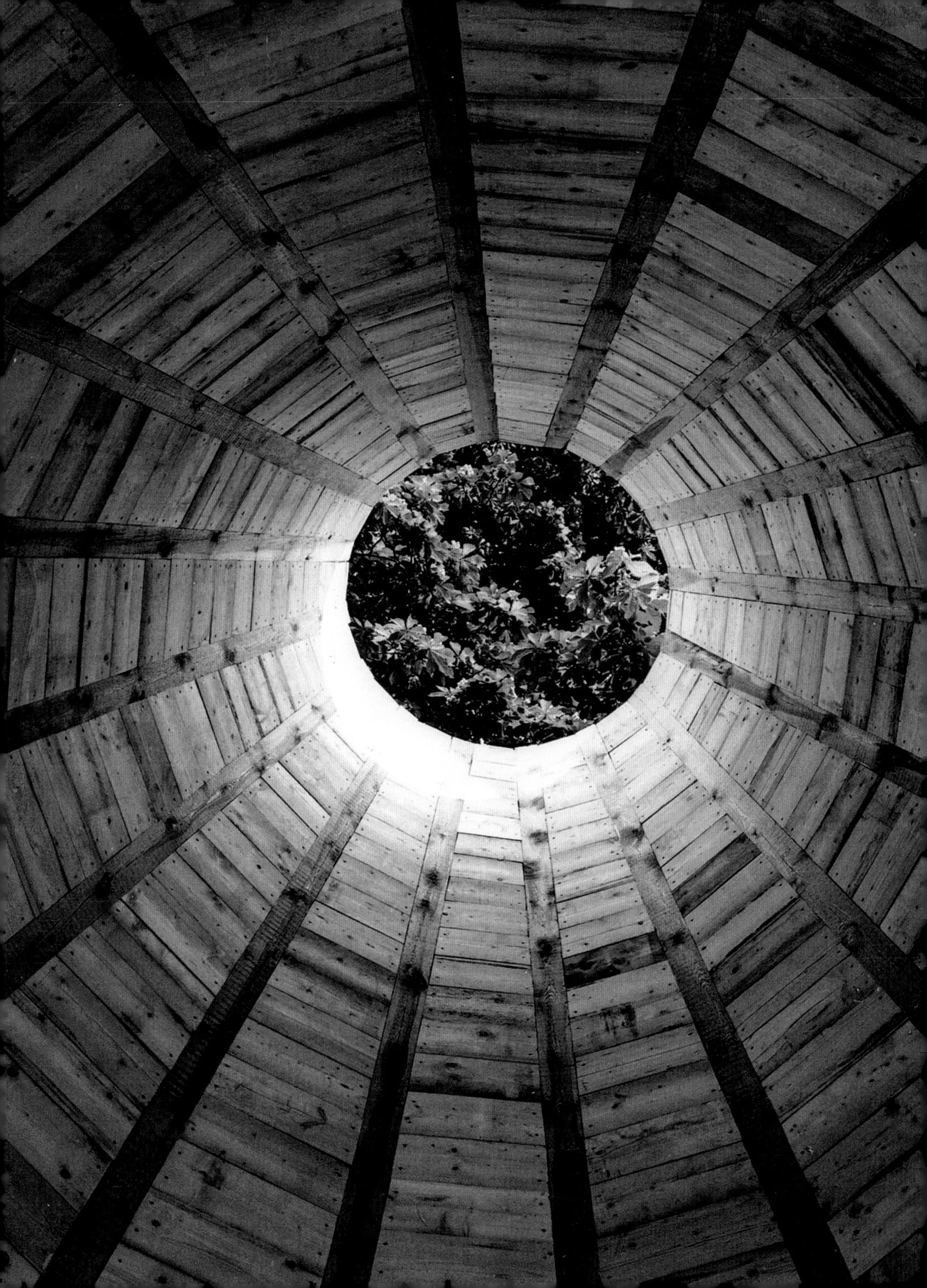

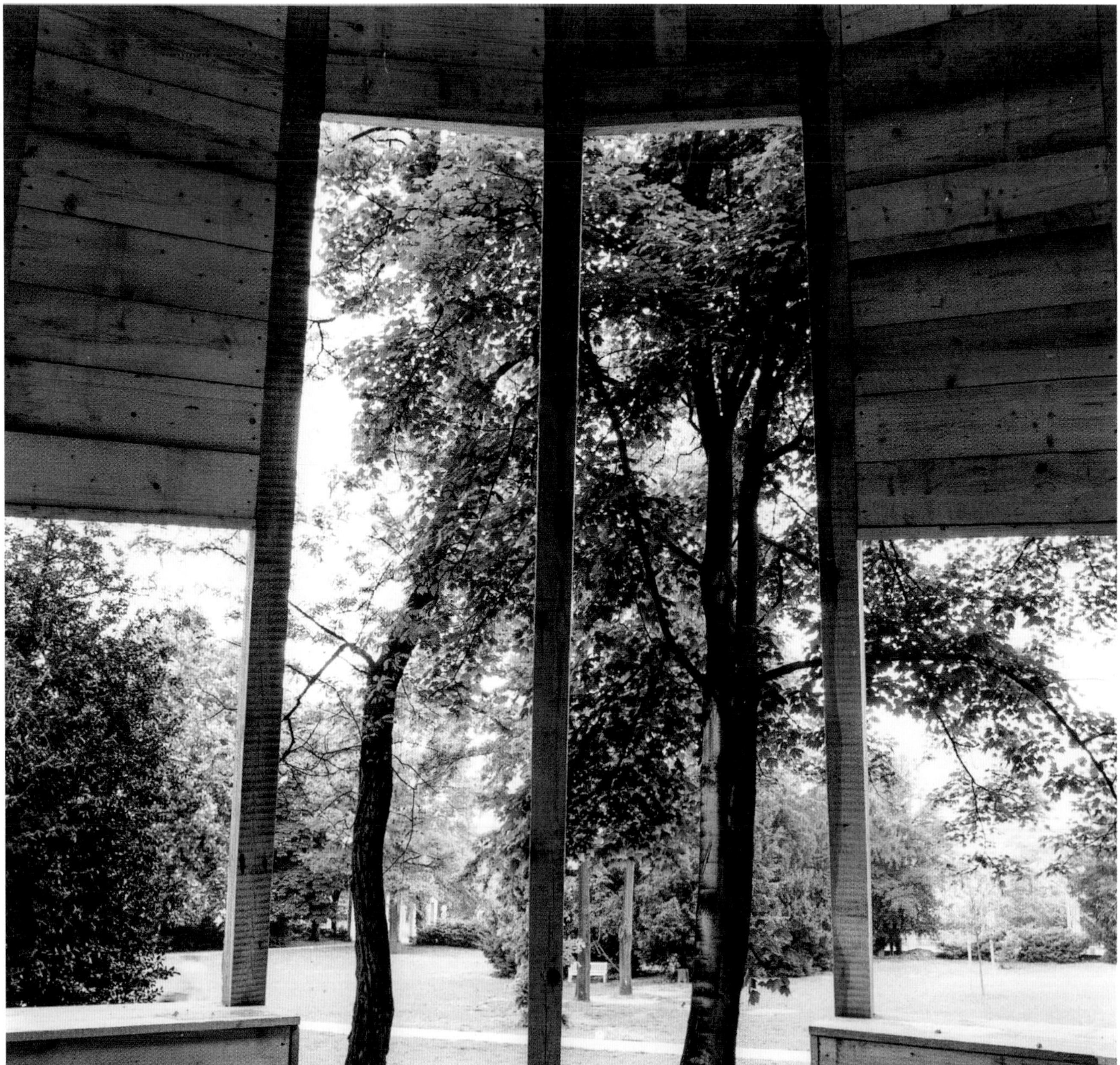

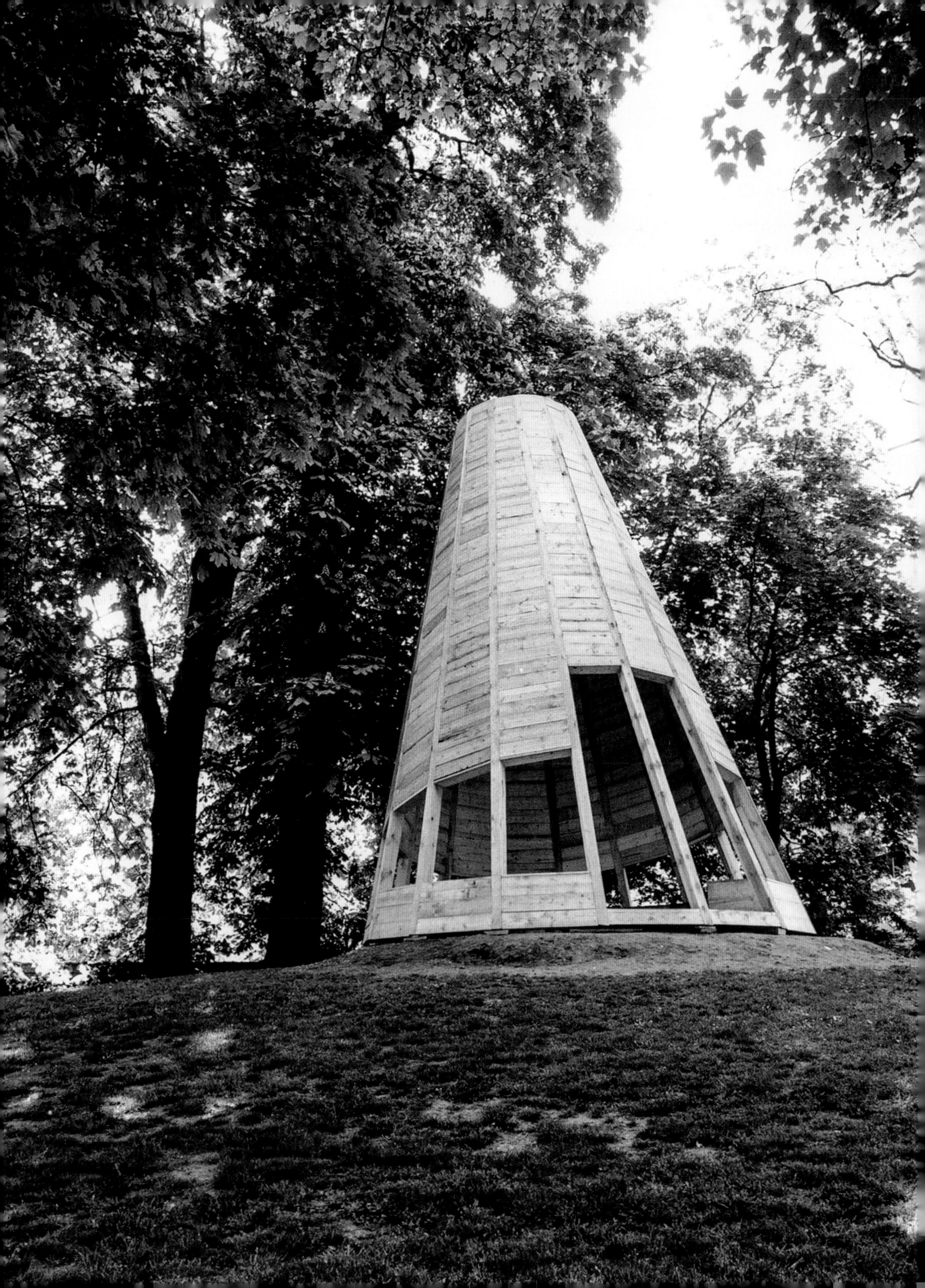

66

Blick zum Gipfel (1999)
Museumspark, Museum für Angewandte Kunst, Frankfurt am Main, Deutschland

Holzkonstruktion. 8,4 × 5 × 5 m

Die Wechselbeziehung des Natürlichen und des Kunstgeschaffenen thematisiert auch Burys zweite Goethe-Installation im Museum für Angewandte Kunst in Frankfurt am Main (vgl. auch Nr. 65 und 67). Sie bezieht sich auf den Anfang des Gedichtes: *Über allen Gipfeln / Ist Ruh'.* Vor dem Museum mit Blick über den Main zur Skyline der Innenstadt hat der Künstler ein aufgeständertes, massives Sichtrohr installiert, welches den Blick auf die Hochhausspitzen fokussiert. Diese Gipfel der urbanistischen Silhouette bestimmen das Bild Frankfurts von sich selbst dominant mit. Auch verweist dieses Rohr auf Goethes naturwissenschaftliche Beschäftigung mit optischen Phänomenen makro- und mikroskopischer Provenienz und seine Untersuchung der prismatischen Charakteristika des Farbkreises und der Farbwahrnehmung, von der sich der Bildhauer hat anregen lassen. Der Querschnitt dieses Sichtrohres ist facettiert, seine Holzbeplankung ebenfalls. Durch seine Monumentalität wirkt dieses Rohr auch wie eine abstrakte Paraphrase eines Kanonenrohrs. Burys Teleskop ist kein optisches Gerät im technisch-landläufigen Sinne, sondern eine die natürliche Wahrnehmung im Ausschnitt zur Konzentration zwingende raumszenografische Analogie. Diese Skulptur wurde im Ausbildungszentrum Bau Holleben bei Halle vormontiert.

View to the Peak (1999)
Museumspark, Museum für Angewandte Kunst, Frankfurt am Main, Germany

Timber structure. 8.4 × 5 × 5 m

The subject of Bury's second Goethe installation at the Museum für Angewandte Kunst in Frankfurt am Main (see also Nos. 65 and 67) is again the interrelationship between the natural environment and the creative artist. It is an allusion to the first lines of again the Goethe poem: 'Over all the peaks / It is quiet now, in all the treetops'. The artist installed a massive viewing tube with a view across the river Main to the Frankfurt inner-city skyline. Braced and set up on flooring, it focuses the user's eye on the tips of the city's skyscrapers, which, as the peaks of the urban skyline, dominate the Frankfurt cityscape. This viewing tube is also a reference to Goethe's activities in the natural sciences, which inspired the sculptor: the Enlightenment polymath's preoccupation with both macro- and microscopic optical phenomena and his studies on the prismatic characteristics of the colour circle and colour perception. The viewing tube is facetted in cross section, as is its wooden cladding. Because it is monumental, this viewing tube also looks like an abstract paraphrase of a cannon barrel. Bury's telescope is not an optical instrument in the technical or even common sense of the term. Instead it is a spatial scenographic analogy that compels concentration on a detail of what would be perceived naturally. This sculpture was pre-assembled at the Ausbildungszentrum Bau Holleben [Holleben Training Centre for Construction], near Halle.

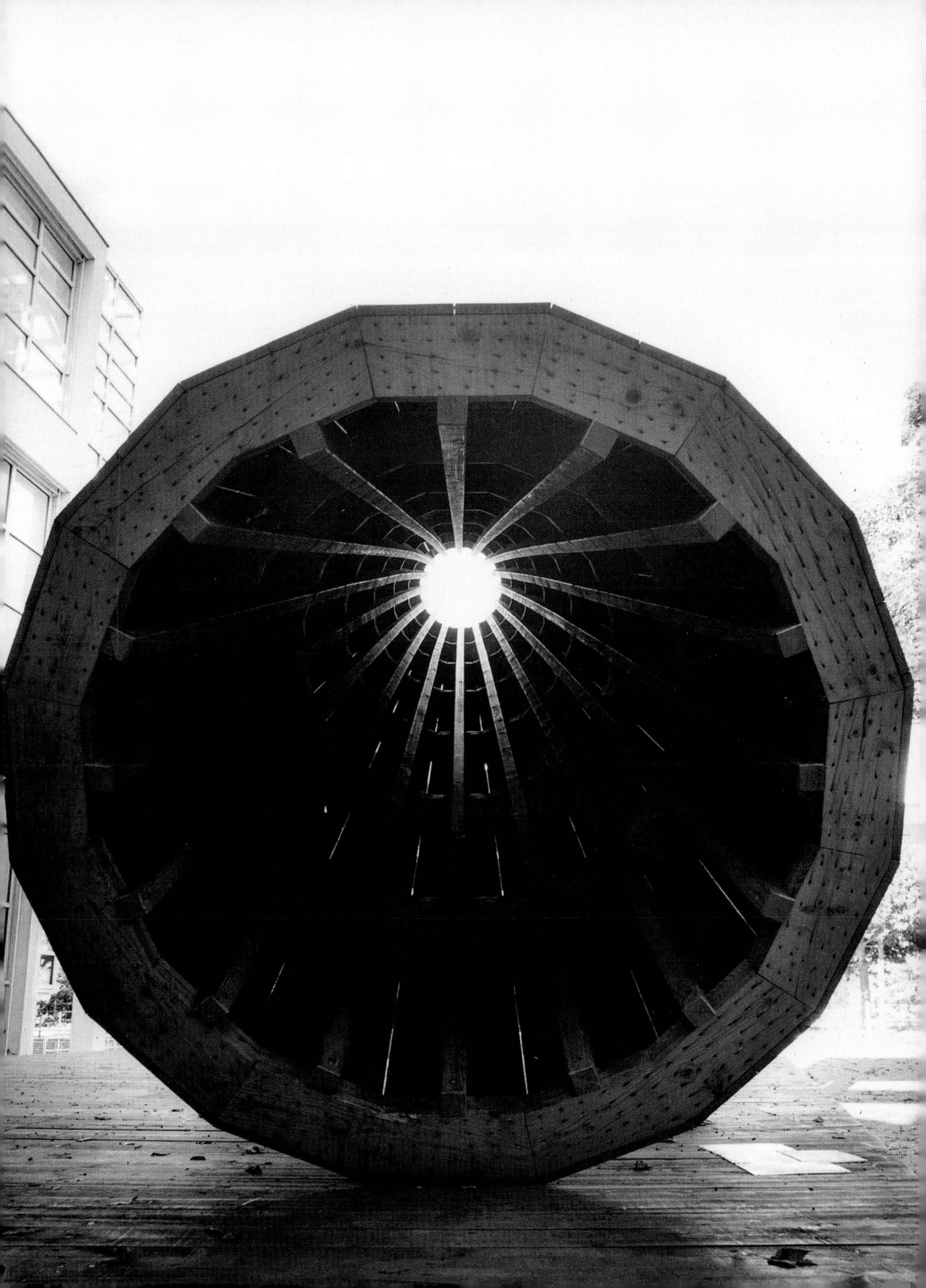

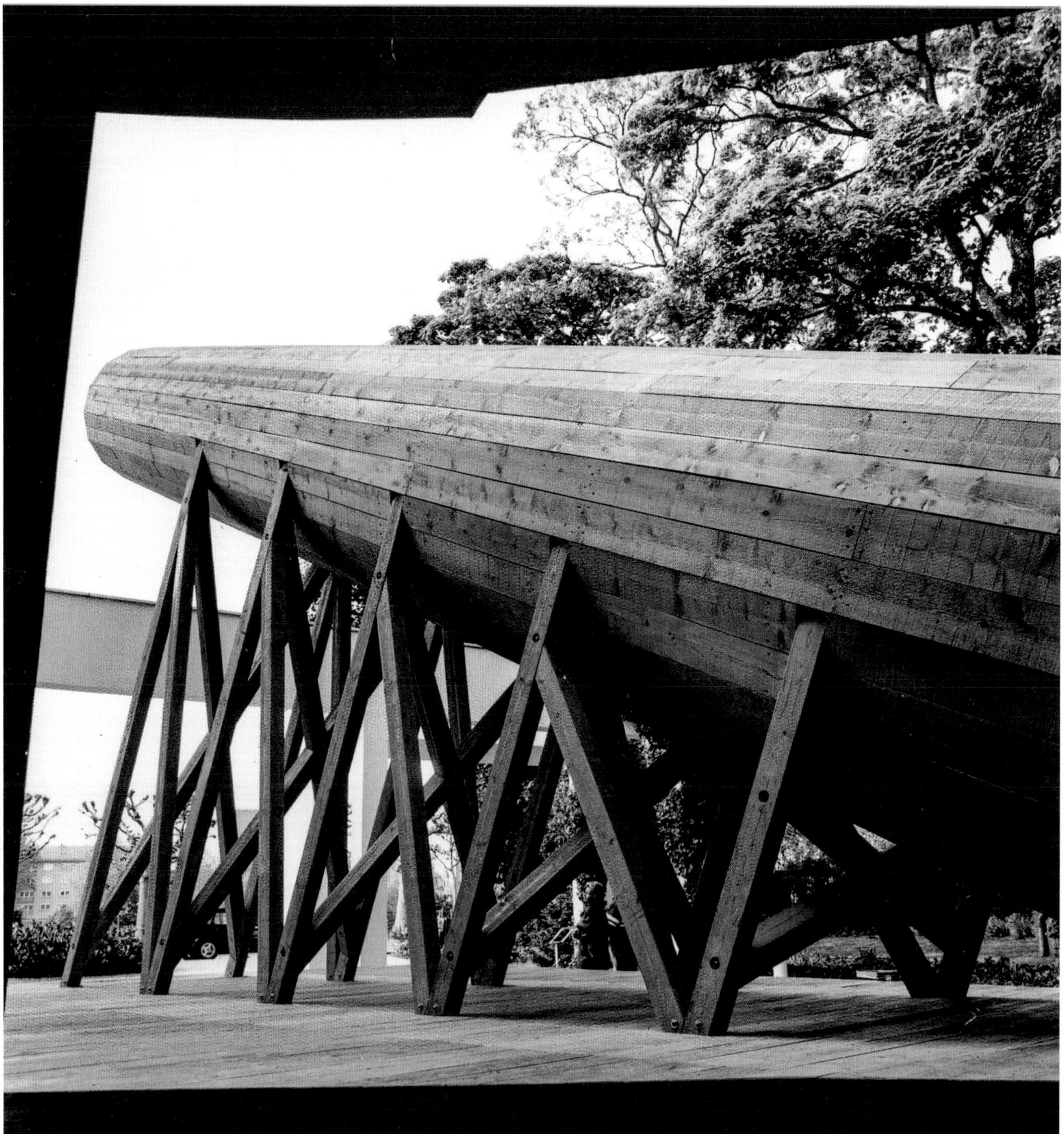

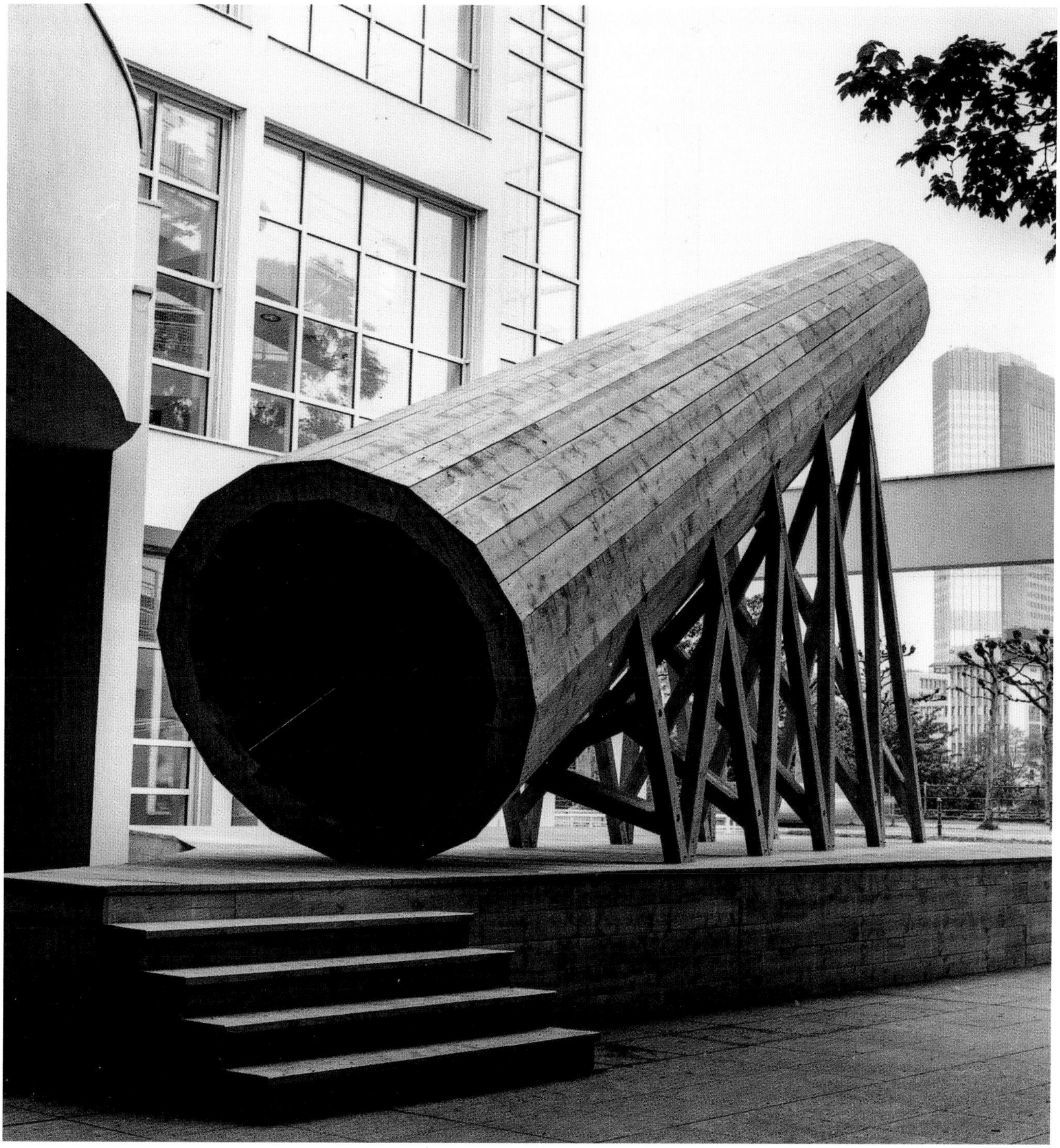

67

Urhütte Kickelhahn (1999)
Museum für Angewandte Kunst, Frankfurt am Main, Deutschland

Goethe hat sein berühmtes achtzeiliges Gedicht (vgl. auch Nr. 65 und 66) nach einem 18 Kilometer langen Aufstieg zu einer Waldhütte auf dem sogenannten Kickelhahn bei Ilmenau in Thüringen an die Hüttenwand geschrieben. Bury hat jene Jagdhütte für die Goethe-Ausstellung des Museums für Angewandte Kunst in Frankfurt am Main abstrahierend nachgebaut. Das in der Realität oktogonale, zweigeschossige Goethehäuschen auf dem Kickelhahn hat der Künstler in eine der klassischen antiken bzw. renaissancistischen Architekturtheorie entsprechende *Urhütte* transformiert. Mit dem Symbol der Urhütte, ursprünglich als Vierstützenraum mit Baldachin entstanden, „setzt sich der Mensch gleichnishaft als und ins Zentrum der Welt und findet seine Identität in der undefinierten Weite des Raumes" (Heinrich Klotz). Jene transformatorische Morphologie, die dem architektonischen Topos der Urhütte zugrundeliegt, charakterisiert auch die auf einem quadratischen Grundriss errichtete, nach oben geöffnete Adaption der Ilmenauer Hütte durch Claus Bury. Ihre kubische Strenge abstrahiert alle individualisierenden Oberflächenreize wie Holzmaserungen, Verwitterungen oder Patina zugunsten einer minimalistischen Ästhetik, deren Reduktion poetische Kraft entfaltet. Das begehbare Bury-Haus ist aus rohem Holz gefertigt und weist im Inneren als symbolischen „Raum im Raum" einen mit der Außenkonstruktion verbundenen Tisch sowie eine Sitzgelegenheit auf. So ergeben sich in diesem Archetyp des generellen Vorstellungsbildes „Haus" einander durchdringende Raumvolumen, die stereometrisch ausponderiert sind. Der Künstler kultiviert auch hier eine Ästhetik der monumentalen Reduktion oder der reduzierten Monumentalität, geläutert von allen Zufälligkeiten, Zierraten, Bildprogrammen. In der Hütte vor dem Tisch steht ein Würfel: ein Platz für jeweils nur einen Besucher, erneut ein archetypischer Ort der Konzentration und Kontemplation – ein Ort auch, der als Mikrokosmos die Imagination des Makrokosmos anregt. Ebendies scheint Goethe zur Abfassung seines Gedichtes bewogen zu haben.

Kickelhahn Primitive Hut (1999)
Museum für Angewandte Kunst, Frankfurt am Main, Germany

After walking for eighteen kilometres and climbing the Kickelhahn, a mountain near Ilmenau in Thuringia, Goethe wrote his iconic eight-line poem (also see Nos. 65 and 66) on the wall of a hut in the forest. Bury reimagined the hunter's cabin in abstract form for the Goethe exhibition at the Museum für Angewandte Kunst in Frankfurt am Main. The little house Goethe knew on the Kickelhahn was in reality an octagonal, two-storey structure, but Bury followed the principles of architecture theory from classical antiquity or Renaissance Italy to transform it into his *Primitive Hut*. With the symbol of the Primitive Hut, originally built as a square space supported by four pillars and canopied by a baldaquin, 'man places himself metaphorically as, and at, the centre of the world and finds his identity in the undefined extent of the room' (Heinrich Klotz). The transformative morphology that informs the Primitive Hut as an architectonic topos characterises Claus Bury's adaptation of the Ilmenau hut, which is also built on a square ground plan and is open at the top. Stringently cubic, its level of abstraction means all individualising superficial attractions such as wood grain, signs of weathering or age patina have yielded to a Minimalist aesthetic so reductive that it develops poetic powers. The Bury house is enterable. Made of rough timber, it reveals an inner symbolic 'space in space': a table linked with the outer structure as well as a seat. Thus a balance has been struck between interpenetrating spatial volumes as geometric solids in this archetype of the universal mental image of a 'house'. Here, too, the artist has cultivated an aesthetic of monumental reduction or reduced monumentality, shorn of all fortuitous decoration and iconographic agendas. Inside the hut a cube stands in front of the table: a place for one visitor at a time, again an archetypal locus of concentration and contemplation – also a place that, *qua* microcosm, spurs imaginings of the macrocosm. This is what seems to have moved Goethe to write his poem.

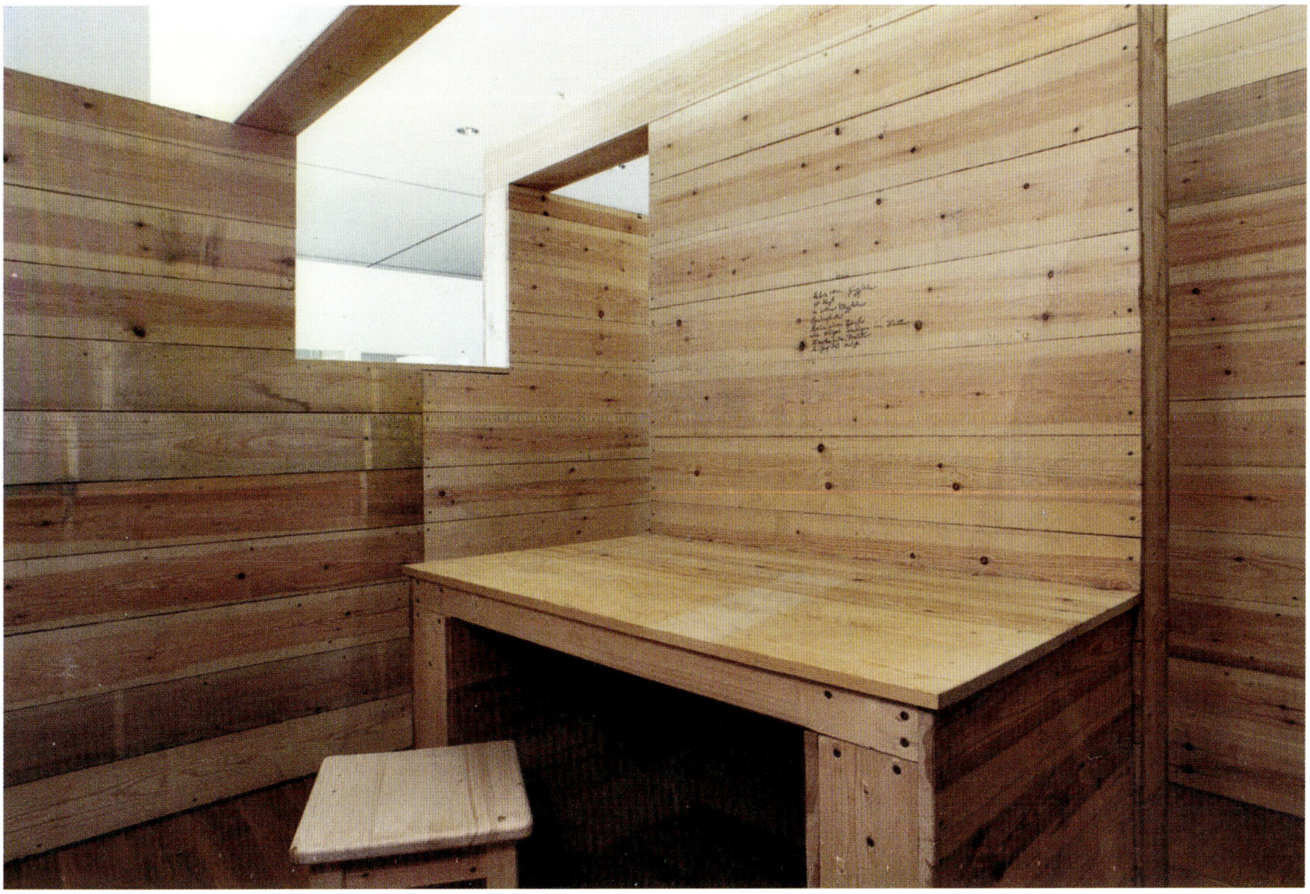

68

Brücke an der Verbindung von Weser und Werre (1999) Landesgartenschau Bad Oeynhausen/ Löhne, Deutschland

(in Zusammenarbeit mit Schlaich Bergermann Partner, Stuttgart)

Stahlkonstruktion mit Edelstahlummantelung. 140×3,8×9 m

Diese Brücke wurde von Claus Bury in Zusammenarbeit mit dem Stuttgarter Ingenieurbüro Schlaich Bergermann Partner anlässlich der Landesgartenschau in Bad Oeynhausen entworfen. Bei einer 140 Meter langen Konstruktion sind Torsionskräfte, Windeinflüsse, Materialermüdungen und andere physikalische Bedingungen zu bedenken, die die Beteiligung von Fachingenieuren ratsam erscheinen lassen. Die aufgeständerte Brücke überspannt eine natürlich belassene Auelandschaft. Als Mittelteil zwischen den sanft ansteigenden Zu- und Abgängen haben die Stuttgarter Tragwerksplaner mit der künstlerischen Beratung von Claus Bury eine ellipsoide Konstruktion entworfen, die erneut die Vorliebe des Künstlers für Schiffsikonografien belegt. Die Tragwerksteile durchdringen sich und sind durch die jeweilige Farbgebung deutlich voneinander zu unterscheiden. Insofern kann man diese neun Meter hohe und knapp vier Meter breite Konstruktion als ein ebenso elegantes wie graziles Raumfachwerk begreifen. Die in nächtlichen Sonderfahrten transportierten Stahlträger wurden durch zwei 500-Tonnen-Kräne millimetergenau montiert. Das statische System der Brücke besteht aus einem Durchlaufträger mit einer Hauptspannweite über die Werre von 60 Metern, der Hauptträger aus jeweils drei gekrümmten Ober- und Untergurten – ähnlich einem Fischbauchträger. Die Stahlkonstruktion des Obergurtes ist mit Edelstahlblech ummantelt. Eine kunststoffbeschichte Wanne aus Stahlblech bildet den Bodenbelag des Brückenweges. Die Brücke hat ein transparentes Füllstabgeländer.

Bridge at the intersection of the Weser and Werre Waterways (1999) Bad Oeynhausen State Horticultural Show/Löhne, Germany

(jointly with Schlaich Bergermann Partner, Stuttgart)

Steel structure with stainless-steel cladding. 140 × 3.8 × 9 m

This bridge was designed by Claus Bury in collaboration with Schlaich Bergermann Partner, an engineering practice in Stuttgart, on the occasion of the State Horticultural Show in Bad Oeynhausen. Torsion force, wind speeds and prevailing direction, material fatigue and other natural physical forces must be taken into consideration where a structure 140 metres long is concerned; hence working with specialist engineers appeared advisable (and was, indeed, mandatory). Spandrel-braced, the bridge spans a water meadow in its natural state. Designed by the Stuttgart structural engineers with Claus Bury as art consultant, the middle section between the gently rising and falling approaches is an ellipsoid construction that once again attests the artist's predilection for nautical iconographies. The load-bearing elements interpenetrate but are colour-coded to be easily distinguishable. That is why this structure, which is nine metres high and nearly four metres wide, can be viewed as a space-frame truss that is as elegant as it is delicate. Transported at night by exceptional freight services, the steel beams were mounted by two 500-tonne cranes to fit accurately to the millimetre. The static system of the bridge consists of a continuous beam with a span of sixty metres over the Werre while the main girder is composed of three top chords and three bottom chords – similar to a fish-belly girder. The steel construction of the top chord is sheathed in sheet stainless steel. A plastic-coated sheet-steel trough forms the deck slab. The transparent guardrails boast toughened-glass panels.

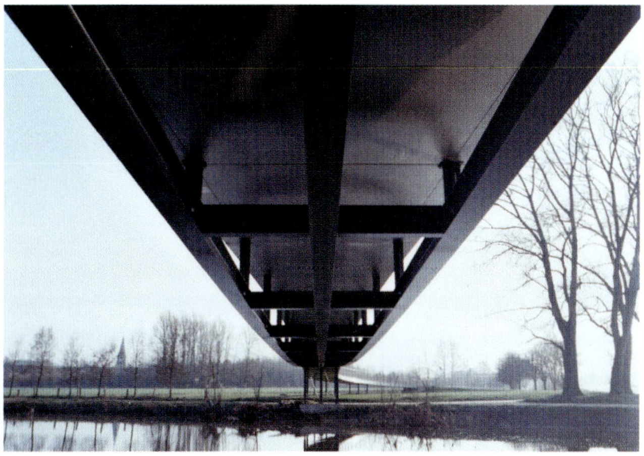

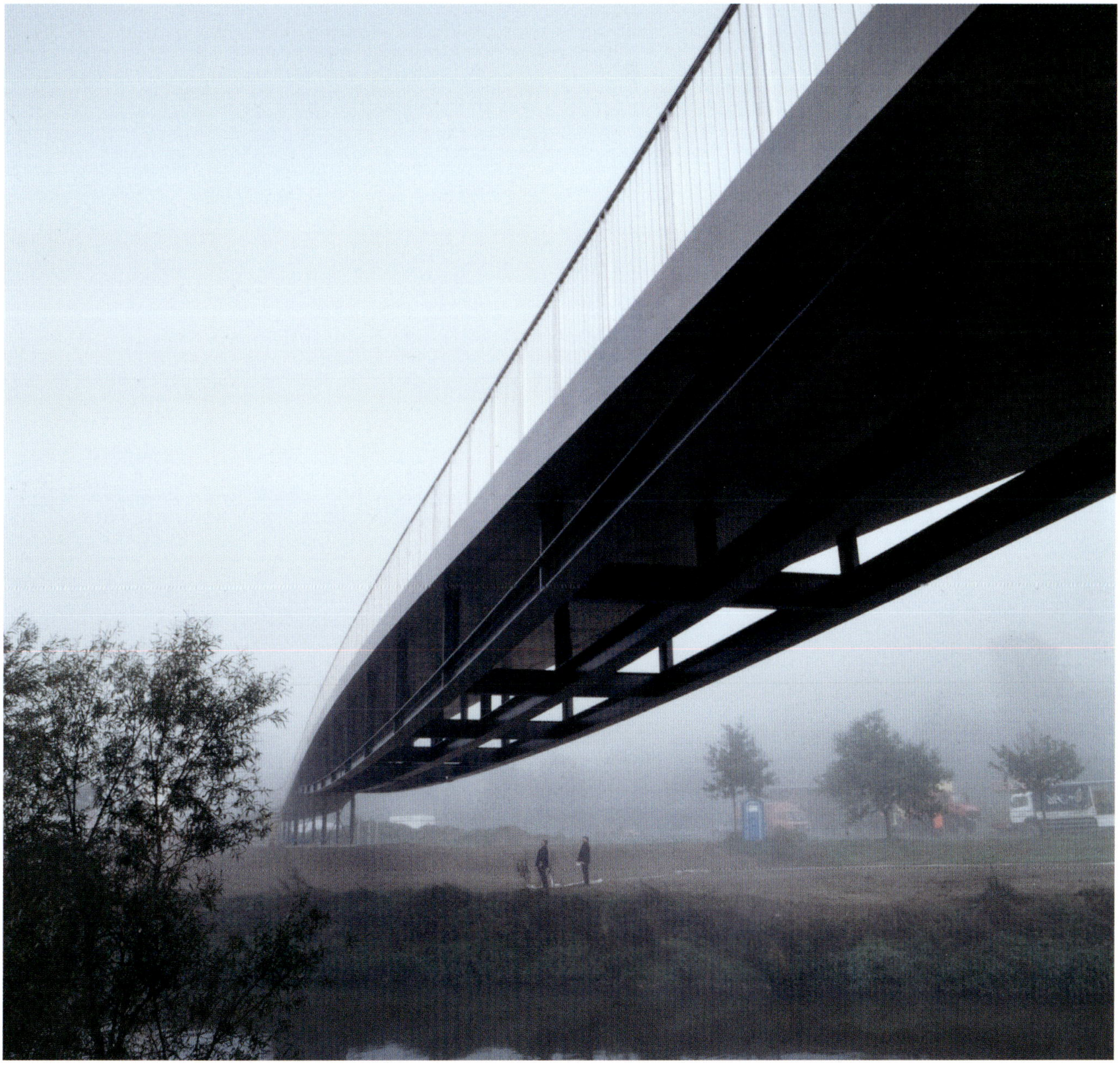

69

Börstelbrücke (1999)
Landesgartenschau Bad Oeynhausen/ Löhne, Deutschland

(in Zusammenarbeit mit Schlaich Bergermann Partner, Stuttgart)

94 × 3,5 × 6,3 m

Neben der großen Brücke, die Bury zusammen mit dem Ingenieurbüro Schlaich Bergermann Partner realisiert hat (vgl. Nr. 68), entstand für die Landesgartenschau in Bad Oeynhausen noch eine weitere Brücke dieser Ingenieure mit der künstlerischen Beratung durch Claus Bury. Sie überspannt in Verlängerung der Börstelstraße eine naturbelassene Biotop-Auelandschaft und verknüpft zwei südlich und nördlich des Flusses Werre verlaufende Radwanderwege. Ein aus zwei Stahlzugbändern bestehendes Spannband bildet mit aufgelegten Fertigteilen aus Stahlbeton den 17 Zentimeter dünnen Überbau der Brücke. Die Zugbänder spannen sich im Abstand von 80 Metern zwischen die Widerlager. Etwa in der Mitte liegen die Bänder auf einem Stahlbetonbogen auf, der den Fluss Werre überbrückt. Das Brückengeländer besteht aus einem flexiblen Drahtnetz, das an zwei vorgespannten Seilen aufgehängt ist. Der Steg ist wie eine Seilbrücke nicht eben, sondern sanft gewellt. Damit erzeugt diese Hightech-Brücke ikonografisch ihr Gegenteil, nämlich eine vorindustrielle Anmutung.

Börstel Bridge (1999)
Bad Oeynhausen State Horticultural Show/Löhne, Germany

(jointly with Schlaich Bergermann Partner, Stuttgart)

94 × 3.5 × 6.3 m

In addition to the large bridge that Bury realised jointly with structural engineers Schlaich Bergermann Partner (see No. 68), a second bridge was created for the Bad Oeynhausen State Horticultural Show by the same engineers, again with Claus Bury as art consultant. Spanning a water meadow biotope left in its natural state, it is an extension of Börstelstraße, linking two bicycle and footpaths on the north and south sides of the river Werre. The superstructure, which is only seventeen centimetres thick, consists of a brace made of two steel tie beams with prefabricated parts of reinforced concrete laid on them. The tie beams span an interval of eighty metres between the abutments. Roughly in the middle of the bridge, the tie beams rest on a reinforced concrete arch that spans the river Werre. The guardrails of the bridge consist of flexible wire mesh hung on two prestressed cables. The deck of the bridge is, as it would be with a rope bridge, slightly wavy rather than smooth. Thus this high-tech bridge generates an image that is iconographically its opposite – that is, it looks pre-industrial.

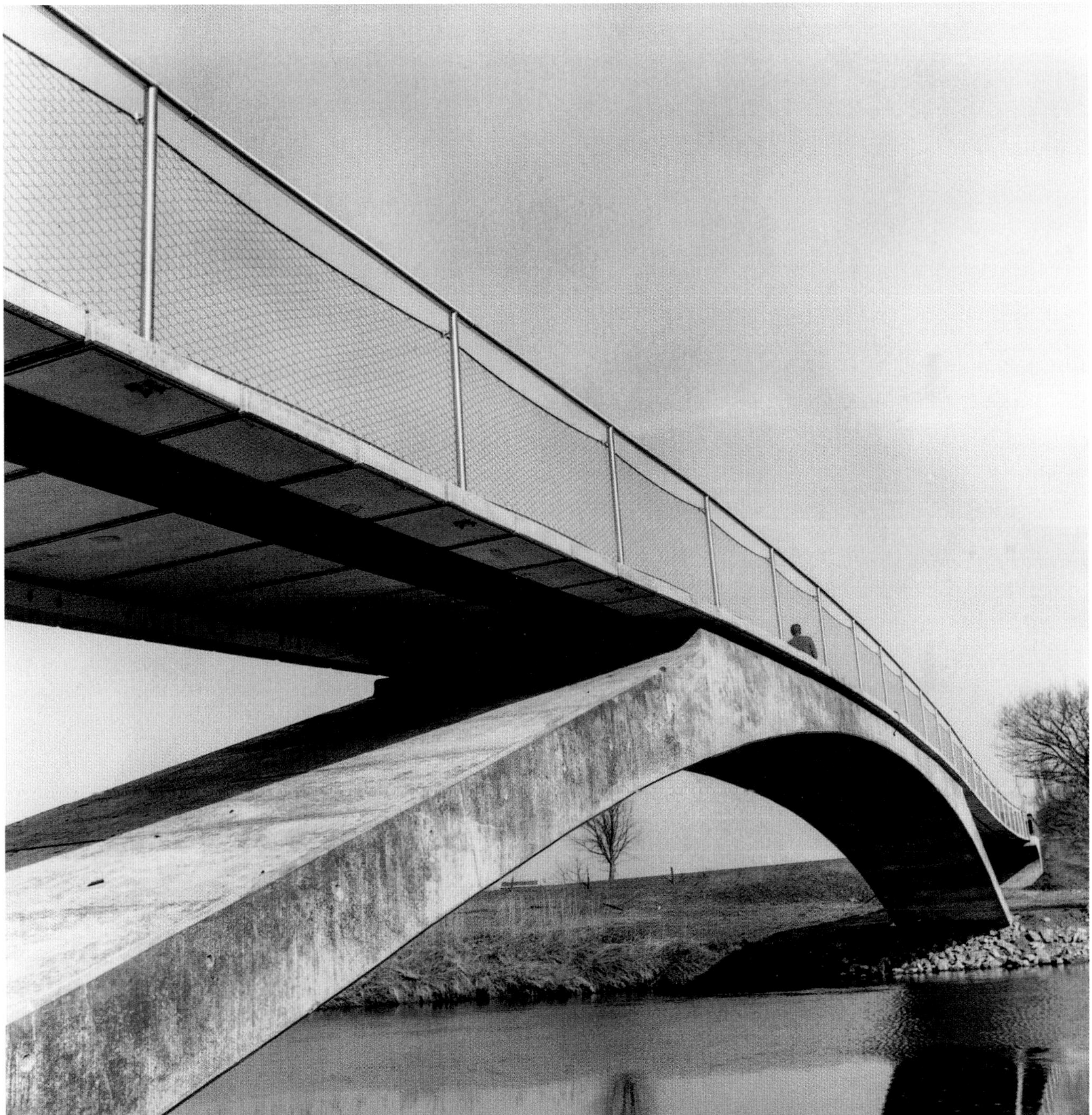

70

Hessenpyramiden (2000)
Expo 2000 Hannover, Marktplatz Hanau, Deutschland

Als Hommage an die dichten Tannenwälder des Bundeslandes Hessen gestaltete Bury für die Expo 2000 Hannover Rundbänke, die große Pflanzbecken rahmten. In ihnen war jeweils eine große Tanne gepflanzt, die in aufgehäuften Tannenzapfen steckte. Unter den Bänken lagen weitere Zapfen, die so den Überfluss an diesen Waldfrüchten im Hessenland symbolisierten. Im Übrigen stützten auf der Expo 2000 Baumstämme von Weißtannen das größte freitragende Holzdach der Welt, welches 16.000 Quadratmeter überspannte und damit die Fläche von zwei Fußballfeldern hatte. Nach der Weltausstellung in Hannover wurden die *Hessenpyramiden* genannten Tannentröge vorübergehend auf dem Marktplatz von Hanau aufgestellt. Im Gegensatz zu den Zapfen von Fichten, Lärchen oder Kiefern fallen die Tannenzapfen nur als einzelne Schuppen von den Bäumen. Komplette Zapfen müssen also gepflückt werden.

Hesse Pyramids (2000)
Expo 2000 Hannover, Hanau Market Square, Germany

As a tribute to the dense fir forests covering so much of the federal state of Hesse, Bury designed round bench seating for the Hannover Expo 2000 that encircled large plant containers. A large fir was planted in each container piled high with fir cones. More fir cones lay beneath the benches to symbolise the abundance of these fruits of the forest in the state of Hesse. Incidentally, at Expo 2000 the trunks of 2,000 white firs supported the world's largest self-supporting wooden roof, which spanned 16,000 square metres of exhibition space, equalling the surface area of three football pitches. After the World Exposition in Hannover, the fir containers, which were known as Hesse Pyramids, were temporarily set up on the market square in Hanau. Unlike spruce, larch or pine cones, fir cones only fall from trees as individual scales. To have whole fir cones, you have to pick them from the tree.

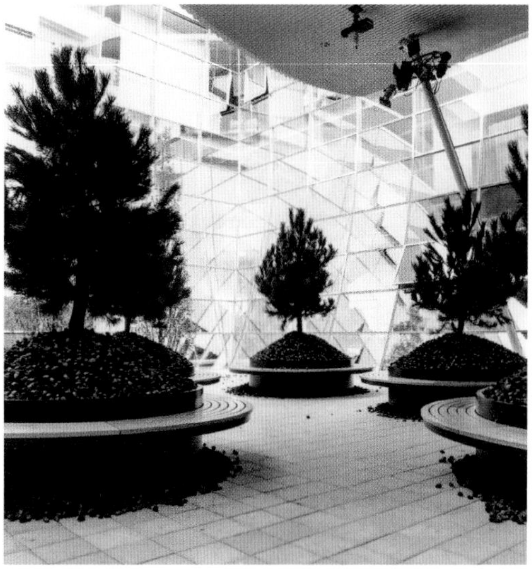

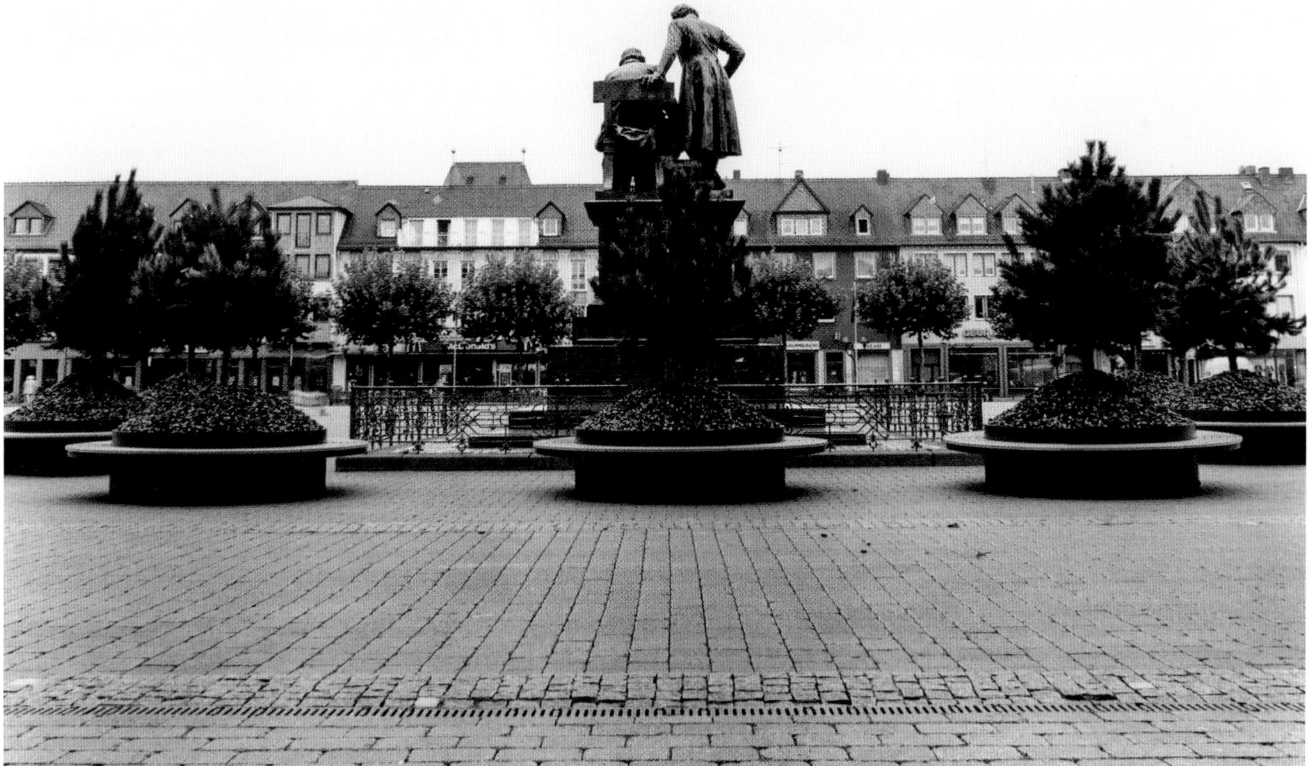

71

Tag der offenen Tür (2000) Bergische Universität Wuppertal, Deutschland

Aus etwa 80 rund zwei Meter hohen Lattenrahmen, die mit schwarzer Kunststofffolie bespannt waren, ließ Bury ebenso viele Akteure auf einer quadratischen Fläche spontane Formationen bilden. Durch unterschiedliche Positionen der Lattenrahmen vor den Körpern entstanden ornamentale Labyrinthe. Bury knüpfte damit an seine 25 Jahre zuvor realisierten ephemeren Studentenprojekte in der Judäischen Wüste, der Sinai-Halbinsel und in Kanada an. Es ging auch hier erneut um kommunikative Prozesse des Miteinander-in-Verbindung-Tretens, des Verbergens, Zeigens, der konzertierten Aktion und verabredeter Choreografien.

Open Day (2000) Bergische University Wuppertal, Germany

Bury had about eighty performers carrying an equal number of batten frames about two metres high and covered in black plastic foil move into spontaneous formations on a square surface. The performers generated ornamental labyrinths by frequently repositioning the batten frames in front of their bodies. Bury thus linked up with the ephemeral student projects he had realised twenty-five years previously in the Judaean Desert, on the Sinai Peninsula and in Canada. In Wuppertal, too, the project was concerned with the following communicative processes: contacting, concealing, showing, concerted action and prearranged choreographies.

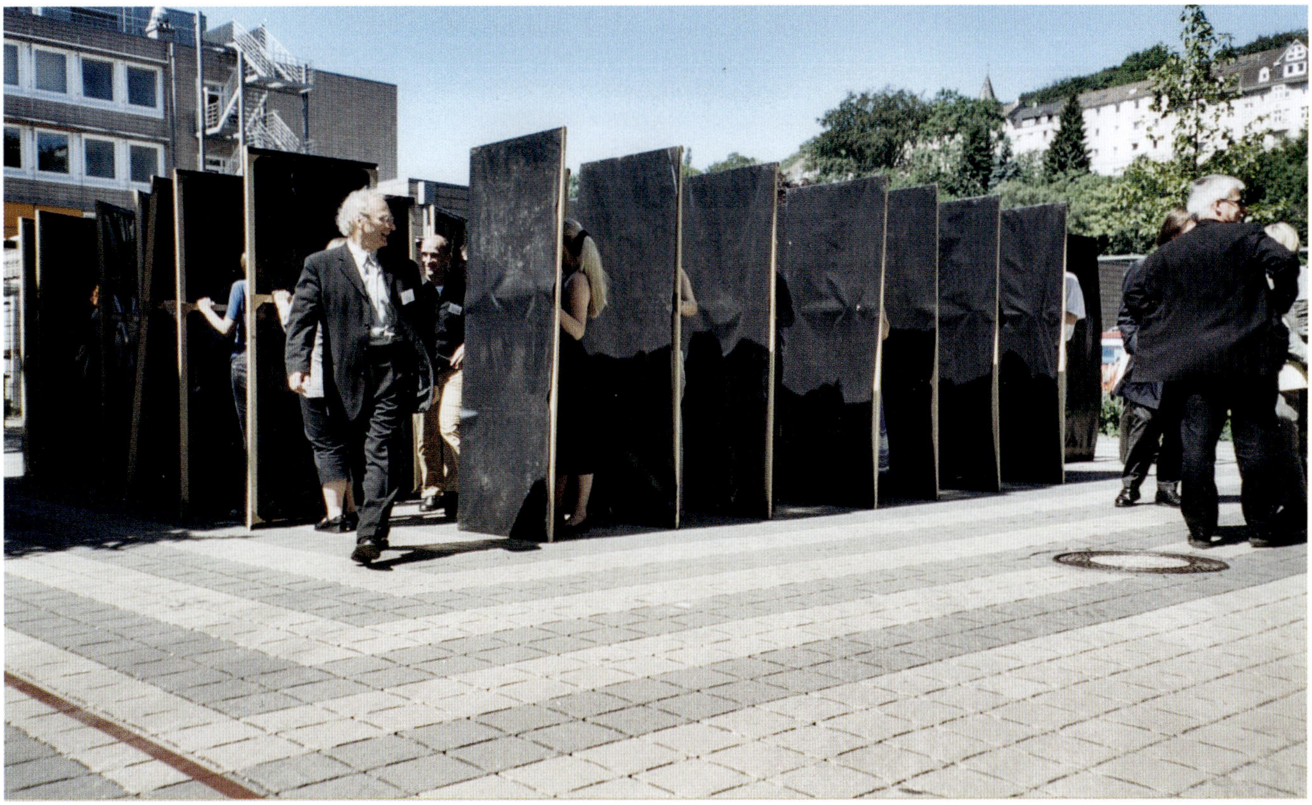

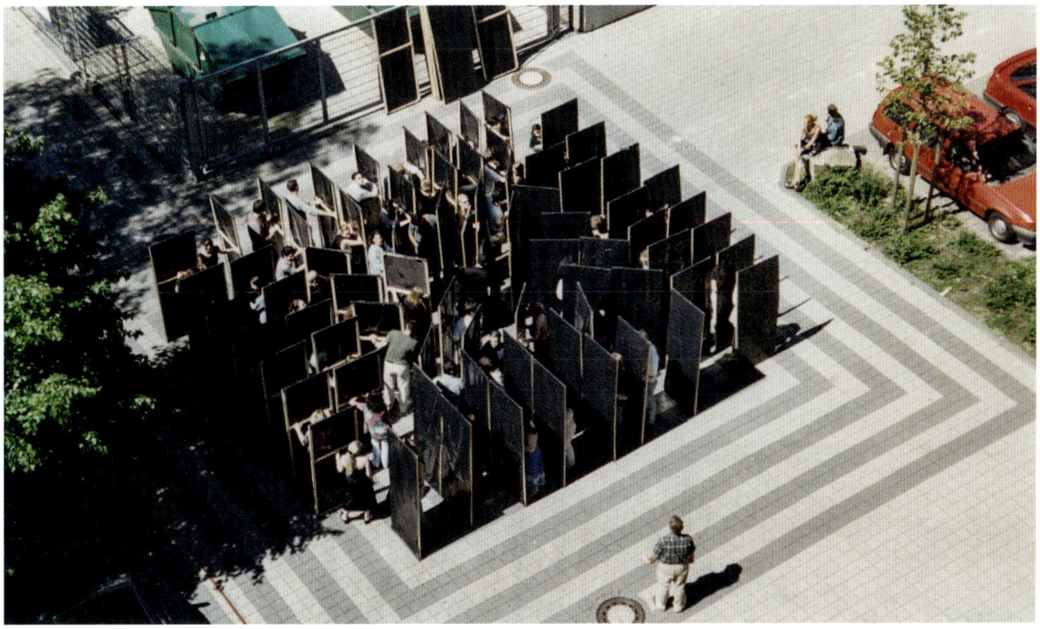

72

Gehörgang
Vorgebirgspark Köln (2000), Kurpark Bad Homburg (2001), Deutschland

Holzkonstruktion. 36 × 2,5 × 2,4 m

Im Vorgebirgspark in Köln stellte Claus Bury im Jahr 2000 seine Skulptur *Gehörgang* aus, zwei hintereinander aufgeständerte mannshohe Holzröhren, die in einer langen Achse von 36 Metern ein überdimensioniertes Teleskop bildeten. Die Art und Weise der Röhrenbeplankung und ihre muskuläre Massivität spielt einerseits archaische Waffen herbei, andererseits aber auch frühe optische Geräte. Zudem erinnert diese Arbeit an Burys Goethe-Installation *Blick zum Gipfel* (vgl. Nr. 66), die er zwei Jahre vorher vor dem Frankfurter Museum für Angewandte Kunst installiert hatte. Die Sichtrohre sind in ihrem unteren Drittel offen und gehen in eine dichte, sich nach außen abspreizende Aufständerung über. So ergibt die Schnittkante das Bild eines Schlüssellochs. In der Tat hat man beim Blick durch diese überlängten Rohre eine leicht voyeuristische Perspektive. Auch mag einem die Formulierung „in die Röhre gucken" in den Sinn kommen. Aber auch eine Nutzarchitektur wie historische Salinen wird durch das Strebewerk der Stützen evoziert. Der Titel *Gehörgang* verweist vielleicht auch auf das beliebte Kinderspiel „Stille Post", zumal in den Röhren ein Laufgang besteht, der spielendes Erforschen stimuliert. So ermöglichen diese Sichtrohre erneut eine aktive Nutzung: hindurchschauen, hineinrufen, körperlich erkunden, flanierend umrunden. Der Titel *Gehörgang* verweist aber auch auf die Funktion dieses Innenohrteils für die Aufrechterhaltung des Gleichgewichts. So suggeriert der Titel auch für diese Skulptur, dass sie im Gleichgewicht ist, intern als Konstruktion und extern mit ihrer Umgebung. 2001 wurde die Installation im Rahmen des Projektes *Blickachsen 3* nochmals im Kurpark von Bad Homburg gezeigt.

Auditory Meatus
Cologne Foothills Park (2000), Bad Homburg Spa Park (2001), Germany

Timber structure. 36 × 2.5 × 2.4 m

In 2000 Claus Bury set up *Auditory Meatus*, a sculpture consisting in two wooden tubes, each as high as a man, set up one behind the other in the Cologne Foothills Park. With a longitudinal axis of thirty-six metres, the tubes formed an outsize telescope. The handling of the telescope cladding and the sculpture's forcefully muscular presence evokes archaic weaponry on the one hand yet, on the other, early optical instruments. Moreover, this work is also reminiscent of the Goethe installation *View to the Peak* (see No. 66), which Bury had set up in front of the Museum für Angewandte Kunst in Frankfurt two years previously. The lower third of the viewing tube is open to the ground, transitioning seamlessly into a densely set series of trestle mounts that flare at the bottom. The cut-off edge of the tube end looks like a keyhole. Indeed, looking through this excessively long tube puts a slightly voyeuristic perspective on things. The saying 'watching the tube [television]', translated literally back into German, means 'being left out in the cold'. The abutment system of tubing and props is even reminiscent of serviceably utilitarian structures such as salterns. The title *Auditory Meatus* might also be a reference to the popular children's game sometimes known as Chinese Whispers, particularly since a walkway between the struts represents an invitation to explore and play. Thus these viewing tubes again enable active use: visitors can look through them, call into them, explore them physically, stroll around them. However, the title *Auditory Meatus* also refers to the function of this part of the inner ear: maintaining balance. Interpreted in this way, the title suggests that this sculpture, too, is in balance, internally as a construction and externally with its surroundings. In 2001 the installation was shown once more under the aegis of the *Sightlines 3* project, in the Bad Homburg Spa Park.

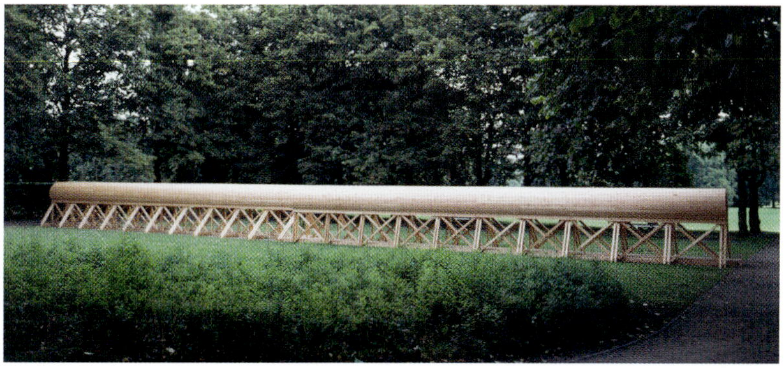

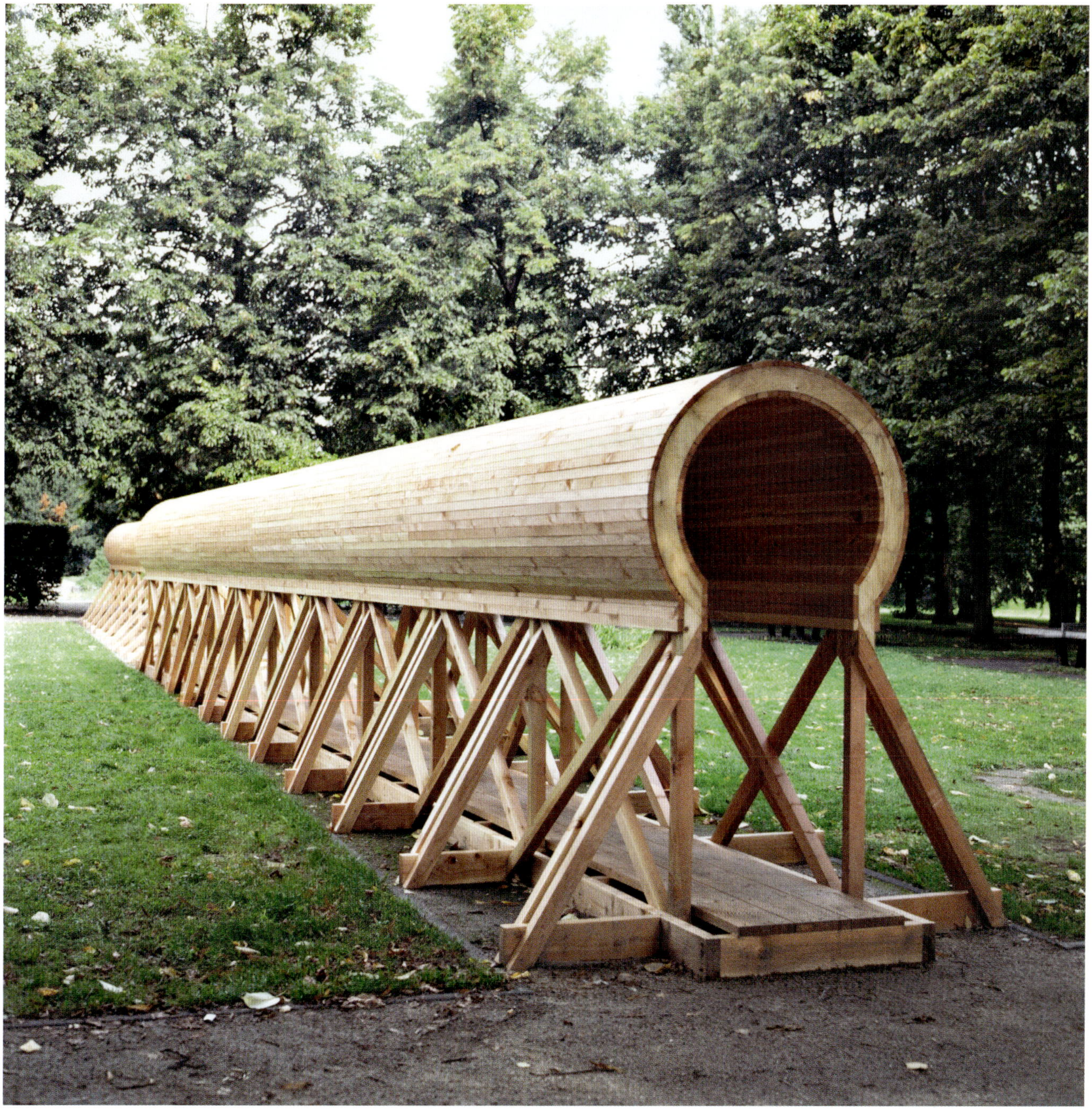

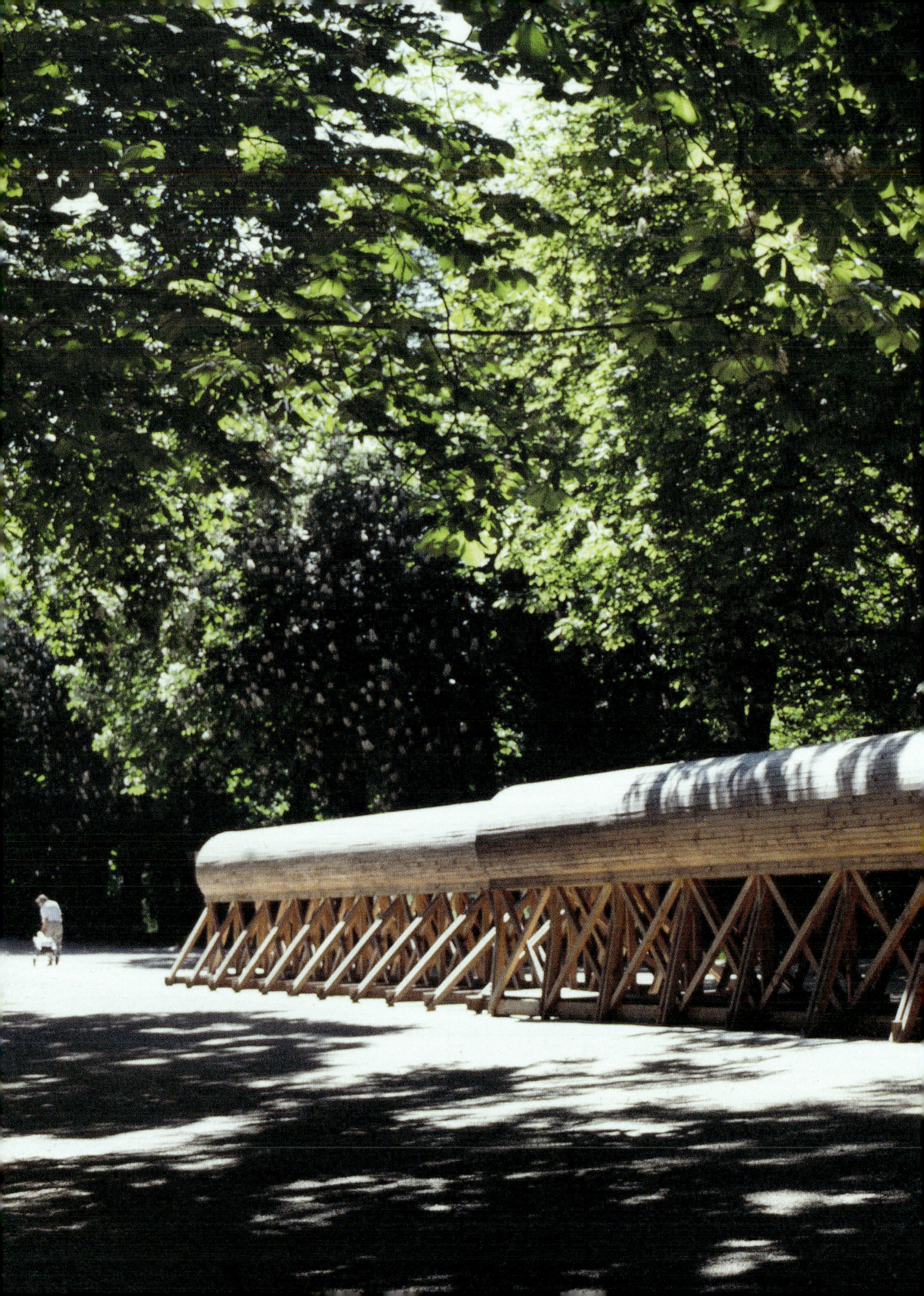

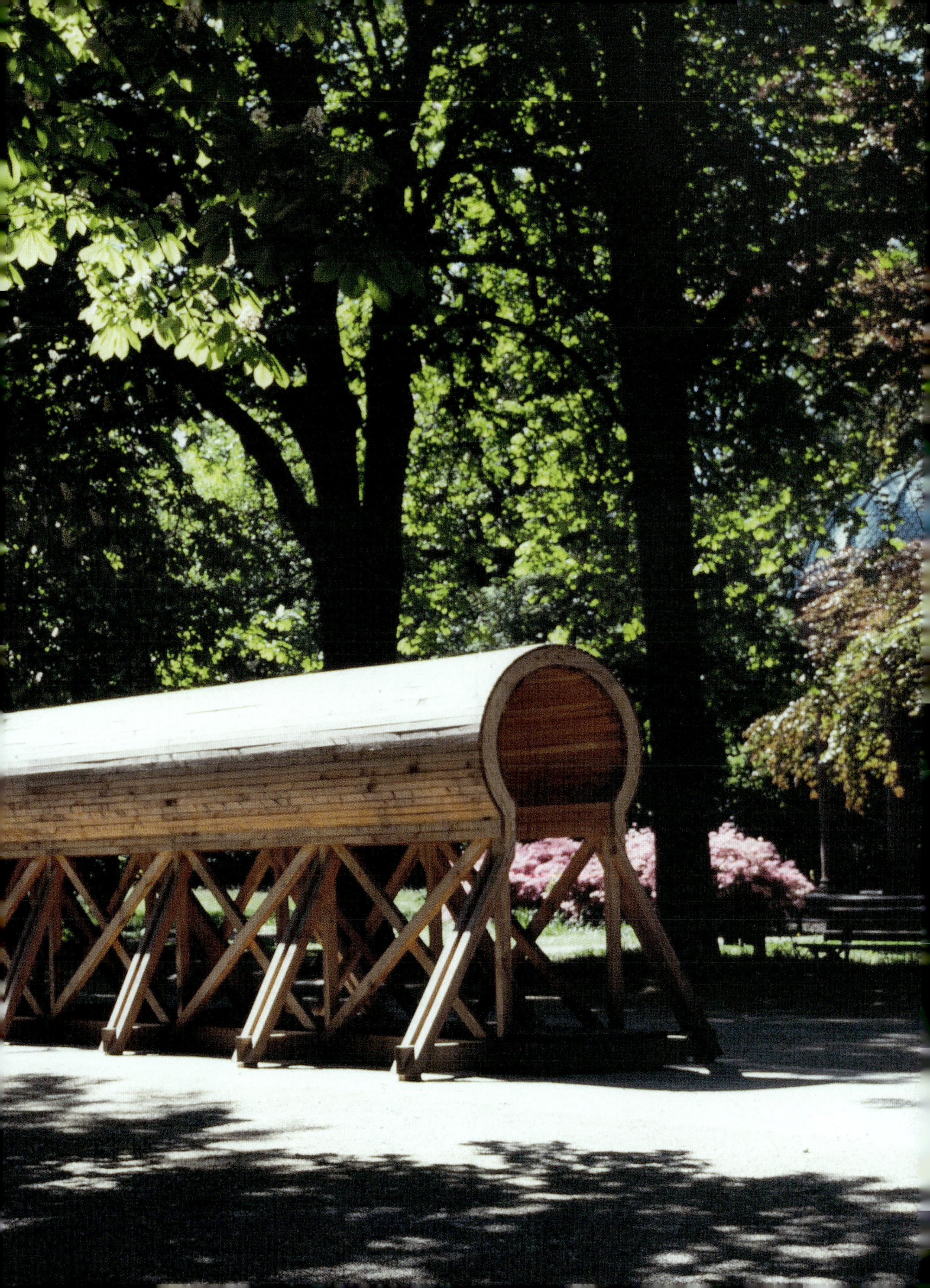

73

Schwimmende Ladung (2001)
Kunstverein Würzburg, Deutschland

Holzkonstruktion, Leimschichtholz, Rundhölzer. 13 × 2,7 × 1,3 m

Im Kunstverein Würzburg, der in einer schwimmenden Barkasse untergebracht ist, installierte Bury 2001 eine dreizehn Meter lange, raumfüllende Skulptur. Etwa ein Dutzend Kanthölzer war in einer sich in der Mitte sphärisch ausbuchtenden Längsachse in sieben Lagen übereinandergestapelt. Die Stapelung wirkt labil, weil nicht ganz klar ist, ob die Kanthölzer fest miteinander verbunden oder nur lose geschichtet sind. Als generelle Form erinnert diese Skulptur an die ebenfalls gebogenen Segmente der Skulptur *Engpass* (vgl. Nr. 37) am Mainufer in Hanau, nur dass dort die Skulptur vertikal orientiert war. Bei der Würzburger Arbeit ragen zudem über zwanzig durch die Kanthölzer gesteckte Rundstäbe so weit hervor, dass man den Eindruck hat, die Skulptur mit einigen Personen wegtragen zu können. Das unterstützt auch eine religiöse Assoziation, denn die Bundeslade des Alten Testaments, in der die beiden Steintafeln mit den Zehn Geboten aufbewahrt wurden, hatte ebenfalls durchgesteckte Stäbe, um die Lade transportieren zu können. 2009 wird Bury seine zwei *Kirchenschiffmodelle* für die Liebfrauenkirche in Duisburg auf ganz ähnliche Weise bauen. Der schwimmende Ausstellungsraum in Würzburg besitzt bullaugenartige Rundfenster, eine leicht gewölbte Decke und einen rohen Bohlenboden, sodass er als Raum unter Deck eines Schiffes erkennbar bleibt. Deshalb nennt Bury diese Skulptur auch oft *Im Bauch einer Barkasse*.

Floating Cargo (2001)
Kunstverein Würzburg, Germany

Timber structure, glue-laminated timber, roundwood. 13 × 2.7 × 1.3 m

In 2001 Bury installed a room-filling sculpture thirteen metres long at the Würzburg Art Society, which is housed in a floating launch. About a dozen squared timbers were stacked up seven deep in the longitudinal axis to form a figure that bulged in the round at the centre. The stacking looks precarious because it is not quite clear whether the squared timbers are firmly lashed to one another or simple stacked up loose. The overall form of this sculpture is reminiscent of the segments of *Pinch Point* (see. No. 37) on the Main Embankment in Hanau, which are also bent, except that the sculpture in Hanau was vertically aligned. The Würzburg work also featured more than twenty round rods projecting so far out that it gave the impression that a handful of people could have carried the sculpture away. This element also supports a religious association because the Old Testament Ark of the Covenant, in which the two stone tablets inscribed with the Ten Commandments were kept, was also fitted with rods protruding from its sides to make it transportable. In 2009 Bury would build his two *Church Nave* models for the Liebfrauenkirche [Church of Our Lady] in Duisburg in a very similar way. The floating exhibition space in Würzburg has round windows resembling portholes (sometimes known as bull's-eye windows), a slightly vaulted ceiling and a floor of rough planks so that it has remained recognisable as the space below the deck of a boat or ship. That is why Bury also often calls this sculpture *In the Belly of a Launch*.

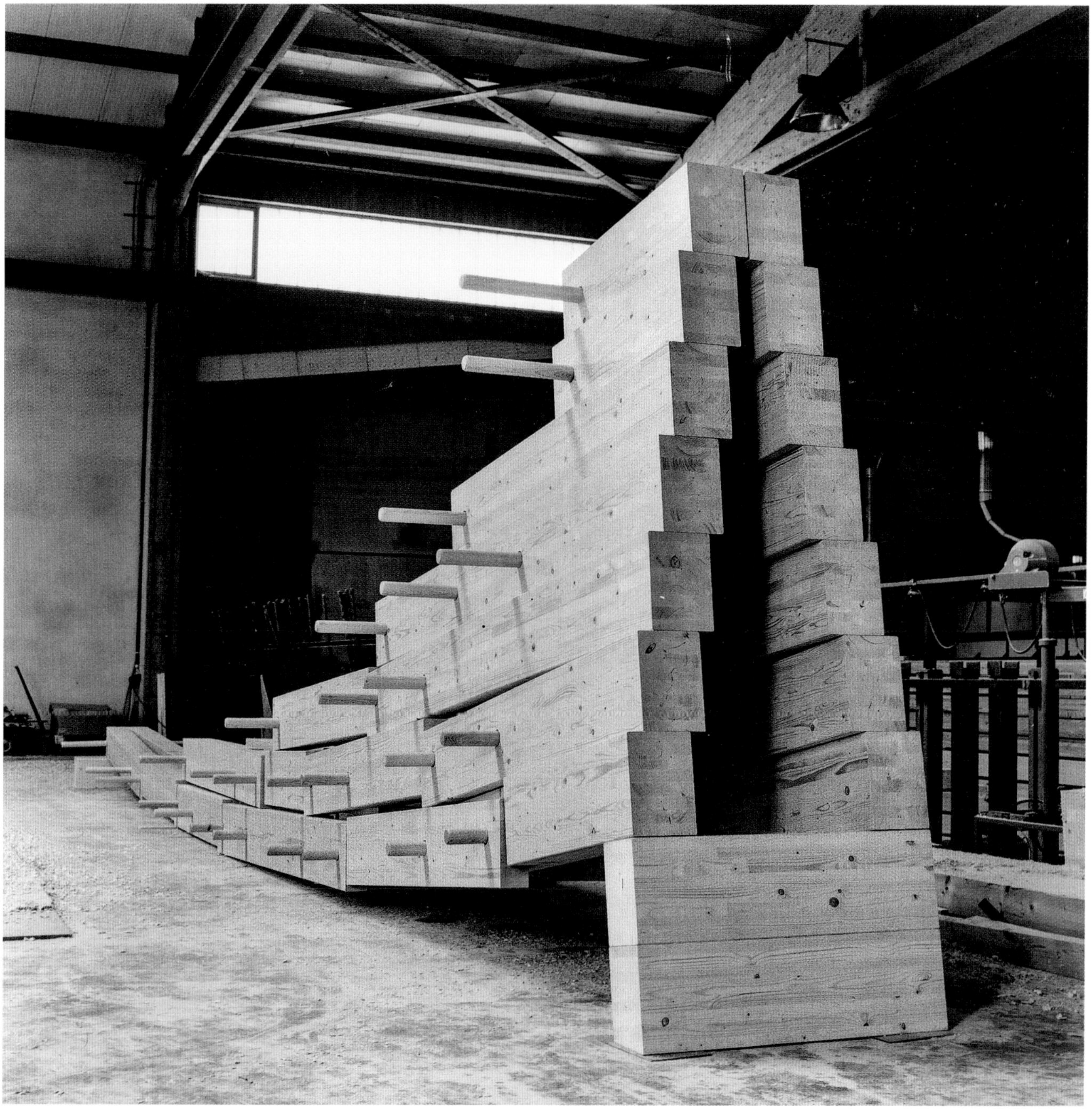

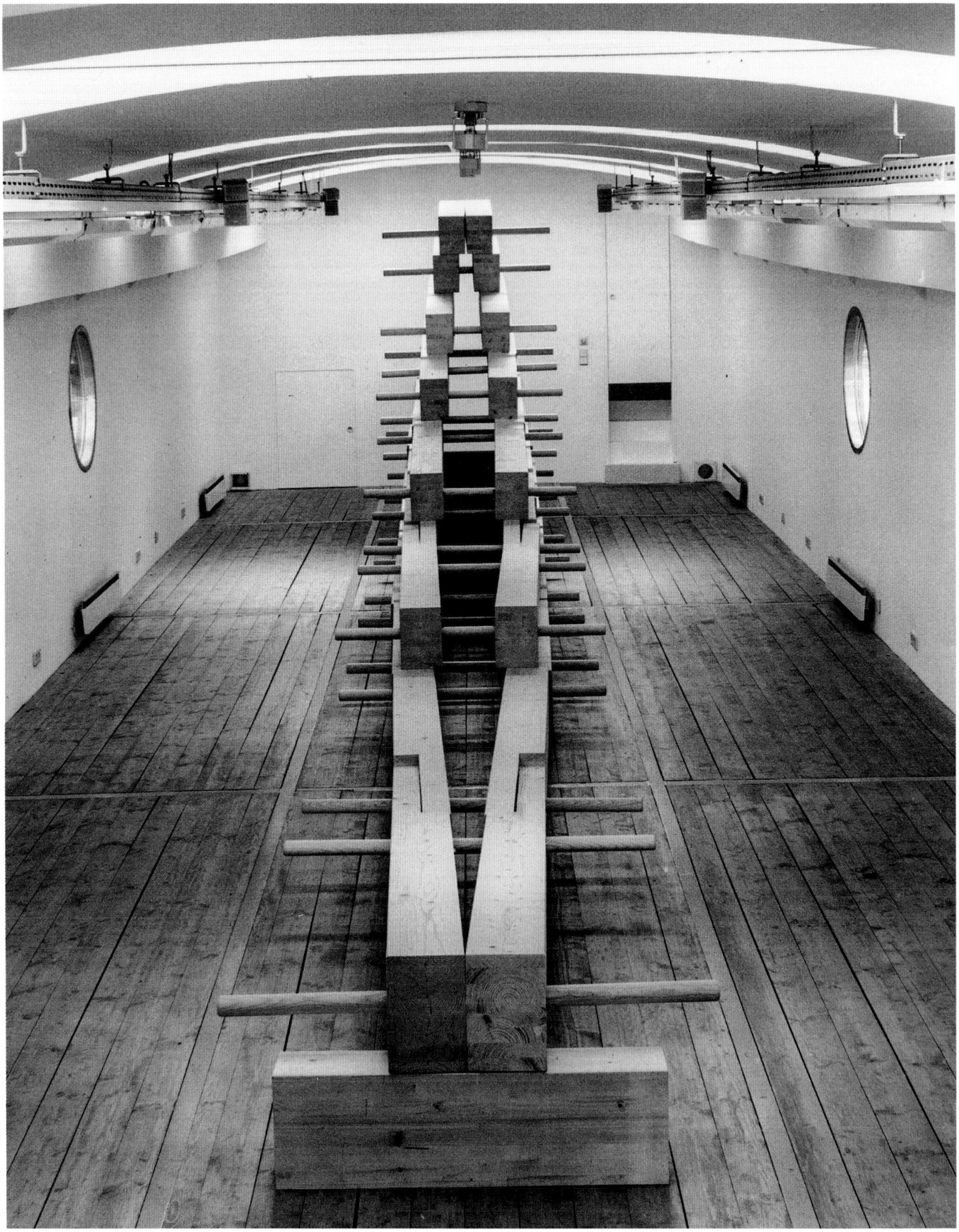

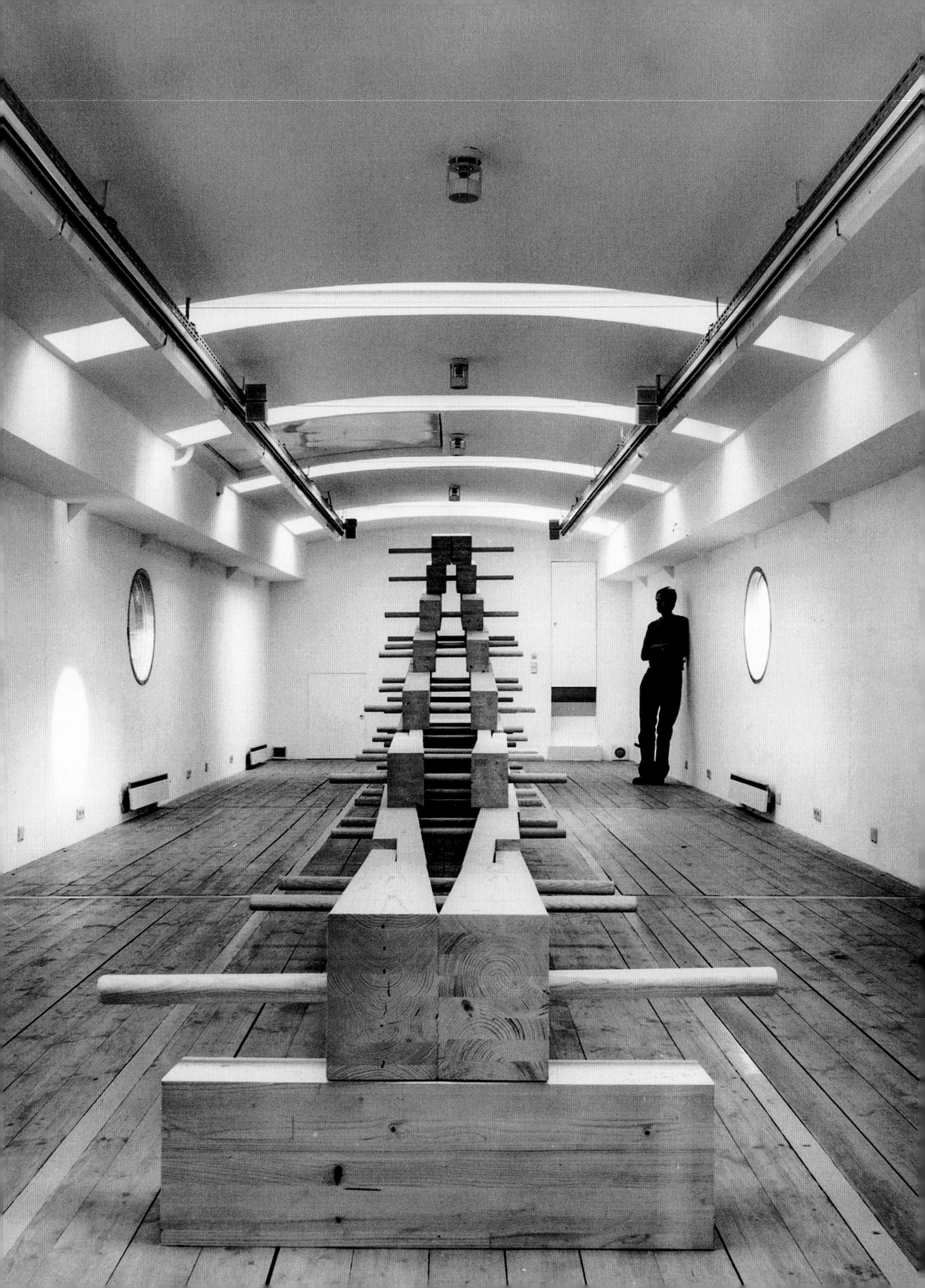

74

Elastisch – Schwebend (2001)
Wuppertal, Deutschland

Leimbinderkonstruktion. 2,9 × 12,4 × 1,2 m

Diese gut zwölf Meter lange Kolossalskulptur aus massiven hellen Holzbalken schaut auf einer Seite von einer Anhöhe auf die Stadt zu ihren Füßen, auf der anderen Seite wird sie in enger Nachbarschaft von einer mehrspurigen Autostraße bedrängt. Auf fünf Distanzstücken zum Boden hin aufgebockt, er-wächst auf zwei Auflagern eine ausponderierte, gegenläufige räumliche Komposition aus geschwungenen und diagonalen Balken, die das Vokabular der Bury'schen Schiffs- und Brückenikonographie miteinander überblendet. Es ist eine strukturelle Etüde aus Lasten und Tragen, struktiven Spannungen und fragilen Balancen. So kommt hier die ästhetische Autonomie eines immanenten bildkünstlerischen Kontextes zu sich selbst, obwohl die Umgebungstopografie dies nicht gerade erleichtert.

Elastic – Hovering (2001)
Wuppertal, Germany

Composite timber structure. 2.9 × 12.4 × 1.2 m

This colossal sculpture that is at least twelve metres long is made of solid beams of light-coloured wood. On one side it looks down at the city at its feet, on the other it is constrained by being close to a multi-lane highway. The sculpture is jacked up from the ground by five spacers so that a perfectly balanced, contrapuntal open-form composition of curved and diagonal beams, which represent a fusion of the lexis of Bury's ship and bridge iconography, grows out of two supports. It is a structural study in contrasts: weighing and load-bearing forces, structural tensions and precarious balances. Thus the aesthetic autonomy of an inherently sculptural context comes into its own although the surrounding topography does not make it easy.

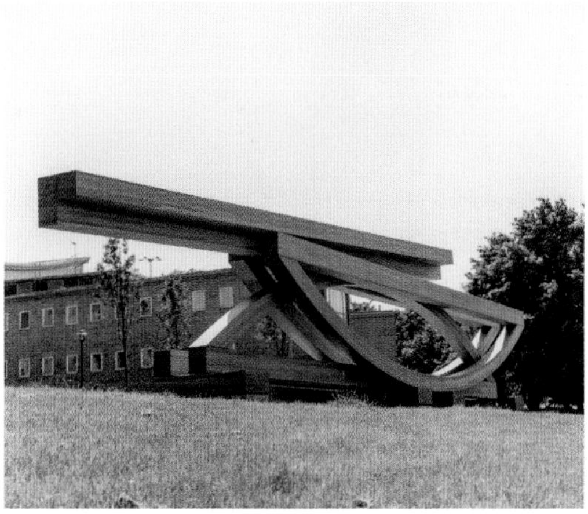

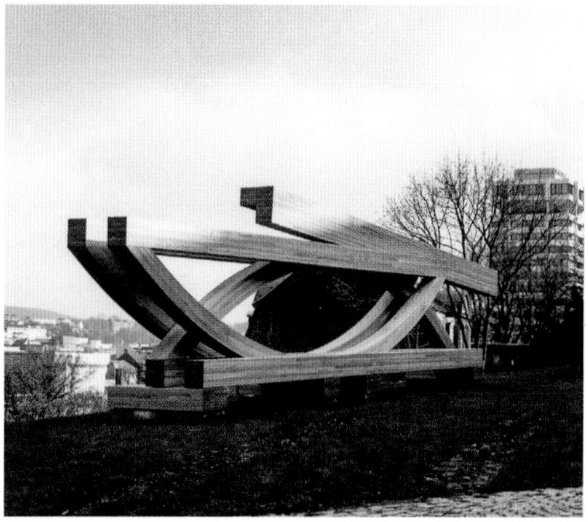

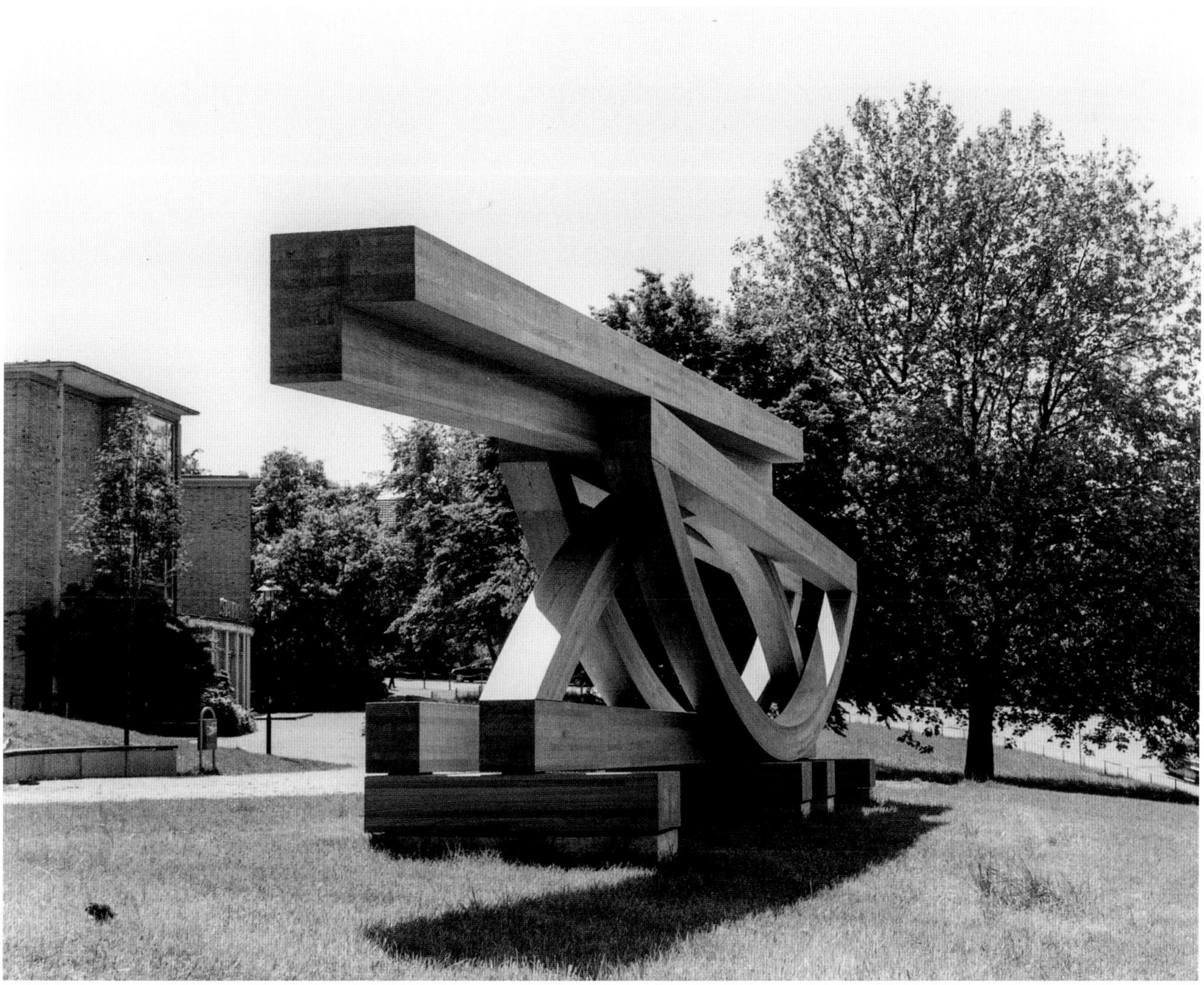

75

Spannungsbogen
Suermondt-Ludwig-Museum Aachen (2001), Kunsthalle Mannheim (2002), Blickachsen, Bad Homburg (2003), Bockenheimer Anlage, Frankfurt am Main (2004), Deutschland

Holzkonstruktion, Leimschichtholz.
11,6 × 7,2 × 1,7 m

Ursprünglich entwickelte Bury diese zweiteilige Skulptur für das Suermondt-Ludwig-Museum in Aachen. Hier waren die beiden Teilskulpturen auch auf die Charakteristik der Umgebung zugeschnitten, indem das höhere Element in den Luftraum des Ausstellungsraumes hineinragte. In der Kunsthalle Mannheim wurde diese Installation unter einer niedrigen Kassettendecke relativ beengt gezeigt und durch Durchblicke auf Treppenabgänge einer dissoziierenden Wahrnehmung ausgesetzt. Bei der dritten Station im Park in Bad Homburg wirkte die Arbeit harmonisch befriedet, weil sie auf einer weiten Wiese mit mächtigem Baumbestand „atmen" konnte. In Frankfurt am Main schließlich reflektierte sie die urbane Dichte und Aggressivität, indem sie hier selbst dicht und aggressiv wirkte. Die Kontexte also veränderten das Werk immer wieder neu. Was aber ist nun der tatsächliche Kern dieser zweiteiligen Skulptur? Zwei massive, gleichsam mühsam um Balance kämpfende Teilkonstruktionen aus Kanthölzern und gebogenen Balken bilden ein störrisches Ensemble, welches wie ein vom Sturm verwüstetes Waldareal wirkt. Eine der Skulpturenteile spielt mit seiner konstruktiven Logik und der Verbindungsstruktur der Balken auf Burys Aluminiumskulptur *Pendulum* (vgl. Nr. 61) an, während der ihm antwortende Teil den ebenfalls verwendeten Segmentbogen so auf den Kopf stellt, als sei der erste durch eine Kippbewegung in die zweite Lage gerutscht. Das ergibt eine szenische, fast filmische Bewegung. Die beiden Segmentbögen sind wie mit kolossalen Daumenschrauben, die an Guillotinen erinnern, in ihren Positionen fixiert

Arc of Suspense
Suermondt-Ludwig-Museum Aachen (2001), Kunsthalle Mannheim (2002), Blickachsen, Bad Homburg (2003), Bockenheimer Anlage, Frankfurt am Main (2004), Germany

Timber structure, glue-laminated timber.
11.6 × 7.2 × 1.7 m

Bury originally developed this two-piece sculpture for the Suermondt Ludwig Museum in Aachen. There the two parts of the sculpture were also adapted to the features of their surroundings, with the taller element projecting into the airspace of the exhibition room. By contrast, at the Kunsthalle Mannheim the sculpture was shown in a relatively restricted space beneath a low coffered ceiling and exposed to dissociative perception by allowing glimpses through it to descending stairs. At its third location, in Bad Homburg Park, the work looked harmoniously at peace with its surroundings because it could 'breathe' as it was installed on a broad stretch of lawn planted with mature trees. Finally, in Frankfurt am Main, the sculpture mirrored urban density and aggression by looking dense and aggressive itself. In other words, the work changed with each new context. What, however, is the real core of this two-part sculpture? Two looming elements, constructed of squared timbers and bent beams struggling to maintain their equilibrium, as it were, form a restive whole that looks like a glade that has been ravaged by a storm. One part of the sculpture plays on the logic of its construction and the linking structure of the beams on Bury's aluminium sculpture *Pendulum* (see No. 61). Its counterpart also has an arc segment, but here it has been placed upside down in such a way that a tilting movement has made it slip into a lower position. The upshot is a scenic, almost filmic, motion. Like gigantic thumbscrews, which evoke guillotines, the two arc segments are fixed in position und ergeben dadurch das Bild gefangener Elemente. Die Zwangsjacke der haltenden Konstruktionen ist so massiv wie ein ingenieurtechnisches Baufundament. Bei der Frankfurter Installation stand die Disparatheit und bewusste Disharmonie in einem deutlichen Kontrast zur rigiden Lochfassadenumgebung der angrenzenden Bebauung und entfaltete vor diesem streng rektangulären, seriellen Passepartout ihre Sprengkraft. Da schien kein Platz für beschwichtigende Harmonie oder Befriedung zu sein. Diese sowieso kompositionell zerrissene Skulptur verwies im Frankfurter Kontext nun plötzlich auf eine soziale Zerrissenheit der Ethnien, die sich hier schmelztiegelhaft begegnen und mischen. Die Bockenheimer Anlage ist eben nicht der Bad Homburger Park oder der Heidelberger Schlossgarten, sondern ein harter innerstädtischer *pocket park.* Eine bildhauerische Arbeit mit pirouettenhaften eleganten Radien wäre hier eher unangemessen gewesen.

and, therefore, present as fettered elements. The 'straightjacket' formed by the constructions holding the pieces in place is as solid as an engineered building foundation. The Frankfurt installation showed discrepancy and deliberate disharmony in stark contrast with the rigidly perforated façades of the abutting architecture; being in front of this stringently rectangular, serial passepartout unleashed its explosive power. There seemed to be no place for conciliatory harmony or calming effects. This sculpture, which is in any case a composition wrenched asunder, suddenly referred in its Frankfurt context to social conflict between the ethnic groups who meet and intermingle in the crucible of a cosmopolitan environment. It goes without saying that the Bockenheim setting for the sculpture is neither the Bad Homburg Spa Park nor the Heidelberg Castle Garden but a gritty, inner-city pocket park. A sculpture flaunting the pirouettes turned by its elegant radii would have been out of place there.

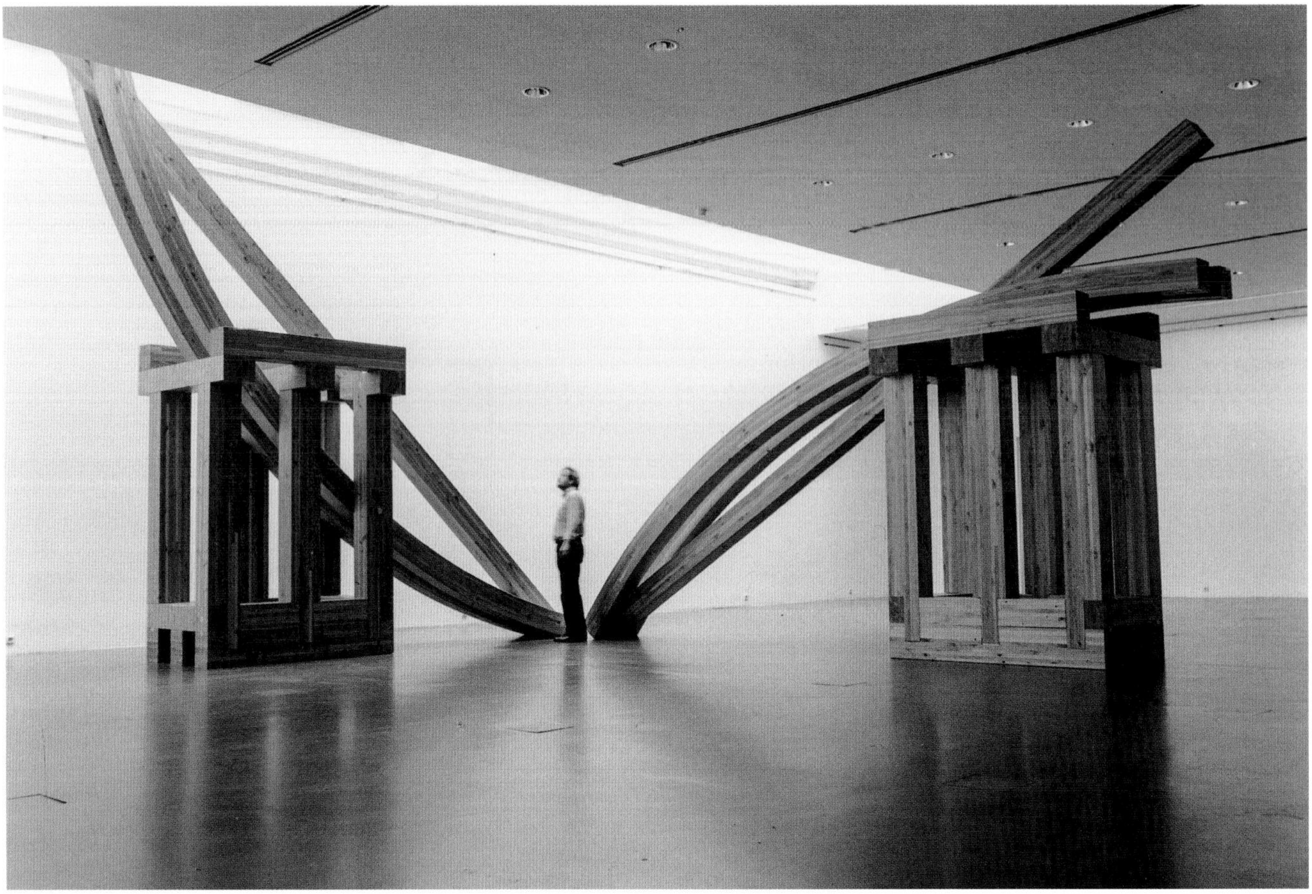

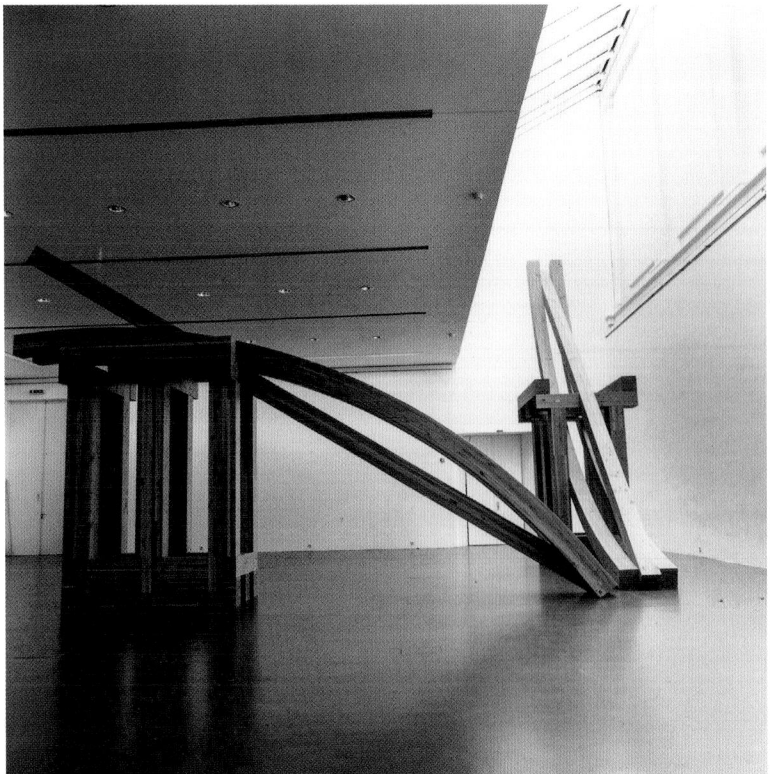

Suermondt-Ludwig-Museum Aachen

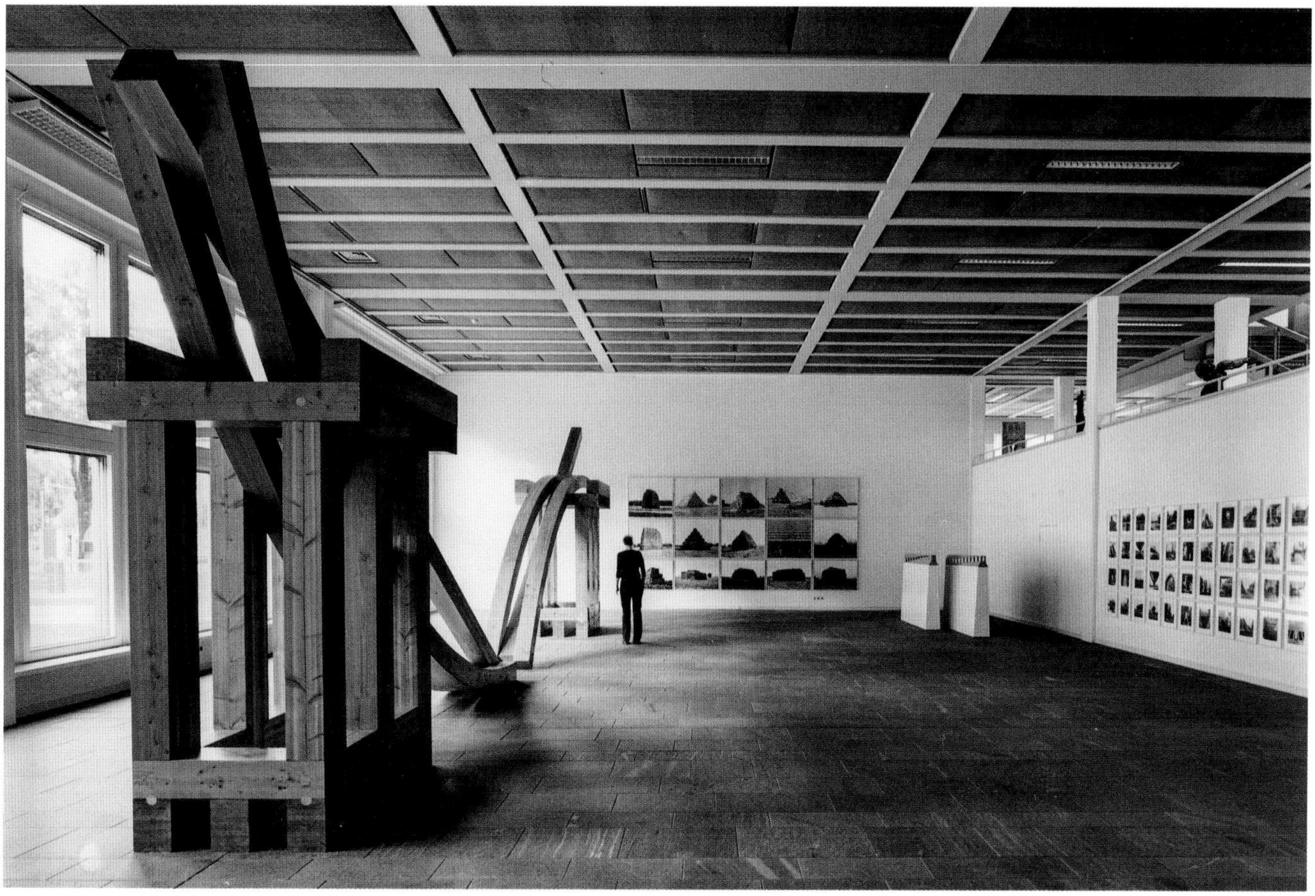

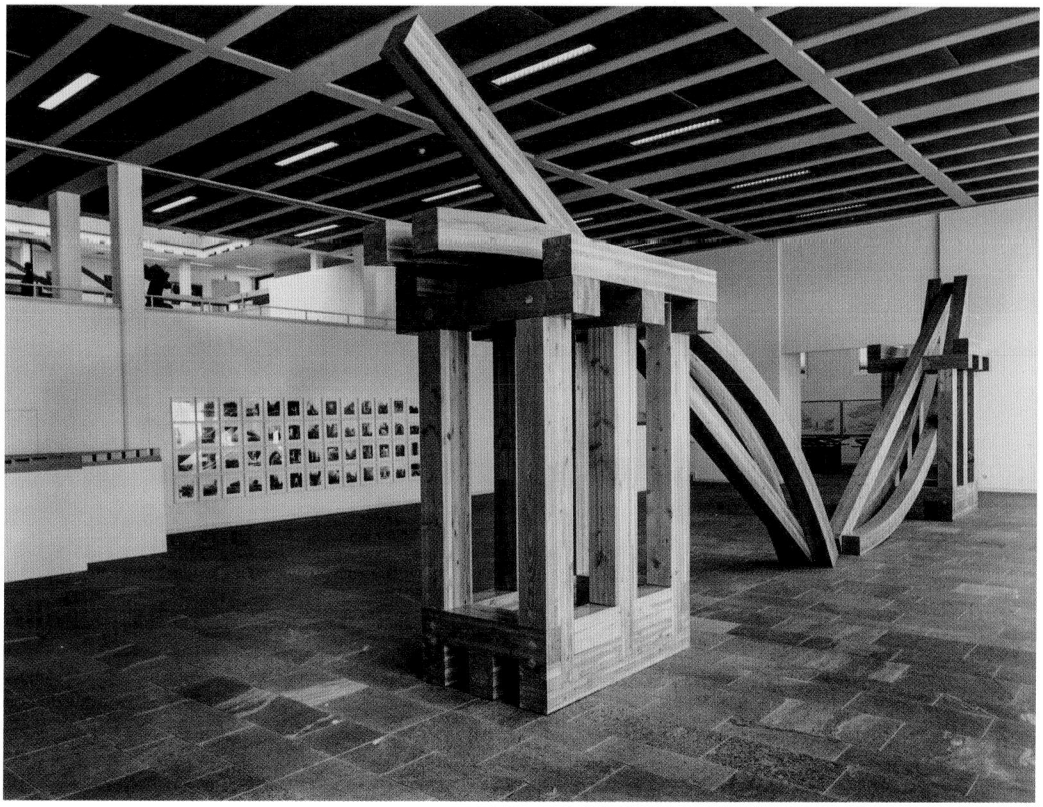

Kunsthalle Mannheim

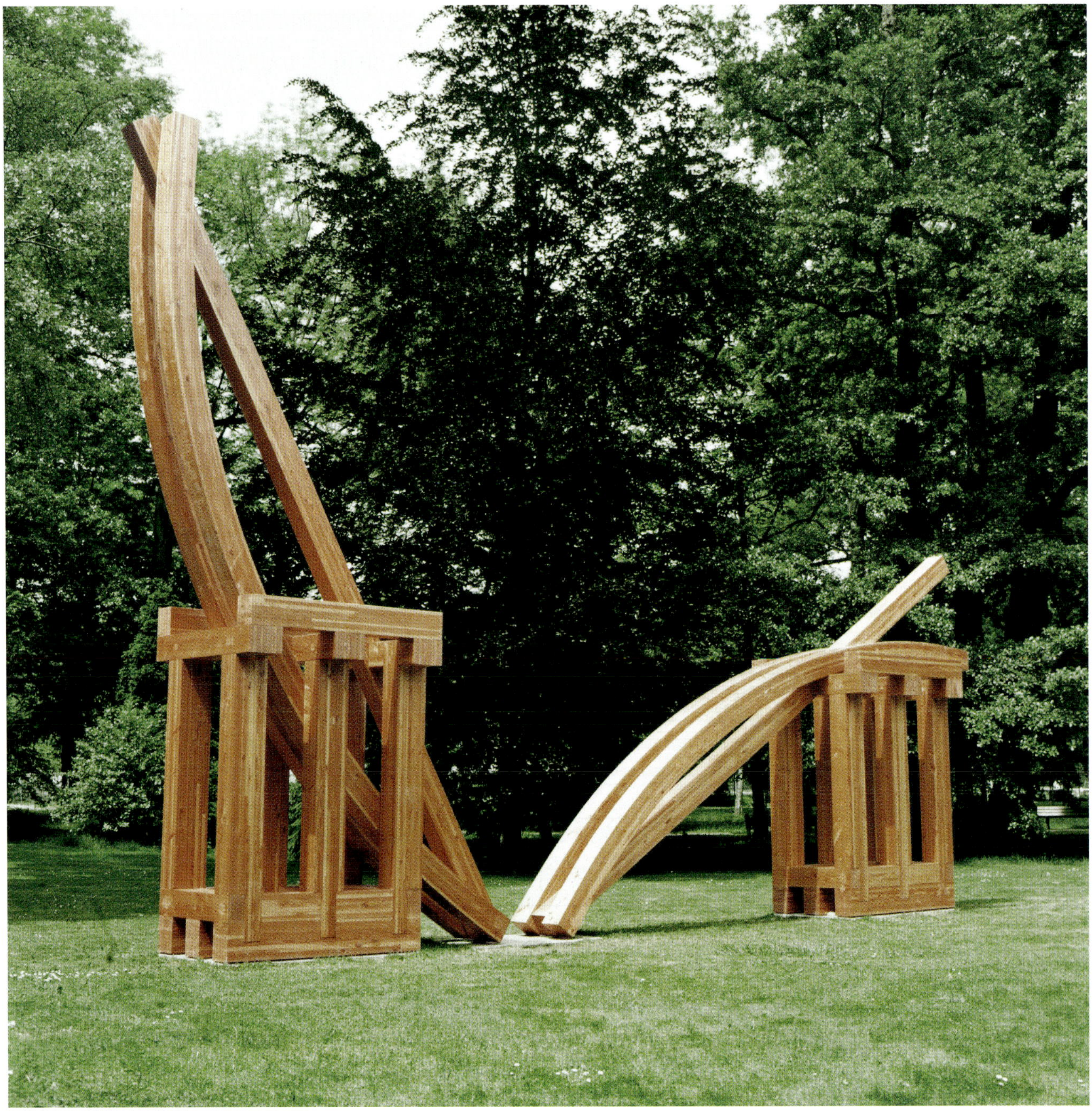

Blickachsen, Bad Homburg

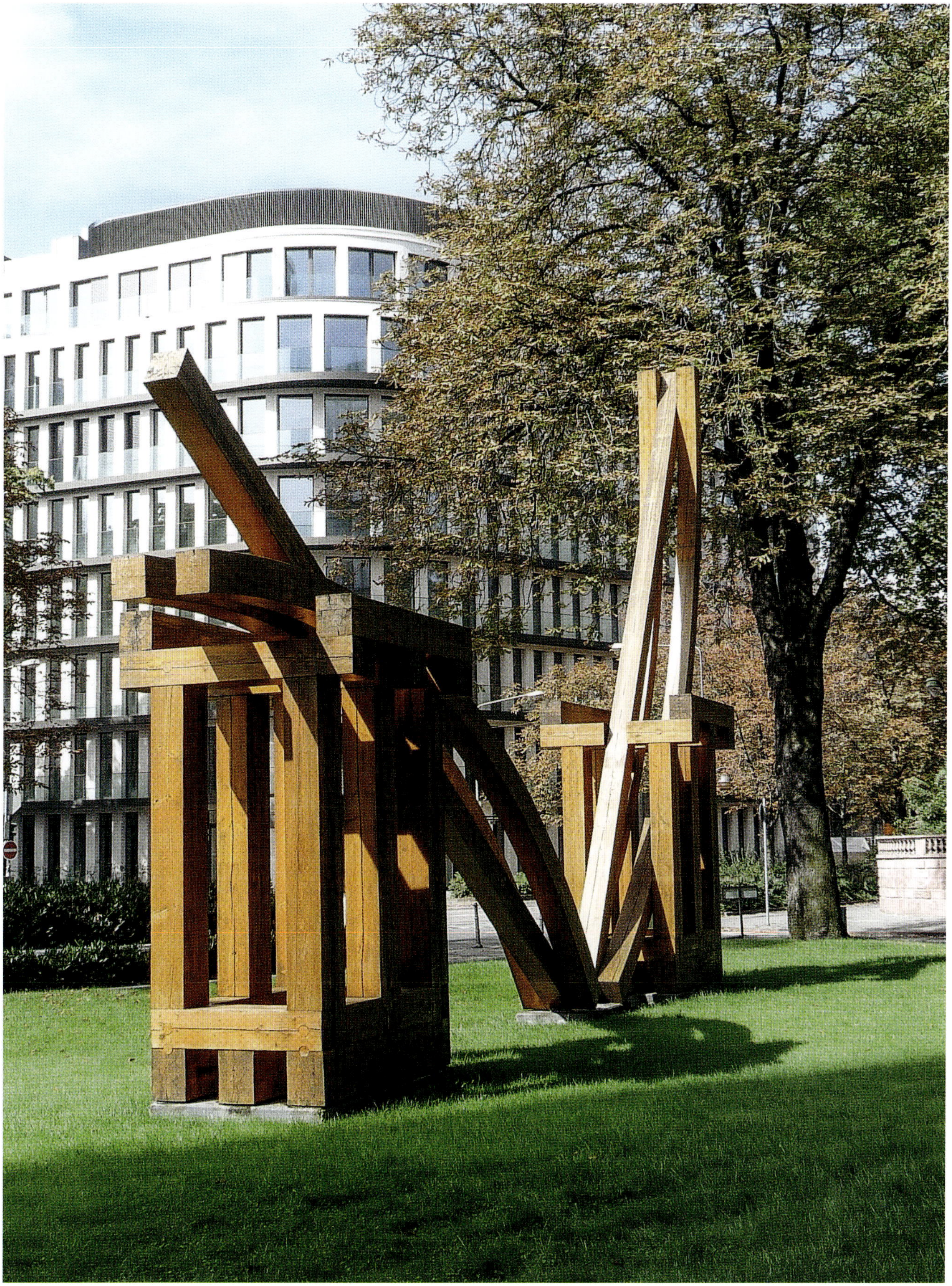

Bockenheimer Anlage, Frankfurt am Main

76

Schwebebalken (2001)
Ludwigsburg, Deutschland

Holzkonstruktion, Leimschichtholz.
2,2 × 13 × 2,1 m

Das dominante Element dieser Skulptur aus Leimschichtholz hat ihr auch seinen Titel gegeben. Der über zehn Meter lange Balken, dem ein weiterer parallel geführter Balken im rechten Winkel als Unterfütterung dient, wird von einem Segmentbogen gewissermaßen in die Höhe gestemmt und in labilem Gleichgewicht gehalten. Der Bogen wiederum wird von zwei gegenläufigen Bögen gestützt, die in einem achtteiligen Kantholzsockel verankert sind. Die fragile Balance dieser Komposition erinnert an rutschende oder stürzende Malheure, bei denen Dinge aus dem Gleichgewicht geraten. Aber die Arbeit lässt auch an die Turnerinnen auf Schwebebalken denken, die im Sinne des Wortes immer eine Gratwanderung absolvieren.

Balance Beam (2001)
Ludwigsburg, Germany

Timber structure, glue-laminated timber.
2.2 × 13 × 2.1 m

The dominant element of this sculpture executed in glued-laminated timber is also given by its title. A beam over ten metres long which rests on another beam running parallel to it yet fixed to it at right angles is thrust upwards, as it were, by an arc segment and held there in a precarious equilibrium. The arc in turn is supported by two opposing arcs that are anchored in an eight-part base of squared timbers. The precarious balance maintained in this composition recalls mishaps caused by slipping or falling, in which things lose their balance. But the work also evokes gymnasts on a balance beam, who are literally always striving to achieve a delicate balance.

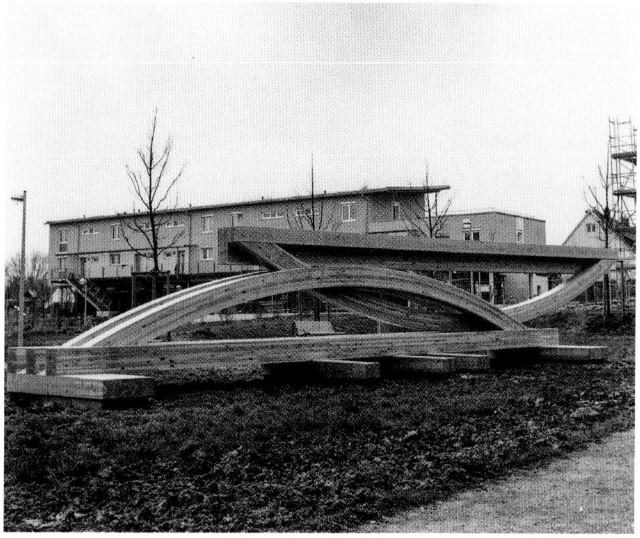

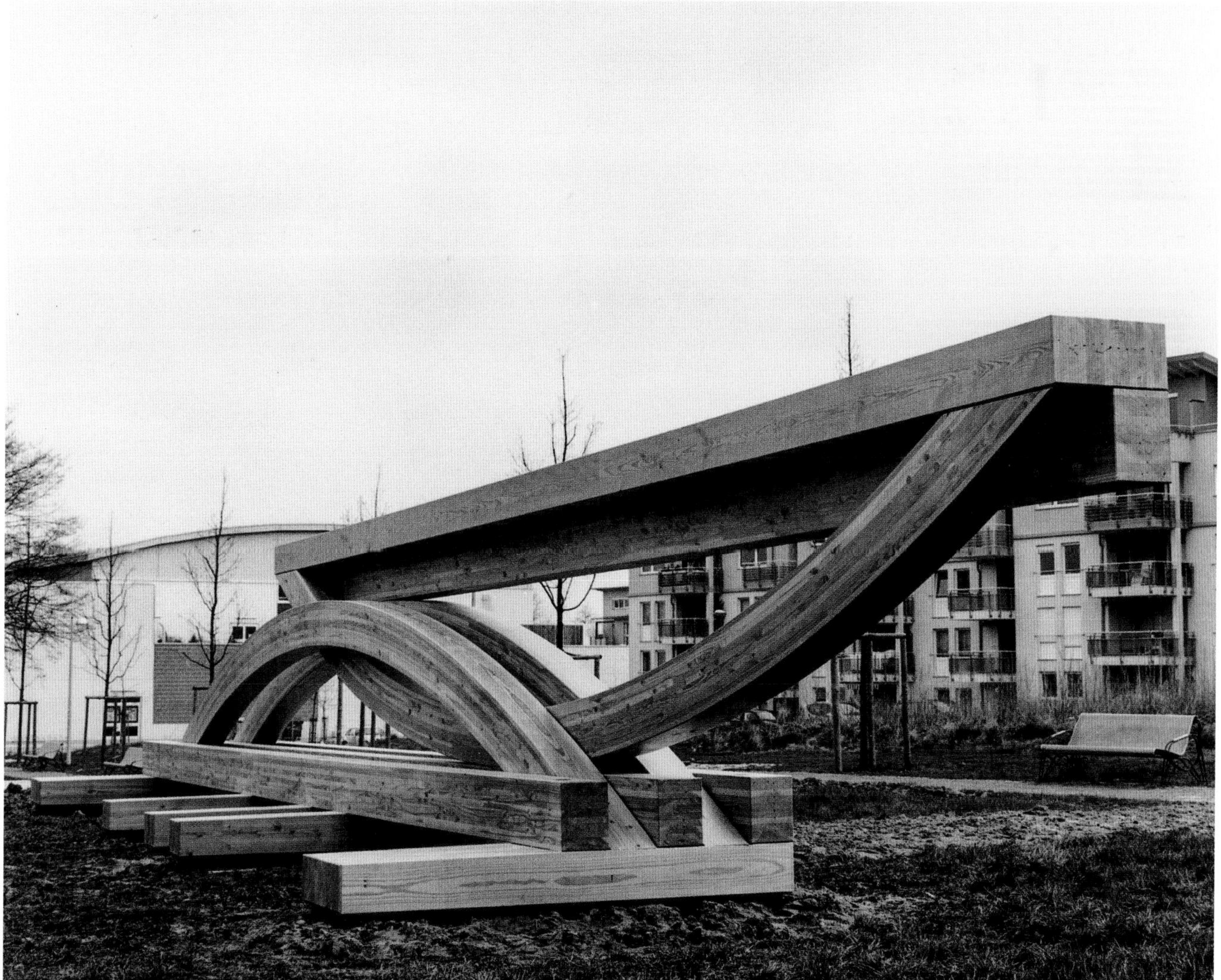

77

Im Gleichgewicht (2001)
Universität Tübingen, Deutschland

Cortenstahlkonstruktion. 8 × 8 × 1 m

Wie eine antike Waage balanciert auf einem hochrechteckigen Sockel ein Wippelement in eingefrorener Schräglage. Es besteht aus geraden und spannungsvoll gebogenen Stäben, deren zusammengeführte Endpunkte von abgetreppten Gegengewichten betont werden. Die Wippe aus Cortenstahl wird von einem gestuften Fuß aus dem gleichen Material fixiert. Diese Skulptur thematisiert eine eingefrorene Bewegung und den Stillstand der Zeit.

Equilibrium (2001)
Tübingen University, Germany

Corten steel structure. 8 × 8 × 1 m

A see-saw element is frozen at a slant like antique scales to balance on a tall upright rectangular base. It consists of straight beams and bars bent under tension, their joined terminals emphasised by stepped counterweights. The Corten steel see-saw is held in place by a stepped foot of the same material. The theme of this sculpture is frozen motion and time standing still.

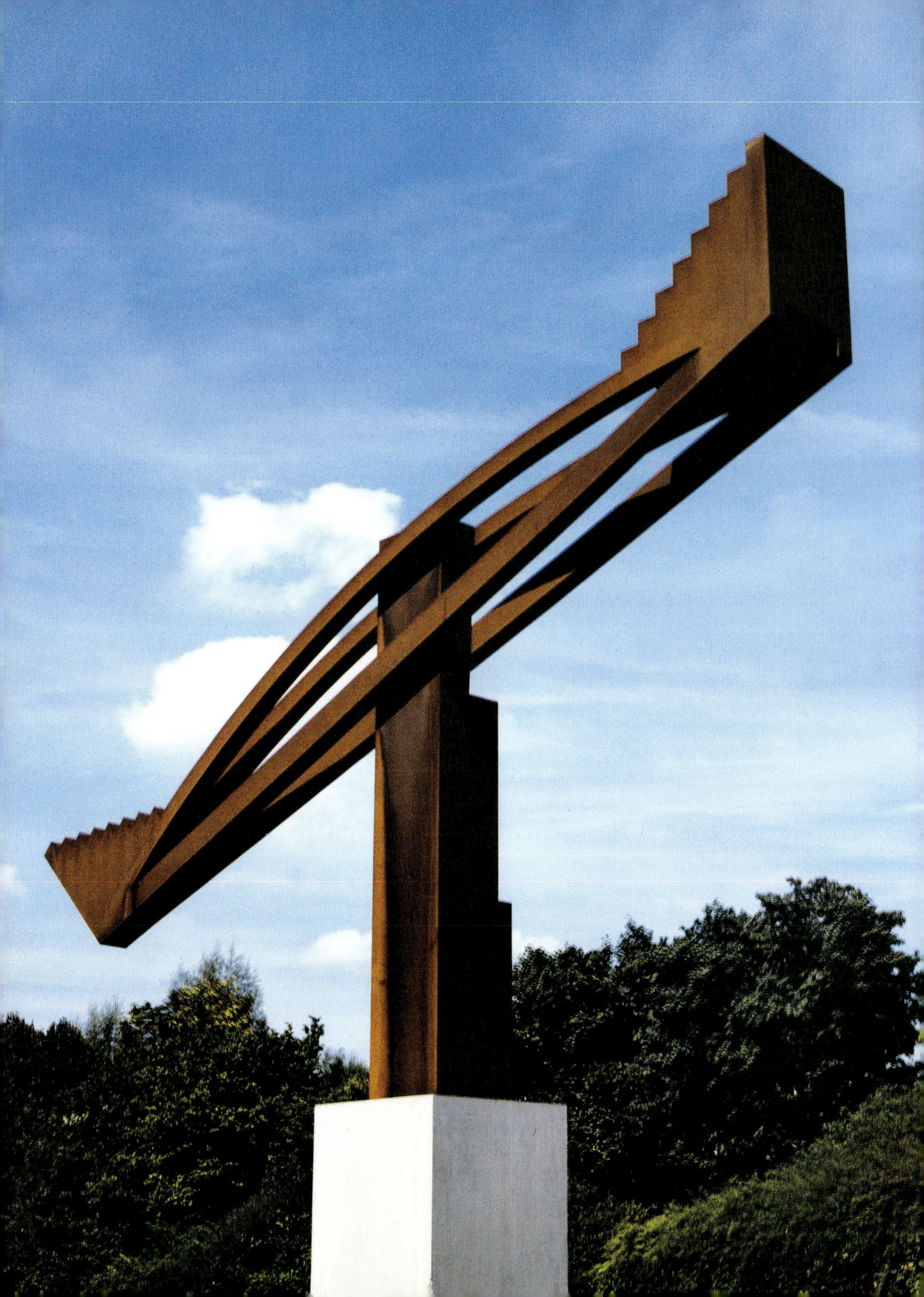

78

Kreislauf (2001)
Universitätsgelände Erlangen, Deutschland

Cortenstahlkonstruktion. 10,3 × 9,8 × 4,4 m

Diese Metallskulptur ist offensichtlich eine fast wörtliche Verdoppelung der Arbeit *Radiale Schwingung* (vgl. Nr. 62) aus dem Jahr 1998 in Speyer. Bei beiden geht es um das Thema dynamisch sich überschneidender radialer Segmente im Raum, bei beiden ist der Aufstellungsort ein Hochschulareal, beide sind aus Cortenstahl gefertigt und beide haben fast identische Maße. Auch kombinieren beide sphärische Dreiecke aus gebogenen Stahlbalken, die ineinander verschränkt sind, und lassen in den Eckpunkten der Dreiecke die Balken bewusst nicht formschlüssig aufeinanderstoßen. Allerdings ist die *Kreislauf*-Skulptur nochmals komplexer, weil die Verschränkungen der Balken mehr geworden sind: Statt sechs Balken sind es nun neun. Aber die Charakteristik einer der Fliehkraft unterliegenden Rotation ist die gleiche. Im Gegensatz zum fast funktional-nüchternen Gelände in Speyer besteht die Umgebung in Erlangen aus großen, alten Parkbäumen, sodass die Freiraumplastik einen stärkeren Kontrast zur gewachsenen Natur bildet. Der konstruktivistische Kerngedanke zentripedal um und in sich selbst rotierender Bewegungsenergien symbolisiert das Kreisen von Elektronen um einen Atomkern ebenso wie das Kreisen der Planeten um die Sonne: ein Verweis auf die Verwandtschaft von Mikro- und Makrokosmos. Umwandert man diese Rotationsplastik, so verändern sich die Perspektiven, die optischen Über- und Hinterschneidungen mit jedem Schritt.

Circular Movement (2001)
Erlangen University campus, Germany

Corten steel structure. 10.3 × 9.8 × 4.4 m

This metal sculpture is obviously an almost literal duplicate of *Radial Oscillation* (see No. 62), which was set up in Speyer in 1998. Both works concern radius segments dynamically intersecting in space. Both are set up on university grounds, both are made of Corten steel and the dimensions of both are virtually identical. Moreover, both compositions feature interlocking spherical triangles. Finally, the beams have been deliberately left without touching in the corner points of the triangles to close the form. However, *Circular Movement* is an even more sophisticated sculpture than its predecessor because there are now more beam intersections: six beams have become nine. Still the characteristic feature of rotation subject to centrifugal force has remained the same. Unlike the functional, almost austere environment in Speyer, the setting of the sculpture in Erlangen consists of large, old park trees, allowing the open-form outdoor sculpture to contrast sharply with an established natural environment. The core Constructivist idea of kinetic energies rotating about and in themselves symbolises the circling of electrons about the nucleus of an atom as well as the planets orbiting around the sun: an allusion to the relationship of the microcosm to the macrocosm. Walking around this rotation sculpture changes viewers' perspective on it; the visual effects produced by intersection and undercutting change with every step they take.

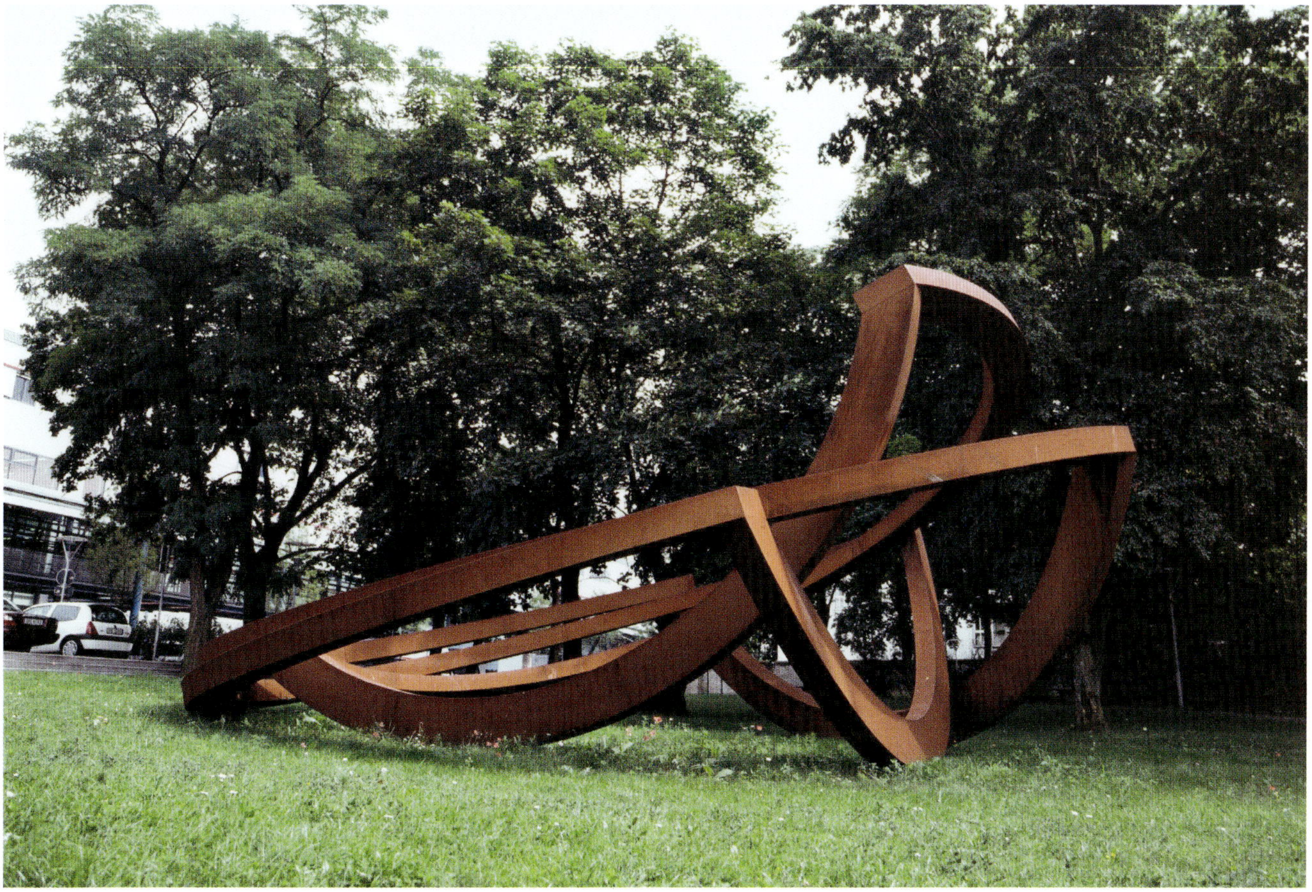

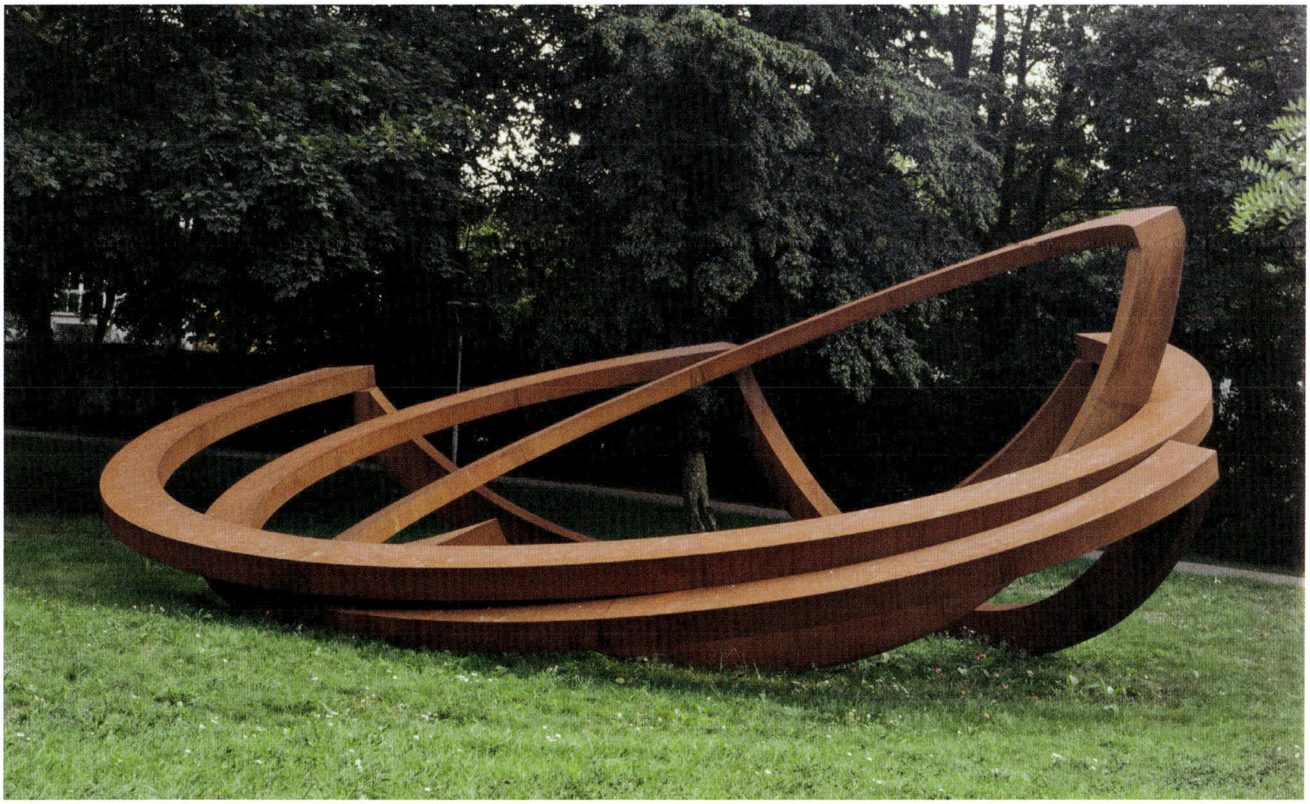

79

Schiffsbrücke (2002)
Seligenstadt, Deutschland

Leimbinderkonstruktion. 4,4 × 15,3 × 2,3 m

Die Skulptur aus Douglasienholz ist die Modifikation eines umgekehrten Brückenbogens, ein Motiv, das Bury öfters verwendet hat. Hier hat er den Bogen über einen kleinen Wasserkanal gestellt, in dem sich die Konstruktion teilweise spiegelt. Auf der einen Seite dieser eher symbolischen Brücke beginnt der leicht gewölbte Durchgang wie eine gespannte Sehne, auf der anderen Seite kragt die obere Begrenzung als metaphorischer Hinweis für die Aussichtsfunktion von Brücken in die Luft. Die konstruktive Ingenieurslogik von Bogenbrücken wird ironisch und augenzwinkernd hinterfragt, obwohl die Begehbarkeit ja durchaus gegeben ist. Jedenfalls ist diese lichte Stabkonstruktion ein ebenso konkretes wie strukturelles Zeichen für Burys maritime Vorlieben. Schiff und Brücke stehen für Fernweh, Neugier, Ausfahrt zu neuen Ufern, Expeditionen. So bilden diese beiden ikonografischen Elemente eine Konstante in dem bildhauerischen Werk des Künstlers, der sich seine visuellen Anregungen oft bei entfernten, außereuropäischen Kulturen holt.

Ship's Bridge (2002)
Seligenstadt, Germany

Composite timber structure. 4.4 × 15.3 × 2.3 m

This sculpture of Douglas fir timber is a modification of an inverted bridge arch, a motif Bury has often used. Here he has placed the arch over a narrow waterway, in which the construction is partly reflected. On one side of this bridge, which is symbolic rather than utilitarian, a slightly vaulted passageway begins like a taut sinew. On the other side, the lintel defining the upper edge juts out as a metaphorical reference to the function of bridges as observation posts. The structural engineering logic informing arched bridges is ironically and cheekily subverted, although enterability is ensured. In any case, this light strut construction is both a concrete and structural sign of Bury's fondness for maritime and nautical matters. Ships and bridges stand for the itch to see faraway places, curiosity, new departures, expeditions. Thus these two iconographic elements represent a constant in the sculptural oeuvre of an artist who so often draws visual inspiration from distant, non-European civilisations.

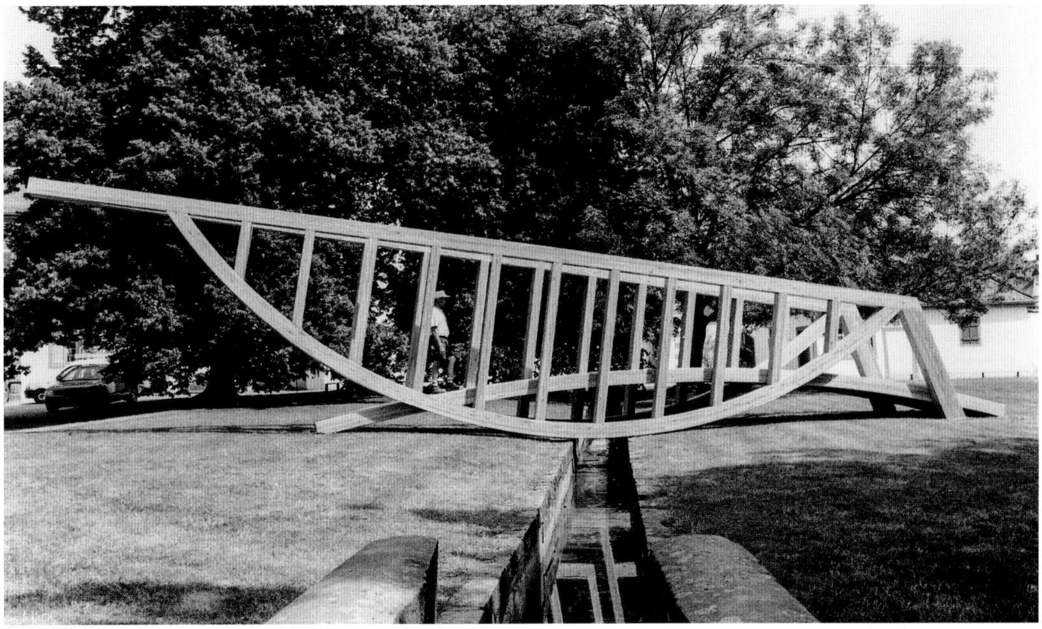

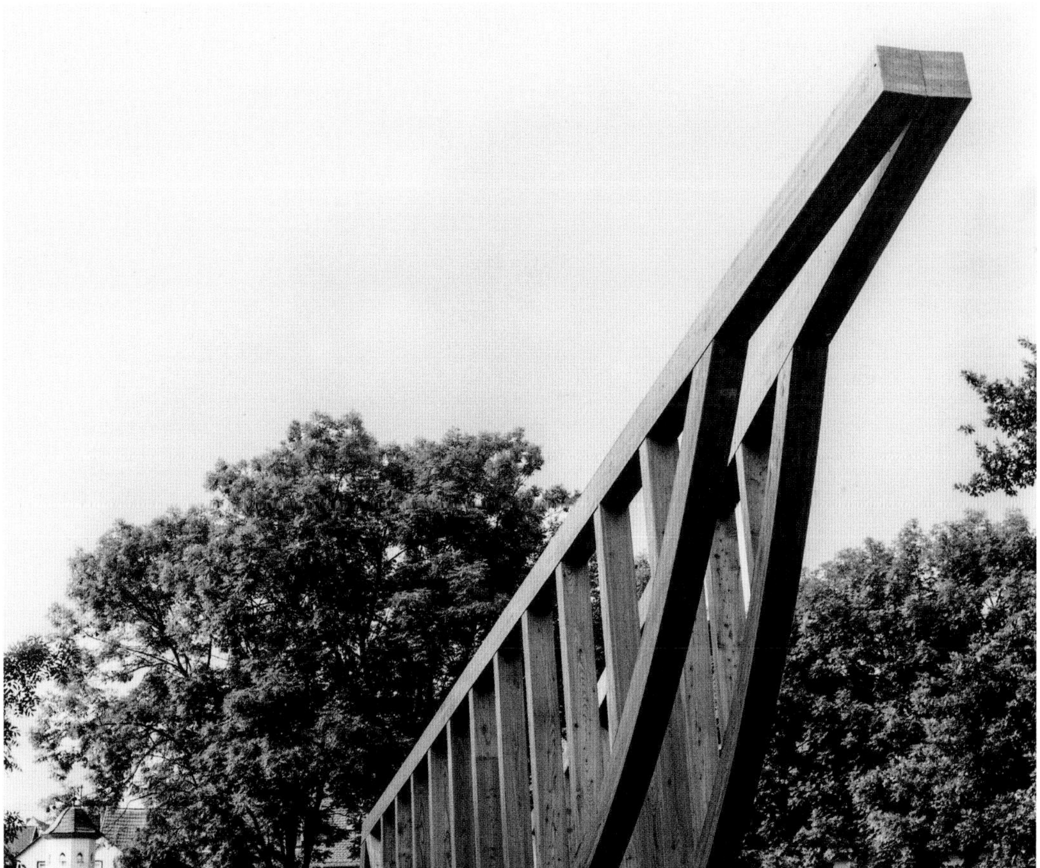

80

Vorburg (2002)
Schloss Achberg, Landkreis Ravensburg, Deutschland

Holzkonstruktion. 8,2 × 8,4 × 9,2 m

Die pyramidale Form der Skulptur wirkt wie ein archaischer Tempel. Die nahezu quadratische abgeschrägte Basis, enthält in einer Achse ebenerdig begehbare schmale Durchgänge und weist auf der Gegenachse besteigbare Treppen mit Geländern auf. An ihrem Ende fordert ein weiterer oberer Durchgang zum Anstieg auf und stimuliert die Neugierde. Über der Basis erhebt sich der obere, steilere Bauteil wie ein Aussichtszimmer. Strukturell wird hier ein mittelalterlicher Altan mit Baucharakteren antiker Adorationsarchitektur überblendet. Die Durchgänge im unteren Teil der Anlage sind so eng und verschattet, dass beim Betreten und Erkunden das Gefühl einer Expedition in die Labyrinthe antiker Tempel entsteht. Der Name der Skulptur verweist auf ihre fortifikatorische Gestalt und Positionierung.

Outer Bailey (2002)
Achberg Castle, Ravensburg administrative district, Germany

Timber structure. 8.2 × 8.4 × 9.2 m

The pyramidal form of this sculpture makes it look like an archaic temple. The chamfered base, which is almost square, contains narrow passages that can be walked through at ground level and points to stairs with handrails that can be climbed on the perpendicular axis. At its end another, upper passage invites visitors to ascend and whets their curiosity. The steeper superstructure rises above the base like an observation turret. From the structural standpoint, a medieval castle balcony has been fused with architectonic aspects of ancient sacral architecture. The passages in the lower part of the structure are so narrow and shadowy that visitors entering and exploring them have the feeling they are on an expedition into the labyrinths of ancient temples. The name of the sculpture alludes to its fortress-like design and site positioning.

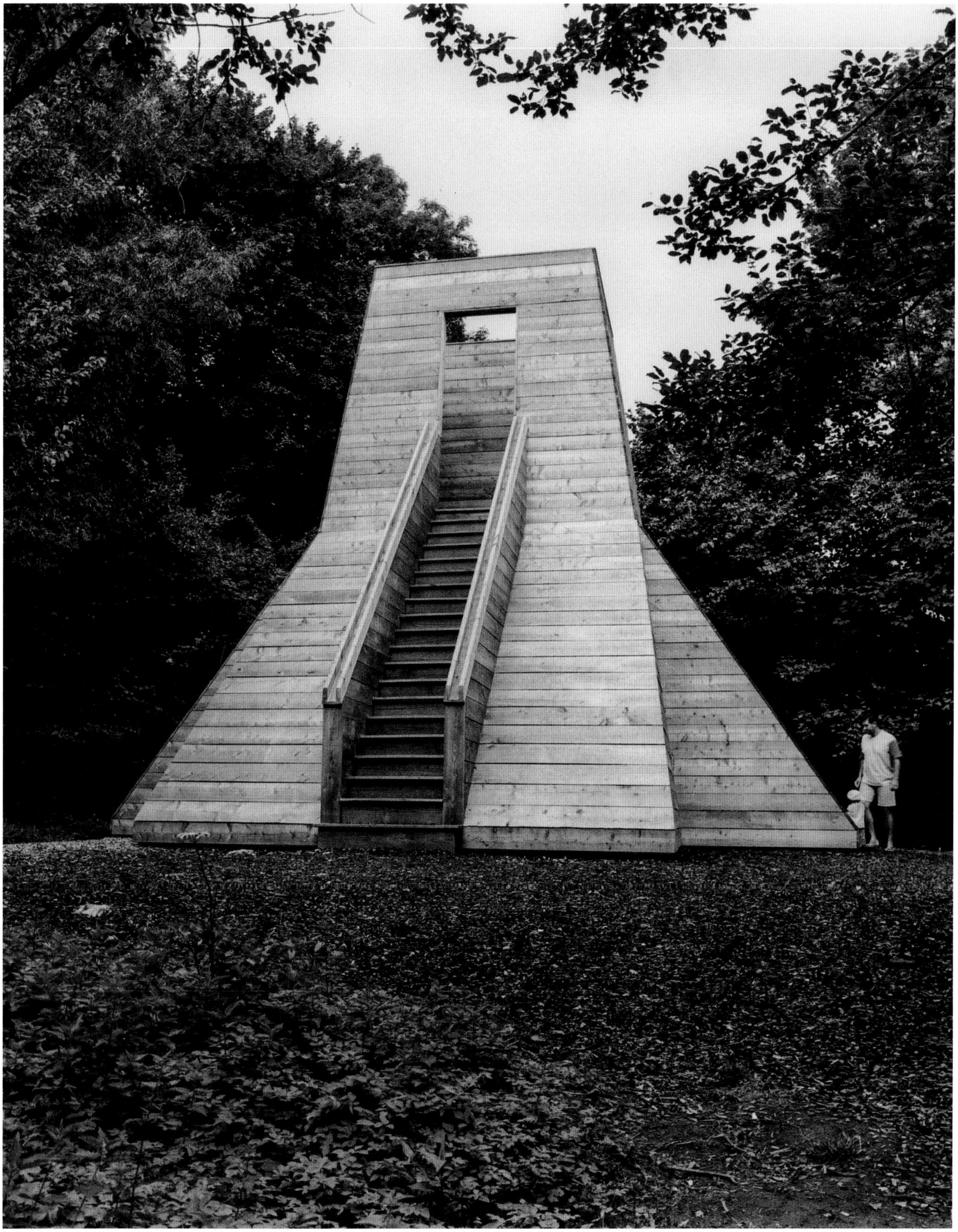

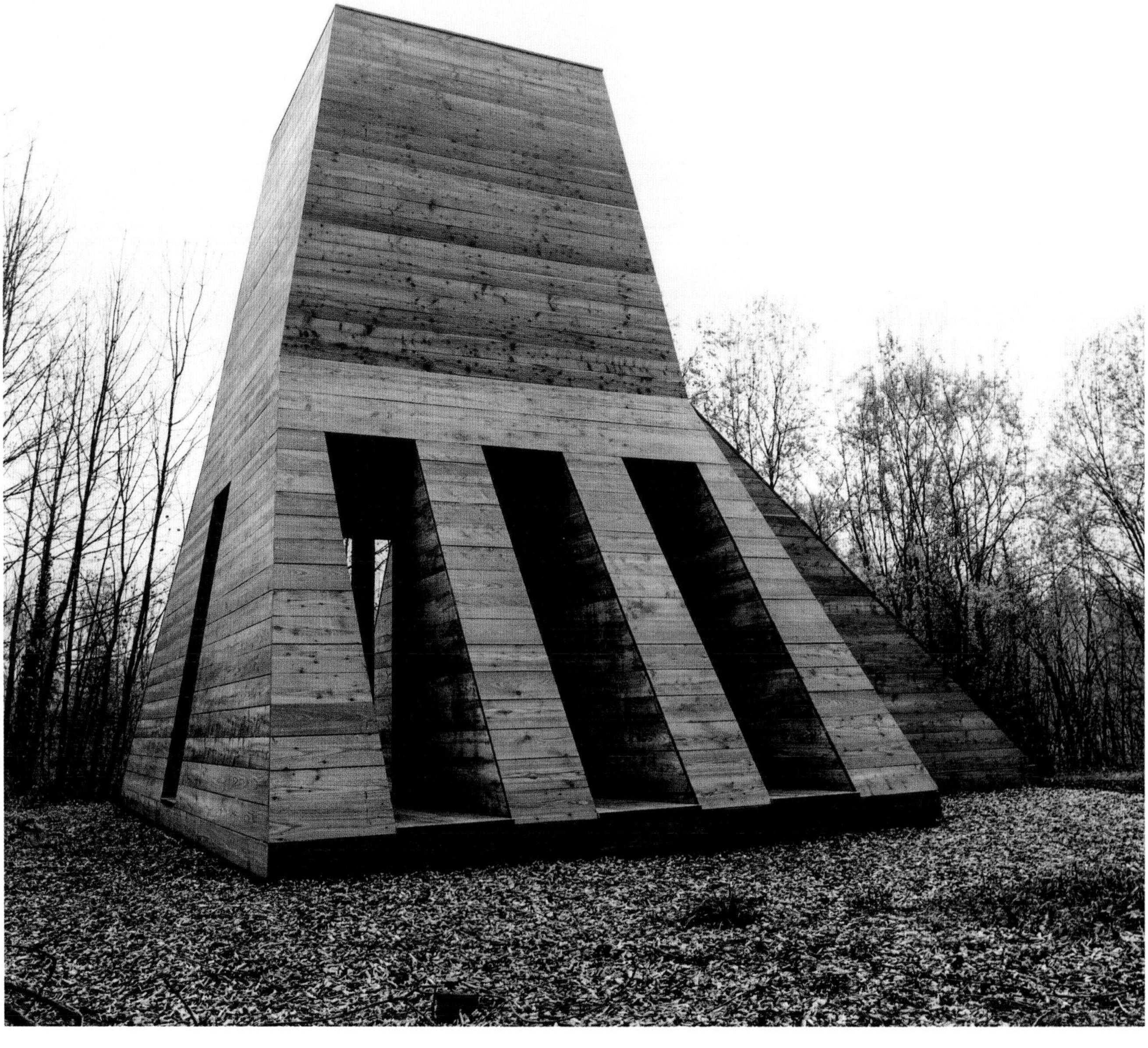

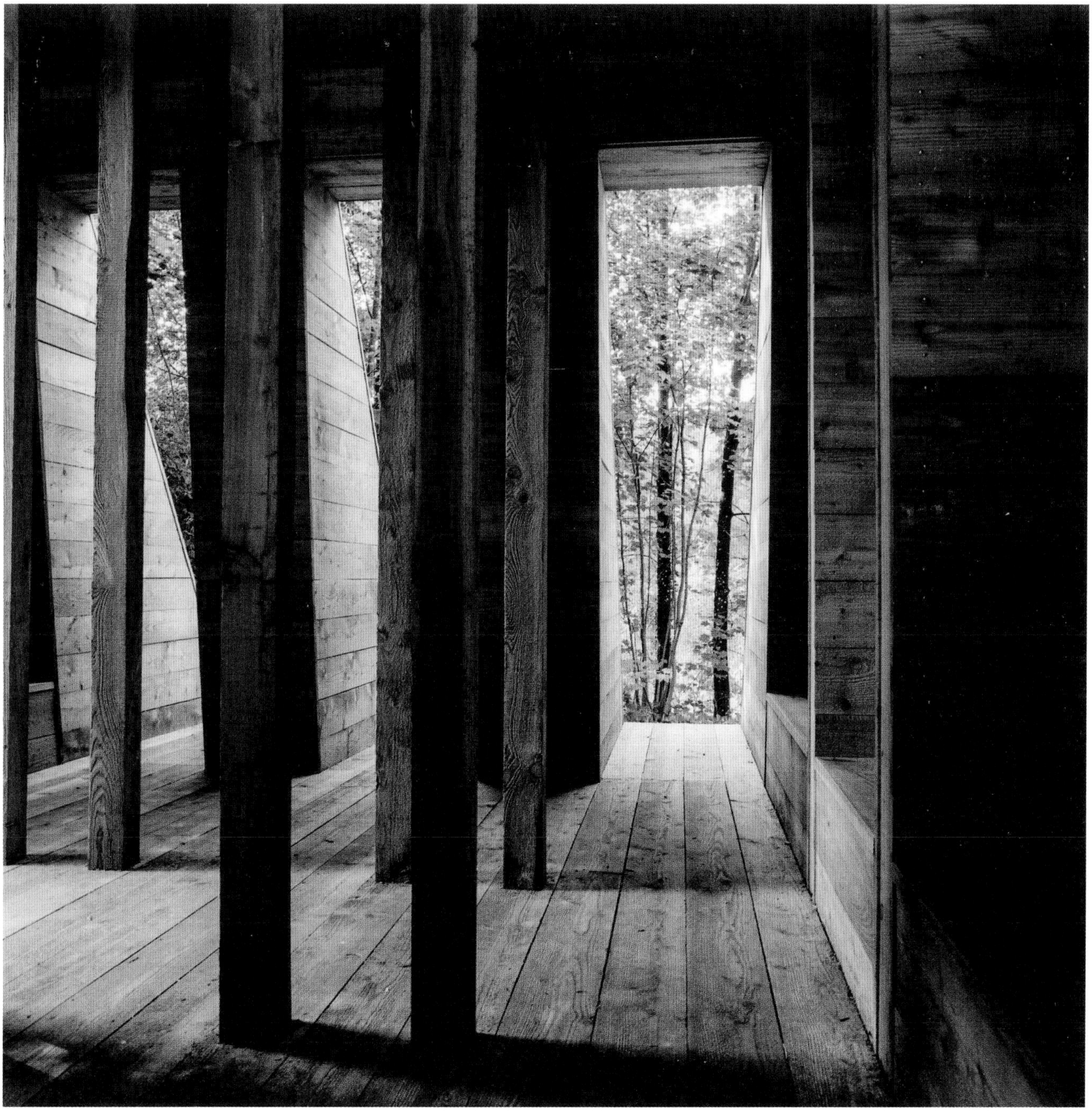

81

Stufenwärts (2004)
Kongresszentrum Hanau, Deutschland

Holzkonstruktion

Burys Wandrelief im Treppenhaus des Hanauer Kongresszentrums zeigt als Triptychon über Kopf stehende Treppenstufen – und damit die Umkehrung der pragmatischen Treppen, die sie als plastisches Bild begleiten. Sie stellen die Erfahrung, Handlungslogik und Wahrnehmung des Treppensteigens, des Rauf- und Runtergehens buchstäblich auf den Kopf. Das hat eine surreale Komponente, die an M.C.Escher, René Magritte und Francis Picabia denken lässt, dem das Bonmot zugeschrieben wird: „Der Kopf ist rund, damit das Denken seine Richtung ändern kann". Insofern ist dieses Relief ein Denkobjekt.

Stepwards (2004)
Hanau Congress Park, Germany

Timber structure

Bury's relief mural in the stairwell of the Hanau Congress Park is a triptych showing upside-down stair steps – hence the reverse of the real stairs they accompany as a sculptural mirror image. They literally upend the experience of climbing stairs, the logic informing the action and the perception of it, the goings up and down. This has a Surreal component reminiscent of M.C. Escher, René Magritte and Francis Picabia. A saying attributed to Picabia is: 'The head is round so that thinking can change direction.' In this respect, this relief is a thought object.

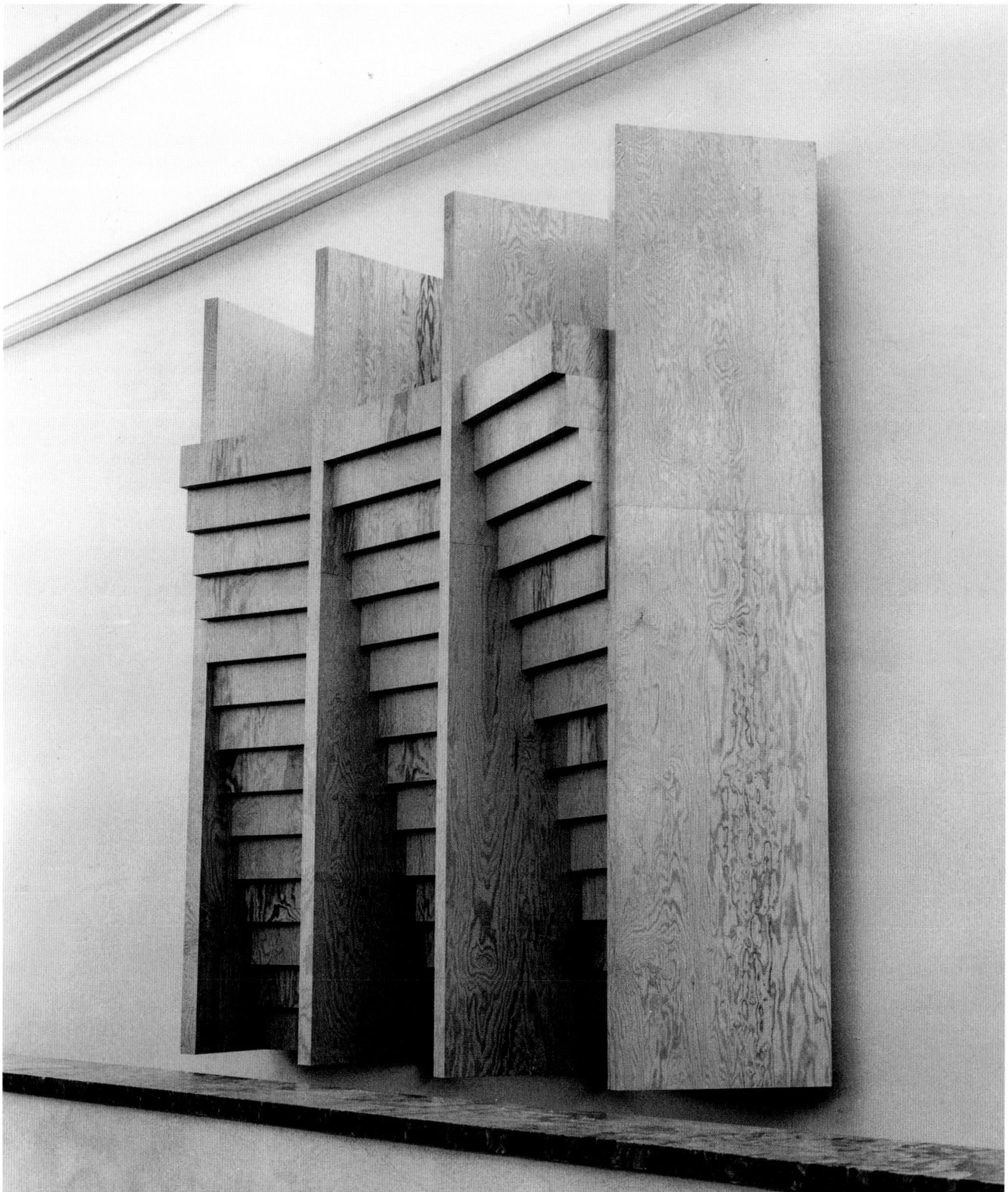

82

Im Goldenen Schnitt (2004)
Oval/Baseler Arkaden, Gutleutstraße, Frankfurt am Main, Deutschland

Holzkonstruktion (Bankirei). 7,4 × 3,4 × 0,8 m

Auch diese Skulptur treppt sich näherungsweise in den Proportionen von Fibonacci ab (vgl. z. B. auch Nr. 23). Ab einer größeren Zahl nähert sich die Fibonacci-Folge den Maßverhältnissen des Goldenen Schnitts. Die Stele aus Bankiraiholz aus Indonesien ist knapp siebeneinhalb Meter hoch und erinnert von ferne an das expressionistische, 72 Meter hohe Marineehrenmal (1927) in Laboe in der Kieler Förde. In den dichten Baseler Arkaden in der Frankfurter Gutleutstraße muss sich dieses bildhauerische Werk Akzeptanz und Prominenz durchaus erkämpfen. Aber die elegant sich nach oben verjüngende, asymmetrische Skulptur schafft das entgegen aller Wahrscheinlichkeit.

In the Golden Section (2004)
Oval/Baseler Arkaden, Gutleutstraße, Frankfurt am Main, Germany

Timber structure (bangkirai). 7.4 × 3.4 × 0.8 m

This sculpture, too, is stepped in a ratio close to the Fibonacci series (see also No. 23, for example). From a quite high number, the Fibonacci series approaches the ratio of the Golden Section. Bury's stela of bangkirai wood from Indonesia is nearly seven and a half metres tall. At a distance it resembles the seventy-two-metre-high Expressionist Laboe Naval Memorial (or Laboe Tower) in Laboe near Kiel on the Kiel Förde. In the closely set Baseler Arkaden in Gutleutstraße, Frankfurt, this work of sculpture must definitely fight for acceptance and distinction. But the asymmetrical Frankfurt sculpture, which tapers so elegantly towards the top, does so triumphantly, as unlikely as this might seem.

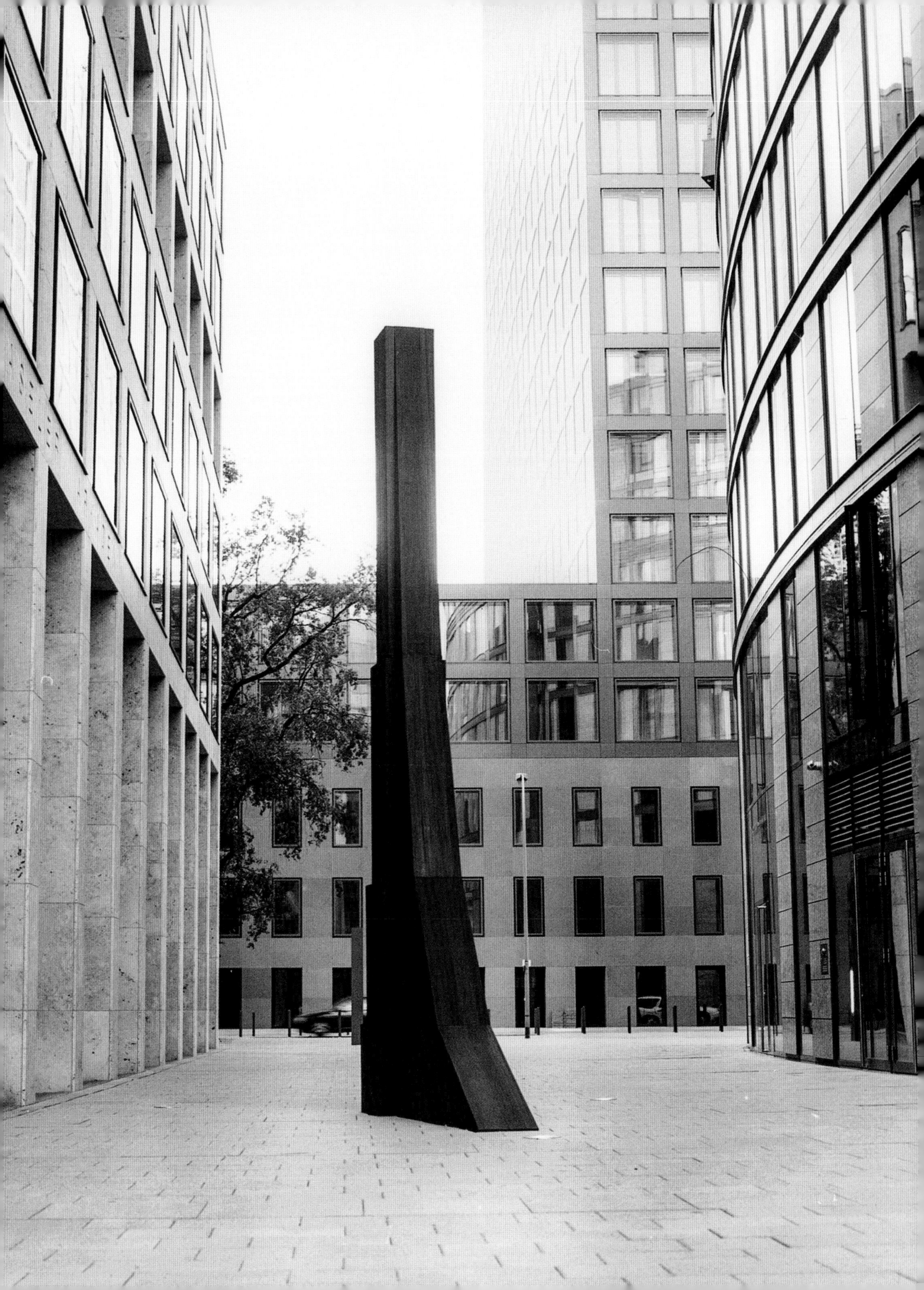

83

Bühnenbild zu Richard Wagners Oper „Tristan und Isolde" (2004) Nationaltheater Mannheim, Deutschland

Aluminiumkonstruktion

In dieser lange als unaufführbar bezeichneten Oper, deren Stoff auf keltischen Sagen des 13. Jahrhunderts beruht, geht es um Krieg, Mord, Liebe und Intrigen zwischen Cornwall und Irland. Tristan, der Neffe des Königs von Cornwall, ermordet den irischen Fürsten, der nach Cornwall gesegelt war, um dort den Zins einzutreiben, den das britische Königreich seinem Land schuldig war. In dem Kampf wird Tristan schwer verwundet. Er reist daher nach Irland zur heilkundigen irischen Königstocher Isolde, um sich von ihr heilen zu lassen. Isolde war mit dem ermordeten irischen Fürsten verlobt. Sie erkennt in Tristan den Mörder, verliebt sich aber ich ihn. Dieser überredet den britischen König zur Heirat mit Isolde, um den Frieden zwischen Cornwall und Irland zu besiegeln. Isolde willigt ein und Tristan segelt mit ihr nach Cornwall zurück. In dieser Oper, die Wagner als „Handlung in drei Aufzügen" bezeichnete, geht es also um mehrere Schiffsreisen. Insofern war die Entscheidung, Claus Bury mit der Entwicklung eines Bühnenbildes zu betrauen, wegen der oft in seinen Außenskulpturen angewendeten Schiffsmetaphorik folgerichtig. Bury entwarf eine Bühnenskulptur als formal reduzierte Kombination aus Schiff und Brücke. Sie unterstrich die Bewegung- und Auftrittsmöglichkeiten der Sänger als räumliches Passepartout, ohne ihre kreative Präsenz durch illustrative Elemente abzulenken. Das veränderbare Bühnenbild bestand aus einer kubischen Treppe, einem abstrahierten Segel und einer beweglichen Gerüstkonstruktion, die sowohl waagrecht als auch senkrecht eingesetzt wurde. Im ersten Akt maß es 9,5 mal 17 mal 4,5 Meter, im zweiten 3,2 mal 17 mal 4,5 Meter und im dritten 13,5 mal 5,5 mal 3,8 Meter. Burys Bühnenbild, ausgeführt als leichte Aluminiumkonstruktion, ermöglichte so, die Bühnenpräsenz der Sänger kongenial mit der Ausfahrt- und Ankunftsmetaphorik des dramaturgischen Stoffes zu verbinden. Die Kritik würdigte dies durchgehend positiv.

Stage set for the Wagner opera *Tristan and Isolde* (2004) National Theatre, Mannheim, Germany

Aluminium structure

This opera based on thirteenth-century Celtic legends, long deemed impossible to produce, is about war, murder, love and intrigues between Cornwall and Ireland. Tristan, the King of Cornwall's nephew, murders the Irish prince who had sailed to Cornwall to collect the tax that the English crown owed his country. Tristan is severely wounded in battle. He subsequently travels to Ireland to seek treatment from Isolde, daughter of the Irish king and a healer. Isolde had been betrothed to the murdered Irish prince. She recognises his murderer in Tristan yet falls in love with the Cornishman. Tristan persuades the Cornish king to marry Isolde to conclude peace between Cornwall and Ireland. Isolde agrees and Tristan sails for Cornwall with her. This opera, which Wagner called 'a plot in three acts', concerns several ship voyages. Choosing Claus Bury to develop a stage set for a *Tristan and Isolde* production was, therefore, entirely consistent with the nautical imagery he has so often used in his outdoor sculpture. Bury designed a stage sculpture as a formally reductive combination of ship and bridge. It underscored the movements and entrances possible for the singers as a spatial passe-partout without, however, distracting attention from their creative presence with illustrative elements. The stage set, which allowed for changes, consisted of a cubic stair, an abstract sail and a movable scaffold construction that was used both in the horizontal and the vertical. In the first act it measured 9.5 by 17 by 4.5 metres, in the second 3.2 by 17 by 4.5 metres and in the third 13.5 by 5.5 by 3.8 metres. Executed as a light aluminium construction, Bury's stage set made it possible to link the singers' onstage presence subtly with the imagery of departures and arrivals in the dramaturgical subject. This conception met with an almost unanimously positive critical response.

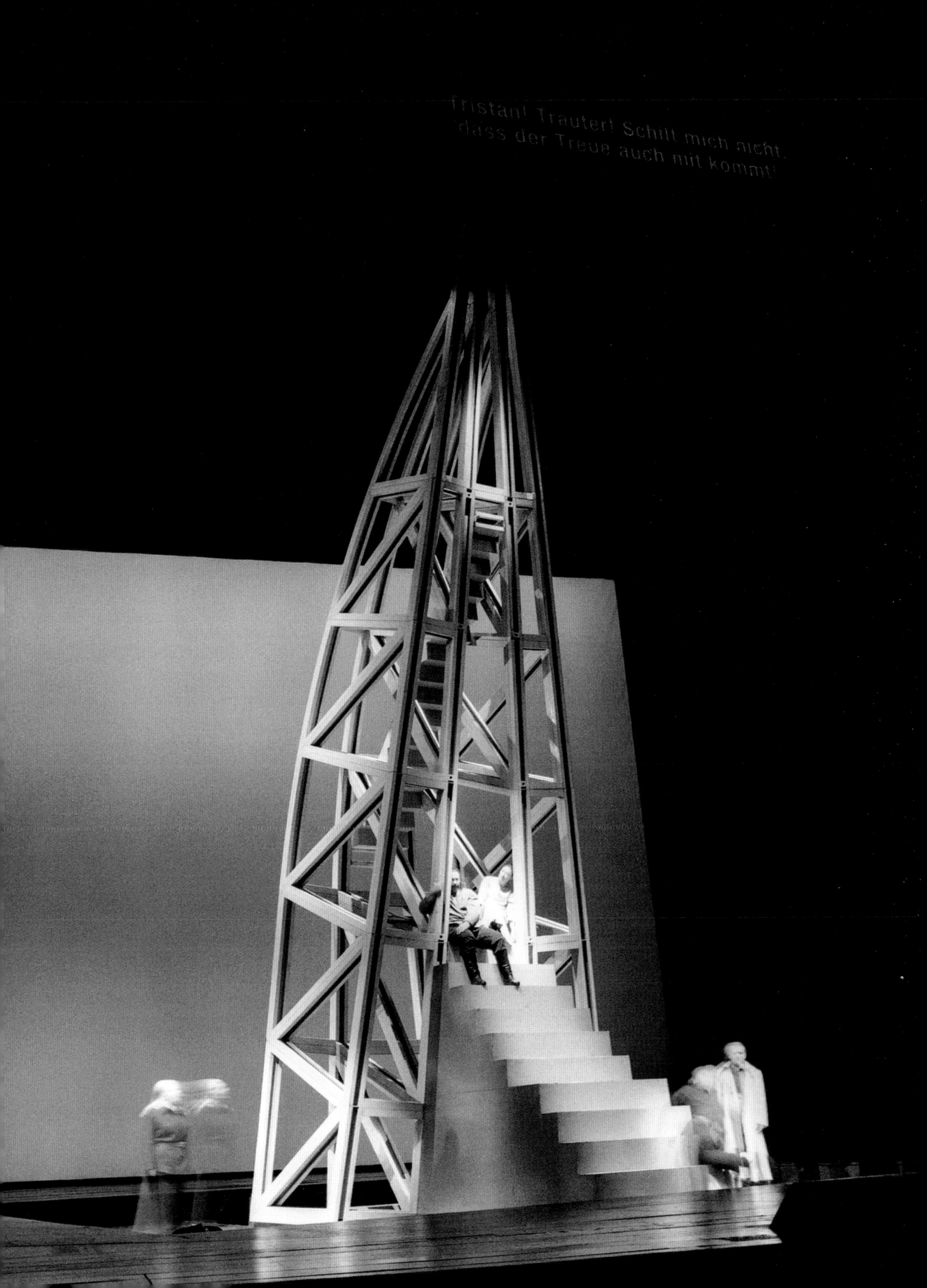
Tristan! Trauter! Schilt mich nicht,
dass der Treue auch mit kommt!

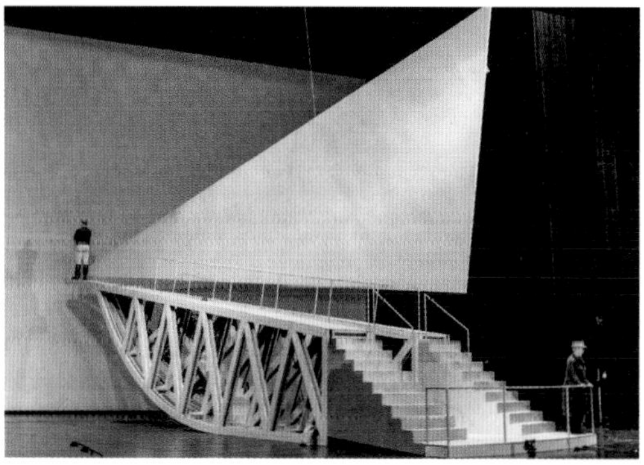

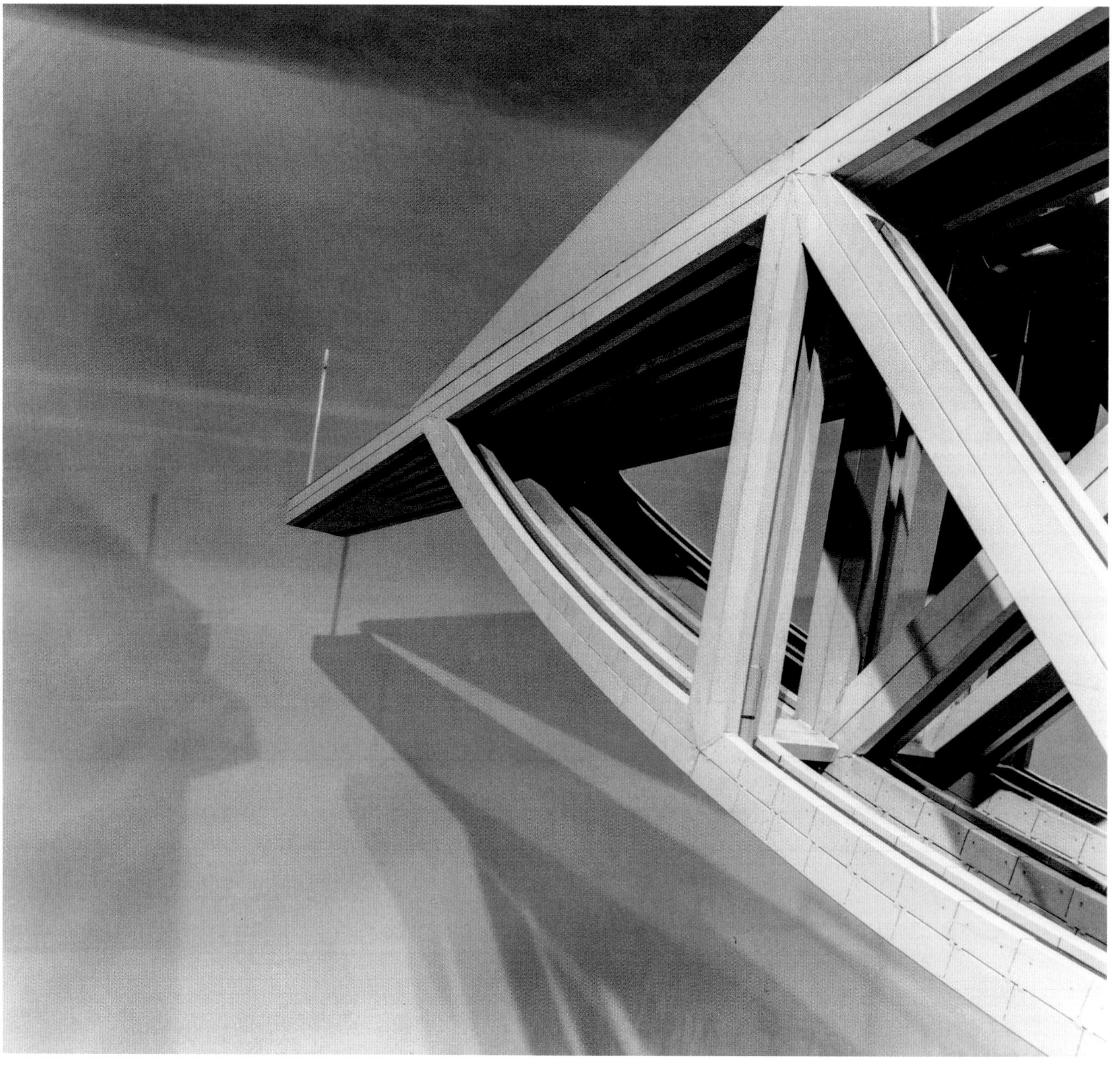

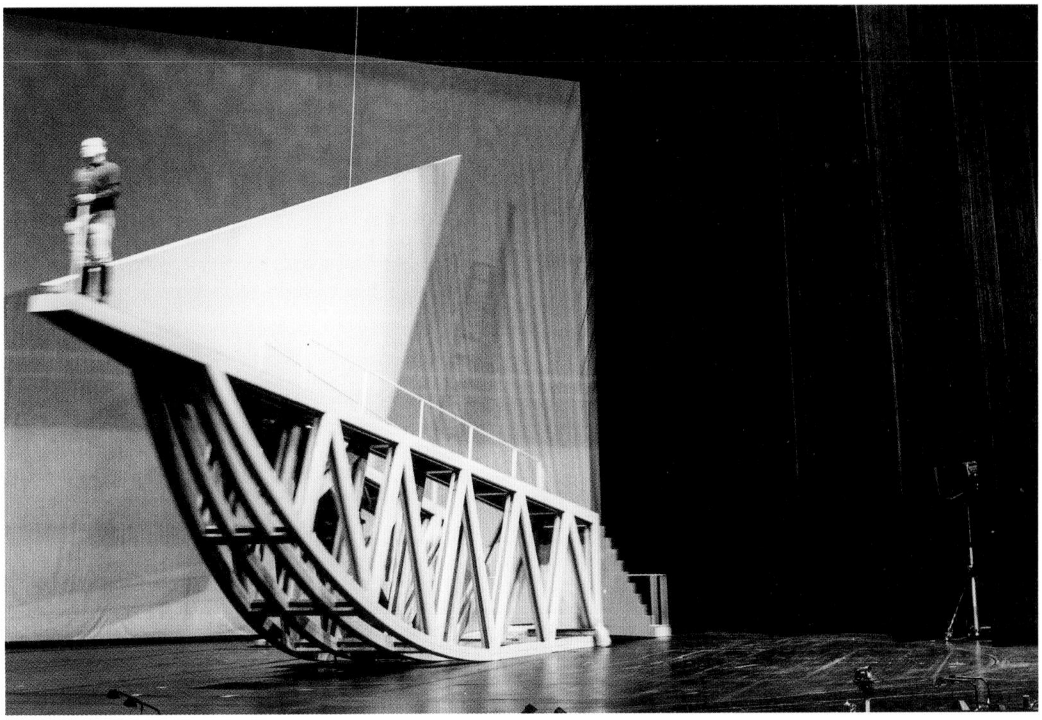

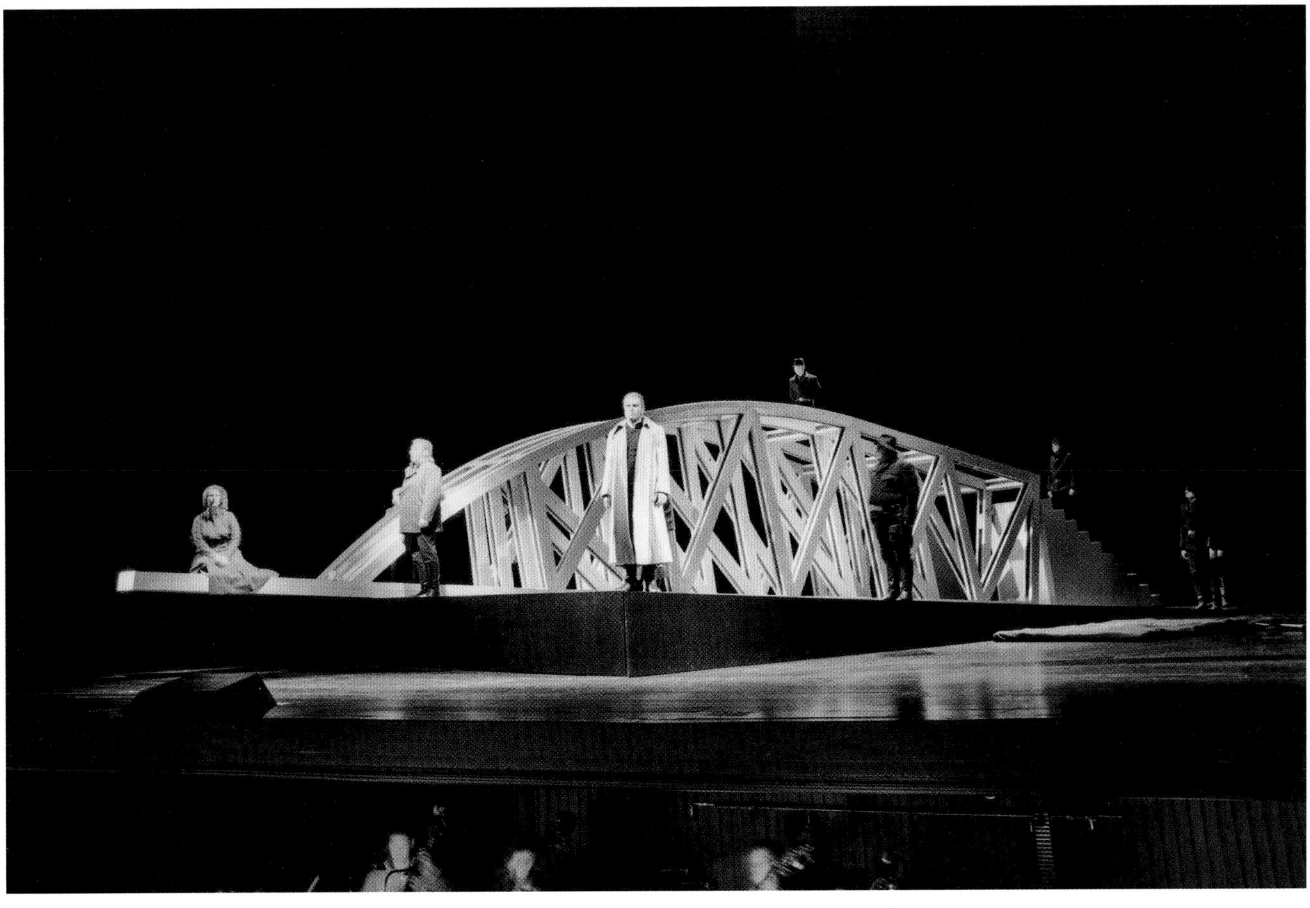

84

Bitterfelder Bogen (2006)
Bitterfeld, Deutschland
(in Zusammenarbeit mit Bollinger + Grohmann, Frankfurt)

Stahlkonstruktion. 28 × 81 × 14 m

Wie kaum eine andere Stadt der ehemaligen DDR hatte Bitterfeld mit den tristen Hinterlassenschaften des größten „landschaftsfressenden" Braunkohletagebaus des Landes zu kämpfen. Inzwischen sind aus den riesigen Abraumlöchern Binnenseen geworden, die – von einem erhöhten Standpunkt aus gesehen – eine attraktive Seenplatte bilden. Die Stadt selbst allerdings hat ihre ziemlich graue Tristesse bis heute kaum abstreifen können. Dies alles bedenkend, hat Bury auf einer moderaten Anhöhe an der Peripherie der Stadt, einer Abraumhalde des Braunkohleabbaus aus den 1940er-Jahren, eine monumentale technoide Stahlgerüstskulptur in Form einer großen Brücke mit Rundbögen kreiert. Zwischen ihren Achsen mit zehn Kehren befindet sich eine 540 Meter lange, sanft ansteigende Rampe, die in einer weit auskragenden Aussichtsplattform kulminiert. Ihr liegt der Ortsteil Holzweißig zu Füßen, den sie um 30 Meter überragt. Über 500 Tonnen Stahl wurden hier gebraucht und unzählige Kubikmeter Beton in Fundamente gegossen sowie 4500 Meter Pfahlgründungen verbaut. Symbolisch soll mit diesem *Bitterfelder Bogen* die Brücke von den Altindustrieanlagen zum modernen Chemiepark und vom Braunkohletagebau zur gestalteten Landschaft geschlagen werden. Die moderate Steigung der Rampe erlaubt den Besuchern im Gegensatz zu Treppen, sich beim Anstieg ganz auf die wechselnden Nah- und Fernperspektiven des allmählichen Auftauchens aus den umgebenden Gehölzen und Bäumen zu konzentrieren – auf eine grandiose panoramatische Sicht auf die Seen, die einer Vogelperspektive gleichkommt. Die begehbare Plattform gibt von mehreren Ebenen aus einen Blick über die neu entstandene Kultur- und Seenlandschaft der Region frei, wie er dort von keinem anderen Ort aus möglich ist. Die ikonografischen Bezüge dieser technischen Kolossalskulptur von über 80 Metern Länge und 28 Metern Höhe verweisen typologisch nicht nur auf den Eifelturm, sondern mehr noch auf die industriellen Fördertürme der Region oder auf industriearchäologische Zusammenhänge ganz generell. Die Konstruktion erhebt sich weithin sichtbar über der Silhouette der Kommune und bildet so eine expressive Stadtkrone von eindringlicher Prägnanz. Vergleichbare Aussichtskonzentrate hat zum Beispiel auch die

Bitterfeld Arch (2006)
Bitterfeld, Germany
(jointly with Bollinger + Grohmann, Frankfurt)

Steel structure. 28 × 81 × 14 m

Bitterfeld, more than any other city in the former GDR, had to struggle with the bleak legacy of the country's largest 'landscape devouring' lignite (brown coal) open-cast mining operations. In the meantime the vast pits left over from mining have become bodies of water, which, viewed from an elevated vantage point, form a stunning landscape dotted with lakes. The city itself, unfortunately, has yet to overcome its dreary grey look. Bearing all this in mind, Bury created a monumental, technical-looking steel-frame sculpture on a low mound, a slag heap from open-cast lignite mining in the 1940s on the fringes of the city. Between its axes, which twist sharply ten times, a gradually rising ramp 540 metres long culminates in a broad, flaring observation platform. It rises about thirty metres above Holzweißig at its feet. More than 500 tonnes of steel were used for the work, innumerable cubic metres of concrete were cast and 4,500 metres of pile foundations were driven. Symbolically, the *Bitterfeld Arch* was to bridge the chasm between the old, disused industrial facilities and a modern chemical park and from the open-cast lignite mine to the landscaped renatured scenery. Contrary to steps, the gradual incline of the ramp allows visitors to concentrate entirely on the changing distant and close-up perspectives emerging from their slow ascent out of surrounding shrubbery and trees – onto a grand panoramic view of the lakes as if from a bird's-eye perspective. From several levels the enterable platform affords a view out across the recently created cultural and lacustrine landscape of the region, a prospect unmatched from any other vantage point. The iconographic links of this gigantic technical sculpture measuring more than eighty metres in length and twenty-eight metres in height refer typologically not only to the Eiffel Tower but more pointedly to the industrial headframes of the region or, generally speaking, the context of its industrial archaeology. Visible on all sides from a great distance, the construction rises above the cityscape to crown it with a stunningly expressive incisiveness. Comparable focal points for concentrating perceptions of and on sweeping vistas were conceived by the Viennese group architecture practice Haus-Rucker-Co in the 1970s – with very

Wiener Architektengruppe Haus-Rucker-Co in den 1970er-Jahren konzipiert – mit ganz ähnlichen Rampen und Wahrnehmungsintentionen. Durch solche Rampenanstiege wird die Umgebung zu einem sich ständig verändernden visuellen Erfahrungshorizont. Ein ähnlich komplexes und dialektisches Aussichtsmonument wie den *Bitterfelder Bogen*, das zugleich ephemer und muskulär, fragil und solide ist, wird man allerdings so leicht nicht finden. Diese Aussichtsskulptur ist auch ein politisches Kunstwerk, weil es für die Menschen der Region identitätsstiftend ist und ihnen hilft, ihre Heimat zu definieren. Das wird auch dadurch deutlich, dass Bitterfeld-Wolfen den *Bitterfelder Bogen* zum offiziellen Wahrzeichen der Stadt gemacht hat. Das entsprechende Logo besteht aus fünf farbigen Sternen sowie vier von links unten nach rechts oben skizzierten Diagonalen, die einen aufsteigenden Segmentbogen unterbrechen. Die Monumentalskulptur wurde durch die Europäische Gemeinschaft gefördert. Der Auftrag für das Tragwerk ging an das Frankfurter Ingenieurbüro Bollinger + Grohmann. Die Kosten von drei Millionen Euro wurden mit Fördermitteln der EU, des Bundes und des Landes Sachsen-Anhalt finanziert. Von der ersten Idee des Künstlers für diese Skulptur bis zu ihrer Eröffnung dauerte es zehn Jahre. 1999 erhielt Bury den Auftrag für einen Entwurf, 2004 war die Finanzierung gesichert und es kam zum Vertrag zwischen ihm und der Gemeinde als Auftraggeber.

similar ramps and perceptual intentions. Climbing a ramp of this kind makes viewers experience the scenery surrounding them as a constantly changing horizon of expectations. However, it would be hard to find as sophisticated and dialectically conceived an observation monument as the *Bitterfeld Arch*, which is at once ephemeral and muscular, fragile and substantial. This observation sculpture is also a political work of art because it establishes the identity of the people living in the region, helping them to define their homeland. That this is so is also made clear by Bitterfeld-Wolfen's choosing the *Bitterfeld Arch* as its official city landmark. The logo adopted consists of five-coloured stars on the left and four diagonal slashes sketched from bottom left to top right to cut across a rising segmental arch. The monumental sculpture was sponsored by the European Union. The trusses were commissioned from the Frankfurt engineering practice Bollinger + Grohmann. The overall cost of three million euros was borne by subsidies from the EU, the Federal German government and the state of Saxony-Anhalt. From its inception by the artist to the official inauguration of the sculpture took ten years. In 1999 Bury was commissioned to design a sculpture, but financing was not secured until 2004, when the contract could be concluded between the sculptor and the municipality as the contracting authority.

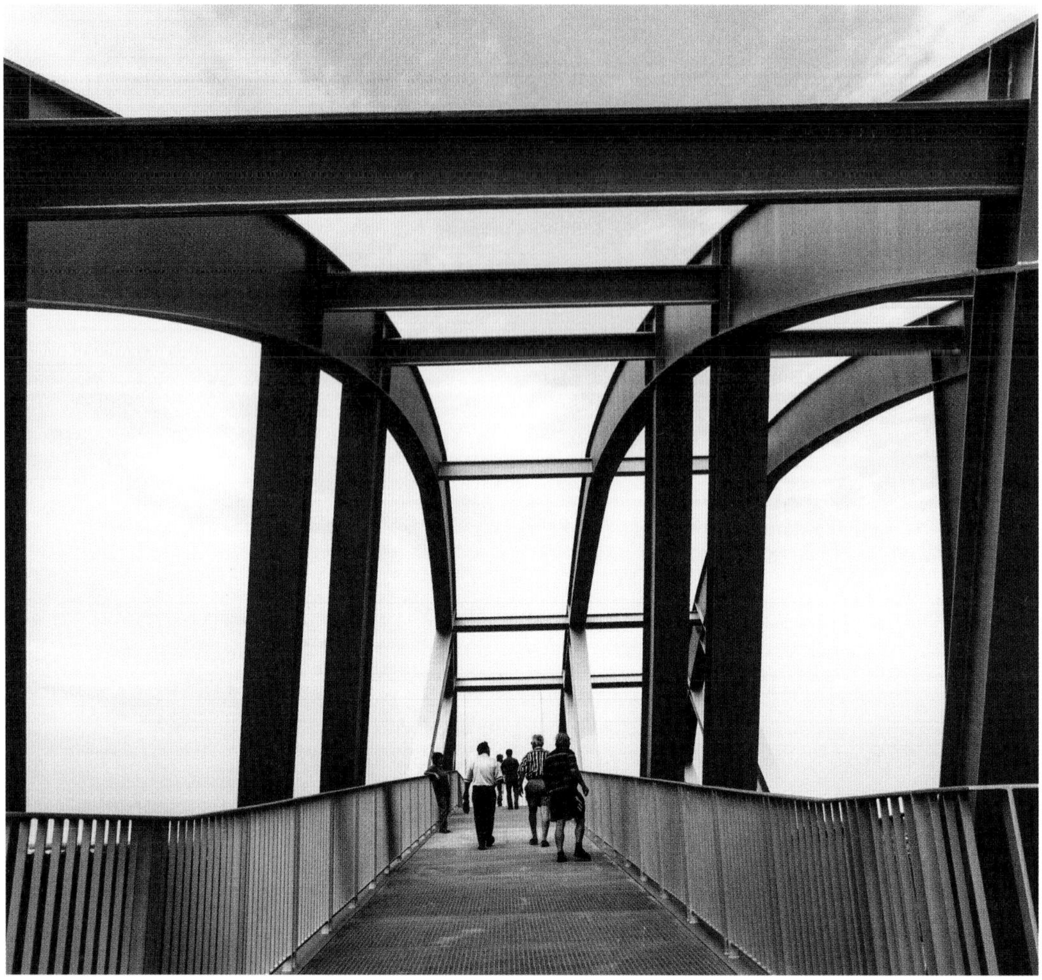

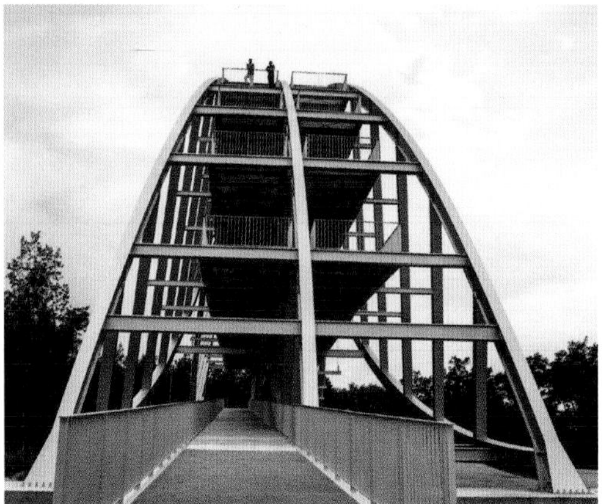

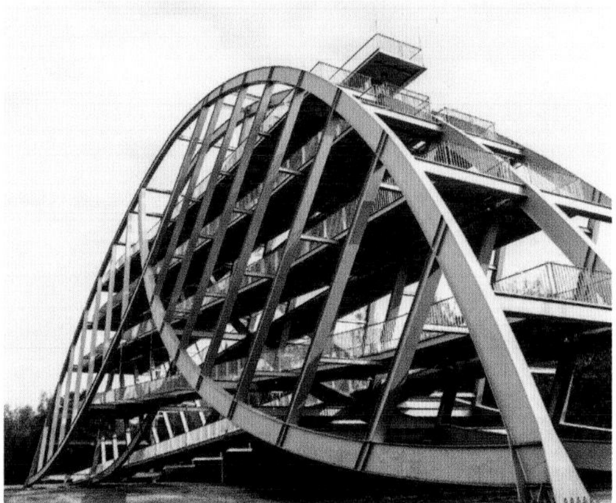

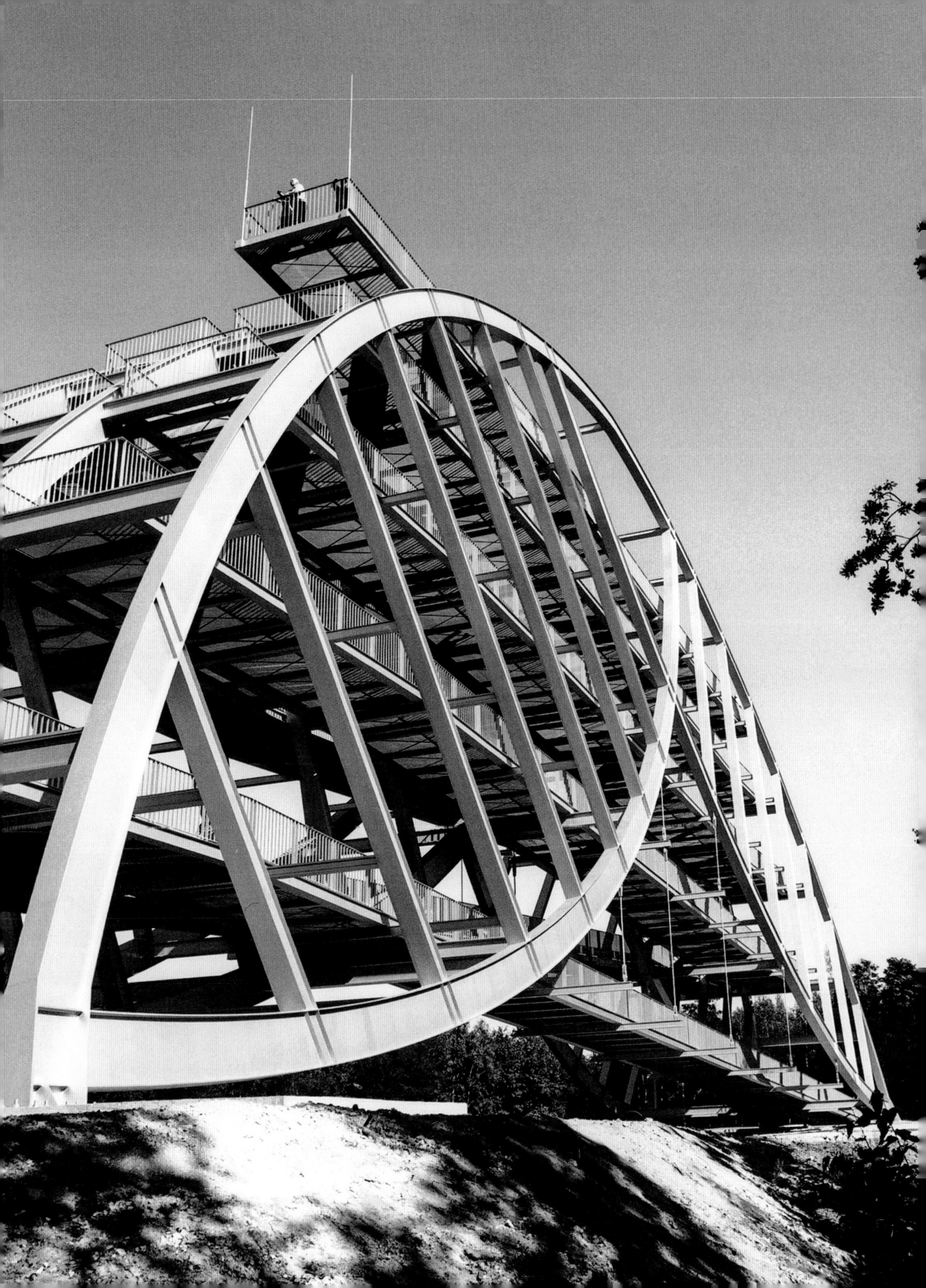

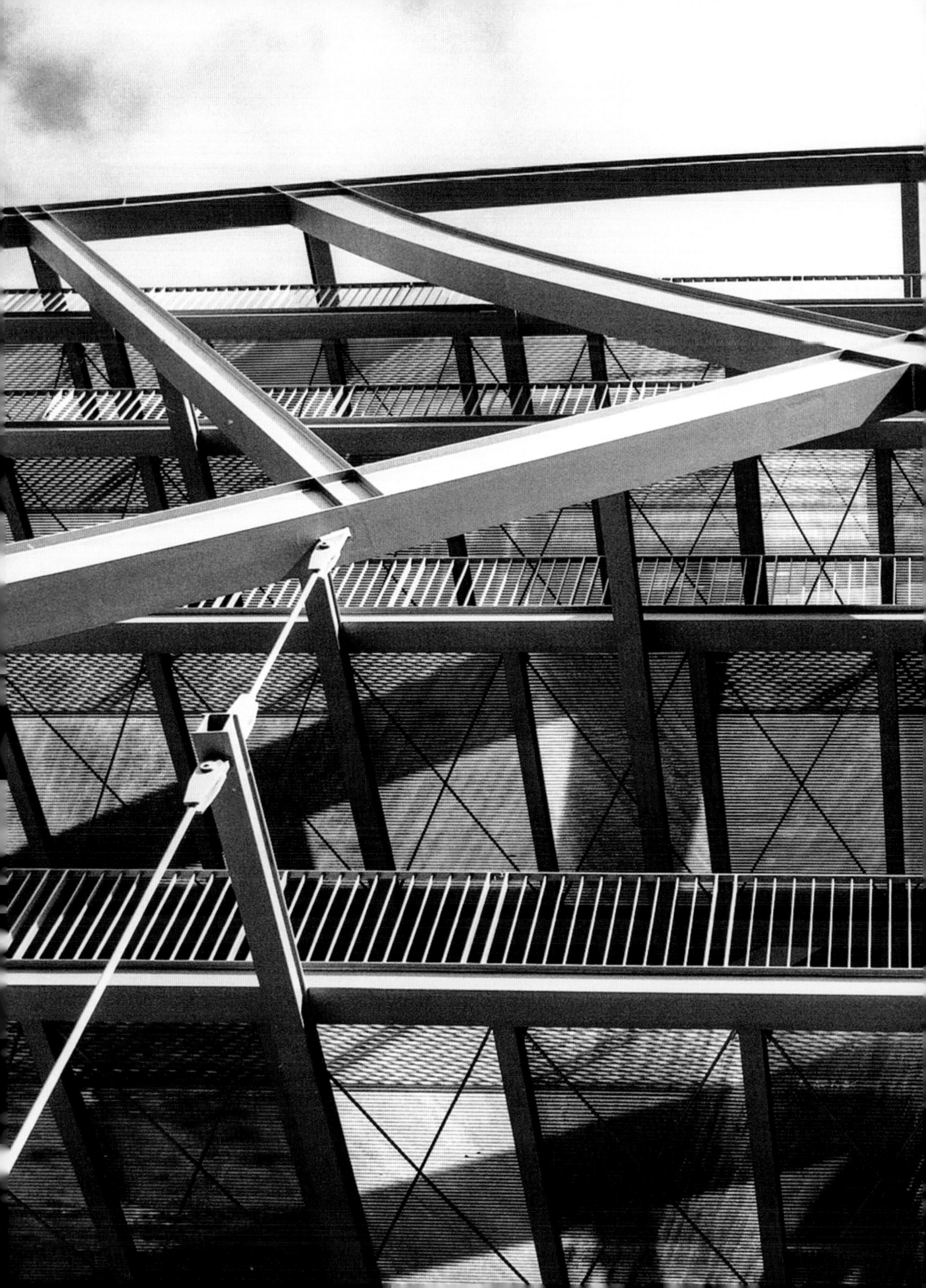

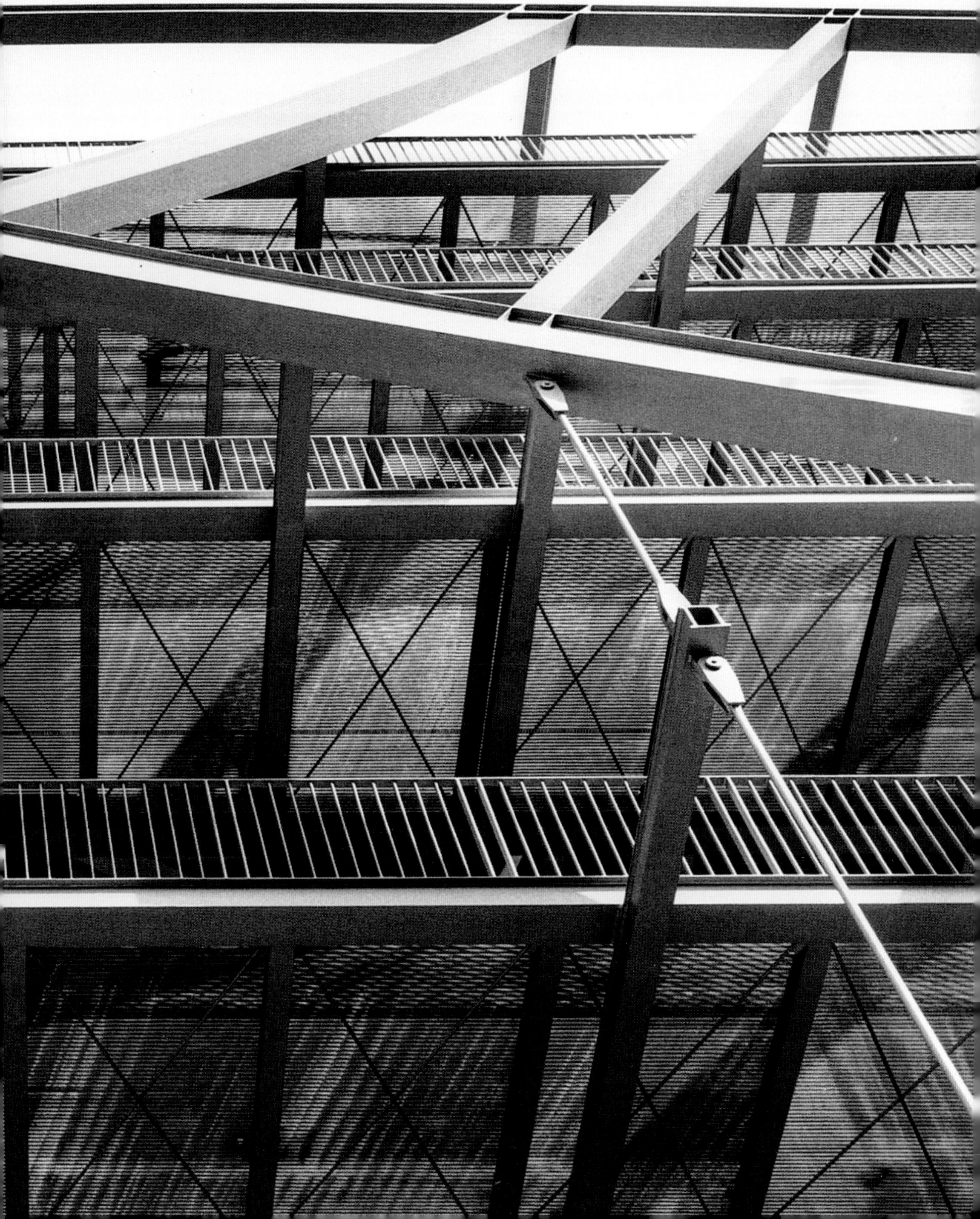

85

Schaukelboote (2005)
Taunusanlage vor dem IBC-Gebäude bei der Deutschen Bank, Frankfurt am Main, Deutschland

Leimbinderkonstruktion.
Je 3,5 × 1,95 × 1,09 m

Drei voll beplankte Holzschiffe, die in ihrer reduzierten Primärform wie Kinderspielzeug wirken, werden durch jeweils sich gegenüber befindliche übergroße Stuhl- bzw. Thronformen als symbolische Boote kodiert. Die konischen Stuhlformen sind in ihren Lehnen durch senkrecht gefräste Nute akzentuiert, ein ornamentaler Luxus, der bei Bury sehr selten ist. In ihrer abstrahierten XXL-Mentalität wirken diese „Schiffslogos" wie Piktogramme für die Programmatik der Geldinstitute: „Auf zu neuen Ufern". Mitarbeiter der Geldhäuser nutzten die Sitzangebote, die tatsächlich schaukeln können, übrigens gerne zur Mittags- oder Zigarettenpause.

Rocking Boats (2005)
Taunus Park, in front of the IBC Building at the Deutsche Bank, Frankfurt am Main, Germany

Composite timber structure.
Each 3.5 × 1.95 × 1.09 m

Three fully planked wooden ships, which look like children's toys as they have been reduced to their primary form, are coded as symbolic boats across from each other. The backs of the conical chair forms are accentuated by vertically milled slots, a decorative luxury rarely indulged in by Bury. As an abstract rendering of the 'XXL' mentality, these 'ship logos' look like pictograms expressing the agenda of the bank the sculpture stands in front of: 'new departures'. Incidentally, bank employees enjoy using the seating provided by the works, which can actually see-saw, during their lunch or cigarette breaks.

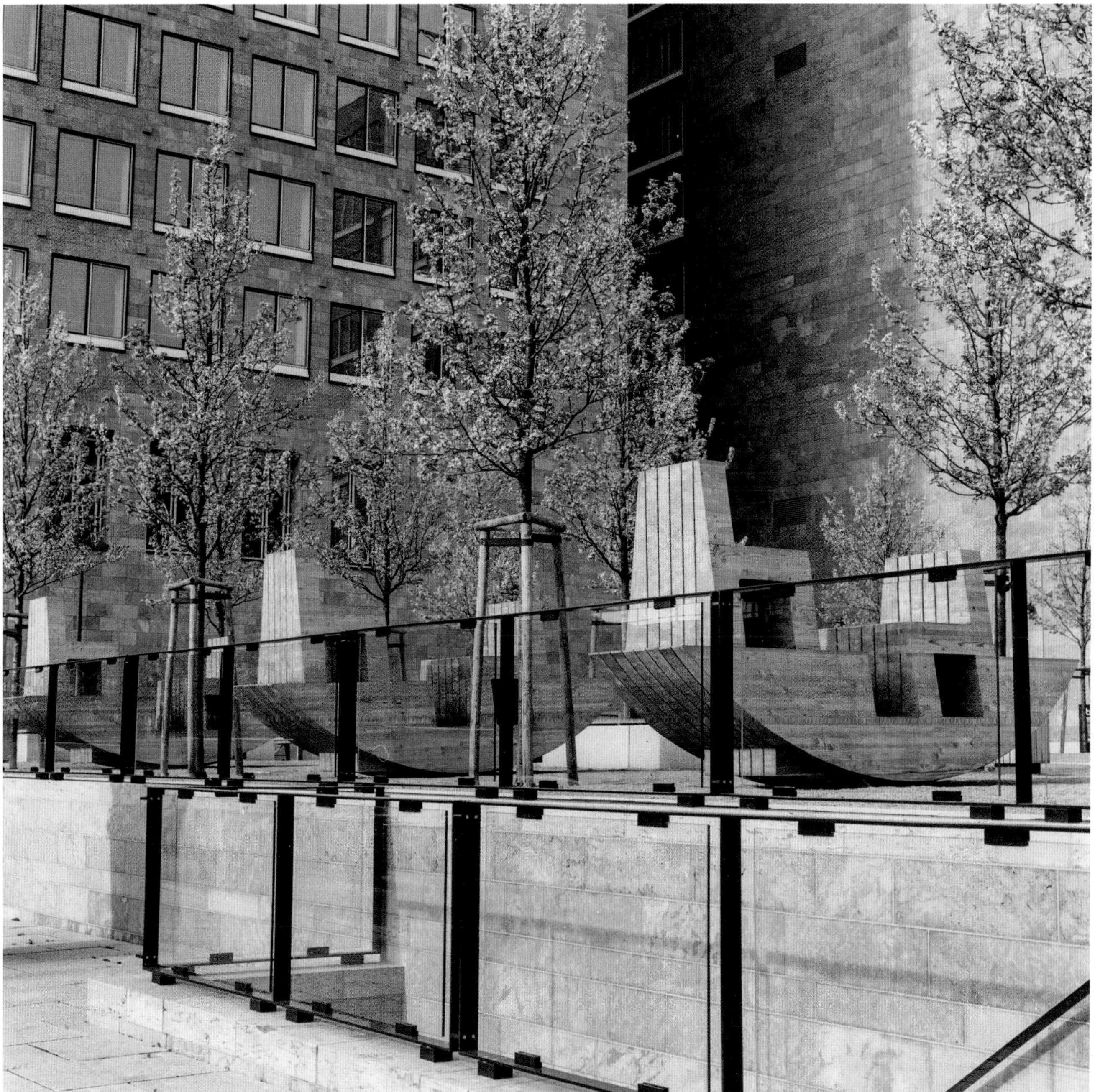

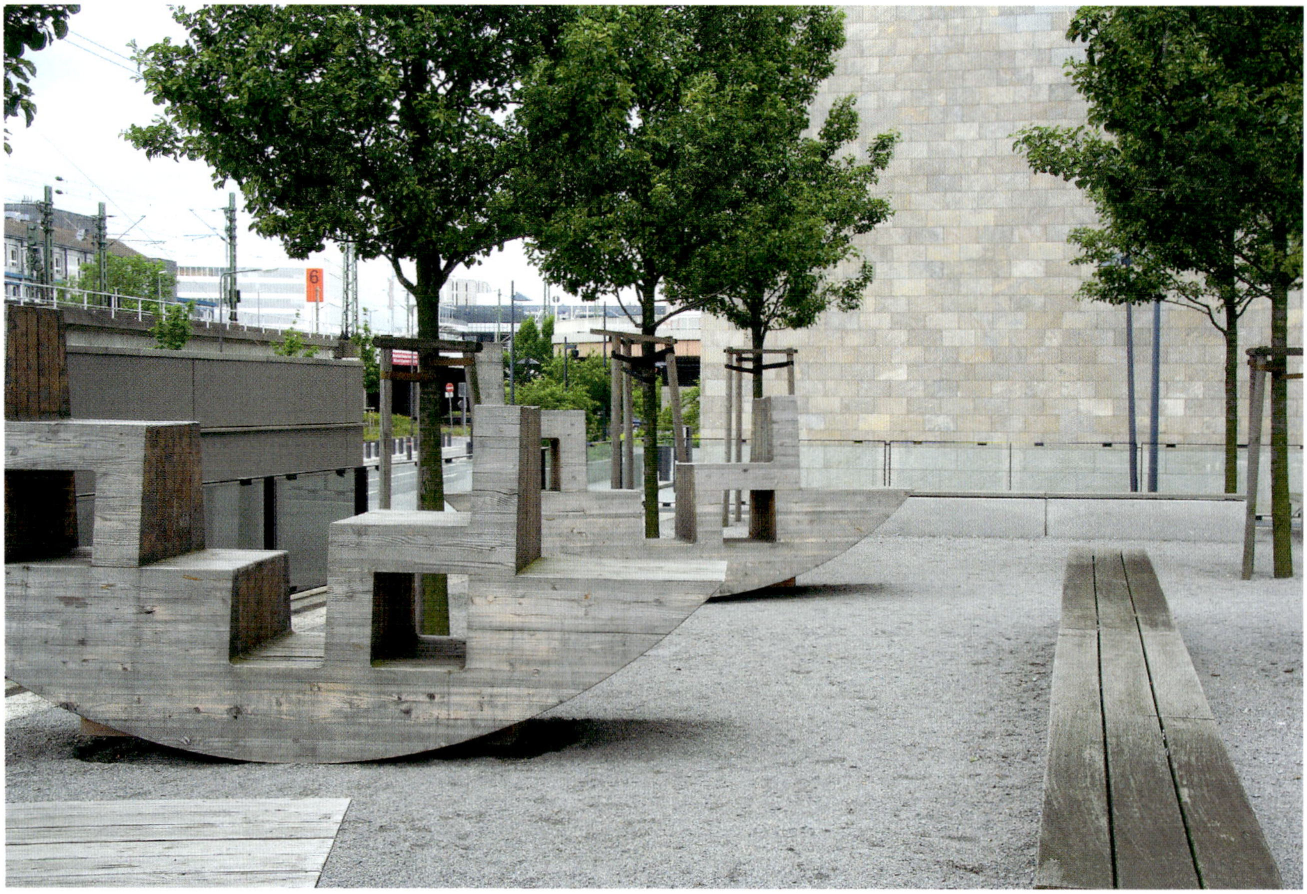

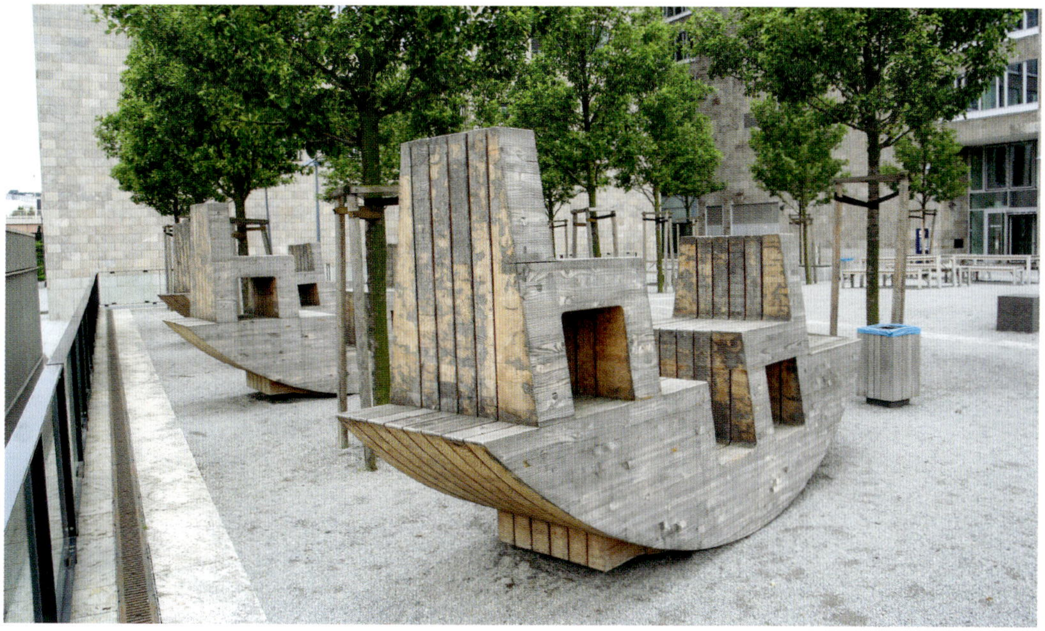

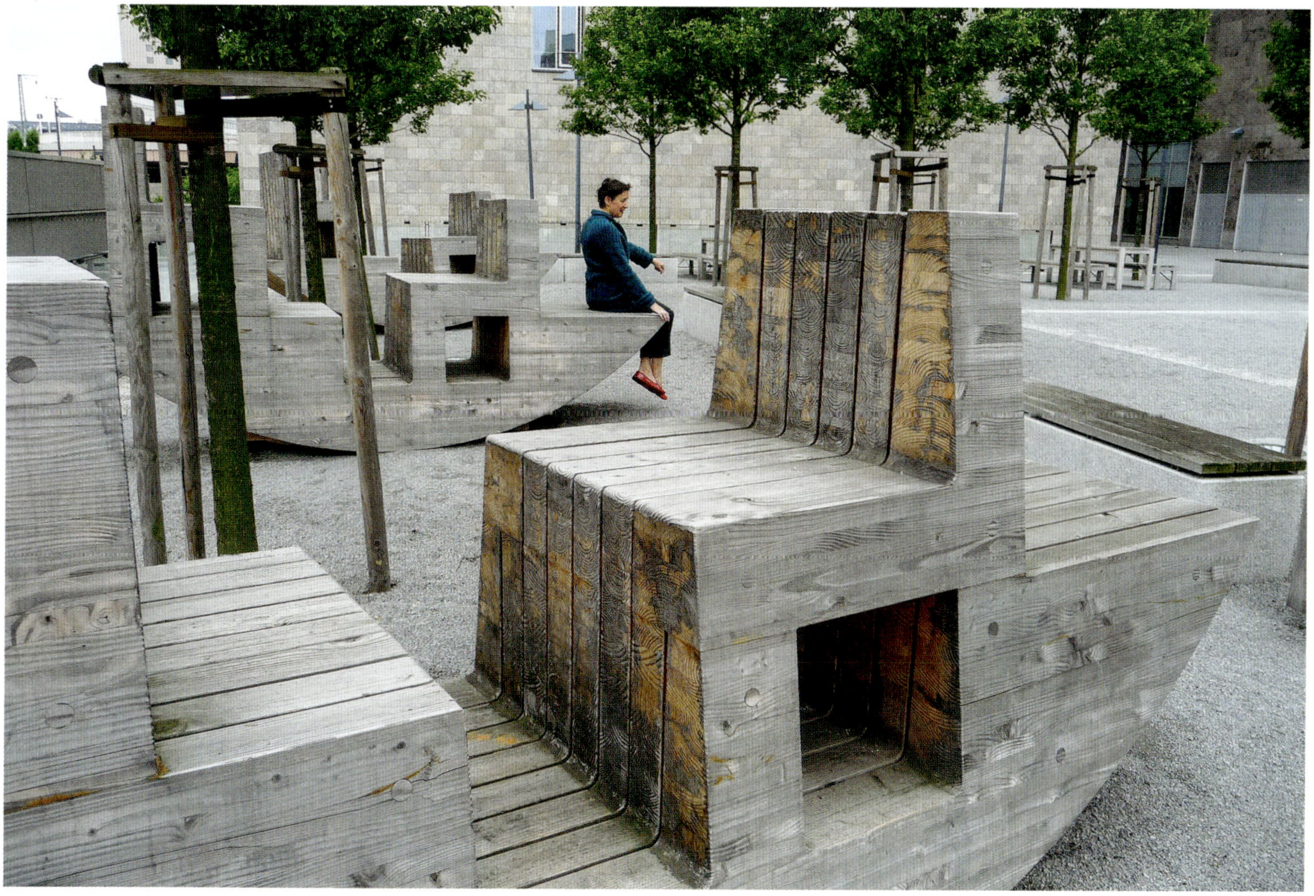

86

Landungsbrücke Ladenburg (2005)
Ladenburg/Neckar, Deutschland

Stahlkonstruktion. 21 × 10 × 3,8 m

Am abfallenden Ufer des Neckars installierte der Künstler eine umgedrehte Brücke als schaukelnde und schwebende Schiffsmetapher. Sie ragt als Aussichtsplattform mit ihrem Gehsteig weit in den Luftraum über das Ufer hinaus und ermöglicht den Aussichtsgästen von ihrer erhöhten Position einen freien, weiten Blick in den Umgebungsraum. Auch dies ist fast ein Selbstzitat des Künstlers, denn die Analogie zu seiner drei Jahre vorher entstandenen *Schiffsbrücke* in Seligenstadt (vgl. Nr. 79) ist deutlich, auch wenn es sich dort um eine Konstruktion aus Douglasienholz handelt, währen in Ladenburg Stahl zum Einsatz kam. Vor allem aber besteht der Unterschied darin, dass die Brücke in Seligenstadt eine symbolische und jene in Ladenburg eine funktionale Charakteristik hat. Hier benutzt Bury also die gleiche von ihm entwickelte Bildmetapher in zwei entgegengesetzten Kontexten.

Ladenburg Landing Stage (2005)
Ladenburg/Neckar, Germany

Steel structure. 21 × 10 × 3.8 m

The artist installed an inverted bridge on the sloping bank of the river Neckar as a metaphor for a rocking and floating ship. Jutting as an observation platform with its ramp far out into the space above the embankment, it provides visitors eager to see the view from there with an unbroken panorama of the surrounding region. This, too, is the artist almost quoting himself, because the analogy with the *Ship's Bridge* he installed in Seligenstadt (see No. 79) three years previously is unmistakable even though he opted for a construction of Douglas fir there whereas steel was used in Ladenburg. The main difference between the two is, however, that the bridge in Seligenstadt is symbolic in character while the one in Ladenburg is functional. In this respect Bury has used the same metaphorical imagery in contexts that are diametrical opposites.

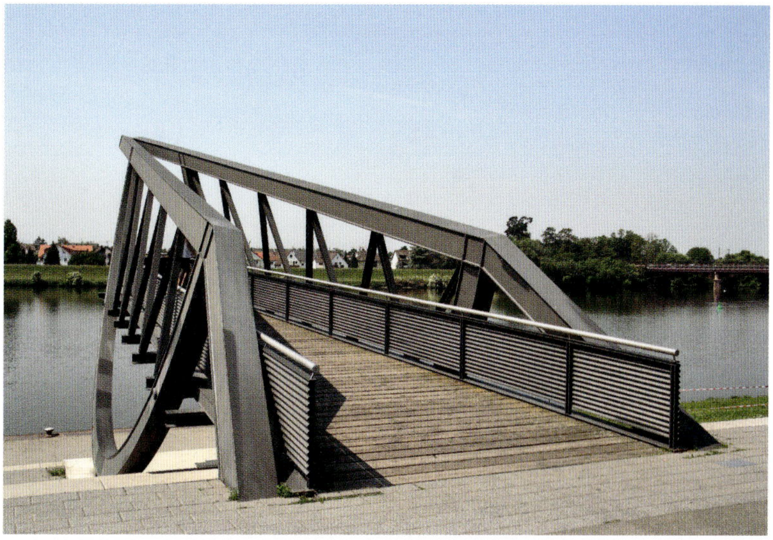

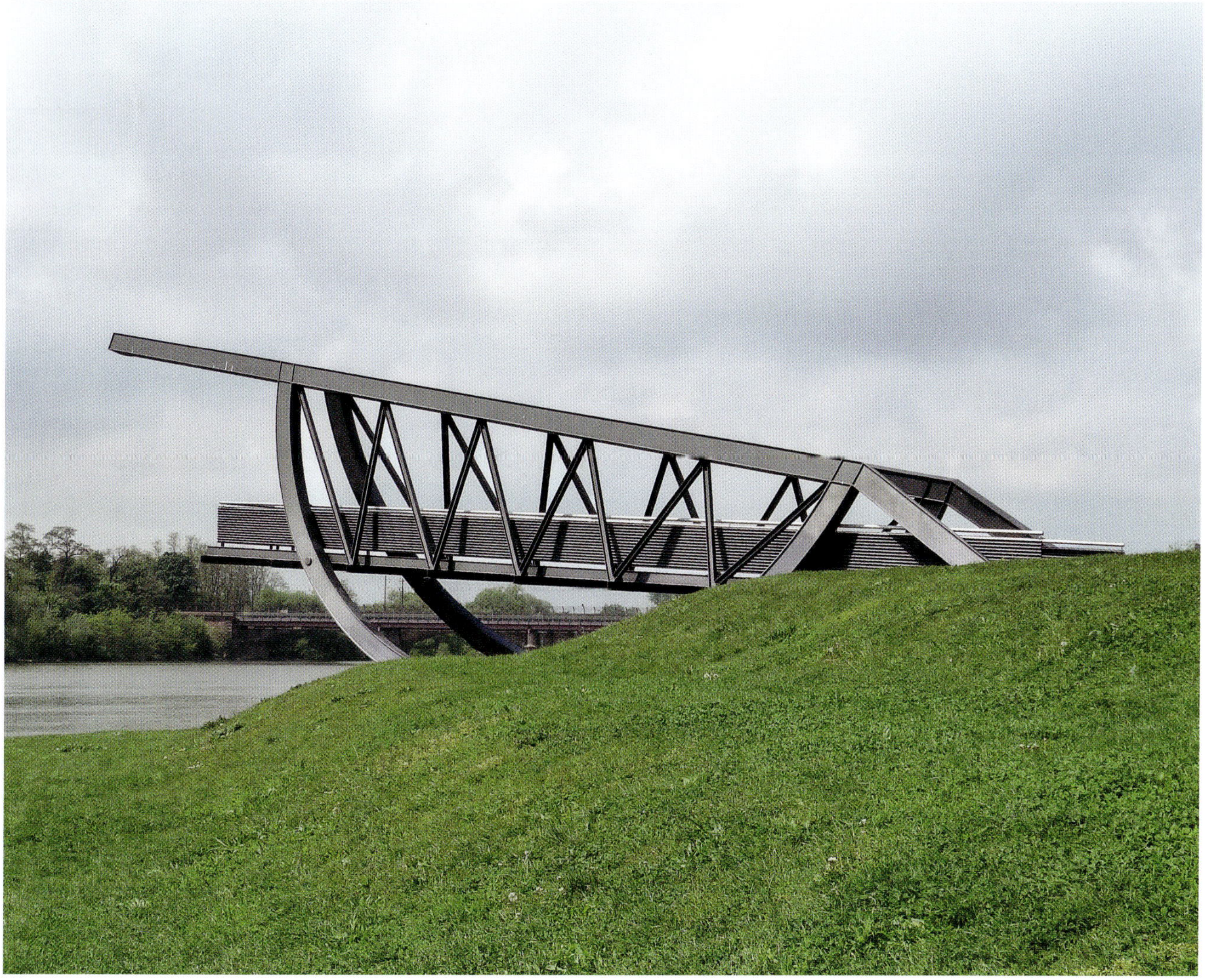

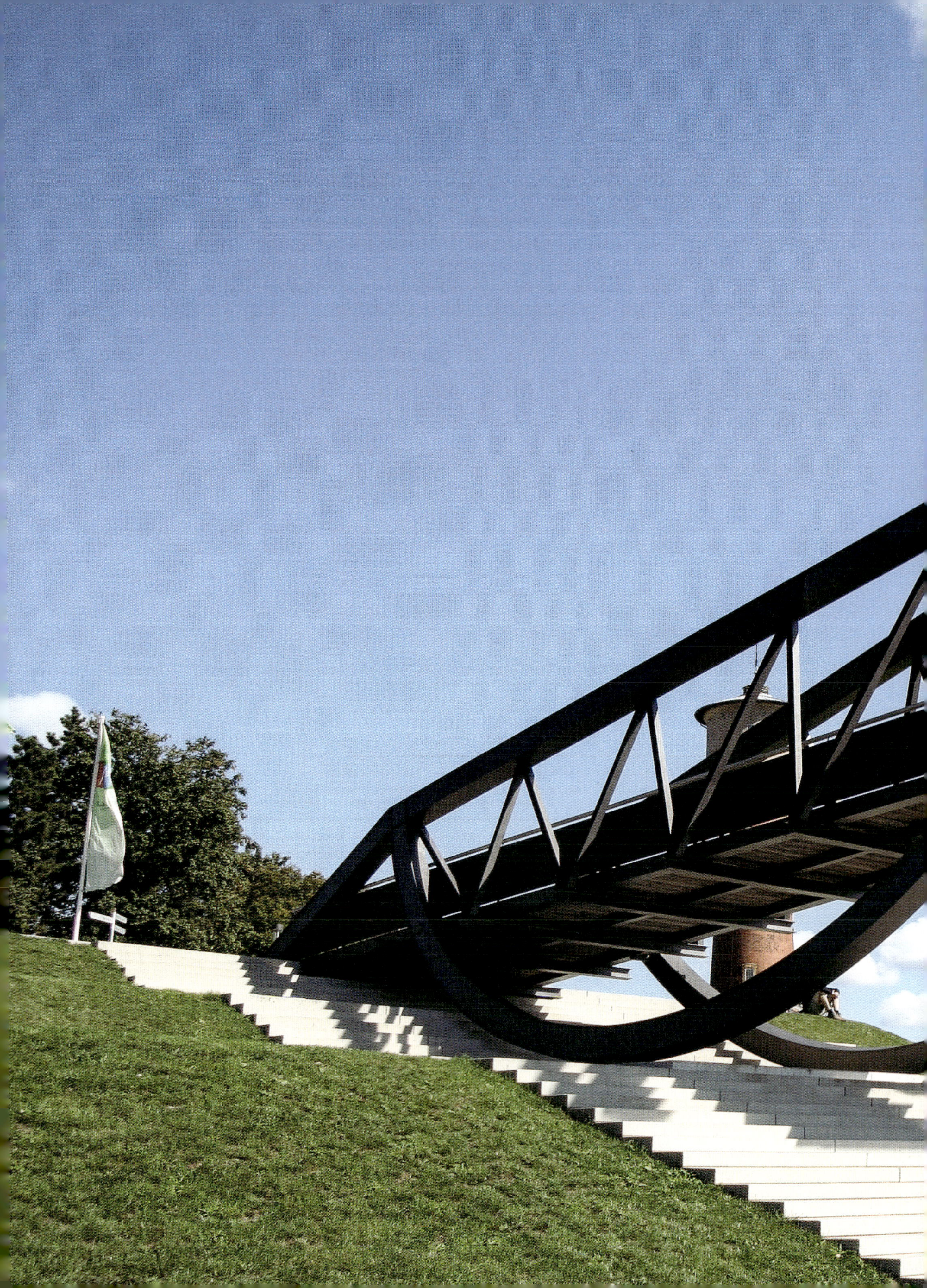

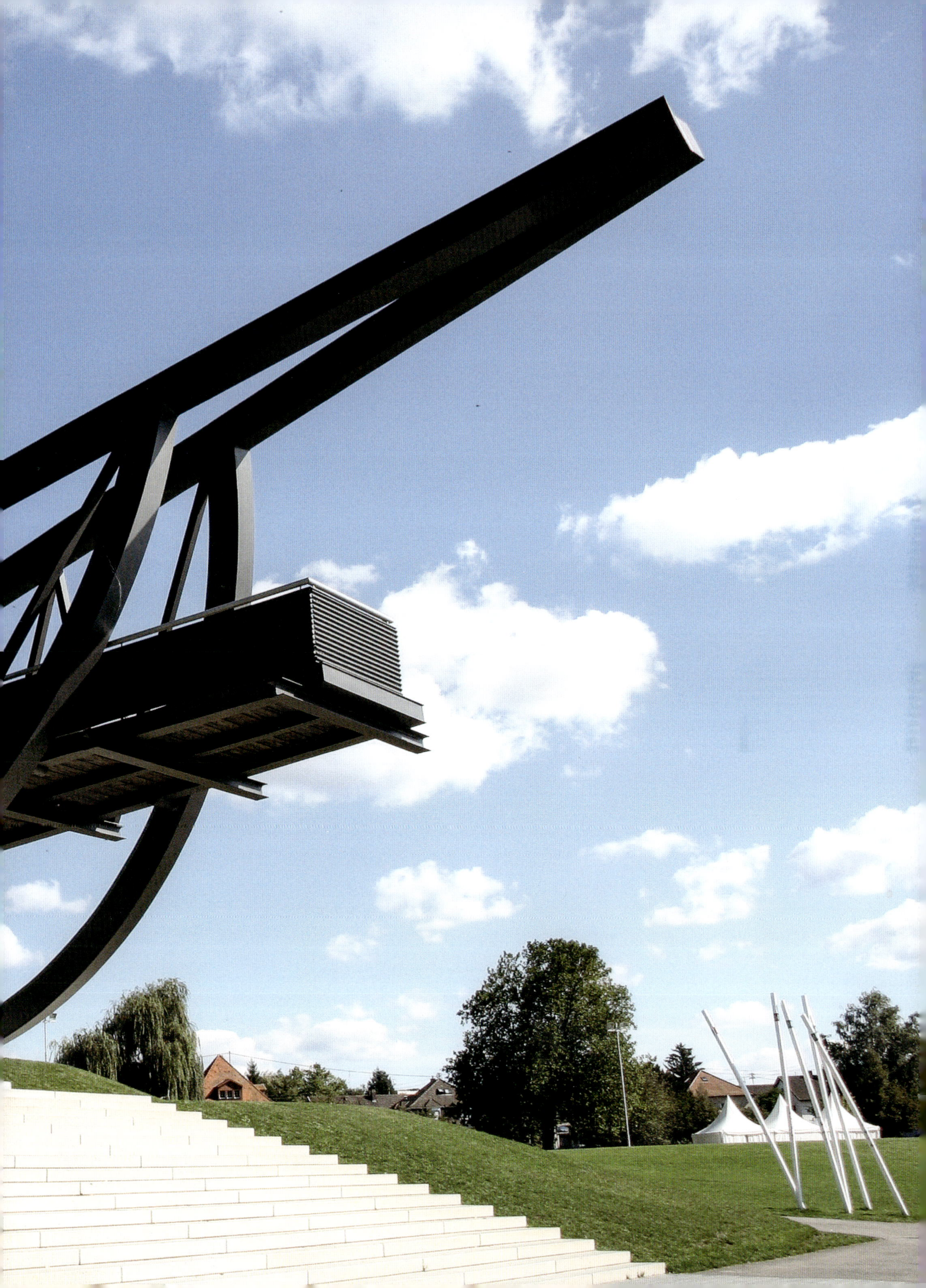

87

Gewächshaus für Gedanken
Bonn-Drahnsdorf (2005),
Neues Museum Nürnberg (2008),
Gelnhausen (2010), Deutschland

Holzkonstruktion. 10 × 8 × 5 m

Ein solches „Gewächshaus für Gedanken" ist eine ebenso schöne wie frappierende poetisch-philosophische Idee. Da assoziiert man René Magritte, Marcel Duchamp oder auch Karl Valentin. Eine gewisse „Schlitzohrigkeit" ist einem solchen Konzept nicht abzusprechen. Bury hat dafür ein Raumgehäuse geschaffen, das die lichten, verglasten Gewächshäuser des 19. Jahrhunderts mit ihren grazilen Metallstrukturen herbeispielt. Hier allerdings besteht das Gewächshaus aus dünn dimensionierten Holzlatten, die rasterförmig eine Art Faraday'schen Käfig bilden. Er ist wie eine Urhütte konfiguriert und bietet reichlich Sitzgelegenheiten, um seine „Gedanken wachsen" zu lassen. Die Sitzstufen steigen an einer Längsseite des Baus wie in einem klassischen Hörsaal nach oben an. Die Gegenseite antwortet mit einem im gleichen Rhythmus abgestuften Dach. Damit wird auch auf eine akademische Prominenz rekurriert: Ein solcher Einfall hat eine geradezu platonische Evidenz. Der Querschnitt zeigt eine waagrecht akzentuierte Rautenform. Ursprünglich 2008 für eine Ausstellung des Neuen Museums Nürnberg konzipiert, steht dieser intellektuelle Denkpavillon seit 2010 in Gelnhausen im Freien – ursprünglich temporär passend positioniert zwischen realen Gewächshäusern, aber heute freistehend. Eine Baumschule als Denkschule, ein Herbarium für unkonventionelles Denken? Die surreale Evidenz dieses Einfalls kokettiert zudem mit dem Topos der sogenannten „Denkfabriken", die als Kaderschmieden für regierungsaffine Futurologien zur „wissenschaftlichen" Legitimation politischer Entscheidungen herangezogen werden.

Hothouse for Thoughts
Bonn-Drahnsdorf (2005),
Neues Museum Nürnberg (2008),
Gelnhausen (2010), Germany

Timber structure. 10 × 8 × 5 m

A 'hothouse for thoughts' is a poetic and philosophical idea that is as beautiful as it is striking. It harbours associations ranging from René Magritte and Marcel Duchamp to Karl Valentin. This concept is undeniably not without 'malicious cunning'. Bury has housed it in such a way that the graceful metal construction of light and airy, glazed nineteenth-century greenhouses is evoked. Here, however, the greenhouse consists of thin wooden boards that form a grid as a Faraday Cage of sorts. Configured like a Primitive Hut, it provides abundant seating that enables visitors to 'grow their thoughts'. The stepped seating rises in tiers along one side of the structure like seats in a classic auditorium. The opposite side responds with a roof formed of steps descending in the same rhythm. This is also a reference to distinguished academic antecedents: an idea of this kind is nothing less than Platonic in clarity. In cross-section – that is, in the horizontal – the structure is lozenge-shaped. Originally designed in 2008 for an exhibition at the Neues Museum in Nuremberg, this intellectual thought pavilion has stood outside in Gelnhausen since 2010 – at first temporarily yet appropriately positioned between real hothouses, but now isolated. A tree nursery as a school of thought, a herbarium for thinking outside the box? This surreally in-your-face idea also flirts with the topos of what are known as 'think tanks': hotbeds of futurological thinking tasked with developing 'academic' legitimation for political decision-making along government-friendly lines.

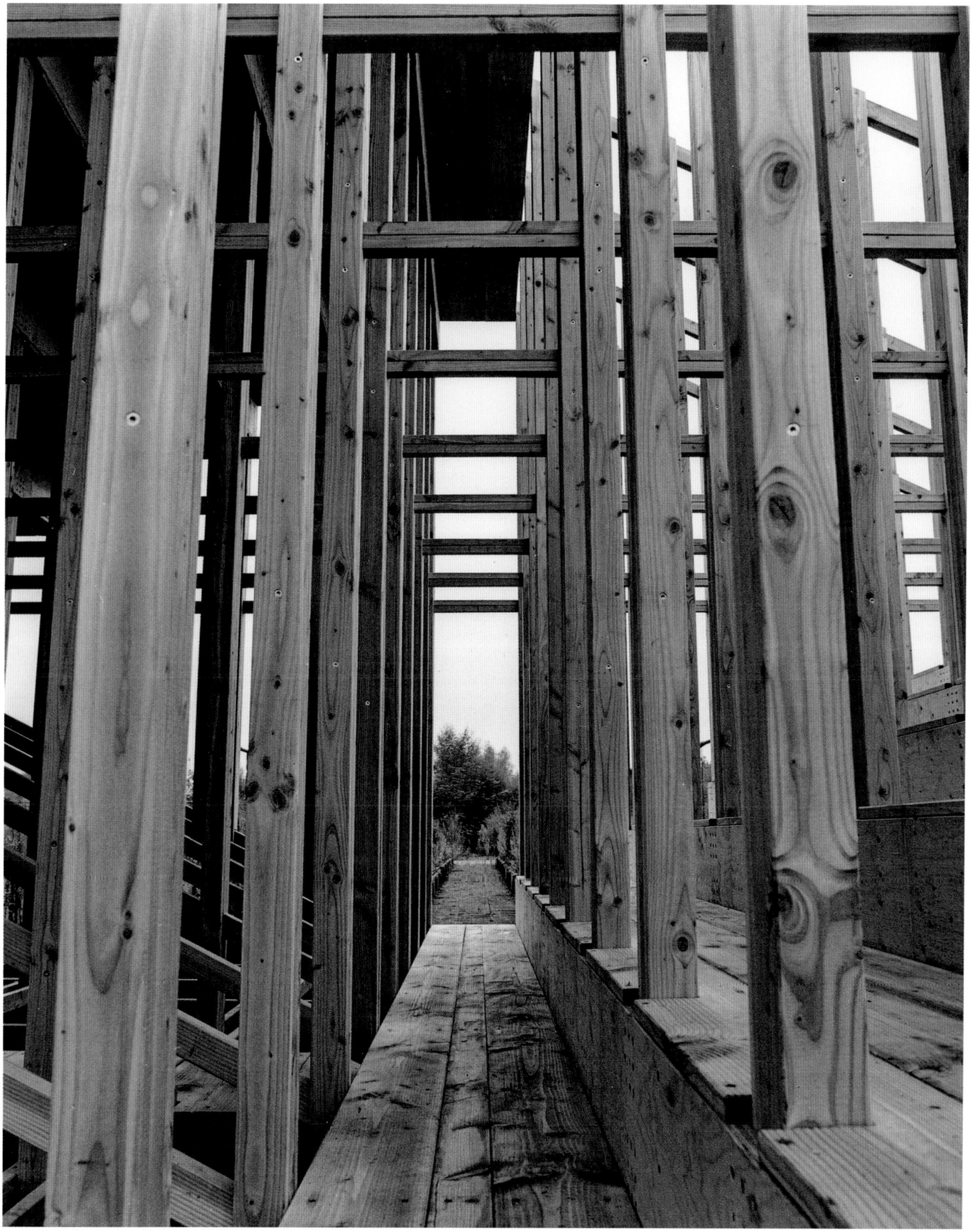

Bonn-Drahnsdorf

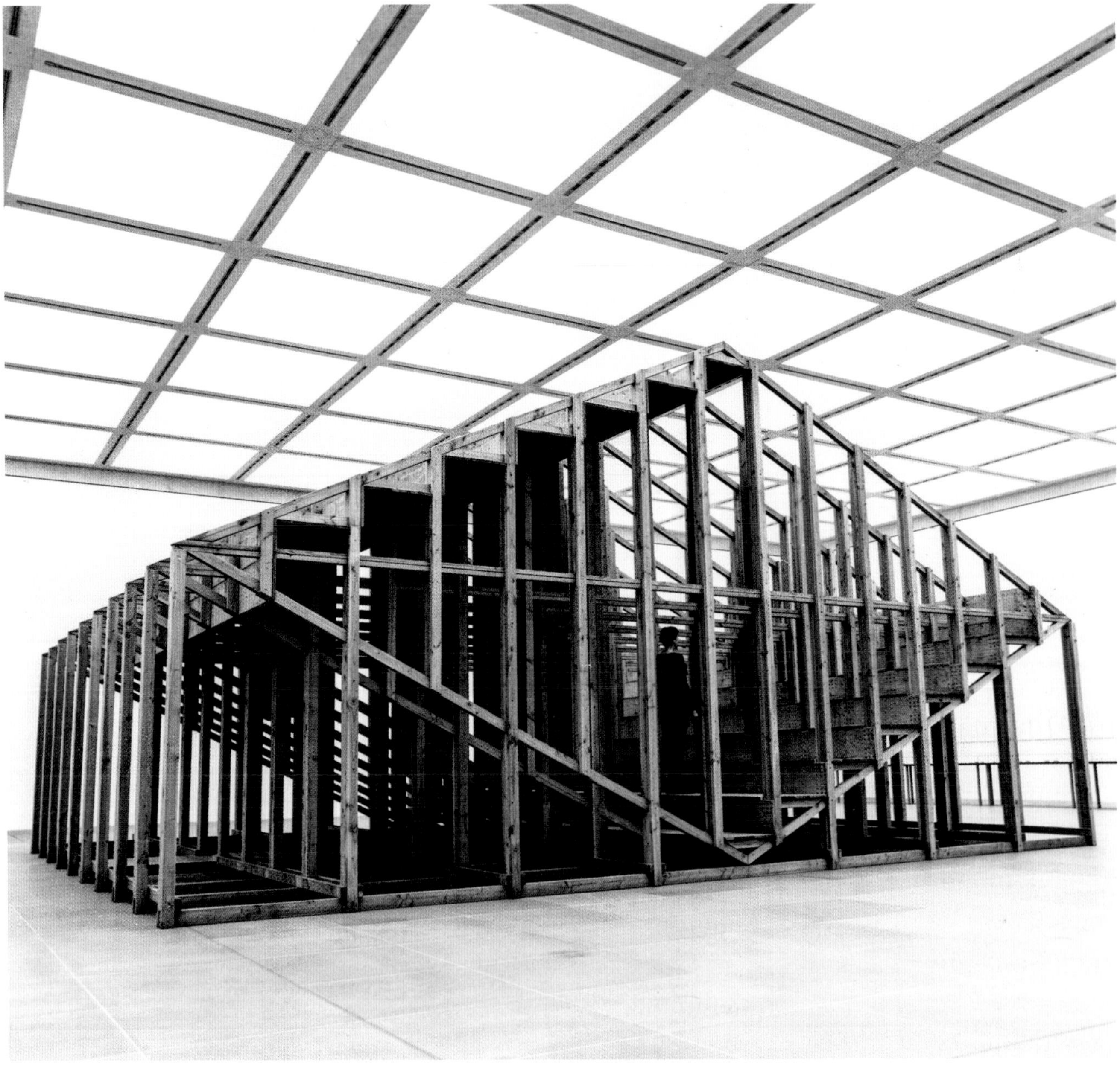

Neues Museum Nürnberg

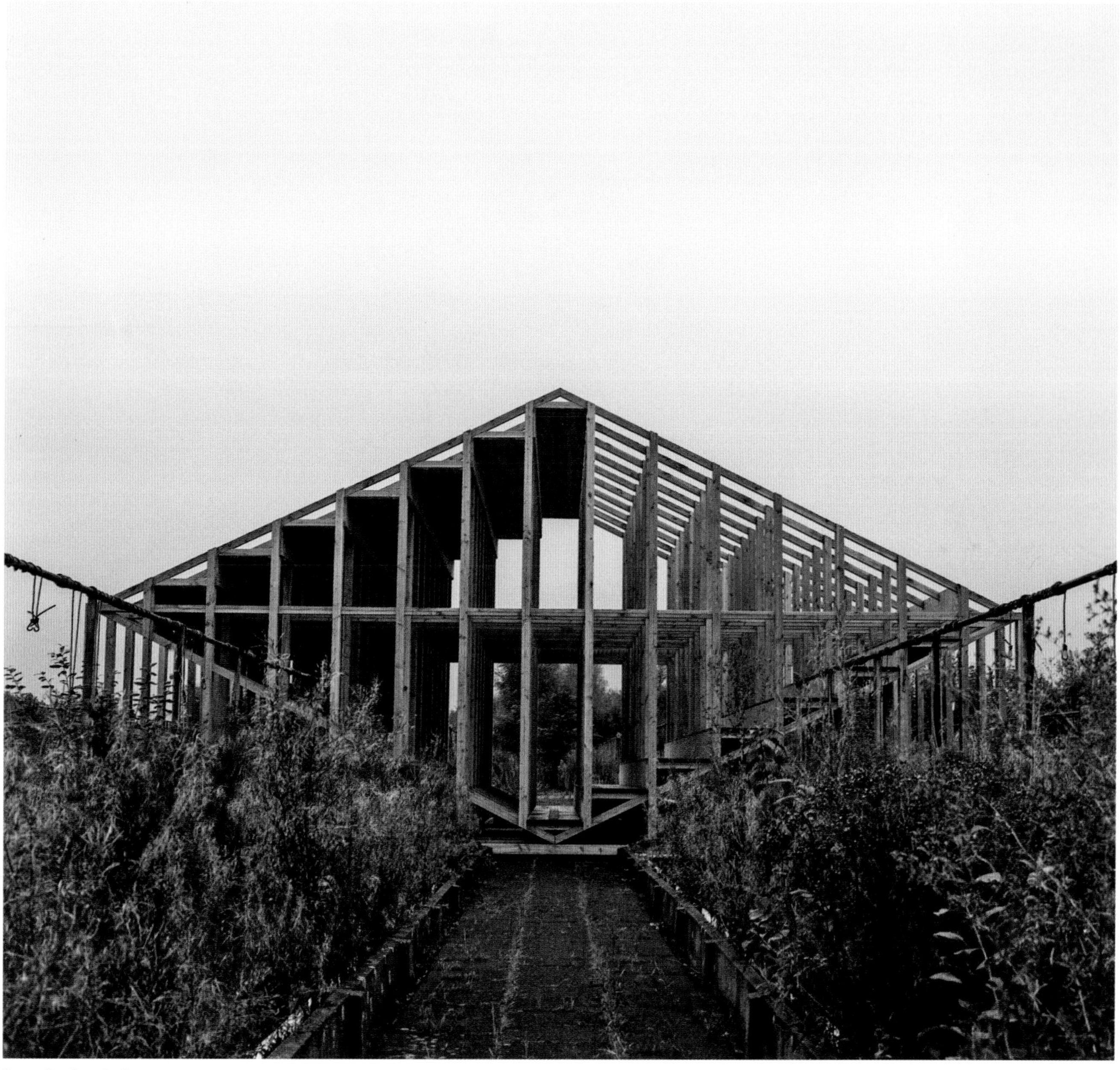

Bonn-Drahnsdorf

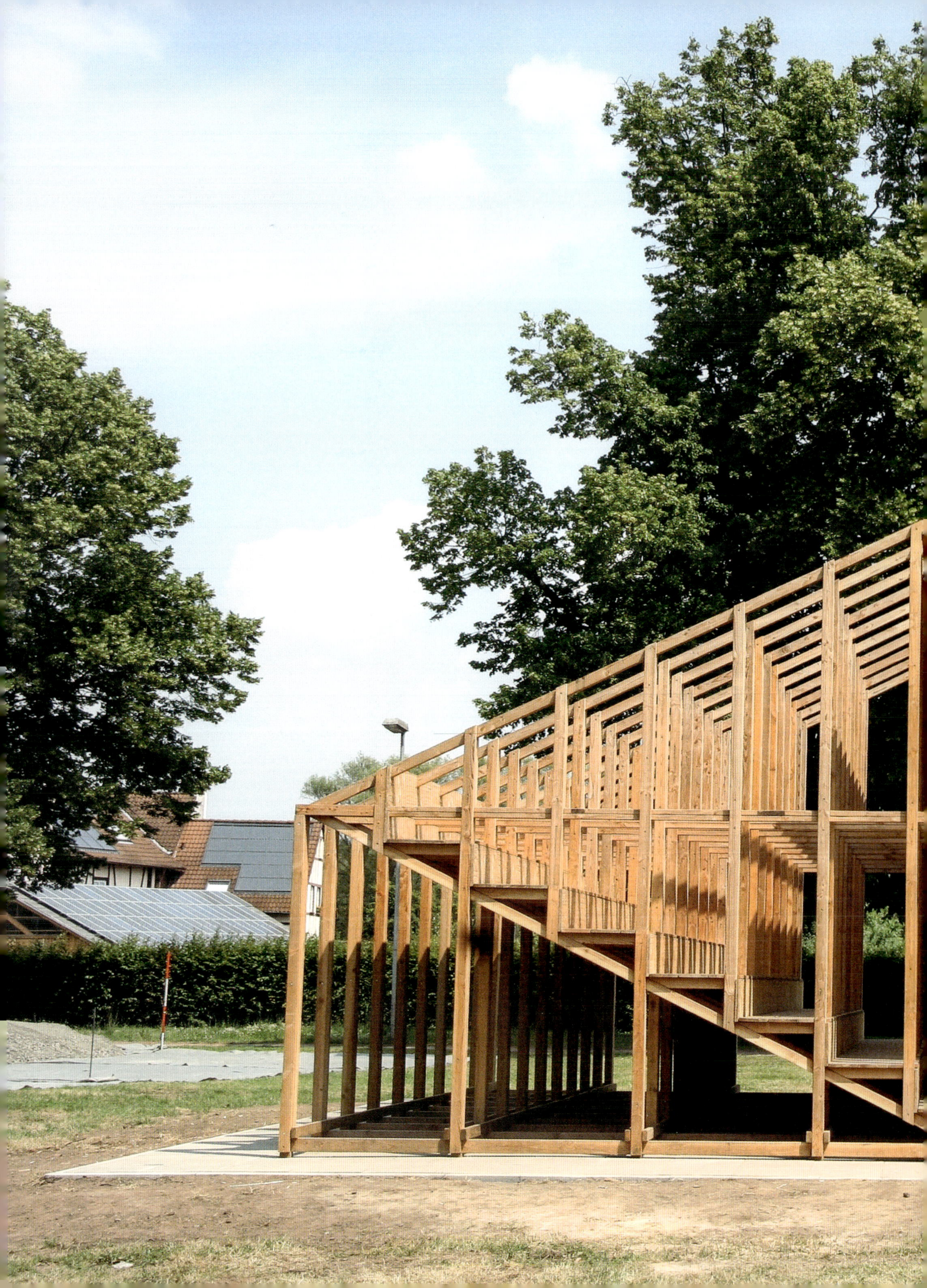

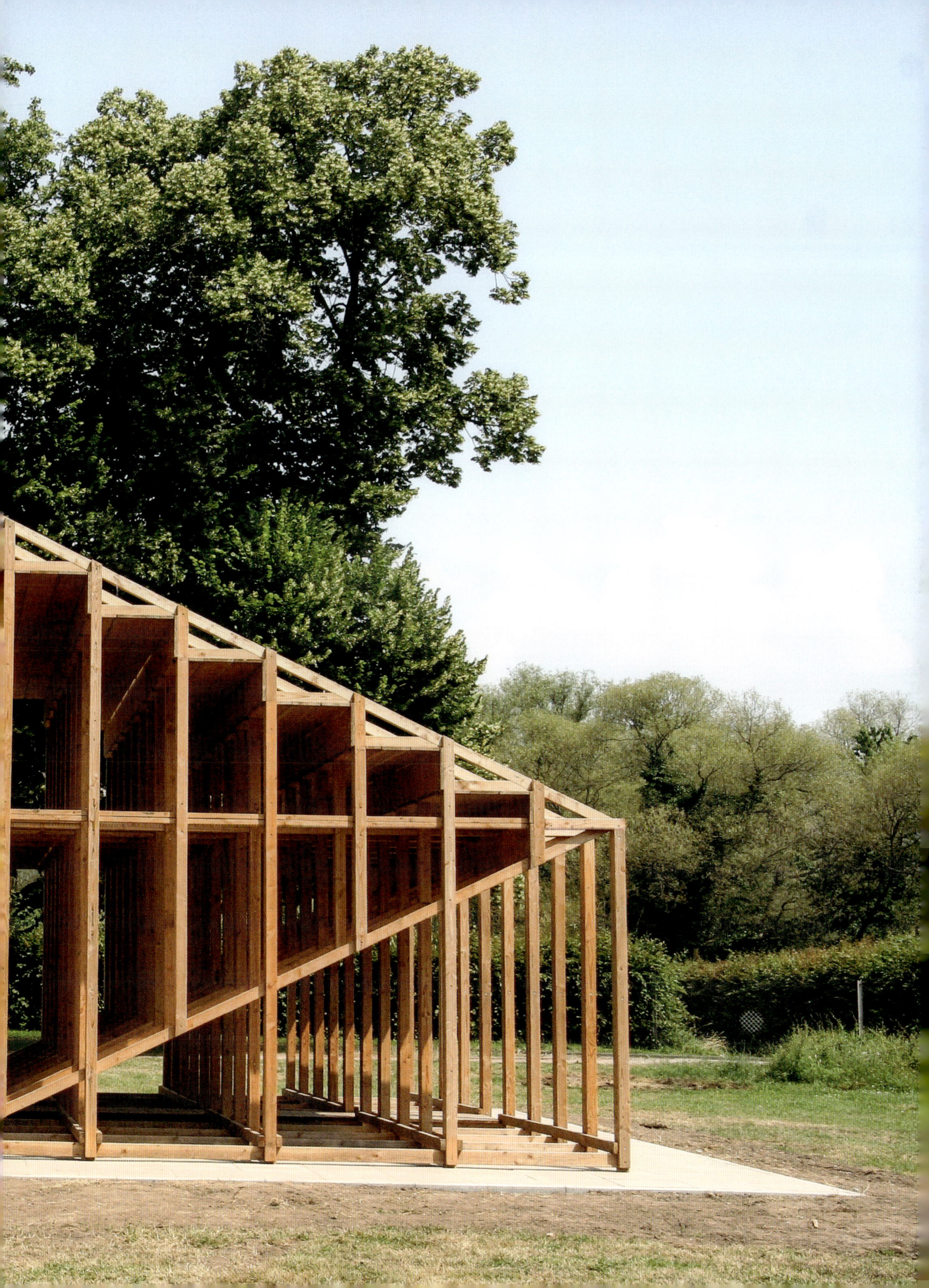

88

Gegenläufig (2007)
Einzelausstellung im Deutschen Architekturmuseum, Frankfurt am Main, Deutschland

Holzkonstruktion, Leimschichtholz (Douglasie). Je 13 × 2,7 × 1,3 m

Im ersten Geschoss des von Oswald Mathias Ungers gebauten Deutschen Architekturmuseums in Frankfurt am Main hatte Bury eine 21 Meter lange, labil und ephemer wirkende Monumentalskulptur installiert und sie mit einer weiteren gleichen Skulptur verdoppelt. Gestapelte Kanthölzer, die von ferne jeweils eine Bootsform assoziieren lassen, waren diagonal in die Längsachse des Raumes positioniert. Die Größe der Skulpturen bewirkte, dass sie die optische Begrenzung des von Ungers gestalteten „Hauses im Haus" überschritten. Diese Arbeit, die Bury *Gegenläufig* nennt, nimmt die ähnliche Skulptur *Schwimmende Ladung* aus dem Jahr 2001 im Würzburger Kunstverein wieder auf (vgl. Nr. 73). Hier aber verdoppelte Bury die Skulptur: So wurde die prekäre Labilität und dysfunktionale Unsicherheit gleich zweimal in dem archetypisch rationalen Kernraum des Museums implantiert. Die auf den ersten Blick zufällige Stapelung von Kanthölzern ist eine Antithese zu den präzise konstruierten, statisch verlässlichen, oft mehrgeschossigen begehbaren Architekturskulpturen des Künstlers. Die Fragilität und Labilität dieses „Bootes" ist programmatisch: Jede Ausfahrt ist von unvorhersehbaren Ereignissen gekennzeichnet. Zu neuen Ufern. So wird dieses Schiff zur transitorischen Metapher für Unberechenbarkeit, Neugierde, aber auch für die prekäre Balance zwischen Unsicherheit und Gewissheit, Furcht und Zuversicht, Ausfahrt und Rückkehr. Ein Odysseus-Projekt, gleichzeitig ein Provisorium als Statement. In der rückwärtigen Ausstellungshalle des Architekturmuseums, dessen gewölbte Kassettendecke eine Hommage an die berühmte Wiener Postsparkasse von Otto Wagner ist, hatte Bury auf großen Präsentationstischen einerseits ein gutes halbes Hundert seiner strukturellen Hochhausmodelle, andererseits Funktions- und Präsentationsmodelle für viele seiner Außenskulpturen versammelt. An den Wänden der Halle wurden sie durch Konstruktionszeichnungen und in Vitrinen durch aufgeschlagene Malbücher des Künstlers ergänzt. So war hier eine dichte Ateliersituation nachempfunden, die Einblicke in die Arbeitsweisen und das Selbstverständnis des Künstlers erlaubte.

Counterrotating (2007)
Solo show at the Deutsches Architekturmuseum, Frankfurt am Main, Germany

Timber structure, glue-laminated timber (Douglas fir). Each 13 × 2.7 × 1.3 m

Bury installed an unstable and ephemeral-looking monumental sculpture twenty-one metres long on the first floor of the Deutsches Architecture Museum (created in an old building by Oswald Mathias Ungers), where he replicated it with another, identical sculpture. Two stacks of square timbers, each of which affords associations with a boat-like shape when viewed from a distance, were placed at an angle to the longitudinal axis of the room. The size of the sculptures made them exceed the visual boundaries of the 'house within a house' designed by Ungers. This work, which Bury calls *Counterrotating*, is a take on a similar sculpture, *Floating Cargo* (2001) at the Kunstverein Würzburg (see No. 73). At the Deutsches Architekturmuseum, however, Bury has doubled the sculpture: thus precarious equilibrium and dysfunctional instability were implanted, not once, but twice, in the archetypal rational core space of the museum. At first glance the square timbers look as if they were fortuitously stacked, the antithesis of Bury's precisely constructed, statically reliable, often multi-storeyed, enterable architecture sculptures. The fragility and instability of this 'boat' is its agenda: every departure signalises unforeseeable events. Departures for new horizons. Thus this ship becomes a transitory metaphor for unpredictability, curiosity and the precarious balance between uncertainty and certainty, fear and confidence, departure and return. An Odysseus project, both a makeshift solution and a statement. Bury had assembled at least fifty of his structural skyscraper models as well as functional presentation models for many of his outdoor sculptures on large presentation tables in the exhibition hall at the rear of the Architekturmuseum. The Bury models were shown with construction drawings on the walls of this hall, whose vaulted coffered ceiling pays tribute to Otto Wagner's celebrated Post Office Savings Bank in Vienna. Display cases housed painting books of the artist's opened at relevant pages. Thus a concentrated studio situation was reimagined to give glimpses of the way the artist sets to work and how he himself views the process.

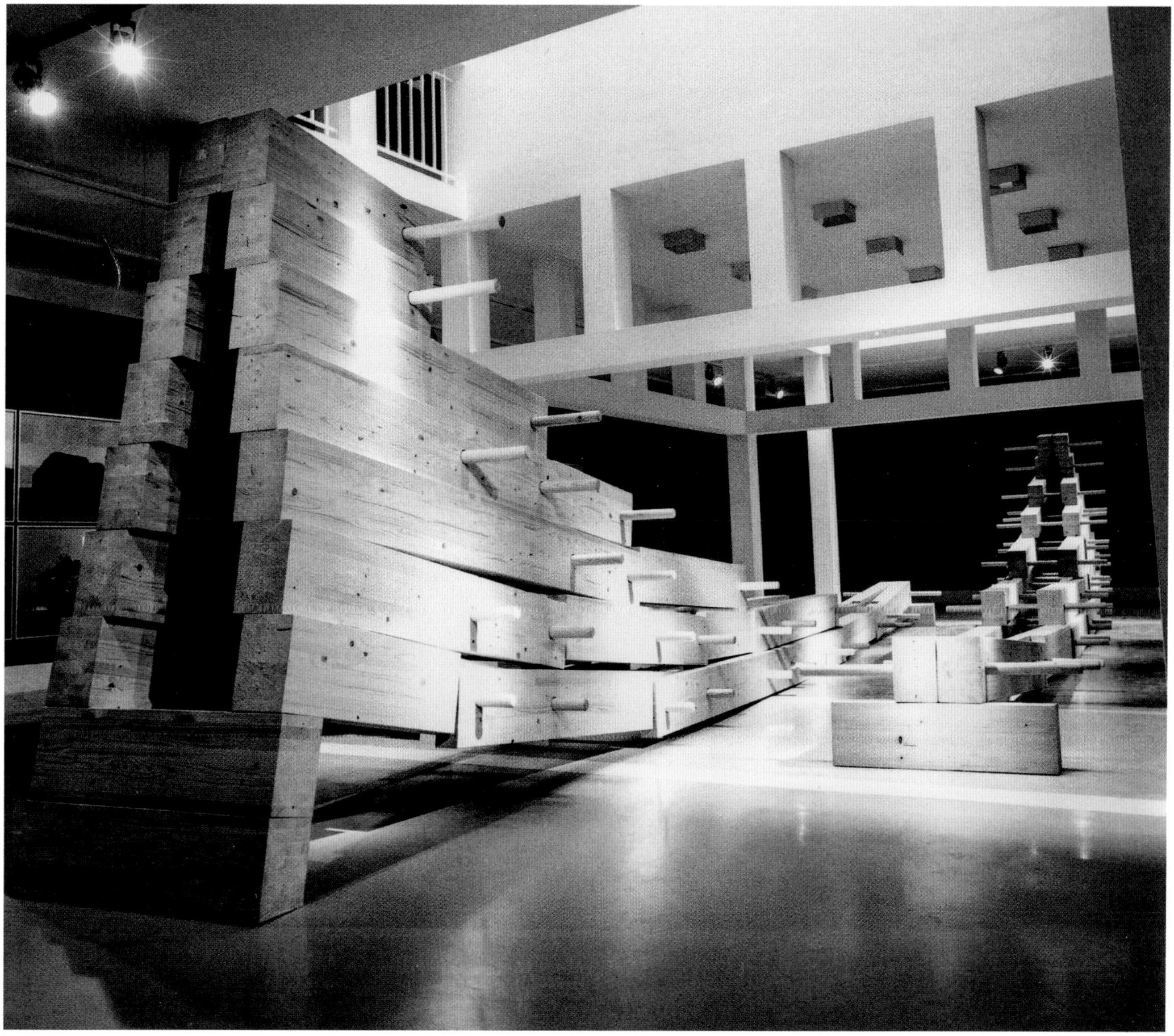

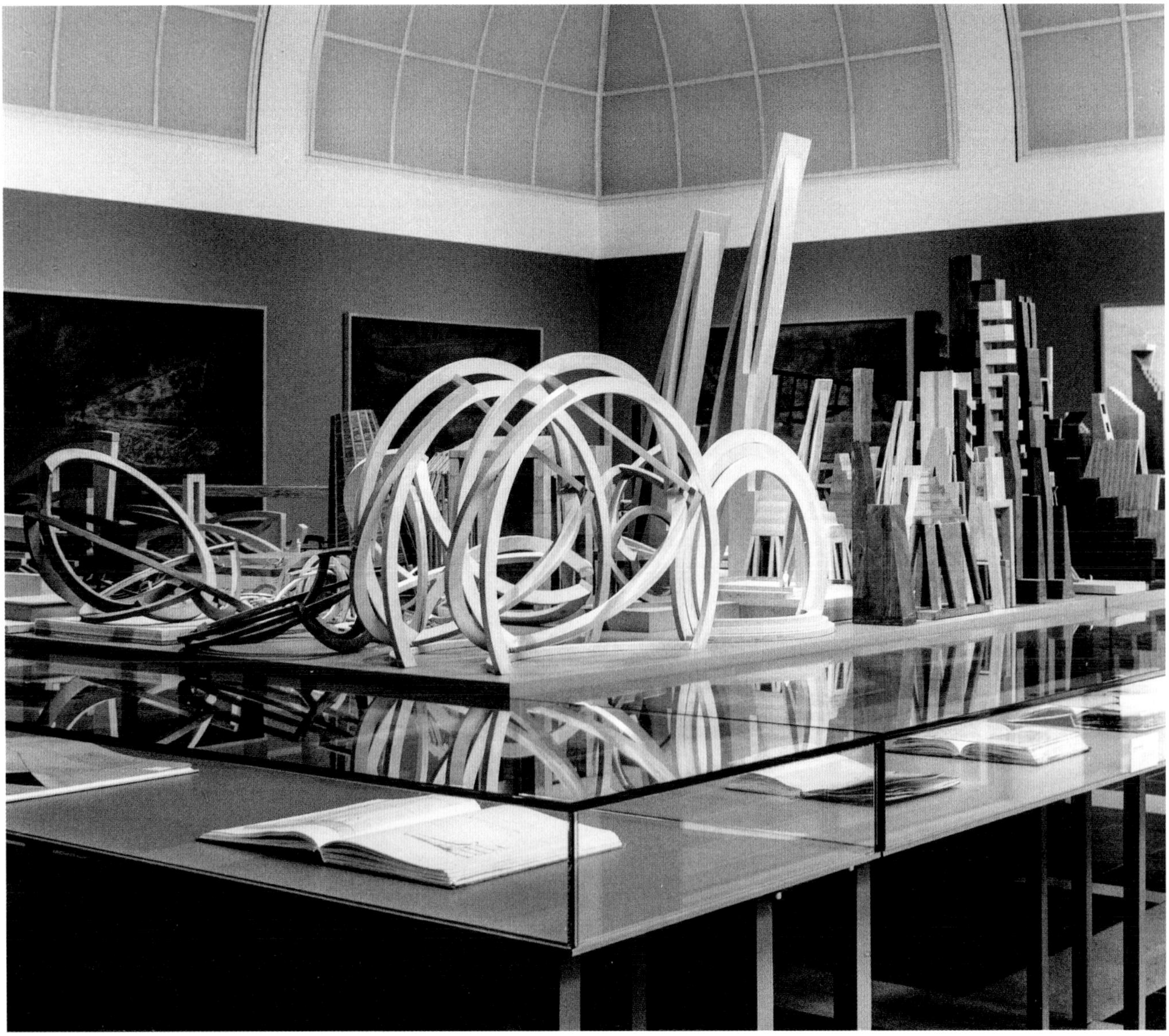

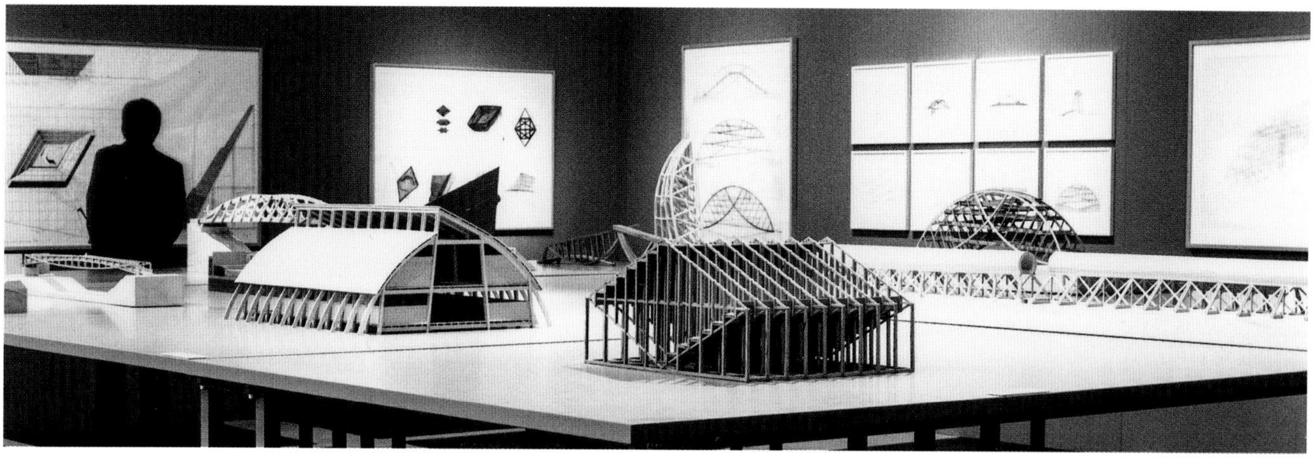

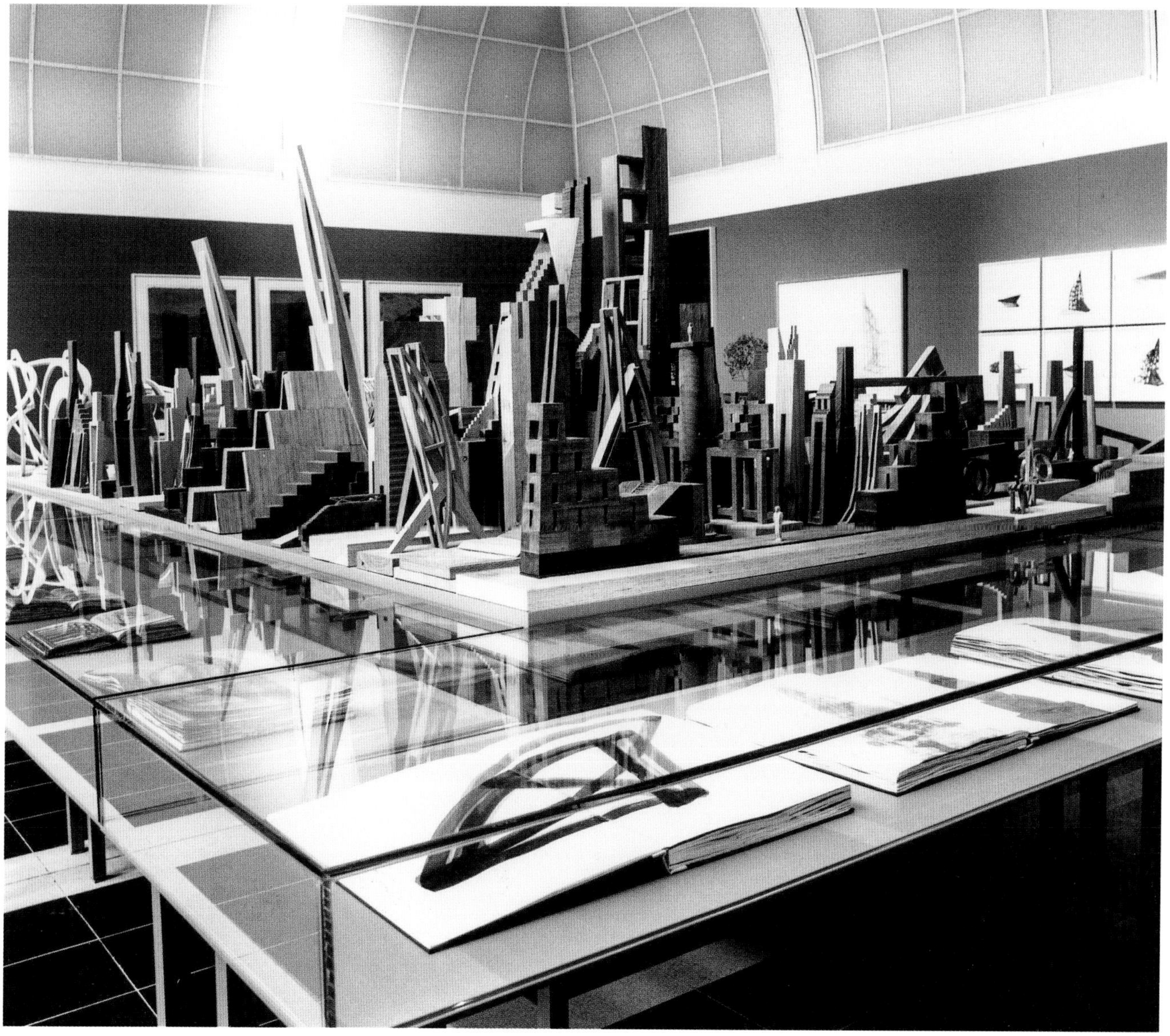

89

In Line of History (Covered Bridge) (2008)
Expo Saragossa, Aragonien, Spanien

Stahlkonstruktion. 27,6×9×4,4 m

Diese Brücke, die Bury auch unter dem Titel *Covered Bridge* publiziert hat, ist eine 28 Meter lange Stahlkonstruktion am Ufer des Ebro. Sie befindet sich in unmittelbarem Sichtkontakt zu historischen Brücken und Kirchen der Stadt Saragossa. Vor allem hat man von hier über den Fluss hinweg einen grandiosen Blick auf die barocke Basilika *Nuestra Señora del Pilar*, einer berühmten Pilgerstätte mit einem Schrein der Jungfrau Maria und mehreren von Kuppeln gekrönten Türmen. In dieser Stadt herrscht oft ein heißtrockenes Klima mit greller Sonne. Deshalb hat Bury auf seine Brückenkonstruktion ein Sonnenschutzdach mit Lamellen montiert, unter dem man kommod im Schatten die Aussicht genießen kann. Die Stahlträger dieser Aussichtsbrücke sind grazile Prefab-Profile und auch die Geländer sind aus vorgefertigten Teilen montiert.

In Line of History (Covered Bridge) (2008)
Expo Saragossa, Aragon, Spain

Steel structure. 27.6 × 9 × 4.4 m

This bridge, which Bury has also published as *Covered Bridge*, is a twenty-eight-metre-long steel construction on the banks of the Ebro within sight of historic bridges and churches in Saragossa. Most notably, there is a stupendous view from here across the river to the Baroque basilica Nuestra Señora del Pilar, a famous place of pilgrimage housing a shrine to the Virgin and boasting cupola-topped towers. Since the climate of this city is often hot and dry with glaring sunshine, Bury mounted a slatted roof to shield walkers from the sun on his bridge construction so they can enjoy the views from pleasant shade. The steel piers of this observation bridge are graceful prefab structural girders; the handrails are also mounted prefab elements.

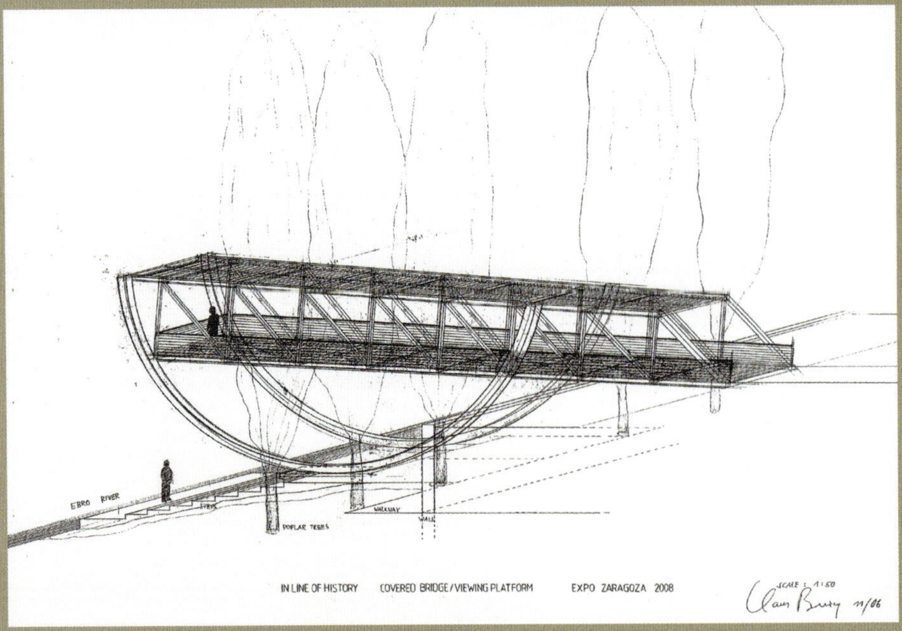

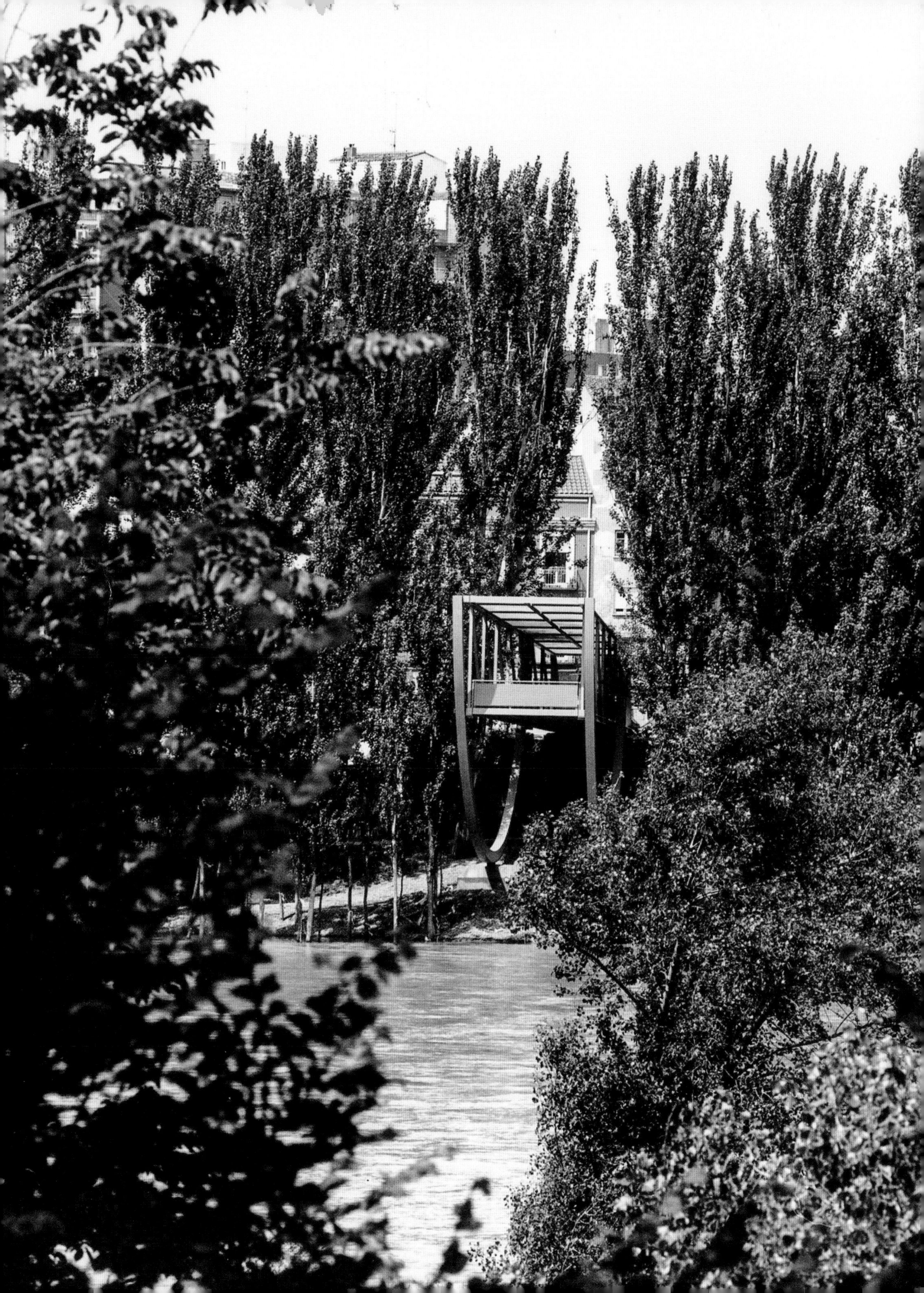

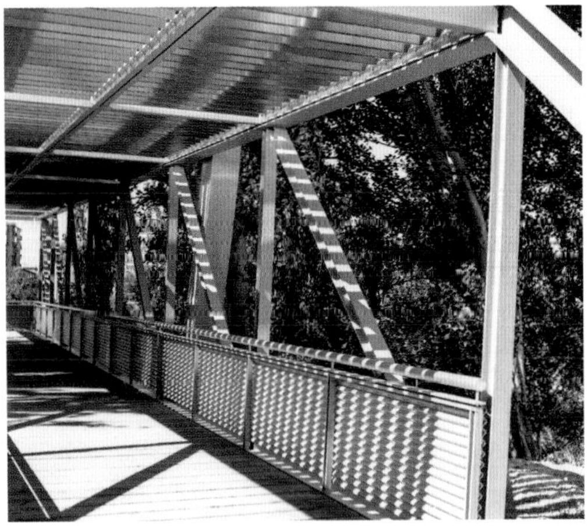

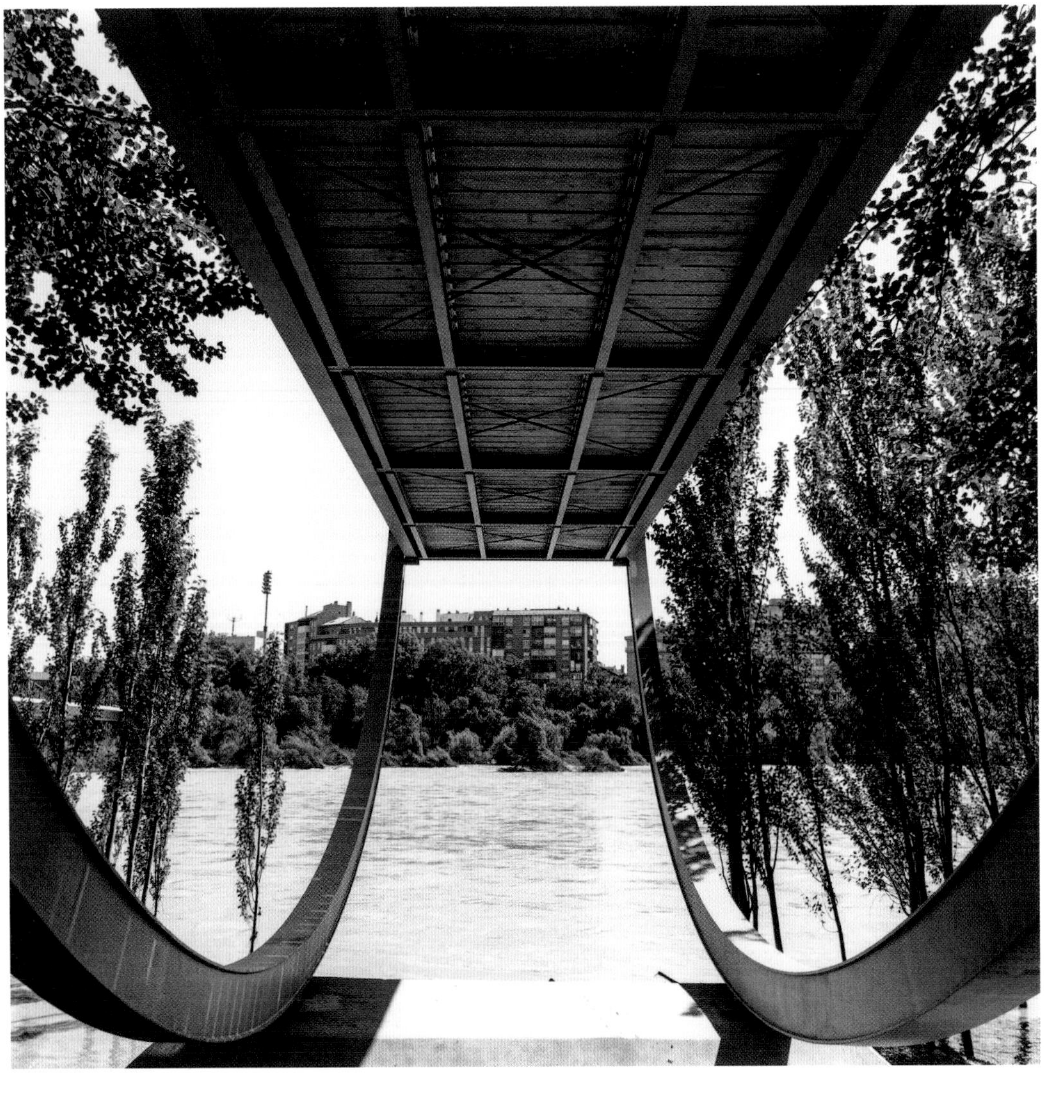

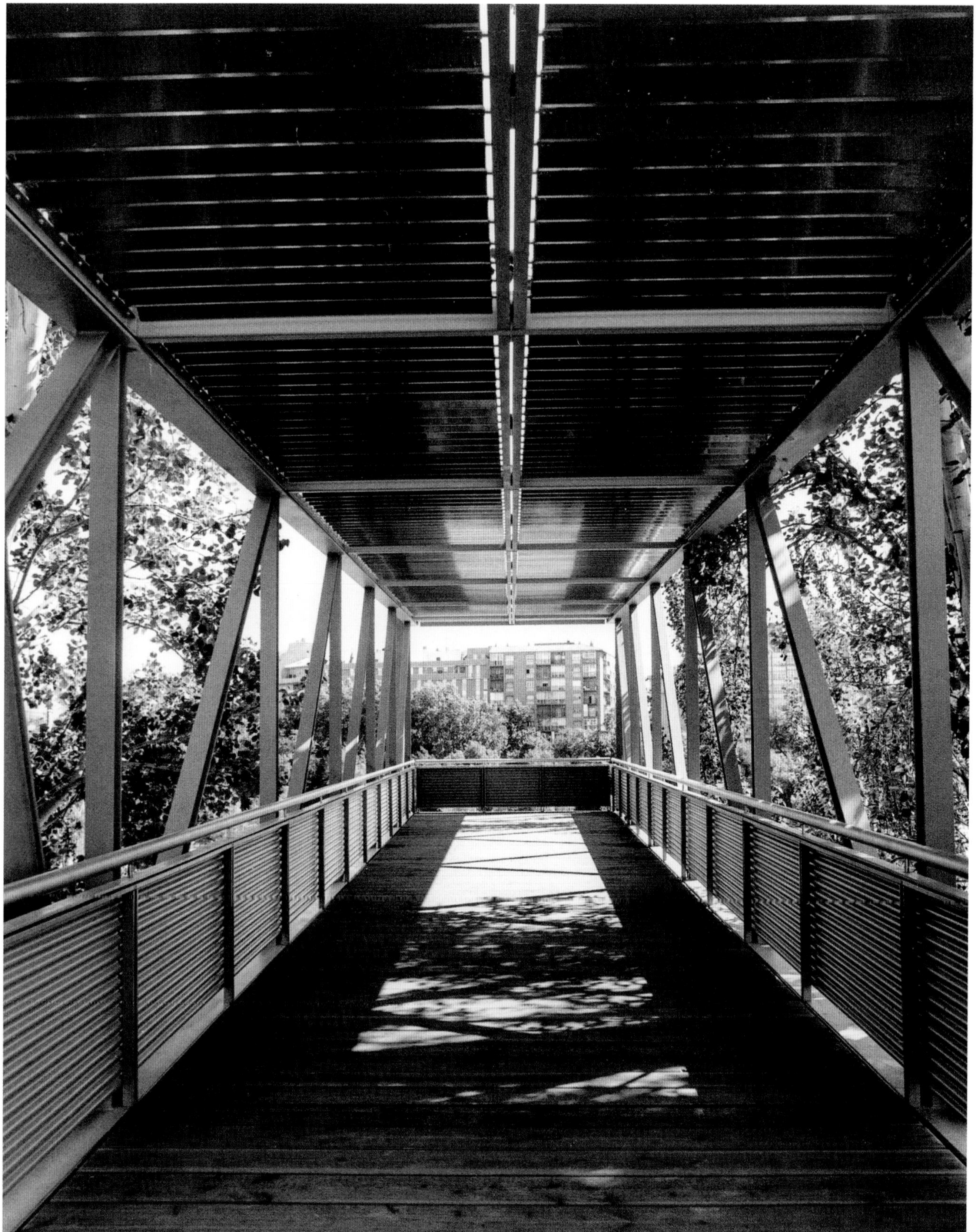

90

Brücke über den Amstelbach (2008) Grenze bei Kerkrade, Holland, und Herzogenrath, Deutschland

Holzkonstruktion. 12 × 5 × 2 m

Diese Holzbrücke verbindet zwei Ackerbrachen *in the middle of nowhere* an der holländisch-deutschen Grenze. Zwischen Auflagern aus Beton spannen sich zwei massive Holzträger, die durch sieben weit auskragende Querträger gekreuzt werden. Auf ihnen liegen, durch schräge Kanthölzer gestützt, die beiden muskulären Brückenbögen auf. Deren offene Seiten sind mit diagonal angeordneten Planken gefüllt, ihre Zwischenräume erzeugen ein lebendiges Licht- und Schattenspiel. Für die bescheidene Dimension des Baches scheint die Brücke massiver als es statisch wohl nötig wäre. Offenbar war auch hier dem Künstler die skulpturale Kraft und Präsenz wichtiger als die pragmatische Funktion. Zudem ist die länderverbindende Symbolik einer solchen Konstruktion offensichtlich. Diese Skulptur könnte auch *Eine Brücke schlagen* heißen.

Bridge over the Amstel Brook (2008) On the Dutch-German border between Kerkrade, the Netherlands, and Herzogenrath, Germany

Timber structure. 12 × 5 × 2 m

This wooden bridge links two fallow fields in the middle of nowhere on the Dutch-German border. Two solid wooden supports crossed by seven crossbeams that jut out noticeably at the sides stretch between concrete bridge bearings. The two muscular bridge arches rest on these crossbeams, braced by slanting struts. The open sides are filled with diagonally arranged planks; the intervals between them generate a lively play of light and shade. With the brook as modest in size as it is, the bridge seems more massive than statics would probably require. Here, too, making a powerful sculptural impact was evidently more important to the artist than practical function. Moreover, the country-linking symbolism of a construction of this kind is self-evident. This sculpture might also be called *A Bridge to Friendship*.

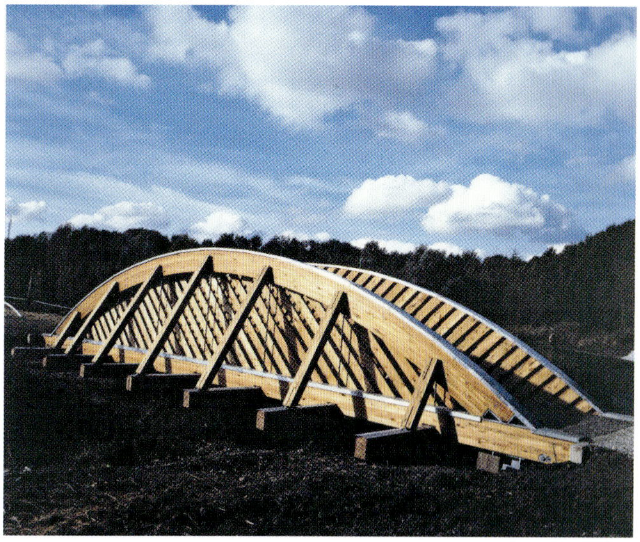

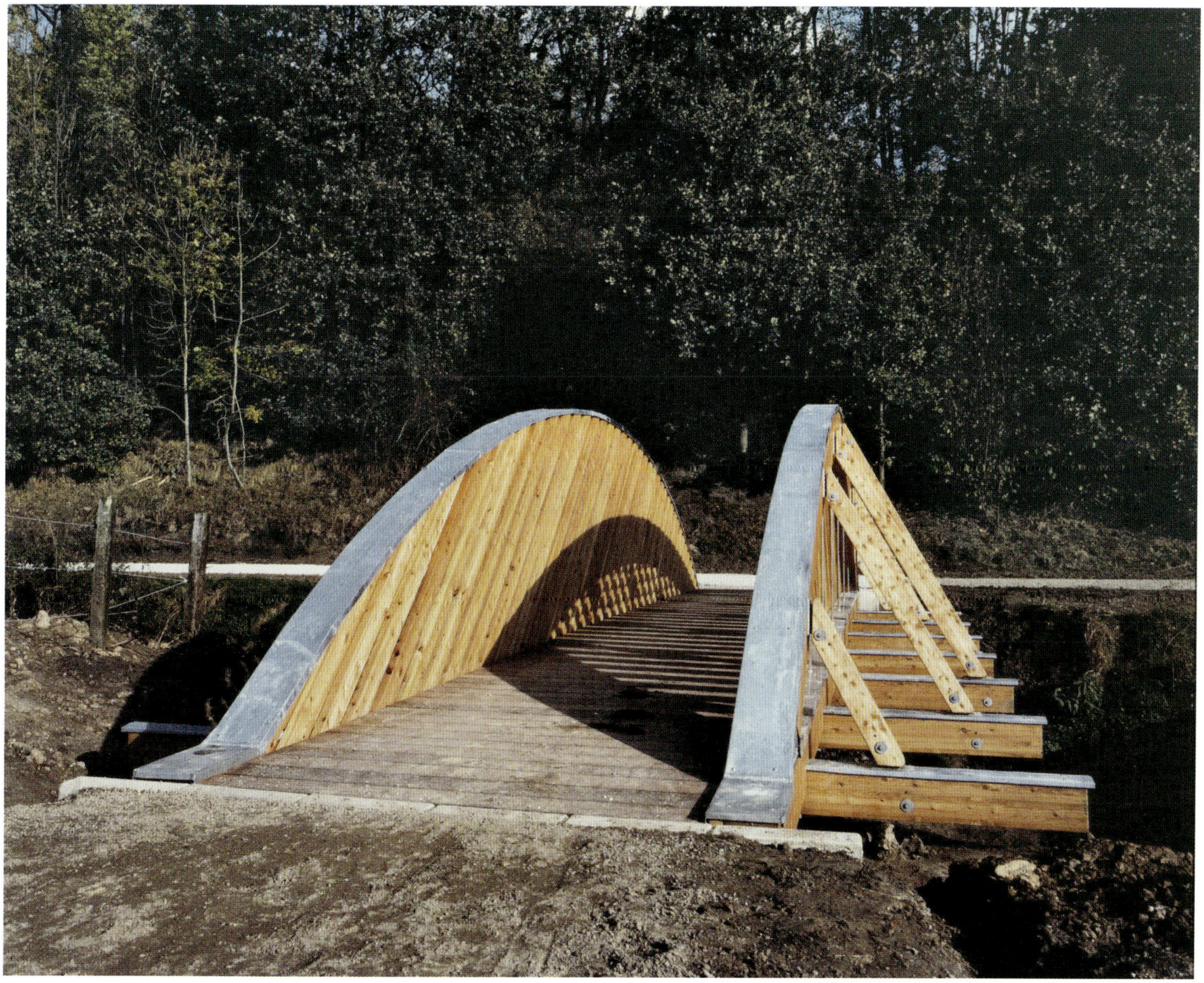

91

Landungssteg Fellbach (2009)
Fellbach, Deutschland

Stahlkonstruktion, weiß gefasst. 25 × 4,1 × 8 m

Zur Gemarkung Fellbach bei Stuttgart gehören am Ende des Weidachtals einige hundert Meter Neckarufer. Im Rahmen des Projektes Landschaftspark Neckar wurde in den Jahren 2008 und 2009 die Renaturierung des Abschnitts und die Installation des begehbaren Kunstwerks *Landungssteg Fellbach* gefördert. Diese 24 Meter lange Stahlskulptur endet sechs Meter über der Wasseroberfläche. Schon das macht klar, dass es dem Künstler nicht um das reale Anlegen von Schiffen ging, sondern um die Errichtung eines Aussichtspunktes. Die ineinandergeschobenen Stahlelemente des Stegs lassen an den russischen Konstruktivismus denken, an Wladimir Tatlin, die Wesnin-Brüder oder El Lissitzky. So ist dieser Steg eine Hommage von Claus Bury an eine seiner Anregungskontexte: die russische Avantgarde der 1910er- und 1920er-Jahre.

Fellbach Landing Stage (2009)
Fellbach, Germany

Steel structure in white. 25 × 4.1 × 8 m

A few hundred metres of the banks of the Neckar at the end of the Weidach Valley belong to the Fellbach district near Stuttgart. Under the auspices of the Neckar Landscape Park project, the section was renatured and an enterable art work, *Fellbach Landing Stage*, was sponsored in 2008 and 2009. A steel sculpture twenty-four metres long, it ended six metres above the surface of the water. That fact alone makes it clear that the artist was concerned with setting up an observation point rather than ships really docking. The way the steel elements of the landing stage telescope into one another is reminiscent of Russian Constructivism, of Vladimir Tatlin, the Vesnin brothers and El Lissitzky. This landing stage is, therefore, Claus Bury's homage to one of his sources of inspiration: the Russian avant-garde of the 1910s and 1920s.

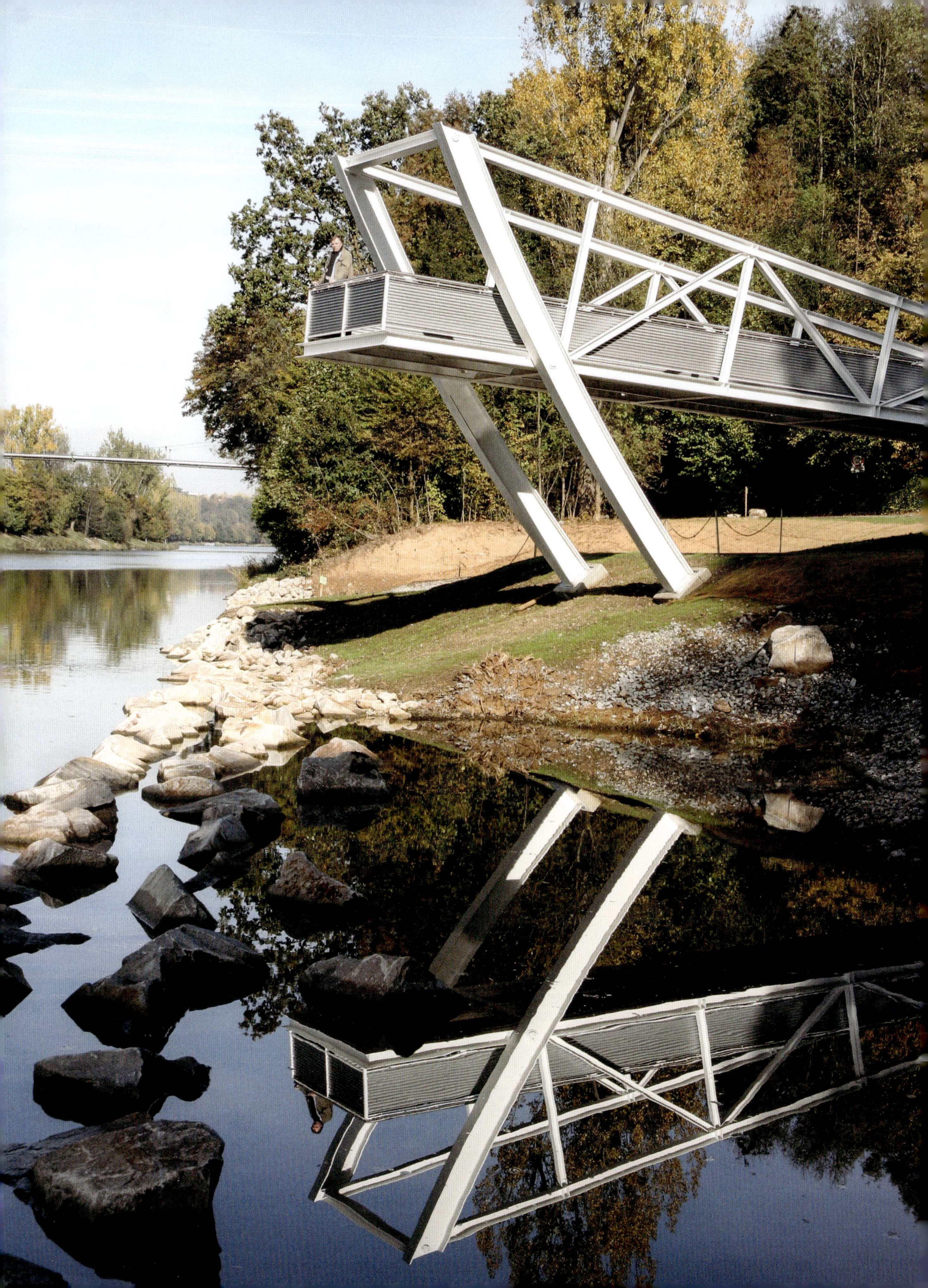

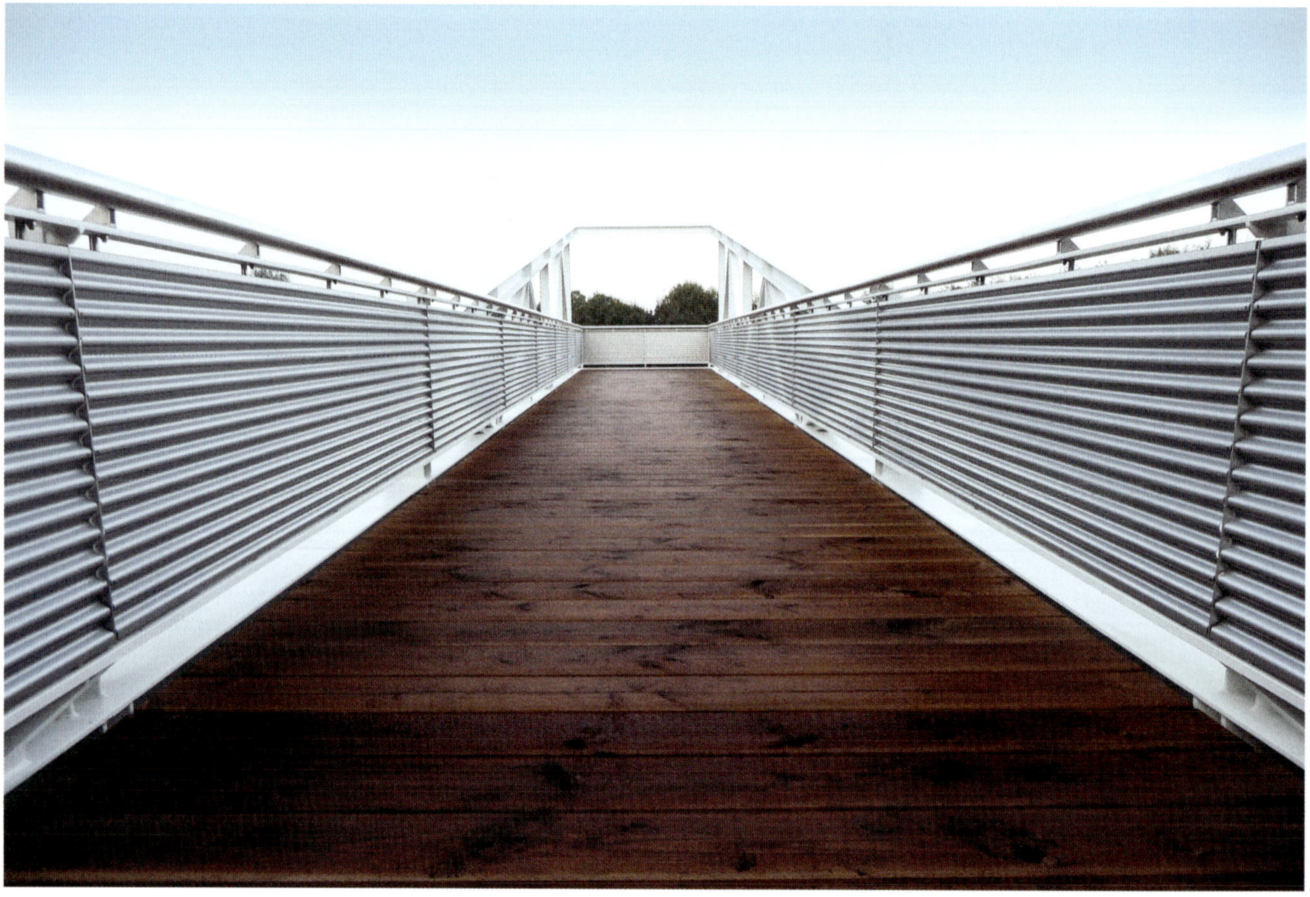

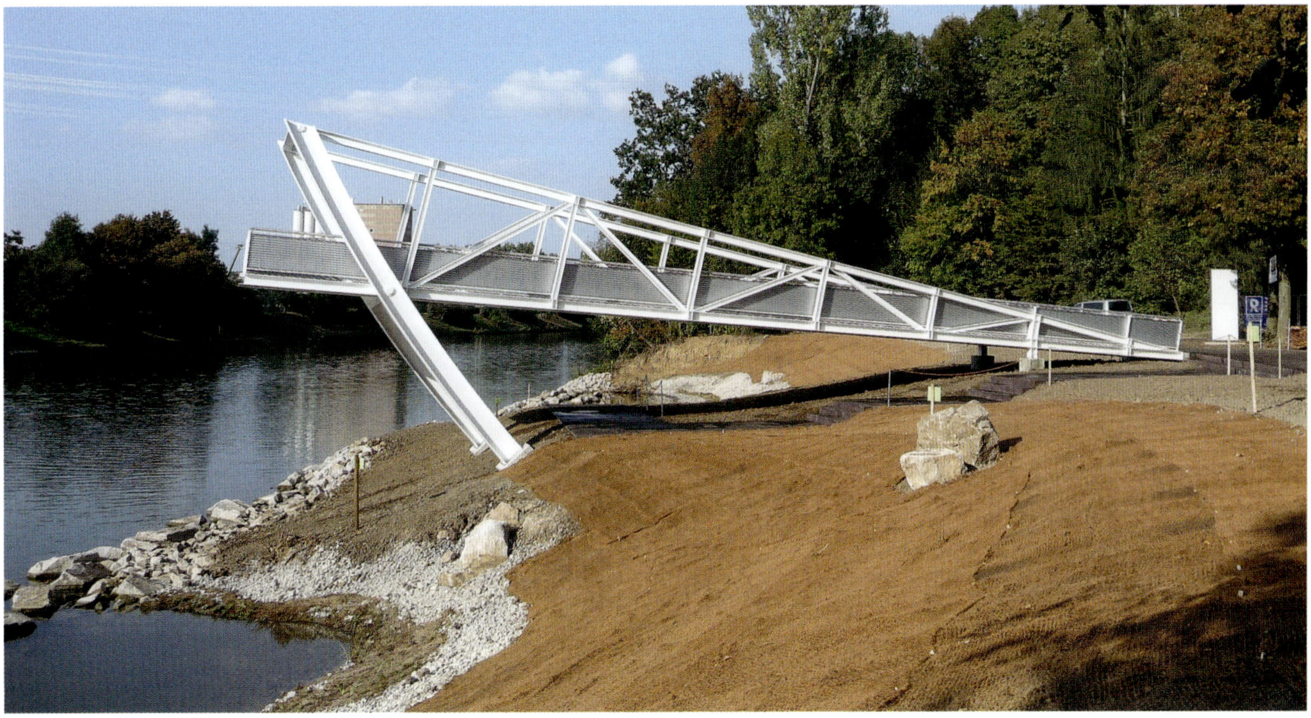

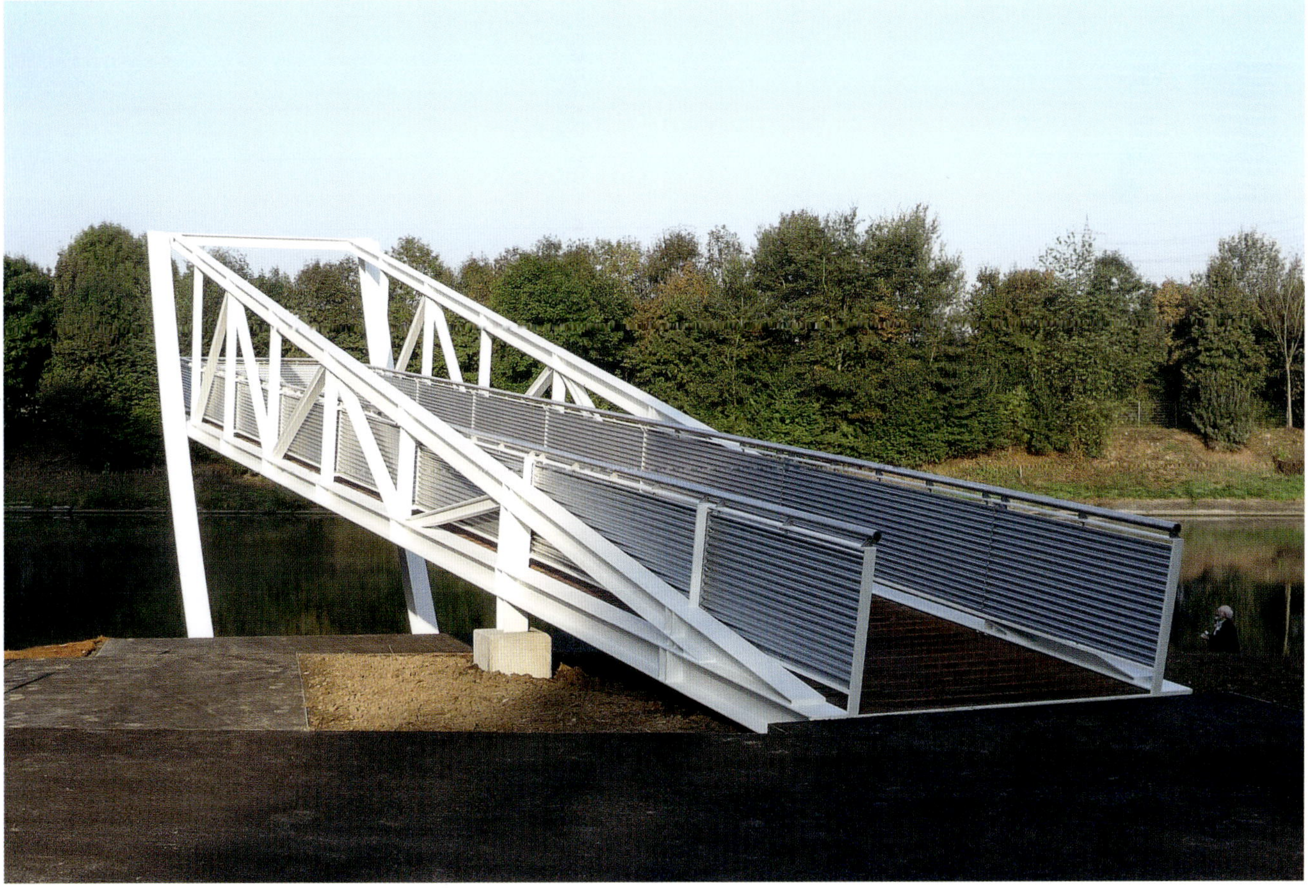

92

Heupyramide (2009)
Forum Kunst Rottweil, Deutschland

Heuballen. 3,85 × 5,1 × 5,1 m

Seit Jahrzehnten fotografiert Bury auf seinen Reisen die Heuballen, die Bauern in allen Erdteilen auf ihren Wiesen als Wintervorräte für ihre Tiere anlegen und zu erstaunlichen architektonischen Gebilden auftürmen. Bury nennt diese Gebilde *Bauernarchitekturen*. Diese oft mehrgeschossigen Baumassen aus getrocknetem Gras zitieren oft klassische Bautypologien wie Tempel, Grabmäler, Jurten oder Pyramiden. Indem der Künstler eine solche *Bauernarchitektur* als Heupyramide aus dem Kontext ihrer normalen Umgebung in einen Museumsinnenraum stellt, verändert er die anonyme Banalität zu einer elaborierten, reflexiven Kulturleistung. Großformatige Schwarz-Weiß-Fotografien verdeutlichten zusätzlich den Formenreichtum dieser Heuarchitekturen.

Hay Pyramid (2009)
Forum Kunst Rottweil, Germany

Hay bales. 3.85 × 5.1 × 5.1 m

For decades Bury has photographed on his travels the hay bales that farmers all over the world leave out on their fields to be stored as winter fodder for their farm animals and pile up into astonishing architectonic configurations. Bury calls these configurations 'farmer architectures'. Often 'multistorey', these architectonic complex volumes formed of dried grass tend to quote classical architecture typologies such as temples, tombs, yurts and pyramids. By transferring a piece of this farmer architecture as *Hay Pyramid* from the complex of its usual environment to a museum interior, the artist changes an anonymous mundane object into a cultural artefact, an achievement resulting from much thought and work. Black-and-white photographs shed additional light on the formal diversity shown in these hay architectures.

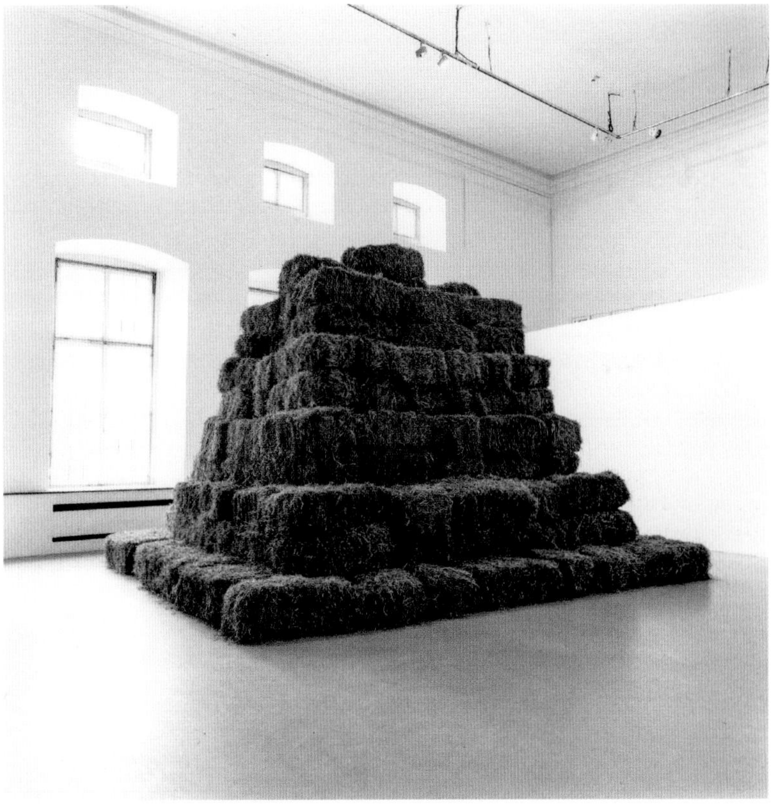

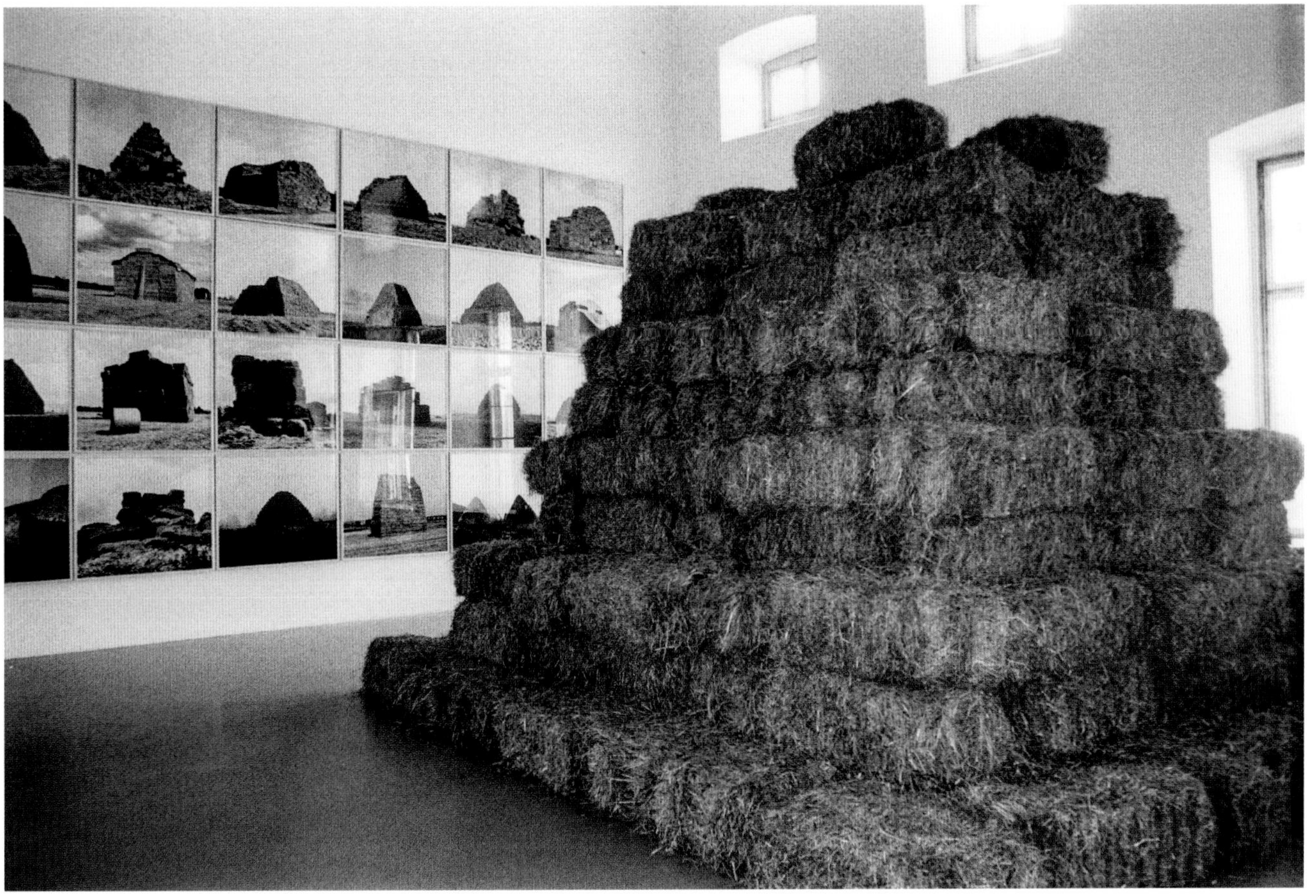

93

Raststätte Nürnberg (2008) Neues Museum Nürnberg, Deutschland

Holzkonstruktion. 12 × 6 × 8,8 m

Der Klarissenplatz vor dem Neuen Museum in Nürnberg ist von differenten Bauepochen geprägt. Einerseits von der alten Stadtmauer im Süden und einigen Häusern im Osten, andererseits von der groß dimensionierten geschwungenen Glasfassade des Neuen Museums im Westen, die tiefe Einblicke in das Innere des Museums erlaubt. Bury hatte mit seiner *Raststätte Nürnberg* genannten Skulptur ein benutzbares Environment geschaffen, welches dem Platz eine neue Proportion verlieh. Sie vermittelte zwischen der Monumentalität der modernen Architektur und dem Maßstab der Menschen. Auf einem flachen Holzpodest erhob sich eine konisch geneigte Kubatur in der Außenkontur eines Pyramidenstumpfes. Die Sockelzone war eineinhalb Meter hoch und bot an den Außenseiten der zwölf auf sechs Meter großen Grundfläche reichlich Sitz- und Verweilmöglichkeiten. Über dem Sockel trugen viele grazile Holzstützen, die die Konstruktion filigran erscheinen ließen, eine geschlossene Dachkonstruktion. Dieser Dachaufbau reihte fünf geschlossene kastenförmige Volumen hintereinander. Jörg van den Berg fasst zusammen: „Die Konstruktion der Arbeit ist jederzeit und an jeder Stelle für den Betrachter nachvollziehbar ... Die Transparenz der ‚Raststätte' basiert aber nicht nur auf den formalen Entscheidungen, sondern eben auch auf der Offenlegung ihres Gemacht-Seins. Das Holz zeigt dem Betrachter seine Verarbeitung, zeigt seine handwerkliche Umsetzung einer formalen Idee. Einfachheit und Präzision überzeugen, ohne zu imponieren. Es gibt keine Verblendungen, nichts entzieht sich dem An- oder Einblick, alles scheint ausschließlich konstruktiven Notwendigkeiten zu folgen. In eben dem Maße aber, wie sich die Skulptur rückhaltlos öffnet, unterläuft sie formal eine Grunddeterminante unserer öffentlichen Räume, nämlich die Differenz von Innen und Außen. Selbstverständlich hat die ‚Raststätte' ein Innen. Aber dieses Innen definiert sich, ohne sich vom umgebenden Außen abzuschließen. Und im Gegensatz zur Glasfassade des Museums, die Ähnliches suggeriert, ist Offenheit hier faktisch erlebbar."[1]

1 Jörg van den Berg: Wahrnehmungsarchitekturen. Skulptur – Objekt – Bühne, in: Neues Museum Nürnberg / Die Neue Sammlung München (Hrsg.): Claus Bury. Maßstabssprünge, Nürnberg 2010, S. 211–222, S. 212 f.

Nuremberg Service Station (2008) Neues Museum Nürnberg, Germany

Timber structure. 12 × 6 × 8.8 m

Klarissenplatz in front of the Neues Museum in Nuremberg is a medley of period styles in architecture. On the south side there is the old city wall, on the east side there are some houses and on the west side there is the large-scale curving glass façade of the Neues Museum, which affords searching glimpses into the museum interior. With *Nuremberg Service Station*, Bury created an environment that could be used, which altered the proportions of the square because it mediated between the monumentality of the modern architecture and the human scale. The cubic contents of a tapering structure in the outer contours of a truncated pyramid rose above a flat wooden plinth. The base zone was one and a half metres high and provided abundant seating and places to stay along the outsides of the twelve by six metre ground plan. Above the base many delicate wooden struts, which lent the construction its lacy appearance, supported a complete roof structure, consisting of five closed, box-shaped volumes in sequence. Jörg van den Berg summarises: 'The construction of this work is easy for the viewer to grasp at any time and from any vantage point. [...] However, the transparency of the "Service Station" was based not only on decisions about form but indeed also on revealing how it was made. The wood shows the viewer how it was worked, revealing the craftsmanship that went into realising an idea of form. Its simplicity and precision are convincing without being imposing. There are no illusions, nothing eludes the glance at it or the glimpse inside; everything seems to obey only the requirements of construction. However, to the extent that the sculpture opens up without reserve, it formally subverts a basic principle informing our public spaces – that is, the difference between inside and outside. Of course, the "Service Station" has an interior. But this interior defines itself without shutting itself off from its exterior surroundings. And, in contrast to the glass museum façade, which hints at a similar quality, openness can be experienced here in actual fact.'[1]

1 Jörg van den Berg, 'Wahrnehmungsarchitekturen. Skulptur – Objekt – Bühne', in Neues Museum Nürnberg/Die Neue Sammlung München (eds.), *Claus Bury. Maßstabssprünge*, Nuremberg 2010, pp. 211–222, pp. 212–213.

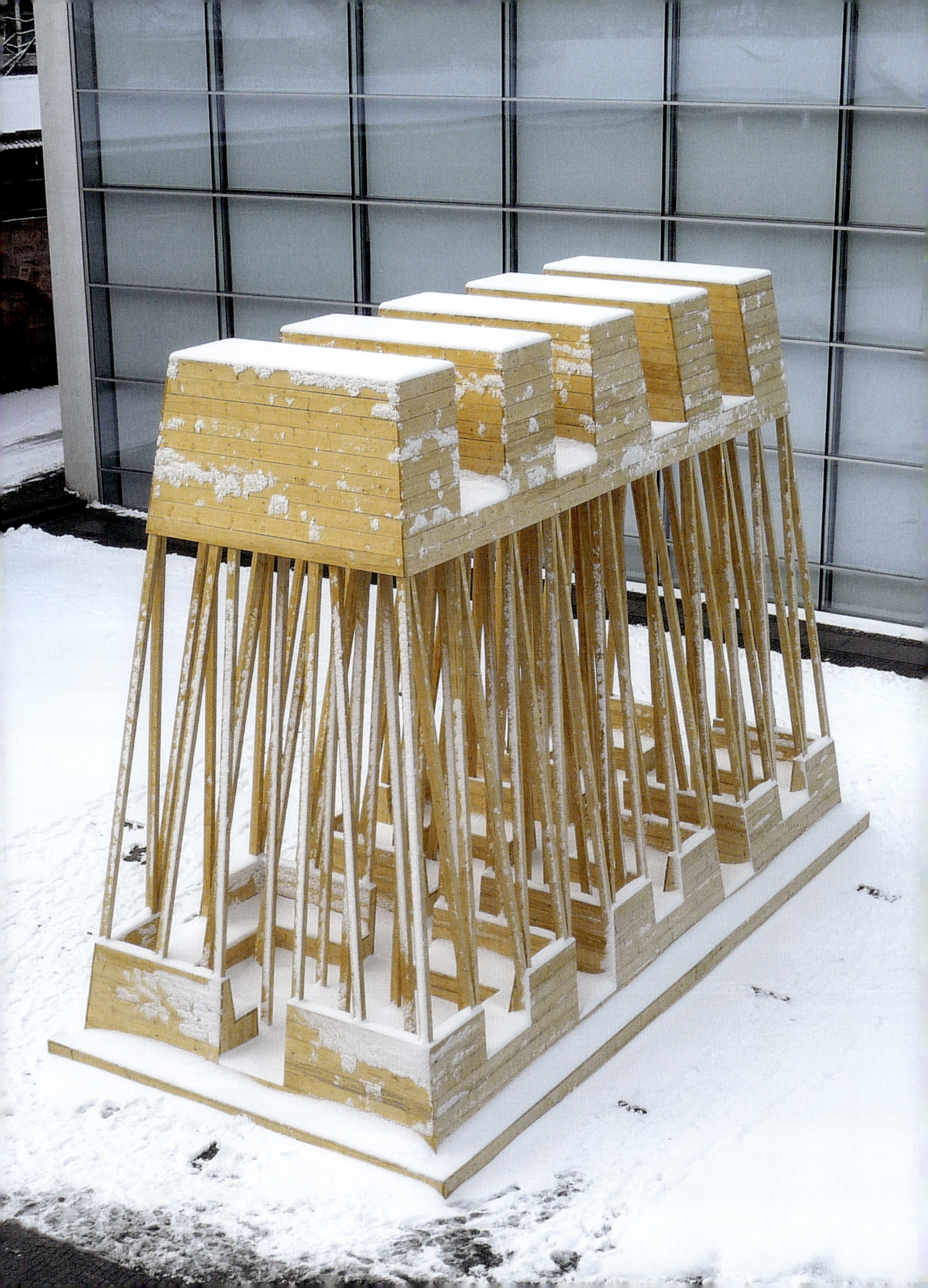

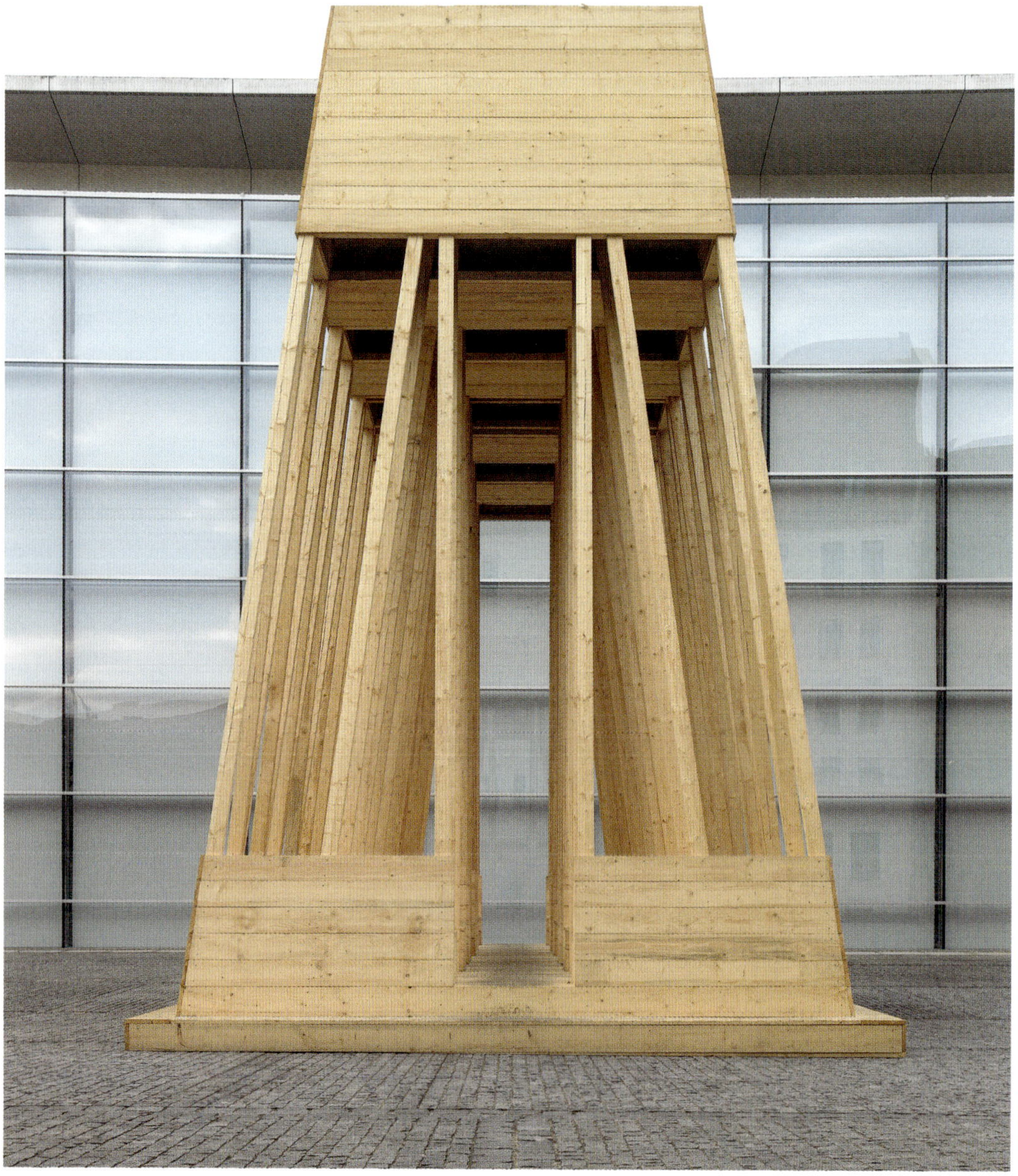

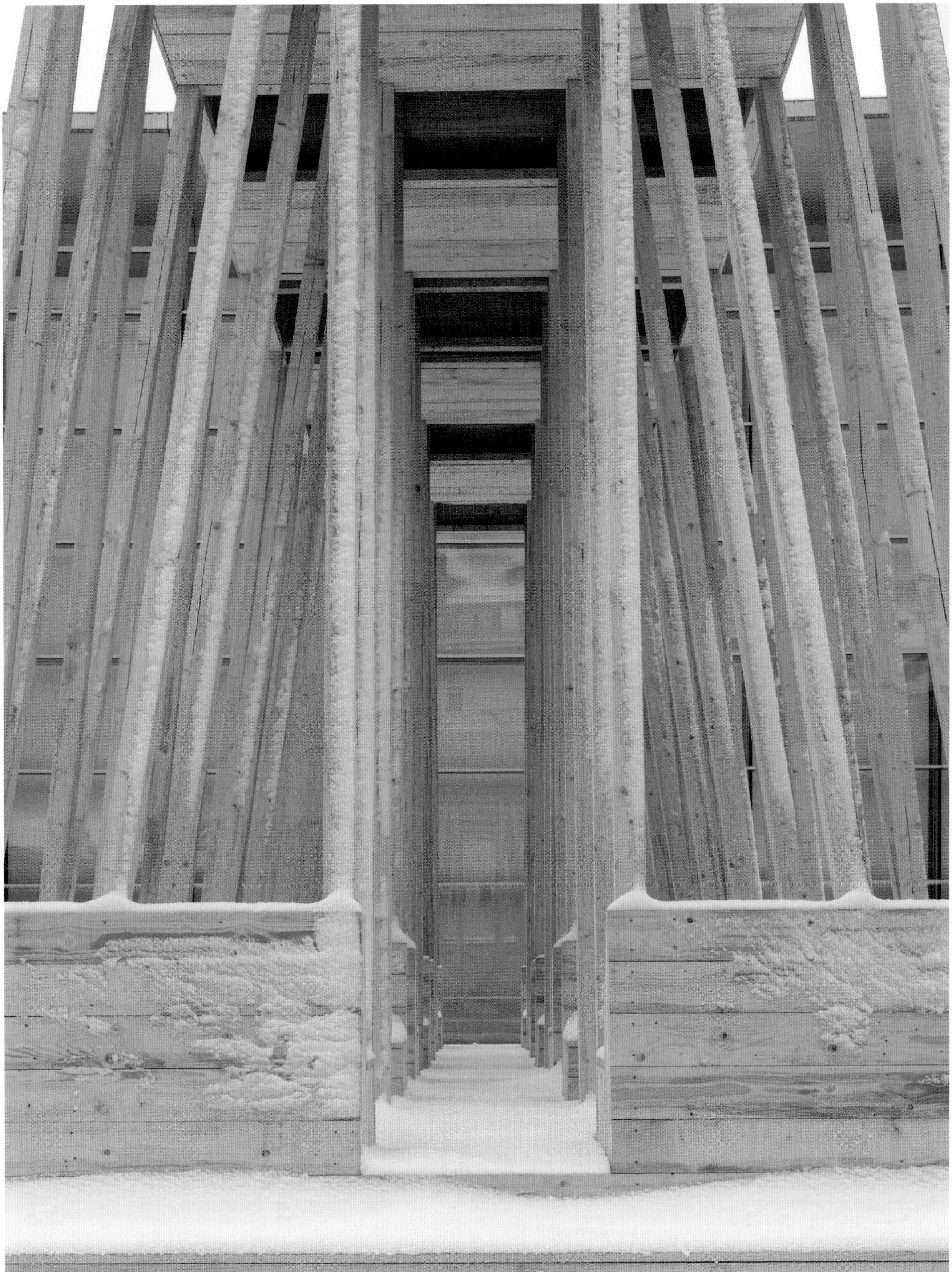

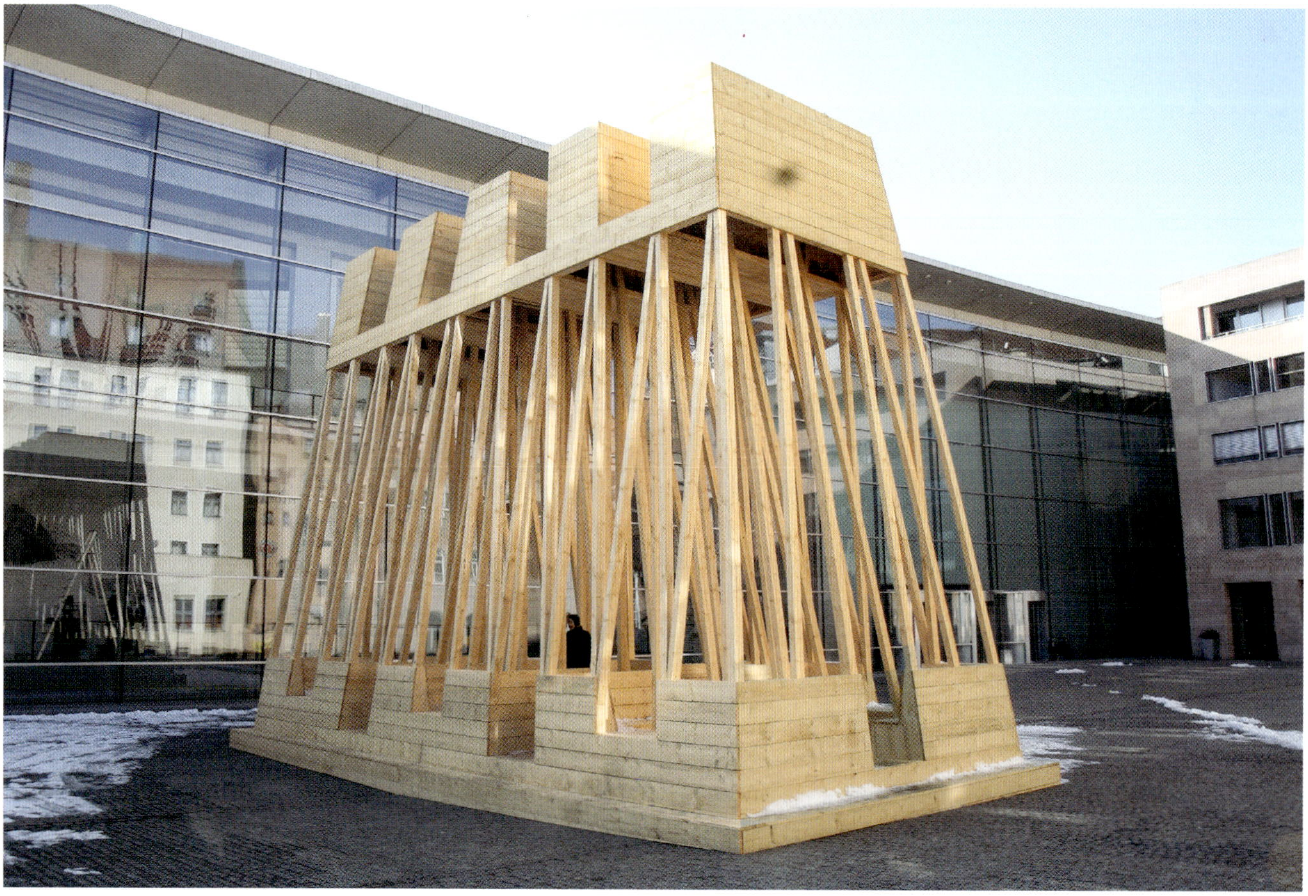

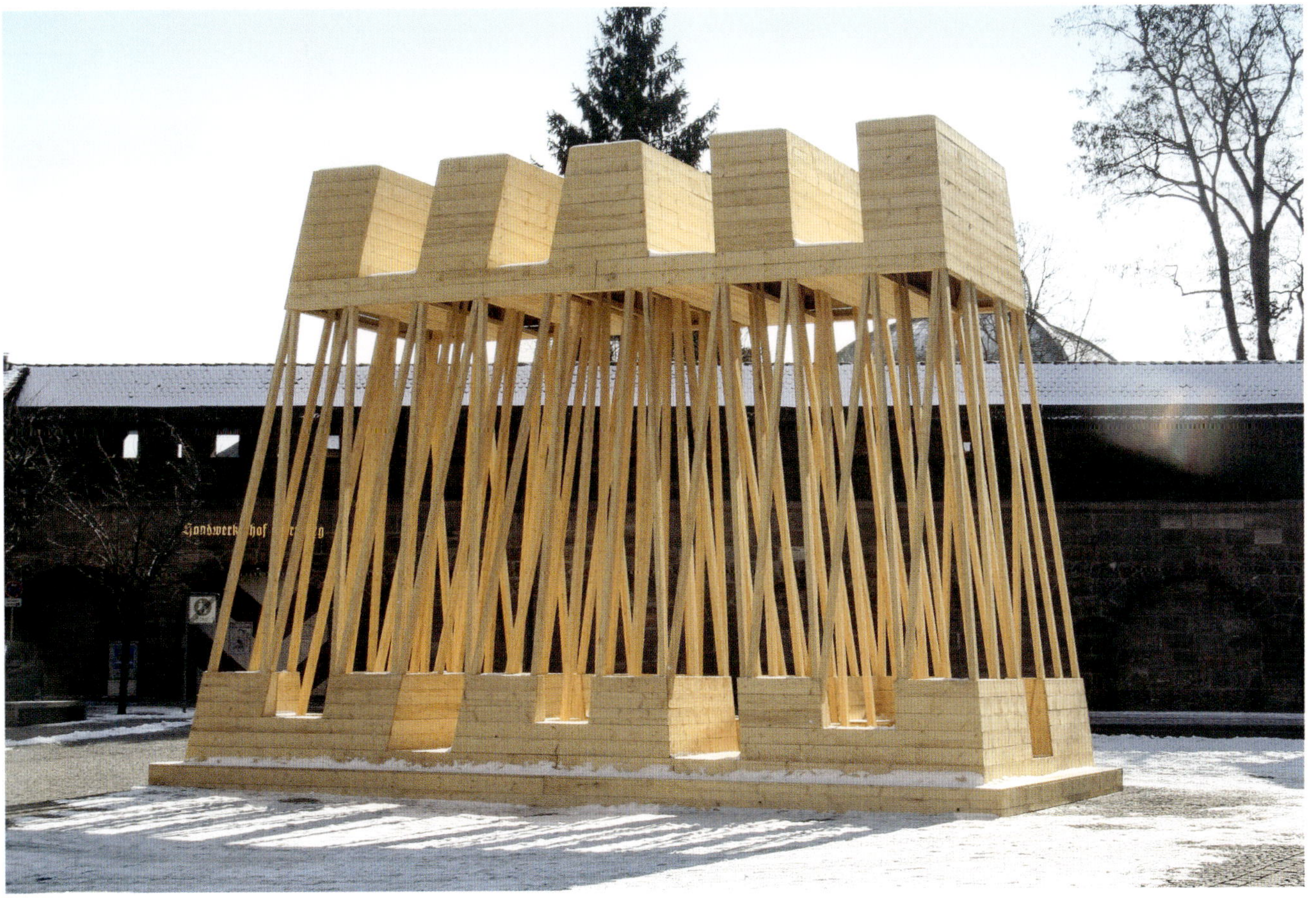

94

Maßstabssprünge (2010)
Einzelausstellung im Neuen Museum Nürnberg, Deutschland

In dieser Ausstellung zeigte Bury seine zehn auf acht auf fünf Meter messende, begehbare Großskulptur *Gewächshaus für Gedanken* (vgl. Nr. 87), eine Auswahl seiner konzeptionellen Hochhausmodelle sowie Präsentationsmodelle für Großskulpturen, ergänzt durch Konstruktionspläne, Malbücher und weit über hundert Schwarz-Weiß-Fotografien der *Bauernarchitekturen* aus Heu- und Strohballen. So ähnelte die Nürnberger Ausstellung der drei Jahre vorher gezeigten Einzelausstellung in Frankfurt am Main.

Leaps of Scale (2010)
Solo show at the Neues Museum Nürnberg, Germany

At this exhibition Bury showed his large, enterable sculpture *Hothouse for Thoughts* (see No. 87), which measured ten by eight by five metres, a selection of his conceptual skyscraper models and presentation models for monumental sculpture, supplemented by construction plans, painting books and well over one hundred black-and-white photographs of farmer architecture consisting of bales of hay and straw. Thus the Nuremberg exhibition was similar to the solo show he had had three years before in Frankfurt am Main.

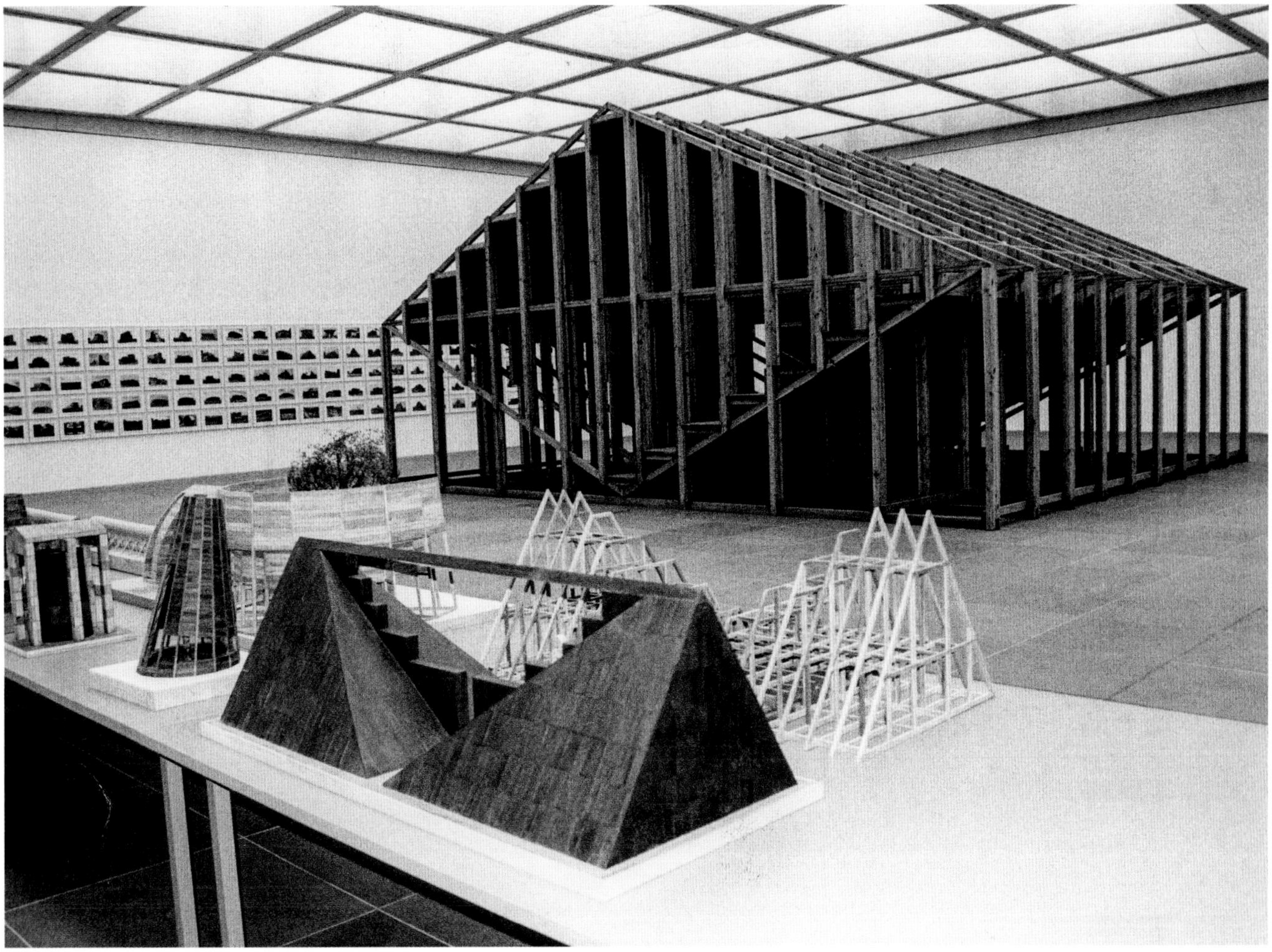

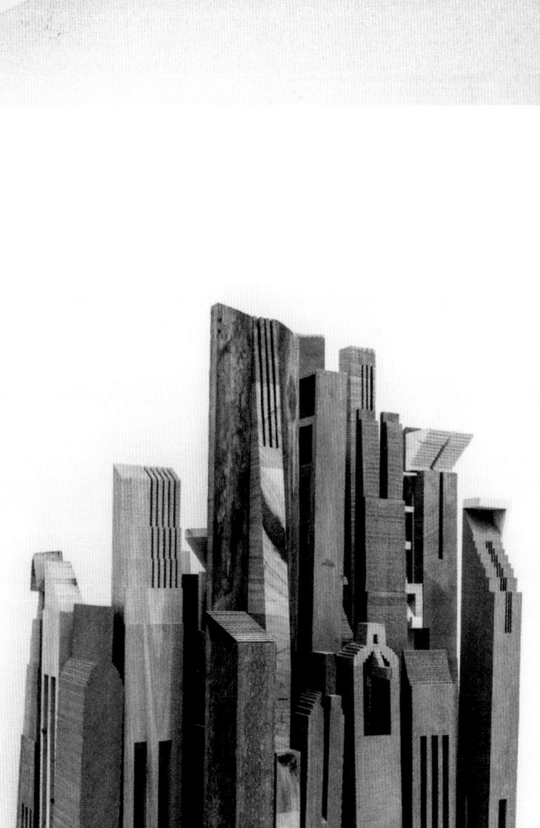

95

Kirchenschiffe (2009)
Liebfrauenkirche Duisburg, Deutschland

Holzpodeste, grau gefasst. 20 × 5,7 × 3,5 m

In dem leeren Kirchenraum der 1960er-Jahre hat der Künstler zwei mächtige Sockel diagonal angeordnet, auf denen seine zwei *Kirchenschiffe* ruhen. Diese Sockel sind so hoch, dass die beiden gekurvten Modelle, die sich jeweils abgetreppt progressiv erhöhen, auf dem Niveau der Seitenschiffdecken der Liebfrauenkirche positioniert sind. Auch diese beiden Modellskulpturen folgen wieder den Proportionen der Fibonacci-Reihe. Die beiden 21 Meter langen Modelle bestehen aus geschichteten Quadern, sodass die Kirchenschiffmodelle wie gemauert wirken. Jeder der Quader hat auf seinen Stirnseiten zwei Stäbe, die Veränderbarkeit und Umschichtungen suggerieren, ikonografisch aber auch auf das rituelle Tragen der alttestamentarischen Bundeslade verweisen. Durch die diagonalen Sockel wird die eindeutige Symmetrie des Kirchenraumes gestört und gebrochen. Der Raum zwischen den beiden Sockeln verengt sich perspektivisch in einer geradezu klaustrophobischen Weise und kontrastiert damit – in der Bewegungswahrnehmung beim Begehen – die hohe, lichte Weite des Kircheninnenraumes.

Church Naves (2009)
Liebfrauenkirche Duisburg, Germany

Wood platform in grey. 20 × 5.7 × 3.5 m

In an empty 1960s church interior, Bury arranged two vast plinths diagonally for his two *Church Naves* to rest on. These plinths are so high that the two curvilinear models, each of which rises progressively in steps, are positioned on a level with the ceilings of the side aisles in the Liebfrauenkirche [Church of Our Lady]. The two model sculptures again follow the proportions according to the Fibonacci series. Each model is twenty-one metres long and each consists of stacked rectangular prisms, making the *Church Nave* models look like hewn masonry. Each rectangular prism has two rods on its narrow sides, which evoke variability and restacking. Iconographically, however, they also allude to the ritual carrying of the Old Testament Ark of the Covenant. The unambiguous symmetry of the church interior is disrupted and broken into by the diagonal plinths. Depending on viewers' perspective on it as they walk around it, the space between the two plinths narrows almost claustrophobically to contrast sharply with the lofty, light and airy spaciousness of the church interior.

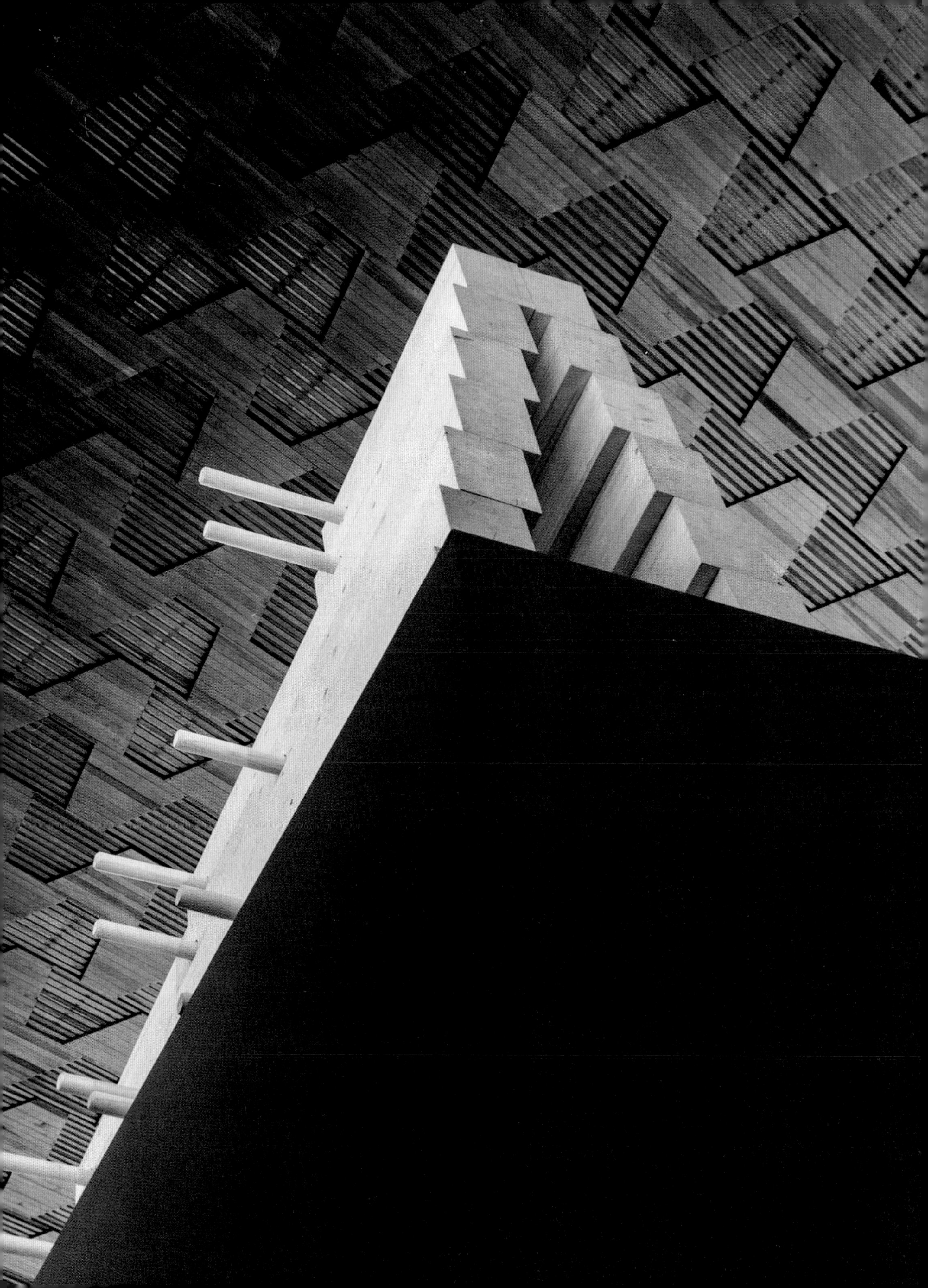

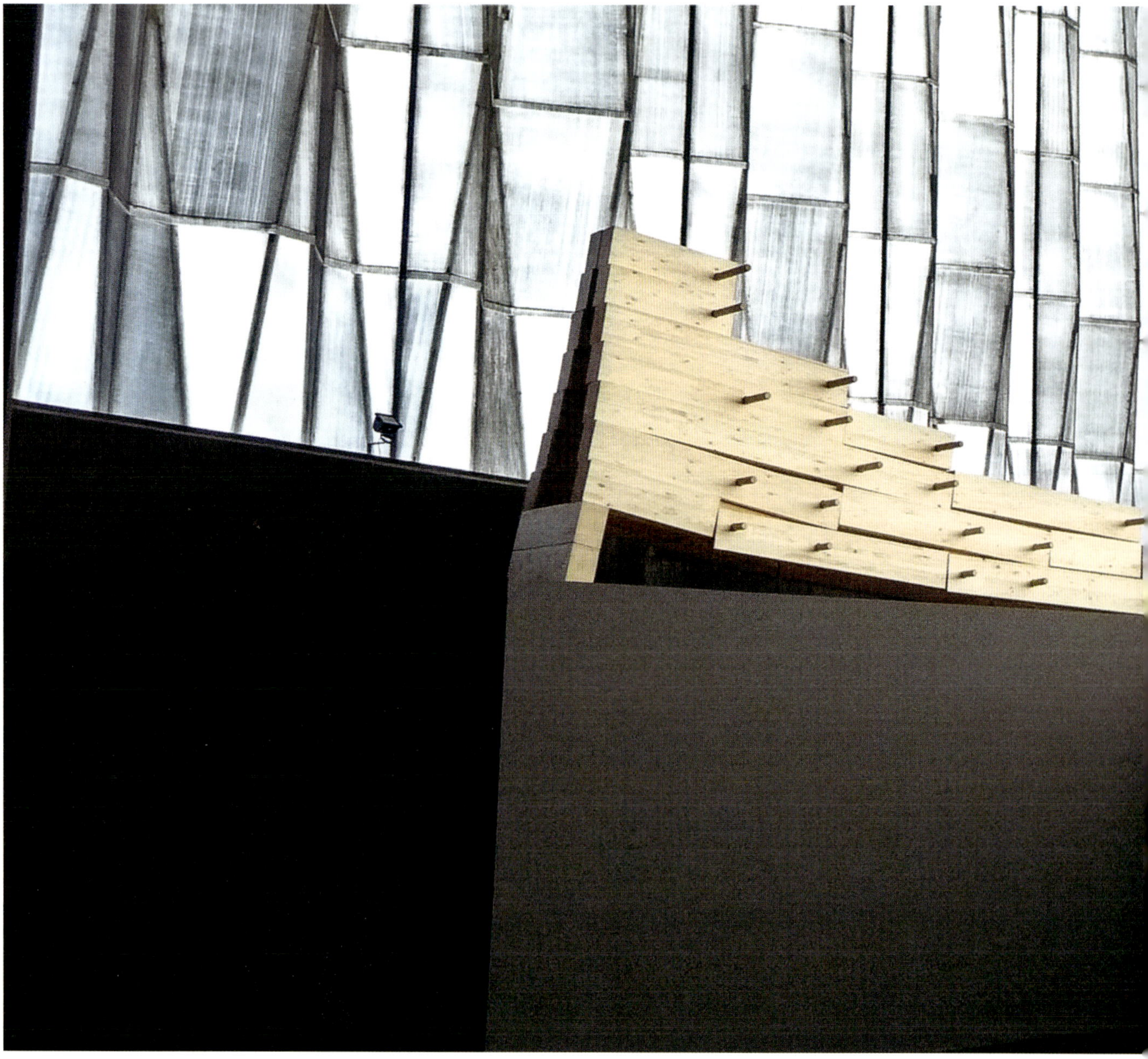

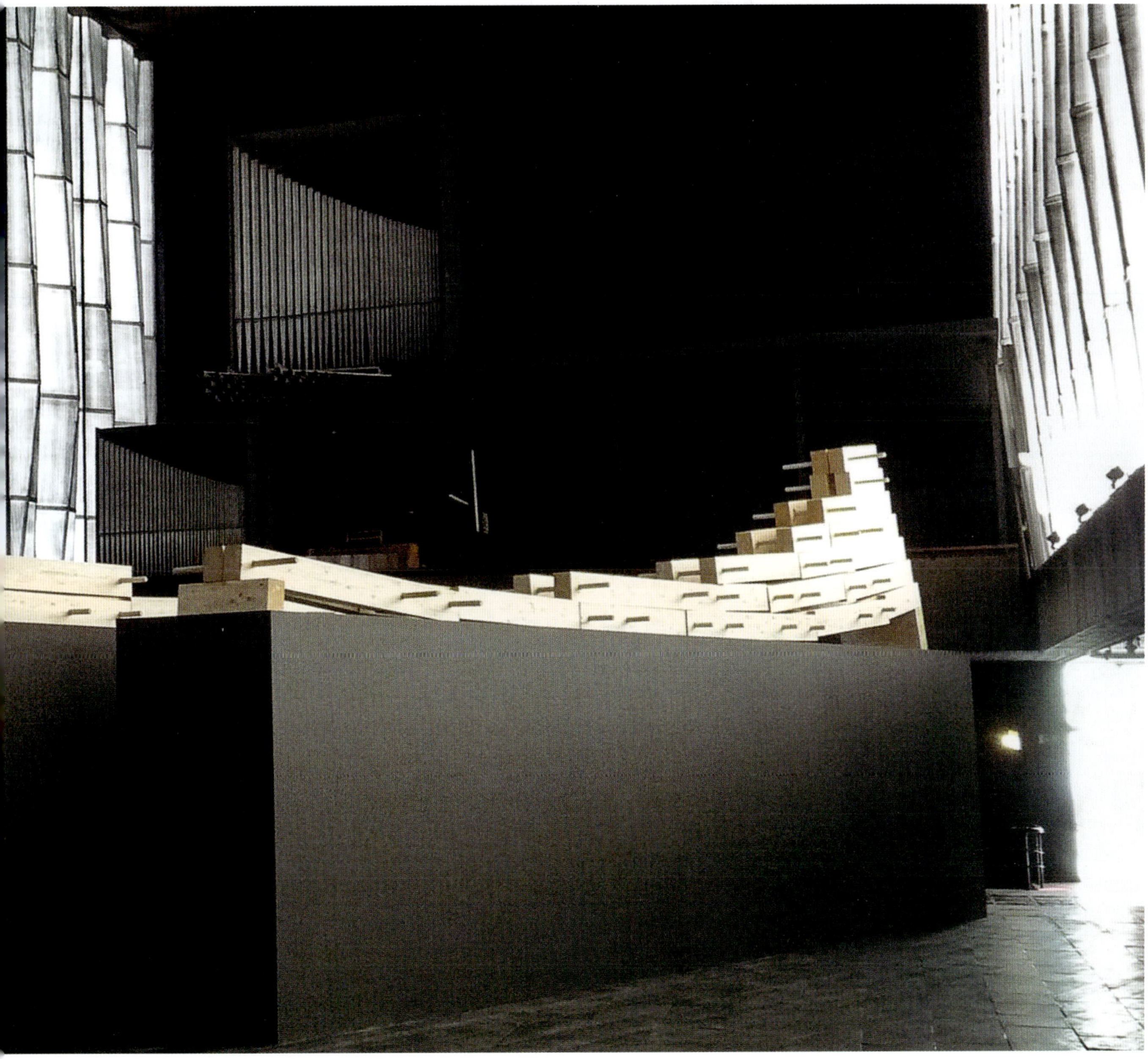

96

Am Kanal, Schiffbar (2011)
Am Main-Donau-Kanal bei Berg, Deutschland

Farbiger Beton. 14,2 × 2,4 × 3,4 m

Der Bau des alten Kanals zwischen Donau und Main wurde 1836 durch den bayerischen König Ludwig I. begonnen. An dem etwa 180 Kilometer langen Bauwerk mit damals 70 Dämmen und 60 Geländeeinschnitten waren teilweise bis zu 10.000 Arbeiter aus Deutschland, Österreich und Italien beschäftigt. Nach zehnjähriger Bauzeit wurde der Kanal 1846 fertiggestellt. 1950 wurde der Schiffsverkehr aufgrund der übermächtigen Konkurrenz von Eisenbahnen und Lastwagen für den Gütertransport eingestellt. Heute ist dieses kulturhistorische Baudenkmal ein Naherholungsgebiet zum Wandern und Radfahren. Der interessanteste Abschnitt befindet sich bei der Ortschaft Berg zwischen Nürnberg und Regensburg. Hier hat Bury direkt neben den Kanal eine Brücke aus Beton gestellt, die einen mit Seitenwänden versehenen Treppenaufgang hat. Er überlappt eine schaukelbootartige Form, die ihrerseits eine fast ebenerdige Aussparung aufweist. Der Beton mag eine Reminiszenz an die Materialität des alten Kanals sein, während der Titel fast trotzig eine erneute Inbetriebnahme zu reklamieren scheint.

On the Canal, Navigable (2011)
On the Main-Danube Canal near Berg, Germany

Coloured concrete. 14.2 × 2.4 × 3.4 m

Construction work on the old canal between the Danube and the Main began in 1936 during the reign of Ludwig I of Bavaria. At times up to 10,000 workmen from Germany, Austria and Italy were employed at the construction site, which was about 180 kilometres long, with seventy sluice gates and sixty cuts through the surrounding terrain. The canal, which took ten years to construct, was finished in 1846. Shipping on the canal ceased in 1950 because the competition for transporting freight by rail and lorry was too stiff. Now this historic civil engineering landmark is a local recreation area for walking and cycling. The most interesting section is near the town of Berg between Nuremberg and Regensburg. There, next to the canal, Bury set up a concrete bridge that features stairs fitted with side walls. It overlaps a shape resembling a rocking boat that in turn reveals a recess almost at ground level. The concrete may be a nod to the material used for the old canal whereas the title of the work seems to proclaim almost defiantly that the canal is again open for business.

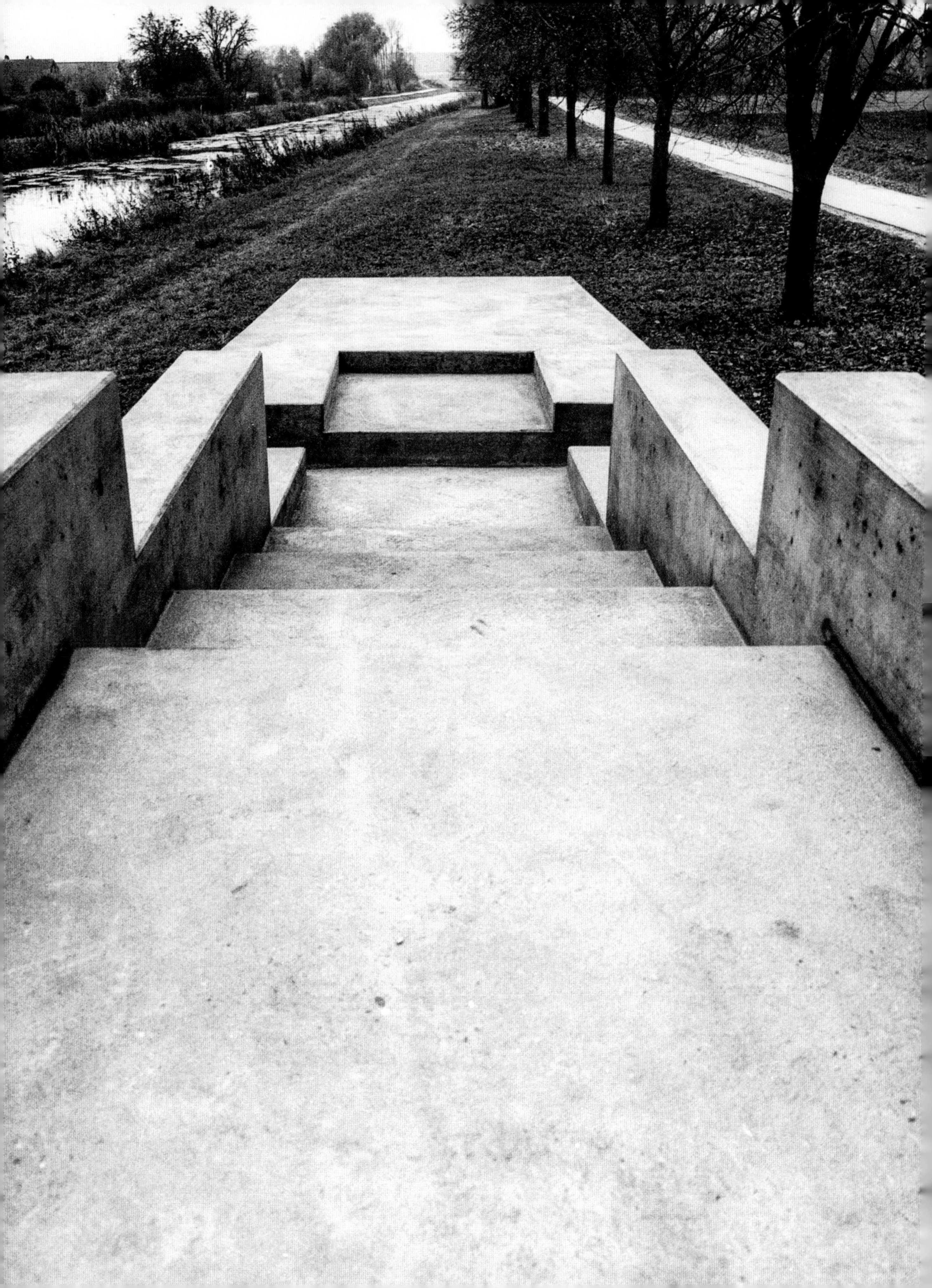

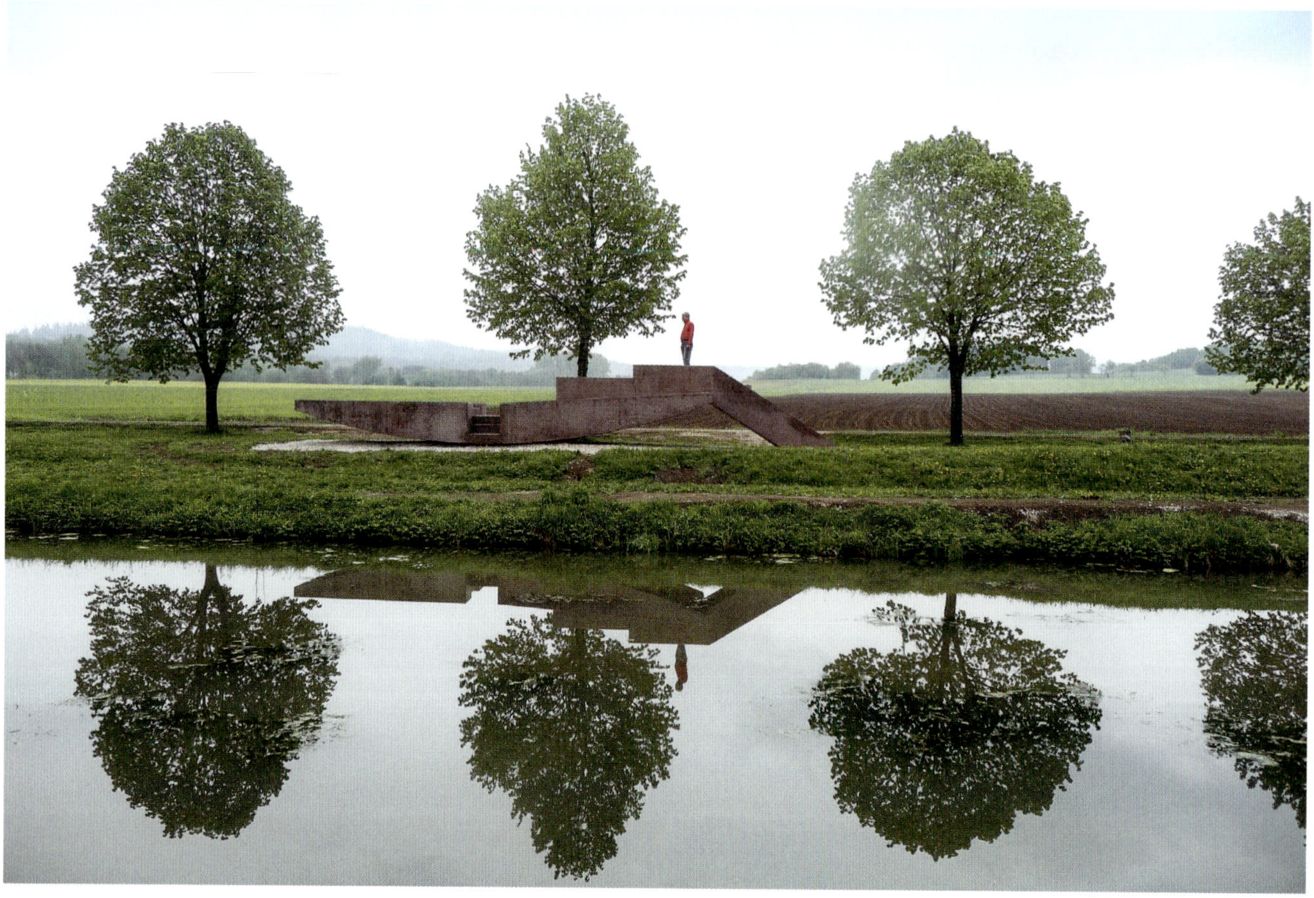

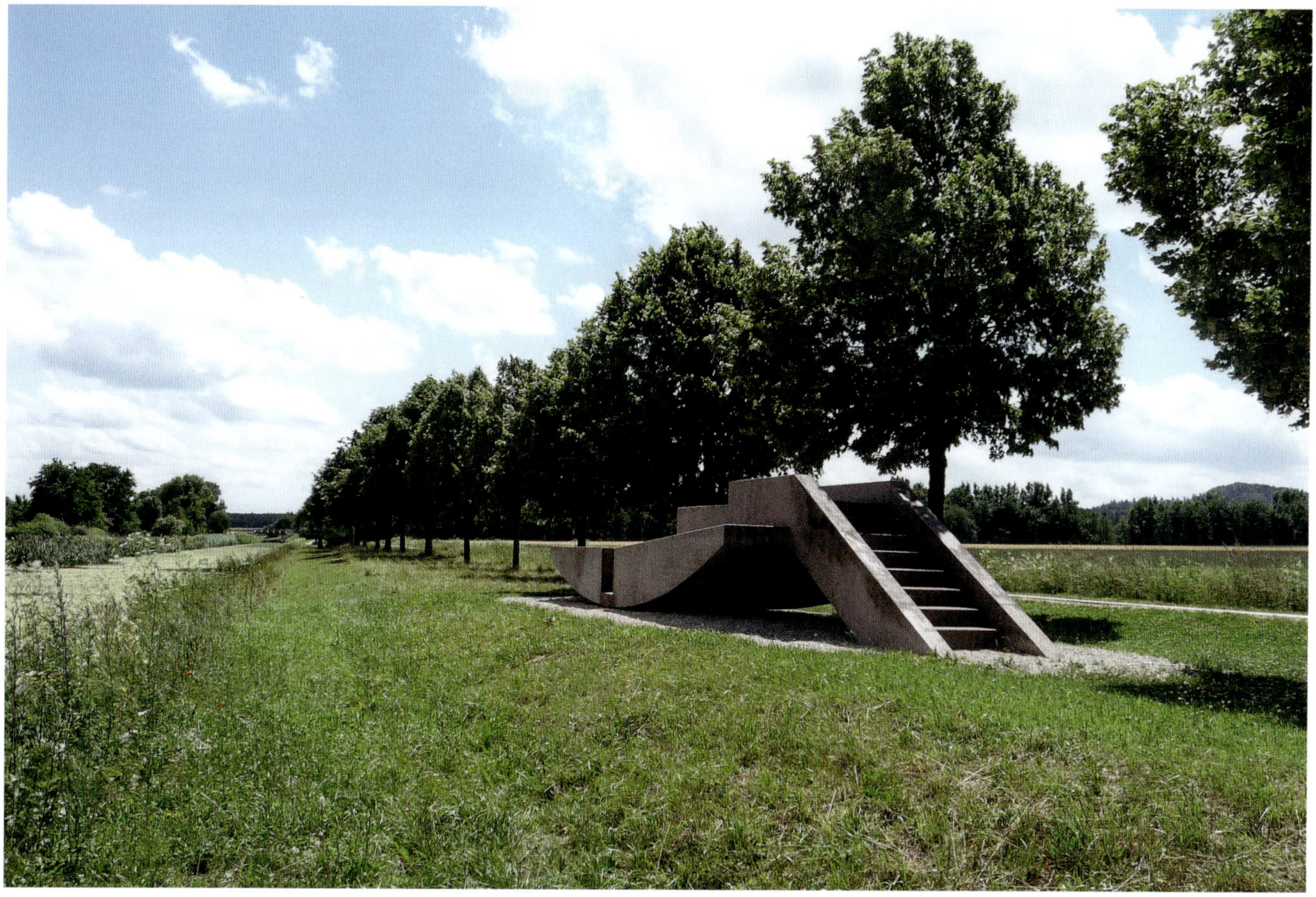

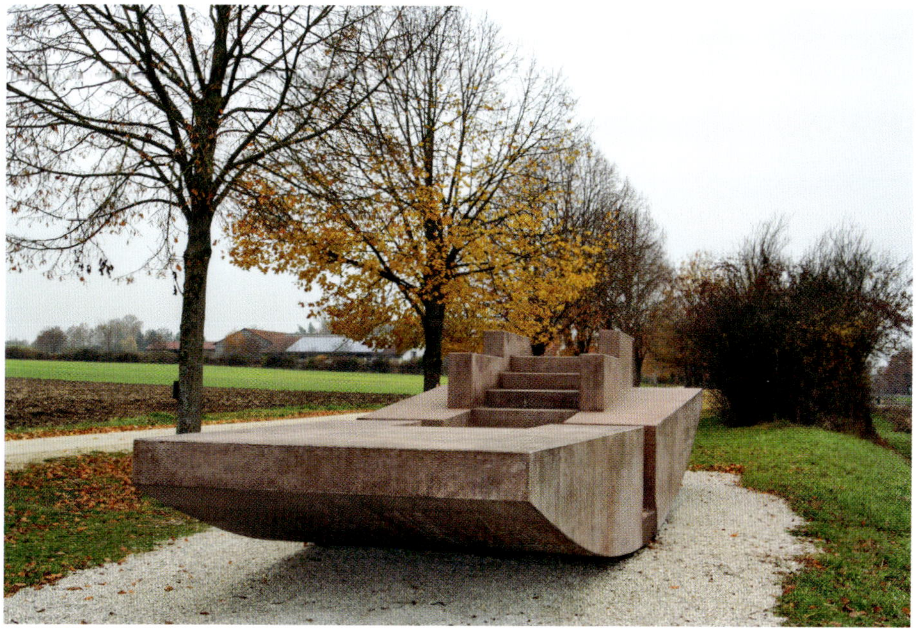

97, 98, 99

Meine Sicht, Einzelausstellung Neues Museum Weimar, Klassik Stiftung Weimar (2014), Museum Pfalzgalerie Kaiserslautern (2015), Historisches Museum Hanau (2016), Deutschland

Für diese an drei Orten gezeigte Einzelausstellung hat der Künstler wie schon in Frankfurt und Nürnberg selbst die Auswahl der Exponate vorgenommen. Auch in dieser Ausstellung wurden sein Interesse und seine Fähigkeit deutlich, wesensverwandte Seherfahrungen in verschiedenen Medien aufzuspüren. In den drei Museen gab es jeweils Pläne, Malbücher, Fotografien und Modelle zu sehen, aber auch eigens für die verschiedenen Orte realisierte, begehbare Innenraumskulpturen. So wurde die raumfüllende Skulptur *Tempeltor* eigens für die Weimarer Schau konzipiert. Sie nimmt auf antike Architekturformen Bezug und weist auf die besondere Bedeutung des antiken Erbes für den Klassizismus in Weimar hin. Auch eine pfirsichfarben lackierte Holzskulptur entwarf Bury für die Goethe-Stadt. Zudem zeigte Bury hier Heu- und Strohpyramiden, die er auf Sockel stellte und so als Skulpturen nobilitierte, ein in einzelne Balken demontiertes *Kirchenschiff* und das Modell eines zu Restaurierungszwecken eingerüsteten historischen Kirchturms. Auch in Kaiserslautern wurde das monumentale *Tempeltor*, die Skulptur *Kirchenschiff* und das Turmgerüstmodell gezeigt. In Hanau schließlich waren mache Präsentationsmodelle zu entdecken, die weder in Weimar noch in Kaiserslautern zu sehen waren.

My View, Solo show Neues Museum Weimar, Klassik Stiftung Weimar (2014), Museum Pfalzgalerie Kaiserslautern (2015), Historisches Museum Hanau (2016), Germany

For this solo show, which was mounted at three venues, the artist himself chose the exhibits as he had done in Frankfurt and Nuremberg. At the Weimar show, too, his interest in tracking down similar perceptual experiences in different media and his ability to do so were evident. Plans, painting books, photographs and models were on display at each of the three museums, and enterable, indoor sculptures were realised as specific to each venue. *Temple Gate* filled the room at the Weimar show and was conceived specially for that exhibition. It relates to architecture forms from antiquity in reference to the particular importance of the Greco-Roman legacy for Weimar Classicism. Bury also designed a wooden sculpture painted peach-coloured for Goethe's native city. In addition, he showed pyramids of hay and straw bales there, placing them on plinths to lend them aesthetic weight as sculpture, a *Church Nave* dismantled into its component beams and a model of a historic church tower scaffolded for restoration purposes. Bury's monumental *Temple Gate*, his *Church Nave* sculpture and the model of the scaffolded tower were also shown in Kaiserslautern. Finally, several presentation models were spotted in Hanau that had not been on show in Weimar or Kaiserslautern.

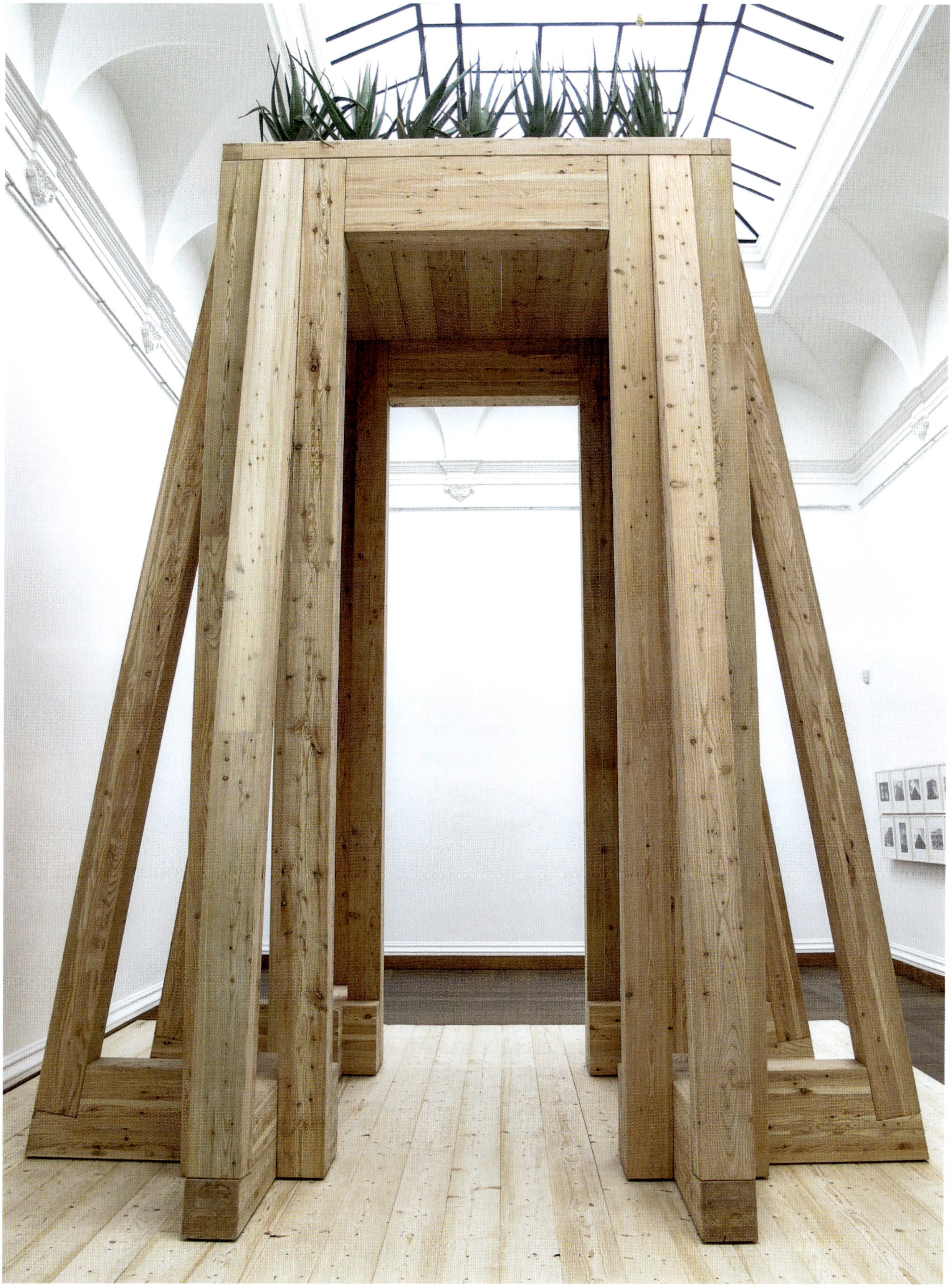

Neues Museum Weimar, Klassik Stiftung Weimar

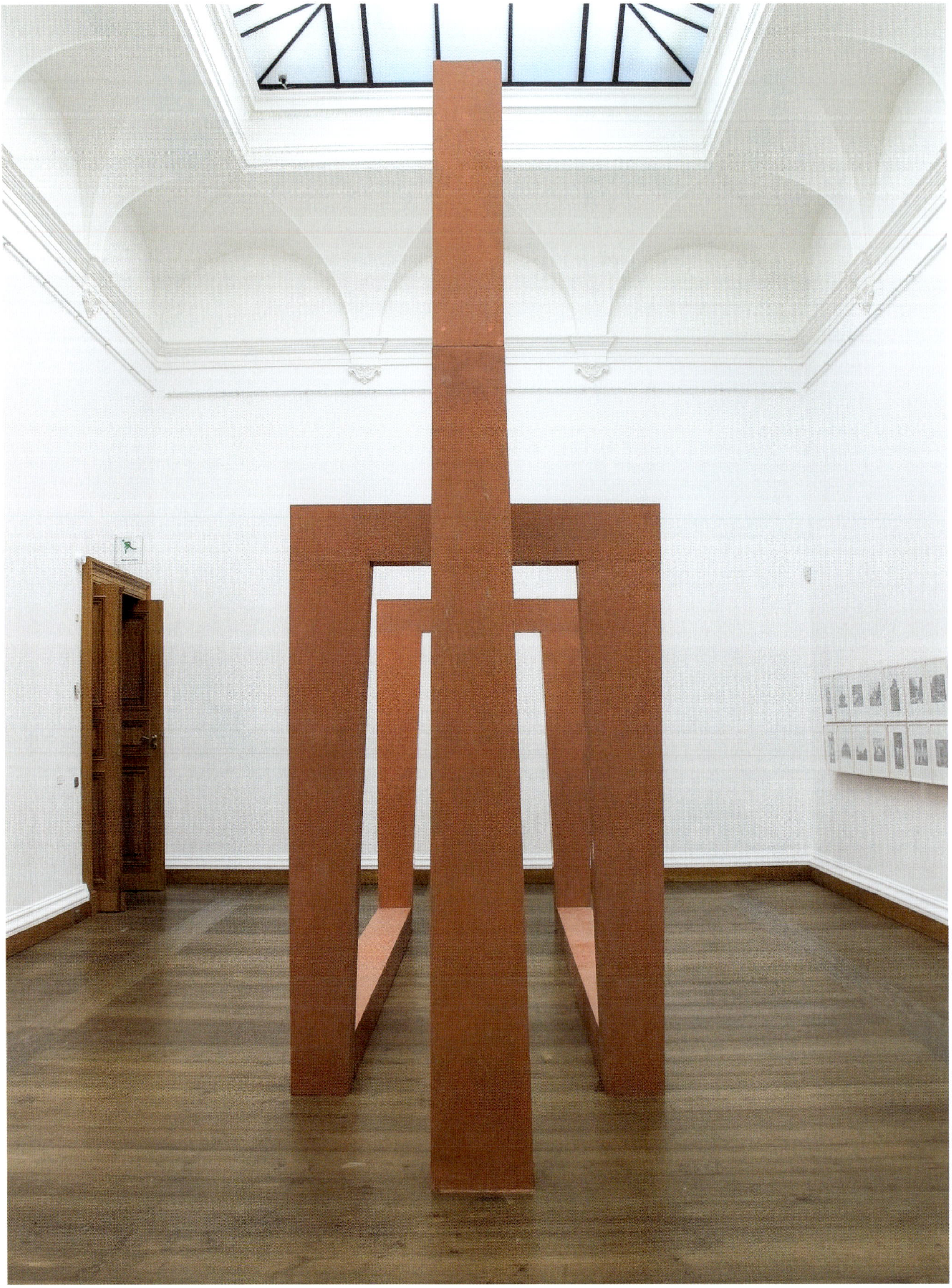

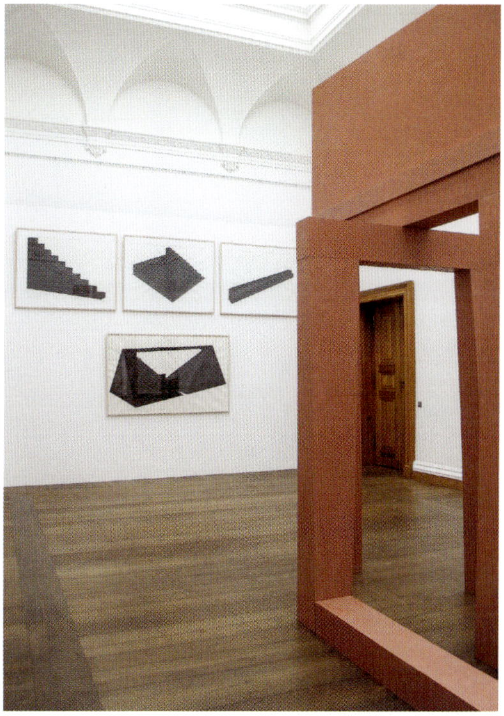

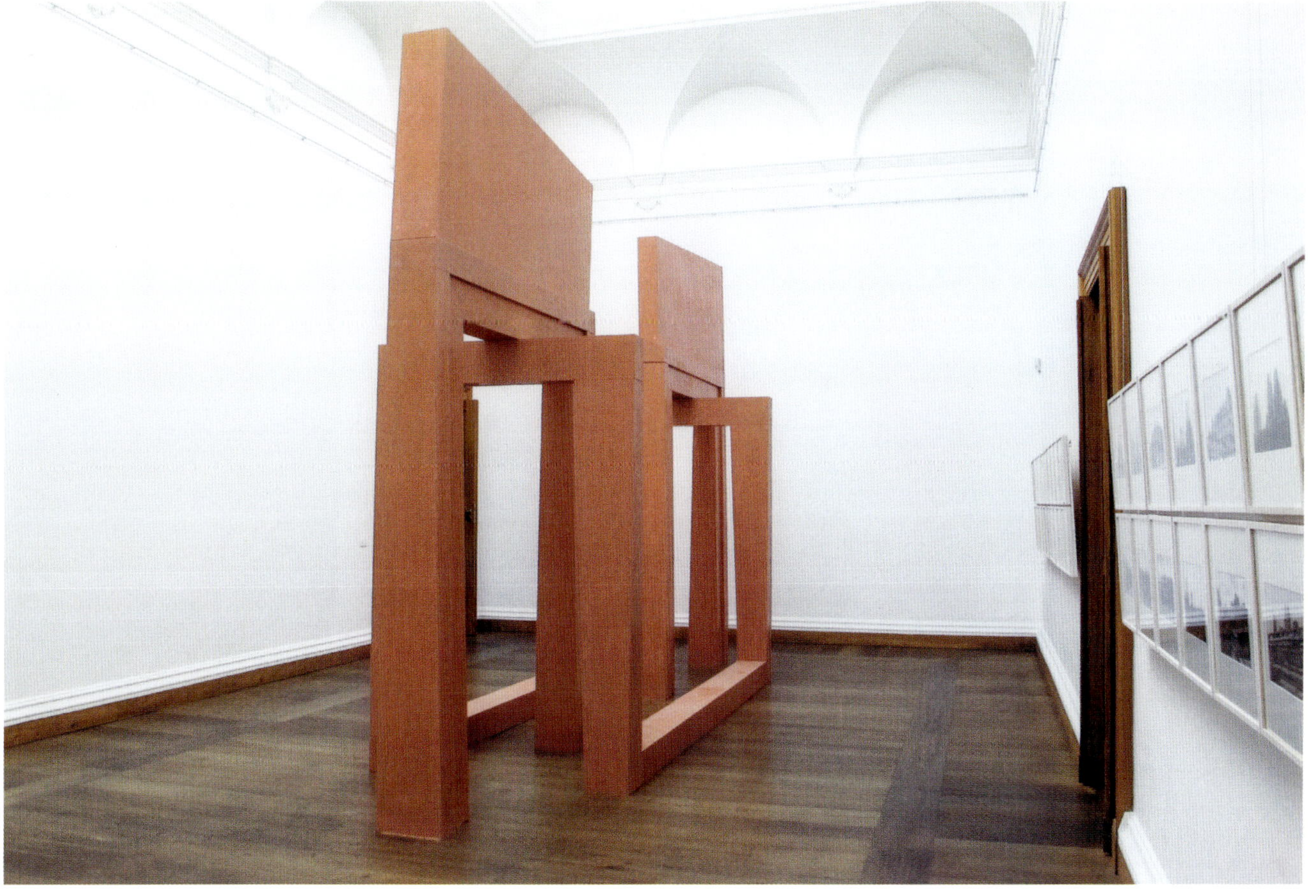

Neues Museum Weimar, Klassik Stiftung Weimar

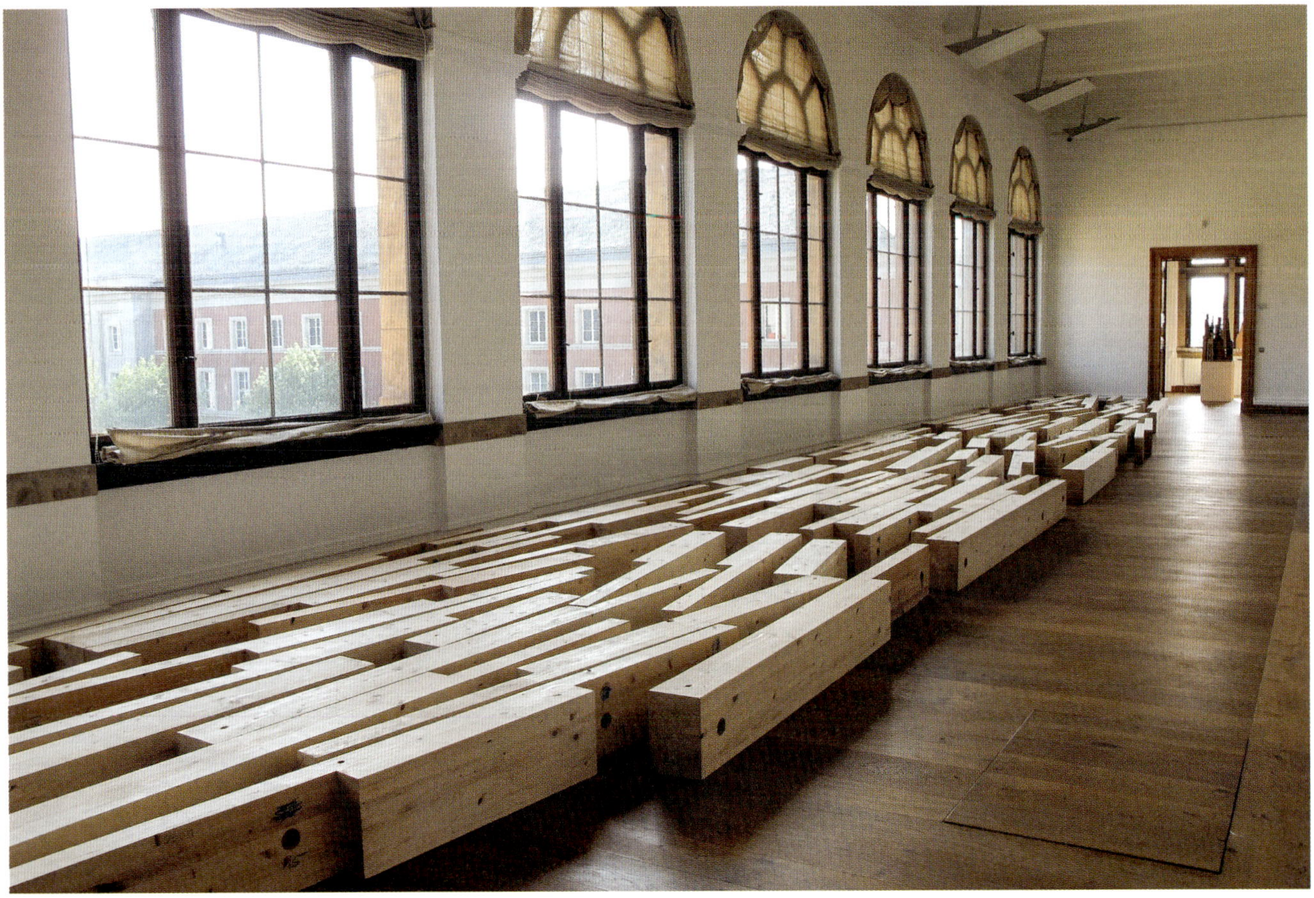

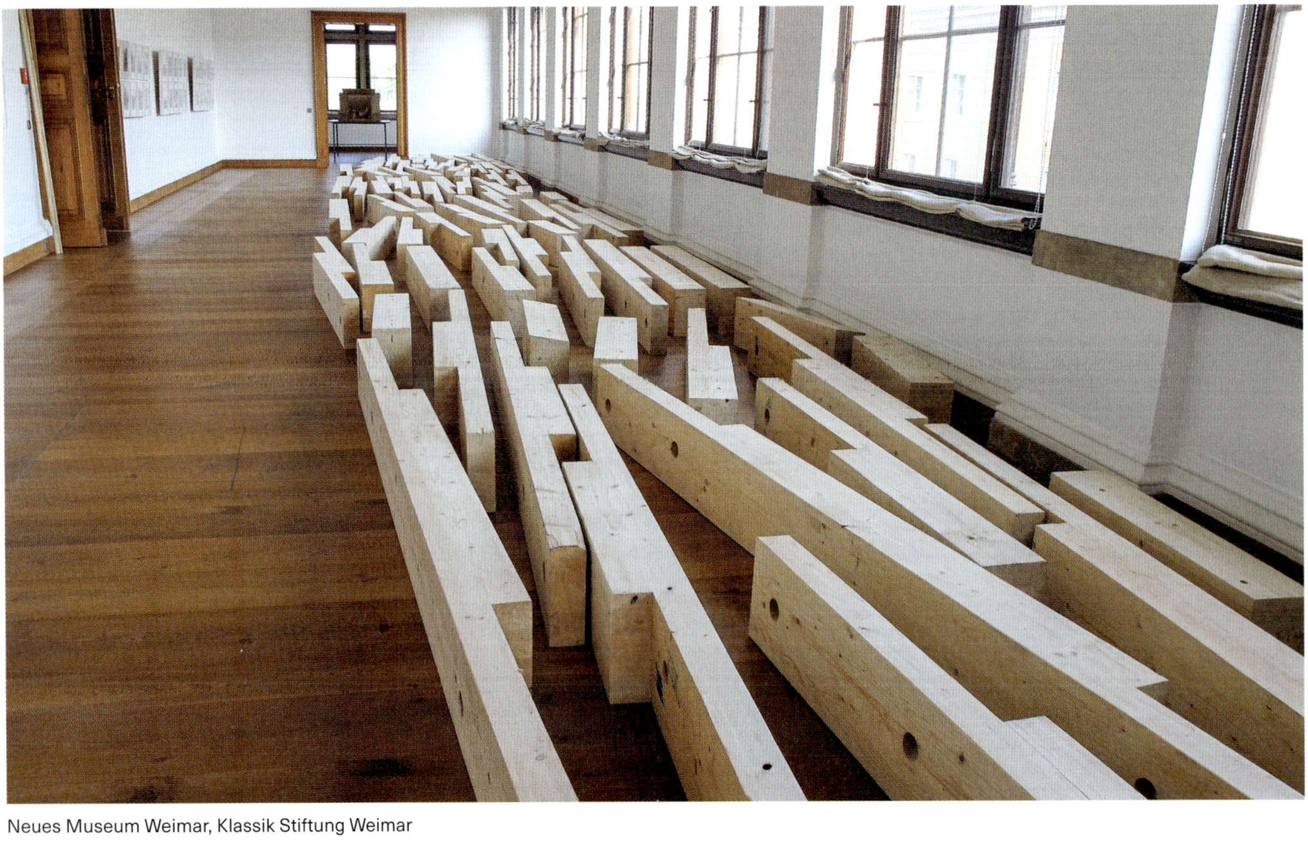

Neues Museum Weimar, Klassik Stiftung Weimar

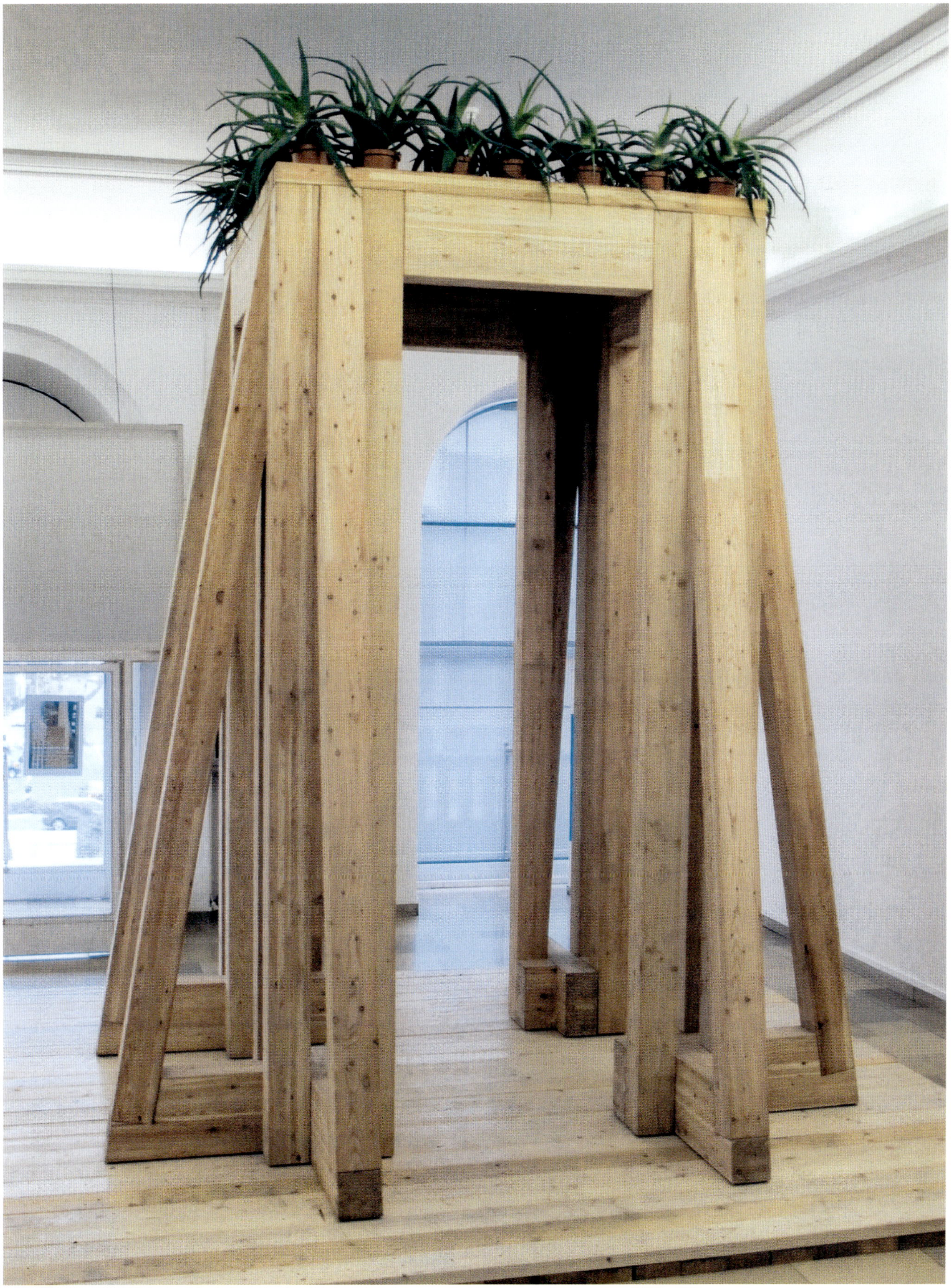

Museum Pfalzgalerie Kaiserslautern

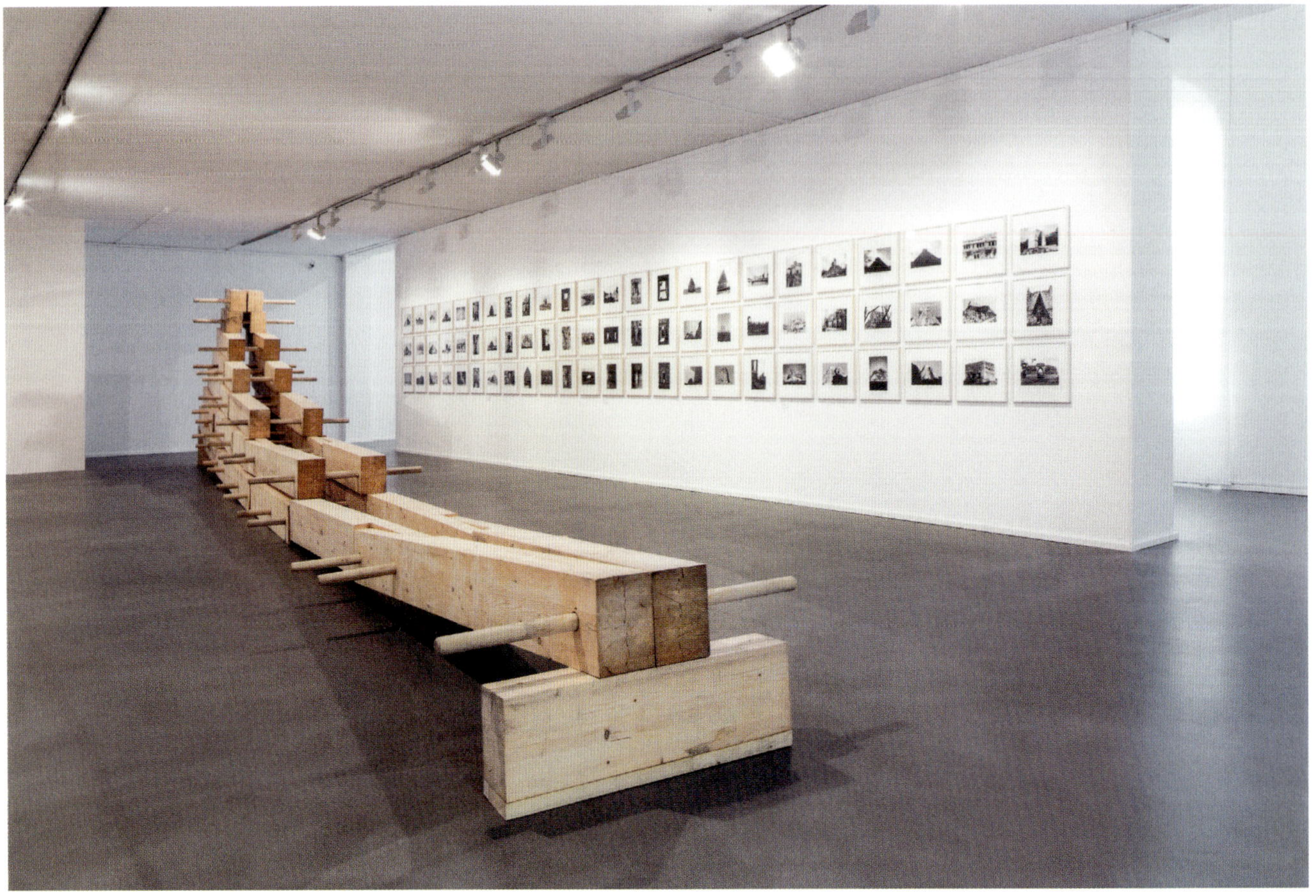

Museum Pfalzgalerie Kaiserslautern

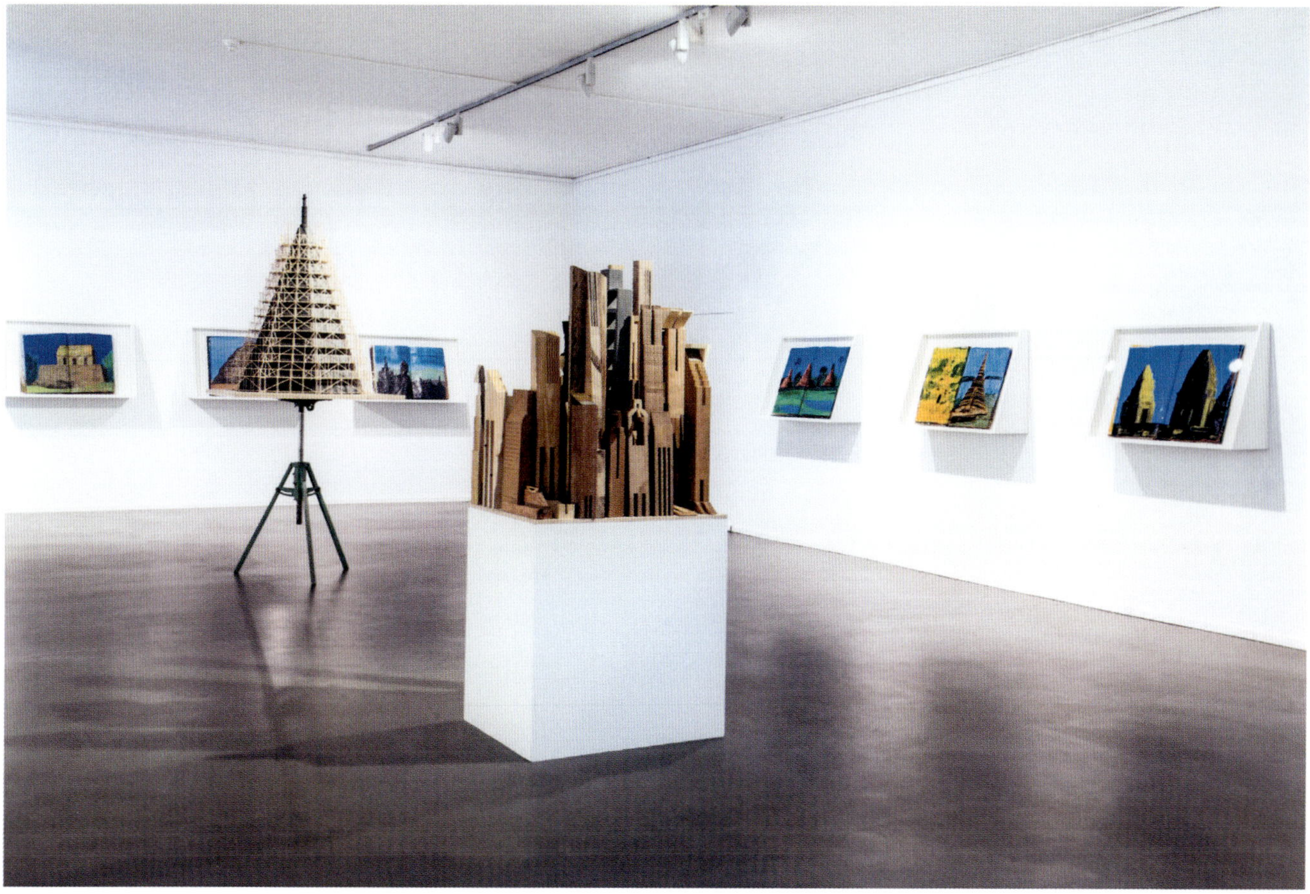

Museum Pfalzgalerie Kaiserslautern

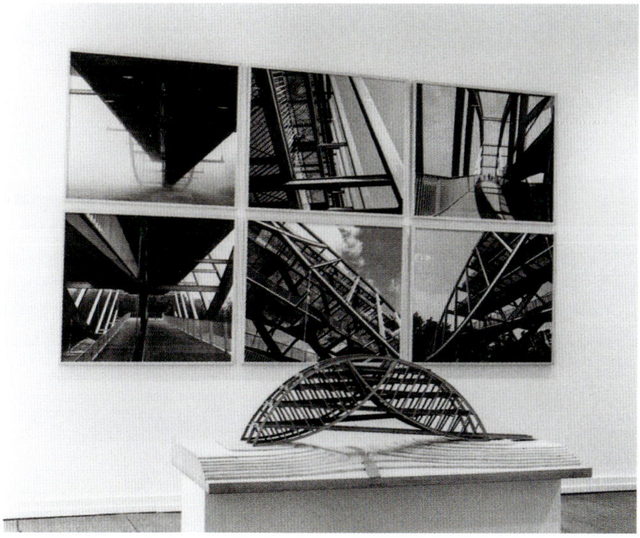

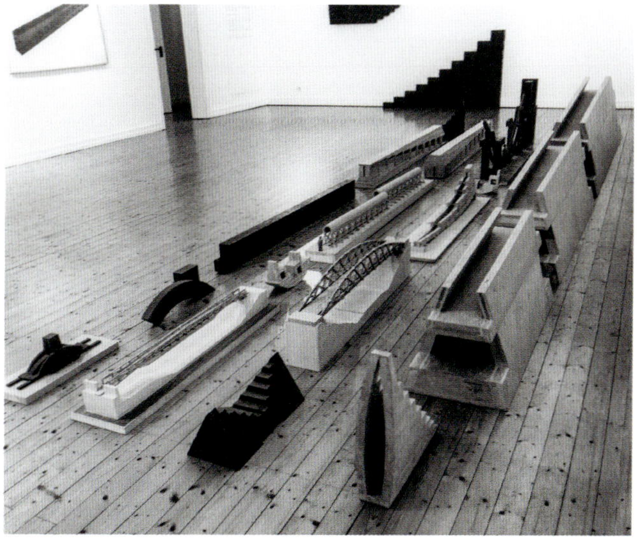

Historisches Museum Hanau

100

Gegenläufig (2015)
Skulpturenpark Heidelberg, Orthopädische Universitätsklinik, Deutschland

Ähnlich wie in seiner Frankfurter Einzelausstellung im Deutschen Architekturmuseum (vgl. Nr. 88) zeigt Bury mit seinen beiden Skulpturen zwei entgegengesetzt aufgestellte bootsartige, aus Kanthölzern gestapelte Arbeiten auf einer relativ engen Erdfläche. Sie ist von Betonsteinpflastern umgeben und grenzt unmittelbar an ein Gebäude der Orthopädischen Universitätsklinik an. Der seit 22 Jahren existente Skulpturenpark Heidelberg zeigt auf landschaftsbezogenen Freiflächen heute 26 große Freilandskulpturen bedeutender deutscher und internationaler Bildhauer. Burys Bootsmetaphern aus gestapelten Kanthölzern mit ihren durchgesteckten Rundstäben sind archaisch anmutende Plastiken, die im Kontext der neobarocken Fassade des benachbarten Klinikgebäudes dem Skulpturenpark gewissermaßen eine archäologische Perspektive hinzufügen.

Counterrotating (2015)
Heidelberg Sculpture Park, University Orthopaedic Clinic, Germany

As he had done at his Frankfurt solo show at the Deutsches Architekturmuseum (see No. 88), Bury set up two ship-like works composed of squared timbers stacked to rise at opposing ends to cover a relatively small surface area within the grounds. The sculpture is surrounded by concrete paving stones on a site that abuts a University Orthopaedic Clinic building. The Heidelberg Sculpture Park, which has existed for twenty-two years, now displays twenty-six large outdoor works by important sculptors from Germany and abroad. Bury's boat metaphors of stacked squared timbers pierced with round rods are archaic-looking sculptures that, in the context of the neo-Baroque façade of the clinic building next to them, add an archaeological slant, as it were, on the Sculpture Park.

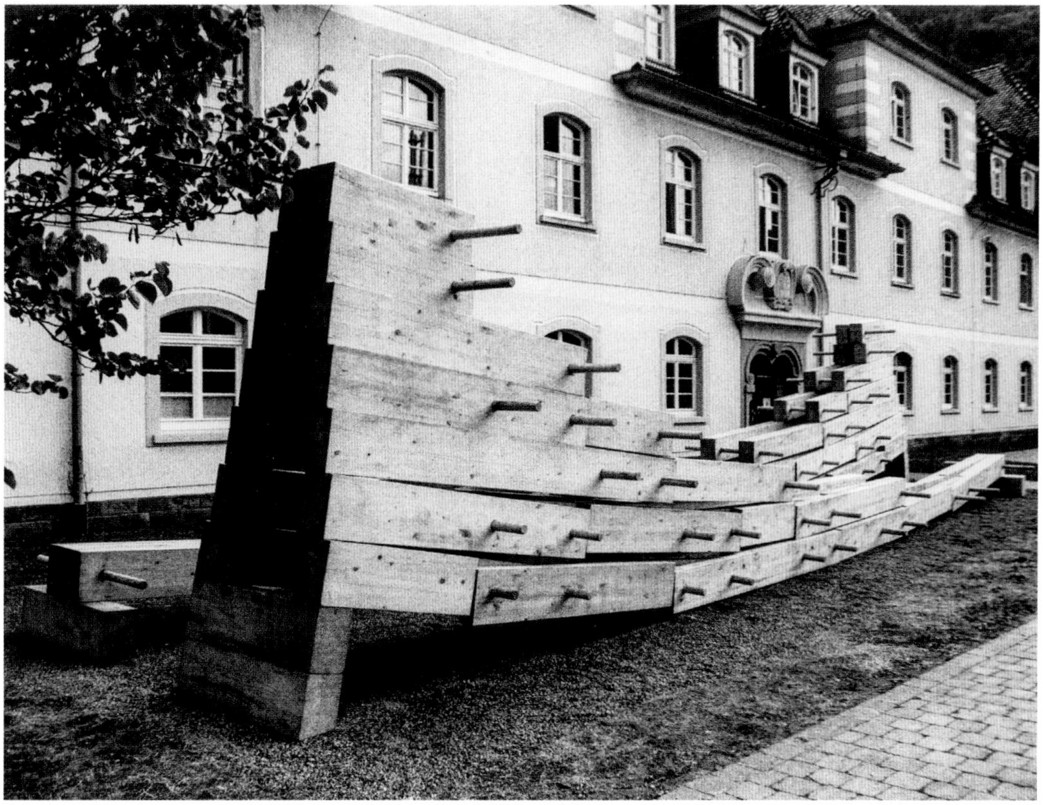

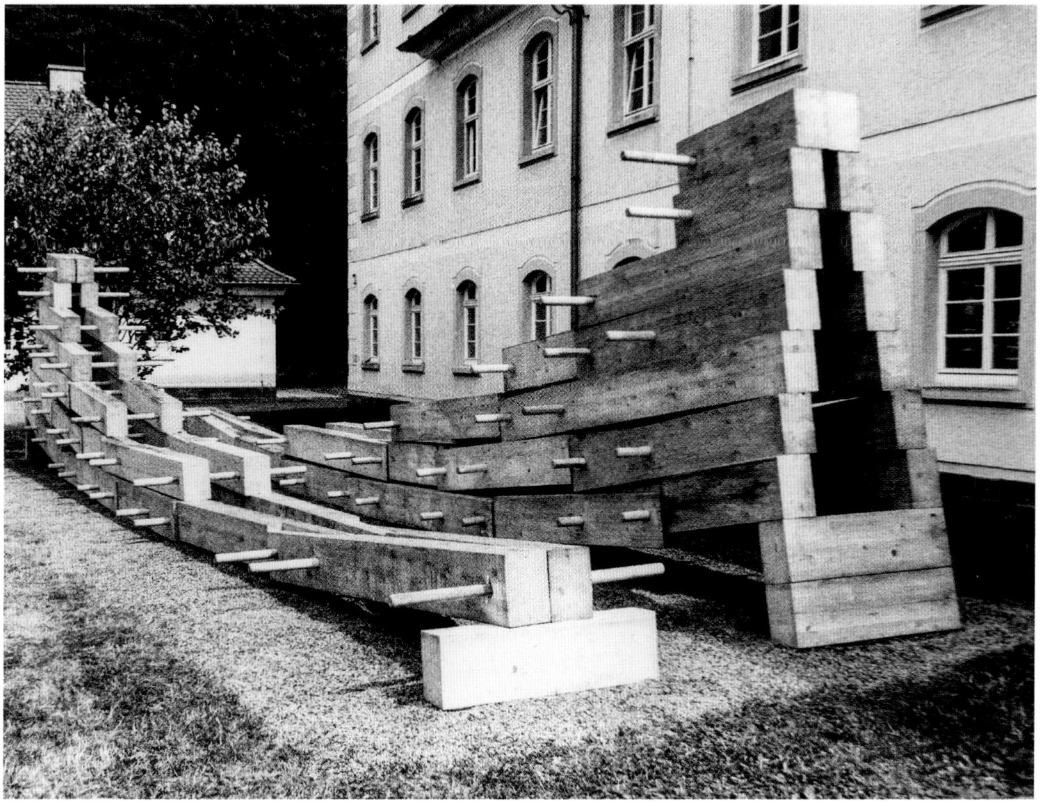

101

Tempeltor (2016)
Park Schloss Philippsruhe Hanau, Deutschland

Holzkonstruktion, Leimschichtholz.

Architektonische Skulpturen in einem Innenraum verändern Atmosphäre und Wirkung des vorhandenen Raumes. Das *Tempeltor* wirkt wie ein überdimensionaler quadratischer Tisch mit vier identischen Zugängen. Seine vier Stützbalken werden durch auskragende objekthohe schräge Dreiecke zu den Außenseiten hin stabilisiert und monumentalisiert. Im Inneren der Skulptur befinden sich Sitzgelegenheiten. Auf der geschlossenen Dachfläche sind Aloe-Vera-Pflanzen angeordnet. Als „Raum im Raum" bietet dieser Ort Gelegenheiten für Kontemplation, Rast und Besinnung. Ohne Wände ist dieser Rückzugsraum allerdings allen atmosphärischen Einflüssen des Umgebungsraumes wie Geräuschen und Stimmen, Gerüchen und Bewegungen ausgesetzt. Die Form der Skulptur evoziert Anklänge an archaische Tempel, an Andacht und Adoration. Die „Dachbegrünung" verweist auf ökologische Korrektheit ebenso wie auf den Gesundheits-Hype von Reformhäusern und begrünten Wellness-Oasen. So wird dieser Konzentrationsort zur sinnfälligen Metapher für „Behausung" an sich, für das In-der-Welt-Sein des Menschen. Wie positionieren wir uns räumlich in der Welt, wie finden wir unseren „Ort", wie werden wir heimisch und können „Behaustheit" realisieren, wie Martin Heidegger dies nannte?

Temple Gate (2016)
Park Schloss Philippsruhe Hanau, Germany

Timber structure, glue-laminated timber.

Architectonic sculptures in an interior space change the atmosphere of, and the impact made by, the existing room. *Temple Gate* looks like an outsize square table with four identical approaches. The four beams supporting the top are stabilised and monumentalised from the inside out by outwardly slanted acute triangles as high as the object. There is seating inside the sculpture. Aloe vera plants are arranged on the closed-in roof surface. As a 'space within a space', this spot provides opportunities for meditation, rest and recovery of one's inner equilibrium. However, this space for retreat is exposed to all ambient influences such as noises and voices, smells and the constant bustle of passers-by and onlookers. The form of the sculpture tantalisingly evokes archaic temples, devotions and veneration. The 'green' or 'living' roof is a reference to ecological correctness as well as a dig at the wellness hype trumpeted by health-food shops and spa oases sporting lavish greenery. Thus this place for concentration becomes a meaningful metaphor for 'dwelling' as such, man's being in the world. How can we position ourselves spatially in the world to find our 'place', how can we succeed in feeling at home and realise the state of 'being housed' as Martin Heidegger called it?

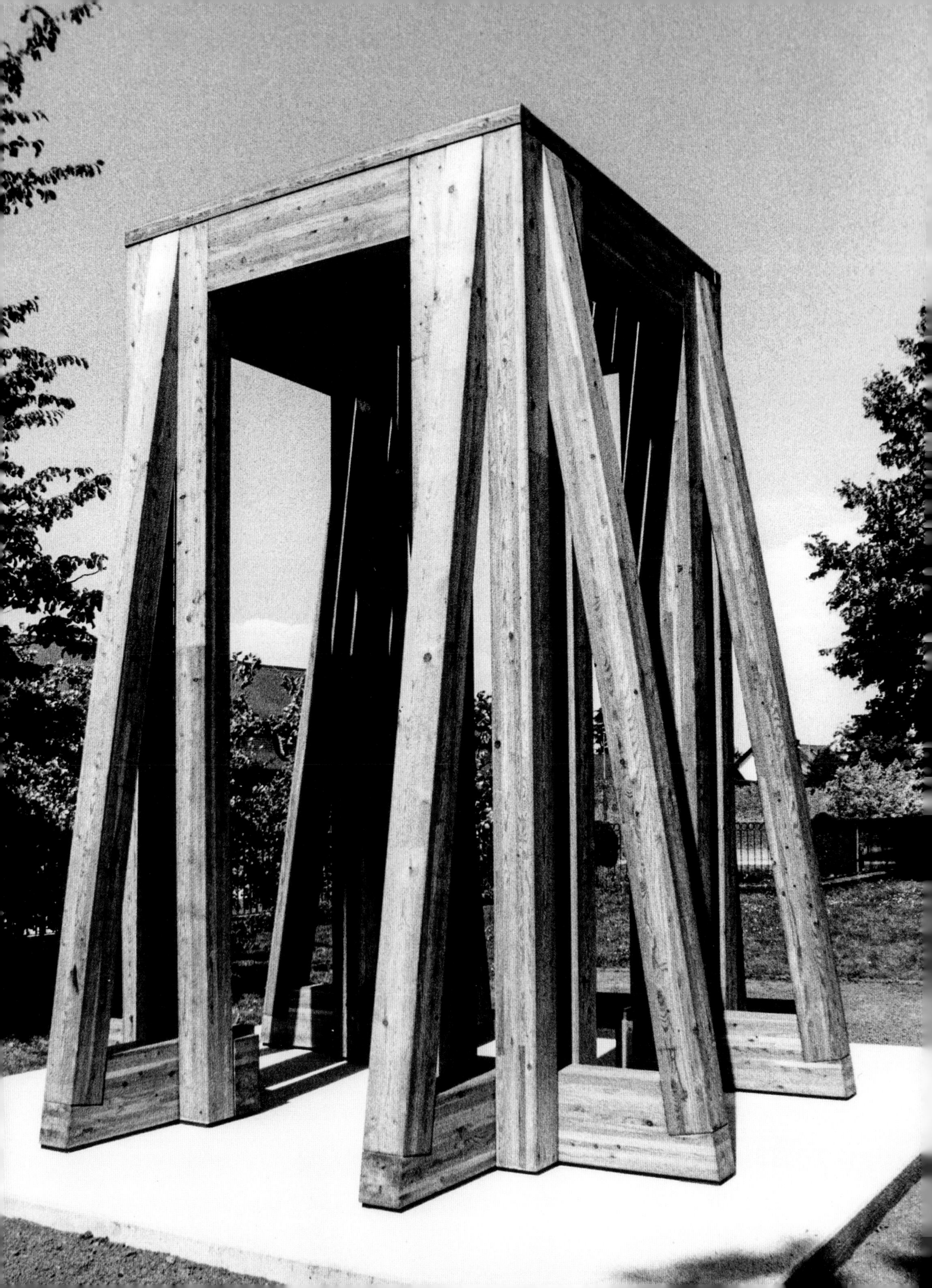

102

Spitzpyramide (2016)
Dominohaus Reutlingen, Deutschland

Holzkonstruktion. 12,5 × 6 × 6 m

In Reutlingen wird von dem Architekturbüro Riehle+Assoziierte das Dominohaus als Geschäftsgebäude genutzt. In dessen mehrgeschossigem Atrium zeigt und finanziert das Architekturbüro regelmäßig Kunstinstallationen, deren Auswahl durch eine Jury erfolgt. 2016 entschied man sich für Claus Bury. Er entwarf für das Atrium eine raumfüllende, begehbare Spitzpyramide aus einfachen Balken. Ihre Gefache sind mit halbtransparenten Papieren bespannt, die das von oben einfallende Tageslicht in mannigfaltiger Weise durchscheinen lassen. Die Pyramide verweist auf die Spurensuche des Künstlers nach den Grundformen historischer Baukunst. Bis heute verblüfft ihn die Artverwandtschaft von archäologischen Kultstätten in Nordamerika, Lateinamerika und Südostasien.

Steep-Sided Pyramid (2016)
Dominohaus Reutlingen, Germany

Timber structure. 12.5 × 6 × 6 m

Riehle+Assoziierte, an architecture practice, uses the Dominohaus as its business premises. In its multistorey atrium the architecture practice regularly shows and finances art installations selected by a jury. In 2016 Claus Bury was chosen. He designed a space-filling, enterable steep-sided pyramid built of simple beams for the atrium. Transparent papers stretch across the spaces between the timbers, allowing the daylight admitted from above to shine through them in manifold refraction. The pyramid is an allusion to the artist's quest for the basic forms of historic architecture. He has never ceased to be astonished at the typological relationship linking the archaeological cult sites in North America, Latin America and South-East Asia.

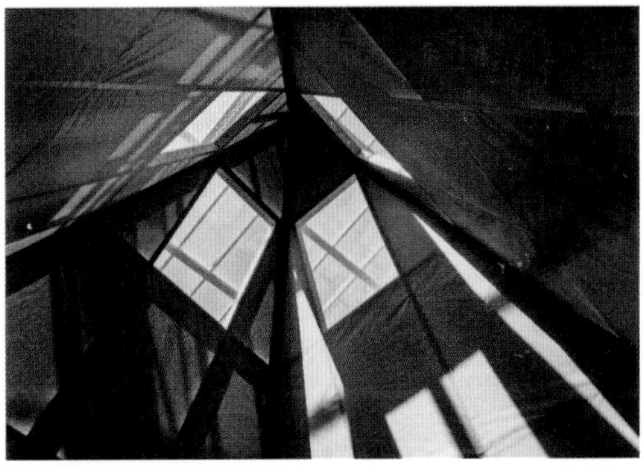

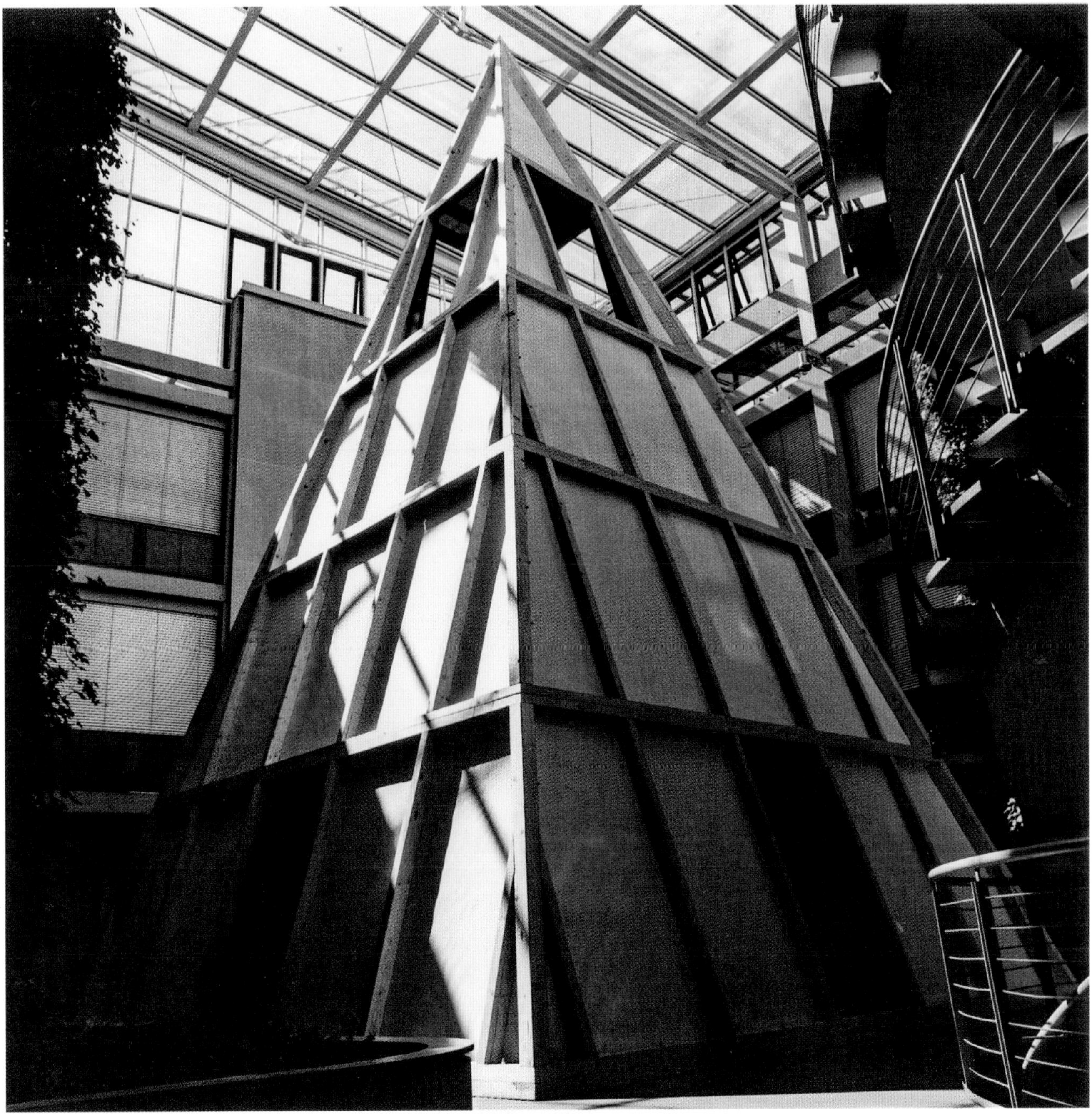

103

Stadtplan Hanau (2016)
Französischer Kirchplatz, Hanau, Deutschland

Granit

Die Hanauer Neustadt wurde ab 1597 als Projekt des Grafen Philipp Ludwig II. von Hanau-Münzenberg realisiert. Der Neustädter Markt zählt zu den größten Stadtplätzen nördlich der Alpen. 1638 wurde er von Matthäus Merian in Kupfer gestochen. Auf diesen Merian-Plan bezog sich bereits 1984 ein Gestaltungsvorschlag von Bury. Er sah vor, die sternförmigen Festungswälle und das geometrische Muster der Straßen als begehbares Granitrelief in die Oberfläche des Marktes einzubinden. Nach allerlei kommunalen „Irrungen und Wirrungen" kamen die Stadtplaner 2006 auf Burys Projekt zurück. Nun aber soll das Bodenrelief auf dem Französischen Kirchplatz unmittelbar an der Wallonisch-Niederländischen Kirche verwirklicht werden. Die Straßen in Burys Reliefplan sollen zirka zwei Zentimeter vertieft und in Originalschrift (wie im Metzger-Plan von 1665/1735) gekennzeichnet sein. Der Platz, gefasst mit Sitzgelegenheiten, die die Sternform der historischen Wälle aufgreifen, wird fünfzehn auf zwölfeinhalb Meter messen und mit Natursteinen, Basalt und Dolomit gepflastert sowie teilweise mit keilförmigen Rasenflächen versehen. Als Stadtmöbel sind sogenannte „Sitzkiesel", Bänke aus Holz und Beton, vorgesehen. So können künftig die Flaneure auf der Stadtmauer, die in der Realität längst verschwunden ist, Platz nehmen. Das bestehende Denkmal für den Grafen wird erhalten. An dem Platz an der Doppelkirche werden zudem 35 hochstämmige Bäume gepflanzt, unter deren Kronen man hindurchsehen kann. Lichtbänder am Boden strahlen die Einfassungen des Rasens an und Strahler beleuchten das Bury-Modell, das Denkmal des Grafen und die Fassade der Kirche. Die Gesamtplanung des Platzes und der Straßen um die Wallonisch-Niederländische Kirche wurde von den Wiesbadener Landschaftsarchitekten Bittkau-Bartfelder + Ing. GbR entwickelt.

City Map of Hanau (2016)
Französischer Kirchplatz, Hanau, Germany

Granite

Work on Hanau Neustadt [New Town] began in 1597 as a project sponsored by Philipp Ludwig II, Count Hanau-Münzenberg. The Neustadt market square is one of the largest city squares north of the Alps. A copperplate engraving was made of it by Matthäus Merian in 1638. As early as 1984 Claus Bury suggested a design related to the Merian plan. He envisaged integrating the star-shaped fortification wall and the geometric pattern made by the streets as an enterable relief in the market square surface. After all sorts of 'trials and tribulations', the urban planners had another look at Bury's project in 2006. Now, however, the pavement relief is to be realised on Französischer Kirchplatz at the Wallon-Dutch Church. On Bury's relief map, the streets are to be about two centimetres below the pavement surface and marked in the original script (as in the Metzger plan of 1665/1735). The square, edged with seating that echoes the star shape of the historic city fortification walls, will measure fifteen by twelve and a half metres and be paved with natural stone – basalt and dolomite – as well as wedge-shaped patches of lawn turf. Benches made of wood and concrete, of a type known as 'pebble seating', are envisaged as street furniture. The Bury design will enable people strolling along the city walls, which in reality have long since vanished, to sit down. The existing monument to Philipp Ludwig II will be kept. In addition, thirty-five tall trees will be planted on the square in front of the double church so that visitors can look up into and through their crowns. Neon LED strip lighting on the ground will illuminate the edging of the turf parterres, and spotlights will shine on the Bury model, the monument to Philipp Ludwig II and the church façade. The overall planning for the square and the streets around the Wallon-Dutch Church was developed by Bittkau-Bartfelder + Ing. GbR, landscape architects in Wiesbaden.

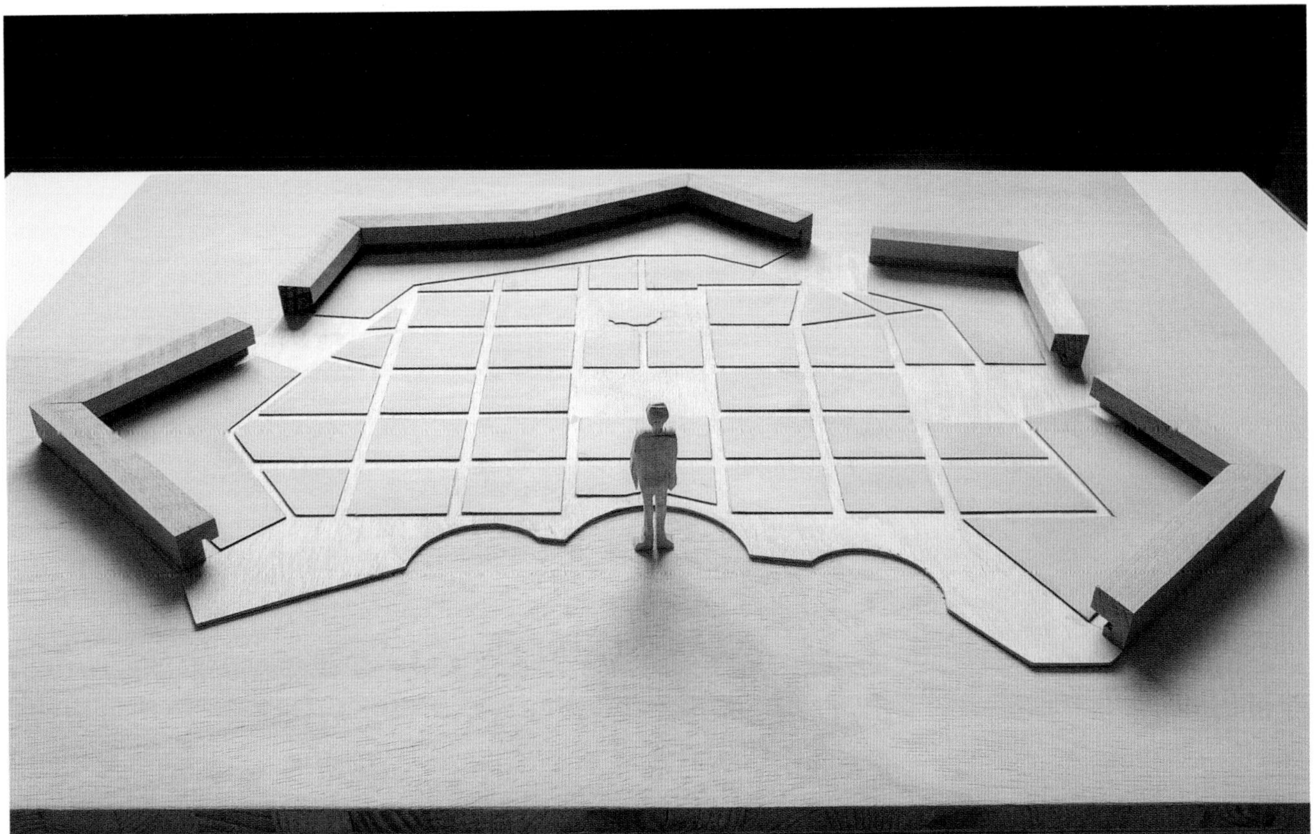

104

Schwingung (2018)
Shenzhen, China

Cortenstahlkonstruktion

Diese aus Cortenstahl gefertigte Skulptur entstand für die Pingshan Sculpture Exhibition. Unter dem Motto „A new vision for urban public art“ fand die Ausstellung im jüngsten Stadtteil der Zwölfeinhalb-Millionen-Stadt Shenzhen im Südosten Chinas statt, die Hongkong mit dem chinesischen Festland verbindet. Burys Skulptur variierte die 1998 entstandene Skulptur *Radiale Schwingung* für Speyer ebenso wie die im gleichen Jahr realisierte *Radiale Drehung* für Aachen (vgl. Nr. 62 und 63). Erneut bilden konkave und konvexe Schwünge eine dramatische, allansichtige Lineatur im Raum, deren Dynamik sich auf einer Fläche von zehn mal acht Metern auf knapp drei Meter hochschraubt. Die Überschneidungen und Durchblicke verändern sich beim Umschreiten ständig, und auch hier knicken – wie bei der Arbeit für Speyer – die Segmentbögen bei den zwei ineinander verschlungenen Cortenringen jeweils abrupt ab. So wird die Kontinuität der Radien durch schroffe Brüche unterbrochen, was allerdings ihre Dramatik entscheidend unterstützt. Harmonien, so scheint die Stahlskulptur zu sagen, sind heute oft eher Disharmonien – wie ja überhaupt die urbane Wirklichkeit der Metropolen von Diskontinuitäten gekennzeichnet ist. Thesen erzeugen Antithesen, Behauptungen Gegenbehauptungen. Aufstieg und Fall, das Auf und Ab sind heute Metaphern gesellschaftlicher Befindlichkeiten und Mechanismen, zumal im pulsierenden „Reich der Mitte“. Aber dadurch, dass diese raumgreifende Arbeit in einem Galerieraum steht, ist sie nicht mehr ein Eingriff oder Kommentar auf Situationen im öffentlichen Raum, sondern eher ein Zitat oder eine Erinnerung an die Dialektik von einer Außensituation und einem Eingriff in diesen mittels Kunst. Diese Skulptur wirkt auch deshalb eher wie ein galerieaffines Kunstobjekt, weil der Cortenstahl hier einen freundlich-zivilen Ockerton hat. Und durch die helle Halogen-Galeriebeleuchtung entstehen präzise Schlagschatten, die das Objekt zusätzlich dynamisieren.

Oscillation (2018)
Shenzhen, China

Corten steel structure

This Corten steel sculpture was created for the Pingshan Sculpture Exhibition. It was organised in the newest part of the city of Shenzhen (population 12,500,000) in south-eastern China that links Hong Kong with the Chinese mainland under the motto ‘A new vision for urban public art’. Bury’s sculpture is a variant of Radial Oscillation, created for Speyer in 1998, and Radial Rotation, set up in Aachen the same year (see Nos. 62 and 63). Once again sweeping concave and convex shapes draw a dramatic linear configuration in space, its dynamic intensifying in a space formed of surfaces measuring ten by eight by nearly three metres. The intersections of the rings and views through them change as viewers walk around it. Arc segments of each of the two intertwined Corten rings break off suddenly – as in the Bury work for Speyer. Thus the continuity of the radii is disrupted by abrupt breaks, which, of course, markedly enhances their dramatic quality. Harmonies, as this steel sculpture seems to be saying, nowadays often tend to be disharmonies – just as urban reality in great cities is marred by discontinuities. Theses generate antitheses; arguments elicit rebuttals. Now rising and falling, waxing and waning are metaphors for states of mind and social mechanisms, especially in the vibrant ‘Middle Kingdom’. However, since this open-form work stands in a gallery room, it is no longer an intervention in, or commentary on, situations in public spaces. Instead it is a quotation or a reminder of the dialectic informing an outdoor situation or an intervention in it by means of art. This sculpture also looks more like an art object appropriate for a gallery because here the Corten steel has taken on a friendly and civil shade of ochre. And the bright halogen lighting in the gallery causes the object to cast sharp shadows that make it even more dynamic.

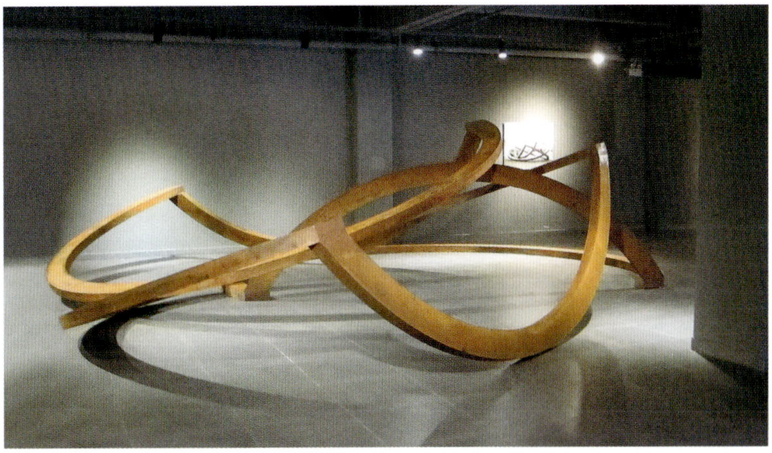

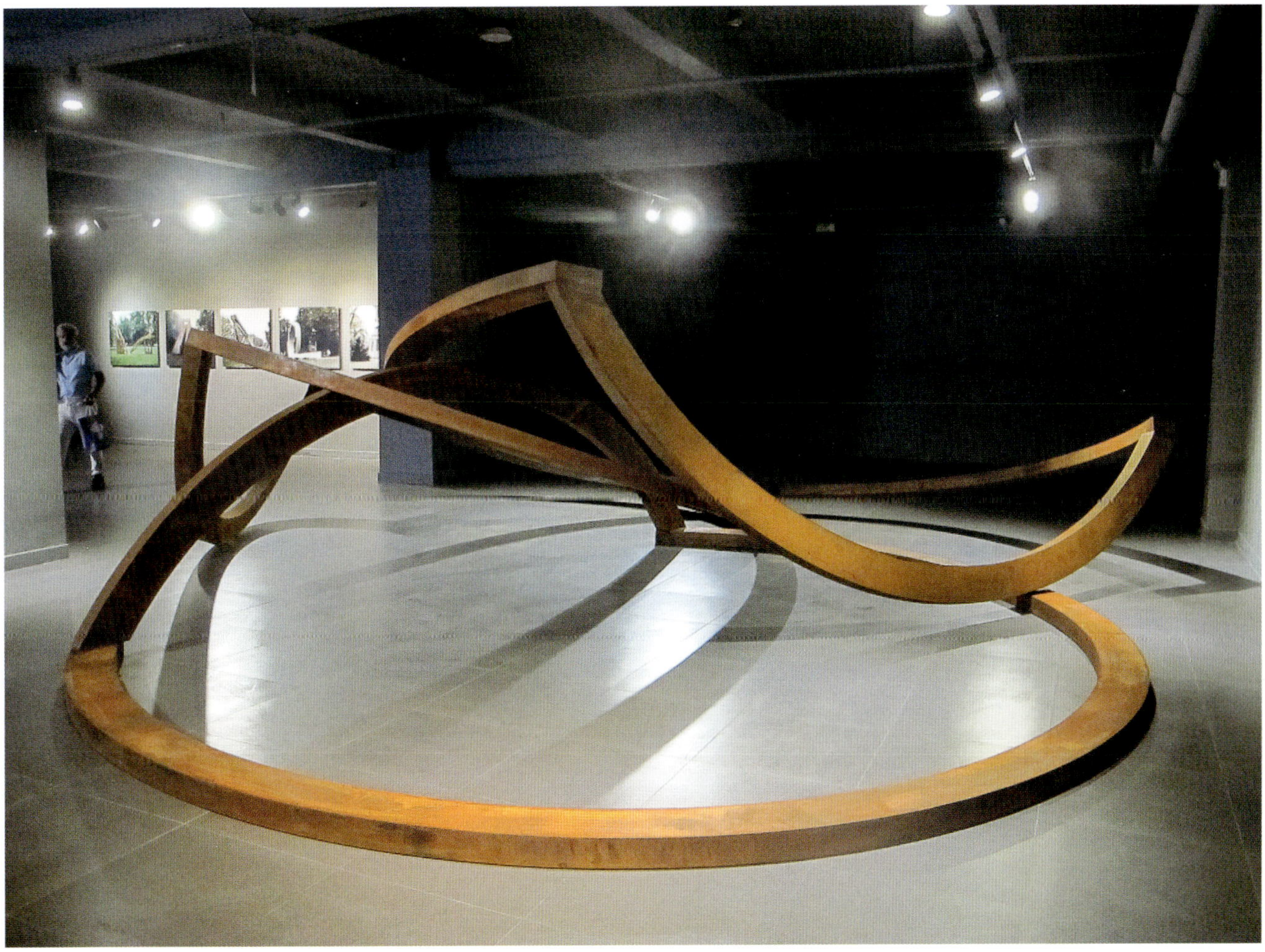

105

Bankhäuser (2018)
Queidersbach, Deutschland

Auf einem Feld nahe der Ortschaft Queidersbach im Landkreis Kaiserslautern in Rheinland-Pfalz errichtete Claus Bury 2018 vier von ihm *Bankhäuser* genannte Hausskulpturen aus Schweinstaler Sandstein. Sie bestehen aus grob behauenen, archaisch wirkenden Steinquadern, die an die von ihm geschätzten etruskischen Grabkammern ebenso erinnern wie an die Findlinge im englischen Stonehenge. Die Häuser bestehen aus einer Bankform mit stufenförmigen Wangen, an deren Rückseiten jeweils ein massiver Sandsteinblock anschließt. Mittig werden diese Blöcke durch dreieckige Giebel bekrönt, sodass die Form eines abstrahierten Satteldachhauses entsteht. Unterhalb der Scheitelpunkte der Giebel hat der Bildhauer runde Löcher situiert, die den Bauten einen zivilen, antimonumentalen Charakter geben. Die Öffnungen und ihre Positionierung lassen an Vogelhäuser denken, miniaturisieren also symbolisch diese skulpturalen Großvolumen. Da die Häuser rechteckig zueinander aufgestellt sind, entsteht zwischen ihnen die Binnenform eines begrenzten Platzes. Die Bänke der Querseiten sind nach innen, jene der Längsseiten einmal nach außen und einmal nach innen gerichtet. So erzeugt dieses Ensemble sowohl intime wie auch ausgreifende Raumangebote, konzentrierte Kommunikation und einen Ausblick ins Weite. Die Satteldachformen machen die vier Skulpturen zu einer Art Dorf, einem Symbol für „Behaustheit", mithin zu einem emblematischen „Schutzraum". Indem die abstrahierten Giebeldachgebäude durch Sitzbänke nicht nur statisch stabilisiert, sondern auch zu kommunikativen Verweilorten werden, verwandeln sich diese vier *Bankhäuser* zu Orten der Reflexion. Die wie von Zyklopenhand geschichteten Sandsteinquader lassen aber auch an das kindliche Spielen mit Bauklötzen denken und an die Faszination geometrischer Primärformen, deren „Spiel miteinander unter der Sonne" zum Beispiel Le Corbusier außerordentlich beeindruckt hat. Überhaupt liegen bei diesem Skulpturenensemble Anklänge und Verweise auf zeitgenössische Architekturauffassungen nah – von Aldo Rossi bis Mario Botta. Und bei entsprechendem Lichteinfall mag auch ein De-Chirico-Effekt entstehen. Zudem gemahnen diese wie vergessen wirkenden archaischen Quaderschichtungen auf der kargen Feldfläche auch an archäologische Überreste längst vergangener Epochen. Aber bei Bury wird das strenge Vokabular der geschlossenen Kuben sowohl durch die integrierten Verweilorte der Bänke als auch durch das Zitat der Oculi

Banking Houses (2018)
Queidersbach, Germany

In 2018 Claus Bury set up four house sculptures, which he called *Banking Houses*, in a field near the town of Queidersbach in the Kaiserslautern district, Rhineland-Palatinate. Made of rough-hewn blocks of Schweinstal sandstone, they look archaic, resembling both the Etruscan tombs Bury so much admires and erratic boulders found at Stone Henge in England. Bury's houses consist of bank forms with step-shaped sides, each backed by a massive block of sandstone. These blocks are surmounted by a three-cornered gable aligned with the central axis to create the appearance of an abstract house with a pitched roof. Below the centre line of the ridge, the sculptor has positioned round holes that lend the structures a civil air that defies monumentality. The apertures and their positioning are reminiscent of birdhouses, which means they symbolically miniaturise these sculptural high cubes. Since the houses have been set up at right angles to one another, the inner space they edge is like a bounded city square. The benches along the short sides face inwards, but one of the benches along the long sides faces outwards while the other faces inwards. Thus this complex makes the available space both intimate and expansive, generating concentrated communication and an open view into the distance. The pitched roof forms make the four sculptures into a village of sorts, a symbol for 'being housed', hence an emblematic 'shelter'. Because the abstract buildings with gable roofs are not only statically stabilised by benches for seating but also become places for lingering and communicating, these four *Banking Houses* are transformed into places for thoughtful reflection. The sandstone blocks, stacked as if by a cyclopean hand, also call to mind children playing with building blocks and the fascination with elemental geometric solids that lastingly impressed itself on Le Corbusier, for one, who defined architecture as 'the masterly, correct and magnificent play of volumes in light'. This sculptural grouping in fact evokes and refers to contemporary ideas of what architecture is – the thinking of architects ranging from Aldo Rossi to Mario Botta. And, given the right incidence of light, a de Chirico metaphysical effect may even set in. Finally, these archaic layerings of sandstone blocks on the surface of a barren field also resemble remnants of times long past excavated by archaeologists. In Bury's hands, however, the stringent lexis of the closed cubic volumes is at (jener Ochsenaugenfenster der Baukunst der Renaissance und des Barock), also durch die Löcher in den Dreiecksgiebeln, zugleich historisiert und demokratisiert. Man kann diese Hausmonumente insgesamt von außen umwandern, einzeln umkreisen oder in den konturierten Innenbereich treten. Aber neben die Bewegungschoreografie und die Verweise auf archaische Architekturen tritt der Titel der Arbeit. Der Begriff *Bankhäuser* evoziert eine weitere, durchaus ironische Interpretationsmöglichkeit. Der metaphorische Hinweis auf Geldinstitute, die in der Regel durch die Hektik ihrer Bankgeschäfte gekennzeichnet sind, wird konterkariert durch ihr genaues Gegenteil, nämlich die Möglichkeit des gelassenen Relaxens durch das Hinsetzen auf die blockhaften Bänke. Das geistreiche Spiel mit der doppelten Bedeutung des Begriffs *Bankhäuser* verleiht diesem Skulpturenensemble eine vibrierende Ironie und einen chuzpehaften Sarkasmus. Gibt es auch bei diesen Bänken „Bankrotteure"? Welcher Banker „sitzt" hier für welche Aktivitäten? Und haben diese Bänke ein „Bankgeheimnis", was man entbergen sollte?

once placed in its historical context and democratised by the integrated benches as places inviting viewers to linger on the spot and the oculi quote (the 'bull's-eye' windows in Renaissance and Baroque architecture) – that is, the holes in the triangular gables. Visitors can also walk round the outside of the house monuments as a whole, circumambulate the individual houses or enter the delimited inner area. The title of the work also comes into the equation along with the choreography of movements induced by the work and its references to archaic architecture. The term *Bank Houses* evokes another, definitively ironic, possibility for interpreting the work. The metaphorical allusion to banks, which as a rule are characterised by frenzied transactions and financial activity, is counteracted by its polar opposite – that is, the possibility of carefree relaxation by sitting down on the block-like benches. This witty pun on the ambivalence of the terms 'Banking Houses' or 'banks' in German (*Bankhäuser/Bank*) and 'bench' (also *Bank*) lends this group of sculptures a coruscating irony and feisty sarcasm. Are there 'bankrupt' clients and 'bankruptcies' at these banks as well? Which banker 'is sitting' here and for what activities? And do these banks have 'bank secrecy' concealing activities that cry out for disclosure?

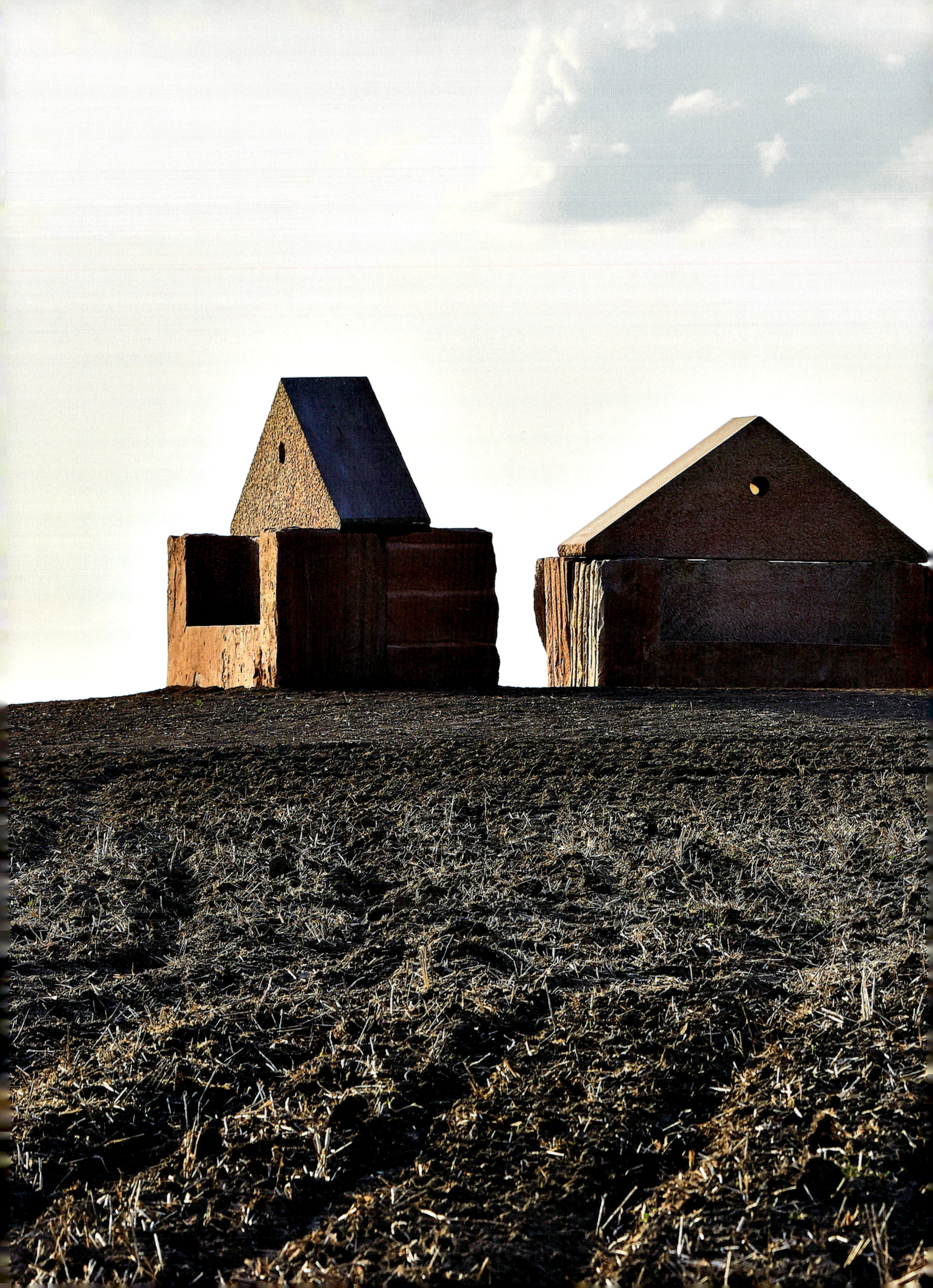

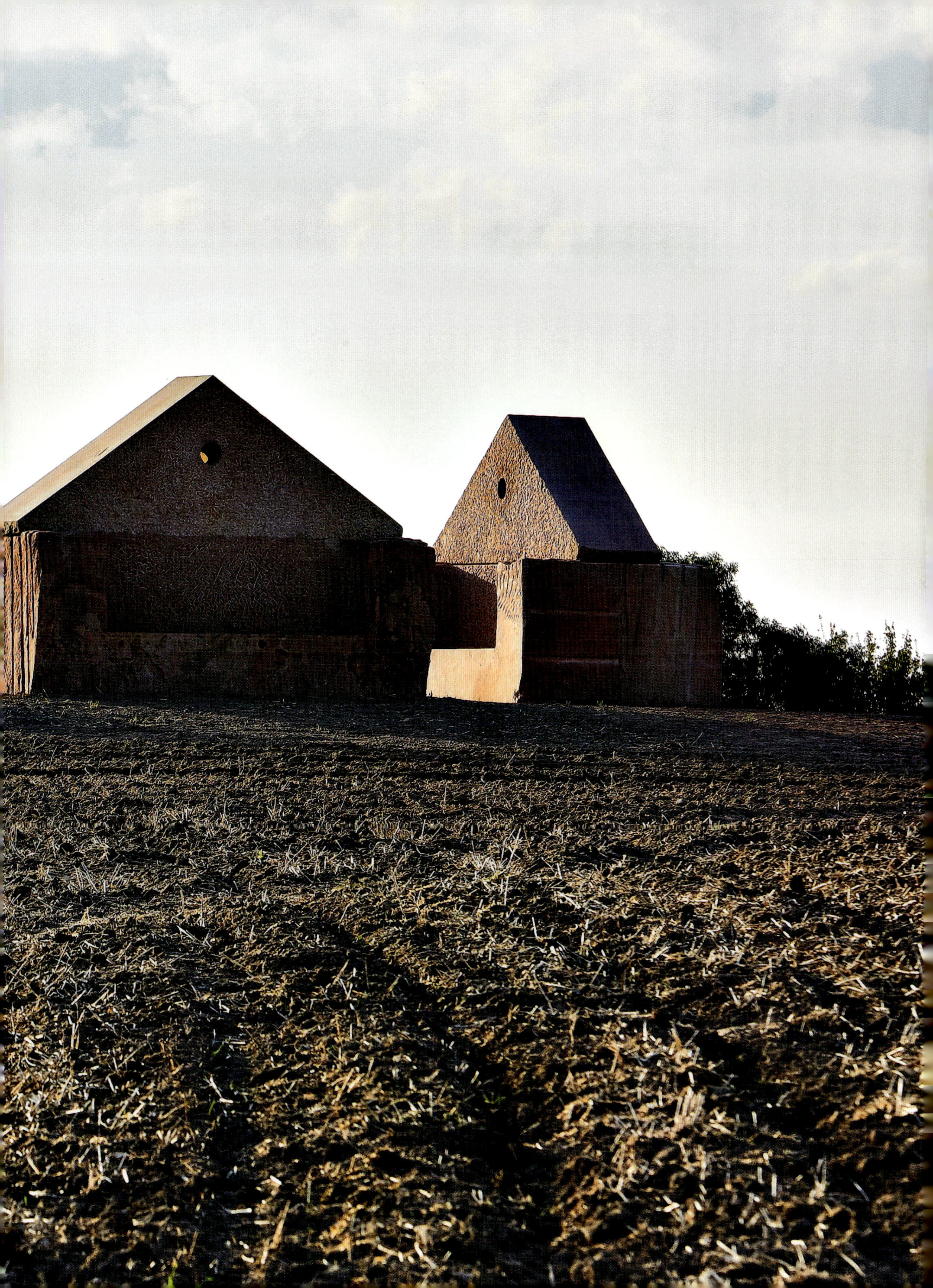

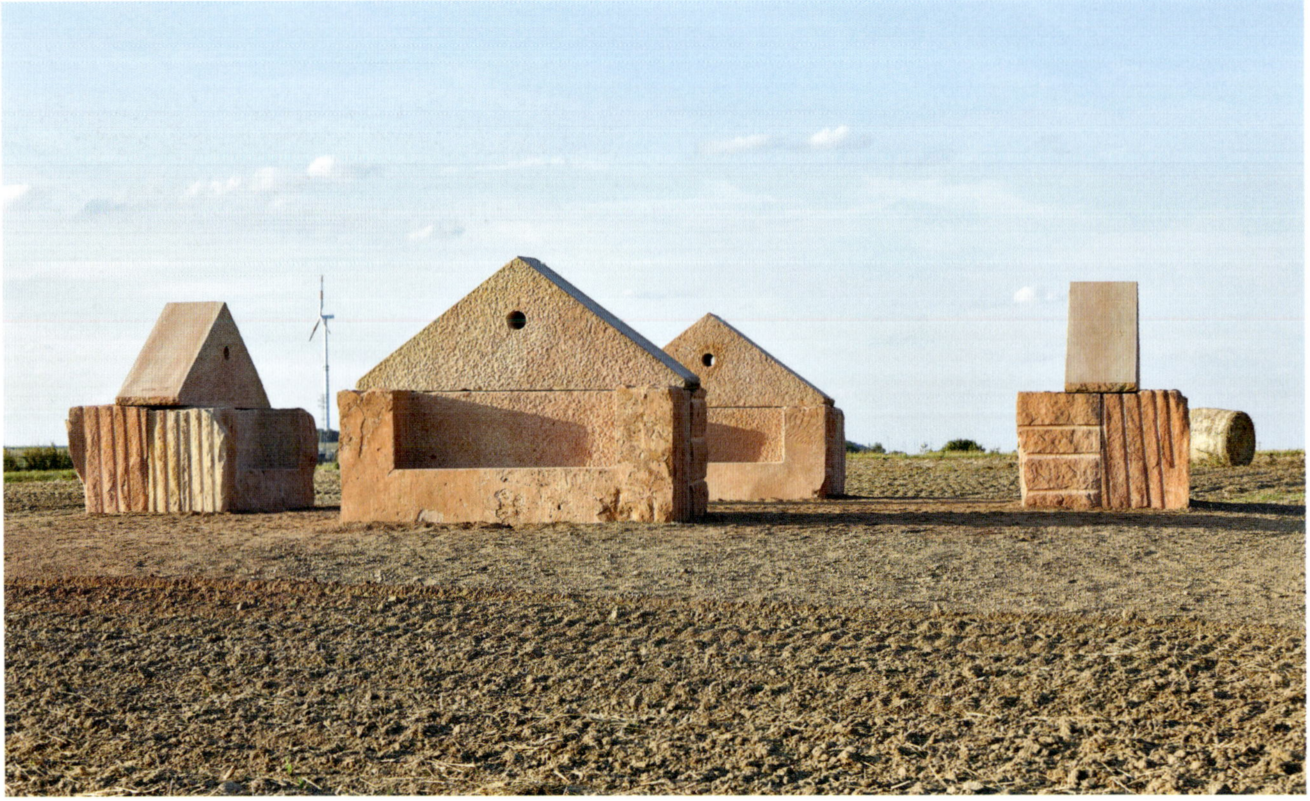

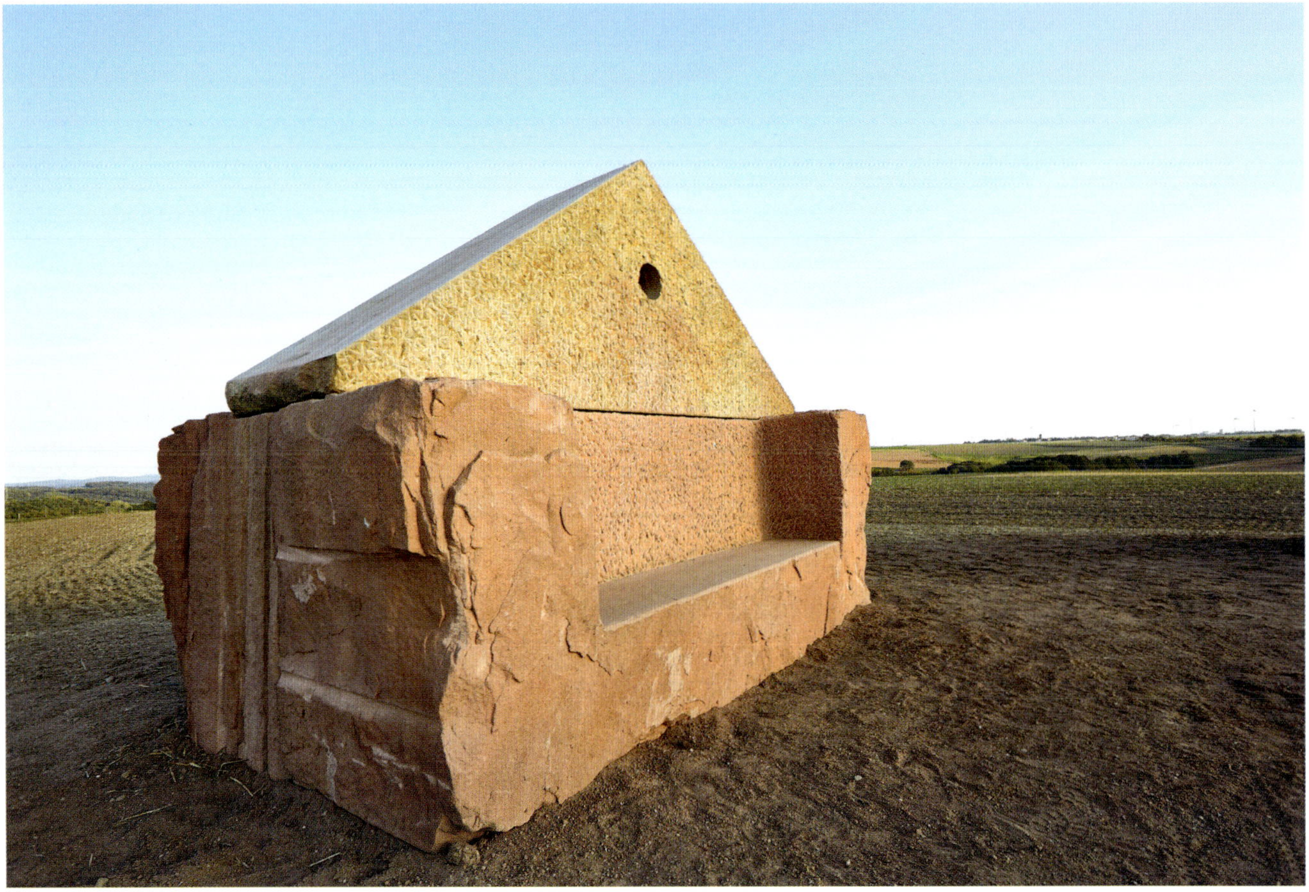

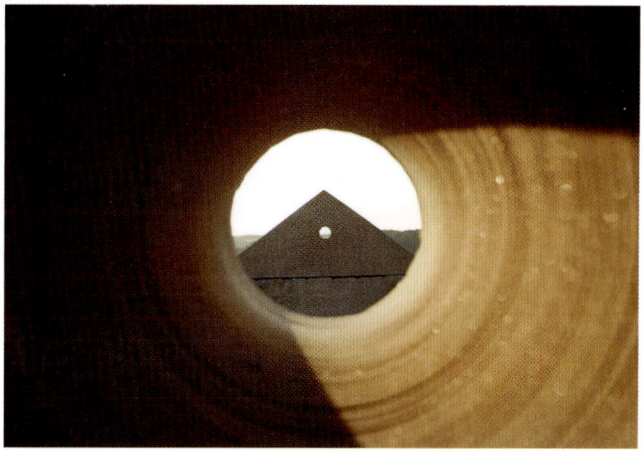

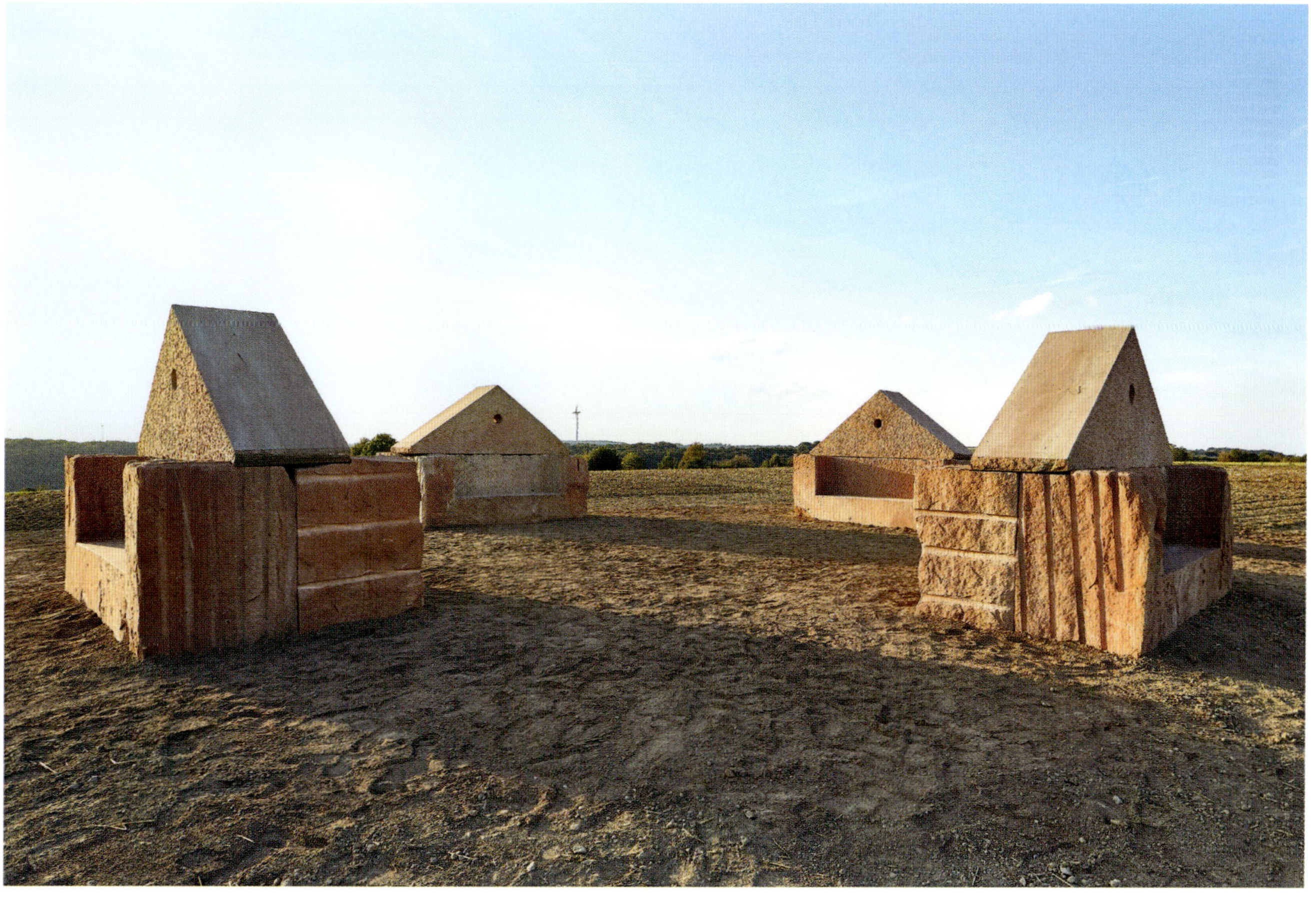

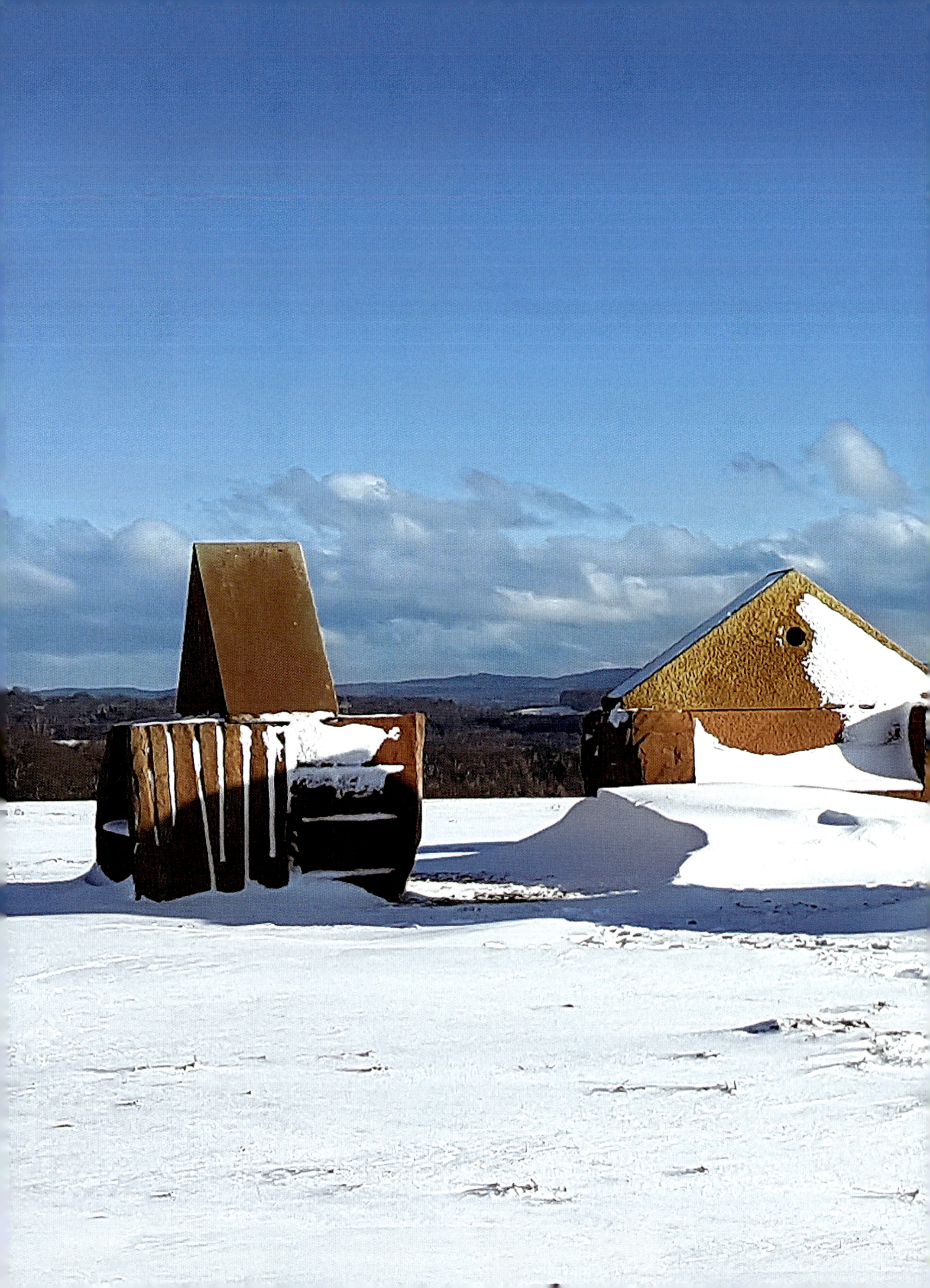

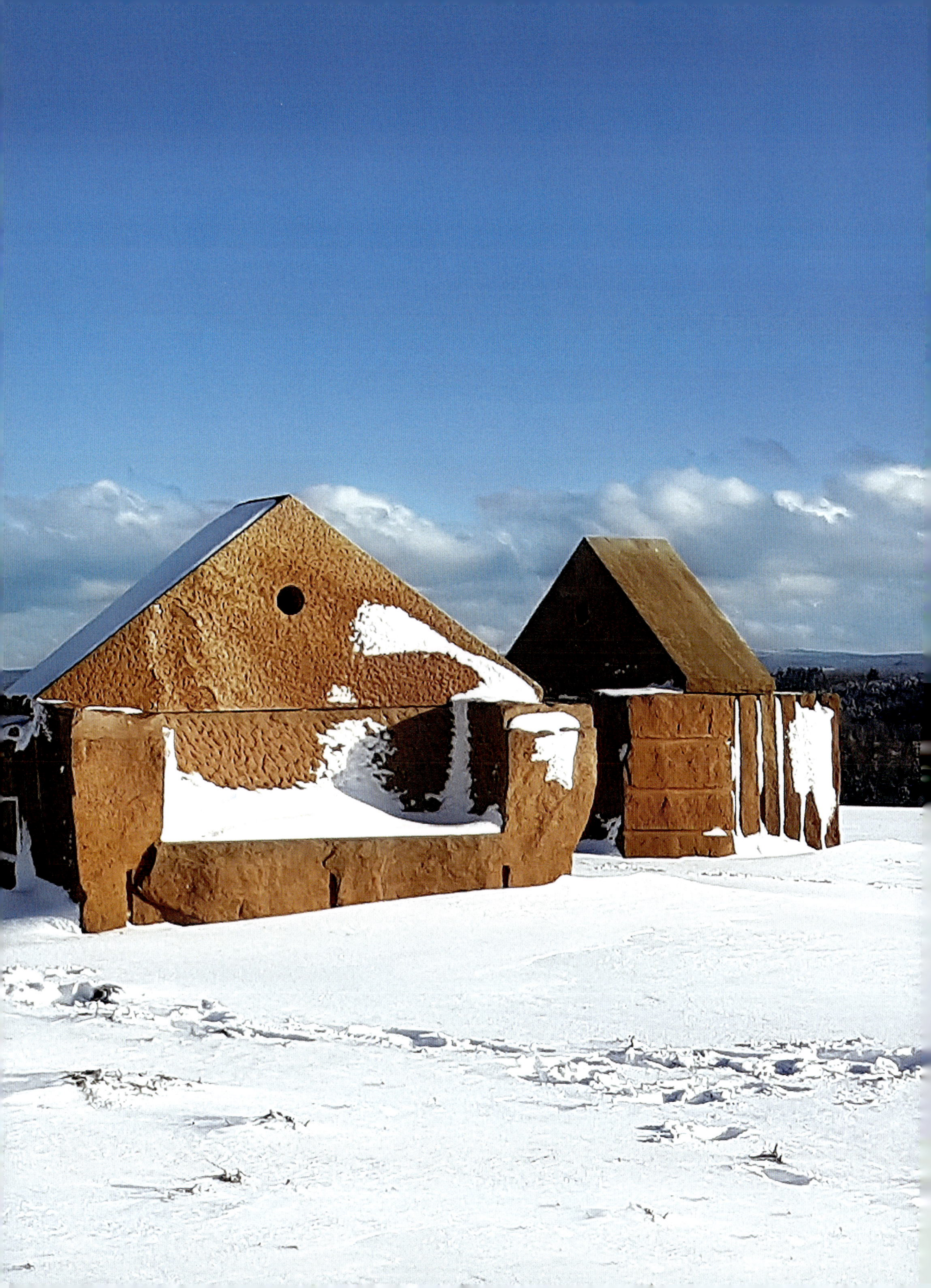

Claus Bury

1946	geboren [born] in Meerholz / Gelnhausen
1962–65	Ausbildung zum Goldschmied an der Staatlichen Zeichenakademie Hanau [Trained as a goldsmith at the Staatliche Zeichenakademie Hanau]
1965–69	Studium an der [Studied at the] Kunst- und Werkschule Pforzheim
1969–70	Studienaufenthalt [Study trip] in London
1976	Stipendium [Scholarship of the] Kulturkreis im Bundesverband der Deutschen Industrie (BDI)
1979	Auf Einladung des Goethe-Instituts Aufenthalt in Australien [Sojourn in Australia at the invitation of the Goethe-Institut]
1979–84	Übersiedlung in die [Relocated to the] USA, wohnhaft [resident] in Providence, Rhode Island
1986	August-Seeling-Förderkreis des [sponsorship society of the] Wilhelm Lehmbruck Museums e. V., Duisburg
1986	Projektförderung durch den [Project funding via the] Kunstfonds e. V., Bonn
1990	Stipendium [Scholarship of the] Skulpturenpark Am Seestern, Düsseldorf
1990	Stipendium [Scholarship of the] Skulpturenpark Schloss Philippsruhe, Hanau
1991	Kunstförderpreis Stadtbildhauer der Stadt Hanau [Art Award for City Sculptor of the City of Hanau]
1996	Projektförderung durch die [Project funding via the] Hessische Kulturstiftung
1997–2002	Professur Grundlagen der Gestaltung an der Bergischen Universität / Gesamthochschule Wuppertal [Chair of the Fundamentals of Design at Bergische Universität / Gesamthochschule Wuppertal]
2003–11	Professur für Bildhauerei an der Akademie der Bildenden Künste in Nürnberg [Chair of Sculpture at the Academy of Fine Arts in Nürnberg]

Einzelausstellungen / Solo Shows

1974	Galerie Yaki Kornblit, Amsterdam
1974	Schmuckmuseum Pforzheim
1974	Deutsches Goldschmiedehaus Hanau
1977	Landesmuseum Oldenburg
1979	National Gallery of Victoria, Melbourne
1979	Art of Man Gallery, Sydney
1984	Fibonaccis Tempel, Museum Ludwig, Köln
1986	Mercator, Wilhelm Lehmbruck Museum, Duisburg
1987	Museum Wiesbden
1987	Museum der Stadt Hanau
1989	Germanisches Nationalmuseum Nürnberg, SchmidtBank-Galerie, Nürnberg
1989	Kunstverein Springhornhof, Neuenkirchen / Soltau
1990	Helen Drutt Gallery, New York, N.Y.
1990	Kunstverein Wolfenbüttel
1992	Kunstverein Pforzheim
1994	Museum Folkwang, Essen
1994	Museen der Stadt Gotha, Schloss Friedenstein
1995	Hessisches Landesmuseum, Darmstadt
1995	Galerie Appel und Fertsch, Frankfurt am Main
1995	Kunstverein Ludwigsburg
1996	Kunstverein Schwerte
2001	Von der Heydt-Museum, Wuppertal
2001	Suermondt-Ludwig-Museum, Aachen
2001	Kunstverein Würzburg
2002	Städtische Kunsthalle Mannheim
2003	kunst galerie Fürth
2003	Deutsche Bank, Köln
2004	Bühnenbild für *Tristan und Isolde* am Nationaltheater Mannheim [Stage set for *Tristan and Isolde* at the National Theatre in Mannheim]
2007	Galerie Uschi König, Hanau
2007	Deutsches Architekturmuseum, Frankfurt am Main
2009	Forum Kunst Rottweil
2010	Neues Museum – Staatliches Museum für Kunst und Design in Nürnberg in Kooperation mit der Neuen Sammlung [in collaboration with the Neue Sammlung] – The International Design Museum, Munich
2010	Stiftung Wilhelm Lehmbruck Museum, Duisburg in Kooperation mit der [in collaboration with] Stiftung Brennender Dornbusch, Duisburg
2012	Dany Keller Galerie, Eichelhardt
2013	Bayerische Architektenkammer, München
2013	Dommuseum Frankfurt am Main
2014	Klassik Stiftung Weimar, Neues Museum Weimar

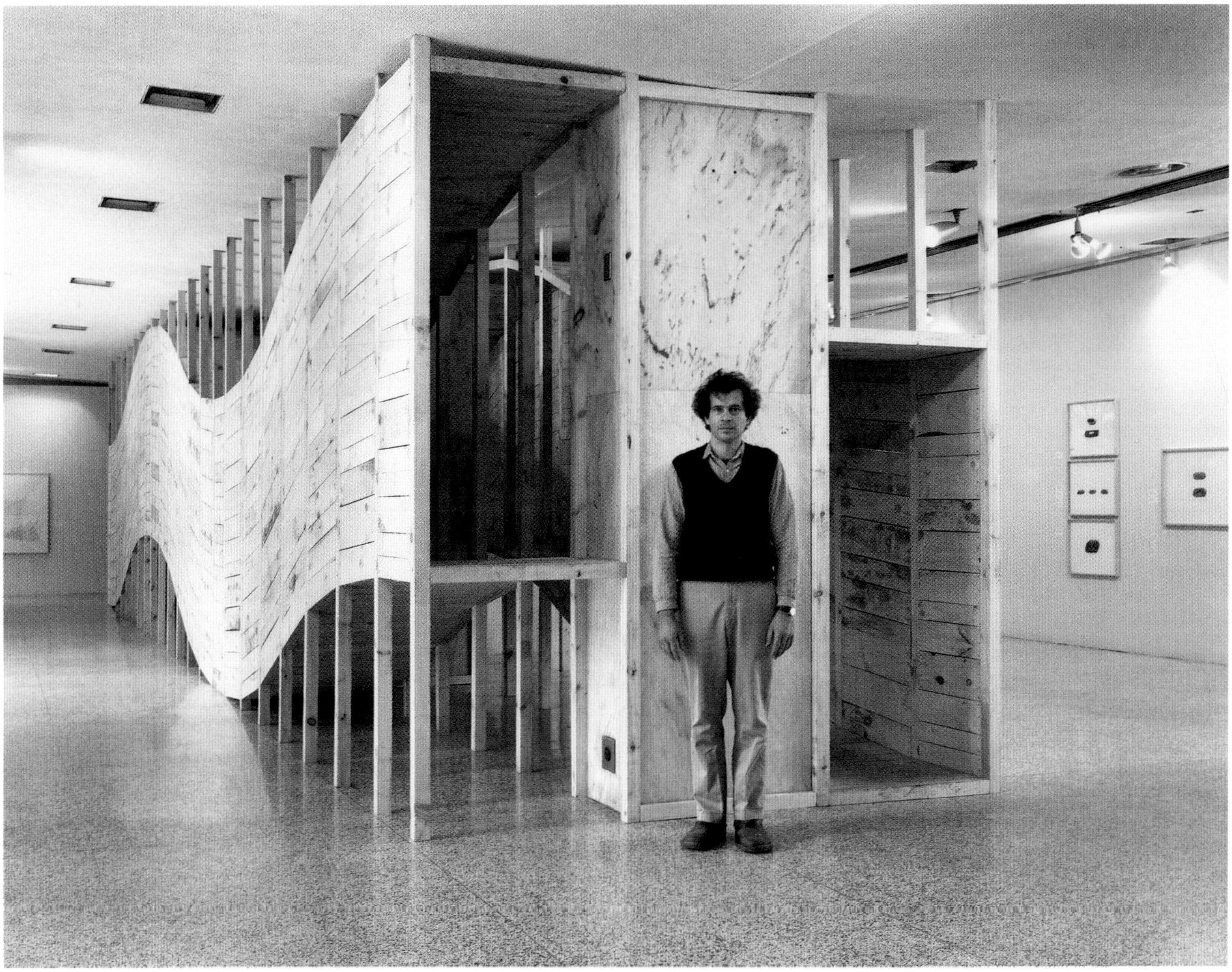

2015 Brüder Grimm-Haus / Museum Steinau, Steinau an der Straße
2015 Museum Pfalzgalerie Kaiserslautern
2016 Historisches Museum Hanau, Schloss Philippsruhe
2016 Domino Art, Reutlingen
2018 *Schwingung* [Oscillation], Shenzheng, China

Gruppenausstellungen / Group Shows

1976 *Ars Viva*, Wilhelm Lehmbruck Museum, Duisburg; Kunsthalle Nürnberg
1977 *Ars Viva*, Museum Pfalzgalerie Kaiserslautern
1978 *Claus Bury, Hermann Jünger, Gerhard Rothmann*, Hessisches Landesmuseum Darmstadt und [and] Kunsthalle Nürnberg, Norishalle, Nürnberg
1982 *Alternate Visions*, Claus Bury, Richard Fleischner, Irene Peschick, Italo Scanga, Hera Art Gallery, Wakefield, Rhode Island, USA
1983 *Bridges*, Pratt Institute Gallery, New York, USA
1984 *Kunst in Frankfurt* [Art in Frankfurt], Frankfurter Kunstverein
1986 *Renta-Preis* [Rentaprize], Kunsthaus Nürnberg
1987 *Mathematik in der Kunst der letzten dreißig Jahre* [Mathematics in Art from the Last Thirty Years], Wilhelm-Hack-Museum, Ludwigshafen
1987 *Oktogon 1* [Octogon 1], Museum Wiesbaden
1988 *Kunst in Frankfurt* [Art in Frankfurt], Frankfurter Kunstverein
1988 *s'Nachts varen de boten*, Maritiem Museum Prins Hendrik, Rotterdam
1988 *Berlin – Denkmal oder Denkmodell. Architektonische Entwürfe für den Aufbruch in das 21. Jahrhundert* [Berlin – Commemoration or Concept. Architectonic Designs for the Awakening in the 21st Century], Staatliche Kunsthalle Berlin
1990 *Skulptur der Bundesrepublik Deutschland 1989–1994 aus dem Wilhelm Lehmbruck Museum* [Sculpture from the Federal Republic of Germany 1989–1994 from the Wilhelm Lehmbruck Museum], Wilhelm Lehmbruck Museum, Duisburg; Kustpalast Wilna; Kunstmuseum Minsk, Manege, St. Petersburg; Ukrainisches Museum, Kiew
1991 *Bildhauerzeichnungen* [Sculptors' Sketches], Wilhelm Lehmbruck Museum, Duisburg
1991 *Das goldene Zeitalter* [The Golden Age], Württembergischer Kunstverein, Stuttgart
1991 *Kunst in Frankfurt* [Art in Frankfurt], Frankfurter Kunstverein
1992 *Zeitgenössisches Skulpturen Projekt* [Contemporary Sculpture Project], Museum der Stadt Gotha, Schloss Friedenstein, Gotha
1994 Skulpturenprojekt der Stadt Kempen [Sculpture projects of the City of Kempen]
1994 *Privatgrün* [Private Green], Kunstraum Fuhrwerkswaage, Köln
1994 *Prima Idea* [Great Idea], Deutscher Künstlerbund, Mannheim
1994 *Bauen – Wohnen – Denken – Zeichnen* [Build – Live – Think – Draw], Deutsches Architekturmuseum, Frankfurt am Main
1995 *Der Rhein in der Kunst des 20. Jahrhunderts* [The Rhine in 20th-Century Art], Rheinisches Landesmuseum, Bonn
1997 *Was ist* [What's Up], Deutscher Künstlerbund, Wismar
1997 *Ad hoc. Claus Bury, Ottmar Hörl, Irene Peschick, Bernd Vossmerbäumer*, Deutsches Architekturmuseum, Frankfurt am Main
2000 *Hessenpyramide* [Pyramid of Hesse], Expo 2000, Hannover
2001 *Blickachsen III* [Pictorial Axes III], Galerie Scheffel, Bad Homburg
2002 *Skulpturen* [Sculptures], Schloss Achberg, Landkreis Ravensburg
2003 *Blickachsen IV* [Pictorial Axes IV], Galerie Scheffel, Bad Homburg
2005 *Lasst uns 3 Hütten bauen* [Let Us Build 3 Huts], Elisabeth Montag-Stiftung, Bonn-Drahnsdorf
2010 *Holzwege* [Wooden Pathways], Kreissparkasse Rottweil
2015 *BuchKunst* [BookArt], Kreissparkasse Rottweil
2016 *SchiffArt* [BoatArt], Kreissparkasse Rottweil
2017 *TurmBau 1 und 2* [Tower Construction 1 and 2], Kreissparkasse Rottweil

Prof. Dr. Volker Fischer

geb. 1951 in Gotha. Studium der Kunstpädagogik, Germanistik, Linguistik, Psychologie in Kassel. Studium der Kunstgeschichte, Archäologie, Ethnologie, Germanistik und Linguistik in Marburg. Promotion 1979. Richard-Hamann-Stipendiat des Landes Hessen, Kulturreferent der Stadt Marburg. 1981–1993 stellvertretender Direktor des Deutschen Architekturmuseums, 1993–2012 Oberkustos für Produktdesign am Museum für Angewandte Kunst, beide Frankfurt. 1992–2012 Honorarprofessur an der HfG Offenbach. Gastprofessuren in Tokyo, Porto Alegre und Curitiba. Fach- und Sachpreisrichter bei Architektur- und Designwettbewerben. Ca. 1500 Veröffentlichungen zur Architektur, zum Design und zur Kulturgeschichte.

Prof. Dr. Volker Fischer

Born in 1951 in Gotha. Studied art education, German philology, linguistics and psychology in Kassel. Studied art history, archaeology, ethnology, German philology and linguistics in Marburg. 1979 obtained doctorate. Richard Hamann scholarship from the State of Hessen; cultural advisor to the City of Marburg. 1981–1993 deputy director, Deutsches Architekturmuseum, 1993–2012 senior custodian for product design, Museum für Angewandte Kunst, both in Frankfurt. 1992–2012 honorary professor at the Hochschule für Gestaltung Offenbach. Guest professor in Tokyo, Porto Alegre and Curitiba. Associate and professional juror for architecture and design competitions. Some 1,500 published works on architecture, design and cultural history.

Dr. Angelika Nollert

seit 2014 Direktorin der Neuen Sammlung – The Design Museum in München. Nach Mitarbeit bei Skulptur.Projekte in Münster (1997), Kuratorin des Portikus in Frankfurt am Main (1997–2000), übernahm sie 2001/2002 die Projektleitung der Documenta 11 und wurde von 2002–2007 Projektleiterin im Bereich Bildende Kunst des Siemens Arts Program. Von 2007–2014 Direktorin des Neuen Museums für Kunst und Design in Nürnberg. Die Arbeit der Kunsthistorikerin Angelika Nollert beschäftigt sich mit den Kontinuitäten und Überschneidungen der unterschiedlichen Disziplinen Design, Kunst und Architektur. Zahlreiche Publikationen und Lehraufträge.

Dr. Angelika Nollert

Director at the Neue Sammlung – The Design Museum, Munich since 2014. After collaborating on Skulptur.Projekte [Sculpture. Projects] in Münster (1997), curator at Portikus in Frankfurt am Main (1997–2000) and project manager of documenta 11. 2002–2007 project manager for fine art of the Siemens Art Program. 2007–2014 director of Neues Museum für Kunst und Design in Nuremberg. Art historian Angelika Nollert's work explores the continuities and overlapping of the divergent disciplines of design, art and architecture. Numerous publications and lectureships.

Herausgeber / Editor
Angelika Nollert

Autoren / Authors
Volker Fischer
Angelika Nollert

Übersetzung / Translator
Joan Clough, Castallack

Englisches Lektorat / English copy editing
Wendy Brouwer, Stuttgart

Deutsches Lektorat / German copy editing
Winfried Stürzl

Arnoldsche Projektkoordination /
Project coordination
Matthias Becher

Grafische Gestaltung / Graphic designer
Silke Nalbach, nalbach typografik, Mannheim

Offset Reproduktion / Offset reproductions
Schwabenrepro, Fellbach

Druck / Printed by
DZS Grafik, Ljubljana

Papier / Paper
120 g/m² Munken Polar Rough
150 g/m² Arctic Volume White

Bibliografische Information der Deutschen Nationalbibliothek
Die Deutsche Nationalbibliothek verzeichnet diese Publikation in der Deutschen Nationalbibliografie; detaillierte bibliografische Daten sind im Internet über www.dnb.de abrufbar.

Bibliographic information published by the Deutsche Nationalbibliothek
The Deutsche Nationalbibliothek lists this publication in the Deutsche Nationalbibliografie; detailed bibliographic data are available on the Internet at www.dnb.de.

ISBN 978-3-89790-572-6

Made in Europe, 2019

Bildnachweis / Photo credits
Alle Fotos von / All photos by Claus Bury
außer S. / except pp.
2: Barbara Klemm, Frankfurt am Main
390–93: Thomas Brenner, Kaiserslautern
394/5: Hans Trinkaus, Kaiserslautern

Umschlagabbildungen / Cover illustrations
vorne / front: Bankhäuser, Kat. Nr. / Cat. no. 105,
© Lena Engbarth
hinten / back: Mercator, Kat. Nr. / Cat. no. 28

Dieses Buch entstand mit großzügiger Unterstützung von / This book has been produced with the generous support of

Sparkasse
Hanau

Ulrike Crespo
Holger und Dorothea Förster
Ulrike Müller
Sammlung Ströher
Sylvia und Fritz von Metzler